池田知久編

郭店楚簡儒教研究

汲古書院

序文

池田知久・近藤浩之・李承律

一、本書の内容・構成と目的、および出版に至るまでの經緯

本書は、荊門市博物館『郭店楚墓竹簡』（文物出版社、一九九八年五月。以下、『郭店楚簡』と略稱する。）に收められている儒教關係の諸篇の内、その主なものについて研究した研究書である。

本書の構成は、第一部「譯注編」と第二部「論文編」の二部から成る。第一部「譯注編」は、この種の新出土資料の研究では基礎中の基礎に位置する極めて重要な作業である。今日、國内外を問わず、思想史・歴史學などの分野のいかんを問わず、一般に、『郭店楚簡』の「釋文」や「注釋」などの所與を鵜呑みにしてそのまま利用するという安易な研究態度を取る者が少なくないが、我々はいずれの譯注においても例外なく、そのような態度を一切取らなかった。すなわち、すべての研究の出發點を、『郭店楚簡』所收の「圖版」（寫眞版）に基づきその楚系文字を一々解讀して確定することに置いて、時には荊門市博物館などに赴いて原簡を直接確認することをも行っている。

第二部「論文編」は、以上のようにして自ら解讀・確定した釋文などの基礎の上に立って、各人がそれぞれの問題意識に基づいて執筆した學術論文である。これらの論文全體を通じて、『郭店楚簡』を始め

とする新出土資料が、決して一時的に流行してやがて捨て去られる運命にあるようなキワモノなどではなく、先秦より漢代に至る思想史・學術史などの解明に不可缺なオーソドックスな資料であることを感取することができようし、また、個々の具體的な論文に卽して、新出土資料の利用が實際に先秦～漢代の思想史・學術史などの解明に大きく豐かな收穫をもたらしていることを理解することができよう。

本書の二部で取り扱う『郭店楚簡』の諸篇は、具體的には、『緇衣』『魯穆公問子思』『窮達以時』『五行』『唐虞之道』『忠信之道』『成之聞之』『性自命出』の八種類であって、『尊德義』『六德』『語叢一』～『語叢四』の六種類は取り扱うことができなかった。これらが非常に難しい資料であるために、我々の研究がまだ不十分で發表できる水準に達していないことと、紙幅に制限があるためである。

『郭店楚簡』に對する我々の實際の研究は、池田が一九九八年三月、中國、文物出版社の正式出版に先だって送付した試用本を受け取った時點から開始された。（もっとも『郭店楚簡』に關する情報の收集といった閒接的な研究ならば、それよりも三年前の一九九五年三月ごろからすでに行っていた。この閒の經緯については、池田の報告「アメリカ、ダートマス大學「郭店老子國際硏討會」」（『東方學』第九十六輯、一九九八年七月）を參照。）

さて、池田は一九九八年三月より、勤務する東京大學の大學院生とともに「東京大學郭店楚簡研究會」を組織し、さらに他大學の教員・大學院生の志を同じくする研究者の參加も得て、まず郭店楚簡『老子』甲本・乙本・丙本を詳細に檢討した。そして、同年四月からはこれを大學院の正規のゼミナールとして取り上げたのであるが、以來このゼミは『老子』だけでなく『郭店楚簡』中の諸篇を次々に取り上げて檢討するゼミとして、他大學の研究者・大學院生も參加できるという開かれた體制を維持しながら、『郭店楚簡』の諸篇をほぼすべて檢討し終えた二〇〇一年三月まで存續した。（ちなみに、二〇〇一年四月以降は、上海博物館所藏の戰國楚簡の寫眞版を入手してこれを檢討している。）このゼミにおける研究およびそれと竝行して行われた各人の研究の成果の一端は、研究雜誌『郭店楚簡の思想史的研究』（東京大學郭店楚簡研究會編）に掲載された。この雜誌は、第一卷が一九九九年十一月、第二卷が一九九九年十二月、第三卷が二〇〇一年一月、第四卷が二〇〇〇年六月、第五卷が二〇〇一年二月にそれぞれ出版され、第六卷も出版が計畫中である。

『郭店楚簡』は、正式出版されて以來、中國を始めとする世界中の中國文化研究者の熱狂的な關心を集めてきた。その結果、この新出土資料に關してはおびただしい數量の論文や著書が書かれて今日に至っている。しかし、出版以來三年を經過した現在は、當初の熱狂的な事態が次第に落ち着いてきて、『郭店楚簡』の全體を體系的歷史的に考察しなければならない時期に當たっていると思われる。このように考えて、我々は、この機會に雜誌『郭店楚簡の思想史的研究』第一～五卷の中から、その儒家思想に關する一定の水準に達した譯注や論文などを集めて、一册の單行本を出版しようと考えるに至った次第である。したがって、本書の譯注と論文などの著者は基本的には上記の研究會とゼミの參加者である。ただし、『郭店楚簡の思想史的研究』全五卷に掲載された原譯注と原論文などは、本書に收載するに當たってすべての著者に相當の推敲の筆を揮ってもらった。

以上の我々の研究は、周圍のいくつかの大學・財團・研究グループから物心兩面に渡る暖かい援助を受けることができた。その主なものは以下のとおり。

第一に、池田は、一九九八年四月より大東文化大學大學院の非常勤講師を勤めることになり、ゼミの教材として『郭店楚簡』中の諸篇を取り上げた。（同時竝行で『郭店楚簡』を檢討している東京大學大學院のゼミと、重複しないように注意したことは改めて言うまでもない。）そして、一年間の研究成果をまとめて掲載する研究雑誌『郭店楚簡の研究』（一）（大東文化大學郭店楚簡研究班編）を出版すべく各方面と折衝していたところ、大東文化大學大學院より雑誌『郭店楚簡の研究』の出版費用を提供していただけることになったことである。このゼミは、以後、毎年續けられて今日に至っており、その研究成果をまとめて掲載する『郭店楚簡の研究』に對しても、同大學大學院より引き續き出版費用を提供していただいている。『郭店楚簡の研究』（一）は一九九九年八月、（二）は二〇〇〇年九月、（三）は二〇〇一年三月、にそれぞれ出版されたが、このたび著者の同意を得て、（二）の中に含まれる儒教資料『忠信之道』の譯注を、本書『郭店楚簡儒教研究』に收載した。收載に際しては、池田が原譯注に對して大幅の加筆・修正を行った。

第二に、池田が、一九九九年四月～二〇〇〇年三月の一年間（平成十年度）、福武學術文化振興財團より獎學金を受けたことである。共同研究者は東京大學大學院生の芳賀良信・近藤浩之・李承律である。我々はこの獎學金を、『郭店楚簡』を検討する研究活動、雜誌『郭店楚簡の思想史的研究』第一卷・第二卷の出版、湖北省荊門市郭店村への歴史地理學的な調査、の費用に充てた。

第三に、池田が、一九九九年四月～二〇〇三年三月の四年間、神戸學院大學の中谷英明教授を代表とする、特定領域研究「古典學の再構築」「原典」の計劃研究「原本『老子』の形成と林希逸『三子鬳齋口義』に關する研究」で文部省科學研究費補助金を受けたことである。研究分擔者は、埼玉大學の關口順教授。我々はこの補助金を、『老子』を中心とする『郭店楚簡』に關する研究活動、池田『郭店楚簡老子研究』（東京大學中國思想文化學研究室發行）の出版、雜誌『郭店楚簡の思想史的研究』第三～五卷の出版、中國を始めとする海外の中國文化研究者の招聘、中國を始めとする海外への調査・研究旅行、などの費用に充てた。

第四に、池田が、一九九九年四月～二〇〇二年三月の三年間、日本女子大學の谷中信一教授を代表とする基盤研究「郭店出土竹簡及びそれと關連する出土資料の研究――中國古代思想史の再構築を目指して――」に研究分擔者の一人として參加して、文部省科學研究費補助金を受けたことである。この補助金は主として、『老子』を中心とする『郭店楚簡』に關する研究活動、海外（韓國）の著名な中國古代史の研究者の招聘、の費用に充てた。

二、『郭店楚簡』研究の發展とその問題點

「一人一義、十人十義、百人百義。」――これが、『郭店楚簡』が公表されてまだ三年しか經っていない今現在、中國を始めとして世界各地より續々と刊行される『郭店楚簡』關係の論著を目にしての感想である。全體として表面的にはこのように感じられるのであるが、しかし『郭店楚簡』の思想史的位置づけという最も重大でかつ最も難しい問題となると、特に中國の研究の場合、實際にはむしろ「百人一義」というのが本當のところであろう。それは大雜把に言うならば、次の二つの問題に起因するのではないかと考えられる。第一は、『郭店楚簡』の諸篇を歷史的に位置づける場合に發生する先入觀の問題、第二は、『郭店楚簡』に登場する文字をどのように判定するかという問題である。

まず、第一の、資料の歷史的位置づけにおける先入觀の問題は、「走出疑古」を主張する最近の「信古」的學風と密接な關係があるらしい。特に『郭店楚簡』の出土が、そのような學風の正しさを裏づけるか

のように扱われてきたのは、まぎれもない事實である。

『郭店楚簡』の歴史的位置づけの根據とされるのは、一つは、郭店楚墓の下葬年代、二つは、『郭店楚簡』の思想的性質（特にいわゆる儒家系の諸篇）、のほぼ二點に盡きる。そして、『郭店楚簡』の下葬年代を推定する際、中國では、同じく楚の墳墓である包山二號墓中の紀年資料がその主な根據となっており、『郭店楚簡』は『包山楚簡』よりやや後れる「戰國中期偏晩」とする説が盛行している。また、思想的性質についても、中國では、『郭店楚簡』は子思・孟子學派（いわゆる思孟學派）の作品であり、その成書は孟子の時代より早く、孔子かその弟子の作、または子思かその弟子の作であるとする説が大勢をなす。しかし、上記一つ目の、包山二號墓の紀年資料は、周知のごとく干支が合わないという問題がすでに指摘されており、またその下葬年代についても、紀元前二九二年説、三二三年説、三〇三年説、三一六年説、二八四年説が提出されるなど（王葆玹「試論郭店楚簡各篇的撰作時代及其背景——兼論郭店及包山楚墓的時代問題」『郭店楚簡研究（中國哲學第二十輯）』所收、遼寧教育出版社、一九九九年一月、三六七頁を參照）、今に至るまで共通の結論に達していない。したがって、年代の不確實な包山二號墓を根據にして推定された郭店楚墓の下葬年代は、安易に信じるわけにはいかないのではなかろうか。今後、より科學的で客觀的な調査・研究が行われることが望まれる。

二つ目の、『郭店楚簡』の思想的性質の問題でも、上述した郭店楚墓の下葬年代の「戰國中期偏晩」説が動かしがたいものとされて一種の先入觀として作用し、そのために確實な根據もなく、その時期の儒家の代表格として子思や孟子に脚光が當たるようになったり、さらにさかのぼって孔子を開祖にいただく道統説まがいの系譜すら描かれるようになったりしている。こうした先入觀が不動のものとなって定着しているのには、『緇衣』や『五行』のような從來、子思との關連が問題となっていた諸篇や、『魯穆公問子思』のように「子思」が明記されて登場する諸篇が、實際に世に現れたこともあずかって力があったと考えられる。特に郭店楚簡『緇衣』は、文獻資料の『禮記』緇衣篇と對照可能な篇であるという格好の利點を備えているにもかかわらず、共通點のみが一面的に強調されて、相異點やその相異點が生じた理由などは、ほとんど注意されないままに放置されてきた。言い換えれば、郭店楚簡『緇衣』が文獻資料『禮記』の一篇として編纂されるに至る經緯の問題などは、ほとんど考察されていないのである。そして、以上の事情に附隨して、文獻資料としてその成書や作者などが依然問題視される『子思子』や『孔叢子』も、子思やその弟子の作と見なされるに至っている。このような先入觀は、一部の例外的な研究者はいるものの、『郭店楚簡』諸篇の思想的考察の範圍を、孔子や子思・孟子の思想との關連性だけを論ずるといった非常に狹い範圍にとどまらせ、より廣範な先秦諸子との思想的影響關係を見出すことを妨げる重要な要因ともなっている。

次に、第二の、『郭店楚簡』の文字の判定の問題について述べる。『郭店楚簡』の楚系文字は、中國古代の文字の中でも最も難解と言われる戰國時代の六國文字の一つであり、文字學的な檢討を經ることによって始めてその內容を理解することができるものである。この文字の判定は、『郭店楚簡』に限らずすべての出土資料に共通する問題でもあるが、一つの文字を誤って解讀・判定することがその資料の文脈や全體の意味づけをも損なってしまう、といった危險性を常に有している。上にも述べたように、『郭店楚簡』には『老子』『緇衣』『五行』のように文獻資料や他の出土資料と對照可能な篇とそうでない篇がある。文獻資料や他の出土資料と對照可能な篇の文字の判定は、そうでない篇よりも相對的に容易であることは言うまでもない。しかし、そうだからといって、みだりに文獻資料や他の出土資料に合わせて『郭店楚簡』の文字を判定することは、本來異なるかもしれない雙方の資料を同質化してしまう懼れがあり、引いてはせっかく新たに出土してきた『郭店楚簡』の思想的性質を殺す結果をも招きかねないのである。

一方、文獻資料や他の出土資料と對照するものがない篇の文字の判定は、より困難である。それを解決するためによく用いられる方法としては、甲骨文や金文にまでさかのぼった古文字の歴史からの解明、音韻學的方面からの考察、他の竹簡・帛書の文字や古璽・古陶などの文字との比較・檢討、當該出土資料の前後の文脈からの判斷、文獻資料との比較・考察などがある。こういった方法を通じて、その文字が何であるか、ある程度その輪郭をつかめる場合もあるが、それでも往々にして判明しない場合がある。特に前後の文脈から文字を判斷する場合は、恣意的な判斷に傾く可能性が最も高く、しかも上に指摘した歴史的位置づけの先入觀が介入する餘地が多くなるのは避けがたいところであろう。言うまでもなく文字の判定におけるこのような先入觀の介入は、當該資料の文脈や全體の意味づけに跳ねかえって、その思想的性質や思想史的位置づけを學問的に行うことに重大な影響を及ぼすのである。

以上に指摘した二つの問題は、ただ單に他の研究者を批判していればそれですむといったことがらではなく、本書を出版する我々もまた直面している問題であり、かつ不斷に自己反省していなければならない問題でもある。いずれにしても、これまで他の楚墓から發見された竹簡と比べて、この『郭店楚簡』が顯著な特色を有しているのは、そのすべてが思想の文獻であるという點である。そして、この點は相當に重視し注目すべきであって、道家や儒家の思想が戰國時代にいかなる形で存在していたかを如實に示すものとして極めて貴重である。こういうわけで、『郭店楚簡』は、從來の先秦思想史の通説を大きく書き換える可能性を祕めている、と言わなければならない。

三、『郭店楚簡』の發見と出版の經緯、および諸篇の編成と配列の問題

本書が取り扱う戰國時代の竹簡『郭店楚簡』が出土した郭店一號楚墓、それを含む郭店墓地は、湖北省荊門市沙洋區四方鄉郭店村の一角にあり、紀南城の北約九キロメートル、二〇七國道の西側約一キロメートルに位置する。このあたり一帶の墓域全體は、その地面が周圍の地面よりも約三～五メートル高く、南北に約七〇〇メートル、東西に約三五〇メートルの擴がりを持つ。そこには、塌冢子・大陳灣冢・李家冢など十座以上の中型小型の楚冢、さらに郭家崗墓地、尖山墓地、馮家墓地、大薛家窪墓地など二十二處の墓地が連なって巨大な楚墓群を構成している。これを紀山楚墓群あるいは紀山古墓群と言う。郭店一號楚墓は、それら楚墓群の連なる高所の南端に位置しているが、發掘前から封土がくずれて平らになり、すでに耕地となっていたところであった。

郭店一號墓は、一九九三年八月二十三日、盜掘者がすでにその槨板まで掘り進んでいた。十月中旬、盜掘者は埋め戻しておいた泥土を取り除き、槨蓋板の東南角（頭箱の南端）を鋸で切って〇・四×〇・五メートルの長方形の穴をあけ、さらに邊箱を梃子などでこじあけて文物を盜み取った。そのため、墓内の器物は破損・散亂し、雨水や泥が槨室内に浸入することになった。墓中の殘存文物を應急に保護するために、湖北省荊門市博物館は同省の文物管理部門の同意を得て、ただちに考古工作人員を組織し、十

月十八日～二十四日の間、郭店一號楚墓（M1）の發掘調査を行った。

發掘調査の結果、頭箱から八〇四枚の竹簡が發見された。ただし、これらの竹簡は、すでに盜掘者の破壞に會い、破損したり盜まれてなくなったりしている部分もあった。さらに、出土した時には編綫（竹簡を編んでいたひも）は腐って朽ちはてており、竹簡は散亂して順序が分からない狀態であった。八〇四枚の內一部は無字簡（文字のない竹簡）であるが、有字簡（文字のある竹簡）は整理後の統計によれば七三〇枚あり、總字數は一三〇〇〇字以上という。まだつなぎ合わせられない小碎片はそれほど多くはなく、大部分は完全な狀態である（湖北省荊門市博物館「荊門郭店一號楚墓」（『文物』一九九七年第七期）を參照）。

出土して五年後の一九九八年五月、これら有字簡のすべてを原寸大で影印した『郭店楚墓竹簡』（荊門市博物館編、文物出版社、B４判、精裝一册）が刊行された。それを見ると、『五行』の冒頭に篇題（標題）が認められる以外は、竹簡にはもと篇題はないけれども、整理者によって假の篇題がつけられて以下の十八種類に分類されている。

『老子』甲（三十九簡）、『老子』乙（十八簡）、『老子』丙（十四簡）、『太一生水』（十四簡）、『緇衣』（四十七簡）、『魯穆公問子思』（八簡）、『窮達以時』（十五簡）、『五行』（五十簡）、『唐虞之道』（二十九簡）、『忠信之道』（九簡）、『成之聞之』（四十簡）、『尊德義』（三十九簡）、『性自命出』（六十七簡）、『六德』（四十九簡）、『語叢一』（一一二簡）、『語叢二』（五十四簡）、『語叢三』（七十二簡）、『語叢四』（二十七簡）以上の七〇三簡すべてが極めて鮮明な「圖版」（寫眞版）の形で收められており、さらに加えて「竹簡殘片」（二十七簡）の「圖版」が附されている。

『郭店楚簡』の「前言」によれば、『郭店楚簡』の釋文を作る作業に參加したのは彭浩（荊州博物館）・

劉祖信（荊門市博物館）・王傳富（荊門市博物館）の三氏であり、竹簡の綴連（綴り合わせ）と注釋は彭浩・劉祖信の兩氏が擔當し、全體の編集作業は彭浩氏が責任を負う。また、裘錫圭氏（北京大學中文系教授）がその原稿を校訂し、いくつかの殘簡を綴合して、『緇衣』『五行』『魯穆公問子思』以外の各篇の竹簡の排列の順序や一部の竹簡の分篇を修正し、「釋文」と「注釋」に對しては多くの修正意見や參考意見を提出した。整理者はそれによって修正を行い、また裘氏の意見を「裘按」として注釋の中に收めたと言う。この書が最も基礎的な一次資料であり、あらゆる『郭店楚簡』研究の起點となる。

『郭店楚簡』諸篇の字體や規格（「形制」）は同一ではない。その字體と規格を子細に觀察した李零氏の「郭店楚簡的字體和形制」（『道家文化研究』第十七輯所收の李零「郭店楚簡校讀記」附錄）によれば、次のように分類できるという。

第一種の字體

『老子』甲本：竹簡は最長（長さ三十二・三センチ）、綴じる箇所二つ（その間隔十三センチ）、竹簡の端は臺形。

『老子』乙本：竹簡は長い（長さ三十・六センチ）、綴じる箇所二つ（その間隔十三センチ）、竹簡の端は平直角。

『老子』丙本：竹簡はやや短い（長さ二十六・五センチ）、綴じる箇所二つ（その間隔十・八センチ）、竹簡の端は平直角。

『太一生水』：竹簡はやや短い（長さ二十六・五センチ）、綴じる箇所二つ（その間隔十・八センチ）、竹簡の端は平直角。

『語叢四』：竹簡は最短（長さ十五・一センチ）、綴じる箇所二つ（その間隔六～六・一センチ）、竹簡の端は平直角。

第二種の字體

『緇　衣』：竹簡は最長（長さ三十二・五センチ）、綴じる箇所二つ（その間隔十二・八～十三センチ）、竹簡の端は臺形。

『五　行』：竹簡は最長（長さ三十二・五センチ）、綴じる箇所二つ（その間隔十二・九～十三センチ）、竹簡の端は臺形。

『魯穆公問子思』：竹簡はやや短い（長さ二十六・四センチ）、綴じる箇所二つ（その間隔九・六センチ）、竹簡の端は臺形。

『窮達以時』：竹簡はやや短い（長さ二十六・四センチ）、綴じる箇所二つ（その間隔九・四～九・六センチ）、竹簡の端は臺形。

第三種の字體

『唐虞之道』：竹簡はやや長い（長さ二十八・一～二十八・三センチ）、綴じる箇所二つ（その間隔十四・三センチ）、竹簡の端は平直角。

『忠信之道』：竹簡はやや長い（長さ二十八・一～二十八・三センチ）、綴じる箇所二つ（その間隔十三・五センチ）、竹簡の端は平直角。

第四種の字體

『性自命出』：竹簡は最長（長さ三十二・五センチ）、綴じる箇所二つ（その間隔十七・五センチ）、竹簡の端は臺形。

『成之聞之』：竹簡は最長（長さ三十二・五センチ）、綴じる箇所二つ（その間隔十七・五センチ）、竹簡の端は臺形。

『六　德』：竹簡は最長（長さ三十二・五センチ）、綴じる箇所二つ（その間隔十七・五センチ）、竹簡の端は臺形。

『尊 德 義』：竹簡は最長（長さ三十二・五センチ）、綴じる箇所二つ（その間隔十七・五センチ）、竹簡の端は臺形。

第五種の字體

『語 叢 三』：竹簡は短い（長さ十七・六～十七・七センチ）、綴じる箇所三つ、竹簡の端は平直角。

『語 叢 一』：竹簡は短い（長さ十七・二～十七・四センチ）、綴じる箇所三つ、竹簡の端は平直角。

『語 叢 二』：竹簡は短い（長さ十五・一～十五・二センチ）、綴じる箇所三つ、竹簡の端は平直角。

この分類によって考えるならば、例えば、『性自命出』『成之聞之』『六德』『尊德義』の四篇が、用いられている字體と規格の點で完全に同一である上に、含まれている內容の點でも互いに共通する部分があることから分かるように、『郭店楚簡』諸篇の編成は本來このようになっていたのか否か、順序ももともとこのように竝んでいたのか否か、はなはだ疑問の持たれるところである。諸篇の編成と配列は、再檢討の必要があると言わなければならない。そして、實際に『郭店楚簡』の出版後、間もなく以下のような論文が次々に現れて諸篇の編成と配列の再檢討を提案し續けている。

郭沂「郭店楚簡《天降大常》（《成之聞之》）篇疏證」（『孔子研究』一九九八年第三期、一九九八年九月）

周鳳五・林素清「郭店竹簡編序復原研究」（《古文字與古文獻》編輯委員會編『古文字與古文獻』試刊號、一九九九年十月）

王博「關于郭店楚墓竹簡分篇與連綴的幾點想法」（『郭店楚簡與儒學研究』（『中國哲學』第二十一輯）、二〇〇〇年一月）

陳偉「關于郭店楚簡《六德》諸篇編連的調整」（『江漢考古』二〇〇〇年第一期、二〇〇〇年三月）

顧史考「郭店楚簡儒家逸書的排列調整趨議」（『中國典籍與文化論叢』第六輯、二〇〇〇年十月）

廖名春「郭店簡《性自命出》的編連和分合問題」（『中國哲學史』二〇〇〇年第四期）

こういうわけで、『郭店楚簡』を研究しようとする者は『郭店楚簡』諸篇の内容を論ずる前に、その「釋文」を一〇〇パーセント信用してそのまま利用するのではなく、まず自分自身の持てる力を總動員しつつ檢討しなおし構成しなおした上で、しかる後に始めて諸篇の内容を論ずることができるようになるのである。

四、『郭店楚簡』を讀むための工具書

『郭店楚簡』の發見によって楚系文字の世界が飛躍的に擴大した。これを通じて、今まで判讀できなかった多くの楚系文字が判讀可能になった。さらにまた、近く出版豫定の上海博物館所藏の『戰國楚簡』（總字數約三五〇〇〇字と言う）が公表されれば、楚系文字の研究の進展にさらに拍車がかかるはずである。上海博物館『戰國楚簡』の中には、『緇衣』『周易』『孔子閒居』など傳世文獻と重なるものもあるので、そ

れらの出土資料を文獻資料と比較することによって、新たに判讀可能になる楚系文字が増えることは勿論、假借字・異體字に關する材料もさらに豐富になることが豫想される。數年前から本格的な開拓が始まった、楚系文字を基礎とする戰國時代の諸文化の研究は、『郭店楚簡』の發見とその研究の發展によってすでに豊かな成果を見こめる學問としてほぼ確立されたと言ってよいが、上海博物館『戰國楚簡』によって一層の充實度を增すことになるであろう。

ところで、『郭店楚簡』が出版された一九九八年五月當時は楚系文字を讀むための主要な工具書と言えば、『汗簡』『古文四聲韻』（兩書の合印出版、中華書局、一九八三年十二月）、黄錫全『汗簡注釋』（武漢大學出版社、一九九〇年八月）、および滕壬生『楚系簡帛文字編』（湖北教育出版社、一九九五年七月）ぐらいしかなかったと思う。

郭忠恕『汗簡』と夏竦『古文四聲韻』は、いずれも北宋時代に「古文」の字體を集錄した書物である。後者は前者の基礎の上に編成されているために、前者が部首によって文字を分類・排列するのに對して後者が聲韻によって分類・排列するという體例の相異がある以外に、兩者の間に大きく異なるところはない。しかし、子細に見ればまったく相異がないわけではない。第一に、兩者の靑銅器の銘文に對する注意の有無が異なり、後者にはそれがあるが前者にはない。第二に、兩者の引用する書物は、前者にあって後者にないものはわずかに四種だけであるが、後者にあって前者にないものは少なくとも十六種はある。第三に、兩者の收載する字體は、前者は一字につき一體であって隷古定を用いないが、後者は一字につき數體を兼收し、古體も隷古定も用いる。第四に、收載する文字の總數について言えば、後者の方が前者よりも多い。近年、出土した古文字資料によって、『汗簡』『古文四聲韻』の收載するいわゆる

「古文」が戰國時代の文字の形をよく保存することが證明され、『汗簡』『古文四聲韻』が戰國時代の文字を判讀するための工具書として見なおされるようになったのである。なお、『汗簡』という書名は、『後漢書』呉祐傳の注に「殺靑者、以火炙簡令汗、取其靑易書、復不蠹、謂之殺靑、亦謂汗簡。義見劉向別錄。」とあるのに由來するらしい（『汗簡』李直方後序）。

黄錫全『汗簡注釋』は、『汗簡』の二種の版本の內、上欄の字形には汪立名刻朱彝尊藏抄本を採用し、注釋の中では馮舒藏抄本をもってこれを校勘している。また、それら今本『汗簡』に誤脱がある場合には、『古文四聲韻』（五種の版本がある）によって校補する。黄錫全によれば、『汗簡注釋』は『汗簡』に徵引されている資料の、流傳して今日に至るものについては、できる限り今本と比較して相互の差異を檢討し、その得失を論じ、その「古文」の來歴およびその變遷を追求した。今日に流傳していない材料については、目下見ることができる先秦の古文字、漢魏に流傳した「古文」、『玉篇』、『一切經音義』、『經典釋文』などの字書、および『汗簡』が徵引する關係資料を相互に參證して、「古文」の來歴およびその變遷を追求したが、分からない箇所は存疑している。さらに、黄錫全は、鄭珍が『汗簡』を批判する立場に立って作った『汗簡箋正』については、注釋の中でその誤りを訂正したが、鄭珍の見解の中でも正確なもの、すなわち、引用した文獻、『汗簡』徵引書目の考證、『古文四聲韻』を利用した『汗簡』やそのいくつかの「古文」に對する考證など、は取り入れたと言う。したがって、本書は、『汗簡』を利用する場合には有益な情報を提供してくれる必携の書物と言うことができる。

滕壬生『楚系簡帛文字編』は、收めた親字（見出し字）は二二二八個、字形の總計は一九二五〇字、その內以前の字書がまだ著錄しなかった字形が八〇〇餘字というもので、今でも楚系文字を最も多く收錄する字書と言いうる。『侯馬盟書』が異體字・重文も含めて一六五〇餘字、『中山王礜器』もただ二四五〇餘字、郭忠恕『汗簡』もまたわずかに二四〇〇餘の字形を収めるにすぎないから、本書が戰國時代の古文字の研究を促進する上で、大きな役割を果たしていると推測できる。また本書の「序言」は、ここ數十年來、長沙、臨澧、常德、信陽、江陵、隨州、荊門などの楚地で發見された簡牘文字資料として二十二件を擧げる。その内『長沙楊家灣竹簡』は字跡が模糊として不明瞭、『臨澧九里竹簡』『慈利石板村竹簡』『江陵九店竹簡』『荊門郭店竹簡』の四件の文字はその當時まだ整理中または未發表などの理由で、殘念ながら収めていない。しかし、それ以外の十七件に『長沙子彈庫楚帛書』を加えた計十八件の楚系文字を収める。『郭店楚簡』がすでに公表された現在から見れば、誤りや不備を指摘されることがあるが、それでもやはり『郭店楚簡』以外の楚系文字を調べる時には、最も重寶する字書である。

そこで、次に必要になってくるのが、『郭店楚簡』そのものの字書である。この需要に應えた書物が、張光裕主編・袁國華合編『郭店楚簡研究　第一卷　文字編』（藝文印書館、一九九九年一月）であった。この字書は、文字どおり『郭店楚簡』（有字竹簡七三〇枚、總字數一二〇七二字）のすべての文字を収めたもので、「正文」の親字が一三四四個、「合文」の見出し字が二十二個、「待考字」（ペンディングの字）の字欄が十二個ある。「緒言」によれば、親字一三四四個の内『說文』に見えるものは七七〇個である。また、本書が取った統計によれば、親字の內すでに『包山楚簡』に見えるものは四一六個、『曾侯乙墓竹簡』に見えるものは一三四個、『望山楚簡』に見えるものは二〇二個、新出のものは八七五個であると言う。本書は、さらに「部首索引」、「筆劃索引」、「合文索引」、「原簡與釋文對照圖版」および『郭店楚簡』全體の「釋文」を備えているために、『郭店楚簡』の全文檢索の索引としても非常に便利で、今や『郭店楚簡』

の研究には缺かせない工具書となっている。實は、張光裕と袁國華の兩氏は以前から『包山楚簡文字編』（藝文印書館、一九九二年十一月）、『曾侯乙墓竹簡文字編』（藝文印書館、一九九七年一月）、『望山楚簡文字編』（近刊豫定）を手がけており、特に『包山楚簡文字編』は索引・釋文・通檢・圖版などを完備した使いやすい文字編に仕上がっている。そのノウハウが『郭店楚簡研究』第一卷・文字編にも十分に活かされているようである。

また、二〇〇〇年五月、張守中・張小滄・郝建文『郭店楚簡文字編』（文物出版社）が出版された。これは『郭店楚簡』のすべての文字を收めているわけではないので、全文檢索などには使えない。しかし、簡便な工具書として戰國時代の文字研究に裨益するところがあり、同じく張守中氏が手がけた『中山王䰞器文字編』（一九八一年）、『睡虎地秦簡文字編』（一九九四年）、『包山楚簡文字編』（一九九六年）などと併用するとよいと思う。

楚系文字を讀むために最も頻繁に利用する字書は、以上に擧げたものであろうが、それらを除いて同じ程度に重要なもので、特に假借字（通假字）を調べるために利用する字典について記しておきたい。王輝『古文字通假釋例』（藝文印書館、一九九三年四月）は、近年出版された通假字典中の最高傑作と言って過言でない。「凡例」が說明するとおり、この書には殷周から漢初に至るまでの、甲骨文・金文・貨幣・璽印・陶文・石刻・盟書・帛書・竹木簡等々の廣い範圍に渡る古文字資料中の通假の例が收錄されている。しかも引用する通假の例は、可能な限り誰の說かを明記してあるのがよい。卷末に附された「引用書籍論文目錄」には、孫詒讓・羅振玉・王國維・郭沫若の論著から王輝氏自身の一九九二年の論著に至るまで、合計四六四件に上る著書や論文が揭げられている。それらの論著に個々に散見する古文字の通假の例を集め、まま王輝氏自身の按語をも加えて、假借字を大枠では古韻の順序で排列し、同一部内ではさらに聲母の順序で排列する。韻部は王力『古代漢語』の十一類三十部を、聲母は大體は王力『同源字典』の五大類・七小類の三十二母を、それぞれ用いたと言う。また、巻末に「筆畫檢字表」も附くので檢索も容易である。本書の出版以前には、出土文字資料を用いたこのような總合的な通假字典は皆無であったと思う。本書は、出土文字資料によって新たに判明した古文字の通用・假借という現象を、このような形で集成できることを世に示した初めての業績として高く評價されてよいのではなかろうか。

高亨纂著・董治安整理『古字通假會典』（齊魯書社、一九八九年七月第一版、一九九七年七月第二次印刷）は、前述の王輝『古文字通假釋例』のように出土文字資料だけを取り扱う通假字典ではない。しかし、だからこそかえって兩者が相互に補い合うところがある。すなわち、本書は、廣汎に古文獻中の「異文」と漢代から宋代までの多くの訓詁から取材したので、『古文字通假釋例』が殷周から漢初までであったのに對して、むしろ主に漢代から宋代までのデータを集め、また『古文字通假釋例』が出土資料から取材したのに對して、むしろ主に古文獻資料から取材するというように、ちょうどうまく補い合うことができるのである。董治安の「前言」によれば、宋代の婁機『班馬字類』は、『史記』『漢書』中の通假字の一部を收錄したし、清代の錢坫『十經文字通正書』は、『周易』『尙書』など十種の經書中の通假字を收錄した。本書の性質は、大體は婁・錢の兩書と同類ではあるが、搜求した資料の範圍の廣さ、內容の豐富さから言えば、婁・錢の兩書を遙かに遠く凌いでいる。本書の取材の對象は、遍く先秦・兩漢の大部分の主要著作に及ぶと同時に、魏晉以降の典籍からも少量ではあるが徵引はあり、經・史・子・集・小學などの各種の專著をも包括する。その收錄したところの通假字の例證は、大體を言えば、一つには、古籍中の「異文」についての比較・對照、二つには、兩漢から唐宋あたりまでの字書や古籍・注解の中にある通假についての訓釋、という二種類である、などと主張する。そもそも本書は、元來、高亨氏が早く一九三四年から編著を企圖して資料を收集し始め、一九五三年、長年かかって抄錄した古字通用例證を整理して初稿を編成した、その初稿が下地になっている。しかし、高亨氏は自身それに滿足せず、さらに廣く各種の典籍を調査して例證を集めた結果、二十年餘り經過した一九七〇年代の末には、搜羅した資料は初稿の字數の二倍を超えていた、という。一九七九年からは高亨氏の弟子の董治安氏にその仕上げが委ねられ、第一、資料カードの整理と調整、第二、體例の統一と引用書名・篇名・標點符號などの統一、第三、原書に基づく引用文の再度の照合、第四、若干の資料の補充、第五、「前言」「述例」「引用書目」の執筆と「條目索引」「筆畫檢字」などの作成、といった諸作業を經て、一九八二年に原稿が完成。第一版の出版は一九八九年七月であった。本書を利用してみれば分かることであるが、一九七三年末に出土した『馬王堆帛書』の例なども收錄されており、これほど豐富なデータを收めた通假字典は他にないと思われる。

古文字の通假の例を探す時に、『古文字通假釋例』と『古字通假會典』は最も利用價値の高い工具書である。これらを除けば、最近、簡牘・帛書・金文などの出土資料に見える小篆と隷書を搜集の對象として、通假字の例を收錄した『秦文字通假集釋』（陝西人民教育出版社、一九九九年五月）が出版された。その「引用秦文字主要資料來源」や「引用及參考主要書籍・論文目錄」を見ると、一九九七年までに出土した資料を掲げているので、『古文字通假釋例』の時代にはなかった新しい通假字の例を收めているのであろう。

最後に、廣く戰國時代の文字を研究するための必攜の書物を紹介しておく。何林儀『戰國古文字典——戰國文字聲系』（中華書局、一九九八年九月）は、「序言」が説明するように、「韻部を以て經と爲し、聲紐を以て緯と爲し、聲首を以て綱と爲し、諧聲を以て目と爲し、兼ねて分域に及び、戰國文字の字形を排列す。」という方針の下に編まれた字書であって、これが本書の副題を「戰國文字聲系」と名づけるゆえんである。全體は、「正編」「補遺」「合文」「附錄」の四部分から成る。「凡例」によれば、收錄した文字は、大體『包山楚簡』（文物出版社、一九九一年十月）が出版された一九九一年までの資料である。そのために、『望山楚簡』や『天星觀楚簡』の文字については、本書は、摹本や寫眞版から取ったものを收めるが、著者が「正編」を書き終えた後に始めて『望山楚簡』（中華書局、一九九五年六月）を得たというタイム・ラグがあるので、本書と『望山楚簡』との編集番號が異なるなどといった問題が生じており、これには注意が必要である。それゆえ、本書が收錄した文字の範圍は、楚系文字に關する限りは『楚系簡帛文字編』と大同小異か、もしかするとそれに及ばないかもしれない。では、本書の特徴または利用價値はどこにあるのかと言えば、楚系文字に限らず廣く戰國時代の文字を搜集して、上古音系で排列しただけでなく、一、齊系文字、二、燕系文字、三、晉系文字、四、楚系文字、五、秦系文字、六、地域が不明（ペンディング）の文字、のように地域で分類した點にある。本書は、何林儀氏の戰國文字の地域分布を中心とする長年の研究の理論と知識を、字典という具體的な形で集大成したものと言うことができよう。

また、何林儀氏には『戰國文字通論』（中華書局、一九八九年四月）という著作がある。この書は、すでに十年以上前に書かれた概説書であるとは言うものの、第一、戰國文字の發見と研究の歷史、第二、籀文、『説文』の古文、三體石經の古文、『汗簡』と『古文四聲韻』の古文などの傳抄された古文資料の概要と問題點、第三、戰國文字の地域分布とその概述、第四、戰國文字の形體の變遷、第五、戰國文字の讀み方などといった、およそ戰國時代の文字を研究する上で必要・不可缺の知識を網羅し、加えて、隨所に何林儀氏の豐富な學問的經驗と見識がちりばめられており、今日でも多くの記述が當を得た參考に値する內容である。

以上、『郭店楚簡』および楚系文字を讀むために、有益だと思われる字書・字典を紹介してきたが、これらの工具書だけで事足りるかと言えば、やはり不十分であると言わざるをえない。實際に『郭店楚簡』の譯注作りの作業を行ってみると、難讀の文字が次から次へと現れて來るのだ。妥當と思われる解釋にたどり着くには、以上の工具書だけでなく、例えば、徐中舒『漢語古文字字形表』（四川辭書出版社、一九八一年）や『秦漢魏晉篆隸字形表』（四川辭書出版社、一九八五年）などを驅使したり、數多く書かれている最新の關係論著に廣く目を通して優れた見解を參考にしたり、といった多大の努力の積み重ねが必要である。そして、何と言っても重要なことは、自分自身の力で色々の文獻、特に『郭店楚簡』と同時代の文獻資料を丹念に調べて手がかりを探し出すことである。——工具書というものは、あくまでも一つの道具にすぎず、考えるのは結局自分自身だからである。

（二〇〇一年九月二十日擱筆・十一月三日・十一月九日修正）

目　次

凡例

一、本書『郭店楚簡儒教研究』は、『郭店楚墓竹簡』中の儒家思想について研究したものであり、第一部「譯注編」と第二部「論文編」とから成る。また、前者は「本文」「訓讀」「口語譯」「注」から成っている。

二、底本には、荊門市博物館編、文物出版社出版・發行、一九九八年五月第一版第一次印刷の『郭店楚墓竹簡』（以下、『郭店楚簡』と略稱する。）を使用した。ただし、同書發行後の内外の種々の考證・研究や、我々自身が同書の「圖版」に基づいて作った釋文などによって、底本の文字などを改めた箇所も少なくない。

三、『緇衣』『魯穆公問子思』『窮達以時』などといった篇題は、『五行』を唯一の例外として、もともと『郭店楚簡』には存在しなかったものであるが、底本がすでにそのような篇題を與えているので、本書では便宜的にそれらを踏襲して用いることにした。

四、『緇衣』『五行』などの「第一章」「第二章」「第三章」などという章分けは、もともと『郭店楚簡』には存在しなかったものである。しかし、今本『禮記』緇衣篇や馬王堆漢墓帛書『五行』などについては、章分けがすでに學界一般に廣く行われていることでもあり、また讀者の閲讀の便にも配慮しなければならないと考えて、本書では便宜的に章分けを行うことにした。ただし、本篇の章分けの實際は、必ずしも學界一般に行われているものと同じではない。

五、「譯注編」の「本文」の文字と「論文編」の引用文の文字は、基本的には底本の「釋文注釋」によったが、その「圖版」にも目を通して、抄寫された時點における本來の文字を復元しようと努めた。

異體字は可能な限り「圖版」のままとしたが、都合により正漢字や常用漢字などに改めざるをえなかった箇所も少なくない。また『郭店楚簡』の發行後、發表された諸研究や我々自身の檢討の結果に基づいて、底本の「釋文注釋」の文字などを改めた箇所もある。

「譯注編」の「本文」中の異體字・假借字・省字・錯字・奪字・衍字は、可能なかぎりそのままとして改めなかったが、例外を設けた場合もある。

「譯注編」の「本文」と「論文編」の引用文における、殘缺の文字や判讀できない文字（すなわち缺字）は「□」を用いて表わし、それが推測できる場合には龜甲符號「〔　〕」の中に文字を入れた。「譯注編」では以上のいずれの場合にも、そうであると認める理由は何かなどを後の「注」に記した。

「譯注編」の「本文」と「論文編」の引用文において、圖版上の「■」「■」などの符號は「■」として殘したが、重文符號（おどり字）あるいは合文符號の「＝」は文字・文句に改めた。文の切れ目を示す點（鉤號）の「━」などは原則として省略した。

「譯注編」の「本文」と「論文編」の引用文において、日本語式の句點「。」と讀點「、」は『郭店楚簡』にはなく、筆者が附したものである。

「譯注編」の「本文」において、その本文が『郭店楚簡』諸篇の第何號簡にあるかを示す「（第　號簡）」は、底本の「圖版」に基づいて記入した。

六、「譯注編」の「訓讀」は、日本語の古文を用いた直譯というつもりで書き下したが、訓讀文は現代かなづかいを採用している。

「訓讀」は文脈の切れ目を考慮して適宜改行したが、必ずしも本文の改行の有無や「■」「■」「━」などの符號の位置に拘泥しなかった。

「訓讀」において、異體字・假借字・省字はその文字の下に何の異體字・假借字・省字であるかを「（　）」に入れて示し、錯字はその文字の下に正字を「〈　〉」に入れて示した。奪字は補足し、衍字は削除した。奪字、殘缺の文字や判讀できない文字（缺字）を推測して訓讀する場合は、訓讀文を龜甲符號「〔　〕」の中に入れた。「譯注編」では以上のいずれの場合にも、そのように認める理由を後の「注」に記した。

書名は二重かぎ『　』で括り、他の文獻の引用はかぎ括弧「　」で括った。

（その他の「譯注編」の「訓讀」についての、「本文」と重複する凡例は省略。）

七、「譯注編」の「口語譯」は、平易な現代語に飜譯することに努めたが、流麗な美文に彫琢することはしなかった。「譯注編」の「口語譯」と「論文編」の地の文において、使用する漢字は原則として正漢字（舊漢字）である。ただし、事情により必ずしも原則どおりではない箇所もある。

「口語譯」において、文意を明瞭にするために文句を補って口語譯した箇所は、括弧「（　）」に入れた。

（その他の「譯注編」の「口語譯」についての、「本文」「訓讀」と重複する凡例は省略。）

八、「譯注編」の「注」などの地の文において、「關係論著目錄」に掲げた著書・論文に言及する場合には、抄寫と閱讀の煩雜さを省くためにそれをアルファベットで示した。

（二〇〇一年九月二十三日　池田知久）

郭店楚簡儒教研究

第一部　譯注編

『緇衣』譯注

近藤浩之・曹　峰・芳賀良信・廣瀬薫雄・李承律・渡邉　大

『郭店楚墓竹簡』(關係論著目錄A)によれば、『緇衣』は四十七枚の竹簡から成る。その內容は、今の『禮記』緇衣篇(今本)と大體同じであるが、今本の最初の「子言之曰……」章と、中間の「子曰、小人溺於水……」章、「子曰、下之事上也……行無類也。」章を缺く。また、竹簡本は「夫子曰」で始まる冒頭の章に「緇衣」の語があり、最後に「二十又三」と全篇の章數を記すが、章の數も順序も今本とかなり異なる。というよりも、郭店楚簡『緇衣』の方が本來の姿であって、上海博物館所藏の楚簡『緇衣』も同じ構成である。それらは戰國時代の構成をそのままに示しており、逆に言えば、今の『禮記』緇衣篇が漢代に多くの改變を經て形成されたものであることを如實に物語る。

從來、今の『禮記』の坊記・中庸・表記・緇衣の四篇を、子思の作あるいは『漢書』藝文志が著錄する『子思』二十三篇の殘篇とする考えがあるが、また逆に、それを疑う研究者もいる。特に坊記・表記・緇衣の三篇は、その記述形式や內容に共通する所が多く、緊密に關連する一連の文獻であり、前漢に編述されたと考えられる(伊東倫厚「『禮記』坊記・表記・緇衣篇について――いわゆる『子思子』殘篇の再檢討――」、『東京支那學報』第十五號、一九六九年六月、を參照)。竹簡本により、『緇衣』の內容の成立は戰國時代に遡り得ることが判明したが、同時に、今本の形は前漢以降の編纂にかかることも確認されたわけである。

ともかくも、郭店楚簡『緇衣』の出現により、幸いにも我々は、戰國時代の當時のままに、平靜に『緇衣』を讀み直してみる機會を與えられたのである。

關係論著目錄

A　荊門市博物館編『郭店楚墓竹簡』（文物出版社、一九九八年）
B　張光裕主編・袁國華合編『郭店楚簡研究　第一卷　文字編』（藝文印書館、一九九九年）
C　李學勤「釋郭店簡祭公之顧命」（『文物』一九九八年第七期、一九九八年七月／《中國哲學》編輯部・國際儒聯學術委員會編『郭店楚簡研究』（『中國哲學』第二十輯）、遼寧教育出版社、一九九九年一月）
D　廖名春「郭店楚簡儒家著作考」（『孔子研究』一九九八年第三期、一九九八年九月／復印報刊資料『中國哲學』一九九九年第一期、一九九九年三月）
E　劉信芳「郭店竹簡文字考釋拾遺」（紀念徐中舒先生百年誕辰暨中國古文字學國際學術研討會、四川聯合大學、一九九八年十月）
F　徐在國・黃德寬「郭店楚簡文字續考」（紀念徐中舒先生百年誕辰暨中國古文字學國際學術研討會、四川聯合大學、一九九八年十月／『江漢考古』一九九九年第二期、一九九九年六月）
G　陳偉「郭店楚簡別釋」（『江漢考古』一九九八年第四期、一九九八年十一月）
H　黃錫全「楚簡續貂」（中國社會科學院簡帛研究中心編輯『簡帛研究』第三輯、廣西教育出版社、一九九八年十二月）
I　袁國華「郭店楚簡文字考釋十一則」（中國文字編輯委員會編『中國文字』新二十四期、藝文印書館、一九九八年十二月）
J　李家浩「讀《郭店楚墓竹簡》瑣議」（《中國哲學》編輯部・國際儒聯學術委員會編『郭店楚簡研究』（『中國哲學』第二十輯）、遼寧教育出版社、一九九九年一月）
K　廖名春「荊門郭店楚簡與先秦儒學」（《中國哲學》編輯部・國際儒聯學術委員會編『郭店楚簡研究』（『中國哲學』第二十輯）、

遼寧教育出版社、一九九九年一月）

L　劉樂賢「讀郭店楚簡札記三則」（《中國哲學》編輯部・國際儒聯學術委員會編『郭店楚簡研究』（『中國哲學』第二十輯）、遼寧教育出版社、一九九九年一月）

M　周桂鈿「荊門竹簡《緇衣》校讀札記」（《中國哲學》編輯部・國際儒聯學術委員會編『郭店楚簡研究』（『中國哲學』第二十輯）、遼寧教育出版社、一九九九年一月）

N　陳高志「《郭店楚墓竹簡・緇衣篇》部分文字隸定檢討」（編輯委員會編『張以仁先生七秩壽慶論文集』上册、臺灣學生書局、一九九九年一月）

O　顏世鉉「郭店楚簡淺釋」（編輯委員會編『張以仁先生七秩壽慶論文集』上册、臺灣學生書局、一九九九年一月）

P　周鳳五「郭店楚簡識字札記」（編輯委員會編『張以仁先生七秩壽慶論文集』上册、臺灣學生書局、一九九九年一月）

Q　李學勤「論上海博物館所藏的一支《緇衣》簡」（『齊魯學刊』一九九九年第二期、一九九九年三月）

R　李　零「郭店楚簡校讀記」（陳鼓應主編『道家文化研究』第十七輯、三聯書店、一九九九年八月）

S　劉國勝「郭店竹簡釋字八則」（『武漢大學學報』哲學社會科學版一九九九年第五期、一九九九年九月）

T　龐　樸「郢燕書說——郭店楚簡中山三器心旁文字試說」（武漢大學中國文化研究院・哈佛燕京學社・國際儒學聯合會・中國哲學史學會・湖北省哲學史學會主辦『郭店楚簡國際學術研討會　The International Symposium on Chu State Slips of Guodian　論文匯編』第一册、武漢大學・珞珈山莊、一九九九年十月）

U　顏世鉉「郭店楚簡散論（一）」（武漢大學中國文化研究院・哈佛燕京學社・國際儒學聯合會・中國哲學史學會・湖北省哲學史學會主辦『郭店楚簡國際學術研討會　The International Symposium on Chu State Slips of Guodian　論文匯編』第一册、武漢大學・珞珈山莊、一九九九年十月）

V　劉信芳「郭店簡《緇衣》解詁」（武漢大學中國文化研究院・哈佛燕京學社・國際儒學聯合會・中國哲學史學會・湖北省哲學

史學會主辦『郭店楚簡國際學術研討會　The International Symposium on Chu State Slips of Guodian　論文匯編』第二册、武漢大學・珞珈山莊、一九九九年十月）

W　廖名春「郭店楚簡引《書》、論《書》考」（武漢大學中國文化研究院・哈佛燕京學社・國際儒學聯合會・中國哲學史學會・湖北省哲學史學會主辦『郭店楚簡國際學術研討會　The International Symposium on Chu State Slips of Guodian　論文匯編』第二册、武漢大學・珞珈山莊、一九九九年十月）

X　程元敏「《郭店楚簡》〈緇衣〉引書考」（《古文字與古文獻》編輯委員會編『古文字與古文獻』試刊號、一九九九年十月）

Y　涂宗流・劉祖信「郭店楚簡『緇衣』通釋」（『郭店楚簡國際學術研討會論文集』、湖北人民出版社、二〇〇〇年五月）

第一章

本文

夫子曰、好娧女好茲衣、亞亞女亞迣白、則民臧放、而坓不屯。寺（第一號簡）員、㦤坓文王、萬邦乍孚。▬(1)（第二號簡）

訓讀

夫子曰く、(2)「娧（美）を好むこと茲（緇）衣を好むが女（如）くし、亞（惡）を亞（惡）むこと迣（巷）白（伯）を亞（惡）むが女（如）くすれば、(3)則ち民は臧（咸）な放（務）めて、坓（刑）は屯（蠢《うごめ》）かず。(4)」と。寺（詩）に員（云）く、「文王に㦤（義）坓（刑）すれば、萬邦孚《まこと》を乍（作）さん。」と。(5) ▬

口語譯

先生が言われた、「(上の者が)美(よきこと)を好むことが(『詩』のあの)緇衣を好むようであり、惡(あしきこと)を憎むことが(『詩』のあの)巷伯を憎むようであるならば、民はみな仕事に務めて、刑罰は騷がしく發動されることはない。」と。『詩』に言う、「文王を手本にしなさい、そうすれば、すべての國が信じ合うだろう。」と。▬

今本（第二章）

子曰、好賢如緇衣、惡惡如巷伯、則爵不瀆而民作愿、刑不試而民咸服。大雅曰、儀刑文王、萬國作孚。

注

（1）夫子曰、好媺女好茲衣、亞亞女亞遆白、則民臧放、而坓不屯。寺員、𢘽坓文王、萬邦乍孚。▬

今本は篇首に「子言之曰、爲上易事也、爲下易知也、則刑不煩矣。」の一章があるが、郭店楚簡『緇衣』にはない。郭店楚簡『緇衣』の第一章は、今本の第二章に相當する。郭店楚簡『緇衣』は、各章末に「▬」の符號があるので、以下これによって分章する（全二十三章）。

（2）夫子曰、

今本は「子曰」に作る。ただし、郭店楚簡『緇衣』も、本章のみ「夫子曰」で、第二章以後はすべて「子曰」となっている。「夫子曰」は、『禮記』中庸篇の「仲尼曰」と同樣に、冒頭の章であることを物語る（末永高康「『禮記』中庸篇の「誠」の說について」、『中國の禮制と禮學』、朋友書店、二〇〇一年十月）。

（3）好媺女好茲衣、亞亞女亞遆白、

「茲」について。「茲」は「緇」の假借字（精母之部と莊母之部）。「茲衣」は『詩經』鄭風緇衣篇の「緇衣」という黒い着物を指す（『詩經』鄭風緇衣篇は、女性が思いを寄せる男性の緇衣の美しさを歌う戀愛詩）。「好媺女好茲衣」とは、上の者が人民を感化するやり方が、その美しい着物を（心から自然に）好むように、民の「美」を好む心を活かして治めることを比喩的に言っている。

「遆白」について。「遆」は「巷」の假借字（A【注釋】〔三〕を參照）。「遆白」とは、A【注釋】〔三〕で裘錫圭が言うように、『詩經』小雅巷伯篇の作者とされる「寺人孟子」によって、詩の中で譴責されている讒言者の職名であろう。ただし、それが奄官（宦官）かどうかは、その詩の文中からはわからない。「亞亞女亞遆白」とは、上の者が人民を感化するやり方が、讒言者を（心から自然に）憎むように、民の「惡」を憎む心を活かして治めることを比喩的に言っている。

この一句は、今本は「好賢如緇衣、惡惡如巷伯」に作り、郭店楚簡『緇衣』の方が「好」「亞」が一字ずつ多いが、A【注釋】〔三〕で裘錫圭が言うように、これは衍字ではない。「好娏」は今本では「好賢」になっているが、郭店楚簡『緇衣』第二十二章（第四十四號簡）の「好𢘅」も今本では「好賢」となっている。今本の「賢」「惡」の對よりも、郭店楚簡『緇衣』の「美」「惡」の對の方がより自然な對照である。今本は「賢」と「惡」とを對にすることによって、（物事の「よしあし」ではなく）人の「賢不肖」に對する好惡へと意味を變じた上で、「爵不瀆而民作愿」句を増しているわけで、上の者が惡人を遠ざけ賢人を尙べば爵・刑を妄りに施さなくても民は治まるという方向に重點をずらしているようだ。その結果、引かれた『詩經』の意味とも少しズレを生じているように思う。また、「美」「惡」が人の「よしあし」を言う場合でも、郭店楚簡『緇衣』第二十二章の「好𢘅（仁）」「亞（惡）亞（惡）」の對に注目すれば、『論語』里仁篇に「子曰、里仁爲美。擇不處仁、焉得知。」とあり、『禮記』表記篇に「無欲而好仁者、無畏而惡不仁者、天下一人而已矣。是故君子議道自己、而置法以民。」とあるように、郭店楚簡『緇衣』が言う「美」も（「賢」よりはむしろ）「仁」の美德を言うものと考えられる。人の善惡を「美」「惡」の對で言う例としては、郭店楚簡『緇衣』第十七章（第三十五號簡）に「民不能大其娏（美）而少（小）其亞（惡）。」とあり、『論語』顏淵篇に「子曰、君子成人之美、不成人之惡。小人反是。」とあり、堯曰篇に「子曰、尊五美、屛四惡、……」とあり、『帛書周易』二三子篇に「塞人之美、陽人之亞（惡）。……塞人之亞（惡）、陽〔人之〕美。」とある。

なお、『禮記』大學篇に「所謂誠其意者、毋自欺也、如惡惡臭、如好好色、此之謂自謙、故君子必愼其獨也。」とあるのは自分自身一人の心の持ち方を問題にしているという點で郭店楚簡『緇衣』とは異なる。が、「惡いことは惡い、善いことは善い」とするいつわりのない心からの好惡を「如惡惡臭、如好好色。」と表現するのは、『禮記』緇衣篇の表現よりも、郭店楚簡『緇衣』が心からの自然な好惡を「好媺女好茲衣、亞亞女亞遊白」と表現するのに近い。そして、そこには『論語』里仁篇に「子曰、唯仁者、能好人、能惡人。」とあるような、「仁者」こそが本當の意味で（心から）人の善惡を好惡できるという考え方があるのではなかろうか。

（4）民臧放、而芏不屯。

この七字は、今本では「爵不瀆而民作愿、刑不試而民咸服。」（十四字）となっていて大きく異なる。今本では「爵不瀆而民作愿」句が加增され、郭店楚簡『緇衣』の「臧放」を今本は「咸服」に、「芏」を今本は「刑」に、「屯」を今本は「試」に、作る。

「臧放」は、『上海博物館藏戰國楚竹書（一）』（上海古籍出版社、二〇〇一年）の『紂衣』（以下「上海博物館楚簡『緇衣』」と略稱）は「咸𠢕」に作る。「臧」は、おそらく「咸」の異體字であろう。「放」は、未詳。ただし、「力」と「攴」で構成されるので、「務」の省字として試譯しておく。もし「民咸務む」と訓じてよいならば、『大戴禮記』誥志篇に「是故不賞不罰、如民咸盡力。」、『管子』立政篇に「好惡形於心、百姓化於下、罰未行而民畏恐、賞未加而民勸勉、誠信之所期也。」とあるのが參考になる。

「屯」について。「屯」は「蠢」の假借字（定母文部と昌母文部）。「刑不屯」は、單に刑罰が行われないことをいうのではなく、『禮記』緇衣篇の篇首「爲上易事也、爲下易知也、則刑不煩矣。」の「刑不煩」に近い意味で、妄りに騷がしく發動されないことを言うのだろう。

（5）寺員、[我心]芉文王、萬邦乍孚。

「寺員」は、今本は「大雅曰」に作る。郭店楚簡『緇衣』では第四章に「大頭（雅）員（云）」（今本は「詩云」に作る）、「少（小）頭（雅）員（云）」（今本は「小雅曰」に作る）とあり、第十七章に「大虽（雅）云」（今本は「詩云」に作る）、「少（小）頭（雅）員（云）」（今本は「小雅曰」に作る）とあるが、それ以外の『詩』の引用はすべて「寺員」に作る。「員」は「云」の假借字。

「[我心]芉文王、萬邦乍孚」は、今本『禮記』緇衣篇は「儀刑文王、萬國作孚」に作り、『毛詩』大雅文王篇は「儀刑文王、萬邦作孚」に作る。この詩句を引用する文獻としては、

君子曰、讓、禮之主也。范宣子讓、其下皆讓、欒黶爲沖、弗敢違也。晉國以平、數世賴之、刑善也夫。一人刑善、百姓休和、可不務乎。書曰、一人有慶、兆民賴之、其寧惟永。其是之謂乎。周之興也、其詩曰、儀刑文王、萬邦作孚。言興善也。（『左傳』襄公十三年）

夏有亂政、而作禹刑。商有亂政、而作湯刑。周有亂政、而作九刑。三辟之興、皆叔世也。今吾子相鄭國、作封洫、立謗政、制參辟、鑄刑書、將以靖民、不亦難乎。詩曰、儀式刑文王之德、日靖四方。又曰、儀刑文王、萬邦作孚。如是何辟之有。民知爭端矣、將棄禮而徵於書、錐刀之末、將盡爭之。亂獄滋豐、賄賂竝行。終子之世、鄭其敗乎。肸聞之、國將亡、必多制。其此之謂乎。（『左傳』昭公六年、『漢書』刑法志にほぼ同じ文章がある）

上天之載、無聲無臭、儀形文王、萬邦作孚。此棉氏所以崇美於前、而致刑措於後也。是故上聖不務治民事而務治民心。（『潛夫論』德化篇）

などがある。

『左傳』襄公十三年では、一人が善い手本を示せば「百姓」がそれにならい和合することを言うために、『尚書』呂

刑篇とともに、『詩經』大雅文王篇が引かれている。

『左傳』昭公六年（及び『漢書』刑法志）、『潛夫論』德化篇は、法律や刑罰による統治を批判・否定する根據として、（『左傳』『漢書』では『詩經』周頌我將篇とともに）『詩經』大雅文王篇が引かれている。

この郭店楚簡『緇衣』第一章における『詩經』大雅文王篇の引用は、上記兩方の流れの濫觴であろう。上の者が善い手本を示せば民がそれにならう意味も、また、そうすれば刑が騷がしく發動されることもないという意味もある。ただし、どちらかといえば前者の方に屬するものである。

逆に、『禮記』緇衣篇は「爵不瀆而民作愿、刑不試而民咸服」というように、上記兩方の流れのうち後者に屬するようだ。少なくとも重點がそちらに片寄っている。

（近藤浩之）

第二章

本文

子曰、又郲者章好章亞、以視民厚、則民（第二號簡）靑不紈。寺員、情共尒立、好氏貞植。■（第三號簡）

訓讀

子曰く、「郲（國）を又（有）つ者好むところを章かにし亞（惡）むところを章かにし(1)、以て民に厚きを視せば(2)、則ち民の靑（情）紈（忒）わず(3)。」と。寺（詩）に員（云）く、「尒（爾）の立（位）を情（靖）共するに、氏（是）の貞（正）植（直）を好む。」と(4)。■

口語譯

先生が言われた、「國を有する者が、自分の好むものをあきらかにし憎むものをあきらかにし、そうして民に（自身の）重んずるところを示せば、民の情態が違うことはない。」と。『詩』に言う、「（明君は）なんじに位を與えることを謀るに、正直なるものを好む。」と。

今　本（第十一章）

子曰、有國者章善癉惡、以示民厚、則民情不貳。詩云、靖共爾位、好是正直。

注

（1）又⿰或阝者章好章亞、

本箇所は、今本では「有國者章善癉惡」に作り、『經典釋文』所依本も「好」の字を「義」に作るが、皇侃の説を引き「義、善也。」としているから意味の違いは認めていないようである。また、阮元の校勘記にも「善」を「義」に作るテキストがある。

この句について、鄭注は「章、明也。癉、病也。」、孔疏は「爲國者、有善以賞章明之、有惡則以刑病之也。」としている。ともに、爲政者は善惡を見極め、善に對してはそれを賞揚し、惡に對しては刑をもってそれを咎めるべきだという、信賞必罰を説くものとの解釋である。『尚書』畢命篇には「王曰、嗚呼。父師、今予祗命公以周公之事、往哉。旌別淑慝、表厥宅里、彰善癉惡、樹之風聲。弗率訓典、殊厥井疆、俾克畏慕。申畫郊圻、愼固封守、以康四海。政貴有恆、辭尚體要、不惟好異。商俗靡靡、利口惟賢、餘風未殄、公其念哉。」とあり、信賞必罰を説くのみならず、表現の上でも『禮記』緇衣篇と類似しているのは注目される。本節の「章好章亞」も鄭注・孔疏と同様の方向で讀むことは可能だが、ここでは、爲政者の示す個人的な好惡は同時に道義的な善惡でもあると認めたうえで「爲政者は自身の好惡をはっきり示すべきである」と解釋する。

『緇衣』には、爲政者の好惡が民に影響を及ぼすことを前提にして、そのために爲政者はまずみずからが善を志向しなければならないという主張が、「君民者、章好以視民慾、慬亞以柔民淫、則民不賊」(第六號簡)、「民以君爲心、君以民爲體、心好則體安之、君好則民慾之」(第八～九號簡)、「上好息則下之爲息也爭先」(第十～十一號簡)、「上之好亞、不可不斳也」(第十五號簡)などしばしばみられる。同樣の考えは、『管子』牧民篇の「召民之路、在上之所好惡。故君求之、則臣得之。君嗜之、則臣食之。君好之、則臣服之。君惡之、則臣匿之。毋蔽汝惡、毋異汝度、賢者將不汝助。言室滿室、言堂滿堂、是謂聖王。」、『商君書』錯法篇の「人君而有好惡、故民可治也。人君不可以不審好惡。好惡者、賞罰之本也。」、『呂氏春秋』孟秋篇の「是月也、以立秋。先立秋三日大史謁之天子曰、某日立秋、盛德在金。天子乃齋。立秋之日、天子親率三公九卿諸侯大夫以迎秋於西郊。還、乃賞軍率武人於朝。天子乃命將帥、選士厲兵、簡練桀俊。專任有功、以征不義。詰誅暴慢、以明好惡、巡彼遠方。」、『呂氏春秋』懷寵篇の「暴虐奸詐之與義理、反也、其埶不俱勝、不兩立。故兵入於敵之境、則民知所庇矣、黔首知不死矣。至於國邑之郊、不虐五穀、不掘墳墓、不伐樹木、不燒積聚、不焚室屋、不取六畜。得民虜、奉而題歸之、以彰好惡、信與民期、以奪敵資。若此、而猶有憂恨冒疾遂過不聽者、雖行武焉亦可矣。」、『淮南子』泰族篇の「聖王在上、明好惡以示人、經誹譽以導之、親賢而進之、賤不肖而退之、无被創流血之苦、而有高世尊顯之名、民孰不从。」などにみられる。これらは、『韓非子』二柄篇の「故君見惡、則羣臣匿端、君見好、則羣臣誣能。人主欲見、則羣臣之情態得其資矣。」、『韓非子』主道篇の「故曰、君無見其所欲。君見其所欲、臣將自雕琢。君無見其意。君見其意、臣將自表異。」などにみえるような、爲政者はその好惡を隱すべきだとの主張とは著しい對照をなしている。

（2）以視民厚、

「厚」について。『論語』學而篇の「曾子曰、愼終追遠、民徳歸厚矣。」について、何晏集解は「愼終者、喪盡其哀。追遠者、祭盡其敬。君能行此二者、民化其徳。皆歸於厚。」という孔安國の説を引き、爲政者が喪禮や祭禮を重視すれば民が感化されその「厚」に歸順すると解釋している。また、『管子』形勢解篇には「主苛而無厚、則萬民不附。父母暴而無恩、則子婦不親。臣下隨而不忠、則卑辱困窮。子婦不安親、則禍憂至。」とあり、爲政者に民が恭順するための條件として「厚」が擧げられているが、これは「苛政」に對して用いられている。いずれにしても、これらの「厚」は儒教的徳治が充實している状態を指すと思われる。郭店楚簡『成之聞之』第十七～十八號簡には「智而比卽、則民谷其智之逑也。福而貧賤、則民谷其福之大也。貴而罷纕、則民谷其貴之上也。反此道也、民必因此厚也。」（知があって人につき從えば、民はその人の知が廣く通じてほしいと願う。富を蓄えて貧者に分け與えれば、民はその人の富が大きくなってほしいと願う。身分が高くて譲ることができれば、民はその身分が高くなってほしいと願う。この方法に立ち返れば、民は必ずその厚い徳によるのである。）とあり、爲政者の志向によって民の志向も左右されることを説いており、そこでいう「厚」ももちろん徳治上好ましいものであるのはいうまでもないが、爲政者の重視するところという意味がより強いと思われる。ここでもその方向で解釋した。

（3）則民青不紂。

「紂」について。Aは「弋」の假借とする。今本では「貳」に作っているが、『經典釋文』は「弍」に作るテキストによっており、裘錫圭は「弍」の假借とする（A【注釋】〔八〕參照）。ここでもそれに從う。

「民情」あるいは「人情」の語は多く『管子』にみえる。『管子』權修篇に「野與市爭民、家與府爭貨、金與粟爭貴、鄉與朝爭治。故野不積草、農事先也。府不積貨、藏於民也。市不成肆、家用足也。朝不合衆、鄉分治也。故野不積草、府不積貨、市不成肆、朝不合衆、治之至也。人情不二、故民情可得而御也。審其所好惡、則其長短可知也。觀其交游、

則其賢不肖可察也。二者不失、則民能可得而官也。」、『管子』形勢解篇に「人主出言、順於理、合於民情、則民受其辭、民受其辭、則名聲章、故曰、受辭者、名之運也。」などとあるが、いずれも治政上から掌握すべき民の情態を指している。

（4）寺員情共尔立、好氏貞植。

『詩經』小雅小明篇の句。今本『禮記』緇衣篇および『毛詩』は「靖共爾位、好是正直。」に作る。「靖共」は、『齊詩』は「靖恭」に作り、一に「靜共」に作る。『韓詩』は「靜恭」に作り、亦た「靖恭」に作る。簡文と『毛詩』及び三家詩の文字との假借については、すべて問題がないが、ここでは一應『毛詩』に依っておく。小明篇について、毛序は「大夫悔仕於亂世也。」として、亂世に使える者の風刺詩と解釋している。鄭箋も「名篇曰小明者、言幽王日小其明、損其政事、以至於亂。」として同樣に解釋している。また、引用部分については、毛傳は「靖、謀也。正直爲正、能正人之曲曰直。」、鄭箋は「共、具。……有明君謀具女之爵位。其志在於與正直之人爲治。」とし、ともに明君が正直なる臣下を求め爵位を與えようとすると解釋している。一方、『禮記注疏』においては、孔疏が「詩云、靖共爾位好是正直者、此詩小雅小明之篇、刺幽王之詩也。言大夫悔仕亂世、告語未仕之人、言待明君靖謀共其爾之祿位、愛好正直之人、然後事之也。引之者、證上民情不二爲正直之行。」として、この詩を、明君が出現し正直なる人材を求め爵位を與えるようになるまで仕官を愼むように勸めているものと解釋しており、また引用の意圖を、爲政者と民情が一致することが正直の行であることを明らかにするためとしている。

この一節を引用する資料には、『左傳』襄公七年の「冬、十月、晉韓獻子告老、公族穆子有癈疾、將立之。辭曰、詩曰、豈不夙夜。謂行多露。又曰、弗躬弗親、庶民弗信。無忌不才、讓其可乎。請立起也。與田蘇游、而曰好仁。詩曰、靖共爾位、好是正直。神之聽之、介爾景福。恤民爲德、正直爲正、正曲爲直、參和爲仁。如是則神聽之、介福降之。立之、不亦可乎。庚戌、使宣子朝、遂老。晉侯謂韓無忌仁、使掌公族大夫。」、『荀子』勸學篇の「君子曰、學不可以已。靑取之於藍而靑於藍、冰水爲之而寒於水。木直中繩、輮以爲輪、其曲中規。雖有槁暴、不復挺者、輮使之然也。故木受繩則直、金就礪則利、君子博學而日參省乎己、則知明而行無過矣。故不登高山、不知天之高也、不臨深谿、不知地之厚也、不聞先王之遺言、不知學問之大也。干越夷貉之子、生而同聲、長而異俗、教使之然也。詩曰、嗟爾君子、無恆安息、靖共爾位、好是正直、神之聽之、介爾景福。神莫大於化道、福莫長於無禍。」、『說苑』貴德篇の「齊桓公北伐山戎氏。其道過燕、燕君逆而出境。桓公問筦仲曰、諸侯相逆固出境乎。筦仲曰、非天子不出境。桓公曰、然則燕君畏而失禮也。寡人不道而使燕君失禮。乃割燕君所至之地、以與燕君。諸侯聞之、皆朝於齊。詩云、靖恭爾位、好是正直、神之聽之、介爾景福。此之謂也。」、『大戴禮』勸學篇の「詩曰、嗟爾君子、無恆安息、靖共爾位、好是正直、神之聽之、介爾景福。」、『春秋繁露』祭義篇の「孔子曰、吾不與祭如不祭、祭神如神在、重祭事如事生。故聖人於鬼神也、畏之而不敢欺也、信之而不獨任、事之而不專恃。恃其公報有德也。幸其不私與人福也。其見於詩曰、嗟爾君子、毋常安息、靜共爾位、好是正直、神之聽之、介爾景福。正直者得福也。不正者不得福。」などがある。

（渡邉　大）

第三章

本文

子曰、爲上可䝿而智也、爲下（第三號簡）可頪而等也、則君不㤥其臣、臣不惑於君。寺員、舌人君子、其義不（第四號簡）弋。(1) 尹𧥺員、隹尹身(2)及湯、咸又一恴。■（第五號簡）

訓讀

子曰く、「上爲るものは䀡（望）みて智（知）る可く、(3)下爲るものは頪（類）して等（等）す可ければ、(4)則ち君其の臣を𢘓（疑）わず、臣 君に惑わず。」と。(5)寺（詩）に員（云）く、「𠮹（淑）人君子、其の義（儀）戈（忒）わず。」と。(6)尹𢍏（誥）に云く、「隹（惟）れ尹（伊）𨈏（尹）と湯とは、咸な一恴（德）又（有）り。」と。(7) ■

口語譯

先生が言われた、「君主は仰ぎ見て知ることができ、臣下は分類して等級を分けることができる、そうすれば君主は臣下を疑わないし、臣下も君主に惑わない。」と。『詩』に言うには、「善人や君子は、その威儀をたがえることがない。」と。『尹誥』に言うには、「伊尹と湯こそは、どちらも純一の德を持っていた。」と。 ■

今　本（第十章）

子曰、爲上可望而知也、爲下可述而志也、則君不疑於其臣、而臣不惑於其君矣。尹吉曰、惟尹躬及湯、咸有壹德。詩云、淑人君子、其儀不忒。

注

（1）戈

A・B「釋文」・Vは「弋」、R・Yは「忒」に作る。寫眞圖版によると、この字の縱線の下部がわずかに黑くふくらんでいるので、嚴密には「戈」に作るべきであろう。ただし郭店楚簡においては「戈」が「弋」として用いられている例は多く、ここでも「弋」字として用いられていると考えられる。また楚文字のみならず、古文字中において「戈」字が「弋」字として用いられるという現象は廣く見られる。これについては李家浩「戰國𨚕布考」（『古文字研究』

第三集、一九八〇年十一月）を參照。

（2）𨈖

　A・B「釋文」は「躳」、R・Vは「允」、Wは「𨈖」・Yは「尹」に作る。字形からすると、上部は「厶」（「以」）、下部は「身」なので、嚴密には「𨈖」に作るのが適切であろう。

　この字について、A【注釋】（一五）は「躳、簡文从「身」、「吕」聲。」と述べているが、A【注釋】（一五）裘按は「「尹」下一字可能是「允」之繁文。長沙楚帛書有此字、舊釋「夋」、「夋」从「允」聲。」とする。Wもこれと同様の立場に立ち、「𨈖」を「允之別構」としている。

　この字と同じ文字は郭店楚簡『緇衣』第三十六號簡にもう一例見え、そこには「少題員、也君子、𡳐也大成。」とある。そして今本のこれと對應する箇所は「小雅曰、允也君子、展也大成。」に作っている。また金文では、Wも指摘しているとおり、中山王嚳壺に「於虖、哉若言」という一句があり、この字と字形の類似した文字が見える。この文字は下部を「女」に作っており字形が異なるが、やはり「允」字と解釋して「ああ、允《まこと》なるかな若の言」という意味だと考えられる。

　以上より、この字は「允」の異體字と考えるのが妥當である。古文字では「允」字は字形上の類似からその下部を「儿」に作ったり「女」に作ったり「身」に作ったりする場合があって、この字はその一つの類型と考えることができる。

（3）爲上可𥆘而智也、

「𥆘而智」とは、下位者が上位者を仰ぎ見て知るということであるが、『緇衣』中において下位者が上位者のことを見るという記述は本章の他に第八章（第十四〜十六號簡）がある。

　子曰、下之事上也、不從其所以命而從其所行。上好此勿也、下必又甚安者矣。古上之好亞、不可不訢也。民之蕠

　也。寺員、虡虡帀尹、民具尒贍。■

この文章から、下位者は上位者を見ることによって上位者の好惡を知るということが分かる。上位者の好惡は民の模範（「民之薬」）になるわけだから、上位者の好惡を知るということは何を好み何を惡むべきかを知るということをも意味する。

　また逆に上位者が下位者にみずからの好惡を示すべきだという主張は、例えば第二章（第二號簡）の「又𨛭者章好章亞、以視民厚」など、『緇衣』中に多く見られる。

　以上の記述から考えると、上位者は下位者のモデルとして、何を好み、何を惡むかという基準を人々に示さなければならないということが『緇衣』全體の基調となっていると思われる。

（4）爲下可頪而筭也、

「頪」は「類」の假借字。「類」は「頪」を聲符としているので假借可能。意味は分類するという意味にとった。その用例としては、すでにGが指摘しているとおり、『左傳』襄公九年の「晉君類能而使之、擧不失選、官不易方。」を擧げることができる。なお今本では「述」に作っており、これに基づいてA【注釋】（一一）は「類」を「述」の假借字とする（「類」は微部來母、「述」は微部船母）が、裘錫圭氏も主張するとおり無理に今本の字に合わせることは適當でない。また『賈誼新書』等齊篇にも本章を引用している箇所があるが、そこでは「類」に作っており、本箇所と同じである。

「筭」は「等」の異體字で、等級別に分けるという意と考えた。なお今本『禮記』緇衣篇・『賈誼新書』等齊篇ではいずれも「志」に作っており、これに基づいてA【注釋】（一一）は「志」の假借字とし、B「釋文」も同様の立場に立つ。それに對してA【注釋】（一二）裘按は「可類而等之」としており、またOも裘按に従う。なお上海博物館楚簡『緇衣』の對應箇所は「止」と「因」で構成される文字に作っており、「志」の假借字として用いられていると考えられる。これらの狀況から判斷すると、ここでも「志」の假借字として「知る」という意味で用いられている可能性も十分に考えられる。

「可類而等也」とは、上位者が下位者の能力を見分け、能力別に等級を分けるということ。つまり上位者は下位者の能力を把握し、その能力に適した役職を與えなければならないということであろう。また上位者が下位者のことを知るということについては、『緇衣』第四章（第五～八號簡）に「下難智則君倀裝」、「臣事君、言其所不能、不詞其所能、則君不裝」とあることが參考になる。

（5）子曰、爲上可賥而智也、爲下可頪而等也、則君不悆其臣、臣不惑於君。

すでにGが指摘しているとおり、『賈誼新書』等齊篇に本章の孔子のことばを引用している箇所がある。

人之情不異、面目狀貌同類。貴賤之別、非天根著於形容也。所持以別貴賤、明尊卑、等級・勢力・衣服・號令也。亂且不息、滑曼無紀。天理則同、人事無別。然則所謂臣主者、非有相臨之具・尊卑之經也、特面形而異之耳。近習乎形貌、然後能識、則疏遠無所放、衆庶無以期、則下惡能不疑其上。君臣同倫、異等同服、則上惡能不眩其下。孔子曰、長民者、衣服不二、從容有常、以齊其民、則民德一。詩云、彼都人士、狐裘黄裳、行歸于周、萬民之望。孔子曰、爲上可望而知也、爲下可類而志也、則君不疑於其臣、而臣不惑於其君。而此之不行、沐瀆無界、可爲長大息者此也。

『賈誼新書』では、衣服を貴賤・尊卑を分かつ手段の一つとし、衣服は身分ごとに明確に區別しなければならないと主張している。そしてその根據として『緇衣』の文章が二つ引用されているわけだから、『賈誼新書』における「望而知」「類而志」とは、衣服が身分ごとに異なっているためにその人の身分が目で見て分かるという意味である。それに對して『緇衣』においては君臣間の區別は強調されてはおらず、人の上に立つ統治者は人々の模範として目に見える位置にいるのだから、みずからの好惡を愼まなければならないということに力點が置かれている。

（6）寺員、⿱弔口人君子、其義不戈。

「戈」は「忒」の假借字だろう。

本章所引の『詩』の一節は、『詩經』曹風鳲鳩篇に同じ文言がある。郭店楚簡でこれと同じ文言を引いているのは、『緇衣』にもう一箇所と『五行』に一箇所ある。

子曰、君子言又勿行又迼、此以生不可敓志、死不可敓名。古君子多𦖞、齊而獸之、多志、齊而新之、精智、迼而行之。寺員、⿱弔口人君子、其義弌也。君迪員、出內自尒帀于、庶言同。■（『緇衣』第三十七～四十號簡）

𡚁人君子、其義翟也。能爲翟、肰句能爲君子。〔君子〕⿰言⿱斤心其蜀也。■（『五行』第十六號簡）

通行文獻において『詩經』曹風鳲鳩篇のこの文言を引くものは多いが、本章と似た意味合い、つまり君主が下々に對して分かりやすい態度をとるべきだという方向で『詩經』曹風鳲鳩篇を引用しているものとしては次の例がある。

君子則不然、言思可道、行思可樂、德義可尊、作事可法、容止可觀、進退可度、以臨其民、是以其民畏而愛之、則而象之。故能成其德教、而行其政令。詩云、淑人君子、其儀不忒。（『孝經』聖治章）

（7）尹⿱言廾員、隹尹身及湯、咸又一悳。

「⿱言廾」は、A【注釋】〔一四〕が指摘しているように、「誥」の異體字であり、『汗簡』『古文四聲韻』にこれと同じ字形の文字が見える。ちなみに、この字は今本では「吉」に作っており、その鄭注は「吉當作告、告古文誥字之誤也。」と述べているわけだが、この郭店楚簡『緇衣』の出土によってその正しさが證明されたことになる。

「尹身」の二字について、A【注釋】〔一五〕は「尹」を「伊」の假借字、「允」は「躳」に作り「尹」の假借字とする。そしてV・Wも、字釋は異なるものの、やはりこの二字について「尹」を「伊」、「允（身）」を「尹」の假借字とする。この場合、「及」は竝列を表す連詞であり、その前後には名詞性の語句が來ることが豫想されるから、「身」を副詞と讀むのは考えがたい。「尹身」はやはり「伊尹」と考えるのが妥當であろう。

第四章

（芳賀良信・廣瀨薫雄）

本文

子曰、上人𢘅、則百眚賊、下難（第五號簡）智、則君倀袋。古君民者、章好以視民忩、懂亞以寀民淫、[1]則民不賊。臣事君（第六號簡）、言其所不能、不訒其所能、則君不袋。大頣員、上帝板板、下民卒担。少頣員、非其（第七號簡）𨑊之共、唯王𢙛。■（第八號簡）

訓読

子曰く、「上の人𢘅（疑）わしければ、則ち百眚（姓）賊（惑）い、[2]下智（知）り難ければ、則ち君倀（長）袋（勞）す。[3]古（故）に民に君たる者は、好むところを章らかにして以て民に忩（欲）を視（示）し、[4]亞（惡）むところを懂（謹）みて以て民の淫〈淫〉を寀（渫）《のぞ》けば、則ち民賊（惑）わず。[5]臣　君に事うるに、其の能くせざる所を言いて、其の能くする所を訒（辭）せざれば、則ち君袋（勞）せず。[6]」と。大頣（雅）に員（云）く、「上帝板板たり、下民卒（卒）《ことごと》く担（疸）《や》めり。[7]」と。少（小）頣（雅）に員（云）く、「其の之れが共（恭）に𨑊（止）まるに非ざるは、唯だ王の𢙛（卭）《やまい》なり。[8]」と。■

口語訳

先生が言われた、「上に立つものが（自分の好むところ・憎むところを）明確にしないと、民衆は迷い、臣下のことが察知し難い狀態にあれば、君主は（政治に）苦しむことになる。そこで、君主は自分の好むところを明らかにして民衆に自分の望むところを示し、自分の憎むところを愼んで民衆が貪らないようにすれば、民衆は迷わない。臣下が君主に仕える際、自分の不得意なところをはっきり言い、得意なところは引き受けて辭退することがなければ、君主は（政治に）苦しまない。」と。大雅に次のように言う、「上帝にそむき、民はことごとく苦しむ。」と。小雅に次のようにいう、「彼らは皆愼まず、王の苦しむところとなるばかりだ。」と。■

今　本（第十二章）

子曰、上人疑、則百姓惑、下難知、則君長勞。故君民者、章好以示民俗、愼惡以御民之淫、則民不惑矣。臣儀行、不重辭、不援其所不及、不煩其所不知、則君不勞矣。詩云、上帝板板、下民卒癉。小雅曰、匪其止共、惟王之邛。

注

（1）桼

裘錫圭氏はA【注釋】〔一九〕で、「「以」下一字，上部與《窮達以時》篇二號簡「殜」字右旁相同，似當釋爲「渫」。」とする。今は裘氏の說を參考とするが、ここでは寫眞圖版によって「桼」に作る。

（2）上人惓、則百眚賊、

「百眚賊」は下文の「古君民者、章好以視民慾、懂亞以桼民淫、則民不賊。」の「民不賊」と對應していると考えられる。したがって、「上人惓」とは、具體的には「上人」あるいは「君」が、自分の好むところを明らかにしないこと、憎むところを愼まないことを意味するのだろう。

（3）下難智、則君倀裝。

「君佷」の用例としては、『墨子』非命中篇に「初之列士桀大夫、愼言知行。此上有以規諫其君長、下有以教順其百姓。故上得其君長之賞、下得其百姓之譽。」とあり、『韓非子』忠孝篇に「今堯自以爲明、而不能以畜舜、舜自以爲賢、而不能以戴堯、湯武自以爲義、而弑其君長。」とあり、『晏子春秋』內篇諫上に「古之王者、德厚足以安世、行廣足以容衆。諸侯戴之、以爲君長、百姓歸之、以爲父母。」などとあるように、いずれも天下や國の最高權力者・最高統治者の意。

「𧛔」は、A【注釋】〔一七〕は「「労」字之形與𢁉鎛、齊侯鎛「労」字同。」として、「労」の異體字とする。B「釋文」も同じ。容庚編著・張振林・馬國權摹補『金文編』（中華書局、一九八五年）九〇二頁の「労」字を參照。「労」の省字あるいは異體字であろう。

この一句において「君佷𧛔」は、下文の「臣事君、言其所不能、不詞其所能、則君不𧛔。」の「君不𧛔」と對應していると考えられる。したがって、「下難智」とは、「上人」あるいは「君」が臣下の官吏としての「能」「不能」を的確に把握できない狀態のことを意味するのだろう。

（4）古君民者、章好以視民忩、

「忩」は、A・B「釋文」・Vいずれも「欲」の異體字（あるいは假借字）とする。今本は「俗」に作る。「忩」は『韓非子』に、

道者、萬物之始、是非之紀也。是以明君守始、以知萬物之源、治紀以知善敗之端。故虛靜以待、令名自命也、令事自定也。虛則知實之情、靜則知動者正。有言者自爲名、有事者自爲形。形名參同、君乃無事焉、歸之其情。故曰、君無見其所欲。君見其所欲、臣將自雕琢。……故曰、去好去惡、臣乃見素、去智去舊、臣乃自備。（主道篇）

人主有二患。任賢、則臣將乘於賢以劫其君。妄擧、則事沮不勝。故人主好賢、則羣臣飾行以要君欲。則是羣臣之情不效。羣臣之情不效、則人主無以異其臣矣。……故君見惡、則羣臣匿端、君見好、則羣臣誣能。人主欲見、則

羣臣之情態得其資矣。……故曰、去好去惡、羣臣見素。羣臣見素、則大〈人〉君不蔽矣。（二柄篇）

とあるのによれば、「去好去惡」が、主道篇では「君見其所欲」と、二柄篇では「君欲」「人主欲見」と對應している。ここも「忿」が「章好」と對應しているので、「忿」は「欲」の假借字でよかろう。なお、主道・二柄兩篇が「去好去惡」を主張するところは、本章と全く正反對であり、ここに『韓非子』と郭店楚簡『緇衣』との激しい思想的對立關係が十分窺われる。

（5）慬亞以桼民淫、則民不賊。

「慬」は、A・B「釋文」・Vいずれも「謹」の假借字とする。諧聲符が同じであるので假借可能。なお、D・Kは「瘽」の假借字とするが、それでは意味が通らないので不適當。

「淫」は、Aは「淫」の錯字とし、Vは「淫」の假借字（あるいは異體字）とする。ここではしばらく「淫」の錯字とする。その理由については、本書「『唐虞之道』譯注」第四章注（7）を參照。この字の意味は、今本『禮記』緇衣篇の鄭注に「淫、貪侈也。孝經曰、示之以好惡、而民知禁。」とあるのに從う。

「桼」は、A【注釋】〔一九〕裘按が「渫」の異體字とし、『說文』水部の「渫、除去也。」を引用するのに從う。

（6）臣事君、言其所不能、不訶其所能、則君不褮。

「訶」の右旁は、『汗簡』の「司」字に類似しており、恐らく「詞」の省字あるいは異體字であろう。『古文四聲韻』所收の道德經・裴光遠集綴の「詞」字や、黄錫全『汗簡注釋』（武漢大學出版社、一九九〇年）三二七頁所引の三體石經の「詞」字とも類似。A・B「釋文」は「詞」の異體字（あるいは假借字）とし、如字で取っているが、裘錫圭氏はA【注釋】〔二〇〕で「辭」の假借字としている。今は裘氏の說に從って「辭」の假借字とする。

なお、「不訶其所能」と類似の思想は、『淮南子』人閒篇の「忠臣事君也、計功而受賞、不爲苟得、積〈量〉力而受官、不貪爵祿。其所能者、受之勿辭也、其所不能者、與之勿喜也。辭所能則匿、欲所不能則惑。辭所不能、而受所能、

則得無損墮之勢、而無不勝之任矣。」に見られる。

この句は、今本は「臣儀行、不重辭、不援其所不及、不煩其所不知、則君不勞矣。」に作っており、簡本とは全く別の文章になっている。鄭注は、「不援其所不及」は「引君所不及、謂必使其君所行如堯舜也。」、「不煩其所不知」は「不煩以其所不知、謂必使其知慮如聖人也。」の意味として解釋している。今本の意味を鄭注の解釋でよいとすれば、今本のこの句は上文の「下難智」とは全く無關係になってしまう。したがって、文章全體の整合性という面から見ると、簡本の方がより優れていると考えられる。

（7）大䪺員、上帝板板、下民卒担。

「䪺」は、A【注釋】〔一一二〕は「䪺，「夏」字，楚簡文字習見，在此借作「雅」。」として、「雅」の假借字とする。B「釋文」・V・Xも同じ。「夏」は匣母魚部字、「雅」は疑母魚部字で、音が近いので假借可能。

「卒」は、A【注釋】〔一一三〕は、「李家浩釋作「卒」。」とする。「卒」の上の「爪」は、例えば、楚系文字に多く見られる「豙」と同樣、飾りであろう。よって、「卒」の異體字とする。

「担」は、A・B「釋文」・Rは「疸」の假借字とするが、Vは「癉」の假借字とし、Xは「亶」「癉」兩方可能だとする。「担」は、今本『禮記』緇衣篇は「亶」に作り、『毛詩』大雅板篇は「癉」に作る。「担」（聲符である「旦」は端母元部字）・「疸」（端母元部字）・「亶」（聲符である「亶」は端母元部字）・癉（定母元部字）は、いずれも相互假借可能。ここではしばらく「担」と同じ諧聲符を持つ「疸」の假借字とする。「疸」は、『說文』疒部に「疸、黃病也。」とある。

この一句は、『詩經』大雅板篇にほぼ同樣の句が見える。今本は「詩云」に作るが、郭店楚簡『緇衣』は「大䪺員」に作るところに相違がある。「板板」は、毛傳は「板板、反也。」とする。鄭箋はこの一句の全體の意味について、「王爲政、反先王與天之道、天下之民盡病。」としている（ただし今本『禮記』緇衣篇の鄭注には「此君使民惑之詩」とあって、やや違った解釋がなされている）。鄭箋は「反」の意味をさらに具體的に「先王」「天之道」に背くこととしており、その點において、鄭注よりかなり理念的な解釋になっている。しかし、郭店楚簡『緇衣』では、君主の「好惡」や臣下の官吏としての「能力」が問題とされているので、そこまで踏み込んで解釋するのは無理であろう。從って、今は毛傳のように解する。

この句の引用は以下の文獻に見える。

登高而臨深、遠見之樂、臺榭不若丘山所見高也。平原廣望、博觀之樂、沼池不知川澤所見博也。勞心苦思、從欲極好、靡財傷情、毀名損壽、悲夫傷哉。窮君之反於是道而愁百姓。詩曰、上帝板板、下民卒癉。（『韓詩外傳』卷五）

先聖法度、所宜堅守。政教一跌、百年不復。詩云、上帝板板、下民卒癉、刺周王變祖法度、故使下民將盡病也。（『後漢書』李固杜喬列傳）

（8）少顕員、非其⿱止之之共、唯王⿱巷心。

「共」は、A・B「釋文」・Rはいずれも如字で取っているが、『經典釋文』禮記音義に「音、恭。皇本作躬、云躬恭也。」とあり、毛詩音義に「音、恭。本又作恭。」とあるのによって、ここでは「恭」の假借字とする。「恭」は、『說文』心部に「恭、肅也。」とある。

「⿱巷心」は、Aは如字で取るが、B「釋文」は「卭」の假借字とする。ここではしばらく「卭」の假借字とする。諧聲符が同じであるので假借可能。「卭」は、今本『禮記』緇衣篇の鄭注に「卭、勞也。」とあり、『毛詩』の鄭箋には「卭、病也。」とある。

この一句は、『詩經』小雅巧言篇に類似の句が見える。この一句について、今本『禮記』緇衣篇の鄭注は「言臣不止於恭敬其職、惟使王之勞。此臣使君勞之詩也。」と、『毛詩』の鄭箋は「小人好爲讒佞、既不共其職事、又爲王作病。」

と解釋する。この一句を引用するものとしては、以下のような用例がある。

有大忠者、有次忠者、有下忠者、有國賊者。以道覆君而化之、是謂大忠也。以德調君而輔之、是謂次忠也。以諫非君而怨之、是謂下忠也。不恤乎公道之達義、偸合苟同以持祿養〔交〕者、是謂國賊也。若周公之於成王、可謂大忠也。管仲之於桓公、可謂次忠也。子胥之於夫差、可謂下忠也。曹觸龍之於紂、可謂國賊也。皆人臣之所爲也、吉凶賢不肖之效也。詩曰、匪其止共、惟王之卭。（『韓詩外傳』卷四。『詩』の引用を除いた部分と類似の文章は、『荀子』臣道篇に見える。）

哀公問取人。孔子曰、無取健、無取佞、無取口讒。健、驕也。佞、諂也。讒、誕也。故弓調、然後求勁焉。馬服、然後求良焉。士信愨、而後求知焉。士不信焉又多知、譬之豺狼、其難以身近也。周書曰、爲虎傅翼也、不亦殆乎。詩曰、匪其止共、惟王之卭、言其不恭其職事、而病其主也。（同右。『周書』『詩』の引用を除いた部分とやや類似の文章は、『荀子』哀公篇に見える。）

子貢曰、葉公問政於夫子。夫子曰、政在〔於〕附近而來遠。魯哀公問政於夫子。夫子曰、政在於諭臣。齊景公問政於夫子。夫子曰、政在於節用。三君問政於夫子、夫子應之不同。然則政有異乎。孔子曰、夫荊之地廣而都狹、民有離志焉。故曰、〔政〕在於附近而來遠。哀公有臣三人、內比周以惑其君、外鄣距諸侯賓客、以蔽其明。故曰、政在〔於〕諭臣。齊景公奢於臺榭、淫於苑囿、五官之樂不解、一旦而賜人百乘之家者三。故曰、政在於節用。此三者、政也。詩不云乎。亂離斯瘼、爰其適歸。此傷離散以爲亂者也。匪其止共、惟王之卭。此傷姦臣蔽主以爲亂者也。相亂蔑資、曾莫惠我師。此傷奢侈不節以爲亂者也。察此三者之所欲、政其同乎哉。（『說苑』政理篇）

『韓詩外傳』卷四・『說苑』政理篇は、いずれも臣下のありかたを問題にしており、それは本章とも共通している。しかし、本章のように臣下の官吏としての「能」「不能」の問題は見えず、そこに本章との相違點がある。

なお、Rは「非其𫝀之共、唯王恙。」を、「簡文〝共唯王〟與〝之〟字互倒，今爲乙正。」として、今本のように

「非其止共，唯王之卭。」に改めている。説得力は十分あると思われるが、ここでは本文に卽して解してみた。

（李 承 律）

第五章

本文

子曰、民以君爲心、君以民爲體、心好則體安之、君好則民忩（第八號簡）之。古心以體灋(1)、君以民芒。寺員、隹秉或城、不自爲卣、卒褮百眚。君舀員、日屠(2)雨、少（第九號簡）民隹日悁、晉冬旨滄、少民亦隹日悁。■（第十號簡）

訓読

子曰く、「民は君を以て心と爲し、君は民を以て體と爲す。心好めば則ち體之れに安んじ、君好めば則ち民之れを忩（欲）す。古（故）に心は體を以て灋（存）し、君は民を以て芒（亡）ぶ。」と(3)。寺（詩）に員（云）く、「隹（誰）れか或（國）の城（成）を秉りて、自ら卣（貞）しきを爲さず、卒（卒）に百眚（姓）を褮（勞）する。」と(4)。君舀（牙）に員（云）く、「〔夏〕日屠（暑）雨あり、少（小）民は隹（惟）れ日々に悁（怨）む。冬に晉みて旨（耆）《おお》い に滄《さむ》し、少（小）民は亦た隹（惟）れ日々に悁（怨）む。」と(5)。■

口語訳

先生が言われた、「民は君主を自分の心とし、君主は民を自分の身體とする。心が好めば身體もそれに安心し、君主が好めば民もそれを欲する。故に心は身體によって存在し、君主は民によって滅びる。」と。『詩』に言う、「國の政權を持ちながら、自ら正しいことを行わず、ことごとく民を苦しめるのはだれか。」と。『君牙』に言う、「〔夏〕に大雨が降って、民は怨み、冬になって非常に寒く、民はまた怨む。」と。

今　本（第十七章）

子曰、民以君爲心、君以民爲體、心莊則體舒、心肅則容敬。心好之、身必安之、君好之、民必欲之。心以體全、亦以體傷、君以民存、亦以民亡。詩云、昔吾有先正、其言明且清、國家以寧、都邑以成、庶民以生。誰能秉國成、不自爲正、卒勞百姓。君雅曰、夏日暑雨、小民惟曰怨、資冬祁寒、小民亦惟曰怨。

注

（1）灋

A【注釋】〔二七〕は「簡文從〝水〟從〝去〟從〝廌〟省，即〝法〟之初文〝灋〟。」と述べ、「法」に作る。包山楚簡に見える「灋」（第十六・十八・一四五號簡）や「廌」（第二六五號簡）の字形と比べると、この字の右旁上部は「廌」の省字であることが確認できる。したがって確かに字形は「廌」そのものとは言えないが、「灋」に作ることにする。なお、上海博物館楚簡『緇衣』の對應する箇所（第五號簡）は「廌」に作る。

（2）⿸尸⿱几日

Aは「俗」に作る。この字について、Jはこの字の右旁は包山楚簡に見える「⿱几日」という字及び信陽楚簡に見える「⿰木⿱几日」という字に類似しているので、「俗」ではなく、「⿸尸⿱几日」に作るべきであると指摘している。Jの說に従う。ちなみに上海博物館楚簡『緇衣』の對應する箇所（第六號簡）は「⿸尸見」に作る。

（3）子曰、民以君爲心、君以民爲體、心好則體安之、君好則民⿱谷心之。古心以體灋、君以民芒。

「灋」について。もし「灋」がのっとるという意味だとすると、「古心以體灋」の一句は「心（すなわち君主）が體（すなわち民衆）をモデルとする」という意味になって、君主は民衆のモデルであり、民衆は君主の好悪・言行に從うという郭店楚簡『緇衣』全體の基調と正反對の趣旨になってしまう。したがって「灋」を「のっとる」の意味で解釋することは適當ではない。この字についてＡ【注釋】〔二七〕の裘按は、「簡文「法」字疑當讀爲「廢」，二字古通。」としている。確かに裘説の言うとおり、西周金文には「勿灋朕命」（例えば師酉簋）といったような、「灋」を「廢」の意味で用いている例がある。しかし注（1）で指摘したように、この字の右旁上部は「廌」の省字であることが確認でき、上海博物館楚簡『緇衣』の對應する箇所も「廌」に作る。郭店楚簡『語叢四』第九號簡に「數（竊）鉤（鈎）者戓（誅）、數（竊）邦者爲者（諸）侯之門、義士之所廌（存）。」とあり、その【注釋】〔七〕の裘按は『莊子』胠篋篇の「彼竊鈎者誅、竊國者爲諸侯。諸侯之門、而仁義存焉。」を引用し、「廌」と「存」との對應關係ばかりでなく、兩者に假借關係があることも指摘している。もし「灋」の聲符を「廌」と考えて「存」の假借字とすれば、「のっとる」や「廢れる」よりも「存在する」のほうが今本の「心以體全、亦以體傷」と意味が近くなるので、ここでは「灋」を「存」の假借字とする。

君民關係を心體關係にたとえ、民衆の行爲は君主の行爲に規定されているということと同じ趣旨を述べている用例としては、『韓非子』外儲説左上に「孔子曰、爲人君者猶盂也、民猶水也。盂方水方、盂圜水圜。」とあり、『荀子』君道篇に「君者、儀也。民者、景也。儀正而景正。君者、槃也。民者、水也。槃圓而水圓。君射則臣決。楚莊王好細腰、故朝有餓人。……君者、民之原也。原淸則流淸、原濁則流濁。」とある。また、君民は一體の關係であり、君主は主導權を持ってはいるが、民衆の反發により危險な狀態に陷るという趣旨に近い用例としては、『荀子』王制篇に「傳曰、君者、舟也、庶人者、水也、水則載舟、水則覆舟、此之謂也。故君人者、欲安則莫若平政愛民矣、欲榮則莫若隆禮敬士矣、欲立功名則莫若尚賢使能矣。」があり、そこでは「君」を「舟」、「民」を「水」にたとえている。

（4）寺員、隹秉⿱宀或城、不自爲⿱卜目、卒褮百眚。

「⿱卜目」は「貞」の省字で、「正」の假借字であろう。「貞」は耕部知母字、「正」は耕部章母（上古は舌音相當）字で假借可能。ちなみに上海博物館楚簡『緇衣』のこの箇所は「正」に作る。

「褮」は、A【注釋】〔一七〕の指摘するように、『汗簡注釋』の引く⿰素命鎛、齊侯鎛の「勞」字に類似している。したがって本字は「勞」の異體字であろう。『毛詩』小雅節南山篇と今本『禮記』緇衣篇はともに「勞」に作る。

「寺員、隹秉⿱宀或城、不自爲⿱卜目、卒褮百眚。」について。『毛詩』小雅節南山篇は「誰秉國成、不自爲政、卒勞百姓。」（王先謙『詩三家義集疏』によると、齊詩は「誰」の直後に「能」があり、「政」は「正」に作る。）に作り、今本『禮記』緇衣篇は「詩云、昔吾有先正、其言明且清、國家以寧、都邑以成、庶民以生。誰能秉國成、不自爲正、卒勞百姓。」に作る。

注目すべき點は、郭店楚簡『緇衣』には「昔吾有先正、其言明且清、國家以寧、都邑以成、庶民以生。」の五句がないことである。また、上海博物館楚簡『緇衣』の對應する箇所（第五～六號簡）もこの五句はない。『經典釋文』はこの五句について、「昔吾有先正、從此至庶民以生、揔五句今詩皆無此語、餘在小雅節南山篇、或皆逸詩也。」と指摘している。このように『經典釋文』が本箇所所引の詩を逸詩ではないかとした根據となっていた五句が郭店楚簡『緇衣』になかったことから、以下の諸點で問題が提起されたことになる。

一、郭店楚簡『緇衣』が引用した詩は『詩經』小雅節南山篇と異なっている點が全くないことから、本箇所で引用されている『詩』はやはり節南山なのではないかと考えられる可能性が生じてきた。

二、今本『禮記』緇衣が引用している詩は『詩經』小雅節南山篇であり、もともとは問題の五句はなかったのだが、後代になんらかの理由で今本『禮記』緇衣篇を編纂する際に書き加えられた可能性が生じてきた。

三、今本『禮記』緇衣篇が引用した詩が『詩經』小雅節南山篇ではなく、『經典釋文』の指摘したように、郭店楚簡にない五句を含む一篇のまとまった逸詩である可能性は依然として存在する。そしてもし假に郭店楚簡『緇衣』の引用した詩が『詩經』小雅節南山篇だとすると、今本『禮記』緇衣篇は郭店楚簡とは系統の異なるテキストによっていた可能性も生じてくる。

（5）君⿱牙臼員、日⿸尸⿱千日雨、少民隹日悄、晉冬旨滄、少民亦隹日悄。

「君牙」は、現在は僞古文『尙書』に殘されている。「〔夏〕日⿸尸⿱千日雨」は、寫眞圖版によると「日⿸尸⿱千日雨」しかなく、上海博物館楚簡『緇衣』の對應する箇所（第六號簡）も「夏」字はない。しかし、下文に「晉冬旨滄」という句があり、加えて僞古文『尙書』君牙篇に「夏暑雨」、今本『禮記』緇衣篇に「夏日暑雨」とあることからすると、「日」の上に「夏」が脫したと考えられる。したがって「夏」字を補う。

「⿸尸⿱千日」は「尻」の異體字であろう。「尻」は、『說文』几部に「處也、从尸得几而止。」とあるように、すなわち「處」である。「處」は「暑」の假借字であろう。董同龢『上古音韻表稿』（中央研究院歷史語言研究所單行甲種之二十一、中央研究院歷史語言研究所、一九四四年初版、一九九一年景印第四版、台聯國風出版社印行）によると、「暑」と「處」はともに魚部に屬するため假借可能。今本は「暑雨」に作る。

「悄」は「怨」の假借字。この箇所は、僞古文『尙書』君牙篇は「怨」に作る。この字は郭店楚簡『緇衣』第二十二號簡にも見え、その箇所でも今本は「怨」に作る。ちなみに、李運富『楚國簡帛文字構形系統研究』（岳麓書社、一九九七年）は包山楚簡に見える類似の字形について詳細な檢討を行っている。それによると、この字の右旁は『說文』肉部に收錄されている「肙」の字であり、したがって「悄」は「悁」であるという。また「悁」は『說文』心部に「悁、忿也。」とあるように、そもそも「怨恨」の意味があるとしている。

「晉」は『說文』日部に「晉、進也」とあるように、「進」の意味である。この字は今本では「資」に作り、鄭注に「資當爲至」とある。

「旨」はA【注釋】〔三三〕の裘按の説に從って「祁」の假借字とし、「祁寒」は「極寒」、「嚴寒」の意味と考えた。この字は、僞古文『尚書』君牙篇は「祁」に作る。

「滄」は郭店楚簡『太一生水』第三號簡に既出。「寒」の意と釋されている。『說文』水部に「滄、寒也。」とあるように、「寒」の意である。

「君舀員、日暑雨、少民隹日悁、晉冬旨滄、少民亦隹日悁。」という句は僞古文『尚書』君牙篇では「夏暑雨、小民惟曰怨咨。冬祈寒、小民亦惟曰怨咨。」に作る。

君牙篇に見える「小民」の「怨」は、單に悪い氣候に對する怨みのようであるが、ここでは、悪い氣候によって悪質な政治をたとえているのであろう。

（曹　峰）

第六章

本　文

子曰、上好㤈、則下之爲（第十號簡）㤈也爭先。古倀民者、章志以卲百眚、則民至行㠯以悅上。（第十一號簡）寺員、又[illegible]恵行、四方𢘊之。▬（第十二號簡）

訓　讀

子曰く、「上㤈（仁）を好めば、則ち下の㤈（仁）を爲すや先を爭う。[1] 古（故）に民に倀（長）たる者、[2] 志を章らかにして以て百眚（姓）に卲（詔）ぐれば、[3] 則ち民㠯（己）れを行うを至（致）めて以て上を悅（悅）ばす。[4]」と。寺

（詩）に員（云）く、「〓（槃）たる悳（德）行又（有）り、四方之れに𡰥（順）う。」と。(5) ■

口語譯

先生が言われた、「上の者が仁を好めば、下の者も仁を行うことに先を争って努めるものだ。さてこそ民を治める者が、その志向（ここでは仁を好むこと）を明らかにして民を教えみちびけば、民はその立ち居振る舞いにも上の志向を徹底させて、上の者を悦ばせるであろう。」と。『詩』に言う、「大いなる德が行われて、四方の國々がこれに從った。」と。■

今　本（第六章）

子曰、上好仁、則下之爲仁爭先人。故長民者章志貞教尊仁、以子愛百姓、民致行己以説其上矣。詩云、有梏德行、四國順之。

注

（1）上好〓、則下之爲〓也爭先。

「〓」について。今本は「仁」に作る。「〓」は「仁」の古文。

「先」について。今本は「先」の後に「人」一字が多いが、意味は郭店楚簡『緇衣』とほとんどかわらない。

「上好〓、則下之爲〓也爭先。」のように、上の好みが下に影響を及ぼすことを述べたものは、郭店楚簡『緇衣』においては第一章（今本第二章）、第二章（今本第十一章）、第四章（今本第十二章）、第五章（今本第十七章）、第六章（今本第六章）、第八章（今本第四章）と多く、特に第一章から第八章までは、上は好み（好惡）を明らかにして民を導くべきであるという主題でほぼ一貫している。また、『禮記』大學篇には「堯舜率天下以仁、而民從之。桀紂率天下以暴、而民從之。其所令、反其所好、而民不從。」とある。君主の命令が君主の好みと反するようでは民は（その命令には）從わずその好む所に從うという主旨は、君主の好惡（特に仁に對する好惡）が民の統治に關わる重要な要因であることを述べる郭店楚簡『緇衣』（第一～八章）の主題と相通じる。

（2）倀民者、

「民に倀（長）たる者」という語は、郭店楚簡『緇衣』第十六、二十三號簡にも見える。なお、「君民者」という語が第六號簡に見えるが、「倀民者」はそれと意味はあまりかわらない。

（3）章志以卲百眚、

「志を章らかにす」とは、好惡を明らかにすること。ここでは「𢝬（仁）を好む」という志向を明らかに示すこと。

「卲」について。「卲」の異體字か。上海博物館楚簡『緇衣』は「卲」に作る。「卲」は「詔」の假借字と考える。この一句は、今本は「章志貞教尊仁、以子愛百姓」に作り、字數も增えてかなり異なる。「卲（詔）」は、『莊子』盜跖篇に「孔子謂柳下季曰、夫爲人父者、必能詔其子。爲人兄者、必能教其弟。」とあるが、『經典釋文』に「能詔」を揭出して「如字。教也。」という。「百眚（姓）に卲（詔）ぐ」とは、民に教える、民を教化するということだろう。『管子』牧民篇に「如地如天。何私何親。如月如日。唯君之節。御民之轡、在上之所貴。道民之門、在上之所先。召民之路、在上之所好惡。故君求之、則臣得之。君嗜之、則臣食之。君好之、則臣服之。君惡之、則臣匿之。毋蔽汝惡、毋異汝度。賢者將不汝助。言室滿室、言堂滿堂、是謂聖王。」とあるが、『管子校正』に引く丁士涵の說によれば、「召」は「詔」の假借字。『爾雅』釋詁に「詔、道也。」とある。

（4）則民至行𠯑以敓上。

「𢀜」について。A・B「釋文」いずれも「㠱」に作るが、寫眞圖版によれば「𢀜」に作る方がよい。上海博物館楚簡『緇衣』は「吕」に作り、今本は「己」に作る。「𢀜」は「己」の假借字であろう。

「𢀜（己）れを行う」とは、『論語』公冶長篇に「子謂子産有君子之道四焉。其行己也恭、其事上也敬、其養民也惠、其使民也義。」とあり、『論語』子路篇に「子貢問曰、何如斯可謂之士矣。子曰、行己有恥、使於四方、不辱君命、可謂士矣。」とあり、また、『晏子春秋』外篇重而異者に「晏子相景公。其論人也、見賢而進之、不同君所欲。見不善則廢之、不辟君所愛。行己而無私、直言而無諱。」とあるように、「立ち居振る舞い」（態度・行爲）のことであり、しかも「恭」（つつしみ深い）、「有恥」（恥を知る）という方向の形容と結びつく行動のようである。

「敓」について。上海博物館楚簡『緇衣』は「兌」に作る。今本は「說」に作り、「說」の後に「其」一字が多い。「敓」は「悅」の假借字。

（5）寺員、又〓恵行、四方忠之。

「〓」について。上海博物館楚簡『緇衣』も「〓」に作る。今本は「梏」に作り、『毛詩』大雅抑篇は「覺」に作る。Aは寫眞圖版のまま「〓」に作り、B「釋文」は「共（格）」に作る。あるいは『說文』皃部に「覍、晃也。……弁、籒文覍、从廾、上象形。」とある「弁」字であろうか。「〓」は徐中舒『漢語古文字字形表』（四川人民出版社、一九八〇年、三四四頁）によれば「弁」に、『金文編』（一六四頁）によれば「共」に作る字。いずれが是かわからないが、しばらく「弁」と考える。『儀禮』士冠禮記「周弁、殷冔、夏收。」の鄭注に「弁名出於槃。槃、大也。言所以自光大也。」とあるのにより、「弁」は「槃」の假借字（「弁」「槃」いずれも竝母元部）、意味は「大」。なお、H・P・Q・R・Vに諸說あるが、まだ定論をみるに至っていない。

「恵」について。上海博物館楚簡『緇衣』も同じ。今本及び『毛詩』大雅抑篇は「德」に作る。「恵」は「悳」の異體字。「悳」は「德」の本字。

「四」について。上海博物館楚簡『緇衣』は「三」に作る。今本及び『毛詩』大雅抑篇は「四」に作る。
「方」について。上海博物館楚簡『緇衣』は「或」に作り、今本及び『毛詩』大雅抑篇は「國」に作る。
「巡」について。上海博物館楚簡『緇衣』は「川」に作り、今本及び『毛詩』大雅抑篇は「順」に作る。「巡」は「順」の假借字（諧聲符が同じで假借可能）。

この詩句を引用する資料には、『禮記』緇衣篇、『楚辭』九嘆篇の王逸章句、『新序』雜事五、『列女傳』魯公姑丘傳、『韓詩外傳』卷五・六、『春秋繁露』郊祭篇などがある。

『新序』雜事五と『韓詩外傳』卷六とは、ほぼ同じで、齊の桓公は「布衣之士」（處士、仕えずに民閒にいる士）すら輕視しなかったから、諸侯を九合し天下を一匡する覇者となれたのであるという話を、『詩經』大雅抑篇「有覺德行、四國順之。」の引用で締め括ることによって重みを増したもの。その「德行」の重點は處士をも輕視せずにへりくだったことにあり、郭店楚簡『緇衣』第六章とは無關係に見えるが、『韓詩外傳』卷六のみそれを「好仁」と表現していることが、『緇衣』第六章との關係を感じさせる（もし、『韓詩外傳』卷六のような論理がなければ、この桓公の話と『緇衣』第六章の話とは全く結びつかない）。なお、『詩經』大雅抑篇の引用はないが、同樣の話が『呂氏春秋』下賢篇、『韓非子』難一篇に見える。

『韓詩外傳』卷五は、「禮が身に及んで行いが修まり、禮が國に及んで政治が明らかになる。そうして、名聲が揚がって、天下が順う。」という論旨で、『詩經』大雅抑篇を引く。郭店楚簡『緇衣』の言う「好惡」を愼むことが、『韓詩外傳』卷五では「禮」を修めることに置き換えられているような印象を受ける。『列女傳』魯義姑姊傳は、魯の國境の婦人でさえ「節を持し義を行う」のだから、その朝臣、士大夫はなおさらであろうとして、齊が魯を攻めるのをやめたという話の締め括りに『詩經』大雅抑篇を引用する。その主旨は「禮義を以て國を治む」ることによって「四國」をも從えることができると說くもので、『詩經』大雅抑篇の「德行」の內容を「禮義」としている點では『韓詩外傳』

巻五とほぼ同じであるが、君子自身が「禮義」を行うというよりも國を治める手段として「禮義」を用いることに重點が移っている。

『春秋繁露』郊語篇は、『詩經』大雅抑篇を「覺者著也。王者有明著之德行於世、則四方莫不響應。風化善於彼矣。」と解釋している。「風化」が善いというのは、具體的には、次の文に「故曰、悅于慶賞、嚴于刑罰、疾于法令。」とあるのがその內容であろう。卽ち、人民が慶賞に悅び、刑罰に嚴しくつつしみ、法令をすみやかに實行するという體制にあるということ。それが王の德行が世に顯著になっている證なのである。『春秋繁露』郊語篇が、「德行」の內容について、上文に「天下所未和平者、天子之敎化不行也。」というように「敎化」を考えている點や「風化」という語などに、『緇衣』との基本的な思考の共通性を感じるけれども、郭店楚簡『緇衣』第六章などが、單に君主がその志（好仁）を章らかにすればその志向に人民は從うものだというのに比べると、王の德行（「敎化」「風化」）が顯著になることが天下國家の慶賞・刑罰・法令の徹底へと及ぶのだという所にまで、その政治思想が煮詰められている。

（近藤浩之）

第七章

本文

子曰、垦（1）立三年、百告以𢖶道、剴必（第十二號簡）聿（1）𢖶。寺員、成王之孚、下土之弋。郘型（3）員、一人又慶、𡐓民贎（第十三號簡）之。■（第十四號簡）

訓讀

子曰く、「扂（禹）立つこと三年にして、百眚（姓）𢙓（仁）を以て道（導）かるるも、剴（豈）に必ずしも𦘔（盡）く𢙓（仁）ならんや。」と。[4] 寺（詩）に員（云）く、「王の孚を成すは、下土の弋（式）なり。」と。[5] 郘（呂）坓（刑）に員（云）く、「一人慶又（有）れば、蓳（萬）民之れに贎（賴）る。」と。[6] ■

口語譯

先生が言われた、「禹は位につくこと三年にして、民は仁によって導かれたが、どうして（民がもともと）ことごとく仁であったなどといえようか。」と。『詩』には次のように言う、「王がまことの政治を布くのは、天下の民の手本である。」と。『呂刑』には次のように言う、「（爲政者）一人によろこびがあれば、（天下）すべての民がこれによ（って幸福を受け）ることとなる。」と。■

今　本（第五章）

子曰、禹立三年、百姓以仁遂焉、豈必盡仁。詩云、赫赫師尹、民具爾瞻。甫刑曰、一人有慶、兆民賴之。大雅曰、成王之孚、下土之式。

注

（1）扂

Aによる。上半分は滕壬生『楚系簡帛文字編』（湖北教育出版社、一九九五年）八〇三頁所收の「禹」の字形とは異なるが、一〇五三頁所收の「悳」の上半分と同じ字形であり、また上海博物館所藏の竹簡もこれと同じ字形であると認められる。

（2）𦘔
Aによる。寫眞圖版の字形と『楚系簡帛文字編』二五二頁所收および何琳儀『戰國古文字典』（中華書局、一九九八年）一一五三頁所收の「𦘔」の字形との比較から、この字は「𦘔」の省略體とみてよいと思われる。

（3）坓
文物本は「型」に作るが、『楚系簡帛文字編』九六八頁所收の字形とは異なっている。寫眞圖版からは「坓」に作るべきであろう。なお、A【注釋】〔四二〕では「坓」に作っている。同様の字形は、第一號簡第十四字目に既出。

（4）子曰、垔立三年、百眚以悳道、剴必𦘔悳。
今本は「子曰、禹立三年、百姓以仁遂焉、豈必盡仁。」に作る。今本が「遂」に作る文字を、簡本は「道」に作っているが、これは「導」の假借であり、みちびかれるの意であろう。なお、鄭注では「遂、達也。」とあり、「遂」を、およぶ・いきわたるの意としている。

このような禹についての記事は、他の資料にはみえず、その典據・傳承は不明。内容は、鄭注が「言百姓倣禹爲仁。非本性能仁也。」というように、百姓の本來は仁でないにもかかわらず、禹の感化によってこそ仁となったという事象を例にして、爲政者の民に及ぼす影響の重要性について述べるためのものであろう。郭店楚簡『緇衣』では、ここまで一貫して、爲政者が臣下や民に及ぼす影響について述べてきている。また、前章に「子曰、上好悳、則下之爲悳也爭先。」とあるのに續いて、本章でも仁を說いているのも注目される（このほか、郭店楚簡『緇衣』には、第四十四號簡に「子曰、翟䜌貧戔、而厚䜌富貴、則好悳不硻、而亞亞不㬎也。」として仁がみえている）。

また今本には、この直後に「詩云、赫赫師尹、民具爾瞻。」として、『詩經』小雅節南山篇の一節を引用しているが、郭店楚簡『緇衣』では、その引用が本章ではなく、次の第八章（今本第四章に相當）にみえている。本章が引く下武篇・呂刑篇が、いずれも爲政者の德治が民を感化したという内容であり、禹の德に感化され民が仁になったという孔子の發言と一致するのに對し、節南山篇は爲政者の悪政が民に及ぼす影響を述べるものである。續く第八章は、民は爲政者の行動に從うのだから爲政者は好惡に愼重でなければならないという内容であり、節南山篇は第八章で引かれるのが相應しいように思える。また第八章に相當する今本第四章には『詩』や『尙書』の引用は全くみえず、緇衣篇の體例から外れている。以上より、この節南山篇の引用は本來、第八章にあったものと考えてよいだろう。郭店楚簡『緇衣』第六・七・八章は、今本では第八・七・六章の順に入れ替わって、それぞれ第四・五・六章として置かれている。章次の變更にともなって節南山篇の引用が本章に紛れ込むことになったのであろう。彭浩「郭店楚簡《緇衣》的分章及相關問題」(『簡帛研究』第三輯、廣西教育出版社、一九九八年十二月)參照。

(5)寺員、成王之孚、下土之弋。

『詩經』大雅下武篇の一節。今本『禮記』緇衣篇は、『毛詩』と同樣、「大雅曰、成王之孚、下土之式。」に作っている。今本『禮記』緇衣篇の鄭注には「孚、信也。式、法也。」とあり、毛傳・鄭箋と同樣の解釋をしている。文王の偉業を繼承する武王をたたえ、爲政者が行うまことの政治により、民がそれを手本として治まっているという内容。『韓詩外傳』卷五にも「上不知順孝、則民不知返本。君不知敬長、則民不知貴親。禘祭不敬、山川失時、則民無畏矣。不教而誅、則民不識勸也。故君子修身及孝、則民不倍矣。敬孝達乎下、則民知慈愛矣。好惡喩乎百姓、則下應其上如影響矣。是則兼制天下、定海內、臣萬姓之要法也、明王聖主之所不能須臾而舍也。詩曰、成王之孚、下土之式、永言孝思、孝思維則。」として、爲政者の態度が民を感化すると說くための後ろ盾としてこの一節が引かれている。

なお、郭店楚簡『緇衣』では、『書』と『詩』がともに引かれる場合、常に『詩』が先に置かれる。この章でも、下武篇の引用に續き、『尙書』呂刑篇を引くが、今本ではその順序が逆になっている。

(6)邵䓫員、一人又慶、萬民贎之。

「贎」について。Nは「簡本隸定做「贎」、就字形來說、隸定無誤。但簡文形構、是出於字形的訛誤。此字的聲符、正確的寫法應做「萬（蠆）」才是。」としている。「購」は、『說文』貝部に「購、貨也。从貝萬聲。」とあり「萬」を聲符とする。一方、「蠆」を聲符とする「巁」について、『說文』山部に「巁、巍高也。从山蠆聲。讀若厲。」とあり、さらその「厲」は厂部に「厲、旱石也。从厂蠆省聲。蠆、或不省。」とある。上古音において、「萬」は明母元部字、「厲」は來母月部字である。今本が作る「賴」は、上古音において來母月部字であるから、ここではNの說に從う。

「邵芸員、一人又慶、蠆民購之。」は、『尙書』呂刑篇の一節「一人有慶、兆民賴之。」を引いたもの。今本は「甫刑曰、一人有慶、兆民賴之。」として、篇名の「呂刑」が「甫刑」となっている以外は、『尙書』と同様に作っている。『孝經』天子章も、「子曰、愛親者、不敢惡於人。敬親者、不敢慢於人。愛敬盡於事親、而敎加於百姓、刑於四海、蓋天子之孝也。甫刑云、一人有慶、兆民賴之。」として、この句を引くが、やはり篇名は「甫刑」に作っている。このほか『史記』周本紀に、「甫侯言於王、作修刑辟。」として、甫侯が穆王に告げて、刑辟を作修したなどとある。「呂」と「甫」の關係については、いくつかの說があるが、崔述『豐鎬考信錄』卷六や朱駿聲『尙書古注便讀』がいうように、兩字は同音通字（魚部）であると思われる。

「兆民」と「萬民」については、『左傳』閔公元年や『史記』晉世家・魏世家に「天子曰兆民、諸侯曰萬民。」とあるが、郭店楚簡『緇衣』と今本の違いにそのような用語法の違いが反映されているのかは不明。『孝經』のほか、この一節を引くものとして、『左傳』襄公十三年の「讓、禮之主也。范宣子讓、其下皆讓、欒黶爲汰、弗敢違也。晉國以平、數世賴之、刑善也夫。一人刑善、百姓休和、可不務乎。書曰、一人有慶、兆民賴之、其寧惟永、其是之謂乎。」、『荀子』君子篇の「古者刑不過罪、爵不踰德。故殺其父而臣其子、殺其兄而臣其弟。刑罰不怒罪、爵賞不踰德、介然各以其誠通。是以爲善者勸、爲不善者沮、刑罰綦省、而威行如流、政令致明、而化易如神。傳曰、一人有慶、兆民賴之。此之謂也。」があり、『淮南子』主術篇の「故靈王好細腰、而民有殺食自飢也。越王好勇、而民皆處危爭死。由此觀之、權勢之柄、其以移風俗矣。堯爲匹夫、不能仁化一里。桀在上位、令行禁止。由此觀之、賢不足以爲治、而勢可以易俗、明矣。書曰、一人有慶、萬民賴之、此之謂也。」、『淮南子』繆稱篇の「教本乎君子、小人被其澤。利本乎小人、君子享其功。昔東戶季子之世、道路不拾遺、耒耜餘糧宿諸畮首、使君子小人各得其宜也。故一人有慶、兆民賴之。」などがあり、『淮南子』主術篇のみが「萬民」に作っている。

『禮記』孔疏は、「慶、善也。一人謂天子也。天子有善行、民皆蒙賴之。引者證上有善行賴及于下。」として、爲政者の行爲（特にここでは善行）が、下を感化していくとしている。上に擧げた例も同様の意圖をもってこの一節を引いているようである。

（渡邉　大）

第八章

本文

子曰、下之事上也、不從其所以命而從其所行。上好此勿也（第十四號簡）、下必又甚安者矣。古上之好亞、不可不訢也。(1)民之菓也。(2)寺（第十五號簡）員、虗虗帀尹、民具尒贍。(3)■（第十六號簡）

訓讀

子曰く、「下の上に事うるや、其の命ずる所に從わずして其の行う所に從う。(4)上此の勿（物）を好むや、下必ず安（焉）れより甚だしき者又（有）り。(5)古（故）に上の好亞（惡）は、訢（愼）まざるべからず。民の菓（標）なればなり。(6)」と。寺（詩）に員（云）く、「虗（赫）虗（赫）たる帀（師）尹、民具に尒（爾）を贍（瞻）る。」と。(7)■

口語譯

先生が言われた、「下位者が上位者に仕えるやり方は、上位者の命じたことに從うのではなく、その行うことに從うのである。上位者があるものを好めば、下位者は必ずこれより更に好むものである。そこで、上位者の好惡は、愼重にしなければならない。民の模範であるからである。」と。『詩』に言うには、「輝かしき太師たる尹氏よ、民はつぶさにそなたを見ている。」と。■

今　本（第四章）

子曰、下之事上也、不從其所令、從其所行。上好是物、下必有甚者矣。故上之所好惡、不可不愼也、是民之表也。

注

（1）訢

A・Vは「誓」、B「釋文」は「⿱⿰十斤言」、R・Yは「愼」に作る。B「緒言」の二十九が指摘しているとおり、左旁上部は「扌」ではなく「十」に從っているので、「訢」に作るのが適當である。

本箇所を除くと、「訢」という文字は郭店楚簡に五例見え、それらはいずれも「愼」の假借字として用いられている。A「老子釋文注釋」甲【注釋】〔三〇〕にこの字についての檢討があり、この字を「誓」に作る根據として、金文の「誓」字に類似していることを擧げる。しかしその裘按はこの字を『老子』甲本第二十七號簡に見える「訢」と同字ではないかとした上で、これを「誓」と解釋できるかどうかについては答えを留保している。裘按が「訢」を「訢」と同字とするのは、『老子』甲本第十一號簡に「訢（愼）冬（終）女（如）⿰忄司（始）」、『老子』丙本第十二號簡に「訢（愼）冬（終）若詞（始）」とあり、「訢」と「訢」がまったく同じ句の中で用いられていることによる。この用例に加え、さらに上海博物館楚簡『緇衣』の對應箇所も「訢」に作っていることからも、「訢」と「新」の兩者が同字であることは間違いないだろう。そして「新」は郭店楚簡に十例見え、やはりその多くが「愼」の假借字として用いられている。さらに「訫」と「新」が『五行』に一例ずつ見え、それらもまたいずれも「愼」の假借字として用いられている。なお、「新」が「愼」の假借字として用いられている以外の用例としては、『老子』甲本第二十七號簡の「和其光、同其新（塵）」の一例が見えるのみである。

以上に擧げた用例から考えるに、「愼」は眞部禪母字、「塵」は眞部定母字であるから、「愼」や「塵」の假借字として用いられている「新（訢）」は眞部舌音相當の音を有する文字であると考えられる。

（2）菓

A・B「釋文」・Vは「菓」、Rは「表」、Yは「朿」に作る。寫眞圖版によると、この字の構成要素は上から順に「艹」「囟」「木」となっているので、「菓」に作るのが適當。楚文字における「菓」字あるいは「朿」字を見てみると、「囟」の下を「木」に作る例は他に見あたらず、また上海博物館楚簡『緇衣』の對應箇所は「囟」と「木」の閒に「火」が入っていることから、この字を「菓」の異體字とする説は成立しがたい。

この字について、Rは「標」に解釋すべきであるとしている。その字形の解釋については疑問があるが、「票」字はそもそもは「火」に従う文字であり、上海博物館楚簡『緇衣』の文字との比較から考えると、この字が「標」の異體字である可能性も否定できない。ゆえに疑問も殘るが、しばらく「標」の異體字として考えておく。

（3）贍

A・B「釋文」・Vは「贍」、R・Yは「瞻」に作る。A【注釋】〔四六〕は、本字左旁は「視」に従い、右旁は鄂君啓節の「擔」字の右旁と同じであるという。本字左旁が「視」の省文であることについては、A【注釋】〔七〕・A「老子釋文注釋」甲【注釋】〔六〕を參照。右旁については、「产」に該當する部分がこの字にはなく、「言」の字形に

「八」をかぶせた形に見えなくもない。よって「貽」に作っておく。「貽」は「瞻」の異體字。「瞻」は『說文』目部に「瞻、臨視也。从目詹聲。」とある。

（4）下之事上也、不從其所以命而從其所行。

「以」は衍字と考えた。今本には「以」はなく、「所以命」では意味が明確でない。また『尊德義』第三十六～三十七號簡に本章とまったく同じ文章が見えるが、そこでは「不從其所命」に作っており、「以」がないことも參考となる。しかし上海博物館楚簡『緇衣』も郭店楚簡と同じく「所以命」に作っており、「以」が衍字ではない可能性も十分にある。

下位者が上位者の「言」（ここでは「命」だが）ではなく、その「行」に從うという表現に『淮南子』主術篇の次の一文がある。

民之化也、不從其所言、而從其所行。故齊莊公好勇、不使鬭爭、而國家多難、其漸至于崔杼之亂。頃襄好色、不使風議、而民多昏亂、其積至于昭奇之難。故至精之所動、若春氣之生、秋氣之殺也、雖馳傳騖置、不若此其亟。故君人者、其猶射者乎。於此豪末、於彼尋常矣。故愼所以感之也。

ただ、『緇衣』の中では、「言」は『淮南子』主術篇のように「行」と比べて低い價値のものではなく、「言」と「行」は竝列されている。ここでは「言」一般ではなく、「命」（今本では「令」）と限定されていることに意味があるだろう。

（5）上好此勿也、下必又甚安者矣。

上位者の好みが下位者において增幅されるという表現としては、『孟子』滕文公上篇「孔子曰、……上有好者、下必有甚焉者矣。君子之德、風也、小人之德、草也。草上之風必偃。」がある。また『尊德義』第三十六～三十七號簡に「下之事上也、不從其所命而從其所行。上好是勿也、下必又甚安者。」と本章とまったく同じ文章が見えるが、孔子のことばとはされていない。さらにこれと類似した文章として、『管子』法法篇「凡民從上也、不從口之所言、從

情之所好者也。上好勇、則民輕死。上好仁、則民輕財。故上之所好、民必甚焉。」がある。

（6）古上之好亞、不可不訢也。民之棐也。

「棐（標）」は「模範」の意味と考えた。「民之標」の類似表現に郭店楚簡『緇衣』第十一章（第十九～二十三號簡）の「此以大臣不可不敬、民之蕝也」（今本は「故大臣不可不敬也、是民之表也」に作る）がある。このように大臣も「民之蕝」とされていることからすると、本章における「上」は君主だけに限らず、大臣も含めた統治者階級一般を指していると考えられる。

（7）寺員、虡虡帀尹、民具尔贍。

「虡」は「虢」の異體字であると思われるが、「虢」は『說文』虎部に「虢、易虎尾虢虢、恐懼。一曰、蠅虎也。从虎宗聲。」とあり、懼れるさまを意味する文字である。本箇所においては如字では意味が通らないため「赫」の假借字とするのが適當であろう。今本では「赫」に作る。

本章所引の『詩』の一節は『詩經』小雅節南山篇に同じ文言がある。この一節を引くものは多くあるが、その中で本章との關連が指摘できるものとしては以下のものが擧げられる。

子曰、夫孝、天之經也、地之義也、民之行也。天地之經而民是則之、則天之明、因地之利、以順天下、是以其教不肅而成、其政不嚴而治。先王見教之、可以化民也。是故先之以博愛而民莫遺其親、陳之以德義而民興行、先之以敬讓而民不爭、導之以禮樂而民和睦、示之以好惡而民知禁。詩云、赫赫師尹、民具爾瞻。（『孝經』三才章）

「示之以好惡而民知禁」は本章の主旨とほぼ同じである。また「導之以禮樂」という表現は『緇衣』第十二章（第二十三～二十七號簡）の「𢓊之以恵、齊之以豊」の表現とやや類似している。

詩云、節彼南山、維石巖巖。赫赫師尹、民具爾瞻。有國者不可以不愼、辟則爲天下僇矣。（『禮記』大學篇）

この一節は、「有國者不可以不愼」という表現が本章の「古上之好亞、不可不訢也」と類似している。

以上に見てきた本章と『孝經』三才章篇に見える統治者像は同じであり、これは先に引用した『孟子』滕文公上篇の「上有好者、下必有甚焉者矣。君子之德、風也、小人之德、草也。草上之風必偃。」に代表される儒家の典型的な統治者像と言うことができるだろう。

（芳賀良信・廣瀬薫雄）

第九章

本文

子曰、倀民者、衣備不敀、僉頌又祟、則民恵（第十六號簡）弌。寺員、其頌不敀、出言又丨、利民所信。■（第十七號簡）

訓讀

子曰く、「民に倀（長）たる者は、衣備（服）敀（改）めず、[1]僉頌に祟（常）又（有）れば、則ち民の恵（德）弌（一）なり。[2]」と。寺（詩）に員（云）く、「其の頌敀（改）めず、言を出だすに丨又（有）るは、利（黎）民の信ずる所なり。」と。[3] ■

口語譯

先生が言われるには、「民衆を統治するものは、衣服を變えることをせず、擧動を一定にすれば、民衆の德は齊一になる。」と。『詩』に次のように言う、「いつも變わらぬその姿、發した言葉は民情に合い、衆民に信ぜられよう。」

と。■

今　本（第九章）

子曰、長民者、衣服不貳、從容有常、以齊其民、則民德壹。詩云、彼都人士、狐裘黃黃。其容不改、出言有章。行歸于周、萬民所望。

注

（1）倀民者、衣備不攺、

「備」は、A【注釋】〔四七〕は「此處借作「服」。」として、「服」の假借字とする（B「釋文」・Vも同じ）。この字は郭店楚簡『老子』乙本第一號簡に「服」の假借字として出る。

「衣備不攺」は、『戰國策』趙策二に、趙の武靈王が胡服と騎射を取り入れて自ら服制を變えようとした事件が記されている。これに對しては三人の人物による諫言が見えるが、まず公子成（武靈王の叔父）の諫言に、

臣聞之、中國者、聰明叡知之所居也、萬物財用之所聚也、賢聖之所教也、仁義之所施也、詩書禮樂之所用也、異敏技藝之所試也、遠方之所觀赴也、蠻夷之所義行也。今王釋此而襲遠方之服、變古之教、易古之道、逆人之心、畔學者、離中國。

とあり、次に趙文の諫言に、

趙文曰、當世輔俗、古之道也。衣服有常、禮之制也。修〈循〉法無愆、民之職也。三者先聖之所以教。今君釋此、而襲遠方之服、變古之教、易古之道。

とあり、最後に趙造の諫言に、

趙造曰、臣聞之、聖人不易民而教、知者不變俗而動。因民而教者、不勞而成功、據俗而動者、慮徑而易見也。今王易初不循俗、胡服不顧世。非所以教民而成禮也。且服奇者志淫、俗辟者亂民。是以莅國者、不襲奇辟之服、中國不近蠻夷之行。非所以教民而成禮者也。且循法無過、脩〈循〉禮無邪。

とある。いずれも服制の改變がもたらす社會秩序全體の大混亂の危險性を戒めているところに共通點がある（『史記』趙世家も參照）。このことから考えると、本章の「衣備不攺」は、傳統的に定まっている禮制・習俗を改變せずに維持すべきことをその内容としているのであろう。

（2）〓頌又祟、則民悳戈。

「〓」は、A【注釋】〈四八〉もいうように、今本は「從」に作る（『賈誼新書』等齊篇も同じ）。「從」は、郭店楚簡に合計三十一例見えるが、それらとこの字とを比べると明らかに異なっている。この字について、Pは「止」を構成要素とするとしつつ、「止」の上の部分は「倉」の古文とし、「從」の假借字とする。また、Rは「從」に作り、Vは「適」に作るが、この字の字形から見ると、それらの字とは異なっていると判斷される。ただし、この字が何の字かは未詳。今はしばらく今本によって解しておく。

「頌」は、A・B「釋文」・Vはいずれも「容」の假借字とする。「頌」は、『說文』頁部に「頌、皃也。」とあるが、その段注には、

皃下曰、頌儀也、與此爲轉注。不曰頌也而曰頌儀也者、其義小別也。於此同之、於彼別之也。古作頌皃、今作容皃、古今字之異也。容者、盛也、與頌義別。……

とある。また『史記』魯仲連鄒陽傳の魯仲連・新垣衍問答に「世以鮑焦爲無從頌而死者、皆非也。」とあり、その索隱に「從頌者、從容也。」とあるのによれば、如字で十分通じると考えられる。

「祟」は、A・B「釋文」・Vいずれも「常」の異體字（あるいは假借字）とする。ここでは「常」の假借字とするの

が最も穩當な處置であろう。この字の聲符を「尙」とすると、諧聲符が同じであるので假借可能。

「弍」は、『說文』一部に「弌、古文一。」とある「弌」の異體字であろう。Aは「弌（一）」に作り、B「釋文」は「弍（一）」に作るが、Vは「弌（壹）」に作る。この字については、李家浩「戰國𢎐布考」及び本書「『唐虞之道』譯注」第三章注（11）を參照。

（3）寺員、其頌不攺、出言又丨、利民所信。

「丨」は、A【注釋】〔五〇〕は「末句「又」下一字作「丨」，疑爲字之未寫全者。」とする。Nは、「「璋」字初文。……簡文字形，幾乎是「璋」的「畫成其物，隨體詰詘」的象形文字。」とし、Pは「按，此蓋玉璋省體之形。……省體象形、奇詭如此、乍見之幾不知其爲何物也。」とし、XはN・Pの說を紹介しつつ、鄭箋によって「章當訓法度」とする。しかし、いずれもこの字と「璋」を直接結び付ける決定的な證據はないと判斷されるので、これらの說は採らない。

Rは「川」の省字とし、「訓」の假借字とする。しかし、郭店楚簡に見える「川」とこの字とを比較して見ると、この字はそれとは違って上から下に向かってまっすぐ書いている。それにもし「訓」の假借字だとしても、文脈的にどう通じるかはっきりしない。Vは「今本作「章」。《說文》：「丨，下上通也，引而上行讀若囟，引而下行讀若退。」「丨」讀若「引」，《說文》謂「引」，「从弓丨」。《爾雅・釋詁》：「引，陳也。」「出言有引」者，言而有據也、猶後世之引經據典。」とするが、『說文』において「引」は「丨」の意味を表す語ではなく、またこの字を「猶後世之引經據典。」の意とすると、文脈的にも通じない。よって、R・Vの說も採らない。

この字は、『古文四聲韻』所收の汗簡の「丨」字とかなり類似していると判斷されるので、今はしばらく試みに『說文』丨部の「丨」の意味（「上下通也」）で解しておく。本章に引用されている『詩』のように、君主の「出言」と「民」との關係を述べている例としては、以下のような文章が參考になる。

人主出言、順於理、合於民情、則民受其辭。民受其辭、則名聲章。故曰、受辭者、名之運也。（『管子』形勢解篇）

人主出言、不逆於民心、不悖於理義、其所言足以安天下者也、人唯恐不復言也。出言、而離父子之親、疏君臣之道、害天下之衆、此言之不可復者也。故明主不言也。故曰、言而不可復者、君不言也。（同右）

したがって、本章ではしばらく「出言又丨」の「又丨」を、「合於民情」（あるいは「不逆於民心」）という意味で解釈してみた。

ちなみに、今本『禮記』緇衣篇の「出言有章」と類似の表現は、『淮南子』脩務篇に「舜二瞳子、是謂重明。作事成法、出言成章。」とある。

「利」は、A・B「釋文」・Vいずれも「黎」の假借字（あるいは異體字）とする。諧聲符が同じであるので假借可能（『説文』によれば「㓯」は「利」の古文）。

この一句は、『毛詩』小雅都人士篇の首章と共通するところもあるが、『毛詩』及び今本『禮記』緇衣篇所引の『詩』全六句のうち、「彼都人士」「狐裘黄黄」「行歸于周」の三句はなく、最後の一句は「信」（郭店楚簡『緇衣』）と「望」（今本）で意味も若干異なっている。

都人士篇の首章は、今本『禮記』緇衣篇の鄭注が「此詩毛氏有之、三家則亡。」とし、『毛詩』都人士篇の孔疏が「襄十四年左傳引此二句、服虔曰、逸詩也。都人士首章有之、禮記注亦言毛氏有之、三家則亡。今韓詩實無此首章。時三家列於學官、毛詩不得立。故服以爲逸。」と指摘して以來、その眞僞を疑う見解もある。例えば、王先謙『詩三家義集疏』は、①『毛詩』の首章は他の三家にはない點、②都人士篇の他の四章は「士」と「女」が對句になっているが、首章は「士」だけを單獨でいっている點、③首章の「出言有章」「行歸于周」「萬民所望」は、他の四章に照應するところがない點を擧げ、逸詩であることは明らかであるという。そして、王氏は結論として、現在の都人士篇の首章を當篇より削除すべきことを主張している。

一方、この詩を引用する『左傳』・郭店楚簡『緇衣』・『賈誼新書』等齊篇・今本『禮記』緇衣篇及び『毛詩』都人士篇の『詩』の文句をまとめてみると、次のようになる。

詩曰、行歸于周、萬民所望。（『左傳』襄公十四年）

寺員、其頌不㱿、出言又丨、利民所信。（郭店楚簡『緇衣』第九章）

詩云、彼都人士、狐裘黃裳、行歸于周、萬民之望。（『賈誼新書』等齊篇）

詩云、彼都人士、狐裘黃黃。其容不改、出言有章。行歸于周、萬民所望。（今本『禮記』緇衣篇）

彼都人士、狐裘黃黃。其容不改、出言有章。行歸于周、萬民所望。（『毛詩』都人士篇）

ここからまず判明することは、句の數の違いである。句の數は、『左傳』が二句で最も少なく、『禮記』『毛詩』がいずれも六句で最も多い。それを具體的に見ると、「其頌不㱿」「出言又丨」（「其容不改」「出言有章」）は『左傳』・『賈誼新書』等齊篇には見えず、郭店楚簡『緇衣』に見え、「彼都人士」「狐裘黃裳」は、『左傳』・郭店楚簡『緇衣』には見えず、『賈誼新書』に見えることが分かる。このことから推測すると、今本『禮記』緇衣篇・『毛詩』都人士篇が成立する前に、少なくとも三つの系統の異なる『詩』が存在していた可能性が窺われる。

したがって、今本『禮記』緇衣篇は、『左傳』・郭店楚簡『緇衣』・『賈誼新書』等齊篇などに引用されている『詩』をまとめて今のような形にし、『毛詩』都人士篇は、さらに今本『禮記』緇衣篇を參照して、首章として編入したのではないかと推測される。とすると、「毛以首二句相類、強裝篇首、觀其取緇衣文作序。」「是漢初郎傳此詩。」とする王氏の說も一理あると考えられる。

（李　承　律）

第十章

本　文

子曰、大人不新其所臤、而（第十七號簡）訐其所戔。𡥈此以遊、民此以緮。寺員、皮求我則、女不我得。執我（第十八號簡）𢦔𢦔、亦不我力。君迧員、未見聖、如其弗克見。我既見、我弗迪聖。■（第十九號簡）

訓　讀

子曰く、「大人其の臤（賢）とする所に新（親）しまずして、其の戔（賤）しむ所を訐（信）ず。[1]𡥈（教）え此を以て遊（失）われ、民此を以て緮（變）ず。[2]」と。寺（詩）に員（云）く、「皮（彼）れ我れを求むること、我れを得ざるが女（如）くす。我れを執ること𢦔（仇）𢦔（仇）として、亦た我れに力《つと》めず。」と。[3]君迧（陳）に員（云）く、「未だ聖を見ざれば、其れ見る克わざるが如くす。我れ既に見れば、我れ聖を迪《もち》（由）いず。」と。[4]■

口語譯

先生が言われた、「大人（君主）は、賢者に親しまずに、賤しむべき小人を信任する。それだから、教えは失われ、民は變わってしまう。」と。そこで、『詩』に言う、「彼（君主）が我（賢者）を求めるときには、我を得られないかのように熱心に求める。しかし、（我をすでに得たのちは）我をとらえておごり高ぶり、我（を信任して用いること）に努めない。」と。また、『君陳』に言う、「まだ聖人に會わぬうちは、それに會うことができないかのように熱心に求める。しかし、我（君主）がすでに（聖人に）會ったのちは、我は聖人を用い（ることができ）ない。」

と。■

今　本（第十五章）

子曰、大人不親其所賢、而信其所賤。民是以親失、而教是以煩。詩云、彼求我則、如不我得。執我仇仇、亦不我力。君陳曰、未見聖、若己弗克見。既見聖、亦不克由聖。

注

（1）大人不新其所臤、而訢其所戔。

「大人」について。郭店楚簡『緇衣』では、ここ以外には第十四章の「大人不昌流。」（今本は「大人不倡游言。」に作る）に見えるのみ。今本『禮記』緇衣篇には他に「子曰、小人溺於水、君子溺於口、大人溺於民、皆在其所褻也。」という文があるが、郭店楚簡『緇衣』にはこの文を含む章がない。「大人」は本章では一國の君主と考えた方が解釋しやすいだろう。

「訢」について。今本は「信」に作る。A・B「釋文」は「信」に作るが、寫眞圖版によれば「訢」に作る方がよい。「信」は金文では「人」ではなく「千」に従う。

（2）𧥺此以遊、民此以緮。

「𧥺」について。今本は「教」に作る。「𧥺」は「教」の異體字あるいは假借字であろう。

「遊」について。この字は郭店楚簡『老子』甲本第十一號簡にも見えるが、馬王堆『老子』甲本及び今本『老子』は「失」に作る。「遊」はおそらく「失」の假借字であろう。ただし、何琳儀『戰國古文字典』によれば、この字は包山楚簡の第八十號簡と第一四二號簡、また長沙子彈庫戰國楚帛書の甲第一行目と甲第三行目に見え、いずれも「逆」

と讀むという。その場合は、「𧦝此以遊」は「𧦝（教）え此を以て遊（逆）らう」と訓讀して「教えは物事の道理にそむく」と譯せるが、それも通じる。

「緮」について。A【注釋】〔五二〕に從って、「變」の假借字としておく。ただし、「叓」字は『尊德義』や『六德』では「使」あるいは「事」の假借字としてしばしば現れる。「緮」「叓」について、詳しくはB「緒言」を參照。

「𧦝此以遊、民此以緮。」は、今本は「民是以親失、而教是以煩。」に作り、郭店楚簡『緇衣』と比較すると兩句の順序が逆になっているようだ。ただし、今本の「失」は郭店楚簡『緇衣』の「遊」に對應するのだろう。

（3）皮求我則、女不我得。執我㦸㦸、亦不我力。

「則」について。この『詩經』小雅正月篇の「則」は王先謙が言うように句末の語氣詞であろう（理由は、鄭箋はただ單に「王之徵求我」とだけいって、「則」を解釋していないなど、『詩三家義集疏』參照）。

「㦸」について。この字は郭店楚簡『緇衣』第四十三號簡にも見え、「寺員、君子好㦸。」とあるが、その「㦸」は『毛詩』周南關雎篇は「逑」に作り、今本は「仇」に作る。「㦸」は「仇」の假借字だろう（孔仲溫「郭店楚簡《緇衣》字詞補釋」、『古文字研究』第二十二輯、二〇〇〇年七月を參照）。

『集韻』に「扏扏、緩持也。」とあり、「扏扏」は通じて「仇仇」に作るが、『禮記』緇衣篇の鄭注に「持我仇仇然不堅固」というのは、すなわち「緩持」の意である（王念孫）。そこで、陳喬樅は「「彼求我則、如不我得」、言求我之急也。「執我仇仇、亦不我力」、言用我之緩也。」と解說する。その解釋でもよいのだが、ここでは賢者を得る前の熱心さや禮遇と、得た後の態度との對照をはっきりさせるため、毛傳と鄭箋のように「謷謷」（おごり高ぶる）の意と考えた。

「皮求我則、女不我得。執我㦸㦸、亦不我力。」について、『毛詩』小雅正月篇の本文「彼の阪田を瞻れば、菀たる有り其の特。天の我を扤《うご》かすや、我に克たざるがごとし。彼れ我れを求むること、我れを得ざるが如し。我れを執らえて仇仇たれば、亦た我れに力めず。」の毛傳に、最初の二句は「朝廷にかつて傑臣が無かった」ことを言い、「仇仇」は猶「謷謷」のごとしと解説する。鄭箋に、おおよそ「でこぼこのやせ地に特に目立つ苗は、賢者を喩えたもの。我とは特苗のことで、天が（その苗のような）我を風雨で動かそうとしても、我に勝つことができそうもないというのは、その急な様子を言う。彼とは王のことで、王が始め我を求めたときは、我を得ることができないのを恐れるように（熱心で）、禮物も厚く、下命もしばしばであった。しかし、我をすでに得た後は、其の待遇も謷謷然として、我の功績・能力を問わない。これは、賢を貪るの名があるも、賢を用いるの實がないことを言う。」と解説する。すなわち、「彼」は「王」または「君主」、「我」は「賢人」と考えている。要するに、郭店楚簡『緇衣』の「皮」は上文の「大人」（君主）を比喩し、「我」は「所臤」（賢人）を比喩する、と考えられる。

（4）君迪員、未見聖、如其弗克見。我既見、我弗迪聖。

「君迪」、すなわち「君陳」は『書經』の篇名であるが、すでに佚しており、今の『書經』君陳篇は僞古文である。「迪」について。今本は「由」に作る。「迪」は「由」の省字あるいは假借字。また「迪」は「もって」あるいは「もちう」の意（王引之『經傳釋詞』を參照）。

「未見聖、如其弗克見。我既見、我弗迪聖。」は、今本は「未見聖、若己弗克見。既見聖、亦不克由聖。」に作る。僞古文の君陳篇は「未見聖、若不克見。既見聖、亦不克由聖。」に作り、若干の異同はあるが、郭店楚簡『緇衣』が「我」という主語を明示して君主自身の發言のようになっている以外は、ほとんど意味はかわらない。

（近藤浩之）

第十一章

本　文

子（第十九號簡）曰、大臣之不新也、則忠敬不足、而冨貴已逃也。邦豪之不寍（第二十號簡）也、則大臣不台、而褺臣悹也。此以大臣不可不敬、民之蕝也。古（第二十一號簡）君不與少悬大、則大臣不悁。晉[1]公之募命員、毋以少悬敗大（第二十二號簡）惹、毋以卑御息妝句、毋以卑士息大夫卿事。■（第二十三號簡）

訓　讀

子曰く、「大臣の新（親）しまざるは、則ち忠敬足らずして、冨（富）貴已《はなは》だ逃（過）ぐればなり。邦豪（家）の寍（寧）からざるは、則ち大臣台（治）めずして、褺（褻）臣悹（託）せばなり。[2]此を以て大臣は敬せざるべからず、民の蕝なればなり。[3]古（故）に君　少（小）と大を悬（謀）らざれば、則ち大臣悁（怨）まず。[4]」と。晉（祭）公の募（顧）命に員（云）く、「少（小）悬（謀）を以て大惹（作）を敗ること毋く、卑（嬖）御を以て妝（莊）句（后）を息（塞）ぐこと毋く、卑（嬖）士を以て大夫・卿事（士）を息（塞）ぐこと毋かれ。」と。[5]■

口語譯

先生が言われた、「大臣が（君主に）親和しないのは、（爲政者の）忠敬が足らずに、富貴が行き過ぎているからである。邦家が安寧でないのは、大臣が治めないで、褻臣がそれにかこつけることになるからである。そこで、（君主は）大臣を敬重しなくてはならないが、それは（大臣が）民の代表だからである。だから、君主が小臣と大きなことを謀らなければ、大臣は怨まないのである。」と。祭公の顧命は次のように言う、「小さな謀りごとのために大事を損なってはいけない。側近の愛妾に溺れて正當の皇后を塞いではいけない。側近の寵臣によって正位の大臣を塞いではいけない。」と。■

今　本（第十四章）

子曰、大臣不親、百姓不寧、則忠敬不足、而富貴已過也。大臣不治而邇臣比矣。故大臣不可不敬也、是民之表也。邇臣不可不愼也、是民之道也。君毋以小謀大、毋以遠言近、毋以內圖外、則大臣不怨、邇臣不疾、而遠臣不蔽矣。葉公之顧命曰、毋以小謀敗大作、毋以嬖御人疾莊后、毋以嬖御士疾莊士・大夫・卿士。

注

（1）〓

Aはこの字を隷定していない。Nは、「就字形來說、簡本應隷定「晉」。」としている。一方、Cは、この字について「乍看時容易認爲是晉字，不過簡同篇上文就有晉字（簡號一〇），寫法完全不一樣。整理者對該字沒有隷定釋讀，是很矜愼的。」として、「〓」に隷定するべきであるとする。

ここでは、李零「上海楚簡校讀記（之二）：《緇衣》」（上海大學古代文明研究中心・清華大學思想文化研究所編『上博館藏戰國楚竹書研究』、上海書店出版社、二〇〇二年三月）がこの字の上部を二つの「矢」が逆さまになった形とするのに従う。「〓」の諧聲符が「矢」とすると、上古音において「矢」は脂部、「祭」は祭部に屬しており、假借關係を認めるのは難しい。ここでは今本との對照から「祭」の異體字と考えておく。

（2）大臣之不新也、則忠敬不足、而𧶠貴己泚也。邦豙之不寍也、則大臣不台、而埶臣厇也。

今本はこの部分を「大臣不親、百姓不寧、則忠敬不足、而富貴已過也。大臣不治而邇臣比矣。」に作り、句の配列が異なる。李存山「讀楚簡《忠臣之道》及其他」（『郭店楚簡研究』（中國哲學第二十輯）、遼寧教育出版社、一九九九年一月）は、「按楚簡《緇衣》篇的文意，此句是說，大臣對君主不親，是因爲君主對大臣的忠敬不足，而使大臣富貴則有餘（或解爲，君主的富貴已過）。此處〝忠敬〟與〝富貴〟對擧，〝忠敬〟的道德主體和使大臣富貴的施動者都是君主，〝忠敬〟同〝富貴〟一樣不應分讀。然而，《禮記・緇衣》篇鄭玄《注》曰：〝忠臣不足，謂臣不忠于君，君不敬其臣〟，將忠、敬分屬臣和君兩個道德主體，意甚牽強。這是由于漢代〝忠〟已成爲只是對臣而不是對君的道德要求。」としている。今本では「大臣」「邇臣」の兩者がほぼ均等に論じられているのに對し、郭店楚簡『緇衣』は、「褻臣」を論じている部分は多く缺けており、主な關心は大臣に當てられているが、「忠」は、臣下から君主への忠誠のみを指すばかりではないこと、また下文で「此以大臣不可不敬、民之蕝也。」として、大臣を民の儀表として尊重すべきであると說いていることから考えても、ここでは、李氏のいうように「忠敬」する主體は爲政者と考えられる。しかし、大臣を「富貴」にするのも爲政者とみるのは文脈上問題があろう。この章は、治政上の要として大臣を重視すべきであると說いており、また「富貴」はマイナスの要素としてとらえられているので、「富貴」が過ぎるのも爲政者とみるのがここでは自然である。

Mは、この配列の違いは、兩者に內在する論理あるいは因果關係が異なっていることを示しているとし、郭店については「簡本的邏輯是：大臣對國君不親近，就缺乏對國君的忠心和尊敬。國君富貴太過份，卽侈奢，邦家就不安寧，矛盾就多了。〝而〟字前後，講了兩個因果關係，〝而〟表示前後是並列的兩個問題。思路是明晰的。」とし、今本については「今本的邏輯是：大臣對國君不親近，百姓不安寧，那麼，官員們對國君的忠心和尊敬也就很少了，而財富和權勢却過份了。這是一個因果關係。大臣不親和百姓不寧兩種並列的現象共同構成原因、結果是大臣的忠敬少而權利多。」としている。

「不親」の用例は、『管子』形勢解篇に「紂之爲主也、勞民力、奪民財、危民死、冤暴之令、加於百姓。……故大臣不親、小民疾怨、天下叛之、而願爲文王臣者、紂自取之也。故曰紂之失也。」とある。「褻臣」は、寵臣の意で、『禮記』壇弓下篇に一例がみえる。今本の「邇臣」は、『禮記』表記篇に「子曰、事君遠而諫、則讇也。而不諫、則尸利也。子曰、邇臣守和、宰正百官、大臣慮四方。子曰、事君欲諫不欲陳。詩云、心乎愛矣、瑕不謂矣。中心藏之、何日忘之。」とみえる。

（3）此以大臣不可不敬、民之䕂也。

A【注釋】〔五九〕は、「䕂、「蕝」字。楚簡文字中的〝絕〞多作䋎、㡭。《說文》「朝會束茅表位曰蕝」。於簡文中則有表徵之意。」としている。ここもそれに從う。今本は「故大臣不可不敬也、是民之表也。邇臣不可不愼也、是民之道也。」に作っており、傍線を引いた部分は簡本にはみえない。大臣を民の「あらわれ」とする例は、ほかの資料には見當たらないようである。

（4）古君不與少𢘓大、則大臣不悁。

本箇所は、今本では「君毋以小謀大、毋以遠言近、毋以內圖外、則大臣不怨、邇臣不疾、而遠臣不蔽矣。」に作っており、傍線を引いた部分は簡本にはみえない。なお、鄭注には「小謀、小臣之謀也。大作、大臣之所爲也。」とある。「大」は、大臣が、本來、行うべき大事をいうと思われる。馬王堆帛書『五行』（第一九二～一九四行）には、「中心辯焉而正行之、直也。直而□□□也□□不畏強圉、果也。而〈不〉以小道害大道、簡也。有大罪而大誅之、行也。」とあり、『孟子』告子上篇には、「孟子曰、人之於身也、兼所愛。兼所愛、則兼所養也。無尺寸之膚不愛焉、則無尺寸之膚不養也。所以考其善不善者、豈有他哉。於己取之而已矣。體有貴賤、有小大。無以小害大、無以賤害貴。養其小者爲小人。養其大者爲大人。」とある。

（5）𧟌公之寡命員、毋以少𢘓敗大煮、毋以卑御息妝句、毋以卑士息大夫卿事。

「[illegible]」は、C・Nともに「祭」の假借とみる點では一致しているが、注（1）で檢討したように、「祭」の異體字と考えておく。

「息」は、「塞」の假借。A【注釋】〔六二〕に、「簡文从「舶」从「心」、借作「塞」。」とあるのに從う。

この一句は、今本は「葉公之顧命曰、毋以小謀敗大作、毋以嬖御人疾莊后、毋以嬖御士疾莊士・大夫・卿士。」に作り、その鄭注には、「嬖御人、愛妾也。莊后、適夫人、齊莊得禮者。嬖御士、愛臣也。莊士亦謂士之齊莊得禮者。今爲卿大夫。」とある。『逸周書』祭公解篇は「汝無以嬖御固莊后。汝無以小謀敗大作。汝無以嬖御士疾大夫卿士。汝無以家相亂王室而莫恤其外。」に作る。正統的な臣下である「大臣」を重用すべきことを主張するのが、これを引く目的であろう。なお、この文言を引く資料は、他には見當たらないようである。

（渡邉　大）

第十二章

本　文

子曰、倀民者、𤕌之（第二十三號簡）以悳、齊之以豊、則民又懽心。𤕌之以正、齊之以埜、則民又孚心[1]（第二十四號簡）。古𡥈以悉之、則民又新。訐以結之、則民不伓。共以位之、則民又愻心（第二十五號簡）。寺員、虗大夫[2]共叡韜[3]、林人不斂[4]。呂埜員、非甬巠、折以埜（第二十六號簡）、隹乍五瘧[5]之埜曰灋。■（第二十七號簡）

訓　讀

子曰く、「民に倀（長）たる者は、之れを𤕌（敎）うるに悳（德）を以てし、之れを齊うるに豊（禮）を以てすれば、則ち民に懽心又（有）り。[6]之れを耆（教）うるに正（政）を以てし、之れを齊うるに埑（刑）を以てすれば、則ち民に孚（欺）心又（有）り。[7]古（故）に孳（慈）以て之れを炁（愛）すれば、則ち民新（親）しむこと又（有）り。訐（信）以て之れを結べば、則ち民伓（倍）かず。共（恭）以て之れに位（莅）めば、則ち民愻う心又（有）り。」と。寺（詩）に員（云）く、「虗（吾）が大夫共（恭）にして叡（且）つ〓（儉）たり、人として斂めざる〓（靡）し。[8]」と。呂埑（刑）に員（云）く、「臸（至）れるを甬（用）いるに非ずして、折（制）するに埑（刑）を以てして、隹（惟）だ五瘧（虐）の埑（刑）を乍（作）りて灋（法）と曰う。[9]」と。■

口語訳

先生が言われた、「君主が民を教化するのに徳を用い、民をまとめるのに禮を用いれば、民は喜ぶ心を持つ。民を教化するのに政令を用い、民をまとめるのに刑罰を用いれば、民はだまそうとする心を持つ。そこで、慈しみによって民を愛すれば、民は親しむ。信によってつなぎとめれば、民は背かない。恭敬によって民にのぞめば、民は従う心を持つ。」と。『詩』に言うには、「われわれの大夫はうやうやしくつつましい。その大夫のもとに集まらない人はいない。」と。『呂刑』に言うには、「最高の方法をとらずに、刑罰によって支配し、五虐の刑罰を制定して、これを法と言った。」と。■

今　本（第三章）

子曰、夫民、教之以德、齊之以禮、則民有格心。教之以政、齊之以刑、則民有遯心。故君民者、子以愛之、則民親之。信以結之、則民不倍。恭以涖之、則民有孫心。甫刑曰、苗民匪用命、制以刑、惟作五虐之刑曰法。是以民有悪德、而遂絕其世也。

注

（1）⿱亣子

A・B「釋文」は簡文のまま、G・Yは「欺」、Rは「兑」、Vは「⿱𡗗子」に作る。この字は「亣」と「子」に従っていると考えられるので、「⿱亣子」に作るのが適當であろう。

（2）大夫

簡文は「夫〓」に作る。Aは「〓」を重文符號と解して「夫夫」に作っているが、これはA【注釋】〔六八〕裘按が指摘しているとおり、「〓」を合文符號と考えて「大夫」と解するのが適當である。「大夫」を「夫〓」で表記する例は包山楚簡に多く見える。B「釋文」・F・L・R・V・Yいずれも裘氏の説に從っている。なおLは釋文では「大臣」に作っているが、後の說明で「大夫」とする裘按に從うと言っているので、「大臣」に作っているのは誤植であろう。

（3）⿱僉音

A・B「釋文」・Lは「⿰音僉」、Fは「⿱僉音」、Rは「儉」、Vは「⿰音⿱亼立」・Yは簡體字の「儉」に作るが、寫眞圖版によると右傍の「僉」の下に「日」が見えるので、ここでは「⿱僉音」に作る。

（4）斂

この字の左旁は「僉」の下に「日」があるが、ここでは便宜上「斂」に作る。

（5）瘧

この字の右旁は「⿸虍吕」に作っているが、これは『說文』虍部に「虐」の古文として掲げられている文字と同じ字形であるので、この字は「瘧」の異體字である。ここでは便宜上「瘧」に作る。

（6）倀民者、𡥈之以悳、齊之以豊、則民又懽心。

本句と次句に類似した文章として、『論語』爲政篇の「子曰、道之以政、齊之以刑、民免而無恥。道之以德、齊之以禮、有恥且格。」がある。

「齊之」の「之」とは「民」のことを指すが、「齊民」とは民の個性をならして均一化し、統治者の價値基準に一元化するという意味。「齊民」の用例としては例えば『荀子』富國篇「必將脩禮以齊朝、正法以齊官、平政以齊民、然後節奏齊於朝、百事齊於官、衆庶齊於下。」が擧げられる。また次のような例もある。

君之在國都也、若心之在身體也。道德定於上、則百姓化於下矣。戒心形於內、則容貌動於外矣。正也者、所以明其德。知得諸己、知得諸民、從其理也。知失諸民、退而修諸己、反其本也。所求於己者多、故德行立。所求於人者少、故民輕給之。故君人者上注、臣人者下注。上注者、紀天時、務民力。下注者、發地利、足財用也。故能飾大義、審時節、上以禮神明、下以義輔佐者、明君之道。能據法而不阿、上以匡主之過、下以振民之病者、忠臣之所行也。明君在上、忠臣佐之、則齊民以政刑、牽於衣食之利。故愿而易使、愚而易塞。」（『管子』君臣下篇）

この一文には、「君之在國都也、若心之在身體也」という郭店楚簡『緇衣』第五章と酷似した表現が見られ、かつ「正也者、所以明其德」という「正」についての定義、「求己」という『成之聞之』を思わせる表現など、郭店楚簡中における儒家文獻との關連を思わせる表現が隨所に見える。ただし、『管子』君臣下篇においては「齊民以政刑」を肯定的な意味に用いている點で『緇衣』とは異なっている。

「懽」は、A・B「釋文」は「歡」の假借字とする。それに對してA【注釋】〔六五〕裘按は「也有可能讀爲「勸」。勸，勉也」と述べ、R・V・Yもその說に從う。しかし「懽」は『說文』心部に「懽、喜歀也。」とあり、如字で十分に意味が通る。むしろ本文の文脈からすると、「勉める」よりは「喜ぶ」の意味で解釋する方が適當ではないか。「懽心」の用例は『孝經』孝治章に見える。

子曰、昔者明王之以孝治天下也、不敢遺小國之臣、而況於公侯伯子男乎。故得萬國之懽心、以事其先王。治國者不敢侮於鰥寡、而況於士民乎。故得百姓之懽心、以事其先君。治家者不敢失於臣妾、而況於妻子乎。故得人之懽心、以事其親。夫然、故生則親安之、祭則鬼享之、是以天下和平、災害不生、禍亂不作。故明王之以孝治天下也如此。詩云、有覺德行、四國順之。

（7）⿱夋言之以正、齊之以⿱丰土、則民又孚心。

「孚」は、今本は「遯」に作り、上海博物館楚簡『緇衣』は「免」に作る。Gはこの字を「欺」の假借字とし、「遯」にも「欺」の意味があり、「孚」と「遯」はともに「欺」の意味だという。Vもほぼ同様の立場に立つ。ここでもそれに從って解釋した。なお、Rはこの字を「免」字であるとし、この字と今本の「遯」を「逃れる」の意味で解釋している。確かにこの説は、上海博物館楚簡『緇衣』との比較、『論語』爲政篇「子曰、道之以政、齊之以刑、民免而無恥」との比較から考えて非常に興味深い説ではある。しかしこの字と「免」字は字形が大きく異なっており、この字を「免」の異體字とすることには依然として躊躇を覺える。

（8）寺員、虗大夫共⿰虘又⿰章僉、⿰木朮人不斂。

「虗大夫共⿰虘又⿰章僉、⿰木朮人不斂」という句は、A【注釋】〔六八〕が指摘するように、『毛詩』にも今本『禮記』緇衣篇にもない逸詩である。

「虗大夫共⿰虘又⿰章僉」については、A【注釋】〔六八〕裘按の説に從い、「共」を「恭」、「⿰虘又」を「且」、「⿰章僉」を「儉」の假借字と考えた。從ってこの一句は、わが大夫は恭かつ儉である、という意味になる。

「⿰木朮人不斂」については、「⿰木朮」はFに從って「⿸广朮」の本字とし、「靡」（「無」の意味）の假借字と考えた。また「靡～不～」という句法の用例として、Fは『毛詩』から「靡不有初」（大雅蕩篇）、「靡日不思」（邶風泉水篇）を舉げる。またLはFが舉げた用例に加えてさらに『毛詩』から「靡人不周」（大雅雲漢篇）、「靡人不勝」（小雅正月篇）、「靡事不爲」（小雅北山篇）を紹介する。これらの用例からすると、「靡＋名詞＋不＋動詞」という句法は、前の名詞が後ろの動詞の目的語となっている。從って當該箇所の「𣏟人不斂」は「大夫が斂をしない人はいない」という意味になる。「斂」の意味は「聚」、すなわち集めるという意味にとった。すなわち「𣏟人不斂」とは、大夫があらゆる人を自分のもとに集めるという意味である。

本章は「倀民者」の統治方法について述べられているわけだが、ここで引用されている詩は大夫に關するものである。このことは、「倀民者」の中に大夫を想定していることを示唆するものであろう。すなわち『緇衣』において想定されている上下關係は相對的なものであり、「上」の中に廣く大夫などの統治者階級も含まれることを意味している。

また本章は、德と禮による統治と、政と刑による統治という二つの統治方法を對照的に描き出し、前者を肯定して後者を否定するという構成になっている。そしてここで引用されている『詩』は德禮による統治を描いている。それに對して次に引用されている『書』は政刑による統治を描いている。このように『詩』で德禮による統治を描き、『書』で政刑による統治を描くことによって、德禮・政刑の對照性を強調しているものと思われる。

（9）呂坓員、非甬𦤶、折以坓、隹乍五瘧之坓曰灋。

「𦤶」は、『說文』至部に「𦤶、到也。」とある。Oは、「𦤶」と「至」は通用し、「至」には「善」の意味があるとする。Wも基本的にOと同樣の立場をとる。Rは「𦤶」を「臻」の假借字とし、「完美」の意味だとする。またVは「𦤶」を「旨」の假借字とし、「意」の意味だとしている。YもVの說に從う。

「𦤶」に對應する箇所は、上海博物館楚簡『緇衣』は「霝」、今本は「命」、『尙書』呂刑篇は「靈」、また『尙書』呂刑篇のこの一文を引用している『墨子』尙同中篇（このことはO・Wがすでに指摘している）は「練」にそれぞれ作っている。これらの異文關係をもとに考えてみると、「命」「靈」「練」いずれも「善」に似た意味で使われているようであるから（ただし『禮記』緇衣篇の鄭注は「命謂政令也」としているが）、やはり「経」もまたそれと似通った意味で用いられていると推測できるのではないか。その點からすると、O・Wの説が比較的穩當であろう。ここでは「経」を「至」の假借字と考え、その意味は「最高の方法」ととった。後述するように、この箇所の文字をどのように解釋するかによって刑罰を否定するか肯定するかという問題に對して立場が分かれてくることになるので、「経」はおそらく様々な解釋をすることが可能な抽象的な意味なのであろう。

「折」は「制」の假借字。Oは「折」を「裁斷」の意味として如字に解する。Oの解釋も十分に成り立つが、ここでは今本に合わせて解釋した。

先に述べたとおり、『墨子』尙同中篇が『尙書』呂刑篇のこの箇所を引用している。

今天下之人曰、方今之時、天下之正長猶未廢乎天下也、而天下之所以亂者、何故之以也。子墨子曰、方今之時之以正長、則本與古者異矣、譬之若有苗之以五刑然。昔者聖王制爲五刑、以治天下、逮至有苗之制五刑、以亂天下。則此豈刑不善哉。用刑則不善也。是以先王之書呂刑之道曰、苗民否用練、折則刑、唯作五殺之刑曰法。則此言善用刑者以治民、不善用刑以爲五殺、則此豈刑不善哉。用刑則不善、故遂以爲五殺。

『緇衣』では呂刑を引用して刑罰を否定しているのに對して、『墨子』ではそれと同じ箇所を引用することによって、刑罰それ自體は悪いものではなく、刑罰の用い方によっては悪しき結果をもたらすことがあると主張している。尙同思想は刑罰によって尙同を實現するという側面を有しているから、刑罰を否定することは許されない。そのためにこの一文は「練」の解釋を變えることによって刑罰を肯定するという複雜な論理をとっているものと考えられる。

（芳賀良信・廣瀨薫雄）

第十三章

本　文

子曰、正之不行、𡥈之不成也、則坓罰不（第二十七號簡）足恥、而雀不足懽也。古上不可以埶坓而翌雀。康𢍏員、敬（第二十八號簡）明乃罰。呂坓員、翻坓之迪。■（第二十九號簡）

訓　讀

子曰く、「正（政）の行われざる、𡥈（教）えの成らざるや[1]、則ち坓（刑）罰恥じしむるに足らずして、雀（爵）懽（勸）むるに足らざればなり[2]。古（故）に上は以て坓（刑）を埶（褻《けが》）して雀（爵）を翌（輕）んず可からず。」と[3]。康𢍏（誥）に員（云）く、「敬みて乃の罰を明らかにせよ。」と[4]。呂坓（刑）に員（云）く、「坓（刑）を翻（播）きし迪なり。」と[5]。■

口語譯

先生が言われた、「政治が行き詰まり、教えが成し遂げられないのは、刑罰があっても辱めることができず、爵位を與えても勵ますことができないからである。だからこそ、上位者は刑をいい加減に扱い、輕々しく爵位を與えてはいけない。」と。『康誥』に次のように言う、「愼んでなんじの罰を明らかにせよ。」と。『呂刑』に次のように言う、「刑を敷いた方法である。」と。■

今　本（第十三章）

子曰、政之不行也、教之不成也、爵祿不足勸也、刑罰不足恥也。故上不可以褻刑而輕爵。康誥曰、敬明乃罰。甫刑曰、播刑之不迪。

注

（1）正之不行、𡥈之不成也、

「𡥈」は、本書以外に、郭店楚簡『老子』甲本に三例、『尊德義』に一例、『六德』に三例見える。「𡥈」は、A「老子釋文注釋」【注釋】〔三一〕が指摘したように、『汗簡』及び『古文四聲韻』所收の字指の「教」字と同形。ところで、「𡥈」は『說文』子部に「𡥈、放也。从子、爻聲。」とあり、「教」は『說文』支部に「教、上所施、下所效也。从攴从孝。凡教之屬皆从教。𧥮、古文教。𢽾、亦古文教。」とあるように、『說文』には兩字が別々に收錄されており、意味も正反對になっている。郭店楚簡に見える「𡥈」は、『老子』甲本第十二號簡の用例を「教」で讀むか「學」で讀むかで說が分かれているのを除いてはいずれも「教」の意味で使われていることから、「𡥈」は「教」の省字か假借字とするのが最も穩當であろう。

（2）則坓訶不足恥、而雀不足憸也。

この一句は、今本は「爵祿不足勸也、刑罰不足恥也。」に作る。郭店楚簡『緇衣』には「正之不行、𡥈之不成也」と「坓訶不足恥、而雀不足憸也。」の閒に、條件文を表す「則」字があり、それによって今本より文意が明白になっている。

「憸」は、A・B「釋文」・Vいずれも「勸」の假借字（あるいは異體字）とする。

（3）古上不可以𢻹坓而𦑟雀。

「𢱭」は、「埶」の異體字であろう。この字は、郭店楚簡『緇衣』第二十一號簡に既出。A・B「釋文」・Vいずれも「褻」の假借字（あるいは異體字）とする。諧聲符が同じであるので假借可能。

「翌」は、A・B「釋文」・Vいずれも「輕」の假借字（あるいは異體字）とするのに従う。この字の聲符と思われる「巠」は、『說文』川部所收の「巠」の古文（「𢀖」）と字形が類似しており、恐らくそれの異體字と思われる（詳しくは本書「『唐虞之道』譯注」第四章注（7）を參照。）。

（4）康𢍰員、敬明乃罰。

「𢍰」は、A・B「釋文」・V・Xいずれも「誥」の假借字（あるいは異體字）とする。この字は『緇衣』第五號簡に既出。

この一句は、『尙書』康誥篇に同樣の句が見える。「乃」は、康誥篇では、「王曰、嗚呼、封、敬明乃罰。人有小罪、非眚乃惟終、自作不典式爾、有厥罪小、乃不可不殺。乃有大罪、非終、乃惟眚災適爾、既道極厥辜、時乃不可殺。」とあるように、「封」（康叔）を指している。康誥篇では本句の前に「克明德愼罰」とある以外は、本句の書かれている箇所から刑罰を愼重に行うべきことやその具體的な運用・執行の方法などが記述されており、その意味において、本句はまさに康誥篇の主旨を最も端的に示す文言と言えよう。

なお、このような康誥篇の文章を敷衍したものとして、『潛夫論』述赦篇を擧げることができる。

夫有罪而備辜、寃結而信理、此天之正也、而王之法也。故曰、無縱詭隨、以謹無良。若枉善人以惠姦惡、此謂斂怨以爲德。先帝制法、論衷刺刀者。何則以其懷姦惡之心有殺害之意也。聖主有子愛之情、而是有殺害之意。故誅之。況成罪乎。尙書康誥、王曰、於戲、封、敬明乃罰、人有小罪匪省、乃惟終自作不典戒爾、有厥罪小、乃不可不殺、言惡人有罪雖小、然非以過差爲之也、乃欲終身行之。故雖小、不可不殺也。何則是本頑凶思惡而爲之者也。乃有大罪匪終、乃惟省哉適爾、既道極厥罪、時亦不可殺、言殺人雖有大罪、非欲以終身爲惡、乃過誤爾、是不殺也。若此者、雖曰赦之可也。金作贖形、赦過宥罪、皆謂良人吉士時有過誤、不幸陷離者爾。先王議讞獄以制、原情論意、以救善人。非欲令兼縱惡逆以傷人也。是故周官差八議之辟、此先王所以整萬民而致時雍也。易故觀民設教、變通移時之議。今日捄世、莫〔急〕乎此意。

（5）呂坓員、翻坓之迪。

今本は「甫刑曰、播刑之不迪。」に作る。郭店楚簡『緇衣』には「迪」の直前に「不」字のないことに注意。

この一句は、『尚書』呂刑篇にほぼ同様の句が見える。すなわち、

王曰、嗟、四方司政典獄、非爾惟作天牧。今爾何監。非時伯夷播刑之迪。其今爾何懲。惟時苗民、匪察于獄之麗、罔擇吉人、觀于五刑之中、惟時庶威奪貨、斷制五刑、以亂無辜、上帝不蠲、降咎于苗、苗民無辭于罰、乃絶厥世。

とあるが、呂刑篇では「播刑之迪」の主語が「伯夷」となっている。ここで「播刑之迪」、すなわち伯夷が刑罰を敷いた方法が具體的にどのような方法であるか、呂刑篇では直接的に示されていないが、間接的には「士制百姓于刑之中」「故乃明于刑之中」「觀于五刑之中」「惟良折獄、罔非在中。」「哀敬折獄、明啓刑書胥占、咸庶中正。」「于民之中、尚明聽之哉。哲人惟刑、無疆之辭、屬于五極、咸中、有慶。」などとあるように、「中」もしくは「中正」を失わないことを指していると思われる。

本句は『尚書』呂刑篇は「播刑之迪。」に作るが、今本『禮記』緇衣篇は「甫刑曰、播刑之不迪。」に作る。今本『禮記』緇衣篇にある「不」字は、鄭注は「不、衍字耳。」とする。なお、呂刑篇の本句の解釈は、鄭注は「播、猶施也。……迪、道也。言施刑之道。」という。

（李 承 律）

第十四章

本　文

子曰、王言女絲、其出女絬。王言女索（第二十九號簡）、其出女綍。古大人不昌流。寺員、訢尔出話、敬尔愳義。■

（第三十號簡）

訓　讀

子曰く、「王の言絲の女（如）くなれば、其の出づること絬（紑）の女（如）し。[1]王の言索の女（如）くなれば、其の出づること綍（紼）の女（如）し。[2]古（故）に大人は流〔言〕を昌（倡）えず。[3]」と。寺（詩）に員（云）く、「尔（爾）の出す話を訢（愼）み、尔（爾）の愳（威）義（儀）を敬め。」と。[4]■

口語譯

先生が言われた、「王の言葉は、その言い出された始めは（蠶が吐いた）一筋の生絲のよう（に微細）であっても、一旦言い出され（て外に行われ）るとその生絲をより合わせた絲のようなる。また、王の言葉は、その言い出された始めは（絲をより合わせてなった）繩のようであっても、一旦言い出され（て外に行われ）ると（繩をより合わせた）大綱のようになる。そういうわけで、大人（一國の君主のような人物）は流〔言〕（根據のない、いい加減な言葉）を口に出さない。」と。『詩』に云う、「なんじの發言を愼み、なんじの態度を重々しくせよ。」と。■

今　本（第七章）

子曰、王言如絲、其出如綸。王言如綸、其出如綍。故大人不倡游言。可言也、不可行、君子弗言也。可行也、不可言、君子弗行也。則民言不危行、而行不危言矣。詩云、淑愼爾止、不諐于儀。

注

（1）王言女絲、其出女絬。

「王言」は、王の言葉。『管子』に「王言」という篇があったが、すでに亡んでいる。『書經』咸有一德篇に「俾萬姓咸曰、大哉王言。又曰、一哉王心。」とあり、說命上篇に「王言惟作命、不言、臣下罔攸稟令。」とある。ただし、咸有一德篇も說命上篇も僞古文である。なお、說命上篇の「王言惟作命、不言、臣下罔攸稟令。」は、實は『國語』楚語上篇の「王言以出令也。若不言、是無所稟令也。」を改易したものと思われる（屈萬里『尚書集釋』、屈萬里全集②を參照）。

「絲」について。『說文』絲部に「絲、蠶所吐也。從二糸。」という。蠶が吐くような極めて細い絲のことを言うのだろう。

「絬」について。今本は「綸」に作る。A・B「釋文」は「絬」に作る。A【注釋】（七四）の裘錫圭の見解は、この字は「緍」に作るべきで、卽ち「緍」であるとする。そして、「緍」と「綸」とはいずれも魚釣りの絲として説明できるので、鄭注が「綸」を「綬」と解するのは非に似るという。あるいは「絬」の右上は「壬」（テイ）ではなく「壬」（ジン）なのかもしれない。もしそうならば、「絍」の假借字あるいは異體字と考えられ、はた絲の意（「壬」字は機織りの絲まきの象形）。文脈から言えば、繭から取った生絲をより合わせた絲と考えた方がよいだろう。釣り絲にこだわる必要はない。

（2）王言女索、其出女𦁐。

「索」について。今本は「綸」に作る。『説文』𣎳部に「索、艸有莖葉可作繩索。从𣎳糸。」という。『小爾雅』に「大者謂之索、小者謂之繩。」という。『書經』五子之歌篇（僞古文）に「凜乎若朽索之馭六馬。」とあり、『淮南子』説林篇に「君子之居民上、若以腐索御奔馬、若蹍薄氷蛟在其下、若入林而遇乳虎。」とある。いずれも、「索」は馬を御するのに使うほどの大繩のことだが、本章では絲をより合わせてなった繩と考えればよいだろう。

「𦁐」について。今本は「綍」に作る。「𦁐」は「紼」の假借字。A【注釋】〔七五〕の裘錫圭の見解によれば、「紼」「綍」の二字は字書では一字の異體とされ、「聿」「弗」はどちらも物部である。また、疑うらくは、「𦁐」の從う所の「聿」は「筆」と讀み爲すべきで、「筆」「紼」は聲韻ともに近いと言う。「紼」は『呂氏春秋』節喪篇「引紼者左右萬人以行之。」の高誘注に「紼、引棺索也。」とある。『禮記』曲禮上篇「助葬必執紼。」の鄭注に「引車索。」とあり、『經典釋文』に「紼、引棺。本亦作引車索。」とある。すなわち、棺（或いはその車）を引く太い索のこと。本章では索をより合わせた大綱と考えればよいだろう。なお、「綍」は、『禮記』雜記下篇「升正柩、諸侯執綍五百人。」及び喪服大記篇「君葬用輴、四綍二碑、御棺用羽葆。」の鄭注に「在椁曰綍。」とある。また、『周禮』地官遂人篇「及葬、帥而屬六綍及窆。」の鄭注に「綍、舉棺索也。」とある。『玉篇』に「紼、引棺索也、車索也、亂麻也。綍、同紼。」とある。

（3）古大人不昌流。

「大人」は、文脈から考えれば「王の言」を出す立場にある人であろうから、王本人か、あるいは『書經』説命上篇の傳説のように「其れ予に代りて言わんとす」るような王の言を司る者をも指すかもしれない。

「昌」について。今本は「倡」に作る。「昌」は「倡」の假借字。『荀子』正論篇に「主者、民之唱也。上者、下之儀也。彼將聽唱而應、視儀而動。唱默則民無應也、儀隱則下無動也。不應不動、則上下無以相有也。」とある。「唱」

も「倡」も同じく王が先に立ってとなえる（それによって民を導く）こと。

「流」について。今本は「游言」に作る。寫眞圖版によれば、左は「水」、右は「䖝」の字。この字について、詳しくは、曾憲通「從「䖝」符之音讀再論古韻部東冬的分合」及び李零「古文字雜識（二則）」（いずれも『第三屆國際中國古文字學研討會論文集』、一九九七年十月）を參照。

訓讀では、今本が「游言」に作るのを考慮して、「流」の後に「言」一字を補う。「流〔言〕」については、『呂氏春秋』離謂篇に「亂國之俗、甚多流言。」とある。また、『荀子』致士篇に「凡流言・流說・流事・流謀・流譽・流愬、不官而衡至者、君子愼之。」、大略篇に「流言滅之、貨色遠之。禍之所由生也、生自纖纖也、是故君子蚤絕之。」、また「語曰、流丸止於甌臾、流言止於智者。此家言邪學之所以惡儒者也。是非疑則度之以遠事、驗之以近物、參之以平心、流言止焉、惡言死焉。」とある。

（4）寺員、訢尔出話、敬尔愚義。

「訢」について。今本は「愼」に作る。「訢」は「訢」の異體字で、「愼」の假借字であろう（陳偉武「舊釋〝折〟及从〝折〟之字平議——兼論〝愼德〟和〝悊終〟問題」、『古文字研究』第二十二輯、二〇〇〇年七月を參照）。

「愚義」について。今本は「威儀」に作る。「愚」は「威」の假借字。

「訢尔出話、敬尔愚義」は、『詩經』大雅抑篇の詩句。今本は、郭店楚簡『緇衣』のこの章及び次の章を合わせて第七章としている。ただし、郭店楚簡『緇衣』のこの章に引く『詩經』大雅抑篇の句は今本第七章には見えず、今本第八章に見え、「愼爾出話、敬爾威儀。」に作る。この詩句を引用するその他の文獻としては、『說苑』君道篇に「人君不直其行、不敬其言者、未有能保帝王之號、垂顯令之名者也。易曰、夫君子居其室、出其言、善、則千里之外應之、況其邇者乎。居其室、出其言、不善、則千里之外違之、況其邇者乎。言出於身、加於民、行發乎邇、見乎遠。言行、君子之樞機。樞機之發、榮辱之主、君子之所以動天地、可不愼乎。天地動而萬物變化。詩曰、愼爾出話、敬爾威儀、無不柔嘉。此之謂也。今君不是之慎、而縱恣焉、不亡必弑。」とある。君子の言行は樞機（いしゅみのはじきがね、また、物事の要所）なので、言動は愼重にせねばならないということを説いており、『緇衣』の趣旨と同工異曲である。

（近藤浩之）

第十五章

本　文

子曰、可言（第三十號簡）不可行、君子弗言。可行不可言、君子弗行。則民言不㤺行、〔行〕(1)不㤺（第三十一號簡）言。寺員、𠳌訢尔𡕒、不侃于義。■（第三十二號簡）

訓　讀

子曰く、「言う可くして行う可からざるは、君子（は）言わず(2)。行う可くして言う可からざるは、君子（は）行わず(3)。則ち民の言は行いより㤺《たか》（危）からず、〔行いは〕言より㤺（危）からず(4)。」と。寺（詩）に員（云）く、「𠳌（淑）く尔（爾）の𡕒（止）を訢（愼）み、義（儀）に侃（諐）たざれ。」と(5)。■

口語譯

先生が言われた、「言っても實行できないことは、君子はそれを口にしない。行うことはできても口に出せないことは、君子はそれを行わない。そのようにすれば、民の言葉は行いを上回ることがなく、實行も言葉を上回ることがなくなるのである。」と。『詩』には、「よく自分自身の行いを愼み、禮儀をあやまらぬようにせよ。」とある。■

今　本（第七章）

子曰、王言如絲、其出如綸。王言如綸、其出如綍。故大人不倡游言。可言也、不可行、君子弗言也。可行也、不可言、君子弗行也。則民言不危行、而行不危言矣。詩云、淑愼爾止、不僭于儀。

注

（1）〔行〕

この字は寫眞圖版にはみえないが、今本にはあり、またそうでなければ意味が通らないので、A【注釋】〔七九〕が指摘しているように脱字であろう。

（2）可言不可行、君子弗言。

この部分は、今本では「子曰、王言如絲、其出如綸。王言如綸、其出如綍。故大人不倡游言。」に續く、第七章後半部分であるが、郭店楚簡『緇衣』では第十四章、第十五章と連續はするものの分かれている。「子曰、可言不可行、君子弗言。」は、今本では「可言也、不可行、君子弗言也。」に作る。孔疏には「謂口可言說、力不能行、則君子不言也。」とあり、行えないことは口にしないのが君子であると解釋している。

（3）可行不可言、君子弗行。

この部分は、今本では「可行也、不可言、君子弗行也。」に作る。孔疏は、熊安生の說を引き「可行、謂君子賢人可行此事、但不可言說爲凡人作法。如此之事、則君子不當行。」とあり、行うことはできても言葉によってすべての人の手本となることができなければ、そのことを行ってはいけないと解釋している。

（4）則民言不隓行、〔行〕不隓言。

「⿰阝⿱禾心」は、今本では、「危」に作り、その鄭注には「危猶高也。」とある。A【注釋】〔七八〕では、「秝」省に従うとしているが、裘錫圭は「當从「禾」聲，讀爲「危」，「禾」、「危」古音相近。」という。上古音において「禾」「危」はともに歌部に屬す。ここでは、裘氏の說に従って、「危」の假借字とする。

この一句は、今本では「則民言不危行、而行不危言矣。」に作る。孔疏には「如此化民、則言行相應。言不高於行、行不高於言。」とあり、君子が言行を一致させることによって民もそれに同化され言行が一致するようになると解釋している。

（5）寺員、⿱弔口訢尔⿱之止、不侃于義。

「⿱弔口」は、Aは「叔」の假借とする。上古音において「弔」は宵部、「叔」は覺部に屬するが、今本が作る「淑」の假借字であろう。『左傳』哀公十六年の「旻天不弔」を、『周禮』春官大祝「作六辭以通上下親疏遠近。一曰祠。二曰命。三曰誥。四曰會。五曰禱。六曰誄。」の鄭注が引いているが、そこでは「閔天不淑」に作っている。

この一句は、今本では「詩云、淑愼爾止、不諐于儀。」に作る。『禮記』孔疏には「此大雅抑之篇。刺厲王之詩。淑、善也。諐、過也。言爲君之法當善謹愼女之容止、不諐過於禮之容儀。言當守道以自居。引者證言行不可過也。」とあり、立ち居振る舞いをよく慎み、禮に定められた身のこなしに違うことがないようにすることが君主たる道であり、それをよく自覺することの必要性を述べていると解釋している。『毛詩』大雅抑篇は「淑愼爾止、不愆于儀。」に作り、「侃（諐）」と「愆」に違いがあるが、『說文』心部に「愆、過也、从心衍聲。」とあり、籀文として「[illegible]」を擧げている。また『汗簡』言部に「[illegible]、愆」とあり、『古文四聲韻』の「愆」も同様であるから、「諐」と「愆」とは異體字の關係にある。毛傳には「女爲善則民善矣。」とあり、君主により民が感化されるとしている。鄭箋には「當善愼女之容止、不可過差於威儀。」とある。この句を引くものとして、『列女傳』宋恭伯姫傳がある。

本章は言行一致を說くものであるが、同樣の例として『論語』里仁篇に「子曰、古者言之不出、恥躬之不逮也。」、

「子曰、君子欲訥於言、而敏於行。」とあり、子路篇に「子路曰、衞君待子而爲政、子將奚先。子曰、必也正名乎。子路曰、有是哉、子之迂也。奚其正。子曰、野哉、由也。君子於其所不知、蓋闕如也。名不正、則言不順。言不順、則事不成。事不成、則禮樂不興。禮樂不興、則刑罰不中。刑罰不中、則民無所措手足。故君子名之必可言也、言之必可行也。君子於其言、無所苟而已矣。」、憲問篇に「子曰、君子恥其言而過其行。」とあるなどが擧げられる。また『禮記』雜記下篇にも「有其言、無其行、君子恥之。」とある。ただし、いずれも君子が民に及ぼす感化については觸れていない。

（渡邉　大）

第十六章

本　文

子曰、君子道人以言、而⿱亞止以行。古言（第三十二號簡）則懎其所冬、行則䭫[1]其所㡀。則民訢於言、而慬於行。寺員、穆穆（第三十三號簡）文王、於[2]䎆迡敬⿱亠止。■（第三十四號簡）

訓　讀

子曰く、「君子は人を道（導）くに言を以てし、⿱亞止（禁）ずるに行いを以てす。古（故）に言は則ち其の冬（終）わるところを懎（慮）り、行いは則ち其の㡀（蔽《きわ》）まるところを䭫（稽）うれば[3]、則ち民は言に訢（愼）みて、行いに慬（謹）む。」と[4]。寺（詩）に員（云）く、「穆穆たる文王、於䎆《ああ》（緝）迡（熙）にして敬めり。」と[5]。■

口語訳

先生が言われた、「君子は言葉で人を導き、行動で（人）を禁ずる。故に口にしたら、その結果がどうなるかを考え、行動したらその結果がどうなるかを考える。そのようにすれば、民衆は言葉を愼み、行いを謹む。」と。『詩』に言う、「すばらしい文王、ああ、その光明な（德）をつつしむ。」と。

今　本（第八章）

子曰、君子道人以言、而禁人以行。故言必慮其所終、而行必稽其所敝。則民謹於言而愼於行。詩云、愼爾出話、敬爾威儀。大雅曰、穆穆文王、於緝熙敬止。

注

（1）䛗

Aは「䛗」に作るが、寫眞圖版によると「䛗」に作るのがよい。この字の左旁は『語叢三』第五十六號簡に見える「飤」の左旁とかなり類似している。

（2）䎽

Aは「㖀」に作る。この字についてA【注釋】〔八三〕裘按は、「似非從人,《說文》有「䎽」字、疑卽由此字訛變而成。」と指摘している。寫眞圖版によると、この字の右旁は「人」の形に作っていないことが確認できる。したがって、ここでは寫眞圖版に忠實に「䎽」に作る。

（3）子曰、君子道人以言、而𢀩以行。古言則憒其所冬、行則䛗其所㡀。

「𢀩」は『說文』に未收の字、文字編の類にも見えないようである。A【注釋】〔八一〕は「其上部爲《說文》「恆」

字古文、疑讀作「恆」。」としている。この字は今本では「禁」に作る。郭店楚簡『老子』甲本第二十三號簡・乙本第二號簡に、この字の上部と同樣の字形が見え、Aはその字を「亙」に作るが、今本『老子』の各種版本がみな「極」に作っていることをもとに、それぞれの【注釋】において、「亙」と「極」が混同して用いられていたとする。Gは「在楚簡中，〝亟〞往往寫作〝亙〞。」と指摘した上で、この字も恐らく「亟」であろうと推測し、この字を「恆」や「極」の假借字とし、「禁」や「忌」の意味があるとする。今本との對比から、いましばらくこの字を「禁」の意味であると考えておく。待考。

今本『禮記』緇衣篇の「而禁人以行」に對して、孔疏は「言禁約謹愼人以行」としているが、君主が「行」を用いて民衆を束縛するというのは、すなわち統治者が刑罰を行使するということを指しているのであろう。君主が「言」の教えを施した上で刑罰等の「行」を實施するということについては、郭店楚簡『緇衣』第十三章に「子曰、正（政）之不行、孝（教）之不城（成）也、則坓（刑）罰不足恥、而雀（爵）不足懽（勸）也。古（故）上不可以埶（褻）坓（刑）而翌（輕）雀（爵）。」とある。

「⿰忄虘」は、「虘」に從い、「心」に從うので、「慮」の假借字であろう。

「⿰飠旨」は、A【注釋】〔八二〕は「從「旨」聲，讀作「稽」。」としている。この字と「稽」はともに「旨」を聲符とすると考えられるので、假借可能。この字は今本では「稽」に作る。

「㡀」は、Aは「敝」の假借字としている。この字は今本では「敝」に作り、孔疏は「而行必稽其所敝」について「言欲行之事、必須先考校此行至終敝之時、無損壞以否。」としていることから、この字は「言必慮其所終」の「終」と對になっていると考えられるので、「蔽」の假借字とし、「きわまる」の意味にとりたい。「而行必稽其所敝」とは「行動したらその結果がどのようになるかを考える。」ということではなかろうか。

「古言則⿰忄虘其所冬、行則⿰飠旨其所㡀」とは、統治者はみずからの「言」「行」が國家・社會に大きな影響を與えることを考えなければならないということを言っているのであろう。『禮記』中庸篇に「是故君子動而世爲天下道、行而世爲天下法、言而世爲天下則。」とあり、『呂氏春秋』重言篇に「臣聞之、天子無戲言。天子言、則史書之、工誦之、士稱之。」とある。

（4）則民訢於言、而慬於行。

この一句は、今本では「則民謹於言、而愼於行。」に作り、その直後にある「詩云、愼爾出話、敬爾威儀。」は郭店楚簡『緇衣』では本章ではなく、第十四章で引用されている。

（5）寺員、穆穆文王、於耴遟敬𣥂。

「耴」は「緝」の假借字であろう。諧聲符が同じであるので假借可能。「遟」は「熙」の假借字であろう。この字は「熙」の諧聲符である「𦣞」の省聲に從うと考えられるので、假借可能。ちなみに、「於耴遟敬𣥂」は、上海博物館楚簡『緇衣』の對應する箇所（第十七號簡）は「於幾義之」に作る。

「寺員、穆穆文王、於耴遟敬𣥂。」は『詩經』大雅文王篇の句。「穆穆」は、毛傳に「穆穆、美也。緝熙、光明也。」とあり、鄭箋に「穆穆乎文王有天子之容、於美乎又能敬其光明之德。」とある。「𣥂（止）」は語氣詞であり、意味がないようである。「緝熙」は、『詩經』周頌昊天有成命篇に「於緝熙、單厥心、肆其靖之。」とあり、毛傳に「緝、明。熙、廣。」とあり、鄭箋に「廣當爲光」とある。

この詩の引用は、今本『禮記』緇衣篇以外では、『禮記』大學篇に「詩云、穆穆文王、於緝熙敬止。爲人君、止於仁。爲人臣、止於敬。爲人子、止於孝。爲人父、止於慈。與國人交、止於信。」とある。そしてその直前に「詩云、邦畿千里、惟民所止。詩云、緡蠻黃鳥、止于丘隅。子曰、於止、知其所止、可以人而不如鳥乎。」とあり、また『禮記』大學篇の冒頭に「大學之道、在明明德、在親民、在止於至善。知止而后有定、定而后能靜、靜而后能安、安而后能慮、慮而后能得。」とあることから、「止」は語氣詞ではなく、「とどまる」の意味で用いられていると考えられる。

また「仁・敬・孝・慈・信」を至善として考え、政治の目的の一つを「止於至善」と考えている。

（曹　峰）

第十七章

本　文

子曰、言從行之、則行不可匿。古君子顯言而（第三十四號簡）行、以成其信、則民不能大其媺而少其亞。大虘云、白珪之石、尚可（第三十五號簡）砉也。此言之店、不可爲也。少頙員、身也君子、𡑞[1]也大成。君奭[2]員（第三十六號簡）、昔才上帝、𢦏[3]紳𧢒文王悳、其集大命于氒身。■（第三十七號簡）

訓　讀

子曰く、「言從いて之れを行えば、則ち行い匿す可からず。[4]古（故）に君子言を顯（顧）みて行い、以て其の信を成せば、則ち民其の媺（美）を大にして其の亞（惡）を少（小）にする能わず。[5]」と。大虘（雅）に云く、「白珪の石〈砧（玷）〉けたるは、尚お砉（磨）く可きなり。[6]此の言の店（玷）けたるは、爲す可からざるなり。」と。[7]少（小）頙（雅）に員（云）く、「身（允）なるかな君子、𡑞（誠）なるかな大成。」と。[8]君奭（奭）に員（云）く、「昔才（在）上帝は、𢦏（割）し紳（申）ねて文王の悳（德）を𧢒（觀）て、[9]其れ大命（命）を氒（厥）の身に集《とど》めたり。」と。■

口 語 譯

先生が言われた、「言葉で述べた場合、それに従って事を行えば、その行いを隠すことはできなくなる。そこで、君子が言葉で述べたものを顧慮して行い、そうして言葉にしたものを違えないようにすれば、民衆が君子の行いの長所を誇張したり、あるいはその缺點を過小にすることはできなくなる。」と。大雅に次のように言う、「白き珪玉のきずは、なお磨くすべがあるが、言葉のきずはなおしがきかぬ。」と。小雅に次のように言う、「まことにすぐれた君子、まことに大きな成果。」と。『君奭』に次のように言う、「昔上帝は、おそらくかさねて文王の德を觀察し、それから大いなる天命をその身に受けるようにしたのだろう。」と。■

今　本（第二十三章）

子曰、言從而行之、則言不可飾也。行從而言之、則行不可飾也。故君子寡言而行、以成其信、則民不得大其美、而小其惡。詩云、白圭之玷、尚可磨也。斯言之玷、不可爲也。小雅曰、允也君子、展也大成。君奭曰、昔在上帝、周田觀文王之德、其集大命于厥躬。

注

（1）⿸厂⿱旻土

この字は「厂」「旻」「土」を構成要素としていると思われるので、「⿸厂⿱旻土」に作る。

（2）⿻大⿰目頁

この字は『說文』皕部に「奭、盛也。从大从皕、皕亦聲。此燕召公名、讀若郝。史篇名醜。⿻大⿰目頁、古文奭。」とあるように、「奭」の古文。この字と類似の字形は、『成之聞之』第二十二・二十九號簡に見えるが、この字とは違って「皕」ではなく「䀠」に從うことに注意。『汗簡注釋』（二六四頁）所引の古璽及び古陶の「奭」とも酷似。なお、『古文四聲韻』所收の崔希裕纂古の「奭」字は、この字より一畫が多い。

（3）𢦏

この字はその左旁が郭店楚簡『成之聞之』第二十二・二十九・三十・三十三・三十七・三十九號簡、『六德』第三十三號簡の「害」と類似していると思われるので、「𢦏」に作る。

（4）子曰、言從行之、則行不可匿。

この一句は、今本は「子曰、言從而行之、則言不可飾也。行從而言之、則行不可飾也。」に作る。「匿」を「飾」に作ることや、今本が郭店楚簡『緇衣』より「則言不可飾也」・「行從而言之」の二句が多いなどの相違がある。

本句において、「言從行之」は下文の「君子𧡊言而行、以成其信」と、「則行不可匿」は下文の「則民不能大其娧而少其亞。」と、それぞれ對應していると考えられる。そうすると、前句の主語は「君子」、後句の主語は「民」となり、「言・行」に關連する諸他の章との整合性もうまく取れるようになる。

（5）古君子𧡊言而行、以成其信、則民不能大其娧而少其亞。

「𧡊」は、A・B「釋文」・Vが「顧」の假借字（あるいは異體字）とするのに從う。このような字形は、郭店楚簡には、『緇衣』第二十二號簡に「顧」の假借字として見え（「晉公之寡命于員」）、『魯穆公問子思』第四號簡（「寡人惑安而未之𧡊也」）及び『尊德義』第十五號簡（「𧡊以言、則民𧦝以寡信。」）にそれぞれ見える。金文では、中山王䌛鼎に「寡人昬之」、中山王䌛壺に「寡人非之」と見える。これらの例によれば、この字の右旁は、「寡」の省字あるいは異體字でよかろう。「𧡊」は今本は「寡」に作り、裘錫圭氏がA【注釋】〔八五〕ですでに指摘している通り、鄭注に「寡當爲顧。聲之誤也。」とある。またVも指摘しているように、『經典釋文』には「寡音顧。出注。」とある。

（6）大虽云、白珪之石、尚可硩也。

「虽」は、A【注釋】〔八六〕は「頁」の省字とする。この字は、郭店楚簡の中には、本書の他に『唐虞之道』第十三號簡に「虽用戈、正不備也。」、「恖而正之、吳虽之幻也。」と見え、また上海博物館所藏の戰國楚簡の『孔子閒居』

にも「(子)虽餌於孔子。」としてほぼ類似の字形が見える（『上海博物館　中國歷代書法館』、八頁）。そして包山楚簡第二四〇號簡にも「畀禮文王虽君子良」と見える。このうち『唐虞之道』の二例は王朝名、『孔子閒居』は人名として使われており、よってこの字は「夏」の異體字の一つであることは明らかである。ここではA・B「釋文」・V・Xが「雅」の假借字とするのに從う。

「白珪」は、『史記』仲尼弟子傳に「南宮括字子容。……三復白珪之玷、以其兄之子妻之。」とあり、同晉世家に「君子曰、詩所謂白珪之玷、猶可磨也、斯言之玷、不可爲也。其荀息之謂乎。不負其言。」とある。

「石」は、A・B「釋文」は如字でとるが、R・Vは「砧」の錯字とする。「石」では文意が不明瞭になると考えられるので、R・Vの說に從う。この字は今本『禮記』緇衣篇及び『毛詩』大雅抑篇は「玷」に作る。鄭注は『毛詩』の語句に對して「玷、缺也。言圭之缺、尚可磨而平之。言之缺、無如之何。」といい、鄭箋は「斯、此也。玉之缺、尚可磨鑢而平。人君政教一失、誰能反覆之。」という。以上より、「石」は「砧」の錯字とし、「砧」は今本『禮記』緇衣篇及び『毛詩』によって「玷」の假借字とする。兩字とも「占」を諧聲符としていると考えられるので假借可能。なお、V・Xも指摘しているように、『說文』刀部に「㓠、缺也。从刀、占聲。詩曰、白圭之㓠。」とあり、ここでは「白圭」の句を引用しながらこの字に該當する字を「㓠」に作る。

「𥓓」は、A【注釋】（八八）は「磨」の省字とし、B「釋文」は「磿」の異體字（あるいは假借字）とする。またVはB「釋文」と同樣「磿」の異體字とするようである。そしてXは「磨」の假借字とする。「𥓓」の上半分の「𣏟」は、『汗簡』所收の「𣏟」と同形。また「𣏟」は、V・Xがすでに指摘したように、『說文』𣏟部の「𣏟、葩之總名也。𣏟之爲言微也。」（段注本は「葩」を「萉」に作る）の段注に「𣏟麻古蓋同字。」とある。よって、「𥓓」は「磨」の省字あるいは異體字とする。なお、「磨」は『說文』には收錄されていないが、『說文』石部の「䃺、石磑也。」の段注に「䃺、今字省作磨。引伸之義爲研磨。」とあるのによれば、「䃺」の省字。參考までに、『汗簡』所收の義雲切韻及び

『古文四聲韻』所收の義雲章の「磨」は、いずれも「礪」に作る。

（7）此言之店、不可爲也。

「店」は、A【注釋】〔八九〕は「砧，簡文作店，「石」「占」共用「口」旁，讀爲「玷」。」という。B「釋文」は「玷」の假借字（あるいは異體字）とする。「店」は、Aの説明はいわゆる合書のことであるが、このような合書の例には、「城」（黃錫全『汗簡注釋』、四八七頁）や「栖」（包山楚簡に多出）などがある。よって、「店」は「砧」の省字あるいは異體字とし、「玷」の假借字とする。

この一句は、『詩經』大雅抑篇にほぼ同樣の句が見える。抑篇は十二章に分かれるが、白圭の句は第五章にある。すなわち、「質爾人民、謹爾侯度、用戒不虞。愼爾出話、敬爾威儀、無不柔嘉。白圭之玷、尚可磨也。斯言之玷、不可爲也。」とある。白圭の句の前六句の中で、白圭の句の「斯言之玷」、すなわち「言葉の缺點」は、「愼爾出話」、すなわち發言を愼重にすることと、對蹠的な意味で對應しており、そのような意味で「言葉の缺點」とは、具體的には、續く第六章の「無易由言、無曰苟矣。莫捫朕舌、言不可逝矣。無言不讎、無德不報。惠于朋友、庶民小子。子孫繩繩、萬民靡不承。」の「易由言」（輕率な發言）や「曰苟」（その場しのぎのかりそめの發言）を指すのではないかと思われる。したがって、白圭の句の原義は、「白圭のきずはなお磨けばよいが、輕率でいい加減な發言は取り消しができない。」、ということになろう。この句は、『論語』先進篇に「南容三復白圭。孔子以其兄之子妻之。」とある。またこの故事及び南容に關するより詳細なことは、『史記』仲尼弟子傳にも「南宮括、字子容。問孔子曰、羿善射、奡盪舟、俱不得其死然。禹稷躬稼而有天下。孔子弗答。容出。孔子曰、君子哉若人。上德哉若人。國有道、不廢。國無道、免於刑戮。三復白珪之玷、以其兄之子妻之。」と見える。これは要するに、南容（南宮括）は抑篇の中でも特に白圭の句を何度も繰り返して讀むほど愛誦した人物であり、孔子はそんな彼に自分の兄の娘を結婚させた、という內容になっている。このことから見れば、儒家がその早い段階から、發言を愼重にすることを意識していたことが窺われる。

その他、この一句を引用するものとしては、以下のものがある。

冬、十月、里克殺奚齊于次。書曰殺其君之子、未葬也。荀息將死之。人曰、不如立卓子而輔之。荀息立公子卓以葬。十一月、里克殺公子卓于朝。荀息死之。君子曰、詩所謂白圭之玷、尚可磨也。斯言之玷、不可爲也。荀息有焉。（『左傳』僖公九年、『史記』晉世家にもこれとほぼ同様の文章が見える。）

口者關也、舌者機也、出言不當、四馬不能追也。口者關也、舌者兵也、出言不當、反自傷也。言出於己、不可止於人。行發於邇、不可止於遠。夫言行者、君子之樞機。樞機之發、榮辱之本也、可不愼乎。故蒯子羽曰、言猶射也。栝既離弦、雖有所悔焉、不可從而追已。詩曰、白珪之玷、猶可磨也、斯言之玷、不可爲也。（『說苑』談叢篇）

（8）少頣員、身也君子、屡也大成。

「頣」は、「夏」の異體字。A・B「釋文」・V・Xいずれも「雅」の假借字（あるいは異體字）とする。

「身」は、A【注釋】〔九〇〕が「躳、从「㠯」聲，讀作「允」。」とする說は採らない（「㠯」は余母之部字、「允」は余母文部字。）。B「釋文」は「允」の假借字（あるいは異體字）とし、XはAの說をうけて「允」の假借字とする。この字は郭店楚簡『緇衣』第五號簡に既出。「允」の異體字でよかろう。

「屡」は、今本は「展」に作り、その鄭注に「展、誠也。」とある。Aは「釋文」では「厠」の假借字（あるいは異體字）とするが、【注釋】〔九一〕は「則」の假借字とする。それに對して、裘錫圭氏は同注の中でこの字を「臺」に作るべきだとし、「展」の假借字だろうと推測している。B「釋文」は、Aのように「則」の假借字（あるいは異體字）とするが、Xは「厠」の假借字（あるいは異體字）とする。

この字の聲符と思われる「昃」は、「鼎」の省字と考えられる。この字を「鼎」の省字とすると、「誠」の假借字と見るのも一つの可能性として考えられるのではなかろうか。「鼎」は『說文』鼎部に「鼎、三足兩耳和五味之寶器也。……籒文以鼎爲貞字。……」とあり、『說文通訓定聲』に「〔叚借〕爲貞、說文籒文以鼎爲貞字。」とあるように、「貞」

（端母耕部字）と通假の關係にあるが、「貞」は「正」（章母耕部字）と通假の關係にあり（王念孫『讀書雜志』下も參照）、「正」は「誠」と通假の關係にある（『論語』述而篇の「正唯弟子不能學也。」の「正」は、『經典釋文』に「魯讀正爲誠。今從古。」とある）。

本句は、『詩』小雅車攻篇にほぼ同樣の句が見える。車攻篇は本來狩獵の詩であるが、本章における本句の意義・役割は、言うまでもなく車攻篇におけるそれとは大きく懸け離れている。あえて本章との關わりを探るならば、本句の「君子」は本章の「君子顯言」の「君子」と、「身也・壓也」は「信」と、「大成」は「以成其信」の「成」というふうに、辛うじて關連性が窺われなくもないが、しかし密接な關わりがあるとは言えない。

（9）戠緟黽文王悳、

本句は、今本は「周田觀文王之德」に作り、『尙書』君奭篇は「割申勸寧王之德」に作り、鄭注所引の今博士讀は「厥亂勸寧王之德」に作り、『說文』刀部「割」字の段注所引の宋次道王仲至家所傳古文尙書は「创申勸寧王之德」に作るように、文獻によって文字に異同があり、そのため、從來その解釋を巡って異論の多かった一句である。

「戠」は、A【注釋】（九三）は「割」の假借字とする。B「釋文」は「割」の假借字（あるいは異體字）とし、V・W・Xは「割」の異體字とする。ここではAなどの說に從って「割」の假借字とする。諧聲符が同じであるので假借可能。意味は今本『禮記』緇衣篇の鄭注に「割之言蓋也。」とあるのによった。

ちなみに、「戠」についてXは「唯其它文獻未見戠字。」とするが、しかし實は「戠」と思われる字は包山楚簡第九十五號簡に見える（ただし、その字は『包山楚簡』では「𢧢」に作る）。

「緟」は、A【注釋】（九三）は「紳，……蔡侯墓銅器銘文有「䌫」，于省吾先生釋作「申」。「䌫」是「䌫」字異體。裘錫圭先生釋「䌫」爲「申」（《史牆盤銘文解釋》）。據此，簡文當釋作「紳」。」という。V・Xは「申」の假借字（あるいは異體字）とし、Wは「申」の假借字とする。

郭店楚簡『緇衣』の「緟」と同形の字は、金文においては未だ例を見ないが、「緟」と同形もしくは酷似した字は、包山楚簡第九十三・一〇一・一四五・一五九・一九〇號簡、天星觀楚簡（同楚簡には「土」に从う字もある）、古璽匯編一九三二、等々に見える。「緟」の左旁は、金文からの字形の變化を考えると、『戰國古文字典』（一一二一～一一二二頁）が「楚系文字多从糸，或从又，均𤔔之省。」と指摘したように、「𤔔」を省略した形と見るのが最も穩當であろう。また右旁は、「亩」を「東」の省字であるとする裘錫圭・李家浩氏の説によれば、「𤳅」の省字と見てよかろう。このように見てくると、「緟」は金文の「𧝊」字が簡略化されたものと思われる。したがって、「緟」は、裘氏の説に従い、「田」を聲符とし、「申」の假借字とする。

「矔」は、「觀」の異體字。「觀」は、鄭注は「天蓋申勸之」と言って、君奭篇及び「今博士」により「勸」の意味で解釋しているが、ここでは「觀」のままでも文意が十分通じると思われるので、如字で解する。

（李　承　律）

第十八章

本　文

子曰、君子言又勿行又（第三十七號簡）迬。此以生不可敓志、死不可敓名。古君子多聅、齊而獸之、多志、齊而（第三十八號簡）新之、精智、迬而行之。寺員、吾人君子、其義弌也。君迧員、出內自尓帀于（第三十九號簡）、庶言同[1]。■（第四十號簡）

訓　讀

子曰く、「君子言に勿（物）又（有）り行に洼（格）又（有）り。[2] 此を以て生きては志を欲（奪）う可からず、死しては名を欲（奪）う可からず。[3] 古（故）に君子は多く聑（聞）きて、齊えて之れを獸（守）り、多く志りて、齊えて之れに新（親）しみ、精しく智（知）りて、洼（略）して之れを行う。[4]」と。寺（詩）に員（云）く、「𠶷（淑）人君子は、其の義（儀）弌（一）なり。」と。[5] 君迧（陳）に員（云）く、「出内（入）は尔（爾）の帀（師）に自りて于（虞）り、庶言同じくせよ。」と。[6]

口語譯

先生が言われた、「君子は、その言葉にはそれに對應する實物があり、その行爲には一定の規範がある。そこで、生きているときはその志を奪うことはできないし、死んだ後はその名聲を奪うことはできない。だから君子は多くのことを聞いて、ととのえた上でこれを守り、多くのことを知って、ととのえた上でこれに親しみ、詳しく知って、要略をまとめた上でこれを行う。」と。『詩』に言うには、「すばらしい人である君子はその儀容が一つである。」と。『君陳』に言うには、「出入はおまえの先生にはかり、衆言を一致させよ。」と。

今　本（第十八章）

子曰、下之事上也、身不正、言不信、則義不壹、行無類也。子曰、言有物而行有格也、是以生則不可奪志、死則不可奪名。故君子多聞、質而守之、多志、質而親之、精知、略而行之。君陳曰、出入自爾師虞、庶言同。詩云、淑人君子、其儀一也。

注

（1）子曰、君子言又勿行又迬。……君迪員、出内自尓市于、庶言同。

今本は本章の冒頭に「子曰、下之事上也、身不正、言不信、則義不壹、行無類也。」の一文があるが、郭店楚簡『緇衣』・上海博物館楚簡『緇衣』にはない。またA【注釋】〔一〇〇〕が指摘しているように、郭店楚簡『緇衣』と今本とでは『詩』と君陳篇の引用の順序が逆である（上海博物館楚簡『緇衣』も郭店楚簡『緇衣』と同じく『詩』、君陳篇の順序で引用している）。ちなみに『毛詩』曹風鳲鳩篇は「淑人君子、其儀一兮。」に作り、『書經』君陳篇は「出入自爾師虞、庶言同則繹。」に作る。

（2）君子言又勿行又迬。

「言有物」の「物」は、鄭注に「物謂事驗也。」とあるのによる。「言有物」という表現は『周易』家人卦の象傳に「風自火出、家人。君子以言有物而行有恆。」とある。これは本章の「君子言又勿行又迬」と酷似しており、意味もほとんど同じである。すなわち、風が火から出てくるように、言葉にはそれを裏付ける事物があり、行いには一定の法則性があるという意味であろう。この用例から案ずるに、「言有物」とは、言葉にはそれを裏付ける事物があるという意味であり、逆に言えば現實から離れた空理空論を話すことはないという意味になろう。

「行又迬」の「迬」は、Oの説に從って「格」の假借字とし、基準の意味と考えた。つまり「行又迬」とは、様々な行爲を行うけれども、それらはみな一定の基準に從っているという意味である。「行又迬」に似た表現としては、『荀子』儒效篇「其言有類、其行有禮、其擧事無悔、其持險應變曲當、與時遷徙、與世偃仰、千擧萬變、其道一也。是大儒之稽也。」（『韓詩外傳』巻五にもこれとほぼ同じ文章がある）がある。

以上を要するに、「言に物があり、行に格がある。」とは、君子の發言や行爲は誰にも否定することのできない一定性や普遍性を獲得しているという意味である。

（3）此以生不可斂志、死不可斂名。

「敓」は、「奪」の假借字とするA【注釋】〔九六〕に従う。「奪志」の用例は、『論語』子罕篇に「子曰、三軍可奪帥也、匹夫不可奪志也。」とある。

（4）古君子多𦖞、齊而獣之、多志、齊而新之、精智、逹而行之。

「多聞」は、『論語』爲政篇に「子張學干祿。子曰、多聞闕疑、愼言其餘、則寡尤。多見闕殆、愼行其餘、則寡悔。言寡尤、行寡悔、祿在其中矣。」、『論語』述而篇に「子曰、蓋有不知而作之者、我無是也。多聞擇其善者而從之、多見而識之、知之次也。」とある。

「齊」は、ととのえる、すなわち多く聞いた知識をまとめて整理するという意味であろう。「獣」は「守」の假借で、「齊」の結果まとめられた要略を堅守するという意味。「獣」と「守」の假借の例は郭店楚簡に數多く見える。

「多志」は、鄭注は「多志、謂博交汎愛人也。」とするが、ここでは「多聞」「多志」「精智」という三つの知のあり方を問題にしていると考えられることから、「志」は「識」、すなわち「知る」という意味に解釋しておく。

「逹」は「略」の假借字（注（2）參照）。「略」とは要略、すなわち詳細に得られた知識から核心的な部分を取り出してまとめるという意味。

以上の「多𦖞、齊而獣之」「多志、齊而新之」「精智、逹而行之」はいずれも多様な知識を大量に獲得し、それをいくつかの重要な點に整理するという多様性の統一ということを述べていると思われる。

（5）寺員、[illegible]人君子、其義弌也。

この句を引用している文獻に、以下のものがある。

行衢道者不至、事兩君者不容。目不兩視而明、耳不兩聽而聰。螣蛇無足而飛、梧鼠五技而窮。詩曰、尸鳩在桑、其子七兮、淑人君子、其儀一兮。其儀一兮、心如結兮。故君子結於一也。（『荀子』勸學篇）

これは、四つ道を行ってはいけない、二人の君主に仕えてはいけない、二つのものを見てはいけない、聞いてはいけないと述べているように、多くの選擇肢をもっていろんなことをやってはいけないという主張である。

夫治氣養心之術、血氣剛強則務之以調和、智慮潛探則一之以易諒、勇毅強果則輔之以道術、齊給便捷則安之以靜退、卑攝貪利則抗之以高志、容衆好散則劫之以師友、怠慢摽棄則慰之以禍災、愿婉端愨則合之以禮樂。凡治氣養心之術、莫徑由禮、莫優得師、莫愼一好。好一則博、博則精、精則神、神則化。是以君子務結心乎一也。詩曰、淑人君子、其儀一兮。其儀一兮、心如結兮。（『韓詩外傳』巻二）

ここでは、すべての氣を治め心を養う方法は、禮によるより近道はなく、先生を得るより優れたものはなく、一を好むより愼重なことはないという。つまりここでは一元的な原理の獲得が主張されている。

賈多端則貧、工多技則窮、心不一也。故木之大者害其條、水之大者害其深。有智而無術、雖鑽之不通〈達〉。有百技而無一道、雖得之弗能守。故詩曰、淑人君子、其儀一也。其儀一也、心如結也。君子其結於一乎。（『淮南子』詮言篇）

ここでは、端の多いこと、技の多いことは必ずしも否定されているわけではなく、それよりも心を一つにすることの重要性が説かれる。すなわち、この多様性と一元性の統一がここでの主題である。

詩云、尸鳩在桑、其子七兮、淑人君子、其儀一兮。傳曰、尸鳩之所以養七子者、一心也。君子之所以理萬物者、一儀也。以一儀理物、天心也。君子之所以理萬物者、一儀也。以一儀理物、天心也。五者不離、合而爲一、謂之天心。在我能因自深結其意於一。故一心可以事百君。百心不可事一君。是故誠不遠也。誠者一也。一者質也。君子雖有外丈、必不離內質矣。（『説苑』反質篇）

これは、萬物を理める方法は一儀であり、一儀で物を理めるのは天心なのだという。一儀とは一定の法則ということであり、つまり一定の法則に基づいて一定の行爲を行うことによって統治を行い、また臣下は君主に仕えるということである。

慈母以禮義之漸率導八子、咸爲魏大夫卿士、各成於禮義。君子謂慈母一心。詩云、尸鳩在桑、其子七兮、淑人君子、其儀一兮、心如結兮。言心之均一也。（『列女傳』魏芒慈母傳）

これは最後に「心の均一」と説明しているように、すべての子供を差別せずに平等に扱ったというものである。

この詩を引用する際のキーワードは「一」であるわけだが、その「一」の解釋としては、單一の「一」（『荀子』勸學篇）、一元の「一」（『韓詩外傳』巻二、『淮南子』詮言篇）、一定不變の「一」（『説苑』反質篇）、均一の「一」（『列女傳』魏芒慈母傳）という四つの解釋を以上の用例から見いだすことができる。そして本章の「弌」は、「君子言又勿行又迲」という言行における一定不變性の獲得と、「多䎽、齊而獸之」「多志、齊而新之」「精智、獸迲而行之」という知における一元性の獲得が混在した意味であるように思われる。

（6）君連員、出内自尓帀于、庶言同。

「帀（師）」は鄭注に「師、庶、皆衆也。」とあるが、ここでは先生の意味に解してみた。本章では多様性の統一ということが主題になっていると思われ、そうだとすると「出内自尓帀于」は「出入」という多様な行爲に統一性を與えるという意味であり、多數の人閒にはかるよりも一人の人閒にはかると考えた方が文脈として適切であろう。また「出入」と「庶言」は行と言という對應關係にあると考えられ、それと同樣に「自尓帀于」もまた「同」と對應して「一」に近い意味になると考えられる。その點からしても「師」は「衆」ではなく「先生」とした方がよいのではないか。さらに、先に引いた『韓詩外傳』巻二にも「凡治氣養心之術、莫徑由禮、莫優得師、莫愼一好。」とあり、「師」を「禮」や「一」と同じく一元的な存在と考えていることも參考になる。

以上より案ずるに、「出内自尓帀于、庶言同。」とは、あらゆる行動を先生にはかって一定にし、かつすべての發言も一定にせよという意味であろう。すなわち、多樣な行・多樣な言を一定にするという主張であると思われる。

（芳賀良信・廣瀬薫雄）

第十九章

本　文

子曰、句又車、必見其𢼄、句又衣、必見其希。人句又行、必見其成。（第四十號簡）句又言、必𦖞其聖。（第四十號簡背面）寺員、備之亡懌。■（第四十一號簡）

訓　讀

子曰く、「句（苟）くも車又（有）れば、必ず其の𢼄（轍）を見、[1] 句（苟）くも衣又（有）れば、必ず其の希（蔽）を見る。[2] 人〔句（苟）くも言うこと又（有）れば、必ず其の聖（聲）を𦖞（聞）き〕、句（苟）くも行うこと又（有）れば、必ず其の成るを見る。[3]」と。寺（詩）に員（云）く、「之れを備（服）して懌うこと亡し。」と。[4] ■

口語譯

先生が言われた、「車が有りさえすれば、必ず（それに乗って）その輕便さ（乗り心地）を見、衣が有りさえすれば、必ず（それを着て）その蔽（體を蔽う着心地）を見るものだ。人は〔何かを言いさえすれば、必ずその聲を聞くものであり〕、何かを行いさえすれば、必ずその成果を見るものである（かりそめの言行でも必ず評價・檢證を受ける）。」と。『詩』に言う、「（衣を）着てみて厭だ（あきて捨てよう）と思うことがない。」と。■

今　本（第二十二章）

子曰、苟有車、必見其軾、苟有衣、必見其敝、人苟或言之、必聞其聲、苟或行之、必見其成。葛覃曰、服之無射。

注

(1) 句又車、必見其酘、

「酘」について。今本は「軾」(車の前部にある横木)に作り、A・B「釋文」は「敼」に作る。①「敼」については、A【注釋】〔一〇一〕が言うとおり、朱德煕「長沙帛書校釋」(『古文字研究』第十九輯、一九九二年)に解釋がある(その中で、「敼」は「蓋」の假借字であることが解説されている)。同【注釋】〔一〇一〕の裘錫圭の按によれば、「敼」は「曷」の聲に從い、おそらく「蓋」と讀み爲すべきで、車の蓋を指す。『考工記』輪人篇に「輪人爲蓋。……蓋已崇、則難爲門也。蓋已卑、則是蔽目也。是故蓋崇十尺。」とあるように、車の蓋は高すぎても低すぎてもよくないので、それを乘って確かめて見るのが「其の敼(蓋)を見る」の意味ではなかろうか。②Nは本字を「酘」に隷定して「楢」と讀み爲すべきことを説くが、その「楢」とは『説文』木部に「柔木也。工官以爲耎輪。」とあるように、「耎輪」(軟輪、振動をやわらげる車輪)の材になる木である。ならば、むしろ「輶」と讀み爲す方がよいのではないか。「輶」は『説文』車部に「輕車也。從車酋聲。詩曰、輶車鑾鑣。」とあり、『詩』秦風駟驖篇に「輶車鸞鑣」、大雅烝民篇に「德輶如毛」とあるように、輕い、特に車が輕便な意である。以上①②いずれが是か非か判斷し難いが、②説で解釋した。

(2) 句又衣、必見其帣。

「帣」について。今本は「敝」に作り、A・B「釋文」は「幣」に作る。「帣」に作るべきことについてはNを參照。Aは「幣」を「敝」の假借字とし、その【注釋】〔一〇二〕は『禮記』緇衣篇の鄭注に「敝、敗衣也。」とあるのによって、衣が破れることと解釋しているようであるが、從わない。『經典釋文』が引く庾蔚之の注は「隱蔽也。」という。「帣」は「蔽」の假借字とし、庾蔚之に從って「隱蔽」の意味に取りたい(郭嵩燾『禮記質疑』參照)。孫希旦(『禮記集解』）も「敝當作蔽。車成則必駕之、而見其軾之高。衣成則必衣之、而見其蔽於體。人有言行、不可得而掩、亦猶是也。引葛覃者、證有衣必見其蔽之義。」と言うとおり、衣が體を蔽うこと。「其の㡀（蔽）を見る。」とは、衣が體を蔽い隱す、その具合（着心地）を見ることだろう。

（3）人句又行、必見其成。句又言、必聑其聖。

「聑」について。今本は「聞」に作る。「聑」は「昏」の異體字。「昏」は「聞」の古文。

「句又言必聑其聖」の七字は、A【注釋】〔一〇三〕の言うとおり、第四十號簡の背面に抄寫されていて、その「句」字の位置は、第四十號簡表面の「人」と「句又行……」との閒に相當するので、おそらく書き漏らしたこの七字を後に簡背面に補ったものと推測される。Aはこの簡背面の七字を本來の位置にもどしている。訓讀・口語譯はそれに從った。

「人〔句（苟）くも言うこと又（有）れば、……必ず其の成るを見る。」とは、言えば必ずその聲が聞かれ、行えば必ずその成果が見られるということ。それはひとたび言行をなせば、その言行が必ず評價・檢證されることを言っている。『賈誼新書』大政上篇に「夫一出而不可反者、言也。一見而不可揜者、行也。故夫言與行者、知愚之表也、賢不肖之別也。是以知者愼言愼行、以爲身福。愚者易言易行、以爲身菑。故君子言必可行也、然後言之。行必可言也、然後行之。嗚呼。戒之哉。戒之哉。」とある。なお、『韓非子』南面篇などでは非常に嚴格に言行の責任を問うべきであることが述べられているが、『緇衣』や『賈誼新書』大政上篇はせいぜい言行の評價（知愚・賢不肖）をするだけで、嚴しく責任を問うことまでは考えていない。

（4）寺員、備之亡懌。

「寺員」は、今本は「葛覃曰」に作る。

「備之亡懌。」は、今本は「服之無射。」に作り、『毛詩』周南葛覃篇は「服之無斁。」に作る。「懌」の意味は「厭う」。

『禮記』緇衣篇「服之無射。」の鄭注に「射、厭也。」とあり、『毛詩』周南葛覃篇「服之無斁。」の毛傳に「斁、厭也。」とあり、『説文』攴部に「斁、解也。從攴睪聲。詩云、服之無斁。斁、厭也。一曰終也。」とある。「懌」「斁」「射」は假借通用する。引用の詩句「備之亡懌。」は「句又衣、必見其啚。」に對應するものだろう。

（近藤浩之）

第二十章

本文

子曰、ム惠不褱悳、君子不自窗女〈安〉[1]。寺員、人之好我（第四十一號簡）、旨我周行。■（第四十二號簡）

訓讀

子曰く、「ム（私）に惠みて悳（德）に褱（歸《よ》）らざれば、君子は自ら女〈安（焉《こ》）〉れを窗（留）めず。」と。[2] 寺（詩）に員（云）く、「人の我れを好みするに、我れに周行を旨（示）せ。[3]」と。■

口語譯

先生が言われた、「私的に恩惠を施して（爲政者の）德に歸屬しないものについては、君子はそれを留めようとはしない。」と。『詩』には次のようにある、「人が私を愛好するのであれば、私に正しい行い（によってそれ）を示しなさい。」と。■

今　本（第二十一章）

子曰、私惠不歸德、君子不自留焉。詩云、人之好我、示我周行。

注

（1）女

寫眞圖版により「女」に作るが、郭店楚簡において「安」は「女」の横に傍點を加えることによって表されていること、今本がこの部分を「焉」に作っていること、「焉」「安」はともに上古音では影母元部字であることから、「女」は「安」の錯字と考えられる。

（2）ム惠不褭悳、君子不自留女。

「褭」について。「褭」は『說文』衣部に「以組帶馬也。从衣、从馬。」とあり、ひもなどで馬をしばること。上古音では泥母藥部字であり、見母微部字の「歸」とは假借可能とは言いがたいが、今本によって、今しばらく「歸」の假借としておく。

この一句は、今本は「子曰、私惠不歸德、君子不自留焉。」に作る。その鄭注には「私惠謂不以公禮相慶賀時、以小物相問遺也。言其物不可以爲德、則君子不以身留此人也。相惠以褻瀆邪辟之物、是爲不歸於德。」（私惠とは公の禮によって祝い事をせずに、ときにつまらぬものを贈ることである。人に施しをするのにぞんざいでよこしまなものをもってするのは徳に身を寄せていないということである。それが徳によるものでなければ、君子はその贈り主を留めてはいけないということである）とある。また、正義には、「私惠不歸德者、言人以私小恩惠相問遺、不歸依道德。如此者君子之人不用留意於此等之人。言不受其惠也。」として、いずれも私的な贈答という具體的な場面を想定して解釋を行っている。

「私惠」の用例としては、『管子』明法解篇に「夫舍公法而行私惠、則是利姦邪而長暴亂也。行私惠而賞無功、則是使民偸幸而望於上也。行私惠而赦有罪、則是使民輕上而易爲非也。夫舍公法、用私惠、明主不爲也。故明法曰、不爲惠於法之内。」とあり、『韓非子』詭使篇に「夫立法令者、所以廢私也。法令行而私道廢矣。私者、所以亂法也。……故本言曰、所以治者、法也、所以亂者、私也。法立、則莫得爲私矣。故曰、道私者亂、道法者治。上無其道、則智者有私詞、賢者有私意。上有私惠、下有私欲。」とあり、これらはともに爲政者が法によらずに恣意的に恩惠を施すことを指している。一方、『韓非子』内儲説下六微篇には「田恆相齊。闞止重於簡公。二人相憎而欲相賊也。田恆因行私惠以取其國、遂殺簡公而奪之政。」とあり、『韓非子』外儲説右上篇には、郈の令となった子路が自分の俸祿によって食事を振舞った行爲が「私惠」とされ、それを非難して、孔子は「夫禮、天子愛天下、諸侯愛境内、大夫愛官職、士愛其家。過其所愛曰侵。今魯君有民、而子擅愛之、是子侵也。」と、季孫の使者は「肥也起民而使之、先生使弟子令徒役而飡之。將奪肥之民耶。」とそれぞれ發言している。後者の二例は、臣下が人に施すことを爲政者の權威を犯す分を超えた行爲として危險視するものである。ここでは、「私惠」の直後に「不歸德」（爲政者の德政に歸屬しない）と續くことから、「惠」は爲政者のみが行いうる權限とされていると考えられ、やはり後者二例に連なるものと考えてよいだろう。なお「君子」が爲政者自身を指し、「爲政者はそのような人物を登用しない」といっているのか、そうではなく單に才德のある人物を指し「立派な人間はそのような私的な贈物は受け取らない」といっているのかは判斷が難しいが、後に續く、詩の引用や『緇衣』では一貫して爲政者を對象にしていることからは、前者のように解釋すべきだと思われる。

（3）寺員、人之好我、旨我周行。

「旨」は「示」の假借字。上古音では「旨」が章母脂部、「示」が船母脂部であり、兩字は假借可能である。

今本は「詩云、人之好我、示我周行。」に作る。引用の『詩經』小雅鹿鳴篇は、小序によれば「燕群臣嘉賓也。……然後忠臣嘉賓、得盡其心矣。」とされる。「周行」は、毛傳では「周は至なり、行は道なり。」としている。鄭箋は

「周行、周之列位也。」として、毛傳とは異なる解釋をしているが、『儀禮』鄕飲酒禮篇の「工歌鹿鳴・四牡・皇皇者華。」の鄭注には「鹿鳴君與臣下及四方之賓燕。……嘉賓既來示我以善道。」とあり、そこでは毛傳と同様の解釋をしている。『毛詩』にはこのほか周南巻耳篇に「采采卷耳、不盈頃筐。嗟我懷人、寘彼周行。」、小雅大東篇に「小東大東、杼柚其空。糾糾葛屨、可以履霜。佻佻公子、行彼周行。既往既來、使我心疚。」として、「周行」が見えるが、いずれも周の列位、大道のどちらにも解釋されているようである（毛傳・鄭箋の他、『左傳』襄公十五年、『荀子』解蔽篇、『淮南子』俶眞篇にも巻耳篇についての解釋が見られる）。ここでは文脈から「正しい行い」と解釋するのが妥當であろう。なお、このほか、『老子』第二十五章に「有物混成。先天地生。寂兮寥兮。獨立不改。周行而不殆。可以爲天下母。吾不知其名。字之曰道。強爲之名曰大。」とある「周行」は、「あまねくいきわたる」道のはたらきを形容するもので、『韓非子』解老篇、『淮南子』道應篇にもみられる。

（渡邉　大）

第二十一章

本　文

子曰、唯君子能好其駜、少少(1)人剴能好其駜。古君子之晉也（第四十二號簡）又向、其亞又方。此以倭者不賦、而遠者不惓。寺員、君子好戟(2)。（第四十三號簡）■

訓　讀

子曰く、「唯だ君子のみ能く其の駜（匹《たぐい》）を好み、少（小）人剴（豈）に能く其の駜（匹）を好まんや(3)。古（故）に君子の晉（友）とするに向（鄕）又（有）り、其の亞（惡）むに方又（有）り(4)。此を以て倭（邇《ちか》）き者賊（惑）わず

して、遠き者㤥（疑）わず。[5]」と。寺（詩）に員（云）く、「君子は𢧁（逑《たぐい》）を好む。」と。[6] ■

口語訳

先生が言われた、「ただ君子だけがその仲間を好むことができ、小人はどうしてその仲間を好むことができようか。だから、君子が友と交わる場合には（どのような人と付き合うかについて）方向性があり、（どのような人を）嫌うかということにも規準がある。そうすれば、近くにいるものは惑うことがなく、遠くにいるものは疑うことがない。」と。『詩』に次のように言う、「君子は仲間を好む。」と。■

今本（第十九章）

子曰、唯君子能好其正、小人毒其正。故君子之朋友有鄉、其惡有方。是故邇者不惑、而遠者不疑也。詩云、君子好仇。

注

（1）少少

下の「少」の字は、實際には重文符號の「=」であるが、これは衍字と考えられる。

（2）𢧁

Aは「𢦶」に作るが、この字は郭店楚簡『緇衣』第十九號簡にも見え、A【注釋】〔五二〕は、類似の字形が包山楚簡第一三八號簡反に二度見えることを指摘している（ただし『包山楚簡』（文物出版社、一九九二年）釋文はこの字を「𢧁」に作っている）。またA【注釋】〔五二〕の裘按は、「此字似不從「考」、待考。」としている。確かに『唐虞之道』第六號簡に見える「考」の字形と比べれば、兩者は明らかに異なっている。字形からすると、この字の左旁は「來」であるので、「𢧵」に作る。なお、上海博物館楚簡『緇衣』の對應する箇所（第二十二號簡）は「𢧵」に作る。

（3）子曰、唯君子能好其駜、少少人剴能好其駜。

「駜」について。『說文』にない字。Aはこの字を「匹」の假借字とする。「駜」の聲符と考えられる「必」と「匹」とはともに脂部唇音字であるので、假借可能。上海博物館楚簡『緇衣』の對應する箇所（第二十一號簡）は「匹」に作る。「駜」は「朋匹」すなわち仲間のことであろう。この字は今本は「正」に作り、鄭注に「正當爲匹、字之誤也、匹謂知識朋友。」とある。

（4）古君子之𣅀也又向、其亞又方。

「又向」・「又方」について。今本『禮記』緇衣篇の鄭注に「鄕方、喩輩類也。」とあるが、「向（鄕）」・「方」の意味が明らかでない。「向（鄕）」・「方」の意味はともに正しいこと、すなわち規準のことであろう。郭店楚簡『尊德義』第二十八簡に「爲古衜民向方者、唯悳可。」とあり、『六德』第二・三號簡に「乍豊樂、斬芏灋、𡥈此民尔叓之又向也。」とある。また、『禮記』樂記篇に「故君子反情以和其志、廣樂以成其敎、樂行而民鄕方、可以觀德矣。」とある。『荀子』禮論篇に「然而不法禮、不足禮、謂之無方之民。法禮、足禮、謂之有方之士。」とある。さらに類似の表現として『禮記』經解篇に「是故、隆禮由禮、謂之有方之士。不隆禮、不由禮、謂之無方之民。」、『史記』禮書に「然而不法禮者不足禮、謂之無方之民。法禮足禮、謂之有方之士。」とある。

君子が友とすべき人物について論じているものとして、『論語』學而篇に「主忠信、無友不如己者、過則勿憚改。」とあり、季氏篇に「孔子曰、益者三友、損者三友。友直、友諒、友多聞、益矣。友便辟、友善柔、友便佞、損矣。」とある。しかし、郭店楚簡『緇衣』は基本的に上位者を中心に述べており、本章の交友關係もまた上位者の交友すべき人物について述べられていると考えられるのに對して、『論語』における「友」は必ずしもそれに限られるわけではなく、想定している範圍が本章より廣いと考えられる。郭店楚簡『緇衣』第一章に「好媺女好茲衣、亞=女亞遆白。」

とあり、第二十二章に「翌幽貧戔、而厚幽賣貴、則好𢚩不硻、而亞亞不㬱也。」とあるのも、君子の交友について言っていると見られる。郭店楚簡『語叢一』第八十～八十一號簡に「長弟、罕（親）道也。昚（友）君臣、毋（無）罕（親）也。」とあり、『語叢三』第六～七號簡に「昚（友）、君臣之術（道）也。長弟、孝之紡（方）也。」とあり、馬王堆漢墓帛書『稱』に「帝者臣、名臣、其實師也。王者臣、名臣、其實友也。朝者臣、名臣也、其實〔賓也。危者〕臣、名臣也、其實庸也。亡者臣、名臣也、其實虜也。」とあり、君主が臣を「友」として扱うという明確な表現が見える。

（5）此以𢓜者不賊、而遠者不㤽。

「𢓜」について、A【注釋】〔一〇九〕裘按は、この字の「亻」と「木」を除いた部分は「埶」の省略化したかたちであり、「埶」と「爾」は古音では通じたとして、この字を「邇」の異體字とする。いま、しばらく裘説に從う。なお、上海博物館楚簡『緇衣』の對應する箇所（第二十二號簡）は「迩」に作る。

君子の「友」及び君子が善き友を持つことによる波及效果とは、君子（君主）が臣下に親しみ、賢者を登用し、それによって遠近の人々が「不疑」・「不惑」になるということであると考えられるであろう。そうだとすると、『墨子』尚賢下篇に「是故昔者堯有舜、舜有禹、禹有皐陶、湯有小臣、武王有閎夭・泰顚・南宮括・散宜生、而天下和、庶民阜、是以近者安之、遠者歸之。」とあるのがそれに近い。その他、『論語』子路篇に「葉公問政。子曰、近者説、遠者來。」とあり、『荀子』儒效篇に「王曰、然則其爲人上何如。孫卿曰、其爲人上也、廣大矣。志意定乎内、禮節脩乎朝、法則度量正乎官、忠信愛利形乎下。行一不義、殺一無罪、而得天下、不爲也。此義信乎人矣、通於四海、則天下應之如讙。是何也。則貴名白而天下治也。故近者歌謳而樂之、遠者竭蹶而趨之、四海之内若一家、通達之屬、莫不從服。」とあり、王制篇に「王者之法。等賦政事、所以財萬物、養萬民也。田野什一、關市幾而不征、山林澤梁、以時禁發而不稅、相地而衰政、理道之遠近而致貢、通流財物粟米無有滯留、使相歸移也、四海之内若一家。故近者不隱其能、遠者不疾其勞、無幽閒隱僻之國、莫不趨使而安樂之。夫是之謂人師。是王者之法也。」とあるように、「近者」・「遠者」の用語は往々にして政治の場面で使われているというのは注目すべきことである。

（6）寺員、君子好㦸。

「㦸」について。第十九號簡に見えるこの字に對して、A【注釋】〔五三〕は「從「戈」「考」聲。在簡文中借作「仇」。」とし、本箇所のこの字について、A【注釋】〔一一〇〕は「在此讀作「逑」。今本作「仇」。」としている。しかし、すでに注（3）で述べたように、この字は「考」ではなく、「來」に從っていると考えるべきである。包山楚簡第一三八號簡反に二例見える類似の字形の文字も、上下の文意から考えてみると「仇」の假借字とするのが適當である。本箇所についても、陸德明『經典釋文』に「逑、本亦作仇。」とあり、また「逑」について王力『同源字典』（商務印書館、一九九七年）に「在匹耦的意義上，「逑」、「仇」實同一詞。」とあるので、「㦸」を「逑」の假借字とするのがよい。

しかし、なぜ「㦸」が「仇」の假借字になるのか依然として問題がある。〇は包山楚簡二號墓竹笥簽牌に見える「棗」・郭店楚簡『老子』乙本第一號簡に見える「棗」（この字はA【注釋】〔一〕の言うように「棗」の異體字であり、「日」に從い、「棗」を聲符とし、「早」の假借字である）・『語叢四』第十二號簡に見える「棗」（「早」の假借字）における「朿」の部分が「來」とかなり類似しており、楚系文字の場合、兩者が往々にして混同すると指摘している。また『戰國古文字典』（二二七頁）は、「棗」に關して「『說文』「棗、羊棗也。從二朿。」戰國文字多從二來。」と指摘している。よって、この字の左旁は「棗」に從っていると考えることもできる。

（曹　峰）

第二十二章

本　文

子曰（第四十三號簡）、坙𢇁貧戔、而厚𢇁𧶠貴、則好𢚖不硻、而亞亞不㬫也。人售曰不利、虗弗訐（第四十四號簡）之矣。寺員、倗習(1)卣𦖞、𦖞以愄義。▬（第四十五號簡）

訓　讀

子曰く、「貧戔（賤）を𢇁（絶）つに坙（輕）く、而して𧶠（富）貴を𢇁（絶）つに厚ければ(2)、則ち𢚖（仁）を好むこと硻（堅）からず、而して亞（惡）を亞（惡）むこと㬫（著）らかならざるなり(3)。人利せずと曰うと售（雖）も、虗（吾）れ之れを訐（信）ぜず(4)。」と。寺（詩）に員（云）く、「倗（朋）習（友）の𦖞（攝）する卣（攸）、𦖞（攝）するに愄（威）義（儀）を以てす。」と(5)。▬

口語譯

先生が言われた、「貧賤の者と交わりを絶つときには輕々しく、富貴の者と交わりを絶つときはそれを愼重にするのであれば、仁を好むことが堅固でなく、惡をにくむことが明らかでない。人が利益をむさぼらないと言っても、私はそれを信じない。」と。『詩』に言うには、「朋友が互いに正すには、禮儀を用いる。」と。▬

今　本（第二十章）

子曰、輕絕貧賤、而重絕富貴、則好賢不堅、而惡惡不著也。人雖曰不利、吾不信也。詩云、朋有攸攝、攝以威儀。

注

（1）昝

A・B「釋文」・R・W・Yいずれも「友」に作るが、寫眞圖版によると「昝」に作るのが正しい。「友」の異體字。類似の字形は金文や侯馬盟書に見える。

（2）翌幽貧戔、而厚幽寊貴、

「輕絕」とは輕々しく絕つという意味。「輕絕」という表現の例としては、『戰國策』燕策三に「語曰、仁不輕絕、智不輕怨。」、同じく『戰國策』燕策三に「語曰、論不循心、議不累物。仁不輕絕、智不簡功。棄大功者、輟也。輕絕厚利者、怨也。」とある。

「厚」は、今本は「重」に作る。今本で「重」に作る箇所を、簡本で「厚」に作る例は、他に『老子』甲本第四號簡「其才民上也、民弗厚也、其才民前也、民弗害也。」がある。ただ「厚」の意味は異なり、ここでは「重視する」あるいは「ゆるがせにしない」というような意味であろう。『禮記』曲禮上篇「男女非有行媒、不相知名。非受幣、不交不親。故日月以告君、齊戒以告鬼神、爲酒食以召鄕黨僚友、以厚其別也。」の鄭注に「厚、重愼也。」とある。「輕」と「重」がこの意味において言われているものに、『荀子』議兵篇「重用兵者強、輕用兵者弱。」がある。

（3）好㤅不硻、而亞亞不㬎也。

本章における「好仁」は、貧賤と富貴との關係のあり方をめぐって述べられている。そしてそれはまた「利」との關係でもある。すなわち、利をむさぼらないのが仁という構圖になっており、仁と利が對立する概念となっている。

このように利との關連で「好仁」が述べられている例としては次のようなものがある。

子曰、無欲而好仁者、無畏而惡不仁者、天下一人而已矣。是故君子議道自己、而置法以民。（『禮記』表記篇）

生財有大道。生之者衆、食之者寡、爲之者疾、用之者舒、則財恆足矣。仁者以財發身、不仁者以身發財。未有上好仁而下不好義者也、未有好義其事不終者也、未有府庫財非其財者也。（『禮記』大學篇）

凡民從上也、不從口之所言、從情之所好者也。上好勇、則民輕死。上好仁、則民輕財。故上之所好、民必甚焉。是故明君知民之必以上爲心也、故置法以自治、立儀以自正也。故上不行、則民不從、彼民不服法死制、則國必亂矣。是以有道之君、行法修制、先服民也。（『管子』法法篇）

「⿸厂⿱乇糸」は「著」の假借字であろう。この字の聲符と思われる「厇」は「宅」の異體字。『說文』宀部に「⿸广乇、古文宅。」とある。「宅」「著」いずれも鐸部澄母字であり、假借は可能である。

（4）人售曰不利、虘弗計之矣。

「不利」は、ここでは「利益をむさぼらない」という意味。その用例としては、『淮南子』原道篇「不待勢而尊、不待財而富、不待力而強、平虛下流、與化翺翔。若然者、藏金於山、藏珠於淵、不利貨財、不貪勢名。」がある。

（5）寺員、⿰亻⿱朋土晉卣𦖞、𦖞以愳義。

「⿰亻⿱朋土」は「朋」の假借字。「⿰亻⿱朋土」は「朋」聲に從うと考えられるので假借可能である。「卣」は「攸」の假借字。「𦖞」はA【注釋】〔一一四〕裘按に從い本字を「攝」の假借字とする。「愳」はA【注釋】〔一一四〕に從って「威」の假借字とする。

「寺員、⿰亻⿱朋土晉卣𦖞、𦖞以愳義。」は『詩經』大雅既醉篇からの引用。「朋友攸攝、攝以威儀。」の解釋としては、『禮記』鄭注に「言朋友以禮義相攝正、不以貧富貴賤之利也。」とあり、「攝」を正すの意味としている。また毛傳は「言相攝佐者以威儀也。」と「攝」を助けるの意味と解釋している。

この箇所を引用した文獻には以下のものがある。

子貢問於孔子曰、賜倦於學矣。願息事君。孔子曰、詩云、溫恭朝夕、執事有恪。事君難、事君焉可息哉。然則賜願息事親。孔子曰、詩云、孝子不匱、永錫爾類。事親難、事親焉可息哉。然則賜願息於妻子。孔子曰、詩云、刑于寡妻、至于兄弟、以御于家邦。妻子難、妻子焉可息哉。然則賜願息於朋友。孔子曰、詩云、朋友攸攝、攝以威儀。朋友難、朋友焉可息哉。然則賜願息耕。孔子曰、詩云、晝爾于茅、宵爾索綯、亟其乘屋、其始播百穀。耕難、耕焉可息哉。然則賜無息者乎。孔子曰、望其壙、皐如也、嵮如也、鬲如也。此則知所息矣。子貢曰、大哉死乎。君子息焉、小人休焉。（『荀子』大略篇）

ここでの「攝」は、友人が助け合うことを意味しているようである。

公曰、善哉。何謂威儀。對曰、有威而可畏謂之威、有儀而可象謂之儀。君有君之威儀、其臣畏而愛之、則而象之、故能有其國家、令聞長世。臣有臣之威儀、其下畏而愛之、故能守其官職、保族宜家。順是以下皆如是、是以上下能相固也。衞詩曰、威儀棣棣、不可選也。言君臣・上下・父子・兄弟・內外・大小皆有威儀也。周詩曰、朋友攸攝、攝以威儀。言朋友之道必相教訓以威儀也。周書數文王之德曰、大國畏其力、小國懷其德。言畏而愛之也。詩云、不識不知、順帝之則。言則而象之也。（『春秋左氏傳』襄公三十一年）

ここでは、「朋友攸攝、攝以威儀。」について「言朋友之道必相教訓以威儀也。」と述べており、「攝」を「教訓」の意味で考えていることが分かる。

本章では、一般的な交友關係において、身分や財産にとらわれることなく、（相手の能力あるいは道德性に基づき）威儀によって正すことを『詩經』大雅既醉篇の內容として考えているのであろう。また本章では、貧賤と富貴に對してどういう態度をとるかということがテーマとなっており、「仁を好む」ということと「利をむさぼる」ということが對比されていることからすると、利の追求に對してかなり強い否定的な立場に立っているように考えられる。

（芳賀良信・廣瀬薰雄）

第二十三章

本文

子曰、宋人又言。曰、人而亡𧴪、不可爲（第四十五號簡）卜簭也。其古之遺言𢧵。龜䇞猷弗智、而皆於人虖。寺員、我龜𢿟猒（第四十六號簡）、不我告猷。■　二十又三。（第四十七號簡）

訓讀

子曰く、「宋人言えること又（有）り。曰く、人にして𧴪（恆）亡ければ、卜簭（筮）を爲す可からざるなり、と[1]。其れ古の遺言か[2]。龜䇞（筮）すら猷（猶）お智（知）らず、而るを皆（況）んや人に於いてをや[3]。」と。寺（詩）に員（云）く、「我が龜𢿟に猒（厭）きて、我れに猷《はかりごと》を告げず。」と[4]。■

二十又（有）三[5]。

口語譯

先生が言われた、「宋の人の言葉に、『人として一定の心がないと卜筮で占うことはできない。』というが、これは古來の言い傳えであろうよ。（一定の心がなければ）龜や筮さえ先が讀めないのだから、まして人にはわかるはずもない。」と。『詩』に言う、「我が龜はすでに占いに厭きて、我に吉凶の判斷を告げてくれない。」と。■

（以上全部で）二十三（の章がある）。

今　本（第二十四章）

子曰、南人有言。曰、人而無恆、不可以爲卜筮。古之遺言與。龜筮猶不能知也、而況於人乎。詩云、我龜既厭、不我告猶。兌命曰、爵無及惡德、民立而正、事純而祭祀、是爲不敬、事煩則亂、事神則難。易曰、不恆其德、或承之羞、恆其德、偵、婦人吉、夫子凶。

注

（1）宋人又言。曰、人而亡⿱亙貝、不可爲卜簭也。

「亡⿱亙貝」について。今本は「無恆」に作る。郭店楚簡では「⿱亙貝」字はここにしか見えないが、「恧」字が『魯穆公問子思』（第一號簡）と『尊德義』（第三十九號簡）に見える。「⿱亙貝」「恧」は「恆」の假借字あるいは異體字。なお、「亙」は「恆」の古文。「⿱亙貝（恆）」は、『孟子』梁惠王上篇や滕文公上篇の「恆心」を踏まえた言葉だろうか（もちろん「宋人」はそんなことを意識しているはずはないが、『緇衣』の作者がそう意識した可能性は十分にある）。郭店楚簡『尊德義』には「民心又（有）恧（恆）」（第三十九號簡）とある。

「簭」について。今本は「筮」に作る。A・B「釋文」は「箁」に作るが、寫眞圖版によれば、「簭」に作る方がよいのではなかろうか。「簭」は、「⿱竹石」（从竹、石聲。楚系戰國文字によく見る「席」の假借字）の「竹」と「石」の閒の部分に、「巫」をはめ込んだような構造になっているようだ。いずれにしても「筮」の異體字であろう。ここの「簭（筮）」は「卜」と同樣に占いの種類（形態）の一つとして筮占を指すが、下文の「龜⿸广⿱巫口」の「⿸广⿱巫口（筮）」は卜に用いる「龜」と竝列して筮占に用いる道具を指すのだろう。

「不可爲卜簭也」は、今本は「不可以爲卜筮」に作り、「以」の字が增され、「也」が無い。また、『論語』子路篇に「子曰、南人有言。曰、人而無恆、不可以作巫醫。善夫。不恆其德、或承之羞。子曰、不占而已矣。」とある。前半の南人の言について「善夫。」と評したこの話は、おそらく「恆心のない人には、巫（祈禱）も醫（醫療）も施しようがない。」という意味にとっているのであろう。しかし、郭店楚簡『緇衣』は、恆心のない人は「卜筮を爲すことはできない」としか讀めないと思う。また、『帛書周易』要篇は、それを「恆心のない人は、巫や醫にもなれない。」という意味にとった上で、それを前提として「贊而不達於數、則其爲之巫。數而不達於德、則其爲之史。史巫之筮、鄉之而未也、好之而非也。」（第十七行下〜第十八行上）と論じていると思われる。『論語』子路篇後半の『易經』の言葉「不恆其德、或承之羞。」について「子曰、不占而已矣。」と言った話は、本來前半の話だけであったものに、後に附加されたものであろう。この狀況は、郭店楚簡『緇衣』が、『詩經』のみを引用するのに對して、『禮記』緇衣篇が、さらに『書經』説命篇と『易經』恆卦九三・恆卦六五との引用を附加された形になっている狀況とほぼ同樣であると考えられる。

（2）其古之遺言瞿。

「其古之遺言瞿」は、今本は「古之遺言與。」に作る。「古之遺言」は、『帛書周易』要篇（第十四行上）に「尙書多勿矣、周易未失也。且又古之遺言焉。予非安其用也、〔而樂其辭也。〕□□」とある。なお、「遺言」については『荀子』勸學篇に「不聞先王之遺言、不知學問之大也。」、堯問篇に「今之學者、得孫卿之遺言餘教、足以爲天下法式表儀、所存者神、所過者化。」とあり、『論衡』定賢篇に「夫無言、則察之以文、無文、則察之以言。設孔子不作、猶有遺言、言必有起、猶文之必有爲也。」とある。いずれも「遺言」は、昔の聖王・賢人の遺した貴い言葉。

（3）龜⿸厂⿱巫口猷弗智、而皆於人虖。

「⿸厂⿱巫口」について。今本は「筮」に作る。A・B「釋文」は「⿱巫口」に作る。寫眞圖版によれば、「⿸厂⿱巫口」（「石」聲）に作る方がよいだろう。いずれにしても「筮」の異體字であろう。この「⿸厂⿱巫口（筮）」は、『説文』竹部に「簭、易卦用蓍也。從竹從𢍰。𢍰、古文巫字。」とあるような筮占の道具を指すのだろう。

「旹」について。今本は「況」に作る。Aは「皇」に作るが、「旹」に作るべきである。「旹」は、『說文』之部に「旹、艸木妄生也。從之在土上。讀若皇。」とあるから、「皇」字と通假する。「皇」は「況」の假借字である。『書經』秦誓篇の「我皇多有之。」を『公羊傳』文公十二年が「而況乎我多有之。」に作るのは、「皇」と「況」との通假關係を示す一例。結局、「旹」は「況」の假借字としてよいだろう。また、この字についてはNを參照。

（4）寺員、我龜毀猒、不我告猷。

「猷」について。今本は「猶」に作る。その鄭注に「猶、道也。言褻而用之、龜猒之。不告以吉凶之道也。」とあるように、ここは「吉凶之道」という意味でよいだろうが、本來は『毛詩』小雅小旻篇の鄭箋に「猶、圖也。卜筮數而瀆龜靈、龜靈厭之。不復告其所圖之吉凶。言雖得吉兆、占繇不中。」とあるように、圖（はかりごと）、すなわち謀の意味であろう。小旻篇には「謀猶」（はかりごと）、「大猶」（遠大なはかりごと）、「爲猶」（はかりごとを爲す）などの語が見える。

「我龜毀猒、不我告猷。」は、今本は「我龜既厭、不我告猶。」に作るが、この後にさらに「兌命曰、爵無及惡德、民立而正。事純而祭祀、是爲不敬、事煩則亂。事神則難。易曰、不恆其德、或承之羞。恆其德、偵、婦人吉、夫子凶。」（『書經』說命篇と『易經』恆卦九三・恆卦六五との引用）の四十九字が增されてある。

（5）二十又三。

「二十又三」は、A【注釋】〔一一七〕の言うとおり、郭店楚簡『緇衣』全文の章數のようである。各章末には「■」の符號があって、章の切れ目を示しているが、それが二十三個ある。なお、「■」と「二十又三」との間に約四字分の空白がある。

（近藤浩之）

『魯穆公問子思』譯注

李　承　律

本書は、郭店楚簡の中で唯一對話形式をとっている一篇である。對話の主體は魯の穆公と子思であり、成孫弋という第三の人物を登場させることによって、内容の面白みを增している。對話のテーマは「忠臣」であるが、「いつもその君主の惡事をいうもの」と激しい表現が使われており、君臣關係を支える原理を「爵祿」と「義」との二項對立で捉え、前者より後者に重きを置いているところに特色がある。

さて「忠臣」という語は『荀子』以前の典籍には殆ど見えず、『荀子』を前後する戰國後期から末期にかけて本格的に議論されはじめ、漢代に入ると枚擧に暇がないほど頻出している。それは歷史的には封建制から郡縣制へ、社會制度の面においては、宗族制（あるいは氏族制）から家父長制へ、倫理的には個人倫理から君主を頂點とする國家倫理へ、君臣關係においては道德主義から賢賢主義（官僚制的秩序）へと移行するプロセスと相まっており、「忠臣」という言葉はそのような政治・思想・歷史的背景下で登場し使用されていたことを物語っている。

このような政治・思想・歷史的背景のもとで書かれたと考えられる本書の忠臣觀は、臣下の「諫」を重視する『荀子』臣道篇・『墨子』魯問篇や、「義」を最高の德目とする『墨子』貴義篇、「爵祿」と「義」とを二項對立的に捉えて前者より後者に重きを置く『墨子』耕柱篇などと非常に近い。從って、本書の成立はこれらの諸篇の相前後する時期と考えるべきであろう。

關係論著目錄

A　「魯穆公問子思釋文注釋」（荊門市博物館編『郭店楚墓竹簡』、文物出版社、一九九八年）
B　張光裕主編・袁國華合編『郭店楚簡研究　第一卷　文字編』（藝文印書館、一九九九年）
C　陳偉「郭店楚簡別釋」（『江漢考古』一九九八年第四期、一九九八年十一月）
D　黃人二「郭店楚簡〈魯穆公問子思〉考釋」（編輯委員會編『張以仁先生七秩壽慶論文集』上册、臺灣學生書局、一九九九年一月）
E　李零「郭店楚簡校讀記」（陳鼓應主編『道家文化研究』第十七輯、三聯書店、一九九九年八月）
F　德舛修・打越龍也・岡本秀夫・和田恭人・三瓶高寛「郭店楚墓竹簡『魯穆公問子思』譯注」（池田知久監修『郭店楚簡の研究』（二）、大東文化大學郭店楚簡研究班、大東文化大學大學院事務室、二〇〇〇年九月。）

本　文

魯穆公昏於子思曰、可女而可胃忠臣。子思曰、恆叓[1]（第一號簡）其君之亞者、可胃忠臣矣。公不敓、咠而退之。成孫弋見（第二號簡）。公曰、向者虛昏忠臣於子思。子思曰、亙叓其君之亞者、可胃忠（第三號簡）臣矣。寡人惑安而未之又旻[2]也。成孫弋曰、㤥、善才言虖（第四號簡）。夫爲其君之古殺其身者、嘗又之矣。亙叓其君之亞者（第五號簡）、未之又也。夫爲其君[3]之古殺其身者、交彔奮者也。亙（第六號簡）〔叓其君〕之亞〔者遠〕彔奮者〔也。爲〕義而遠彔奮、非（第七號簡）子思、虛亞昏之矣（第八號簡）。■[4]

訓　讀

魯の穆公子思に昏（問）いて曰く[5]、「可（何）女（如）なるを而ち忠臣と胃（謂）う可きか。[6]」と。子思曰く、「恆

（恆）に其の君の亞（惡）を戞（偁）する者を、忠臣と胃（謂）う可し。」と。[7] 公敓（悅）ばず、咠（揖）して之れを退く。[8] 成孫（孫）弋[9]見ゆ。公曰く、「向者に虐（吾）れ[10]忠臣を子思に昏（問）う。子思曰く、「亟（恆）に其の君の亞（惡）を戞（偁）する者を、忠臣と胃（謂）う可し。」と。寡（寡）人安（焉）れに惑いて[11]未だ之れを旻（得）ざるなり。」と。成孫（孫）弋曰く、「㤅（噫）[12]あ、善いかな言や。夫れ其の君の爲の古（故）に其の身を殺す者、嘗て之れ又（有）り。亟（恆）に其の君の亞（惡）を戞（偁）する者、未だ之れ又（有）らざるなり。夫れ其の君の爲の古（故）に其の身を殺す者は、彔（祿）籗（爵）を交（徼）むる者なり。[13] 亟（恆）に〔其の君〕の亞（惡）を〔戞（偁）する者は〕、彔（祿）籗（爵）を〔遠ざくる〕者〔なり。〕義の〔爲〕にして彔（祿）籗（爵）を遠ざくるは、[14]子思に非ずんば、虐（吾）れ亞（惡）くんぞ之れを昏（聞）かん。」と。▬

口語訳

魯の穆公が子思に尋ねた。「どのような人物を忠臣と稱することができようか。」子思が答えた。「いつもその君主の惡事をいうものを忠臣と稱することができます。」穆公は嬉しく思わず、輕く會釋して（子思を）下がらせた。さて成孫弋という人物が穆公にお目にかかったとき、穆公は言った。「さきほど寡人が子思に忠臣について尋ねたとき、彼に『いつもその君主の惡事をいうものを忠臣と稱することができます。』と言われたが、寡人はこれに頭が混亂してしまっていまだ納得がいかない。」それを聞いた成孫弋は次のように言った。「ああ、まことにけっこうなお言葉でございます。そもそもかつてその君主のために命を捨てるものはおりましたが、いつもその君主の惡事をいうものはいまだおりませんでした。そもそもその君主のために命を捨てるものは、爵祿を求めるものでございます。（しかし）いつも〔その君主〕の惡事を〔いうものは〕、（むしろ）爵祿を〔退ける〕もの〔でございます〕。義の〔ために〕爵祿を退けるのは、私は子思以外に聞いたことがございません。」▬

注

（1）⿱爯又

本字は包山楚簡第二四四號簡に類似の字形が見えるが、張光裕主編・袁國華合編『包山楚簡文字編』（藝文印書館、一九九二年）「釋文」（六四八頁）及び陳偉『包山楚簡初探』（武漢大學出版社、一九九六年）二三八頁はいずれも「爯」に作る。寫眞圖版によって本字の構成要素を考えると、「爯」の下に「又」があるのが確認できるので、ここでは「⿱爯又」に作る。以下同じ。

（2）⿱目又

本字は、郭店楚簡『老子』甲・乙・丙本に都合十二例見えるが、そのうち本字と同形の字は甲本第五號簡第二十五字目に見える。一方、「得」は『説文』彳部に「得、行有所得也。从彳、㝵聲。㝵、古文。省彳。」とあり、黄錫全『汗簡注釋』（武漢大學出版社、一九九〇年）一五〇頁によれば、「得字古本作（粹二六二），象以手持貝形，示有所得。」という。從って、本字は「貝」の省字と「又」に從う字ではないかと判斷されるが、今はしばらく「⿱目又」に作る。なお、郭店楚簡の「得」字には「目」と「又」に從うもう一つの字形が見えるが、それは『汗簡注釋』所引の中山王壺に同形の字が掲げられている。

（3）君

「其」の直後は、A及びDは一字の缺字としそこに「君」を補うが、B・E・Fは「君」が見えるとする。寫眞圖版によれば、文字の上端がほんの少し殘っているのが見えるが、「君」字の一部と見なしてよかろうと判斷されるので、今はしばらく「君」に作る。

（4）■

寫眞圖版によれば「■」があるのが確認できる。「■」は、郭店楚簡ではおおむね章や篇を區切る記號として使われている。

（5）魯穆公昏於子思

先秦より前漢にかけての諸文獻に見える魯穆公・子思說話は、諸家がすでに指摘しているように、『孟子』公孫丑下・萬章下・告子下篇、『韓非子』難三篇、『禮記』檀弓下篇、『說苑』雜言篇、『論衡』非韓篇、『孔叢子』雜訓・公儀・抗志篇などに散見する。ただし、諸文獻上に見える魯穆公・子思說話の實際の內容を見ると、『孟子』公孫丑下篇の場合は齊王や客の孟子への待遇に對して孟子自身の不滿を訴える目的で書かれたものであり、萬章下篇の場合は尊賢思想・「友」の問題、告子下篇の場合は「用賢」が問題となっていて、本篇の話題である「忠臣」の問題とは關係がない。その他、『韓非子』（子思への批判）・『禮記』（「舊君反服之禮」の問題）・『說苑』（『孟子』告子下篇と同じ）・『論衡』（『韓非子』への批判）・『孔叢子』などに見られるのも、內容上本篇とは無關係である。

（6）可女而可胃忠臣。

本句と類似の表現法をしている用例としては、『論語』顏淵篇に「子張問、士何如斯可謂之達矣。」とあり、子路篇に「子貢問曰、何如斯可謂之士矣。」とあり、『孟子』萬章下篇に「曰、敢問、國君欲養君子、如何斯可謂養矣。」とある。また『公羊傳』僖公十年に「獻公病將死、謂荀息曰、士何如則可謂之信矣。」とあり、『荀子』哀公篇に「哀公曰、敢問、何如斯可謂庸人矣。」、「敢問、何如斯可謂士矣。」、「敢問、何如斯可謂之君子矣。」、「敢問、何如斯可謂賢人矣。」、「敢問、何如斯可謂大聖矣。」とあり、『禮記』孔子閒居篇に「敢問、何如斯可謂參於天地矣。」などとある。そして「而」は、王引之『經傳釋詞』に「而、猶則也。」とあるのを參照。

（7）子思曰、𢛳爯其君之亞者、可胃忠臣矣。

「𢛳」は「𠄨」の假借字あるいは異體字であろう。そして「𠄨」は、『說文』二部に「𠄨、古文恆。从月。」とあるように、「恆」の古文。A・B・Fは「恆」を如字の意味で取っている。

「⿱爫⿵冂又」は「爯」の異體字であろう。そして「爯」は、A・B・Dはいずれも「稱」の假借字とするが、Fは「偁」の假借字とする。Fの方が正しい。

ところで「⿱亟心⿱爫⿵冂又」について、Cは、「先秦古書有〝亟（或極）稱〟、〝亟（或極）言〟的用例。」とし、「極稱之」（『春秋穀梁傳』文公十三年の條）・「亟稱」（『孟子』離婁下篇）・「亟言之」（『春秋左氏傳』昭公二十一年の條）の三例を引き合いにして、「依此，簡文〝亟稱〟存在兩種可能，一是〝屢次稱述〟，一是〝急切指出〟。後一種可能性似更大。〝亟〟字釋文原讀〝恆〟。〝恆〟訓〝常〟，常常指出君主的過失，語義似不如讀〝亟〟。」と、結論づけている。董同龢『上古音韻表稿』（中央研究院歴史語言研究所單行甲種之二十一、中央研究院歴史語言研究所、一九四四年初版、一九九一年景印第四版、台聯國風出版社印行）によれば、「恆」は匣母蒸部字、「極」は羣母職部字である。蒸部と職部は對轉關係にあって假借は可能だし、また先秦文獻には「極稱」「亟言」以外に「極諫」（『韓非子』外儲說左下・難二篇、『史記』孝文本紀、『說苑』善說篇）という語も見えることから考えると、Cのように「極」の假借字と見ても惡くはないが、ここでは如字のままでも文意は十分通じると考えられるので、A・B・Fのように「恆」を如字で取る。なお、DはCの說に從っている。

「君之亞」の用例としては、『孟子』告子下篇に「長君之惡、其罪小。逢君之惡、其罪大。今之大夫皆逢君之惡。故曰、今之大夫、今之諸侯之罪人也。」とある。ところで、告子下篇は、「……下篇は統一主題をもつ諸篇（例えば梁惠王・公孫丑・滕文公上・下・萬章上・下・告子上などの）成立後に、拾遺の意味で雜纂されたのであろう。」という渡邊卓氏の指摘（『古代中國思想の研究――〈孔子傳の形成〉と儒墨集團の思想と行動――』四四三～四四四頁）によれば、『孟子』の中でも比較的成立の新しいものであることが窺われるので、郭店楚簡から影響を受けた可能性も排除できない。

その他、内容的には本篇と直接的な關係はないが「君之惡」という表現が見えるものとして、以下の用例を參照。

紂爲淫泆、箕子諫、不聽。人或曰、可以去矣。箕子曰、爲人臣諫不聽而去、是彰君之惡而自説於民、吾不忍爲也。乃被髮詳狂而爲奴、遂隱而鼓琴以自悲。……微子曰、父子有骨肉、而臣主以義屬。故父有過、子三諫不聽、則隨而號之。人臣三諫不聽、則其義可以去矣。於是太師・少師乃勸微子去、遂行。（『史記』宋微子世家）

比干諫而死。箕子曰、知不用而言、愚也。殺身以彰君之惡、不忠也。二者不可。然且爲之、不祥莫大焉。遂解髮佯狂而去。君子聞之曰、勞矣箕子。盡其精神、竭其忠愛。見比干之事免其身、仁知之至。詩曰、人亦有言、靡哲不愚。（『韓詩外傳』卷六）

さて、本篇の忠臣觀と類似のものとしては次のような例がある。まず戰國末期のものと思われるものとしては、以下のような文章が參考になる。

魯陽文君謂子墨子曰、有語我以忠臣者。令之俯則俯、令之仰則仰、處則靜、呼則應、可謂忠臣乎。子墨子曰、令之俯則俯、令之仰則仰、是似景也。處則靜、呼則應、是似響也。君將何得於景與響哉。若以翟之所謂忠臣者、上有過則微之以諫、己有善、則訪之上、而無敢以告、外匡其邪、而入其善、尙同而無下比、是以美善在上、而怨讐在下、安樂在上、而憂慼在臣。此翟之所謂忠臣者也。（『墨子』魯問篇）

夫仁人事上竭忠、事親得孝。務善則美、有過則諫、此爲人臣之道也。（『墨子』非儒下篇）

能據法而不阿、上以匡主之過、下以振民之病者、忠臣之所行也。明君在上、忠臣佐之、則齊民以政刑。（『管子』君臣下篇）

主明蔽而聽塞、忠臣之欲謀諫者、不得進。如此者、侵主之道也。（『管子』明法解篇）

至忠逆於耳、倒於心。非賢主、其孰能聽之。故賢主之所説、不肖主之所誅也。（『呂氏春秋』至忠篇）

故忠臣廉士、内之則諫其君之過也、外之則死人臣之義也。（『呂氏春秋』恃君篇）

故聖王之貴豪士與忠臣也、爲其敢直言而決鬱塞也。（『呂氏春秋』達鬱篇）

また前漢初期のものとしては、以下のような文章が參考になる。

景公問晏子曰、忠臣之行何如。對曰、不掩君過、諫乎前、不華乎外。（『晏子春秋』內篇）

易曰、王臣蹇蹇、匪躬之故。人臣之所以蹇蹇爲難而諫其君者、非爲身也、將欲以匡君之過、君之失也。君有過失者、危亡之萌也。見君之過失而不諫、是輕君之危亡也。夫輕君之危亡者、忠臣不忍爲也。三諫而不用則去、不去則身亡。身亡者、仁人所不爲也。是故諫有五。一曰正諫、二曰降諫、三曰忠諫、四曰戇諫、五曰諷諫。孔子曰、吾其從諷諫矣乎。（『說苑』正諫篇）

忠臣不敢避誅以直諫、故事無廢業而功流於萬世也。（同右）

懼斧鉞之誅而不敢諫其君、非忠臣也。（『韓詩外傳』卷十）

以上、一部の例外を除き、そのほとんどが「惡」ではなく「過」字が使われてはいるが、その意味するところは本篇とほぼ同じであろう。

その他、「忠臣」という語はないが本篇と類似の思想をもつものには、『韓非子』難一篇に「夫爲人臣者、君有過則諫、諫不聽則輕爵祿以待之。此人臣之禮義也。」とある。

（8）咠而退之。

本句は、二通りの解釋が可能だろうと思われる。一つは、子思が穆公に輕く會釋してその場を去ったと解釋する場合であり、もう一つは、穆公が輕く會釋して子思を下がらせたと解釋する場合である。Dは「指子思揖而退之。」として、前者のように解釋している。しかし、「退之」の主語は穆公であると見るのが無難ではないかと考えられるので、ここでは後者のように解釋する。

（9）成孫弋

「孫」は、『古文四聲韻』所收の「古老子」に類似の字形がある。「孫」の異體字あるいは省字であろう。

「成孫弋」は、Eは「〝成孫弋〟，待考。《禮記》的《檀弓上》、《檀弓下》、《雜記下》有〝縣子瑣〟，與魯穆公問答，不知是否爲一人。」として、縣子瑣と結びつけている。しかし、それらの問答には、「忠臣」についての議論は全くなく、したがって「成孫弋」との接點は何もない。しかも魯の穆公との問答だけを根據にするならば、可能性は他にも無限にあるわけで、特に縣子瑣だけにこだわる必然性も全くなくなる。「成孫弋」については、現在の時點では、未詳。

(10) 向者虗

「向」は、A・Bは「嚮」の假借字とし、Dは「鄉」の假借字とするが、如字で十分通じると思われるので、Aなどには從わない。

「虗」は、A・B・D・Fいずれも「吾」の假借字とする。「虗」と「吾」の假借關係については『郭店楚墓竹簡』「老子釋文注釋」甲【注釋】〔五二〕を參照。

(11) 寡人惑安

「寡」は、A・B・D・Fいずれも「寡」の異體字とする。「寡」は郭店楚簡『緇衣』第二十二號簡第十五字目に「顧」の假借字として既出（【注釋】〔六一〕を參照）。

「安」は、A・B・D・Fいずれも「焉」の假借字とする。それでよかろう。

(12) 悘

本字は、A・B・Fは「噫」の假借字とするが、Dは「嘻」の假借字とする。『上古音韵表稿』によれば「悘」の聲符と思われる「矣」は匣母之部字、「噫」は影母之部字であり、郭錫良『漢字古音手册』（北京大學出版社、一九八六年）によれば「嘻」は曉母之部字である。いずれも假借は可能であるが、ここではAなどに從って、「噫」の假借字とする。

（13）交彔奮者也

「彔」は、A・B・D・Fいずれも「祿」の假借字とする。「彔」と「祿」は諧聲符が同じであるので假借可能。

「奮」は、A・B・D・Fいずれも「爵」の假借字とする。『上古音韵表稿』によれば「奮」の聲符と思われる「雀」と「爵」はともに精母藥部字で假借可能。下文の「簭」も同樣の理由で「爵」の假借字。

「交」は、Aは如字の意味で取り、Bは「效」の假借字とし、Dは「效」に作り「要」の假借字とする。Dは、「要」の假借字とする根據として、『孟子』公孫丑上篇の「非所以内交於孺子之父母也。非所以要譽於鄉黨朋友也。非惡其聲而然也。」を擧げるが、公孫丑上篇は「交」や「效」ではなく、「要」であることに難點がある。

ここでは、『墨子』明鬼下篇に「是故子墨子曰、今吾爲祭祀也、非直注之汙壑、而棄之也。上以交鬼之福、下以合驩聚衆、取親乎鄉里。若神有、則是得吾父母弟兄、而食之也。則此豈非天下利事也哉。」とあるのによって解する。渡邊卓氏によれば、「交鬼之福」とは、鬼神に幸福を求めることであり、この場合の「交」は「徼」の假借字（『墨子』上、一九七四年、集英社、四九六頁）。『上古音韵表稿』によれば、「交」「徼」はともに見母宵部字で、假借可能。

（14）死〔叓其君〕之亞〔者遠〕彔簭者〔也。爲〕義而遠彔簭、

本句は、寫眞圖版によれば三つの斷簡からなっている。Aは「□□□之亞□□彔奮者□□義而遠彔奮、非」に作り、A【注釋】〔二〕裘按は「〔稱其君〕之惡〔者，遠〕祿爵者也。〔爲〕義而遠祿爵，非」のように缺字を補っており、Dはこれを受けて「〔爯〕〔其〕〔君〕之亞〔者〕、〔遠〕彔奮者〔也〕，〔爲〕義而遠彔奮，非」に作り、Bは「【稱其君】之亞【者，遠】彔簭者【也，爲】義而遠彔簭，非」に作る。またEは「〔稱其君〕之惡者，〔遠〕祿爵者也。〔爲〕義而遠祿爵，非」に作って、「者」「也」いずれも殘畫が見えるとする。しかし、寫眞圖版によれば、「〔叓其君〕之亞〔者、遠〕彔簭者〔也。爲〕義而遠彔簭、非」に作るのが穩當だろうと考えられる。ここに二度登場する「彔簭」の「簭」は「竹」に從うことに注意。

『五行』譯注

池田知久

本書は、儒家の重要な道德である「仁」「義」「禮」「知」「聖」の「五行」に關して、その實現をめぐる諸問題を、哲學的形而上學的な立場から論じた思辯性の高い論文である。すなわち、理想的な人物である「君子」が、一方で、「五行」の一つ一つを端緒からの擴充によって完成させた後、それらをばらばらではなく一つに調和・統一し、他方で、自己を身體性を棄てて精神性だけを有する存在に昇華させた後、その自己が一つに調和・統一した「五行」に融卽する、という道德的な實踐を通じて、「邦家」（國家）「天下」に輝かしい隆盛をもたらそうと主張したもの。

本書の思想的立場と成書は、孟子の性善說と荀子の作爲說を折中することを中心に置いた上で、道家の「獨」の哲學や墨家の論理思想などをも積極的に取り入れた、戰國末期の儒家の一派に屬する者の作である。戰國中期以前の子思・孟子學派の作と考える者もいるが、それは本書の思想內容が難解であることに誤られた誤解である。なお、『馬王堆漢墓帛書』にも『五行』が含まれ（以下、馬王堆『五行』と略稱）、それは戰國末期〜前漢初期の儒家の作であるが、本書（以下、郭店『五行』と略稱）はテキストとして馬王堆『五行』と完全に同じというわけではなく、それよりもやや早い時期に成り閒もなくそれに至る過程で整理されていった、馬王堆『五行』の形成途上にあるより原型に近い未成熟な試作品の一つである。

關係論著目錄

A　老子甲本卷後古佚書『五行』（國家文物局古文獻研究室『馬王堆漢墓帛書〔壹〕』所收、文物出版社、一九八〇年）
B　池田知久『馬王堆漢墓帛書五行篇研究』（汲古書院、一九九三年）
C　荊門市博物館『郭店楚墓竹簡』（文物出版社、一九九八年）

第一章

本文

五行。𢙍型於內、胃之悳之行、不型於內、胃之行。■[1]義型於內、胃之悳之（第一號簡）行、不型於內、胃之行。■[2]豊型於內、胃之悳之行、不型於內、胃之（第二號簡）〔行。■[3]智型〕於內、胃之悳之行、不型於內、胃之行。■[4]聖型於內、胃之悳（第三號簡）之行、不型於內、胃之悳之行。■[5]悳之行五和、胃之悳、四行和、胃之善。■善、人（第四號簡）道也。悳、天道也。■[6]

訓讀

五行
𢙍（仁）の內に型（形）わるる、之れを悳（德）の行いと胃（謂）い、內に型（形）われざる、之れを行いと胃（謂）う。■義の內に型（形）わるる、之れを悳（德）の行いと胃（謂）い、內に型（形）われざる、之れを行いと胃（謂）う。■豊（禮）の內に型（形）わるる、之れを悳（德）の行いと胃（謂）い、內に型（形）われざる、之れを〔行い〕と胃（謂）う。〔■智の〕內に〔型（形）わるる〕、之れを悳（德）の行いと胃（謂）い、內に型（形）われざる、之れを行いと胃（謂）う。■聖の內に型（形）わるる、之れを悳（德）の行いと胃（謂）い、內に型（形）われざる、

之れを行いと胃（謂）う。■
悳（德）の行いの五つの和する、之れを悳（德）と胃（謂）い、四行の和する、之れを善と胃（謂）う。■善は、人道なり。德は、天道なり。■

口語譯

五行

人間の内面において（先天的自然的に）形作られている仁を、德の行いと言い、内面において形作られているのではなく（後天的人爲的な努力によって獲得された）仁を、行いと言う。■人間の内面において（先天的自然的に）形作られている義を、德の行いと言い、内面において形作られているのではなく（後天的人爲的な努力によって獲得された）義を、行いと言う。■人間の内面において（先天的自然的に）形作られている禮を、德の行いと言い、内面において形作られているのではなく（後天的人爲的な努力によって獲得された）禮を、〔行い〕と言う。〔■〕人間の内面において〔（先天的自然的に）形作られている智を〕、德の行いと言い、内面において形作られているのではなく（後天的人爲的な努力によって獲得された）智を、行いと言う。■人間の内面において（先天的自然的に）形作られている聖を、德の行いと言い、内面において形作られているのではなく（後天的人爲的な努力によって獲得された）聖を、行いと言う。■

これらの德の行いの五つが調和したものを、德と言い、四つの行いが調和したものを、善と言う。■善は、人道であり、德は、天道である。■

注

（1）五行。㥁型於內、胃之悳之行、不型於內、胃之行。■
「五行」は、この文章の標題であろう。馬王堆『五行』經には存在しない。「㥁型於內」以下は、馬王堆『五行』經の第一章に相當する。本章は、郭店『五行』の總論に當たり、「㥁」「義」「豊」「智」「聖」の五つが「內」なる先天的な自然であると同時に、「外」なる後天的な「人爲」でもあることを述べることがテーマである。

「悳」は、馬王堆『五行』經は「德」に作る。Bの第二部「譯注編」の一六一頁を參照。「型」は、馬王堆『五行』經は「刑」に作る。「■」の符號は、馬王堆『五行』經にはない。以下も同じであるが、煩瑣に渡るのを避けて一々指摘しない。

（2）義型於內、胃之悳之行、不型於內、胃之行。■
「五行」の配列の順序は、馬王堆『五行』經の第一章では「仁→知→義→禮→聖」であるが、郭店『五行』第一章では、これと異なって「㥁→義→豊→〔智〕→聖」である（Cの【注釋】〔四〕を參照）。

（3）豊型於內、胃之悳之行、不型於內、胃之〔行。■〕
「豊」は、Cの「釋文」の言うように「禮」の省字または假借字。以下にも頻繁に登場する字である。馬王堆『五行』經は「禮」に作る。約四字の缺字の內、第一字にはCの【注釋】〔二〕の言うように「行」を補うが、第二字には「■」の符號を補うべきである。

（4）〔智型〕於內、胃之悳之行、不型於內、胃之行。■
「智」は、馬王堆『五行』經は「知」に作る。この字は以下にも頻出する。缺字の第三字・第四字には、Cの【注釋】〔三〕を參照して「智型」を補った。

（5）聖型於內、胃之悳之行、不型於內、胃之悳之行。■
「不型於內、胃之悳之行。」の「悳之」は、Cの【注釋】〔四〕に從って衍文とする。ただし、改めてよく考えてみると、郭店『五行』と馬王堆『五行』とは完全に同じテキストであるとは限らないから、衍文でない可能性もあるにはある。すなわち、兩者ともに「型於內」は先天的な自然、「不型於內」は後天的な人爲を意味するが、「聖」に關しては、馬王堆『五行』は他の「四行」と同じように考えるのに對して、郭店『五行』は後天的な人爲をも根本的には自然であると考えている、という可能性である。

(6) 悳之行五和、胃之悳、四行和、胃之善。■善、人道也。悳、天道也。■

文章末に、郭店『五行』には「■」の符號があるようである。

第二章

本文

君子亡审心之悥、則亡审心之智[1]。亡审心之智、則亡审心（第五號簡）〔之兌〕[2]。亡审心〔之兌、則不〕安。不安、則不藥。不藥、則亡悳。■[3]

訓讀

君子审（中）心の悥（憂）い亡（無）ければ、則ち审（中）心の智亡（無）し。审（中）心の智亡（無）ければ、則ち审（中）心〔の兌（悅）び〕亡（無）し。中心の〔の兌（悅）び〕亡（無）ければ、〔則ち〕安から〔ず〕。安からざれば、則ち藥（樂）しまず。藥（樂）しまざれば、則ち悳（德）亡（無）し。■

口語譯

君子は心の内面に（君子道を知らないことを憂う）憂いを持たなければ、心の内面に（君子道を見る）智は生まれない。心の内面に智が生まれなければ、心の内面に（君子道を知りえた）〔悦び〕は起こらない。心の内面に〔悦び〕が起こらなければ、（君子道によって）安らかな氣持ちになることは〔ない〕。安らかな氣持ちになることがなければ、（君子道を身につけて）樂しむことはできない。樂しむことができなければ、徳を實現することはできない。■

注

（1）君子亡审心之𢝊、則亡审心之智。

「君子亡审心之𢝊」以下は、馬王堆『五行』經の第二章に相當する。本章のテーマは、「君子道」を「智」らないことから來る「𢝊」いを梃子として作り出した「智」を用いて、「𢝊→智→兊→安→藥→悳」のような經過をたどりながら、「五行之和」である「悳」を實現する、という見通しを述べることである。

「亡」は、馬王堆『五行』經は「毋」に作る。「無」の意味である。以下も同じ。「审」は、馬王堆『五行』經は「中」に作る。「𢝊」は、馬王堆『五行』經は「憂」に作る。

（2）亡审心之智、則亡审心〔之兊〕。

「亡审心之智」以下の重文符號の處理は、Cの【注釋】〔五〕に從った。最初の二字（または四字）の缺字には「之兊」を補う。Cの【注釋】〔五〕は「之悦」を補うが、下文に「兊」の字が數見するので「兊」の方がよい。「悦」の省字または假借字。馬王堆『五行』經は「説」に作る。

（3）亡审心〔之兊、則不〕安。不安、則不藥。不藥、則亡悳。■

その次の二字（または四字）の缺字には「之兊、則不」を補った。「藥」は、Cの「釋文」の言うように「樂」の假借字。この通假は、以下にも多く見える。馬王堆『五行』經は「樂」に作る。

なお、馬王堆『五行』經には、この下に「〔君子〕无中心之憂、則无中心之聖。无中心之聖、則无中心之説。无中心之説、則不安。不安、則不樂。不樂、則〔无〕德。」という比較的長い文章があるが、郭店『五行』には存在しない。郭店『五行』以後、馬王堆『五行』に至るまでの間に思想内容を整理・充實させて、「智」と竝ぶ一種の認識能力である「聖」についての文章を附加したのであろう。

第三章

本文

五行皆型于內、而時行（第六號簡）之、胃之君〔子〕[1]。士又志於君子道、胃之時士[2]。

訓讀

五行皆な內に型（形）われて、時に之れを行う、之れを君〔子〕と胃（謂）う。士の君子道に志すこと又（有）る、之れを時（志）士と胃（謂）う。

口語譯

五行のすべてがその內面に（先天性自然性のままに）形作られており、しかも時宜に適してそれらを行いうる人のことを、君〔子〕と言う。士の身分の者で君子道に志す人のことを、志士と言う。

注

（1）五行皆型于内、而時行之、胃之君〔子〕。

「五行皆型于内」以下は、馬王堆『五行』經の第三章に相當する。本章のテーマは、キー・ワードである「君子」「君子道」の、後天的人爲性を強調した定義を行うことである。

「内」は、馬王堆『五行』經は「闕内」に作る。「而」は、馬王堆『五行』經にはない。「君」の下の缺字には、Cの【注釋】〔六〕によって「子」を補う。

（2）士又志於君子道、胃之時士。

「又」は、馬王堆『五行』經は「有」に作る。「有」の異體字または省字。「志」は、馬王堆『五行』經は「忎」に作るが、同じ字である。「時」は、馬王堆『五行』經は「之」に作る。「時」も「之」もともに「志」の假借字であろう。

第四章

本　文

善弗爲亡近、悳弗（第七號簡）之不成、智弗思不得[1]。思不清不諓、思不倀不型[2]。不型不安、不安不藥、不藥（第八號簡）亡悳。■[3]

訓　讀

善は爲さざれば近づくこと亡（無）く、悳（德）は之（志）さざれば成らず、智は思わざれば得ず。

思うこと清（精）らかならざれば諓（察）らかならず、思うこと倀（長）からざれば型（形）われず。型（形）われ

ざれば安からず、安からざれば藥（樂）しまず、藥（樂）しまざれば悳（德）亡（無）し。■

口語譯

善は人間が目的意識的に行わなければ、それに近づくことはできず、德は人間が目的意識的に志さなければ、それを成就することはできず、智は人間が目的意識的にそれを思わなければ、獲得することはできない。

ものを思う思い方が精細でなければ、（思う對象である善や德を）察《あき》らかにすることはできず、思い方が長く（積み重ねられ）なければ、（善や德の）形が見えてくることはない。形が見えてこなければ、（善や德によって）安らかな氣持ちになることはできない。安らかな氣持ちになることができなければ、（善や德を身につけて）樂しむことはできない。樂しむことができなければ、德を實現することはできないのである。■

注

（1）善弗爲亡近、悳弗之不成、智弗思不得。

「善弗爲亡近」以下は、馬王堆『五行』經の第四章に相當する。本章のテーマは、「善」や「悳」の實現のためには人爲的な努力が必要であるが、それに先立って「思」うことが必要不可缺であることを述べることである。

「悳」は、馬王堆『五行』經は「得」に作る。「之」は、「志」の省字または假借字。Bの第二部「譯注編」の一八三頁を參照。

（2）思不清不諓、思不倀不型。

「清」は、「精」の假借字。Bの第二部「譯注編」の一八三～一八四頁を參照。「諓」は、馬王堆『五行』經は「察」に作るので、恐らく「察」の假借字または異體字であろう。Cの【注釋】〔七〕を參照。「倀」は、Cの「釋文」の言うように「長」の假借字または異體字。

　第二句の「思不倀不型」は、馬王堆『五行』經は「思不長不得、思不輕不刑。」の兩句に作る。Cの【注釋】〔八〕は、郭店『五行』は誤ってこの兩句を合わせて一句にしたのではないかと言う。本書の下文（第五章と第六章）に「翌」（馬王堆『五行』經の「輕」や「巠」）を含んだ句が出るので、その説は多分正しかろう。

（3）不型不安、不安不藥、不藥亡悳。■

　「不型不安」は、馬王堆『五行』經は「不刑、則不安。」に作って、「則」の字がある。以下の二句も同じ。本書も第二章などには「則」があるので、馬王堆『五行』經のように「則」があるのが正しかろう。

第五章

本　文

不恖、思不能淸。不智、思不能倀。不恖不智。[1] 未見君子、𢝊心（第九號簡）不能惙惙。[2] 既見君子、心必能兌。[3] 亦既見止、亦既詢止、我心則（第十號簡）〔兌〕、此之胃〔也。■[4]〔不〕恖、思不能淸。不聖、思不能翌。不恖不聖。[5]（第十一號簡）未見君子、𢝊心不能惙惙。既見君子、心不能降。■[6]

訓　讀

恖（仁）ならざるは、思うこと淸（精）らかなる能わざればなり。智ならざるは、思うこと倀（長）きこと能わざればなり。恖（仁）ならず智ならず。未だ君子を見ざれば、𢝊（憂）心惙惙たり。既に君子を見れば、心は必ず能く兌（悅）ぶ。「亦た既に止（之）れを見、亦た既に止（之）れに詢（覯）えば、我が心則ち〔兌（悅）ぶ〕。」とは、此れ

の冑（謂）い〔なり。■〕

𢚩（仁）なら〔ざる〕は、思うこと清（精）らかなる能わざればなり。聖ならざるは、思うこと巠（徑）やかなる能わざればなり。𢚩（仁）ならず聖ならず。未だ君子を見ざれば、㥑（憂）心忩（忡）忩（忡）たり。既に君子を見れば、心は必ず能く降る。■

口語譯

仁の徳を獲得することができないのは、仁を思う思い方が精細でないからであり、智の徳を實現することができないのは、智を思う思い方が長く（積み重ねられてい）ないからである。こうして、仁も智も實現することができない狀態に陥ってしまう。まだ君子を見ていない時は、憂いの心がくよくよと沈むが、すでに君子を見た後は、私の心は必ず悦ぶことができる。『詩』に「すでに君子にお目にかかり、また君子にお會いした後は、私の心は〔悦びに變わる〕」。」と言うのは、こういう意味〔である。■〕

仁の徳を獲得することが〔できない〕のは、仁を思う思い方が精細でないからであり、聖の徳を實現することができないのは、聖を思う思い方が直截でないからである。こうして、仁も聖も實現することができない狀態に陥ってしまう。まだ君子を見ていない時は、憂いの心がくよくよと沈むが、すでに君子を見た後は、私の心は必ず落ち着くことができる。■

注

（1）不𢚩、思不能清。不智、思不能倀。不𢚩不智。

「不𢚩、思不能清。」以下は、馬王堆『五行』經の第五章に相當する。本章のテーマは、「𢚩」「智」「聖」の道徳を、それぞれ「思」うことを出發點に取って實現していくという各論である。

「智」は、Cの【注釋】〔九〕の言うように、錯字が書かれているようであるが、意をもって「智」の字と判定した。Cの「釋文」は「不𢖳不智、」と絶句して、下文に續けるが、この處置は不適當。「不𢖳不智。」は、上文を總括する句であって、ここで文章が終わるからである。

（2）未見君子、𢝊心不能惙惙。

「惙」の字は、Cの「釋文」を參照して「惙」に作った。

「𢝊心不能惙惙」については、Cの【注釋】〔一〇〕は、『詩』召南草蟲篇を引用して、馬王堆『五行』經の缺字を補うと言うが、それでは肯定と否定とが逆轉してしまう。したがって、郭店『五行』には混亂があると考えるべきである。すなわち、「不能」の二字が誤衍したのではなかろうか。馬王堆『五行』經の『詩』の引用は、「●詩曰、未見君子、憂心殺殺。亦既見之、亦既鈎之、我〔心則〕説、此〔之胃也〕。」に作り、その前半部分に「能」「不能」の字は存在しないからである。しかしながら、ここの「君子」の意味を『五行』の「君子道」とは異なった、戀愛詩における戀の對象とすれば、一應意味は通ずるようになるかもしれない。その場合の文意は、「𢖳智」を備えていれば、たとえ「君子」（戀愛における男性）に會わなくても「𢝊心」のために意氣阻喪することはない、の意であろうか。

一文の趣旨は、「君子道」を實現していないことから來る「𢝊」いを述べること。

（3）既見君子、心必能兌。

「必」は、Cの「釋文」は「不」と判讀するが、正しくは「必」の字ではなかろうか。郭店楚簡『老子』甲本第六十三章（第十四號簡）に類似する字が出る。あるいは「不」の錯字と考えるべきかもしれない。「不」の字のままで解釋するならば、文意は、「𢖳智」を備えていなければ、たとえ「君子」（戀愛における男性）に會ったとしても心が「兌」ぶことはありえない、の意であろうか。ただし、その場合も肯定と否定とが逆轉してしまう。Cの【注釋】〔一一〕

の解釋では意味が全然通じない。

（4）亦既見止、亦既詢止、我心則〔兊〕、此之胃〔也。■〕

『詩』の引用は、馬王堆『五行』經は冒頭に「●詩曰、未見君子、憂心祋祋。」がある（Cの【注釋】〔一二〕を參照）。郭店『五行』にこの部分がないのは、兩者の『詩』の解釋に相異があるためであろうか。郭店『五行』の方が『詩』の解釋としては稚拙である。郭店『五行』に錯字・衍文が一切ないとして無理に解釋するならば、その『詩』の引用の中には「君子」が登場しないが、それは暗に「君子道」を指し、上文・下文に言う「君子」（戀愛における男性）とは異なることになる。

「止」は、「之」と同じ字。Bの第二部「譯注編」の一九一頁を參照。「詢」は、Cの「釋文」の言うように「覯」の假借字。「〔兊〕」は、馬王堆『五行』經によって「兊」を補った（Cの【注釋】〔一二〕を參照）。「〔也〕」は、Cの【注釋】〔一三〕によって補った。文末には、「■」の符號があるだけの空格がある。

（5）〔不〕𢙐、思不能清。不聖、思不能翌。不𢙐不聖。

「〔不〕」は、Cの【注釋】〔一三〕によって補った。「翌」は、Cの「釋文」は「輕」の假借字とするが、不適當。「徑」の假借字である。Bの第二部「譯注編」の一八四頁を參照。

（6）未見君子、𢝊心不能忩忩。既見君子、心不能降。■

この部分の「君子」も、錯字・衍文が一切ないと見なして無理に解釋するならば、文字どおり戀愛における對象（相手の男性）であり、『五行』の「君子道」ではないことになる。

上の「不能」は、しかし恐らくは衍文であろう。「忩」は、Cの「釋文」の言うように、「忡」の假借字または異體字。「忡忡」は、毛傳に「忡忡、猶衝衝也。」とある。下の「不能」の「不」は、「必」の錯字ではなかろうか。馬王堆『五行』經のAの「釋文」は當該箇所を「不」と判讀するが、實は殘缺の甚だしい箇所であって、「不」ではない可能性も十分にある。「降」は、毛傳に「降、下也。」とある。

第六章

本文

恴之思也清。清（第十二號簡）則諓、諓則安、安則恩、恩則兌、兌則亯、亯則新、新則忎、忎則玉色、玉色則型、型則恴。■[1]（第十三號簡）智之思也倀。倀則得、得則不亡、不亡則明、明則見臤人、見臤人則玉色、玉色則型、型（第十四號簡）則智。■[2]聖之思也翌。翌則型、型則不亡、不亡則聰、聰則𦖞君子道、𦖞君子道則玉音、玉音則型、型（第十五號簡）則聖。■[3]

訓讀

恴（仁）を之れ思うや清（精）らかなり。清（精）らかなれば則ち諓（察）らかなり、諓（察）らかなれば則ち安らかなり、安らかなれば則ち恩（溫）やかなり、恩（溫）やかなれば則ち兌（悅）び、兌（悅）べば則ち亯（戚）しみ、亯（戚）しめば則ち新（親）しみ、新（親）しめば則ち忎（愛）し、忎（愛）すれば則ち玉色なり、玉色なれば則ち型（形）われ、型（形）わるれば則ち恴（仁）なり。■

智を之れ思うや倀（長）し。倀（長）ければ則ち得られ、得らるれば則ち亡（忘）れず、亡（忘）れざれば則ち明らかなり、明らかなれば則ち臤（賢）人を見、臤（賢）人を見れば則ち玉色なり、玉色なれば則ち型（形）われ、型（形）わるれば則ち智なり。■

聖を之れ思うや翌（徑）やかなり。翌（徑）やかなれば則ち型（形）われ、型（形）わるれば則ち亡（忘）れず、亡

（忘）れざれば則ち聰なり、聰なれば則ち君子道を耷（聞）き、君子道を耷（聞）けば則ち玉音し、玉音すれば則ち型（形）われ、型（形）わるれば則ち聖なり。▬

口語譯

仁を思う思い方は、精細でなければならない。思い方が精細であれば、（仁が）察《あき》らかになり、察らかになれば、（仁によって心が）安らかになり、安らかになれば、（容貌が）溫やかになり、溫やかになれば、（心に）悦びを感ずることができ、悦びを感ずれば、（人と）仲よくすることができ、仲よくすれば、（人と）親密になることができ、親密になれば、（その親密さを一層徹底させて）愛にまで高めることができ、愛にまで高めれば、容貌が玉のように光り輝き、玉のように光り輝けば、（仁が）外面にまで現れてき、現れてくれば、それが仁の完成である。▬

智を思う思い方は、長く（積み重ね）なければならない。長く（積み重ね）れば、（智を）得ることができ、得ることができれば、（智を）忘れ去ることがなく、忘れ去ることがなければ、（目が）明らかになり、明らかになれば、賢人を見ることができ、賢人を見ることができれば、顔色が玉のように光り輝き、玉のように光り輝けば、（智が）外面にまで現れてき、現れてくれば、それが智の完成である。▬

聖を思う思い方は、直截でなければならない。直截であれば、（聖が）見えるようになり、見えるようになれば、（聖を）忘れ去ることがなく、忘れ去ることがなければ、（耳が）聰くなり、聰くなれば、君子道を聞くことができ、君子道を聞くことができれば、ことばが玉のように妙なる響きを發し、玉のように妙なる響きを發すれば、（聖が）外面にまで現れてき、現れてくれば、それが聖の完成である。▬

注

（1）悳之思也清。清則𧦝、𧦝則安、安則恩、恩則兌、兌則稾、稾則新、新則㤅、㤅則玉色、玉色則型、型則悳。■

「悳之思也清」以下は、馬王堆『五行』經の第六章に相當する。本章のテーマは、第四章の一般論をさらに詳細にした各論である。

「恩」は、Cの「釋文」の言うように「溫」の假借字。その意味については、Bの第二部「譯注編」の一九七頁を參照。「稾」は、Cの【注釋】〔二五〕によって「稾」に作ったが、未詳。その意味は、しばらくCの「釋文」に從って「戚」の假借字としておくが、第十章から考えて妥當な解釋であろうと思う。Bの第二部「譯注編」の二五二頁を參照。「新」は、Cの「釋文」の言うように「親」の假借字。「㤅」は、Cの「釋文」の言うように今日の「愛」の字。『說文解字』心部にある正しい字である。

「悳」の實現に至る擴充の過程は、郭店『五行』では「清→𧦝→安→恩→兌→稾→新→㤅→玉色→型→悳」のように合計十一段階であって、やや多すぎる嫌いがあるし、その上「君子道」の項が入っていない。一方、馬王堆『五行』では「晴→察→安→溫→知君子道→不憂→王色→刑→仁」の九段階である上に、「君子道」の項が入り、さらに「知」や「聖」の擴充の段階の數ともほぼ合致する。それゆえ、馬王堆『五行』の方がよく整えられていると見ることができる。

（2）智之思也倀。倀則得、得則不亡、不亡則明、明則見臤人、見臤人則玉色、玉色則型、型則智。■

「亡」は、Cの「釋文」の言うように「忘」の省字または假借字であろう。「臤」は、「賢」の省字または異體字。以下にも頻出する。「見臤人」は、馬王堆『五行』經は殘缺、筆者がかつて「見君子道」を補ったところであるが、郭店『五行』の出土によって「見賢人」を補うべきであることが判明した。ただし、兩者の意味はまったく同じ。「玉色」は、馬王堆『五行』經は殘缺、かつて「王面」を補ったところであるが、郭店『五行』の出土によって「玉色」を補うべきことが判明した。

本書の「智」の實現に至る擴充の過程は、以上の二點を除けば馬王堆『五行』經と同じ。

（3）聖之思也翌。翌則型、型則不亡、不亡則聰、聰則𦖞君子道、𦖞君子道則玉音、玉音則型、型則聖。▬

「𦖞」は、Cの【注釋】〔一六〕によって「聞」の異體字とする。「玉音」は、馬王堆『五行』經は「王言」に、說は「玉音」にそれぞれ作る。郭店『五行』によって「玉音」に作るべきである。

本書の「聖」の實現に至る擴充の過程は、以上の點を除けば馬王堆『五行』經と同じ。

第七章

本文

𡠗人君子、其義罷也(1)。能爲罷、肰句能爲君子。〔君子〕諰其蜀也。▬(2)（第十六號簡）〔瞻望弗〕汲、淇涕女雨。能遟沱其羿、肰句能至哀。君子諰其（第十七號簡）〔蜀也。▬(3)〕

訓讀

「𡠗（淑）人君子は、其の義（儀）罷（一）なり。」能く罷（一）を爲して、肰（然）る句（後）に能く君子と爲る。〔君子は〕其の蜀（獨）を諰（愼）むなり。▬

「〔瞻望すれども〕汲（及）ば〔ず〕、淇（泣）涕すること雨の女（如）し。」能く其の羿（羽）を遟沱して、肰（然）る句（後）に能く哀しみを至《きわ》む。君子は其の〔蜀（獨）を〕諰（愼）む〔なり。▬〕

口語譯

『詩』に「善人・君子たちは、その生き方に一つにまとまったものがある。」とある。このように、生き方に一つにまとまったものがあってこそ、始めて君子となることができるのである。〔君子とは〕、自分の獨〔一つにまとまった内面の心〕を大切にする者である。■

『詩』に「〔遙かに眺め見ても〕その姿はもう見え〔ず〕、涙が雨のように流れる。」とある。このように、なりふり構わず羽を羽ばたかせてこそ、始めて哀しみの感情を盡くすことができるのである。君子とは、自分の〔獨〔外面的身體的な要素を捨て去った内面の心〕〕を大切にする者〔である。■〕

注

（1）⿱雨女人君子、其義⿱羽能也。

「⿱雨女人君子」以下は、馬王堆『五行』經の第七章に相當する。本章のテーマは、「⿰言⿱斤心（愼）蜀（獨）」の哲學を「悳」〔「五行」の「集大成」〕の完成として描くことである。

「⿱雨女」は、Cの「釋文」の言うように「淑」の假借字。馬王堆『五行』經は「叔」に作る。「義」は、Cの「釋文」の言うように「儀」の省字または假借字。「⿱羽能」は、Cの【注釋】〔一七〕の言うように、「一」の異體字であろう。

『詩』の引用は、曹風鳲鳩篇である。馬王堆『五行』經は「尸叴在桑、其子七氏。叔人君子、其宜一氏。」に作り、郭店『五行』よりも一層完備している。

（2）能爲⿱羽能、肰句能爲君子。〔君子〕⿰言⿱斤心其蜀也。■

「肰」は、Cの「釋文」の言うように「然」の省字または假借字。「句」は、Cの「釋文」の言うように「後」の假借字。「〔君子〕」は、Cの【注釋】〔一八〕の言うように、重文符號が脱したのであろう。「⿰言⿱斤心」は、Cの「釋文」の言うように「愼」の異體字であろう。「蜀」は、「獨」の省字または假借字。「愼獨」の哲學については、Bの第二部

「譯注編」の二一三〜二一四頁を參照。

（3）〔瞻望弗〕𨒪、淇涕女雨。能遲沱其羿、肰句能至哀。君子訢其〔蜀也。■〕

「〔瞻望弗〕𨒪」は、三字半の缺字。Cの【注釋】〔一九〕によって上の三字を補い、また「𨒪」の字は上半分の「及」が缺け、下半分の「辵」が見えるとした上で、「及」の繁文とする。「淇」は、Cの「釋文」の言うように「泣」の異體字。Cの【注釋】〔一九〕所引の裘錫圭は「深」の訛字ではないかと疑う。「遲」は、『毛詩』は「差」に作り、馬王堆『五行』經は「𩢸」に作る。「差」「𩢸」と同じ音價を持つ字であろう。「沱」は、Cの「釋文」の言うように「池」と同じ字。「遲沱」は、燕燕が羽を鳴らす擬音語である。「羿」は、Cの「釋文」の言うように「羽」の異體字。「〔蜀也〕」は、Cの【注釋】〔二〇〕によって二字の缺字を補った。「〔■〕」は、Cの【注釋】〔二一〕の言うように、缺字の數が四字程度と見て補ってみた。

『詩』の引用は、邶風燕燕篇である。馬王堆『五行』經は「〔嬰嬰〕于蜚、𩢸池其羽。之子于歸、袁送于野。瞻望弗及、汲沸如雨。」に作り、郭店『五行』よりもさらに完備している。

第八章

本文

〔君〕子之爲善也、又與司、又與冬也(1)。君子之爲悳也、（第十八號簡）〔又與司、亡與〕終也(2)。

訓讀

〔君〕子の善を爲すや、與に司（始）まるもの又（有）り、與に冬（終）わるもの有るなり。君子の悳（德）を爲すや、〔與に司（始）始まるもの又（有）るも、與に〕終わるもの〔亡（無）き〕なり。

口語譯

〔君〕子が善を行う時は、それを始める場（としての身體）があり、それを終える場（としての身體）がある。君子が德を行う時は、〔それを始める場（としての身體）はあるが〕、それを終える〔場（としての身體）はない〕。

注

（1）〔君〕子之爲善也、又與司、又與冬也。

「〔君〕子之爲善也」以下は、馬王堆『五行』經の第八章に相當する。本章のテーマは、「善」と「悳」の區別と關連を解明すること。

「〔君〕」は、Cの【注釋】〔二一〕によって補った。「司」は、Cの「釋文」の言うように「始」の假借字。「冬」は、Cの「釋文」の言うように「終」の省字または假借字。次號の「終」の字との閒に一應使い分けがある。

（2）君子之爲悳也、〔又與司、亡與〕終也。

「〔又與司、亡與〕」は、Cの【注釋】〔二二〕を參照して、缺字を五字と見てこれらを補った。

第九章

本文

金聖而玉晨之、又悳者也。■[1]金聖、善也。玉音、聖也。[2]善、人（第十九號簡）道也。悳、天〔道也〕[3]。唯又悳者、肰句

能金聖而玉晨之。(4)

訓　讀

「金聖（聲）して之れを玉晨（振）す」とは、又（有）悳（德）者なり。■金聖（聲）は、善なり。玉音〈振〉は、聖なり。善は、人道なり。悳（德）は、天〔道なり。〕唯だ又（有）悳（德）者にしてのみ、肰（然）る句（後）に能く金聖（聲）して之れを玉晨（振）す。

口語譯

『孟子』に「音樂を奏するのに鐘を鳴らして始め、玉器を打って締めくくる。」とあるが、これは有德者のことを言ったものである。■「鐘を鳴らす」とは、善のことであり、「玉器を打つ」とは、聖のことである。善は、人道であり、德は、天〔道である〕。ただ有德者であって始めて、鐘を鳴らして音樂を奏し始め、玉器を打ってそれを締めくくることができる。

注

（1）金聖而玉晨之、又悳者也。■

「金聖而玉晨之」以下は、馬王堆『五行』經の第九章に相當する。本章のテーマは、「悳」を「善」と關連させて説明すること。すなわち、「悳＝善＋聖」であり、「善」が「悳」の中に含まれることを明らかにすることである。

「晨」は、Cの「釋文」の言うように「振」の假借字または異體字。

（2）金聖、善也。玉音、聖也。

「玉音」は、馬王堆『五行』經は「王言」に作るが、「玉振」が正しいのではなかろうか。なぜなら、この部分は『孟子』萬章下篇の「集大成也者、金聲而玉振之也。金聲也者、始條理也。玉振之也者、終條理也。始條理者、智之事也。終條理者、聖之事也。」とあるのをふまえて、その一部分を解說した文章だからである。Bの第二部「譯注編」の二四二〜二四三頁を參照。

（3）善、人道也。悳、天〔道也〕。

「天」は、Cの「釋文」は「而」の字と認めるが、その必要はなく「天」の字と判讀した。その下の缺字には、Cの【注釋】〔二四〕によって「道也」を補った。

（4）唯又悳者、肰句能金聖而玉晨之。

「玉晨之」は、馬王堆『五行』經は「玉振之之」に作るが、後者の「之」が衍文であることは自明である。

第十章

本文

不聰不明、不聖不（第二十號簡）智。[1] 不智不悳、不悳不安、不安不樂、不樂亡悳。■[2]

訓讀

聽ならず明ならざれば、聖ならず智ならず。

〔聖ならず〕智ならざれば悳（仁）ならず、悳（仁）ならざれば安からず、安からざれば樂しまず、樂しまざれば悳（德）亡（無）し。■

口語譯

耳が聽くなく、また目が明らかでなければ、（君子道を聞く）聖と（君子道を見る）智を實現することはできない。〔聖と〕智を實現しなければ、仁を實現することはできず、仁を實現しなければ、（仁などの天道によって）安らかな氣持ちになることはできず、安らかな氣持ちにならなければ、（天道を身につけて）樂しむことはできず、樂しまなければ、德を完成させることはできない。■

注

（1）不聽不明、不聖不智。

「不聽不明」以下は、馬王堆『五行』經では第十三章に置かれている。上文の敍述の例から考えると、全體の構成の中で「悳」は最後に置くのが適當であろう。したがって、馬王堆『五行』經の方がよく整っているとしなければならない。

本章のテーマは、「聰」「明」という人閒の先天的自然的な能力を端緒として、これらを擴充して「聰・明→聖・智→𢙩→安→樂→悳」のように、「悳」を本來のままに實現するという過程を解明すること。

（2）不智不𢙩、不𢙩不安、不安不樂、不樂亡悳。■

第二十號簡の「不聖」は、二つの重文符號が脫落。Bの第二部「譯注編」の二八八頁と二九〇頁を參照。Cの【注釋】〔二五〕は馬王堆『五行』經を「〔不聰不明、不明〕不聖」に作るべしとするが、これは『五行』の思想を理解しないもので、誤り。「聰」は「聖」の端緒形態、「明」は「智」の端緒形態であり、ここではこの兩者がそろって出ているのである。

第十一章

本　文

不𠭰不兌、不兌不𧷏、不𧷏不新、不新不㤅、不㤅不𢒼。■(1)

訓　讀

𠭰（變）わざれば兌（悅）ばず、兌（悅）ばざれば𧷏（戚）しまず、𧷏（戚）しまざれば新（親）しまず、新（親）しまざれば㤅（愛）せず、㤅（愛）せざれば𢒼（仁）ならず。■

口語譯

（心に）思い慕う氣持ちを抱くことがなければ、悅びを感ずることはできず、悅びを感じなければ、仲よくすることはできず、仲よくしなければ、親密になることはできず、親密にならなければ、（その親密さを一層徹底させて）愛にまで高めることはできず、愛にまで高めなければ、（その愛をさらに擴充して）仁を實現することはできない。

注

（1）不𠭰不兌、不兌不𧷏、不𧷏不新、不新不㤅、不㤅不𢒼。■
「不𠭰不兌」以下は、馬王堆『五行』經では第十章に置かれている。本章のテーマは、人間の内面に先天的自然的に賦與された「變」の氣持ちを端緒として、これを擴充して「𢚧」を實現するという實踐的な課題を提起すること。

「叓」は、Cの【注釋】〔二六〕に從い、馬王堆『五行』說によって「變」の假借字としておく。馬王堆『五行』經は「𦞅」の字に作る。兩字の意味は、戀慕すること、Bの第二部「譯注編」の二五一～二五三頁および二五六～二五七頁を參照。

第十二章

本　文

不悳不遙、不遙不果、不果（第二十一號簡）不柬、不柬不行、不行不義。■（1）

訓　讀

悳（直）ならざれば遙（泄）ならず、遙（泄）ならざれば果ならず、果ならざれば柬（簡）ばず、柬（簡）ばざれば行わず、行わざれば義ならず。■

口語譯

まっすぐな心を抱くことがなければ、（心が）伸びやかになることはできず、伸びやかでなければ、迷わず果斷に振る舞うことはできず、果斷に振る舞わなければ、（惡事を）的確に選び出すことはできず、（惡事を）選び出さなければ、實際に行うことはできず、實際に行わなければ、（その行いをさらに擴充して）義を實現することはできない。■

第十三章

本　文

不𧸘不敬、不敬不嚴、不嚴不隫、不隫不共、不共亡豊。■[1]

訓　讀

𧸘（遠）からざれば敬せられず、敬せられざれば嚴ならず、嚴ならざれば隫（尊）ばれず、隫（尊）ばれざれば共（恭）しからず、共（恭）しからざれば豊（禮）亡（無）し。■

注

（1）不悳不遙、不遙不果、不果不柬、不柬不行、不行不義。■

「不悳不遙」以下は、馬王堆『五行』經では第十一章に置かれている。本章のテーマは、人間の内面に先天的自然的に賦與された「悳」の氣持ちを端緒として、これを擴充して「義」を實現するという實踐的な課題を提起すること。

「悳」は、Cの「釋文」の言うように「直」の異體字または假借字。馬王堆『五行』説は「直」に作る。「遙」は、「遙」の字であろうか。馬王堆『五行』經の第十五章に「直而〔遂之、迣〕也。」、同説に「直而遂之、迣也。迣者、遂直者也。」とある、「迣」の字に相當する。兩字は通假するのであろう。「柬」は、Cの「釋文」の言うように「簡」の假借字。「行」は、惡事を處罰すること。Bの第二部「譯注編」の二六二～二六三頁を參照。

口語譯

人から遠ざかる遠慮の心がなければ、自分が人から尊敬されることはありえず、尊敬されなければ、威嚴が身につくことはありえず、威嚴がなければ、尊嚴が身に具わることはできず、尊嚴が具わらなければ、恭しく振る舞うことはできず、恭しくなければ、禮を實現することはできない。■

注

（1）不⿰見袁不敬、不敬不嚴、不嚴不⿰阝尊、不⿰阝尊不共、不共亡豊。■

「不⿰見袁不敬」以下は、馬王堆『五行』經では第十二章に置かれている。本章のテーマは、人間の内面に先天的自然的に賦與された「⿰見袁」の氣持ちを端緒として、これを擴充して「豊」を實現するという實踐的な課題を提起すること。「⿰見袁」は、Cの「釋文」の言うように「遠」の異體字。馬王堆『五行』は經・說ともに「袁」に作る。「敬」は、Cの【注釋】〔二八〕によれば、左旁の「苟」が訛している。「⿰阝尊」は、Cの「釋文」の言うように「尊」の異體字。馬王堆『五行』は經・說ともに「尊」に作る。以下に出る「⿰阝尊」も同じ。「共」は、Cの「釋文」の言うように「恭」の省字または假借字。馬王堆『五行』說も「共」に作る。以下にしばしば出る「共」も同じ。「亡」は、馬王堆『五行』經は「不」に作る。「豊」は、Cの【注釋】〔二九〕は馬王堆『五行』經が殘缺していると言うが、實は「禮」の字が判讀できるのである。

本文

第十四章

未尙（第二十二號簡）耷君子道、胃之不聰。(1) 未尙見臤人、胃之不明。(2) 耷君子道而不智（第二十三號簡）其君子道也、胃之不聖。見臤人而不智其又悳也、胃之不智。■（第二十四號簡）見而智之、智也。耷而智之、聖也。明明、智也。虖虖、聖也。(3) 明明才下、虖虖（第二十五號簡）才上、此之胃也。■

訓　讀

未だ尙（嘗）て君子道を耷（聞）かざる、之れを聰ならずと胃（謂）う。未だ尙（嘗）て臤（賢）人を見ざる、之れを明ならずと胃（謂）う。君子道を耷（聞）くも其の君子道なるを智（知）らざるや、之れを聖ならずと胃（謂）う。臤（賢）人を見るも其の又（有）悳（徳）なるを智（知）らざるや、之れを智ならずと胃（謂）う。■見て之れを智（知）るは、智なり。耷（聞）きて之れを智（知）るは、聖なり。明明は、智なり。虖（赫）虖（赫）は、聖なり。「明明として下に才（在）り、虖（赫）虖（赫）として上に才（在）り。」とは、此れの胃（謂）いなり。■

口語譯

まだ君子道を聞いたことがないのを、耳が聰くないと言う。まだ賢人を見たことがないのを、目が明らかでないと言う。君子道を聞いてもそれが君子道であることが分からないのを、聖でないと言う。賢人を見てもそれが有徳であることが分からないのを、智でないと言う。■

それ（賢人）を見て（それが有徳であることを）知るのが、智である。それ（君子道）を聞いて（それが君子道であることを）知るのが、聖である。『詩』の「明明」とは、智のことであり、「赫赫」とは、聖のことである。『詩』に「（智は）明明として下に在り、（聖）は赫赫として上に在る。」とは、こういう意味である。■

注

（1）未尙耸君子道、胃之不聰。

「未尙耸君子道」以下は、馬王堆『五行』經の第十七章に相當する。その第十四章～第十六章の三章は、逆に後（第十七章～第十九章）に回されている（Cの【注釋】〔三〇〕を參照）。馬王堆『五行』經の方がよく整っている感じを受ける。

本章のテーマは、第十章の前半を受けて、「聖」「智」の擴充についての諸概念を詳細に解明すること。

「尙」は、Cの「釋文」の言うように「甞」の省字または假借字。古典的諸文獻によく登場する常訓である。

（2）未尙見臤人、胃之不明。

「見」の字について、Cの【注釋】〔三一〕に若干の説があるが、筆者にはその正否がよく分からない。

（3）見而智之、智也。耸而智之、聖也。明明、智也。虩虩、聖也。

「虩」は、Cの「釋文」は「虩」の異體字とするが、『説文解字』虎部に「虩、易履虎尾虩虩。虩虩、恐懼也。一曰、蠅虎也。从虎、小日小聲。」とある。しかし、それではこの場合は文意が通ぜず不適當。やはり「赫」の假借字とすべきであろう。馬王堆『五行』經は「壑」に作り、また説は「赤」に作る。『詩』の引用は、大雅大明篇である。「明明」の「智」が形而下學的な認識であり、「虩虩」の「聖」が形而上學的な認識であることなどについては、Bの第二部「譯注編」の三五二～三五四頁および三六一～三六三頁を參照。

第十五章

本文

𦖞君子道、聰也。𦖞而智之、聖也。聖人智天（第二十六號簡）道也。智而行之、義也。行之而時、悳也。(1)見臤人、明也。見而智之、（第二十七號簡）智也。智而安之、𢚩也。安而敬之、豊也。聖智、豊藥之所褩生也。(2)五（第二十八號簡）〔行之所和〕也、和則讐、讐則又悳、又悳則邦家舉。(3)文王之見也女此。(4)文（第二十九號簡）〔王才上、於昭〕于天、此之胃也。■(5)

訓　讀

君子道を𦖞（聞）くは、聰なり。𦖞（聞）きて之れを智（知）るは、聖なり。聖人は天道を智（知）るなり。智（知）りて之れを行うは、義なり。之れを行いて時なるは、悳（德）なり。臤（賢）人を見るは、明なり。見て之れを智（知）るは、智なり。智（知）りて之れに安んずるは、𢚩（仁）なり。安んじて之れを敬うは、豊（禮）なり。聖智は、豊（禮）藥（樂）の褩（由）りて生ずる所なり。五〔行の和する所〕は、和すれば則ち讐（樂）しみ、讐（樂）しめば則ち悳（德）又（有）り、悳（德）又（有）れば則ち邦家（家）舉〈興〉こる。文王の見わるるや此くの女（如）し。「文〔王上に才（在）り、ああ〕天に〔昭わる〕。」とは、此れの胃（謂）いなり。■

口語譯

君子道を聞くことができるのが、耳の聰さである。それ（君子道）を聞いて知るのが、聖である。聖を身に具えた人は、（自分の内面に先天的自然的に賦與された）天道（としての君子道）を知ることができる。それ（君子道）を知って行うのが、義である。それ（君子道）をその場その場の時宜に應じて適切に行うのが、德の完成である。

賢人を見ることができるのが、目の明らかさである。それ（賢人）を見て知るのが、智である。それ（賢人）を知って安らかな氣持ちになるのが、仁である。安らかになってそれ〔賢人〕を敬うのが、禮である。〔以上の五行の内〕、聖と智は、禮樂の生まれてくる源である。五〔行がもしも一つに調和・統一されるならば〕、〔人はそれによって〕樂しむことができる。樂しむことができれば、それが德の完成である。德が完成すれば、國家は興隆するに至る。文王はこうして世に現れたのである。『詩』に「文〔王が上位に君臨して、ああ〕、その德は天に〔輝く〕。」とあるのは、こういう意味である。■

注

（1）耆君子道、聰也。耆而智之、聖也。聖人智天道也。智而行之、義也。行之而時、悳也。

「耆君子道、聰也。」以下は、馬王堆『五行』經では第十八章に置かれている。本章のテーマは、「五行之和」による「悳」の完成の諸概念を詳細に議論することである。

「天道」は、Cの「釋文」は「而道」と判讀して「而」を「天」の錯字とするが、「天」の字と判讀してよいと思う。「義也」は、馬王堆『五行』經は「聖也」に作る。後者が誤りであることは、この郭店『五行』の出土によって明確になった。

（2）見臤人、明也。見而智之、智也。智而安之、𢡱也。安而敬之、豊也。聖智、豊藥之所穀生也。

「聖智、豊藥之所穀生也。」の趣旨は、「聖智」という一種の認識能力が基礎となって、「豊藥」が後次的に形成されるということ。「五行」の閒の相互關係を論じた文である。Cの「釋文」は趣旨を把握しそこなったために「聖、智豊藥之所穀生也。」のように絶句するが、誤りである。Bの第二部「譯注編」の三六四頁は缺字の「聖智」の入るべきところに「仁義」を補うが、これは誤りであった。

「穀」の字は、よく分からない。しばらくCの【注釋】〔三四〕によって「由」の異體字としておく。Cの【注釋】

〔三四〕所引の裘錫圭は「繇」の誤寫ではないかと疑うが、この説が正しいかもしれない。

（3）五〔行之所和〕也、和則讐、讐則又悳、又悳則邦家塈。

「五〔行之所和〕也、」は、Cの【注釋】〔三五〕によって補った。なお、Cの「釋文」は「五〔行之所和〕也。」のように、句點を打つが、これは以下に繋がっていく文である。Bの第二部「譯注編」の三七〇～三七一頁を參照。次章の「四行之所和也、」についても事情は同じ。

「讐」は、Cの「釋文」の言うように「樂」の異體字。「家」は、Cの「釋文」の言うように「家」の異體字。「塈」は、「與」の異體字であろうが、「興」の錯字（Cの【注釋】〔三六〕を參照）。

（4）文王之見也女此。

「文王之見也女此」は、馬王堆『五行』經では五字の缺字、何の字を補うべきか不明であった箇所である。郭店『五行』の出土によって始めて、作者が「文王＝有德者」と考えていることが明確になった。

（5）文〔王才上、於昭〕于天、此之胃也。■

「文〔王才上、於昭〕于天。」は、Cの【注釋】〔三七〕を參照して補った。なお、「天」は、Cの「釋文」は「而」と判讀して「天」の錯字とするが、「天」の字と判讀してよいと思う。

第十六章

本　文

見而智之、智也。智而安之、悳也。安（第三十號簡）而行之、義也。行而敬之、豊也。[1] 悳義、豊之所穀生也。四行之所和也、和（第三十一號簡）則同、同則善。■[2]

訓讀

見て之れを智（知）るは、智なり。智（知）りて之れに安んずるは、悳（仁）なり。安んじて之れを行うは、義なり。行いて之れを敬うは、豊（禮）なり。

悳（仁）義は、豊（禮）の穀（由）りて生ずる所なり。四行の和する所は、和すれば則ち同じ、同ずれば則ち善なり。■

口語譯

それ（君子道）を見て知るのが、智である。それ（君子道）を知って安らかな氣持ちになるのが、仁である。安らかになってそれ（君子道）を行うのが、義である。行ってそれ（君子道）を敬うのが、禮である。（以上の四行の内）、仁と義は、禮の生まれてくる源である。四行がもしも一つに調和・統一されるならば、それらは自分の心と一つになり、心と一つになれば、それが善の完成である。■

注

（1）見而智之、智也。智而安之、悳也。安而行之、義也。行而敬之、豊也。

「見而智之、智也。」以下は、馬王堆『五行』經では第十九章に置かれている。本章のテーマは、「四行之和」による「善」の實現についての諸概念を詳細に議論することである。

（2）悳義、豊之所穀生也。四行之所和也、和則同、同則善。■

「悳義、豊之所穀生也。」は、Cの「釋文」は「悳、義豊之所穀生也。」のように絶句するが、『五行』の思想を誤解したものである。馬王堆『五行』經は「豊」を「禮知」に、說は「禮」にそれぞれ作る。「四行之所和也、」は、Cの「釋文」は「四行之所和也。」のように絶句するが、下文に繋がっていく文である。Bの第二部「譯注編」の四〇二頁を參照。

第十七章

本　文

顏色伀佼恩、叓也。(1) 以其⿱宀中心與人交、兊也。⿱宀中心兊重、䙴（第三十二號簡）於兄弟、禀也。(2) 禀而信之、新〔也〕。新而箮之、㤅也。(3) 㤅父、其⿰禾攵㤅人、⿱身心也。■(4)

訓　讀

顏色伀（容）佼（貌）の恩（溫）やかなるは、叓（變）うなり。其の⿱宀中（中）心を以て人と交わるは、兊（悅）ぶなり。⿱宀中（中）心重（焉）れを兊（悅）び、兄弟に䙴（遷）すは、禀（戚）しむなり。禀（戚）しみて之れを信にするは、新（親）しむ〔なり〕。新（親）しみて之れを箮（篤）くするは、㤅（愛）なり。父を㤅（愛）し、其の⿰禾攵（稽）に人を㤅（愛）するは、⿱身心（仁）なり。■

口語譯

顏色や容貌が溫やかであることが、心に思い慕う氣持ちを抱くこと（の外面への現れ）である。心の内面にそのような氣持ちを抱きつつ人と交際することが、悅びを感ずることである。心の内面に感じた悅びを、兄弟に及ぼすことが、〔兄弟同士が互いに〕仲よくすることである。〔兄弟の〕仲のよさを確かなものにすることが、〔兄弟同士の〕親密さ〔である〕。〔兄弟の〕親密さを一層徹底させることが、愛することである。まず自分の父を愛し、次いで博く世の人々を愛することが、仁の完成である。

注

（1）顏色伀佼恩、㝵也。

「顏色伀佼恩、㝵也。」以下は、馬王堆『五行』經では第十四章に置かれている。Cの「釋文」は「顏色伀佼恩㝵也。」のように、この文を一繫がりに繫げてしまうが、誤りである。

本章のテーマは、第十一章における「㤅」の擴充を一層具體的に解明すること、第十一章に登場した諸概念を一々說明することである。したがって、本章は一種の「說文」であるから、「顏色伀佼恩、㝵也。」の如く、「、」を打たなければならない。以下も同じ。

「顏色」は、Cの【注釋】〔三九〕の言うように合文である。「伀」は、Cの【注釋】〔三九〕の言うように「容」の異體字。「佼」は、Cの【注釋】〔三九〕の言うように「貌」の異體字であろう。

（2）以其𡧊心與人交、兌也。𡧊心兌𨤍、䙴於兄弟、禀也。

「𨤍」の字については、Cの【注釋】〔四〇〕に若干の說があるが、本當のところは未詳。馬王堆『五行』經の「焉」に相當するから、しばらく「焉」の異體字として讀んでおく。語氣詞または代詞。「䙴」は、Cの【注釋】〔四〇〕で裘錫圭が言うように「遷」の字。「兄弟」は、Cの【注釋】〔四〇〕の言うように合文である。

（3）禀而信之、新〔也〕。新而𩫏之、忎也。

「新〔也〕」は、Cの【注釋】〔四一〕の言うように「也」が脫している。「𩫏」は、『說文解字』亯部に「𩫏、旱也。

从亯竹聲、讀若篤。」とあり、段玉裁注は「𣆪各本作厚、今正。𣆪厚古今字、竺篤亦古今字。竺與二部竺音義皆同。今字篤行而竺竺癈矣。公劉毛傳曰、篤、厚也。此謂篤卽竺竺字也。冬毒切。」とする。この字は、また郭店『老子』甲本第十六章（第二十四號簡）や『汗簡』巻二にも出る。

（4）悉父、其㭊悉人、㤵也。■

「㭊」は、Cの【注釋】〔四二〕は『爾雅』釋詁「迪、進也。」の異體字とするが、むしろ【注釋】〔四二〕所引の裘錫圭が「稽」の異體字とする方がよい。先天的自然的な「善」「德」の端緒を、後天的人爲的に擴充していく理論における、始めの初段階ではなく後の段階を示すことばである。下文の「其步〈寺〉」の「寺」に同じ。

第十八章

本　文

宔心（第三十三號簡）詃肰、而正行之、稟也。[1] 悳而逑之、遙也。遙而不畏弜語、果也。■[2] 不（第三十四號簡）以少道夌大道、柬也。■[3] 又大臯而大豉之、行也。■ 貴貴、其步隮臤、義也。■[4]（第三十五號簡）

訓　讀

宔（中）心肰（然）るを詃（辨）えて、正しく之れを行うは、稟（直）なり。悳（直）にして之れを逑（遂）ぐるは、遙（泄）なり。遙（泄）にして弜（強）語（禦）を畏れざるは、果なり。■少（小）道を以て大道を夌（害）せざるは、柬（簡）なり。■大臯又（有）りて大いに之れを豉（誅）するは、行いなり。■貴を貴び、其の步〈寺〉に臤（賢）を隮（尊）ぶは、義なり。■

口語訳

心の内面でものごとを判断して、それを正しく行うことが、まっすぐな心を抱くことである。まっすぐな心を基にして、それを最終的な段階にまで成し遂げていくことが、心が伸びやかになることである。心が伸びやかになって亂暴者をも畏れないのが、迷わず果斷に振る舞うことである。■小道にこだわって大道を害《そこな》わないことが、（惡事を）的確に選び出すことである。■大罪を犯した者があれば大いにそれを罰することが、實際の行いである。■貴い地位にある者を貴び、その次に能力のある賢人を尊んで（上位につかせることが）、義の實現である。■

注

（1）宙心詃肰、而正行之、臬也。

「宙心詃肰」以下は、馬王堆『五行』經では第十五章に置かれている。本章のテーマは、第十二章における「義」の擴充を一層具體的に解明すること。第十二章に登場した諸概念を一々説明する。

「詃」は、Cの「釋文」を參照して「辨」の異體字とした。「肰」は、馬王堆『五行』は經・説ともに「焉」に作る。それと同じかまたは類似する意味でなければならない。語氣詞または代詞であろう。「臬」は、すぐ下文では同じ字を「悳」に作る。「直」の異體字であろう。

（2）悳而逑之、遙也。遙而不畏彊語、果也。■

「遙」は、Cの【注釋】〔四三〕の言うように本書第十二章（第二十一號簡）に既出。「彊」は、Cの【注釋】〔四四〕の言うように「強」の異體字。以下に出るのも同じ。「語」は、Cの「釋文」の言うように「禦」の假借字。

（3）不以少道変大道、柬也。■

「少」は、Cの「釋文」の言うように「小」の假借字。「麦」は、馬王堆『五行』經では「害」に作る。Cの【注釋】〔四五〕は「麦」の字と見るが、未詳。しばらくCの【注釋】〔四五〕所引の裘錫圭に從って「害」の訛形としておく。

（4）又大辠而大豉之、行也。■貴貴、其歩障臤、義也。■

「辠」は、秦代以前の「罪」の字である。「豉」は、Cの「釋文」の言うように「誅」の異體字。馬王堆『五行』經では「誅」に作る。以下に多く見えるのも同じ。「歩」は、Cの「釋文」は「止」と判讀するが、正しくは「歩」の字である。しかし、「寺」の錯字で、馬王堆『五行』經の「等」の省字または異體字であろう。音價が「寺」であるとすれば、上文の馬王堆『五行』經の第十四章の「絲」、說の第十四章・說の第二十五章の「殺」とも近くなる。上文の「敉」とも同じ。これらはすべて後代の「次」の字ではなかろうか。『說文解字』缺部に「次、不前不精也。从缺、二聲。」とある。

第十九章

本　文

以其外心與人交、遠也。遠而牄之、敬也。(1) 敬而不郆、嚴也。嚴而畏（第三十六號簡）之、障也。(2) 障而不喬、共也。共而専交、豊也。(3) ■

訓　讀

其の外心を以て人と交わるは、遠ざかるなり。遠ざかりて之れを牄（莊）にするは、敬せらるるなり。敬せられて郆（懈）らざるは、嚴なり。嚴にして之れを畏《おど》すは、障（尊）ばるるなり。障（尊）ばれて喬（驕）らざるは、共（恭）

しきなり。共（恭）しくして尃（博）く交わるは、豊（禮）なり。▬

口語譯

外面に向かう心によって人と交際することが、人から遠ざかる遠慮の心である。遠慮の心があってそれを莊重にするのが、人から尊敬されることである。尊敬されるようになってそれを怠ることなく積み重ねるのが、威嚴が身につくことである。威嚴が身についてさらに人々を威《おそ》れさせるのが、尊嚴が身に具わることである。尊嚴が身に具わっても威張らないのが、恭しい振る舞いである。恭しく振る舞って幅廣く人々と交際するのが、禮の實現である。▬

注

（1）以其外心與人交、遠也。遠而［⿰爿首］之、敬也。

「以其外心與人交、遠也。」以下は、馬王堆『五行』經では第十六章に置かれている。本章のテーマは、第十三章における「豊」の擴充を一層具體的に解明すること。第十三章に登場した諸概念を一々説明する。

「遠」の字については、Cの【注釋】〔四六〕に若干の説がある。「［⿰爿首］」は、Cの【注釋】〔四七〕によって「莊」の異體字。

（2）敬而不［⿰⿱卌田卩］、嚴也。嚴而畏之、障也。

「［⿰⿱卌田卩］」は、Cの【注釋】〔四八〕は「節」の字とするが、未詳。馬王堆『五行』經によって、しばらく「解」「懈」の意としておく。「畏」は、馬王堆『五行』經では「威」に作って登場していた。兩字の意味は同じ（Bの第二部「譯注編」の三三八頁を參照）。

（3）障而不喬、共也。共而尃交、豊也。▬

「喬」は、Cの「釋文」の言うように「驕」の省字または假借字。「尃」は、Cの【注釋】〔四九〕の言うように「尃」の字である。「博」の省字または假借字。

第二十章

本　文

不東不行、不匿不关（第三十七號簡）於道(1)。又大辠而大豉之、東也。又少辠而亦之、匿也。又大辠而弗大（第三十八號簡）豉也、不行也。又少辠而弗亦也、不关於道也。■(2)東之爲言也、猷練（第三十九號簡）也、大而晏者也。匿之爲言也、猷匿匿也、少而訪者也(3)。東、義之方也。匿、（第四十號簡）𢝊之方也。𢐗、義之方。矛、𢝊之方也。不强不梂、不𢐗不矛、此之胃（第四十一號簡）也。■(4)

訓　讀

東〈柬（簡）〉ならざれば行わず、匿《かく》さざれば道を关《わきま》（辨）えず。大辠又（有）りて大いに之れを豉（誅）するは、東〈柬（簡）〉なり。少（小）辠又（有）りて之れを亦（赦）すは、匿なり。大辠又（有）りて大いに豉（誅）せざるは、行わざるなり。少（小）辠又（有）りて亦（赦）さざるは、道を关（辨）えざるなり。■

東〈柬（簡）〉の言爲るや、猷（猶）お練〈練〉のごときなり、大にして晏《まれ》（罕）なる者なり。匿の言爲るや、猷（猶）お匿匿のごときなり、少（小）小にして訪（旁）き者なり。東〈柬（簡）〉は、義の方なり。匿は、𢝊（仁）の方なり。𢐗（剛）は、義の方なり。矛（柔）は、𢝊（仁）仁の方なり。「强（強）ならず梂（急）ならず、𢐗（剛）ならず矛（柔）ならず。」とは、此れの胃（謂）いなり。■

口語譯

（悪事を）的確に選び出すことができなければ、實際に行うことはできず、（大目に見て）匿してやることができなければ、（君子）道を辨えることはできない。大罪を犯した者がある場合は大いにそれを罰するのが、（悪事を）的確に選び出すことである。些細な罪を犯した者がある場合はそれを許すのが、（大目に見て）匿してやることである。それゆえ、大罪を犯しても大いに罰しないならば、實際に行うことはできないのである。些細な罪を犯した場合に許さないならば、（君子）道を辨えることはできないのである。■

（悪事を）的確に選び出すということばは、（犯罪を）選擇してピック・アップするといった意味であり、大きいけれども頻繁には起こらない事件について言う。（大目に見て）匿すということばは、ひそひそと事を處理するといった意味であり、小さくて頻繁に起こる事件について言う。（悪事を）的確に選び出すことは、義を實現するための方法であり、（大目に見て）匿すということは、仁を實現するための方法である。また、剛は義を實現するための方法であり、柔は仁を實現するための方法である。『詩』に「無理に勉めず急ぎもせず、剛くもなく柔らかくもない。」と言うのは、こういう意味である。■

注

（1）不柬不行、不匿不𠔏於道。

「不柬不行」以下は、馬王堆『五行』經では第二十章に置かれている。本章のテーマは、「五行」の中から特に「𢡺」と「義」を取り出して、それらを「五行」全體のシンボルと見なしながら、「𢡺」と「義」の調和・統一を主張する、すなわち「五行」全體の調和・統一の必要性を示唆することである。

「柬」は、Cの「釋文」の言うように「柬」の錯字。「美」の字は、「辨」または「辯」の異體字であろうか。馬王堆『五行』經では「辨」または「辯」に作る。Cの【注釋】〔五〇〕は「察」の假借字とするが、この說には【注釋】〔五〇〕所引の裘錫圭が反對している。

(2) 又大皐而大豉之、柬也。又少皐而亦之、匿也。又大皐而弗大豉也、不行也。又少皐而弗亦也、不美於道也。■

「亦」は、Cの「釋文」の言うように「赦」の省字または假借字。「行」は、Cの【注釋】〔五一〕も言うように「行」字の下半分が見える。

(3) 柬之爲言也、猷練也、大而晏者也。匿之爲言也、猷匿匿也、少而訪者也。

「練」は、「練」の錯字。その意味は、「柬」または「揀」に同じく、罪人を選擇してピック・アップすること。「簡」も同じ意味であることは、Bの第二部「譯注編」の二六一～二六二頁および四二五頁などを參照。Cの【注釋】〔五二〕は「閒」の假借字とするが、『五行』の思想を理解しないものである。

「晏」は、Cの【注釋】〔五三〕の言うように「罕」の假借字であろうが、さらに愼重な檢討が必要である。「訪」は、Cの【注釋】〔五四〕は「診」の訛形とした上で、「軫」の假借字とする。恐らくこの說が正しかろう。しかし、『說文解字』方部の「方、併船也。」の意、引伸して普遍的の意、あるいは『說文解字』丄部の「旁、溥也。」の假借字としてみてはどうであろうか。

(4) 東、義之方也。匿、悬之方也。弜、義之方。矛、悬之方也。不弜不梂、不弜不矛、此之胃也。■

「弜」は、多くの場合は「強」の字であるが、ここではCの【注釋】〔五五〕によって「剛」の異體字とする。「矛」は、Cの「釋文」の言うように「柔」の省字。「不弜不梂、不弜不矛。」は、『詩』商頌長發篇の句である（Cの【注釋】〔五六〕を參照）。その解釋史上における『五行』の解釋、すなわち「剛柔」の調和、「仁義」の調和という思想、の位置については、Bの第二部「譯注編」の四二七～四二九頁を參照。

第二十一章

本　文

君子集大成。能進之、爲君子。弗能進也、各止於其里。(1) 大而(第四十二號簡)晏者、能又取安。少而軫者、能又取安。疋盧盧、達者君子道、胃之臤。(2) 君(第四十三號簡)子智而與之、胃之⿰阝尊臤。智而事之、胃之⿰阝尊臤者也。(3)〔前、王公之⿰阝尊臤者也。〕後、士之⿰阝尊臤者也。■(4)(第四十四號簡)

訓　讀

君子は集めて大成す。能く之れを進むれば、君子と爲る。進むる能わざれば、各おの其の里に止まる。大にして晏(罕)なる者、能く安(焉)こに取る又(有)り。少(小)にして軫《おお》き者、能く安(焉)こに取る又(有)り。疋(搜)むること盧盧なれば、君子道に達す、之れを臤(賢)と胃(謂)う。君子智(知)りて之れを與(擧)ぐ、之れを臤(賢)を⿰阝尊(尊)ぶと胃(謂)う。智(知)りて之れに事う、之れを臤(賢)を⿰阝尊(尊)ぶ者と胃(謂)う。〔前は、王公の臤(賢)を⿰阝尊(尊)ぶ者なり。〕後は、士の臤(賢)を⿰阝尊(尊)ぶ者なり。■

口語譯

君子は(仁・義・禮・智・聖の五行を)一つに集めて(それらを調和・統一し、徳を)大きく完成させる。(端緒である仁・義などを)進めることができれば、君子となることができるが、それらを進めることができなければ、それぞれ（仁・義などの）村里に止まる。大きいけれども頻繁には起こらない事件に對する態度（義）から、端緒をつかみ取って擴充を行うこともできる。小さくて頻繁に起こる事件に對する態度（仁）から、端緒をつかみ取って擴充を行うこともできる。それらを追求する姿勢がひたむきであれば、君子道に到達することができるが、このような者を賢人と呼ぶ。

　君子が賢人を知って登用することが、賢人を尊ぶことである。また、君子が賢人に從って師事することも、賢人を尊ぶことである。〔前者は、王公が賢人を尊ぶ尊び方であり〕、後者は、士が賢人を尊ぶ尊び方である。■

注

（1）君子集大成。能進之、爲君子。弗能進也、各止於其里。

「君子集大成」以下は、馬王堆『五行』經では第二十一章に置かれており、位置は郭店『五行』と同じ。本章のテーマは、「悳」「義」などが各個ばらばらであっては不可であり、「五行」が一つにまとめられ「集大成」されるべきことを主張することである。

（2）大而晏者、能又取安。少而軫者、能又取安。疋盧盧、達者君子道、胃之臤。

「安」は、「焉」の假借字。語氣詞である。「疋」は、「疏」の省字または異體字で、「搜」の假借字。「盧」は、Cの「釋文」は「膚」に作るが、「盧」の字ではなかろうか。「盧盧」は、『通俗編』語辭篇の「盧盧」に犬を呼ぶ聲として出る。ここではその古い表現で、「君子道」を熱心に求める様子ではなかろうか。「達諸」の「者」は、Cの【注釋】〔五七〕所引の裘錫圭によって「於」の意とした。

（3）君子智而與之、胃之障臤。智而事之、胃之障臤者也。

「與」は、Cの「釋文」の言うように「擧」の省字。「智而事之」は、馬王堆『五行』は經は「君子從而事之」に、說は「君子從而士之」にそれぞれ作る。

（4）〔前、王公之隮臤者也。〕後、士之隮臤者也。■

「〔前、王公之隮臤者也。〕」の一文は、Cの【注釋】〔五八〕の言うとおり、馬王堆『五行』經にはある。郭店『五行』は、本來あったものが脱去したのであろう。

第二十二章

本文

耳目鼻口手足六者、心之没也。心曰唯、莫敢不唯。如、莫敢不如。(1)（第四十五號簡）進、莫敢不進。後、莫敢不後。深、莫敢不進深。浂、莫敢不浂。和則同、同則善。■(2)（第四十六號簡）

訓讀

耳目鼻口手足の六者は、心の没（役）なり。心唯せよと曰えば、敢えて唯せざる莫し。如（諾）せよといえば、敢えて如（諾）せざる莫し。進めといえば、敢えて進まざる莫し。後けといえば、敢えて後かざる莫し。深くせよといえば、敢えて深くせざる莫し。浂（淺）くせよといえば、敢えて浂（淺）くせざる莫し。和すれば則ち同じ、同ずれば則ち善なり。■

口語譯

人間の身體の耳目鼻口手足の六者は、心に使われる召使いである。心が服從せよと命ずれば、服從すまいと思うことはない。（心が）承知せよと命ずれば、承知すまいと思うことはない。（心が）進めと命ずれば、進まないわけにはいかない。（心が）退けと命ずれば、退かないわけにはいかない。（心が）深くせよと命ずれば、深くしないわけにはいかない。（心が）淺くせよと命ずれば、淺くしないわけにはいかない。

（耳目鼻口手足の六者と心が）調和・統一されるならば、（やがてそれらは）仁・義などと一つになり、仁・義などと一つになれば、それが善の完成である。■

注

（1）耳目鼻口手足六者、心之没也。心曰唯、莫敢不唯。如、莫敢不如。

「耳目鼻口手足六者」以下は、馬王堆『五行』經では第二十二章に置かれている。郭店『五行』の位置と同じである。本章のテーマは、「悳」「義」「豊」「智」の「和」、すなわち「四行」の調和・統一、による「善」の實現について述べることである。

「目」は、Cの【注釋】〔五九〕の言うように、實際の楚系文字は『說文解字』の古文や『汗簡』に出る字が書かれている。「没」は、Cの【注釋】〔六〇〕の言うように、左「辵」、右「殳」の字のようである。ただし、右旁は若干訛して、やや複雜。馬王堆『五行』經も「役」に作るので、「役」の異體字であろう。「如」は、Cの「釋文」の言うように「諾」の假借字。また、Cの【注釋】〔六一〕の言うように、馬王堆『五行』經はこの上に「心曰」がつき、形がよく整っているが、郭店『五行』には「心曰」がなく一層古樸である。以下も同じ。

（2）進、莫敢不進。後、莫敢不後。深、敢不進深。濮、莫敢不濮。和則同、同則善。■

「後、莫敢不後。深、敢不進深。」の部分は、Cの【注釋】〔六二〕の言うように馬王堆『五行』經にはない。恐らく脱したのであろう。ただし、馬王堆『五行』說には類似する文があり、そこでは「後」の字ではなく、「退」に作る。Bの第二部「譯注編」の四八二頁を參照。「渼」は、しばらくCの【注釋】〔六三〕所引の裘錫圭によって、「淺」の異體字と解しておく。

第二十三章

本　文

目而智之、胃之進之。(1)

訓　讀

目（侔）して之れを智（知）るは、之れを之れを進むと胃（謂）う。

口語譯

色々のものを竝べることによって對象を知ることができるのを、進めると言う。

注

（1）目而智之、胃之進之。

「目而智之、胃之進之。」は、馬王堆『五行』經では第二十三章に置かれている。以下の三章のテーマは、いずれもみな「集大成」の方法として「智」のあり方を、色々な角度から論ずることであるが、これが墨家流の經驗科學的な「智」であることに注意しなければならない。

「目」は、『墨子』小取篇の「侔也者、比辭而俱行也。」の意。比較・對照するという擴充の方法を言う。墨家の論理學の用語である。詳しくは、Ｂの第二部「譯注編」の五〇二～五〇三頁を參照。「進」は、「集大成」すなわち「五行」の「和」や「四行」の「和」に向かって「進」んでいくの意。

第二十四章

本文

㑲而智之、胃之進之。(1)

訓讀

㑲〈兪（喩）〉して之れを智（知）るは、之れを之れを進むと胃（謂）う。

口語譯

（レベルの低いものを基にしてレベルの高いものを）比較して知ることができるのを、進めると言う。

注

（1）㑲而智之、胃之進之。

「㑲而智之、胃之進之。」は、馬王堆『五行』經では第二十五章に置かれ、第二十四章と順序が逆轉している。本章のテーマは、「集大成」の方法としての「智」のあり方の一つを論ずることであるが、これも墨家流の經驗科學的な

「智」であろう。

「俞」は、Cの「釋文」を參照して「兪（喩）」の錯字とした。馬王堆『五行』の經は「諭」に作り、また說は「揄」に作る。その意味は、程度の低い現象を基礎にして、程度の高いものを知る方法。推測するに、これも本來は墨家の論理學の一命題であろう。

第二十五章

本文

辟而智之、胃之進之。(1)（第四十七號簡）

訓讀

辟（譬）えて之れを智（知）るは、之れを之れを進むと胃（謂）う。

口語譯

譬えを用いて對象を知ることができるのを、進めると言う。

注

（1）辟而智之、胃之進之。

「辟而智之、胃之進之。」は、馬王堆『五行』經では第二十四章に置かれ、第二十五章と順序が逆轉している。本章のテーマは、「集大成」の方法としての「智」のあり方の一つを論ずることであるが、これも墨家流の經驗科學的な「智」である。

「辟」は、『墨子』小取篇の「辟（譬）也者、擧也（他）物而以明之也。」の意。Cの「釋文」の言うように、「譬」の省字または假借字である。

第二十六章

本　文

幾而智之、天也(1)。上帝⿱吅予女、毋貳尔心、此之胃也。■(2)

訓　讀

幾《きざ》して之れを智（知）るは、天なり。「上帝女に⿱吅予（臨）めり、尔の心を貳《ふた》つにする毋かれ。」とは、此れの胃（謂）いなり。■

口語譯

ものごとが兆した段階でそれを知ることができるのは、天である。『詩』に「上帝がそなたを見そなわす。そなたは心を二つにしてはならぬ。」とあるのは、こういう意味である。■

注

（1）幾而智之、天也。

「幾而智之、天也。」以下は、馬王堆『五行』經でも第二十六章に置かれている。本章のテーマは、「集大成」の方法としての「智」のあり方の一つを論ずることであるが、これは墨家流の經驗科學的な「智」とは異なる形而上學的な「智」であり、むしろ「聖」に相當する。

「幾」は、兆し。（「四行」「五行」が）人閒の體内に先天的自然的に與えられていること、あるいは内省してそれを自覺すること。馬王堆『五行』經は缺字であるが、說は「鐖」に作る。「天也」は、馬王堆『五行』說によれば、「有天德者」だけにできることである、の意。

（2）上帝睯女、毋貳尔心、此之胃也。■

「睯」は、Cの「釋文」は「賢」の字に作るが、「賢」ではなく、むしろ「臨」の異體字または訛字であろう。Cの【注釋】〔六四〕に若干の說がある。「上帝睯女」は、馬王堆『五行』說によれば、人閒の内面に「五行」などが「幾」として先天的自然的に賦與されていること。「毋貳尔心」は、「五行」の「集大成」が「幾」しとして天與されていること。『詩』の引用は、大雅大明篇である。

第二十七章

本文

大陸者其人、天也。(1) 其（第四十八號簡）人陸者人、儘也。■(2)

訓讀

大〈天〉者（諸）れを其の人に陞（施）すは、天なり。其の人者（諸）れを人に陞（施）すは、儢（人）なり。■

口語訳

天がその人にこれ（仁・義などの五行）を賦與することは、先天的な天である。その人が他の人々にこれ（仁・義などの五行）を施すことは、後天的な人である。■

注

（1）大陞者其人、天也。

「大陞者其人、天也。」以下は、馬王堆『五行』經では第二十七章に置かれている。本章のテーマは、「五行」の「集大成」のためには、「天」なる先天的自然性と「人」なる後天的人爲性が、兩者ともに必要不可缺であることを主張すること。

「大」は、「天」の錯字。馬王堆『五行』は經・說ともに「天」に作る。上文の「上帝」に相當する。「陞」は、Cの「釋文」の言うように「施」の異體字。馬王堆『五行』は經・說ともに「生」に作るが、意味は異ならない（Cの【注釋】〔六五〕を參照）。「其人」は、馬王堆『五行』說によれば、「文王」のような特定の人間を指す。

（2）其人陞者人、儢也。■

「儢」は、全然不明の字である。馬王堆『五行』經は缺字であり、また說にも出てこない。あえて意をもって推測すれば「人」の異體字ではなかろうか。なお、馬王堆『五行』經には、この下に「其人施諸人、不得其人不爲法。」の一文があって、郭店『五行』よりもさらに文章が整えられ、文意が通るようになっている。

第二十八章

本　文

𦖞道而兌者、好𢘽者也。■[1] 𦖞道而畏者、好（第四十九號簡）義者也。■𦖞道而共者、好豊者也。■𦖞道而讐者、好悳者也。■[2]（第五十號簡）

訓　讀

道を𦖞（聞）聞きて兌（悅）ぶ者は、𢘽（仁）を好む者なり。■道を𦖞（聞）きて畏（威）ある者は、義を好む者なり。■道を𦖞（聞）きて共（恭）しき者は、豊（禮）を好む者なり。■道を𦖞（聞）きて讐（樂）しむ者は、悳（德）を好む者なり。■

口語譯

（君子）道を聞いて悅ぶのは、仁を好む者である。■（君子）道を聞いて威嚴があるのは、義を好む者である。■（君子）道を聞いて恭しく振る舞うのは、禮を好む者である。■（君子）道を聞いて樂しむのは、德を好む者である。■

注

（1）𦖞道而兌者、好𢘽者也。■

「𧗿道而兌者、好𢚩者也。」以下は、馬王堆『五行』經でも同じく第二十八章に置かれ、同じく總結として取り扱われている。本章のテーマは、「𢚩」「義」「豊」の個別的な實現を前提として、その「集大成」としての「悳」の完成を描寫することである。

「道」は、馬王堆『五行』經は「君子道」に作る。ただし、以下の「道」は、馬王堆『五行』經も單に「道」に作る。句中の「者」の字は、馬王堆『五行』經にはない。以下の三句も同じ。「好」は、以下の道德的な願望が人間の内部に生得的自然的に宿されている、という趣旨。

（2）𧗿道而畏者、好義者也。■𧗿道而共者、好豊者也。■𧗿道而讐者、好悳者也。■

「畏」は、馬王堆『五行』經は缺字であるが、說は「威」に作る。「讐」は、Cの「釋文」の言うように「樂」の異體字。「好悳者」は、馬王堆『五行』經は「有德者」に作る。本章の趣旨から考えるならば、「有德者」に作る方が修辭的には優れる。「有德者」は「五行」を調和・統一した者であり、上文の個別の「𢚩」「義」「豊」の實現者とは異なり、その上位に立つ作者の理想的な人物だからである。

（一九九八年四月擱筆、一九九九年十月・二〇〇一年九月・十一月加筆・修正）

『唐虞之道』譯注

李 承 律

本書は、堯舜禪讓説を中心テーマとしているが、『孟子』萬章上篇や『荀子』正論篇とは違って、禪讓を最上の義とするところに大きな特色がある。本書の禪讓説は、「愛親」と「尊賢」とを二つの柱としており、それはさらに社會的「利」思想・養生思想・「知命」・謙遜思想の大略四つの思想によって支えられている。

本書は、まず儒家の外部においては、墨家の社會的「利」思想、中期墨家以降の普遍的「愛」の思想、墨家に顯著な「天人」相互關係の思想、『商君書』『管子』などに見える「弗利」思想、ポジティブな政治論を特色とする戰國後期以降の養生思想、戰國末期かそれ以前の道家の思想家たちの閒で、堯舜を養生家の代表格として位置づけ、かつ「弗利」思想をも展開する思想傾向、道家の「命」「安命」思想、道家によって確立した君主を主體とする謙遜思想、大略以上のような諸家の思想から影響を受けたり、あるいは逆に影響を與えたりしたと考えられる。そして、儒家の内部において本書と最も近いのは『荀子』である。すなわち、『荀子』の、社會的「利」思想、「弗利」思想、人閒の人爲的努力を強調する「天人」思想、君主を主體とする謙遜思想、「忠・孝」を竝稱したりかつ立場は違うが兩者の矛盾・衝突をより高い次元から統一・解消する思想、尙賢論、大略以上の諸問題において本書の先驅をなしている。ただ堯舜禪讓説においては『荀子』正論篇と鋭く對立していることから、本書は正論篇の後、その論理を舜の倫理的政治的能力・資質の再定義及び禪讓への新たな意味づけという方法をもって克服できる理論を整えつつ、後出の諸文獻に大きな影響を與えたと考えられる。

關係論著目錄

A　「唐虞之道釋文注釋」（荊門市博物館編『郭店楚墓竹簡』、文物出版社、一九九八年）
B　張光裕主編・袁國華合編『郭店楚簡研究　第一卷　文字編』（藝文印書館、一九九九月）
C　劉信芳「郭店竹簡文字考釋拾遺」（紀念徐中舒先生百年誕辰暨中國古文字學國際學術研討會、四川聯合大學、一九九八年十月）
D　徐在國・黃德寬「郭店楚簡文字續考」（紀念徐中舒先生百年誕辰暨中國古文字學國際學術研討會、四川聯合大學、一九九八年十月／『江漢考古』一九九九年第二期、一九九九年六月）
E　陳偉「郭店楚簡別釋」（『江漢考古』一九九八年第四期、一九九八年十一月）
F　李家浩「讀《郭店楚墓竹簡》瑣議」（『郭店楚簡研究』（『中國哲學』第二十輯）、遼寧教育出版社、一九九九年一月）
G　顏世鉉「郭店楚簡淺釋」（『張以仁先生七秩壽慶論文集』上册、臺灣學生書局、一九九九年一月）
H　陳偉「文本復原是一項長期艱巨的工作」（『湖北大學學報』哲學社會科學版一九九九—二、一九九九年三月）
I　徐在國「釋〝咎胞〟」（『古籍整理研究學刊』一九九九—三、一九九九年五月）
J　白於藍「《郭店楚墓竹簡》讀後記」（『中國古文字研究』一、吉林大學出版社、一九九九年六月）
K　李零「郭店楚簡校讀記」（『道家文化研究』第十七輯、三聯書店、一九九九年八月）
L　廖名春「郭店楚簡《成之聞之》、《唐虞之道》篇與《尚書》」（『中國史研究』一九九九—三、一九九九年八月）
M　周鳳五「郭店楚墓竹簡〈唐虞之道〉新釋」（『中央研究院歷史語言研究所集刊』第七十本第三分、一九九九年九月）
N　李天虹「郭店楚簡文字雜釋」（武漢大學中國文化研究院等主辦『郭店楚簡國際學術研討會論文匯編』一、武漢大學・珞珈山莊、一九九九年十月）

O 劉釗「讀郭店楚簡字詞札記（一）」（武漢大學中國文化研究院等主辦『郭店楚簡國際學術研討會論文匯編』一、武漢大學・珞珈山莊、一九九九年十月）

P 廖名春「郭店楚簡引《書》、論《書》考」（武漢大學中國文化研究院等主辦『郭店楚簡國際學術研討會論文匯編』二、武漢大學・珞珈山莊、一九九九年十月）

Q 袁國華「《郭店楚墓竹簡・唐虞之道》"爲天子而不驕"句""字考釋」（武漢大學中國文化研究院等主辦『郭店楚簡國際學術研討會論文匯編』二、武漢大學・珞珈山莊、一九九九年十月）

第一章

本文

湯吳之道、⿰彳亶而不⿰彳叀。⿱⿰土土王(1)⿱夋土之王、利天下而弗利也。⿰彳亶而不⿰彳叀、聖之（第一號簡）盛也。利天下而弗利也、忎之至也。古昔臤忎聖者女此。身窮(2)不⿰日⿱勹王、及（？）(3)（第二號簡）而弗利、窮忎款。朼正其身、然后正世、聖道備款。古湯吳之□□(4)（第三號簡）也。（第四號簡）

訓讀

湯（唐）吳（虞）の道は、⿰彳亶（禪）りて⿰彳叀（傳）えず(5)。⿱⿰土土王（堯）⿱夋土（舜）の王たるや、天下を利すれども利とせざるなり(6)。⿰彳亶（禪）りて⿰彳叀（傳）えざるは、聖の盛んなるなり。天下を利すれども利とせざるは、忎（仁）の至りなり(7)。古（故）に昔の臤（賢）忎（仁）聖なる者は此くの女（如）し(8)。身窮すれども⿰日⿱勹王《うれ》（⿰金怱）えず、及《つ》（？）ぎて利とせざるは、忎（仁）を窮《み》（躬）にすればなり(9)。朼（必）ず其の身を正し、然る后（後）に世を正せば、聖道備わる(10)。古

（故）に湯（唐）吳（虞）の□□なり。

口語譯

唐虞の歩んだ道は、（賢者に位を）譲って（血筋に）傳えなかったことである。堯舜が王となったときは、天下に利益を與えることはあっても（天下の利を）自分の利益とはしなかった。（賢者に位を）譲って（血筋に）傳えないことは、最上の聖であり、天下に利益を與えることはあっても（天下の利を）自分の利益としないことは、最上の仁である。だから昔の賢人・仁者・聖人はこのようであった。我が身が窮地に陥っても憂えず、（天子の位に）ついても（天下の利を）自分の利益としなかったのは、仁が身に具わっているからである。必ず我が身を正しくしてから世を正しくすれば、聖人の道が完備するのである。さてこそ、唐虞の□□である。

注

（1）⿱㚘土

A【注釋】〔三〕は、「簡文上部從「㚘」，與《說文》「堯」字古文同，下部從「土」。」とするが、本字は「圵」「北」

（?）「土」を構成要素としているように思われる。

（2）身窮

寫眞圖版によれば、合文（あるいは重文）。A・B「釋文」・Mが「身窮」に作るのに從う。

（3）及（?）

この字は、Dは甲骨文の「抎」の省字とし、隸定して「⿱云又」に作るが、B「緒言」は「及」に作り、Kは「案此字原無水旁、但從字形看、實即〝沒〟字所從」とする。この字は確かに字形としては甲骨文の「云」に近いように見えるが、今はしばらくB「緒言」の説に從う。

（4）之□□

「之」の直後は、A・B「釋文」・Kいずれも二字の缺字とするが、Mは三字の缺字とする。Kは「道禪」の二字を補っており、Mは「道如此」の三字を補う可能性を提示している。寫眞圖版によれば、「之」の直後に文字らしきものの上端部分がわずか殘っているのが見え、文脈的には本書の冒頭に「湯吳之道」とあることから、K・Mのように「道」の可能性も考えられるが、殘っている部分が「道」の上端部分とは異なっているように見えるため、確定はできない（本書第八號簡の「興」字の上端部分と類似しているようにも見える。）。よって、ここはA・B「釋文」・Kの處置に從って、二字の缺字とする。

（5）湯吳之道、僮而不徸。

「湯吳之道」という熟語は、管見の限り、先秦・前漢の諸文獻には見あたらない。『孟子』には「堯舜之道」という語が頻出し（公孫丑下・離婁上・萬章上・告子下篇などを參照）、『淮南子』繆稱篇・『韓詩外傳』卷五には「唐虞之法」という語も見える。

「僮」は、A【注釋】〔二〕は文脈から「禪」の意味であるとする。これより先に、郭店楚簡『五行』第三十二號簡の「埀」字に關する【注釋】〔四〇〕裘按では、本字を「禪」の假借字とするが（Mも同じ）、B「緒言」は「播」の異體字とする。本字は、楚系文字の「番」字とは字形が若干異なって「畓」を構成要素としているので、裘按・B「緒言」・Mいずれも腑に落ちないところはあるが、文脈から考えると、B「緒言」より裘按・Mの說がより說得力があると判斷されるので、今はしばらく「禪」の假借字とする（「遭」についても同じ）。

「徸」は、A・B「釋文」は「傳」の假借字（あるいは異體字）とするが、Mは「專」の假借字とする。ここの「僮而不徸」は、本書第十三號簡では「僮而不遭」に作ることから、「徸」と「遭」は同義異體の字であることが分かる。

さらに「⿺辶亘」は、「⿺辶叀」の異體字であり、王輝『古文字通假釋例』（藝文印書館、一九九三年、八五七頁）によれば、「⿺辶叀」は「傳」の假借字。したがって、「⿰彳亘」も「傳」の假借字でよかろう。「傳」は、『孟子』萬章上篇に「萬章問曰、人有言。至於禹而德衰、不傳於賢、而傳於子。有諸。」とあり、『呂氏春秋』不屈篇に「魏惠王謂惠子曰、上世之有國、必賢者也。今寡人實不若先生。願得傳國。惠子辭。王又固請曰、寡人莫有之國於此者也。而傳之賢者、民之貪爭之心止矣。」とあり、同求人篇に「堯傳天下於舜、禮之諸侯、妻以二女、臣以十子、身請北面朝之、至卑也。」とあり、『淮南子』精神篇に「擧天下而傳之于舜」（高誘注に「傳、禪。」とある。）とあり、『韓非子』外儲說右上篇に「堯欲傳天下於舜。鯀諫曰、不祥哉。孰以天下而傳之於匹夫乎。堯不聽、擧兵而誅殺鯀於羽山之郊。共工又諫曰、孰以天下而傳之於匹夫乎。堯不聽、又擧兵而誅共工於幽州之都。於是天下莫敢言無傳天下於舜。……」とあり、『漢書』竇田灌韓傳に「天下者、高祖天下、父子相傳、漢之約也。」などとあるように、賢者に讓位する場合と子（血筋）に繼承させる場合のいずれにも使われていたようである。ここでは、「偅」がすでに禪讓を意味しているので、「傳」は『漢書』竇田灌韓傳のように「父子相傳」の意味で解釋する。

（6）⿱㚖土⿱夅土之王、利天下而弗利也。

「⿱㚖土」は、『說文』垚部に「堯、高也。从垚在兀上、高遠也。㚖、古文堯。」とある「堯」の古文「㚖」の下に「土」を加えた形と類似していると思われるので、今はしばらく「堯」の異體字とする。

「⿱夅土」は、A【注釋】〔三〕は『說文』に「舜」の古文として揭げられている「⿱夅土」と同形であるとするが、嚴密には上端部分の畫數が少ない。恐らく、「⿱夅土」の省字あるいは異體字であろう。

「堯舜之王」は、『管子』揆度篇に「齊桓公問於管子曰、自燧人以來、其大會可得而聞乎。管子對曰、燧人以來、未有不以輕重爲天下〔者〕也。……至於堯舜之王、所以化海內者、北用禺氏之玉、南貴江漢之珠、其勝禽獸、之仇以大夫隨之。……」とあり、諸帝王と同樣、「輕重」の方策によって經濟政策を繰り廣げた帝王として描いているところに、いかにも『管子』らしさが窺われる。

「利天下」は、『孟子』には、盡心上篇に「孟子曰、楊子取爲我。拔一毛而利天下不爲也。墨子兼愛。摩頂放踵、利天下爲之。」と二例あるのがすべてであるが、「利天下」と身體とを對立的に捉えて、「利天下」より身體を重視するのが楊子で、その反對が墨子であると明記されていることから、「利天下」はそもそも『墨子』に由來する思想ではないかと推測される。『墨子』の中で「利天下」は都合七例見える。まず尙同下篇に「惡賊天下」の反對語として「愛利天下」という語が三例見え、次に非攻下篇に「利天下之巨務」という語が一例見える。そして最後に大取篇に三例見える。いずれも『墨子』の中で比較的後期のものとされる篇の中に見える。その他にも、儒家系の文獻としては、『荀子』非十二子篇に「一天下財萬物、長養人民、兼利天下、通達之屬莫不從服、六說者立息、十二子者遷化、則聖人之得勢者、舜禹是也。」とあり、馬王堆帛書『周易』繫辭下篇に「黃帝堯舜陲衣常而天下治。蓋取老=鍵川也。杅木爲周、剡木而爲楫。齋不達、至遠以利天下。蓋取老=奐也。備牛乘馬、(引重)行遠、以利天下。蓋取老=隋也。」とある。また『管子』戒篇に「仁故不以天下爲利、義故不以天下爲名。」とあり、同小問篇で桓公が管子に質問することばの中に「吾欲行廣仁大義、以利天下。奚爲而可。」(類似の文章は馬王堆帛書『明君』に「先王將欲廣仁大義、以利天下。」とある。)とあり、同形勢解篇に「古者三王五伯、皆人主之利天下者也。」とあり、『韓非子』顯學篇に「禹利天下、子產存鄭、皆以受謗。」などとある。

「利天下而弗利也」という語は、管見の限り、他の諸文獻には見えないが、これと類似の思想をもつ用例として、『商君書』修權篇に「公私之分明、則小人不疾賢、而不肖者不妬功。故堯舜之位天下也、非私天下之利也、爲天下位天下也。論賢擧能而傳焉、非疏父子親越人也、明於治亂之道也。故三王以義親、五伯以法正諸侯、皆非私天下之利也、爲天下治天下。」とある。なお、ここの「弗利」は、修權篇に「非私天下之利」とあるのによって、「天下の利を自分の利益としない」と解しておく。

（7）忎之至也。

「忎」は、裘錫圭氏は、A【注釋】〔五〕で、「本篇「仁」字實皆從「千」或「人」聲，從「千」者正與《說文》古文合。後面《忠信之道》八號簡「仁」字亦從「千」。」と指摘しているが、それでよかろう。以下同じ。

（8）古昔臤忎聖者女此。

「臤」は、裘錫圭氏はA【注釋】〔五〕で、文意上「臤」の省字と斷定できるとし、「賢」の假借字とする。今はしばらく裘氏の說に從う。

本句は、『史記』伯夷列傳に「太史公曰、余登箕山、其上蓋有許由冢云。孔子序列古之仁聖賢人、如吳太伯・伯夷之倫詳矣。」とあるのをふまえて――伯夷列傳の「仁聖賢人」とは違って、「仁聖」と「賢」（「賢人」）の位置が逆ではあるが――「昔の賢人・仁者・聖人」と解しておく。

（9）身窮不⿱昀土、及（?）而弗利、窮忎歆。

「⿱昀土」は、恐らく「⿱昀土」の異體字と考えられるが、「土」の上の「昀」は、『說文』勹部に「旬、徧也。十日爲旬、从勹日。𠣏、古文。」とある「旬」の古文と、文字の構成要素が同じであり、段注には「按從日勻。會意。」とある。『金文編』所收の王孫鐘の「旬」字も「昀」に作り、そこにもやはり「從日從勻。說文古文作𠣏。」という解說が附されており、黃錫全『汗簡注釋』（武漢大學出版社、一九九〇年、二五一・三三〇頁）も王孫鐘の「昀」を『說文』の「旬」の古文と同系の字と認めている。

ところで、『說文』の「旬」字の段注には「……按旬與均、音義皆略同。土部曰、均、平徧也。又按許書古文鈞作⿱𠣏金。儀禮今本絇作約。知古旬勻二篆、相假爲用。」とあり、また『說文』の「均」字の段注に「古多叚旬爲均、亦叚鈞爲均。」とあるのによれば、「旬」「勻」「均」「鈞」はそれぞれ相互に假借可能であることが分かる（「旬」は邪母眞部字、「勻」は余母眞部字、「均」と「鈞」はともに見母眞部字）。このように見てくると、もし「昀」を「⿱昀土」の聲符とすると、

「⿱⿰日亡王」の假借字とも考えられる（「昀」は余母眞部字）。

次は、「⿱⿰日亡王」の意味に關する問題であるが、A・B「釋文」は「均」の假借字（あるいは異體字）とし、Eは「⿱鈞心」の假借字とし、Mは「慍」の假借字とする。現在のところは、Eの處置が最も穩當のように思われるので、しばらく「⿱鈞心」の假借字とする。「⿱鈞心」は、『說文』心部に「⿱鈞心、憂也。从心、鈞聲。」とあり、その段注に「常倫切。十二部。廣韻作恂。」とあるのによれば、兩字の假借關係は恐らく問題ないだろう。そして、本字を「⿱鈞心」の假借字とすると、意味的にも下文の「夫古者⿱夋土仩於艸茅之中而不息」とうまく通じ合う。本句と類似の用例としては、Eが指摘するように、『戰國策』趙策二に「循計之事、失而〔不〕累、訪議之行、窮而不憂。」とあり、『淮南子』詮言篇に「禍之至也、非其求所生、故窮而不憂。」とあるのを參照。

「及（？・）」は、Dは「抎」の假借字とし、B「緒言」は「及」に作り、Mは「約」の假借字とする。「弗利」は、上文に「葟⿱夋土之王、利天下而弗利也。」とあるように、帝王の行爲を指すことばであるので、B「緒言」のように「及其位而不牟私利」のように解した方が最も穩當のように思われる（ただし、「弗利」はB「緒言」のように解釋せずに、「天下の利を自分の利益としない」と解する。）。「天子の位につく」という意味の「及」の用例としては、『荀子』儒效篇に「大儒之效。武王崩成王幼、周公屛成王而及武王、以屬天下、惡天下之倍周也。」とあり、王先謙『荀子集解』に「屛、蔽。及、繼。屬、續也。」とある。また『公羊傳』莊公三十二年の條の「魯一生一及、君已知之矣。」の何休注に「父死子繼曰生、兄死弟繼曰及。」とある。ただ、「及（？・）」が本當に「及」字なのかについては依然疑問が殘るが、今はしばらくB「緒言」の說によって解釋しておく。

「窮忎」の「窮」は、A・B「釋文」が「躳」の假借字（あるいは異體字）とするのに從う。そして「窮忎」の「窮」と類似の用語法としては、『列女傳』賢明傳に「夫躳仁義、事明主、其名必揚矣。」とあり、『新序』雜事篇に「昔者舜自耕稼陶漁而躳孝友、父瞽瞍頑、母嚚及弟象傲、皆下愚不移。」とある。

「歖」は、『說文』欠部に「歖、卒喜也。」とある。「にわかによろこぶ」の意。A・B「釋文」はいずれも「嘻」の假借字とするが、裘錫圭氏は同注の中で「矣」の假借字とする。E・Mも裘氏の説に從っている。ここでは裘氏の説に從って「矣」の假借字とする。「歖」と「嘻」はともに曉母之部字、「矣」は匣母之部字で、相互に假借は可能である。

（10）⿰才匕正其身、然后正世、聖道備歖。

「正其身」は、『論語』顏淵篇に「季康子問政於孔子。孔子對曰、政者正也。子帥以正、孰敢不正。」とあり、子路篇に「子曰、其身正、不令而行。其身不正、雖令不從。」とあり、同篇に「子曰、苟正其身矣、於從政乎何有。不能正其身、如正人何。」とある。

「⿰才匕正其身」は、Aは「⿰才匕」を前句に續けて讀んでいるが、「⿰才匕」の意味については何も言及していない。それに對して、裘錫圭氏は同注の中で「「⿰才匕」從「才」聲。疑當屬下句，似有「始」義。」とし、Eは裘氏の説をふまえながら「哉」の假借字とするが、B「緒言」・M・Nは「必」の假借字とし、Kは「必」の異體字として、また異なる説を主張している。「⿰才匕」はB「緒言」・Nも指摘しているように、郭店楚簡では本箇所以外に、下文に「聖者不才上、天下⿰才匕堁」とあり、『忠信之道』第一號簡に「至忠女土、蟲勿而不輩。至信女旹、⿰才匕至而不結。」などとある。これらの例をつき合わせて考えると、Eのように「哉」の假借字とすると、下文や『忠信之道』は文意が通じなくなる。また裘氏のように「始」の假借字とすると、文意が通じないことはないが、やはり全體的に意味が曖昧になるか主張が弱くなってしまう。よって、B「緒言」などのように「必」の假借字と見なした方が、文意が明瞭になるだろう。斷句についてはMに從う。

「后」は、「後」の假借字。『說文』后部に「后、繼體君也。」とあり、その段注に「經傳多假后爲後。大射注引孝經說曰、后者、後也。此謂后卽後之假借。」とある。

「聖道」は『論語』『孟子』『荀子』などには見えず、『莊子』天道篇に「天道運而無所積、故萬物成。帝道運而無所積、故天下歸。聖道運而無所積、故海内服。」とある（その他、『淮南子』脩務篇・『鶡冠子』泰錄篇・『韓詩外傳』巻五などにも見える。）。

第二章

本文

夫聖人上事天、敎民又尊也。下事地、敎民又新也。旹事山川、敎民（第四號簡）又敬也。新事且漳、敎民孝也。大教之中、天子罙齒、敎民弟也。先聖（第五號簡）牙逡聖、考逡而逮先、敎民大川之道也。（第六號簡）

訓讀

夫れ聖人は上は天に事えて、民に尊（尊）きもの又（有）るを敎（教）うるなり。(1)下は地に事えて、民に新（親）しきもの又（有）るを敎（教）うるなり。旹（時）に山川に事えて、(2)民に敬うべきもの又（有）るを敎（教）うるなり。新（親）ら且（祖）漳（廟）に事えて、(3)民に孝を敎（教）うるなり。大（太）教（學）の中、天子は齒に罙（親）しみて、(4)民に弟を敎（教）うるなり。先聖と逡（後）聖とは、考逡（後）而逮（歸）先、民に大川（順）の道を敎（教）うるなり。(5)

口語譯

そもそも聖人は、上は天に仕えて民衆に尊貴なものがあることを教え、下は地に仕えて民衆に親しいものがあることを教える。四季折々に山川に仕えて民衆に敬うべきものがあることを教え、自ら祖廟に仕えて民衆に孝を教える。太學の中で、天子は年長者に親しくして民衆に弟（悌）を教える。上古の聖人とその後の聖人は、考遂（後）而遝（歸）先、民衆に大いなる隨順の道を教えた。

注

（1）夫聖人上事天、效民又弇也。

「事天」は、『墨子』法儀篇に「今天下無大小國、皆天之邑也。人無幼長貴賤、皆天之臣也。此以莫不犓牛羊豢犬豬絜爲酒醴粢盛以敬事天。」とあるように、本來宗教的な意味合いを持ったことばであったろう（このような意味の「事天」は、その他に尙賢中・天志下篇などにも見える。）。ところで、「事天」は『孟子』『荀子』『孝經』『韓非子』などに見られるように、宗教的な名殘りは若干見られるにしても、戰國中期から末期にかけて、各學派の思想家たちの主張が哲學化・理論化・合理化されていくにつれ、初期の宗教的な意味合いは段々薄くなっていったが、そのような傾向とは裏腹に、ここの「事天」（以下「事地」「事山川」「事且濢」も同じ）は、むしろ宗教的な色彩を取り戻しているように見える。なお、「聖人～效民～」という表現法は、『孟子』流の内なるものの「存・養」の系統より、『荀子』流の聖人による禮治の系統に近いように思われる（具體的に天下の人々に何を教化したかについての言及はないが、『荀子』正論篇に「堯舜者、至天下之善教化者也。南面而聽天下、生民之屬、莫不振動從服以化之。」とあるのも併せて參照。）。その他、「事天」という語は、『禮記』禮器・祭義・哀公問篇、『管子』侈靡・五行篇、『春秋繁露』などにも見える。

なお、「天」と「尊」を關係づける例としては、馬王堆帛書『周易』繫辭篇に「天奠地庳」（『禮記』學記篇にも同文が見える。）とあり、『禮記』表記篇に「土之於民也、親而不尊。天尊而不親。」などとある。

（2）旹事山川、

「旹」は、『説文』所收の「時」の古文と類似。『説文』日部に「時、四時也。从日、寺聲。旹、古文時。从之日。」とある。

（3）新事且渟、

「且」は、類似の字は望山楚簡に見えるが、「且」の上半分を本字のように「目」のように作る字は、金文に時々見える。本字はA・B「釋文」いずれも「祖」の假借字とする。諧聲符が同じであるので假借可能。

「渟」は、A・B「釋文」が「廟」の假借字（あるいは異體字）とするのに從う。『汗簡』所收の義雲章の「廟」字は「㢌」に作り、『古文四聲韻』所收の古文の「廟」は「渟」（本字と同形）に作る。また『汗簡注釋』所引の盠方彝・同毀・免毀の「廟」も本字と同形であり、その他、師酉簋・無叀鼎の「廟」も本字と同形である。

（4）大教之中、天子罜歯、

「大教」は、裘錫圭氏がA【注釋】〔八〕で「「大教」讀爲「太學」。」とするのに從う。J・M（ただし「大學」に作る）もそれに贊同している。

「罜」は、A・B「釋文」が「親」の異體字（あるいは假借字）とするのに從う。『古文四聲韻』所收の古孝經・古老子の「親」と類似。

「歯」は、典型的な楚系文字の「歯」。「歯」は、『説文』齒部に「齒、口齗骨也。象口齒之形、止聲。……𠚕、古文齒字。」とあり、「歯」の「止」の下は、「𠚕」を省略した形であろう。『汗簡注釋』所引の中山王壺・𨚕彙（〇九一二）の「歯」字も同樣の字形に作る。恐らく「歯」の異體字であろう。

（5）先聖牙遂聖、考遂而逮先、教民大川之道也。

「牙」は、A・B「釋文」が「與」の假借字とするのに從う。「牙」は疑母魚部字、「與」は余母魚部字で、音が近いので假借可能。

「先聖牙遂聖」は、『孟子』離婁下篇に「孟子曰、舜生於諸馮、遷於負夏、卒於鳴條。東夷之人也。文王生於岐周、卒於畢郢。西夷之人也。地之相去也、千有餘里。世之相後也、千有餘歲。得志行乎中國、若合符節。先聖後聖、其揆一也。」（下線の部分は、『韓詩外傳』巻三には「孔子曰」と冠されている。）とあり、この場合、「先聖」は「舜」、「後聖」は「文王」をそれぞれ指している。他にも、『新語』道基篇のように、聖人を「先・中・後」と三分類している例もある。

「考」は、A・B「釋文」は「先聖牙遂聖考、遂而逿先」として前句に續けて讀んでいるが、J・K・Mは「先聖牙遂聖、考遂而逿先」と讀むべきであるという。ここでは、J・K・Mの處置に從う。

「逿」は、『說文』止部に「歸、女嫁也。从止从婦省、𠂤聲。𡚱、籒文、省。」とある「𡚱」の異體字であろう。なお、Mは「續」の假借字とする。

「考遂而逿先」は、今のところ意味未詳。J・Mに詳しい論證があるが、その論證には本句の主語と目的語を同一視するなどの致命的な缺陷があるので從い難い。

「川」は、A・B「釋文」が「順」の假借字とするのに從う。「川」は昌母文部字、「順」は船母文部字で、音が近いので假借可能。

「大川」は、今本『老子』第六十五章に「古之善爲道者、非以明民、將以愚之。民之難治、以其智多。故以智治國、國之賊、不以智治國、國之福。知此兩者亦稽式。常知稽式、是謂玄德。玄德深矣遠矣。與物反矣。然後乃至大順。」とあり、『莊子』天地篇に「性脩反德、德至同於初。同乃虛、虛乃大、合喙鳴。喙鳴合、與天地爲合。其合緡緡、若愚若昏。是謂玄德、同乎大順。」とあるように、道家系の用語。他に、『禮記』禮運篇にも見える。

第三章

本文

埜𡑪之行、㤅𦋳𨽐臤。㤅（第六號簡）𦋳、古孝。𢍁臤、古𢕙。孝之𣏟(1)、㤅天下之民。𢕙之澶(2)、世亡𢗈直。孝、忎之穴也（第七號簡）。𢕙、義之至也。六帝興於古、𧇮采此也(3)。㤅𦋳㠩臤、忎而未義也。𢍁臤（第八號簡）𨑐𦋳、我而未忎也。古者吴𡑪箮事宂（?）(4)寘、乃戈其孝、忠事帝埜、乃戈其臣（第九號簡）。㤅𦋳𢍁臤、吴𡑪其人也。（第十號簡）

訓讀

埜（堯）𡑪（舜）の行いは、𦋳（親）を㤅（愛）し臤（賢）を𨽐（尊）ぶなり(5)。𦋳（親）を㤅（愛）す、古（故）に孝なり。臤（賢）を𢍁（尊）ぶ、古（故）に𢕙（禪）る。孝の𣏟（殺）は、天下の民を㤅（愛）す(6)。𢕙（禪）の澶（流）るるや、世に𢗈（𠃊）直（德）亡し(7)。孝は、忎（仁）の穴（冕）なり(8)。𢕙（禪）は、義の至りなり。六帝の古えに興こるは、𧇮（皆）な此れに采（由）ればなり(9)。𦋳（親）を㤅（愛）すれども臤（賢）を㠩（忘）るれば、忎（仁）にして未だ義ならざるなり。臤（賢）を𢍁（尊）べども𦋳（親）を𨑐（遺）つれば(10)、我（義）にして未だ忎（仁）ならざるなり。古者吴（虞）𡑪（舜）は箮く宂〈?·卭（瞽）〉寘に事うるに、乃ち其の孝を戈《もつぱら》〈弌〉（一）にし(11)、帝埜（堯）に忠事するに、乃ち其の臣を戈〈弌〉（一）にす。𦋳（親）を㤅（愛）し臤（賢）を𢍁（尊）ぶは、吴（虞）𡑪（舜）其の人なり(12)。

口語譯

堯舜が實踐したのは、親を愛し賢者を尊ぶことである。親を愛するから孝を盡くし、賢者を尊ぶから（位を）讓ったのである。（親に對して）孝を盡くし、續いて天下の民を愛する。禪讓が廣がれば、世に德のあるもので登用されないものはない。孝は最上の仁であり、禪讓は最上の義である。六帝が上古に勃興したのは、皆これによったためである。親を愛するのみで賢者を忘れれば、仁ではあるがまだ義が實現されていない。賢者を尊ぶのみで親を捨て去れば、義ではあるがまだ仁が實現されていない。大昔虞舜が（その父である）瞽叟に丁重に仕えたときは、もっぱらその孝を盡くし、帝堯に忠義をもって仕えたときは、もっぱらその臣下としての道理を盡くした。親を愛し賢者を尊ぶことは、虞舜こそそれをすべて成し遂げた人物なのである。

注

（1）㞢

A・B「釋文」は「㞢」に作るが、Kは「原從虫從方」とし、Mは「殺」に作る。寫眞圖版によって「㞢」に作る。

（2）湩

B「釋文」は「流」に作るが、Kは「原作〝湩〟」とし、Mは「重」に作る。ここでは寫眞圖版によって「湩」に作る。以下同じ。

（3）虘

A・B「釋文」は「虘」に作り、Kは「皆」に作り、Mは「咸」に作る。しかし、裘錫圭氏はA【注釋】〔一一〕で「此字似即「虘（皆）」之訛體。」とする。寫眞圖版によれば、「虍」の下は確かに「含」よりは「皆」に類似している。

（4）宂（?）

B「釋文」は「冗」に作るが、Cは「庀」に作り、Fは「卯」字とする。またKは「從宀從瓜」とし、Mは「督」に作る。ここでは寫眞圖版によって「宂」に作る。以下同じ。

（5）茥丞之行、忎罕隮臤。

「忎罕」という語は、『論語』『孟子』『荀子』などには見えず、『莊子』人閒世篇に「仲尼曰、天下有大戒二。其一命也、其一義也。子之愛親、命也。不可解於心。臣之事君、義也。無適而非君也。無所逃於天地之閒。是之謂大戒。」とあり、『管子』形勢解篇に「愛親善養、思敬奉教、子婦之常也。」とあり、『韓非子』難二篇に「嚴親在圍、輕犯矢石、孝子之所以愛親也。」などとあるが、これらの中に「堯舜」と「愛親」を結びつけて述べている例はない。

「隮臤」は、郭店楚簡『五行』第三十五號簡に「貴貴、其𣥄隮臤、義也。」とあり、同第四十三～四十四號簡に「君子智而與之、胃之隮臤。智而事之、胃之隮臤者也。遂、士之隮臤者也。」とある。前者は、馬王堆帛書『五行』第一九三行に「貴貴、其等〔尊〕賢、義。」とあり、その說（第二六二～二六四行）に「貴貴、〔其〕等尊賢、義也、貴貴者、貴衆貴也、賢賢、長長、親親、爵爵、譔貴者无私焉。其等尊賢、義也、尊賢者、言等賢者也、言譔賢者也、言足諸上位。此非以其貴也、此其義也。貴貴而不尊賢、未可胃義也。」とある。これとよく比較されるものとして、『孟子』萬章下篇に「舜尙見帝。帝館甥于貳室、亦饗舜、迭爲賓主。是天子而友匹夫也。用下敬上、謂之貴貴。用上敬下、謂之尊賢。貴貴尊賢、其義一也。」とあるが、『唐虞之道』には『孟子』のような「貴を貴ぶ」思想は見受けられない點において、『孟子』とは一線を劃しているとしなければなるまい。そして後者は、第二〇七～二〇九行に「●君子知而擧之、胃之尊賢。君子從而事之、胃之尊賢。前、王公之尊賢者〔也。後〕、士之尊賢者也。」とあり、その說（第三一三～三一六行）に「君子知而擧之、胃之尊賢、君子知而擧之也者、猶堯之擧舜〔也、湯〕之擧伊尹也。擧之也者、成擧之也。知而弗擧、未可胃尊賢。君子從而士之也〔者〕、猶顏子子路之士孔子也。士之者成士之也。知而弗士、未可胃尊賢也。前、王公之尊賢者也。後、士之尊賢者也。直之也。」とある。

「尊賢」（あるいは「尙賢」）という語は、先秦から漢代の文獻に多く見られるが、戰國時代に「尙賢」を自家のキャッチ・フレーズとして強く主張していたのは、いうまでもなく墨家である。ここでは特に堯舜と關係のある文章だけを擧げてみると、尙賢上篇に「尙欲祖述堯舜禹湯之道、將不可以不尙賢。夫尙賢者、政之本也。」とあり、尙賢中篇に「古者舜耕歷山、陶河瀕、漁雷澤。堯得之服澤之陽、擧以爲天子、與接天下之政、治天下之民。……此何故。始賤卒而貴、始貧卒而富、則王公大人、明乎以尙賢使能爲政。」とあり、また續いて「故古聖王以審以尙賢使能爲政、而取法於天。雖天亦不辯貧富貴賤遠邇親疏、賢者擧而尙之、不肖者抑而廢之。然則富貴爲賢、以得其賞者、誰也。曰、若昔者三代聖王、堯舜禹湯文武者、是也。所以得其賞、何也。曰、其爲政乎天下也、兼而愛之、從而利之、又率天下之萬民、以尙尊天事鬼、愛利萬民。」とあり、尙賢下篇に「今惟毋以尙賢爲政其國家百姓、使國爲善者勸、爲暴者沮、大以爲政於天下、使天下之爲善者勸、爲暴者沮。然昔吾所以貴堯舜禹湯文武之道者、何故以哉。以其唯毋臨衆發政、而治民、使天下之爲善者可而勸也、爲暴者可而沮也。然則此尙賢者也、與堯舜禹湯武之道同矣。」とあり、同篇に「是故古之聖王之治天下也、其所富、其所貴、未必王公大人骨肉之親、無故富貴、面目美好者也。是故昔者舜耕於歷山、陶於河瀕、漁於雷澤、灰於常陽。堯得之服澤之陽、立爲天子、使接天下之政、而治天下之民。……是故昔者堯之擧舜也、……豈以爲骨肉之親、無故富貴、面目美好者哉。惟法其言、用其謀、行其道、上可而利天、中可而利鬼、下可而利人。是故推而上之。」とあり、同篇に「古者聖王既審尙賢、欲以爲政。……能擇人、而敬爲刑、堯舜禹湯文武之道可及也。是何也。則以尙賢及之。」とあり、同篇に「是故昔者堯有舜、……是以近者安之、遠者歸之。日月之所照、舟車之所及、雨露之所漸、粒食之所養、得此莫不勸譽。且今天下之王公大人士君子、中實將欲爲仁義、求爲上士、上欲中聖王之道、下欲中國家百姓之利、故尙賢之爲說、而不可不察也。尙賢者、天鬼百姓之利、而政事之本也。」とある。その中で、尙賢中篇の「兼而愛之」「愛利萬民」は本書の「㤅天下之民」と、尙賢中篇の「從而利之」、尙賢下篇の「利人」「下欲中國家百姓之利」「天鬼百姓之利」は、本書の「利天下而弗利也」と類似している。

（6）孝之䖼、㤅天下之民。

「䖼」は、A・B「釋文」はいずれも「方」の假借字（あるいは異體字）とするが、Eは「殺」の異體字とし、「衰滅」の意とする（MはEの説に贊同している）。その後、Hは、郭店楚簡『語叢一』第一〇三號簡に「豊不同、不害、不䖼。」とあり、同『語叢三』第四十號簡に「𢟪罕則其䖼𢟪人。」とあり、特に『語叢一』第一〇三號簡の文章はその同文が、『禮記』禮器篇に「禮不同、不豐、不殺」と見えることから、「䖼」に作るべきであることを再確認している。E・Hの説に附言すれば、「殺」は「減殺」、つまり平等ではなく、親疎に應じて差別・差等をつけるという意味になろう。ちなみに、E・Hは指摘していないが、「豊不同、不害、不䖼。」は、『禮記』禮運篇にも「故禮之不同也、不豐也、不殺也、所以持情而合危也。」と見える。

さて、『語叢三』第四十號簡の「𢟪罕則其䖼𢟪人。」と類似の文章は、郭店楚簡『五行』第三十三號簡に「㤅父、其秎㤅人、息也。」とあり（「秎」は、【注釋】〔四二〕の裘按は、「稽」の異體字とし、「繼」の假借字とする。）、また馬王堆帛書『五行』第一九二行に「㤅父、其絲㤅人、仁也。」とある。ところで、第一九二行の說にあたる第二五四行には「㤅父、其殺㤅人、仁也、言㤅父、而笱及人也。」とあり、「殺」について「老子甲本卷後古佚書　五行」（國家文物局古文獻研究室編『馬王堆漢墓帛書（壹）』、文物出版社、一九八〇年）註釋〔一八〕は、「繼字古本作𢇍，帛書在絲字右側著二字，表示𢇍字所從之二「𢆶」。「其繼愛人」，猶言其次愛人。本篇二五四行解說部份作「愛父，其殺愛人」，殺是差、減之意，與繼字義近。」として、「差・減」の意であり、「繼」の意に近いとする。恐らく後者の意でよかろう。本書及び『語叢三』の「䖼」も「繼」（あるいは「次」）の意で解して十分通じる。

本句の「孝」思想と類似するものには、『孝經』天子章篇に「子曰、愛親者、不敢惡於人。敬親者、不敢慢於人。愛敬盡於事親、然後德教加於百姓、刑於四海、蓋天子之孝也。」とあり、「敬親」という語は本書にないにせよ、「天子」の「孝」を問題にしており、「孝」を「親」という狹い範圍にとどめず、その波及效果を「百姓」「四海」という廣い範圍にまで視野を廣げている點は、本句と類似していると思われる。

（7）僮之湩、世亡乚忈直。

「湩」は、Kは「傳」と見なしており、Mは「重」の假借字とするが、Oは「流」の異體字とする。恐らく「流」の異體字でよかろう。本字の意味は、Oの「〝傳布〟、〝流行〟。」でよかろう。『爾雅』釋言に「流、覃也。覃、延也。」とあり、郭璞の注に「皆解蔓延相被及。」とある。また『孟子』公孫丑上篇に「德之流行、速於置郵而傳命。」とあるのを參照。なお、「僮之湩、世亡乚忈直。」の意味について、Oは「此句意爲隨着禪讓的流布，世上便不再會掩蔽德行。」として、「忈直」の「直」を「德行」と解釋しているが、下文に「遭也者、上直受臤之胃也。」とあるのによって「有德者」と解する。

そして、本書第十七號簡にも本字とほぼ同形の字があるが、Oはその字の意味について「《國語・晉語一》：〝肆修不違，流志而行〟，韋昭注：〝流，放也。〟〝放〟猶今言〝放縱〟。」という。それでよかろう（ただし、Oの引く『禮記』中庸篇及び『荀子』不苟篇の用例は不適當。）。

「忈」は、A【注釋】（九）は、「從「乚」聲，亦通作「隱」。」として「隱」の假借字とし、B「釋文」も同じ。「忈」は『說文』にはないが、「心」の上の「乚」は、『說文』乚部に「乚、匿也。象迟曲隱蔽形。……讀若隱。」とあり、その段注には「象逃亡者自藏之狀也。」とある。ここでは『說文』によって「乚」の假借字とする。「忈」の聲符を「乚」とすると、諧聲符が同じであるので假借可能。

（8）孝、忎之宂也。

「宂」は、「兊」の異體字であろう。Aも指摘しているように、包山楚簡第二十・五十三・五十九・七十八號簡にも見える。『汗簡注釋』（五〇四頁）所引の兊卣・史兊匡・三體石經古文の「兊」字とほぼ同形であり、いずれも「宀」と「人」を構成要素としている。そして、本字はA【注釋】（一〇）・B「釋文」いずれも「冕」の假借字とする。兩字は諧聲符が同じであるので假借可能。「冕」は、ここでは『韓非子』難三篇に「夫堯之賢、六王之冠也。」とある「冠」と同様、「トップ」「最上」という意味ではなかろうか。

（9）六帝興於古、虘釆此也。

「六帝」は、Kは「疑指伏羲、神農、黃帝、少昊、顓頊、帝嚳之屬。」とするが、その根據は示していない。「六帝」は、『後漢書』鄧張徐張胡列傳に一例見えるが、李賢の注に「六帝謂安・順・沖・質・桓・靈也。」とあるのによれば、本書とは關係ないようである。「六帝興於古、虘釆此也。」の「此」は、上文の「孝」と「僮」を指していると思われる。そのことから推測すると、「六帝」は「孝」や「僮」と何らかの關係のある人物たちでなければなるまいが、今は未詳。

「釆」は、A・B「釋文」が「由」の假借字とするのに從う。

（10）弇臤遻睪、

「遻」は、「遺」の異體字であろう。『汗簡』及び『古文四聲韻』所收の古孝經の「遺」字は、「遻」のようにまん中を「土」に作り、『説文』辵部の「遺」の小篆及び『古文四聲韻』所收の籀韻の「遺」字は、まん中を「貝」に作るが、本字及び『汗簡注釋』（一一七頁）所引の中山王壺の「遺」字は、「少」に作るところに特徴がある。

（11）古者吳叁管事宂（?）寞、乃戈其孝、

「宂（?）」は、B「緒言」は「𠔿」の錯字とし、Fは「𠔿」字とする。そして兩者とも「瞽」の假借字とする。「𠔿」は、『説文』𠔿部に「𠔿、廱蔽也。从人、象左右皆蔽形。……讀若瞽。」とあるように、「瞽」と通じる。「宂（?）寞」は、しばらくA【注釋】（一二）が「當指舜父瞽叟。」とするのに從う。

「戈」は、A・B「釋文」はいずれも「弋」に作り、如字で取っているが、その「弋」は、『説文』厂部に「弋、橜也。」とあり、如字では文意が通じない。Mは「弋」の訛とし、「式」の假借字で虚詞であるという。ここでは試みに

「弌」の錯字として解する。「弌」は、『說文』一部に「弌、古文一。」とあるが、『汗簡注釋』（六十四頁）は「戈」も「二」の古文としている。その他に、『古文四聲韻』所收の古老子の「二」も、「戈」と文字の構成要素は同じ。今はしばらく「戈」（あるいは「弌」）の錯字とし（あるいは異體字かも知れないが、異體字である證據はいまだ何も摑んでいない。）、「もっぱらにする」という意味で解釋しておく。

（12）吳𡗗其人也。

本句と同樣の文章構造をしているものとして、『孝經』聖治章篇に「孝莫大於嚴父、嚴父莫大於配天。則周公其人也。」とあるのを參照。

第四章

本　文

垔幻水、膉幻火、后禝幻土、足民𢽾〔生也。伯夷〕[1]（第十號簡）〔守〕[2]豊、恖守樂、孫民效也。咎采內用五刑、出戈兵革、皋淫柭（？）□□[3]（第十二號簡）

訓　讀

垔（禹）は水を幻（治）め、膉（益）は火を幻（治）め、后禝（稷）は土を幻（治）めて、民〔生〕を𢽾（養）うに足らしむる〔なり。伯夷は〕豊（禮）を〔守り〕[4]、恖（夔）は樂を守りて、民を效（教）えに孫《したが》わしむるなり[5]。咎采（繇）は內には五刑を用い[6]、出でては兵革を戈（試）いて、淫〈淫〉を皋し柭（？）□□[7]

口語譯

禹は治水を行い、益は火を治め、后稷は土地を開拓して、民衆が〔自己の生命〕を十分に養うように〔した。伯夷は〕禮を〔守り〕、夔は樂を守って、民衆が（聖人の）教えに從うようにした。咎繇（皐陶）は國內では五刑を用い、他國に對しては武器を用いて、淫亂を起こすものを罰し犾（？）□□

注

（1）羖〔生也。伯夷〕

「羖」の直後は、A・B「釋文」は三字の缺字とするが、Mは四字の缺字とする。寫眞圖版によって四字の缺字とする。

（2）〔守〕

第十二號簡の冒頭は、A・B「釋文」・K・Mが一字の缺字とするのに從う。

（3）犾（？）□□

「犾（？）」の直後は、A・B「釋文」・Kが二字の缺字とするのに從う。

（4）𡉚幻水、𦚔幻火、后稷幻土、足民羖〔生也。伯夷守〕豊、

「𡉚」は、A・B「釋文」いずれも「禹」の異體字（あるいは假借字）とする。『古籀匯編』（四四八頁）所收の齊侯鎛鐘・齊侯鐘の「禹」字も、本字のように「土」に從う。恐らく「禹」の異體字であろう。

「幻」は、A【注釋】〔一三〕は「治」の假借字とし、B「釋文」は「治」の假借字（あるいは異體字）とする。「幻」の右傍は、『汗簡』所收の「司」字と字形が類似しているので、「司」の省字あるいは異體字でよかろう。本字の聲符を「司」とすると、「司」は心母之部字、「治」は定母之部字で、音が近いので假借可能。

「膉」は、A・B「釋文」が「益」の假借字（あるいは異體字）とするのに從う。「膉」の右傍は、實は『說文』口部の「嗌」の籒文と同形であるが、『汗簡』（尙書）や『古文四聲韻』（古老子・古尙書）は、本字と同形の字を「益」としている。今はしばらく「膉」に作るが、「膉」の右傍を聲符とすると、「益」と諧聲符が同じであるので假借可能。

「禝」は、A・B「釋文」は「禝」の假借字（あるいは異體字）とするが、ここでは「稷」の假借字あるいは異體字とする。「禝」と類似の字形は、中山王譻鼎（『金文編』所收、五〇一頁）に見える。

「𢼊」は、『說文』食部に「養、供養也。从食、羊聲。𢼊、古文養。」とある「養」の古文と同形。

「豊」は、『汗簡』所收の「豊」や『汗簡注釋』（二〇一頁）所引の石經古文の「豊」に類似。恐らく「豊」の省字あるいは異體字であろう。A・B「釋文」はいずれも「禮」の假借字とする。諧聲符が同じであるので假借可能。

「足民𢼊〔生也。伯夷守〕豊」は、寫眞圖版によれば、「足民𢼊〔生也。伯夷〕」は、第十號簡の末尾の一句であり、「〔守〕豊」は、第十二號簡の冒頭に見える句。この第十二號簡を第十號簡の次に移動させ、「也伯夷守」を補うのはHの說による（ただしHは「夷」を「益」に作る）。なお、「足民𢼊」の直後の一字の缺字には、『唐虞之道』第十一號簡に「𢼊生」（主語は未詳）、第二十七號簡に「𢼊其生」（主語は「聖人」）とあることから、試みに「生」字を補う。

「禹」の「治水」說話は『孟子』滕文公上・告子下篇、『淮南子』人閒・脩務篇、『史記』夏本紀などに、「益」の「治火」說話は『孟子』滕文公上篇などに、「后稷」の「治土」說話は『孟子』滕文公上篇・『荀子』成相篇・『淮南子』人閒篇などにそれぞれ見える。その他、『大戴禮記』五帝德篇に「禹・后稷・羲和・益・伯夷・夔・皐陶・契」の名がまとめて見えるのも併せて參照。

（5）𢘑守樂、孫民效也。

「𢘑」は、郭店楚簡『老子』甲本【注釋】〔二二〕が「從「心」從「畏」省，簡文多如此。讀作「畏」。」と指摘しているように、「心」の上は「畏」から「𠂆」を省いた形と推測される。A・B「釋文」はいずれも「畏」の假借字

（あるいは異體字）とする。それに對して、Eは「夔」の假借字とする。今はしばらくEの說に從って、「夔」の假借字とする。「畏」は影母微部字、「夔」は羣母微部字で、音が近いので假借可能。

「孫」は、『禮記』學記篇の「大學始教、皮弁祭菜、示敬道也。宵雅肄三、官其始也。入學鼓篋、孫其業也。」の鄭注に「孫、猶恭順也。」とあるのによって、「從順」の意味で解する。

（6）咎采內用五刑、

「咎采」は、A【注釋】〔一七〕が「皐陶」の別名である「咎繇」とするのに從う。「咎采」と「五刑」とを結びつける用例としては、『尙書』堯典篇に「帝曰、皐陶、蠻夷猾夏、寇賊姦宄。汝作士。五刑有服、五服三就。五流有宅、五宅三居。惟明克允。」（ほぼ同文が『史記』五帝本紀にもある。）などとある。

（7）出戈兵革、皐淫怯（?）□□

「戈」は、J・Mいずれも「弋」字と見なすが、Jは「試」の假借字とし、Mは「式」の假借字とする。そしてJ・Mいずれも「用」の意味で解している。「戈」を「弋」と見なすことは、古代において兩字は相互通用されていたので問題なかろうが、本字を「弋」に作ることには贊同しない。「試」は『說文』言部に「試、用也。从言、式聲。」とあるが、「式」は『說文』工部に「式、法也。从工、弋聲。」とある。よって、ここでは「試」の假借字とする。

「革」は、「革」の『說文』の古文と字形が類似している。すなわち、『說文』革部に「革、獸皮治去其毛。革、更之。象古文革之形。……革、古文革、从三十。三十年爲一世而道更也。臼聲。」とある「革」と類似しており、恐らく「革」の省字であろう。

「出戈兵革」は、意味は正反對であるが、J所引の『史記』樂書に「暴民不作、諸侯賓服、兵革不試、五刑不用、百姓無患、天子不怒、如此則樂達矣。」（同文は『禮記』樂記篇にもある。）とある。

「淫」は、「淫」の異體字であろう。「淫」の右傍は、「巠」の古文と類似。『說文』川部に「巠、水脈也。从川在一下、一地也。壬省聲。……巠、古文巠、不省。」とある「巠」より、まん中に一畫が多い。錯字かどうかの判斷はより愼重に行うべきであろうが、今はしばらく「泾」の錯字としておく。「祛」は今のところ未詳。ちなみに、Mは「淫」を「輕」の假借字とし、「祛」は「瀍」の異體字とする。

第五章

本　文

用戭、虽用戈、正不備也。㤅而正之、吳虽之幻也。徸而不遭、義亙□□(1)（第十三號簡）

訓　讀

戭（威）を用い、虽（夏）戈を用うるは、備（服）せざるを正（征）すればなり(2)。㤅（愛）して之を正（征）するは、吳（虞）虽（夏）の幻（治）なり。徸（禪）りて遭（傳）えざれば、義は亙（恆）に□□(3)

口語譯

威勢を用い、夏が武器を用いたのは、服從しないものを征伐しようとしたからである。愛をもって治めながらも服從しないものを征伐したのが、虞夏の政治である。（賢者に位を）讓って（血筋に）傳えなければ、義は常に□□

注

（1）亙□□

「𠄨」の直後は、A・B「釋文」・K・Mが二字の缺字とするのに從う。

（2）用戢、虽用戈、正不備也。

「戢」は、A【注釋】〔一八〕は「讀作「威」。」として「威」の假借字とし、B「釋文」は「威」の假借字（あるいは異體字）とする。「戢」の聲符を「畏」とすると、「畏」と「威」はともに影母微部字で假借可能。

「虽」は、郭店楚簡『緇衣』第三十五號簡に既出。その【注釋】〔八六〕は「夏」の異體字とし、B「釋文」もそれに從っている。今は【注釋】〔八六〕の說に從って「夏」の異體字とする。

「正」は、Mは「征」に作る。本字は如字でも文意が通じなくもないが、「戢・戈」という語が使われているのを考慮すると「征」の假借字とした方が文意がより明瞭になると考えられるので、ここではしばらく「征」の假借字とする。諧聲符が同じであるので假借可能。

「備」は、A・B「釋文」が「服」の假借字とするのに從う。

「正不備」は、『墨子』辭過篇に「府庫實滿、足以待不然、兵革不頓、士民不勞、足以征不服。」とあり、今本『周易』謙卦六五の象傳に「利用侵伐、征不服也。」とあるのを參照。

（3）徸而不遭、義𠄨□□

「𠄨」は、『說文』二部に「𠄨、古文恆、从月。」とあるように、「恆」の古文。「𠄨」の直後は、Kは「試補〝絕〟夏〟。」とするが、根據は示していない。今はしばらく缺字のままにしておく。

本文

第六章

㓜也。古者菫生於天子而又天下、聖以墨命、忎以逵旹。未嘗墨□□[1]（第十四號簡）竝於大旹、神明將（？）從、天地右之。從忎聖可与、旹弗可秉歖。（第十五號簡）

訓　讀

㓜（治）なり。古者菫（堯）天子に生まれて天下を又（有）つは、聖以て命に墨（遇）い、忎（仁）以て旹（時）に逵（逢）えばなり。未嘗墨（遇）□□[2]大旹（時）に竝び、神明將（？）に從わんとし[3]、天地之れを右く。從《たと》（縱）い忎（仁）聖は与（擧）ぐ可きも、旹（時）は秉〈及〉ぶ可からず[4]。

口語譯

……治である。昔堯が天子に生まれて天下を保つことができたのは、聖の徳によって命にめぐり會い、仁の徳によって時にめぐり會ったからである。未嘗墨（遇）□□大時（天の時？）とともにし、宇宙の靈妙な作用がまさに働こうとし、天地もこれを助けてくれた。しかし、仁と聖の徳を具有する者は擧用されるとしても、時というのは（人爲の）及ばないものである。

注

（1）墨□□

「墨」の直後は、A・B「釋文」・K・Mが二字の缺字とするのに從う。

（2）忎以逵旹。未嘗墨□□

「逵」は、A【注釋】〔二〇〕裘按・B「釋文」・Gが「逢」の假借字とするのに從う。

「墨」の直後の二字の缺字は、Kは「疑作〝賢。然〞。」（しかし本文では「然」ではなく「雖」を補っている。）とし、Mは「命而」を補っているが、いずれも確證はない。今はしばらく二字の缺字のままにしておく。

（3）竝於大旹、神明將（?・）從、

「大旹」は、『禮記』學記篇に「君子曰、大德不官、大道不器、大信不約、大時不齊。察於此四者、可以有志於本矣。」とあり、諸注釋はここの「大時」を「天時」と譯しているが、どうだろうか。

「神明」は、『莊子』天下篇に「古之人其備乎。配神明、醇天地、育萬物、和天下、澤及百姓。明於本數、係於末度、六通四闢小大精粗、其運無乎不在。」とあるのによって、「宇宙の靈妙な作用」と譯しておく。

「將（?・）」は、Kは「〝將〞，從照片看，似從爿從月從才，整理者疑是〝均〞字，這裏暫讀爲〝將〞。」というが、Mは「疑當讀作「慍」」という。今はしばらくKの説に從う。

（4）從忎聖可与、旹弗可秉歖。

「從」は、A・B「釋文」が「縱」の假借字（あるいは異體字）とするのに從う。「縱」は、『史記』項羽本紀に「縱江東父兄憐而王我、我何面目見之。」とあるのによって、「雖」の意に解する。

「与」は、『説文』勺部に「与、賜予也。一勺爲与。此与與同。」とあるのによれば「與」と同字。この字はKに從って「擧」の假借字とする。

「秉」は、Aは「及」の錯字とするが、Fは「秉」に作るのは誤りで、「及」に作るべきであるとする。「及」は、『説文』又部に「及、逮也。从又从人。乁、古文及、秦刻石及如此。𢎗、亦古文及。𨑒、亦古文及。」とあるが、『汗簡』所收の石經や『古文四聲韻』所收の古孝經・古老子・石經・雲臺碑の「及」字は、「辶」がなく、字形も「秉」字に酷似している。今はしばらく「及」の錯字とするが、もしかすると、「及」のもう一つの異體字か、それとも「弋」と「戈」が通用あるいは區別がなかったように、「秉」と「及」も通用あるいは區別がなかったのかもしれない。

第七章

本文

夫古者（第十五號簡）叒伹於艸茅之中而不息、斗[1]爲天子而不喬。伹艸茅之中而不息、智命（第十六號簡）也。斗爲天子而不喬、不湩也。浗虖大人之興、敚也。今之戈於直者、未（第十七號簡）禾不戈、君民而不喬、卒王天下而不矣。（第十八號簡）

訓　讀

夫れ古者叒（舜）は艸（草）茅の中に伹（居）れども息（悳）えず、斗〈升〉りて天子と爲れども喬（驕）らず[2]。艸（草）茅の中に伹（居）れども息（悳）えざるは、命を智（知）ればなり。斗〈升〉りて天子と爲れども喬（驕）らざるは、湩《ほしいまま》（流）にせざればなり。大人の興こるを浗（求）むるは、敚（微）なればなり[3]。今の直（德）を戈（弋）する者は、未[4]禾（年）不戈[5]、民に君たりて喬（驕）らざれば、卒に天下に王たりて矣（疑）われず。

口語譯

そもそも、大昔舜は、在野に身を置いても憂えることはなく、天子という高い地位についてもおごり高ぶることはなかった。在野に身を置いても憂えることがなかったのは、命を知っていたからであり、天子という高い地位についてもおごり高ぶることがなかったのは、身勝手な振舞をしなかったからである。（舜のような）偉大な人物の出現を追い求めるのは、彼が貧賤な境涯にあったからである。だが、今徳を射止めて天下を取る者は、未……

……年不戈、君主でありながらおごり高ぶることがなければ、ついには天下に王者となって疑われることはない。

注

（1）斗
裘錫圭氏はA【注釋】〔二二〕で、「此字似可釋爲「升」とする。しかし、寫眞圖版によれば「斗」に作るのが正しい。以下同じ。

（2）夫古者叒佢於艸茅之中而不息、斗爲天子而不喬。
「佢」は、A・B「釋文」が「居」の假借字とするのに従い、「艸」は、A・B「釋文」が「草」の假借字とするのに従う。

「艸茅之中」は、『戰國策』趙策二に「昔者堯見舜於草茅之中、席隴畝而廕庇桑、陰移而授天下傳。」とある。

「息」は、恐らく「悥」の省字であろう。A・B「釋文」はいずれも「憂」の假借字（あるいは異體字）とする。しかし、『說文』心部に「悥、愁也。」とあるのによると、「悥」は、「うれえる」の意。ここでは如字で解する。

「斗」は、裘錫圭氏はA【注釋】〔二二〕で、「此字似可釋爲「升」，「升」猶言「登」。下簡亦有此字。」として、「升」に作る。Qは「弓」に作り、「躬」の假借字とする。しかし、字形から判斷するかぎり、この字は『金文編』（九二八頁）及び漢語大字典字形組編『秦漢魏晉篆隸字形表』（四川辭書出版社、一九八五年第一版、一九八六年第二次印刷、一〇一九頁）所收の「斗」と字形が同じである。ただし、如字では文意が通じないので、今はしばらく「升」の錯字としておく。「升」は、『說文解字注』に「古經傳登多作升、古文叚借也。」とあるのによって、「登」の意味で解する。

「喬」は、恐らく「喬」の異體字であろう。「喬」は、『說文』夭部に「喬、高而曲也。从夭从高省。詩曰、南有喬木。」とあるが、この字はむしろ「从高从夭省」のように見える。A・B「釋文」いずれも「驕」の假借字とする。諧聲符が同じであるので假借可能。

この一文と類似の表現は、『管子』戒篇に「道德當身、故不以物惑。是故身在草茅之中、而無懾意、南面聽天下、而無驕色。如此而後、可以爲天下王。」とあり、『呂氏春秋』本生篇に「聖人之制萬物也、以全其天也。天全、則神和矣、目明矣、耳聰矣、鼻臭矣、口敏矣、三百六十節、皆通利矣。若此人者、不言而信、不謀而當、不慮而得、精通乎天地、神覆乎宇宙。其於物、無不受也、無不裹也、若天地然。上爲天子而不驕、下爲匹夫而不惛。此之謂全德之人。」とあり、同下賢篇に「得道之人、貴爲天子而不驕倨、富有天下而不騁夸。卑爲布衣、而不瘁攝、貧無衣食、而不憂懾。」とあり、今本『周易』文言傳に「九三曰、君子終日乾乾、夕惕若。厲无咎、何謂也。子曰。君子進德修業。忠信所以進德也。修辭立其誠、所以居業也。知至至之、可與言幾也。知終終之、可與存義也。是故居上位而不驕、在下位而不憂。故乾乾因其時而惕、雖危无咎矣。」とあるのを參照。

（3）浗虖大人之興、𢼸也。

「浗」は、裘錫圭氏はA【注釋】〔二三〕で「疑讀爲「求」。」とし、B「釋文」もそれに從っているが、Mは「逑」の假借字とする。今はしばらく裘氏の說に從う。

「𢼸」は、A・B「釋文」は「美」の假借字とするが、Mは「微」に作る（「微」の假借字と見なしているようである）。今はしばらくMに從う。

（4）今之戈於直者、未

「戈」は、Jは「弋」に作り、「疑當仍用其本字、其義爲取。」という。また『史記』楚世家に「三王以弋道德、五霸以弋戰國。」とある「弋道德」と本書の「弋於德」とは、相互參照されうるという。Kは「戴」の假借字とし、M

は「式」に作る（「式」の假借字と見なしているようである）。ここでは、本字を「弋」の異體字とし、試みに如字で解してみた。なお、Aは本簡と第十八號簡を連續の簡と見なしているが、Mも指摘しているように、それではどうも文意が通じない。恐らく缺簡があるのではないかと推測される。

（5）秂不戈、

「秂」は、恐らく「年」の省字あるいは異體字であろう。「年」は、『說文』禾部に「秊、穀孰也。从禾、千聲。」とあるように、小篆は「秊」に作り、また『汗簡注釋』（二六二頁）所引の古陶類編（二七一）及び三體石經文公古文は「𥞤」に作る。この字はこれらの省字あるいは異體字ではなかろうか。なお、『金文編』（五〇四頁）所收の十一年悳鼎の「年」は、この字と同形。

「秂不戈」は、今のところ意味未詳。

第八章

本文

方才下立、不以仄夫爲（第十八號簡）丞、秉其又天下也、不以天下爲㙯。又天下弗能益、亡天下弗能員。（第十九號簡）

訓讀

方に下立（位）に才（在）りては、仄〈匹〉夫を以て丞（輕）しと爲さず(1)、其の天下を又（有）つに秉〈及〉ぶや、天下を以て㙯（重）しと爲さず(2)。天下を又（有）つも益する能わず、天下を亡《うしな》うも員（損）する能わず。

口語譯

まさに下の地位にある時には、匹夫を輕んずることはせず、その天下を保有するようになっても、天下を重んずることはしない。天下を保有しても利益になることはなく、天下を失っても損害になることはない。

注

（1）不以仄夫爲坙、

「仄」は、裘錫圭氏はA【注釋】〔二四〕で、「據文義，「仄夫」似應爲「匹夫」之誤寫。」とし、B「釋文」もそれに從っている。それでよかろう。

「坙」は、「巠」の『說文』古文の異體字であろう。そして「巠」は、A・B「釋文」が「輕」の假借字とするのに從う。

（2）不以天下爲〓。

「〓」は、恐らく「重」の異體字であろう。「重」は、『說文』壬部に「重、厚也。从壬、東聲。」とあるように、「壬」と「東」を構成要素としているが、本字はまん中が「目」である點に特色がある。金文や楚系文字、古璽、古陶などで、まん中を「目」に作る字は、未見。ただし、文脈的に考えると「重」でよかろう。

第九章

本　文

〓忎（第十九號簡）之至、利天下而弗利也。〓也者、上直受臤之胃也。上直則天下又君而（第二十號簡）世明。受臤則民興效而蠶虖道。不遖而能蠶民者、自生民未之又也（第二十一號簡）。

訓　讀

亟（極）忎（仁）の至りは、天下を利して利とせざるなり。遖（禪）なる者は、直（德）を上《たっと》びて臤（賢）に受（授）くるの胃（謂）いなり。直（德）を上べば則ち天下に君又（有）りて世明らかなり。臤（賢）に受（授）くれば則ち民效（教）えに興こりて道に蠶（化）す。(1)遖（禪）らずして能く民を蠶（化）する者は、生民自り未だ之れ又（有）らざるなり。

口語譯

この上なく最上の仁は、天下に利益を与えることはあっても（天下の利を）自分の利益としないことである。禪讓とは、有德者を尊び賢者に（位を）授けることをいう。有德者を尊べば、天下に君主があって世は明らかになる。賢者に（位を）授ければ、民衆は教化に奮い立って道に化育される。（位を賢者に）讓らずに民衆を化育できたものは、人類が生まれ出て以來あったためしがない。

注

（1）受臤則民興效而蠶虖道。

「蠶」は、A・B「釋文」いずれも「化」の假借字とする。「化」の假借字とされるものには、同じく郭店楚簡の中に、『老子』甲本第十三號簡の「⿱爲心」（「萬勿⿰爿酉自⿱爲心。」）、同第三十二號簡の「⿱爲䖵」（「我亡爲而民自⿱爲䖵。」）がある。前者は、馬王堆帛書『老子』甲本は「⿱爲心」に作り、乙本は「化」に作る。そして後者は、甲本・乙本いずれも「化」に作る。馬王堆帛書『老子』甲本の「悹」は、「老子甲本及卷後古佚書釋文」（『馬王堆漢墓帛書（壹）』、文物出版社、一九八〇年）の注釋〔六六〕によれば、「悹字從心，爲聲，疑卽譌字異體，在此讀爲化。」として、「爲」（歌部匣母字）が聲符か、あるいは「譌」の異體字で、「化」の假借字とする。「蟡」も同様に、「爲」を聲符としても「化」と通假できるし、「譌」の異體字としても「化」と通假できるので、A・B「釋文」の處置に從って「化」の假借字とする。

第十章

本　文

卽[1]虖脂膚血劈之靑、羖眚命之正、安命而弗宎、羖生而弗𢧵。智〔羖眚命〕[2]（第十一號簡）之正者、能以天下徸款（第二十二號簡）。

訓　讀

脂（肌）膚血劈（氣）の靑（情）を卽（節）し、眚（性）命の正を羖（養）い[3]、命に安んじて宎（夭）せず、生を羖（養）いて𢧵（傷）なわず。[4]〔眚（性）命〕の正を〔羖（養）う〕を智（知）る者は、能く天下を以て徸（禪）る。[5]

口　語　譯

皮膚や血氣の欲望を節制し、生命の本來の正しさを養い、人爲の及ばない命に身を任せて夭折することなく、自己の生命を養ってそれを損なうようなことはしない。〔生命〕の本來の正しさを〔養うこと〕を知るものこそ、天下を（賢者に）譲ることができるのである。

注

（1）卽

本字は、A・B「釋文」はいずれも「卩」に作って、左傍が缺けているとする。しかし、寫眞圖版によれば、左傍は全く缺けていない。Kは「原從卩從寸」とし、Mは隷定して「僎」に作るという。本字の右傍は「卩」で問題なかろう。殘りの問題は左傍をどう判定するかにあるが、本字の左傍は、金文や楚系文字の「卽」の左傍とは、字形が若干異なっている（特に左傍の下の部分）。ところで、本字の左傍は、包山楚簡第二五七號簡の「食」字（『說文』食部に「食、……从皀、亼聲。或說亼皀也。」とある。）より「亼」を除いた部分とほぼ同形であり、このことから、恐らく「皀」の異體字ではないかと考えられる。よって、今はしばらく「卽」に作る。

（2）智〔技眚命〕

「智」の直後は、A・B「釋文」・Kは二字の缺字とするが、Mは三字の缺字とし、第十一號簡と第二十二號簡を連續する簡と見なしている。今はしばらくMの說に從う。

（3）卽虖脂膚血[既/力]之靑、技眚命之正、

「卽」は、「節」の假借字とする。A・B「釋文」はいずれも「(節?)」に作る。「卽」と「節」はともに精母脂部字で假借可能。

「脂」は、「肌」の假借字であろう。「脂」は章母脂部字、「肌」は見母脂部字で、音が近いので假借可能。

「[既/力]」は、A【注釋】〔一四〕は、「從「力」「旣」聲，讀作「氣」。」といい、B「釋文」も「氣」の假借字（あるいは異體字）とする。『說文』所收の「氣」の或體は「槩」に作り、また郭店楚簡『老子』甲本第三十五號簡や郭店楚簡『大一生水』第十號簡に、「槩」の異體字として「[既/火]」が見える。「旣」の下を「火」に作る字は、『汗簡注釋』にもい

くつか收録されているが、「力」に作る字は、本書が初出のようである。「氣」のもう一つの或體であろうか。

「脂膚血㔉之靑」は、『春秋繁露』度制篇に「凡衣裳之生也、爲蓋形煖身也。然而染五采、飾文章者、非以爲益肌膚血氣之情也、將以貴貴尊賢、而明別上下之倫、使教亟行、使化易成、爲治爲之也。」とある。

「靑命之正」という語は、管見のかぎり、文獻資料では例を見ない。類似の語に「性命之情」（「情」は實情）があり、『莊子』駢拇篇に「彼至正者、不失其性命之情。」とあるほか、在宥・天運・徐無鬼篇に見える。その他にも、『呂氏春秋』重己・謹聽・觀世・勿躬・有度篇、『淮南子』原道・俶眞・精神・本經篇などに見える。ほとんど道家系の文獻に頻出。ただ『莊子』などに見られる「性命之情」は、主に「仁義」（あるいは「仁義禮樂」）などを批判するために用いられており、その點においては本書と異なる。

（4）安命而弗宎、拔生而弗敭。

「安命」は、『莊子』人間世篇に「天下有大戒二。其一命也、其一義也。……自事其心者、哀樂不易施乎前、知其不可奈何、而安之若命、德之至也。」とあり、同じく德充符篇に「知不可奈何、而安之若命、唯有德者能之。遊於羿之彀中、中央者中地也。然而不中者、命也。」とある「安之若命」をふまえた表現であろう。なお、『韓詩外傳』卷一に「傳曰、安命養性者不待積委而富、名號傳乎世者不待勢位而顯、德義暢乎中而無外求也。信哉、賢者之不以天下爲名利者也。」とある。

「宎」は、A・B「釋文」は「夭」の假借字とする。本字は、『莊子』齊物論篇に「宎者、咬者。」とあり、同じく徐無鬼篇に「鶉生於宎。」とあるが、『經典釋文』にそれぞれ「司馬云、深者也。若深宎宎然。」、「司馬云、東北隅也。一云、東南隅也。」とあるのによれば、如字では文意が通じない。よって、A・B「釋文」に従って「夭」の假借字とする。諧聲符が同じであるので假借可能。

「拔生」は、『莊子』讓王篇に「道之眞以治身、其緒餘以爲國家、其土苴詳以治天下。由此觀之、帝王之功、聖人之

餘事也。非所以完身養生也。今世俗之君子、多危身棄生以殉物。豈不悲哉。」（類似の文章は、『呂氏春秋』貴生篇にもある）とあり、『呂氏春秋』節喪篇に「審知生、聖人之要也。審知死、聖人之極也。知生也者、不以害生、養生之謂也。知死也者、不以害死、安死之謂也。此二者、聖人之所獨決也。」とあり、『淮南子』原道・俶眞・精神篇にもある。

「𢧵」は、A・B「釋文」いずれも「傷」の假借字（あるいは異體字）とする。同形の字は、包山楚簡に一例見える。「昜」を聲符とすると、「昜」は余母陽部字、「傷」は書母陽部字で、音が近いので假借可能。

（5）智〔技眚命〕之正者、能以天下禪款。

Mは「智」の直後の三字の缺字に「養性命」を補っている。本章に「技眚命之正」という語があり、また下文に「三枳朕陛、耳目聦明衰、禪天下而受臤、逿而技其生。」とあって、禪讓説と養生説とが結合されているのを見ると、Mの說には十分說得力があると思われるので、今はしばらくそれに從う。ただし、ここでは本章に「技眚命之正」とあるのによって「技眚命」を補う。

第十一章

本　文

古者堯之舁𡍓也、昏𡍓孝、智其能技天下（第二十二號簡）之老也。昏𡍓弟、智其能紂天下之長也。昏𡍓𢆶虖弟、〔智其能〕□□□(1)（第二十三號簡）爲民宔也。古其爲亢（?）寡子也、甚孝、秉其爲堯臣也、甚忠。堯禪天下（第二十四號簡）而受之、南面而王而下而甚君。古堯之禪虖𡍓也、女此也（第二十五號簡）。

訓讀

古者茔（堯）の𡈽（舜）を𢍰（擧）ぐるや、[2]𡈽（舜）の孝なるを昏（聞）き、其の能く天下の老を敓（養）うを智（知）ればなり。𡈽（舜）の弟なるを昏（聞）き、其の能く天下の長に紂（事）うるを智（知）ればなり。[3]𡈽（舜）の弟に兹（慈）なるを昏（聞）き、〔其の能く〕□□□〔を智（知）れば[4]〕民の宔（主）と爲るなり。古（故）に其の宂〈?卯（瞽）〉寞の子と爲るや、甚だ孝なり、其の茔（堯）の臣と爲るに秉〈及〉びてや、甚だ忠なり。茔（堯）は天下を僮（禪）りて之れに受（授）け、南面して而〈天〉下に王たりて甚だ君たり。[5]古（故）に茔（堯）の𡈽（舜）に僮（禪）るや、此くの女（如）きなり。

口語譯

大昔堯が舜を登用したのは、舜が親に孝を盡くすことを聽き、天下の年寄りを養うことができることを知っていたからである。また舜が年長者に悌を盡くすことを聽き、天下の年長者に仕えることができることを知っていたからである。さらに舜が弟に慈愛深いことを聽き、□□□することができることを知っていたから……民衆の主となる。そこで、その（父である）瞽叟の子となっては孝を盡くし、その堯の臣下となっては忠誠を盡くした。堯は天下を讓って舜に授け、（舜は）天子の位について天下に王者となっては君主としての道理を盡くした。堯舜禪讓の實情はこのとおりであった。

注

（1）〔智其能〕□□□

「弟」の直後は、A・B「釋文」・K・Mが六字の缺字とするのに從う。

（2）古者堯之𢍰𡕵也、

「𢍰」は、『說文』所收の「與」の古文とほぼ同形。『說文』舁部に「與、黨與也。从舁从与。𢍰、古文與。」とある。また信陽楚簡にもこの字と同形の字が見える。この字は、A・B「釋文」・Kはいずれも如字で解している。ここでは、馬王堆帛書『五行』第三一三～三一四行に「君子知而舉之、胃之尊賢、君子知而舉之也者、猶堯之舉舜〔也、湯〕之舉伊尹也。舉之也者、成舉之也。」とあるのによって、「舉」の假借字とする。なお、Mは「舉」に作っている。

（3）智其能紂天下之長也。

「紂」は、A・B「釋文」はいずれも「嗣」の假借字とするが、裘錫圭氏はA【注釋】〔二七〕で「事」の假借字とし、Mもそれに從っている。本字の聲符を「司」とすると、「司」は心母之部字、「嗣」は邪母之部字、「事」は精母之部字・從母之部字で、音が近いので相互に假借可能。「嗣」より「事」の方が意味が分かりやすいと考えられるので、ここでは裘氏の說に從って「事」の假借字とする。

（4）昏𡕵𢆶虖弟、〔智其能〕□□□

「𢆶」は、A・B「釋文」いずれも「慈」の假借字とする。しかし「𢆶」は影母幽部字、「慈」は從母之部字で、このままでは假借はできない。ところで、黃錫全氏は『汗簡注釋』（一七二頁）で「𢆶茲古字同形」とし、その例として、三體石經の「茲」が「𢆶」に作ることを擧げている。『金文編』（二七三頁）所收の彔伯簋の「茲」も、その字形は本字と同じ。「𢆶」と「茲」も古くは區別がなかったかも知れない。よって、本字を「茲」の異體字とすると、「茲」と「慈」は假借可能。

Nは「弟」の直後の三字の缺字に「知其能」を補っているが、ここでは、上文に「智其能𢻱天下之老也」、「智其能紂天下之長也」とあるのによって、「智其能」を補う。

（5）南面而王而下而甚君。

「而下」の「而」は、Aは「天」の錯字とするが、B「釋文」は「而（天）」に作って、異體字（?）としている。「而」と「天」は字形が類似しており、文脈的にも「天」の錯字と見てよかろう。

第十二章

本　文

古者聖人廿而（第二十五號簡）冐、卅而又家、五十而紿天下、七十而至正。三枳肰陞、耳目䏋明衰、禪天下而（第二十六號簡）叏䀏、遉而㪟其生。此以智其弗利也。（第二十七號簡）

訓　讀

古者聖人は廿にして冐（曰）し、卅（丗）にして家を又（有）ち、五十にして天下を紿（治）め、七十にして正（政）を至（致）す。[1] 三（四）枳（肢）肰（倦）陞（惰）し、耳目の䏋（聰）明衰うれば、天下を禪（禪）りて䀏（賢）に叏（授）け、遉（退）きて其の生を㪟（養）う。[2] 此を以て其の利とせざるを智（知）るなり。[3]

口語譯

昔聖人は二十歳で成人となり、三十歳で家庭を持ち、五十歳で天下を統治し、七十歳で政治の職を退いて賢者に讓った。（老衰して）四肢が疲れ、耳目の聰明さが衰えてくると、天下を讓って賢者に授け、退いて自己の身體の生命を養った。このことから（天下の利を）自分の利益としなかったことを知ることができるのである。

注

（1）古者聖人廿而冒、卅而又家、五十而紿天下、七十而至正。

「廿」は、A・B「釋文」は「二十」の假借字（あるいは異體字）とするが、『說文』十部に「廿、二十并也。古文省。」とあるように、「二十」の意。ここでは如字で解する。

「冒」は、下半分を「自」に作るが、それについてA【注釋】〔二九〕は、「自」は「目」の誤りだろうとする。下半分を「目」に作る字は、郭店楚簡『窮達以時』第三號簡に見えるが、下半分を「自」に作る字は、出土文獻では未見。「冒」の異體字であろうか。A・B「釋文」いずれも「冃」の假借字とする。諧聲符が同じであるので假借可能。また「冃」の意味について、Aの同注は、「《說文》：「小兒及蠻夷頭衣也」。《禮記・曲禮》：「二十曰弱冠。」簡文「二十而冒」，係言年二十加冠爲成人。」という。なお、『穀梁傳』文公十二年の條に「男子二十而冠」とある。

「卅」は、「卉」（『說文』卉部に「卉、三十并也。古文省。」とある。）の省字あるいは異體字であろう。同形の字は、『汗簡注釋』（一三二頁）及び『金文編』（一三六頁）を參照。『穀梁傳』文公十二年の條に「男子……三十而娶。」とある。

「至正」は、『禮記』明堂位篇に「武王崩、成王幼弱。周公踐天子之位、以治天下。……七年致政於成王。成王以周公爲有勳勞於天下。」とある（『淮南子』齊俗篇にも「七年而致政成王。」とある。ただし禪讓の意味ではない）。そこでは、「政權移讓」の意。

「七十而至正」は、『管子』戒篇に「仁從中出、義從外作。……仁故不代王、義故七十而致政。是故聖人上德而下功、尊道而賤物。」とあり、『禮記』王制・內則篇に「七十致政。」とある。

この一文は、『禮記』曲禮上篇に「人生十年曰幼。學。二十曰弱。冠。三十曰壯。有室。四十曰強。而仕。五十曰艾。服官政。六十曰耆。指使。七十曰老。而傳。……大夫七十而致事。」とあり、類似するところもなくはないが、本書は「聖人」が主語であるのに對して、曲禮上篇は「人」一般がそれである點で、兩者の觀點に相違がある。

（2）三枳朕陞、耳目䎸明衰、僮天下而受臤、逯而敊其生。

「三」は、『説文』四部に「四、陰數也。象四分之形。……𠔿、古文四。亖、籀文四。」とあるように、籀文の「四」と同形。金文に多く見られる（『金文編』、九四五～九四六頁を參照）。

「枳」は、裘錫圭氏がA【注釋】〔三〇〕で「肢」の假借字とするのに従う。

「朕」は、裘氏・B「釋文」いずれも「倦」の假借字とする。「倦」の構成要素の一つである「龹」は、『説文』の小篆は「𢍃」に作るが、「朕」の右傍は、その「𢍃」の省字あるいは異體字ではなかろうか。「朕」の右傍は、『古文四聲韻』所收の「絭」字より「糸」を除いた部分と酷似。「朕」の聲符を「龹」（「𢍃」）とすると、「倦」（「倦」は『説文』人部に「从人、卷聲。」とあり、「卷」は同卩部に「从卩、龹聲。」とある。）と諧聲符が同じであるので假借可能。

「陞」は、裘氏は「惰」の假借字とし、B「釋文」は「隋」の錯字（あるいは異體字？）とした上で、さらに「惰」の假借字とする。「隋」は、『説文』肉部に「隋、裂肉也。从肉从隓省。」とあるが、B「釋文」は「陞」を「隓」の錯字（あるいは異體字）と判斷したのであろうか。ちなみに、「隋」は邪母歌部字、「惰」は定母歌部字である。

「䎸」は、Cは、「〝昕〟字從目，午聲，字讀如〝許〟。《説文》：〝許，聽言也。〟〝耳目昕明衰〟，蓋謂耳之聽衰，目之明衰。」として、「許」の假借字とする。「耳目䎸明衰」の全體の意味は、Cの解釋でよかろう。しかし、「許」の『説文』における意味は、「ききいれる」「ゆるす」という意味で、耳の聽く能力を意味するわけではないので、「許」の假借字とすることには賛成できない。Kは「聰」の假借字とする。今はしばらくKの説に従う。

「衰」は、『説文』衣部に「衰、……森、古文衰。」とある「森」と酷似。

「逯」は、『説文』の「復」の古文に酷似。「復」は、『説文』彳部に「復、卻也。一曰、行遲也。从彳从日从夊。衲、復或、从内。逯、古文、从辵。」とあり、その段注には「今字多用古文、不用小篆。」とある。ただし、「逯」は「日」を構成要素としているが、本字は「白」を構成要素としている。字形は若干異なるが、『汗簡注釋』（一一一頁）所收の中山王壺及び『古文四聲韻』所收の古孝經の「退」字も、「白」を構成要素としている。

（3）此以智其弗利也。

この一句は、『管子』侈靡篇の「祭之時上賢者也。故君（羣）臣掌。君（羣）臣掌、則上下〔不〕均。此以知〔不〕上賢無益也。」及び『左傳』襄公二十六年の條の「古之治民者、勸賞而畏刑、恤民不倦、賞以春夏、刑以秋冬。是以將賞、爲之加膳。加膳則飫賜。此以知其勸賞也。將刑、爲之不擧。不擧則徹樂。此以知其畏刑也。夙興夜寐、朝夕臨政。此以知其恤民也。三者禮之大節也。有禮無敗。」の下線を引いた部分と同じ構文であると考えられる。よって、本句もこれらと同樣に解する。

第十三章

本文

吳陵曰、大明不出、完勿膚訇。聖（第二十七號簡）者不才上、天下扎堁。幻之至、羖不喿。䌛之至、㞽臤。忎者、爲此進（第二十八號簡）女此也。▬（第二十九號簡）

訓讀

吳（虞）陵（詩）に曰く、「大明出でざれば、完（萬）勿（物）膚（皆）な訇《かく》（揩）る。聖者上に才（在）らざれば、天下扎（必）ず堁（壞）る。[1]」と。幻（治）の至りは、不喿（肖）を羖（養）う。䌛（繇）の至りは、臤（賢）を㞽（滅）う。[2]忎（仁）者は、此れが爲に進めて此くの女（如）きなり。

口語譯

虞詩には次のようにある。「太陽と月が出なければ、萬物は皆隱れてしまう。聖人が上にいなければ、天下は必ず混亂に陷ってしまう。」と。治世の至上の狀態では、愚かなものでも生を成し遂げるようにし、（その反對に）亂世の最惡の狀態では、賢者を失ってしまうのである。仁者は、このために進めて……

……このようである。

注

（1）吳陖曰、大明不出、完勿廧匐。聖者不才上、天下朼堁、

「吳陖」は、A【注釋】〔三二〕は「似爲古書篇名。它與下引文句不見于今本古籍。裘按：「吳陖」疑當讀爲「虞詩」。」とし、Kは「"《虞詩》"，逸詩」とする。ところで、L・Pは、「陖」を「郚」に作り、「虞志」の假借字とし、『尙書』虞書の佚文とする。しかし、それを論證するために擧げている根據がいずれも說得力に乏しいと考えられるので、L・Pの說は採らない。今はしばらくAの裘按及びKの說に從って、「虞詩」の假借字とする。

「大明」は、『毛詩』大雅に篇名としてはあるが、その詩句の中に「大明」という語はない。一方、『禮記』禮器篇に「大明生於東、月生於西。此陰陽之分、夫婦之位也。」とあり、その鄭注に「大明、日也。」とあるのによれば、「太陽」の意。他方、『管子』内業篇に「鑒於大清、視於大明。」とあり、『管子纂詁』に「尹知章云、大明、日月也。」とあるのによれば、「日月」の意。同様のものに、同心術下篇に「鏡大清者、視乎大明。」とあり、同白心篇に「吾語若大明之極。大明之明、非愛人不予也。同則相從、反則相距也。」とあり、『莊子』在宥篇に「我爲女遂於大明之上矣、

至彼至陽之原也。」とある。ここでは「日月」の意味で解する。その他にも、馬王堆帛書『十六經』立命篇に「允地廣裕、吾類天大明。」とある。なお、Jは「日月」を指すというが、L・M・Pは「日」を指すという。

「完」は、裘錫圭氏はA【注釋】〔三三〕で、「或疑此字本應作「万」（卽《說文》「丏」字），讀爲「萬」。」として、「万」に作り「萬」の假借字とするが、字形から判断して、「万」（「丏」）とはほど遠い。一方、B「釋文」は「完」に作り、「萬」の假借字とする。今はしばらくB「釋文」に従って、「萬」の假借字とする。「完」は匣母元部字、「萬」は明母元部字で、音が近いので假借可能。

「虐」は、A・B「釋文」は「皆」の假借字（あるいは異體字）とするが、Mは「咸」の假借字とする。「虐」は、郭店楚簡『忠信之道』第七號簡に同形の字が見える。「皆」の異體字でよかろう。

「訇」は、A・B「釋文」は如字で解するが、K・L・Pは「暗」の假借字とし、Jは「揞」の異體字あるいは假借字とし、Mは「隱」の假借字とする。今はしばらくJの說に従って「揞」の假借字とする。

「𡐦」は、A【注釋】〔三四〕は、「簡文與《說文》「壞」字古文同。」という。「壞」は、『說文』土部に「壞、敗也。从土、褱聲。𡊁、古文、壞省。𣀔、籒文壞。」とあり、「𡊁」と「𡐦」は、左右が逆ではあるが、構成要素はほぼ同じ。「壞」の古文の異體字であろう。

（2）幻之至、技不喿。𤔔之至、㦰臤。

「不喿」は、裘錫圭氏は、A【注釋】〔三五〕で、「「不喿」疑當讀爲「不肖」。」とし、B「釋文」もそれに従っている。「喿」と「肖」はともに心母宵部字で假借可能。

「𤔔」は、「䜌」の古文の異體字ではなかろうか。本字の異體字と思われるものには「𤔔・𤔔・𤔔・𤔔」があるが（『汗簡』の「亂」、『古文四聲韻』の「亂・䜌」を參照）、その中の「𤔔」は、『說文』言部に「䜌、亂也。一曰、治也。一曰、不絕也。从言絲。𤔔、古文䜌。」とあるように、「䜌」の古文としては收錄されているが、「亂」の條にはない。

このことを考えると、本字は「䜌」の古文の異體字と見た方がよいのではなかろうか（あるいは「䜌」と「亂」は、古くは區別がなかったかもしれない。）。

「⿸厂隶」は、恐らく「滅」の異體字であろう。類似の字形は、『汗簡』所收の義雲章に「⿸厂隶」字があるが、『汗簡』は「威」字とする。しかし、『古文四聲韻』所收の崔希裕纂古の「滅」は「威」に作り、義雲章の「⿸厂隶」と字形は異なるものの、文字の構成要素は全く同じである。ここではしばらく「滅」の異體字とする。

本句の句讀の切り方について、A・B「釋文」は「幻之、至⿰扌攴不呆。嬰之、至⿸厂隶臤。」のように切るが、K・Mは「幻之至、⿰扌攴不呆。嬰之至、⿸厂隶臤。」のように切る。ここではK・Mに從う。

なお、「幻之至」の用例は、『商君書』君臣・愼法篇、『管子』權修・五行篇、『莊子』天道篇、『荀子』彊國篇、『呂氏春秋』分職篇、『韓非子』有度・用人・大體篇、『淮南子』本經篇、『春秋繁露』爵國篇などに見える。そして、「嬰之至」の用例は、『管子』山權數篇に見える。

『忠信之道』譯注

池田知久・打越龍也・岡本秀夫・三瓶高寛・德舛修・和田恭人

本書は、爲政者にとって「忠信」という德が極めて重要であることを述べた篇である。作者によれば、「忠信」は爲政者がそれを積み重ねるならば、民衆が彼に「親」しみ彼を「信」ずるという政治的な意義を有する。と同時に、それは「天地」のように根源的あるいは普遍的な働きを持つ哲學的な存在でもあって、「百工」が精善であるのも「羣物」が完成するのも、すべて「忠信」の働きによる。だからこそ、それは古代には夷狄である「蠻貉」においても行われていたのだ、などと說く。老莊學派や荀子學派の思想の影響を受けた、戰國末期の儒家に屬する者の作と考えられる。

本譯注は、池田知久監修『郭店楚簡の研究』（二）（大東文化大學郭店楚簡研究班、二〇〇〇年九月）所收の譯注（八十一～一四〇頁）を基にして、それに池田が加筆・修正を施して成ったものである。

關係論著目錄

この目錄は、『郭店楚墓竹簡』の『忠信之道』について論じた著書・論文を集めたものである。目錄の作成については、もと池田と李承律が編集した「郭店楚墓竹簡關係論著目錄」を、大東文化大學大學院生の德舛修が『忠信之道』に關して論じた論著を選び出して作成した。論文名の上に大文字のアルファベットを附したが、本譯注において左記の論文を引用する場合には、抄寫と閱讀の煩雜さを省くためにこの大文字アルファベットを用いることとする。

A　荊門市博物館『郭店楚墓竹簡』（文物出版社、一九九八年）
B　「原簡與釋文對照圖版」（８）「忠信之道」（張光裕主編・袁國華合編『郭店楚簡研究　第一卷　文字編』、藝文印書館、一九九九年）
C　李零「郭店楚簡校讀記」（陳鼓應主編『道家文化研究』第十七輯、生活・讀書・新知三聯書店、一九九九年八月）
D　李存山「先秦儒家的政治倫理教科書――讀楚簡《忠信之道》及其他」（『中國文化研究』一九九八年第四期冬之卷、一九九八年十一月。後に「讀楚簡《忠信之道》及其他」と改題して『中國哲學』編輯部・國際儒聯學術委員會編『郭店楚簡研究』（『中國哲學』第二十輯）、遼寧教育出版社、一九九九年一月）に收載。）
E　周鳳五「郭店楚簡《忠信之道》考釋」（中國文字編輯委員會編『中國文字』新廿四期、藝文印書館、一九九八年十二月）
F　趙建偉「郭店楚簡《忠信之道》、《性自命出》校釋」（『中國哲學史』一九九九年第二期、哲學研究雜誌社、一九九九年五月）
G　打越龍也・岡本秀夫・三瓶高寛・德舛修・和田恭人『忠信之道』（池田知久監修『郭店楚簡の研究』（二）、大東文化大學郭店楚簡研究班、二〇〇〇年九月）

本　文

不譌不害、忠之至也(1)。不忢弗智、信之至也(2)。忠㡿則可罕也、信㡿則可信也(3)。忠（第一號簡）信㡿而民弗罕信者、未之又也(4)。至忠女土、蠆勿而不輩(5)。至信女旹、扎至而不結(6)。忠人亡（第二號簡）譌、信人不伓(7)。君子女此、古不𡉚生、不伓死也(8)。大舊而不兪、忠之至也(9)。匋而者尙、信（第三號簡）之至也(10)。至忠亡譌、至信不伓、夫此之胃此(11)。大忠不兌、大信不异(12)。不兌而足技者、墬也。不异（第四號簡）而可螘者、天也(13)。丣天墬也者、忠信之胃此(14)。口古而實弗从(15)、君子弗言尔(16)。心〔疋而貌〕（第五號簡）罕(17)、君子弗申尔(18)。古行而鯖兌民(19)、君子弗采也(20)。三者、忠人弗乍、信人弗爲也(21)。忠之爲

（第六號簡）衍也、百工不古、而人玆䖒足。(22) 信之爲衍也、羣勿皆成、而百善䖒立。(23) 君子其它也（第七號簡）忠、古𢘽睪尃也。(24) 其言尓信、古㐀而可受也。(25) 忠、悬之實也。信、𢘽之异也。(26) 氏古古之所（第八號簡）以行庀閔嘍者、女此也。(27)（第九號簡）

訓讀

譌らず害わざるは、忠の至りなり。𢘑（欺）かず智（知）らざるは、信の至りなり。忠庲（積）めば則ち睪（親）しむ可く、信庲（積）めば則ち信ず可きなり。忠信庲（積）みて民睪（親）信せざる者は、未だ之れ又（有）らざるなり。至忠は土の女（如）く、勿（物）を蚤（爲）して輩（發）かず。至信は旹（時）の女（如）く、朼（必）ず至りて結ぼれず。忠人は譌ること亡（無）く、信人は伓（倍）かず。君子は此くの女（如）し、古（故）に㞷（苟）くも生きず、死に伓（倍）かざるなり。

大〈夫〉れ舊（久）くして兪（渝）わらざるは、忠の至りなり。匋（陶）くして尙（常）を者（睹）るは、信の至りなり。至忠は譌ること亡（無）く、至信は伓（倍）かずとは、夫れ此れの胃（謂）いなり。大忠は兌（說）かず、大信は异（期）せず。兌（說）かずして玆（養）うに足る者は、墜（地）なり。异（期）せずして䙴（要）む可き者は、天なり。天墜（地）に卯（昭）らかなる者は、忠信の胃（謂）いなり。

口古（惠）にして實从わざるは、君子は言わざるなり。心〔疋（疏）んじて貌〕睪（親）しむは、君子は申べざるなり。古（故）らに行いて民より𦩍（爭）兌（奪）するは、君子は釆（由）らざるなり。三者は、忠の人は乍（作）さず、信の人は爲さざるなり。忠の衍（道）爲るや、百工古（楛）ならずして、人玆（養）䖒（皆）な足る。信の衍（道）爲るや、羣勿（物）皆な成りて、百善䖒（皆）な立つ。

君子は其の它（施）すや忠なり、古（故）に𢘽（戀）睪（親）せらるること尃（溥）きなり。其の言や信なり、古

(故)に徂(傳)えて受く可きなり。忠は、㤅(仁)の實なり。信は、砉(義)の昇(期)なり。氏(是)の古(故)に古の閔(蠻)嘍(貉)に行わるる所以の者は、此くの女(如)きなり。

口語譯

僞ったり傷つけたりしないことは、最高の忠であり、欺いたり欺こうと考えたりしないことは、最高の信である。忠が積み重ねられれば、(民は爲政者に)親しむことができるし、信が積み重ねられれば、(民は爲政者を)信じることができる。忠信が積み重ねられても民が爲政者を親しみ信じないなどということは、今までにあったためしがない。最高の忠は土(地)のようなもので、萬物を作り出しながら安定している。最高の信は時のようなもので、必ずやって來て停滯することがない。忠の人は僞ることがないし、信の人は背くことがない。君子とはこのような人であるから、いい加減な生き方をしないし、死に背くこともないのである。

一體、時が經っても變わらないのは、最高の忠であり、長い閒、常に變わらぬものを見つめるのは、最高の信である。最高の忠は僞ることがなく、最高の信は背くことがないとは、そもそもこのことを言うのである。最高の忠は(人々に向かって)何かを説明することがなく、最高の信は(人々に對して)どんな期日をも約束しない。説明しなくても(萬物を)養うことができるものは、地である。約束しなくても(運行の)期日を求めることができるものは、天である。天地の中に輝いているものとは、忠信のことを言うのである。

口先で親切めかしたことを言いながら實際に行わないようなことは、君子は口に出して言わない。心の中で〔疎んじておきながら顏つきだけ〕親しくするようなことは、君子は述べない。目的意識的に行動を起こして民から爭奪するようなことには、君子は從わない。この三つは、忠の人は起こさないし、信の人は行わないのである。忠の道というものは、あらゆる職工が粗惡品を作ることなく、人々の生活がすべて充足することである。信の道というものは、あらゆる物がみな完成して、すべての善がみな確立することである。

君子はその行いが忠であるから、（民から）廣く慕い親しまれる。そのことばが信であるから、（民に）傳えようとすれば受け入れてもらえる。忠は、仁の實際の内容であり、信は、義の具體的な當爲である。それゆえ、上古の時代に（この忠と信が）蠻貊《ばんばく》などの異民族にも行われていたのは、以上のような事情によるのである。

注

（1）不譌不害、忠之至也。
「譌」は、底本に用いたAの「釋文」・Fは「譌」などに作り、Cは「訛」に作り、Fは「潙」に作るが、B・E・Gによって「譌」に作った。『説文解字』言部に「譌、譌言也。从言、爲聲。詩曰、民之譌言。」とあり、段玉裁は「疑當作僞言也。唐風、人之爲言、定本作僞言。箋云、爲、人爲善言以稱薦之、欲使見進用也。小雅、民之訛言。箋云、訛、僞也。人以僞言相陷入。按爲僞譌古同通用。尚書南譌、周禮注、漢書皆作南僞。」と注する。僞りのことばの意。本書では、爲政者が臣下や民に對して僞りのことばを言うことを指す。なお、本書における「忠」と「信」は、臣下や民に對する爲政者の德を言うものである。

「害」は、Aの「釋文」・E・Fは楚系文字をそのまま書いており、Cは「孚」に作るが、B・D・Gによって「害」に作った。『説文解字』宀部に「害、傷也。」とあり、傷つけるの意。Eの「注釋」（一）が「達」の字であるとし、Fが「造」と讀爲するのは、取らない。本書では、爲政者が臣下や民を傷つけることを指す。他の文獻では、『荀子』臣道篇に「若夫忠信端愨、而不害傷、則無接而不然、是仁人之質也。忠信以爲質、端愨以爲統、禮義以爲文、倫類以爲理、……而一可以爲法則。」、『韓詩外傳』卷六に「若夫忠信端愨、而不害傷、則無接而不然、是仁之質也。仁以爲質、義以爲理、開口無不可以爲人法式者。」、『墨子』號令篇に「守之所親、擧吏貞廉忠信、無害可任事者。……謹擇吏之忠信、無害可任事者、令將衞。」とあるように、「忠信」の德を持つ爲政者は人々を「害」することがないとされる。

「忠」は、『說文解字』心部に「忠、敬也。盡心曰忠。从心、中聲。」とある。本書における「忠」は、Dが指摘するとおり、爲政者に必要とされる德である。「忠之至」は、下文の「至忠」に同じ。「忠之至也」「信之至也」を含む文句は、他の文獻では、『荀子』富國篇に「故古之人爲之不然。……上下倶富、而百姓皆愛其上。人歸之如流水、親之歡如父母、爲之出死斷亡而〔不〕愉者、無它故焉、忠信調和均辨之至也。故君國長民者、……忠信均辨、說乎賞慶矣。……故先王明禮義以壹之、致忠信以愛之、尚賢使能以次之、爵服慶賞以申重之、時其事、輕其任、以調齊之、潢然兼覆之、養長之、如保赤子。」、同禮論篇に「故曰、祭者、志意思慕之情也、忠信愛敬之至也、禮節文貌之盛矣。」とある。

（2）不忎弗智、信之至也。

「忎」は、Aの「釋文」・B・Fは「惎」に作り、C・Dは「欺」に作るが、E・Gによって「忎」に作った。Eの言うとおり「欺」の異體字であろう。ここでは、爲政者が民を欺くの意。「智」は、本來は「圖版」に基づきGによって「⿱⿰矢于曰」に作るべきところである。Aの「釋文」・B・D・E・Fは「智」に作り、Cは「知」に作る。「知」（動詞）の異體字。「弗智」は、「弗」字の用法から考えて、「忎（欺）」くことを「智（知）」らないの意。「信」は、『說文解字』言部に「信、誠也。人从言。」とある。本書では「忠」と竝んで、爲政者に必要な德とされる（注（1）を參照）。

（3）忠庲則可罕也、信庲則可信也。

「庲」は、Aの「釋文」・B・E・F・Gによって「庲」に作った。C・Dが「積」に作るのは、誤り。「庲」は、『說文解字』にはない字である。Aの「釋文」【注釋】〔二〕・B・E・F・Gに從って「積」の異體字とする。以下の「庲」も同じ。

「積」は、『説文解字』禾部に「積、聚也。从禾、責聲。」とあり、聚めるの意。本書では、爲政者が「忠」と「信」の德を積み重ねることを言う場合に用いられる。類似する「積」の用例は、中國の古典的諸文獻の中では特に『荀子』に多く現れ、『荀子』のオリジナルな思想概念と言うことができる。例えば、勸學篇に「積土成山、風雨興焉、積水成淵、蛟龍生焉、積善成德、而神明自得、聖心備焉。故不積蹞步、無以至千里、不積小流、無以成江海。……爲善積邪、安有不聞者乎。」、榮辱篇に「可以爲堯禹、可以爲桀跖、可以爲工匠、可以農賈、在埶注錯習俗之所積耳。」、儒效篇に「爭之則失、讓之則至、遵道則積、夸誕則虛。故君子務脩其內、而讓之於外、務積德於身、而處之以遵道。……人無師法則隆性矣、有師法則隆積矣。而師法者、所得乎積、非所受乎性、性不足以獨立而治。性也者、吾所不能爲也、然而可化也。積也者、非吾所有也、然而可化也。注錯習俗、所以化性也、并一而不二、所以成積也。習俗移志、安久移質、并一而不二、則通於神明、參於天地矣。故積土爲山、積水而爲海、旦暮積謂之歲、至高謂之天、至下謂之地、宇中六指謂之極、涂之人百姓積善而全盡、謂之聖人。彼求之而後得、爲之而後成、積之而後高、盡之而後聖。故聖人也者、人之所積也。人積耨耕而爲農夫、積斲削而爲工匠、積反貨而爲商賈、積禮義而爲君子。工匠之子、莫不繼事、而都國之民、安習其服。居楚而楚、居越而越、居夏而夏。是非天性也、積靡使然也。故人知謹注錯、愼習俗、大積靡、則爲君子矣。」、王制篇に「雖庶人之子孫也、積文學、正身行、能屬禮義、則歸之卿相士大夫。……君子者、禮義之始也。爲之貫之、積重之、致好之者、君子之始也。……如是則彼日積斂、我日積完、彼日積貧、我日積富、彼日積勞、我日積佚。……以是待其弊、安以其國爲是者霸。」、王霸篇に「國者、天下之利用也。人主者、天下之利埶也。得道以持之、則大安也、大榮也、積美之原也。」、議兵篇に「於是有能化善、脩身正行、積禮義、尊道德、百姓莫不貴敬、莫不親譽。」、彊國篇に「積微月不勝日、時不勝月、歲不勝時。……小事之至也數、其縣日也博、其爲積也大。大事之至也希、其縣日也淺、其爲積也小。……財物貨寶、以大爲重、政教功名反是、能積微者速成。」、天論篇に「故……水火不積、則輝潤不博、……禮義不加於國家、則功名不白。」、正論篇に「天下無君、諸侯有能德明威積、海內之民、莫不

願得以爲君師。……桀紂非去天下也。……積其凶、全其惡、而天下去之也。」」、禮論篇に「故厚者、禮之積也、大者、禮之廣也、高者、禮之盡也。」」、正名篇に「後王之成名。……散名之在人者、……慮積焉、能習焉、而後成、謂之僞。」」、性惡篇に「今之人化師法、積文學、道禮義者、爲君子、縱性情、安恣睢、而違禮義者、爲小人。……聖人積思慮、習僞故、以生禮義、而起法度。……今使塗之人、伏術爲學、專心一志、思索孰察、加日縣久、積善而不息、則通於神明、參於天地矣。故聖人者、人之所積而致也。」」、大略篇に「人盡小者大、積微者著、德至者色澤洽、行盡而聲問遠。」」、宥坐篇に「孔子南適楚、厄於陳蔡之閒。……子路進問之曰、……今夫子累德積義懷美、行之日久矣。奚居之隱也。」」とある。以上の諸資料に基づくならば、『荀子』の「積」は、主に微小な「善」を日常不斷に積み重ねることを意味するが、特に荀子にオリジナルな性惡論において、人閒が「惡」である本性を矯正して「聖人」や「君子」となるための最も基本的な方法であり、だから、荀子の思想大系全體に占める位置から考えて、必要不可缺な極めて重要な概念なのである。そして、本書の「㡆」の思想は、『荀子』の「積」の思想と密切に關係しており、その直接的な影響を受けていると見ることができる。

「罙」は、C・Dは「親」に作るが、Aの「釋文」・B・F・Gによって「罙」に作った。Eは「㬰」に作る。「罙」は、『說文解字』にはない字であるが、Aの「釋文」・B・F・Gによって「親」の異體字とする。民が爲政者に「親」しむの意。以下の「罙」も同じ。「親」の異體字としての「罙」は、『郭店楚簡』では他に『唐虞之道』の第五・七・八號簡、『語叢一』の第七十八・七十九・八十・八十一號簡、『語叢二』の第八・九號簡、『語叢三』の第三十・四十號簡などに見える。

本書と同じように、爲政者の「忠」が人々の「親」を勝ち取り、その「信」が人々の「信」を勝ち取ると唱える文章の中で、特に注目に價いするのは、『荀子』榮辱篇に「故君子者、信矣而亦欲人之信己也、忠矣而亦欲人之親己也、脩正治辨矣、而亦欲人之善己也。」とあるものである。これによれば、「君子」とは、自己を「信」にした上で人々から「信」じられることを願い、自己を「忠」にした上で人々から「親」しまれることを願う者である。この文章に示された「君子」像が、本書で理想とされる「君子」像に甚だ近いものであることは、自明ではなかろうか。ちなみに、本書とほぼ同じように、爲政者の「信」の德が人々の「親」しみを勝ち取る上で重要であるのみならず、「信」の德は「天」「地」などといった世界の根源的または普遍的な存在のあり方でもあるとする主張が、戰國末期に成書された『呂氏春秋』貴信篇に記されている。――「凡人主必信、信而又信、誰人不親。……天行不信、不能成歲。地行不信、草木不大。……天地之大、四時之化、而猶不能以不信成物、又況乎人事。……百工不信、則器械苦僞、丹漆染色不貞。……信而又信、重襲於身、乃通於天。」。この文章も、また本書の「忠信」の思想と密切に關係する。

（4）忠信㡯而民弗睪信者、未之又也。

「忠」と「信」とを合わせた「忠信」ということばは、古典の中では儒家文獻に多く現れる。それらの多くは、一般的に言って、臣下や民などの下位者が君主などの上位者に對して有する德であるが、しかし本書と同樣、上位者の下位者に對する德とされる「忠信」もまた存在する。そうした例の中で、本書と同樣に、爲政者の「忠信」が「民」「百姓」の信頼を勝ち取ることを可能にすると主張する例としては、『禮記』檀弓下篇に「哀公……曰、有虞氏未施信於民、而民信之。……何施而得斯於民也。對曰、……苟無禮義忠信誠愨之心、以涖之、雖固結之、民其不解乎。」、『荀子』脩身篇に「體恭敬而心忠信、術禮義而情愛人、横行天下、雖困四夷、人莫不貴。」、同富國篇に「故古之人爲之不然。……上下俱富、而百姓皆愛其上。人歸之如流水、親之歡如父母、爲之出死斷亡而〔不〕愉者、無它故焉、忠信調和均辨之至也。故國君長民者、……忠信均辨、説乎賞慶矣。……故先王明禮義以壹之、致忠信以愛之、尙賢使能以次之、爵服慶賞以申重之。時其事、輕其任、以調齊之、潢然兼覆之、養長之、如保赤子。」、同王霸篇に「故百里之地、足以竭埶矣。致忠信、箸仁義、足以竭人矣。兩者合而天下取、諸侯後同者先危。……用國者、得百姓之力者富、得百姓之死者彊、得百姓之譽者榮。……故厚德音以先之、明禮義以道之、致忠信以愛之、賞賢使能以次之、爵服賞慶以申重之。時其事、經其任、以調齊之、潢然兼覆之、養長之、如保赤子。……是故百姓貴之如帝、親之如父母、爲之出死斷亡而不愉（偸）者、無它故焉、道德誠明、利澤誠厚也。」、同議兵篇に「爲人主上者也、其所以接下之百姓者、無禮義忠信、焉慮率用賞慶刑罰埶詐、除阨其下、獲其功用而已矣。……故厚德音以先之、明禮義以道之、致忠信以愛之、尙賢使能以次之、爵服慶賞以申之。時其事、輕其任、以調齊之、長養之、如保赤子。」、同彊國篇に「人之所好者何也。曰、禮義辭讓忠信是也。……道也者何也。曰、禮義辭讓忠信是也。」、『韓詩外傳』卷六に「子路治蒲三年、孔子過之、……入其邑曰、善哉、由忠信以寬矣。……孔子曰、我……入其邑、墉屋甚尊、樹木甚茂。此忠信以寬、故其民不偸。」、同卷十に「鮑叔薦管仲曰、臣所不如管夷吾者五。……忠信可結於百姓、臣弗如也。」とある。以上の諸資料に基づいて、本書の「忠信」の思想は『荀子』およびその周邊の「忠信」の思想と深い關係で繋がっていると言うことができる。

　また、儒家以外の文獻に現れる「忠信」も相當多い。それらの中で、本書と同樣に、爲政者の「忠信」が「民」「百姓」の信賴を勝ち取ることを可能にすると唱える例としては、『管子』霸形篇に「桓公……近者示之以忠信、遠者示之以禮義、行此數年、而民歸之如流水。」、『韓非子』難一篇に「晉文公將與楚人戰。……舅犯曰、臣聞之、繁禮君子、不厭忠信、戰陣之閒、不厭詐僞。君其詐之而已矣。……或曰、……舅犯曰、繁禮君子、不厭忠信者、忠所以愛其下也。信所以不欺其民也。夫既以愛而不欺矣、言孰善於此。」、『墨子』節用中篇に「子墨子言曰、古者明王聖人所以王天下、正諸侯者、彼其愛民謹忠、利民謹厚、忠信相連、又示之以利、是以終身不饜、歿世而不卷。」、『呂氏春秋』誠廉篇に「昔者神農氏之有天下也、……其於人也、忠信盡治而無求焉。」、『淮南子』繆稱篇に「身君子之言、信也。中君子之意、忠也。忠信形於內、感動應於外。故禹執干戚舞於兩階之閒、而三苗服。」とある。ちなみに、本書上文の「忠之至也」「信之至也」に類似する表現がただ『荀子』だけに現れていて、諸他の文獻には全然現れていないことも、注意しなければならない事實である。すなわち、『荀子』富國篇（上引）に「忠信調和均辨之至也」とあり、同禮論篇に「忠信愛敬之至矣」とあるのがそれである。

「又」は、C・Dは「有」に作るが、Aの「釋文」・B・E・F・Gによって「又」に作った。「有」と通假する字である。

一文は、上文の「忠庡則可罕也、信庡則可信也。」を總括したもの。「忠信」の德を有する爲政者に對して、「民」が必ず「罕」しみ「信」ずることを强調する。

（5）至忠女土、⿱爲䖵勿而不輩。

「至忠」「至信」は、上文の「忠之至也」「信之至也」の縮約表現。『荀子』に七例（富國篇二例、王霸篇二例、君道篇一例、議兵篇一例、子道篇一例）現れる「致忠信」の「致」は、これらの「至」を動詞として用いたものである。

「女」は、C・Dは「如」に作るが、Aの「釋文」・B・E・F・Gによって「女」に作った。「女」は、Aの「釋文」・B・E・F・Gに從って、「如」の省字または假借字とする。以下のいくつかの「女」も同じ。『郭店楚簡』中の「女」を「如」と讀爲する例としては、王弼本『老子』第六十四章の「愼終如始」に相當する部分を、郭店楚簡『老子』甲本が「新冬女忌」に作っていることが擧げられる。「土」は、下文の第四・五號簡の「墜（地）」の類義語であり、次の「旹（時）」が下文の第五號簡の「天」の類義語であるのと對をなす。

「⿱爲䖵」は、Aの「釋文」・B・Fは「蟡」、Cは「化」、Dは「爲」または「化」にそれぞれ作るが、E・Gに從って「⿱爲䖵」に作った。「⿱爲䖵」の意味は、Aの「釋文」【注釋】〔三〕所引の裘錫圭・Eは「化」の假借字とするが、Aの「釋文」・B・F・Gを參照して「爲」の假借字とする。「⿱爲䖵勿」は、下文の第七號簡に「羣勿皆成」のように受けられており、ここの「⿱爲䖵」は後者の「成」に相當する。なお、池田知久『郭店楚簡老子研究』（東京大學文學部中國思想文化學研究室、一九九九年十一月）は、郭店楚簡『老子』甲本第五十七章（第三十二號簡）の「⿱爲䖵」と同甲本第三十七章（第十三號簡）の「𢡺」も、「爲」と讀爲すべきだと主張する。ただし、郭店楚簡『老子』甲本第五十七章の「⿱爲䖵」は、馬王堆帛書『老子』甲本・乙本ともに「化」に作り、郭店楚簡『老子』第三十七章の「憍」は、馬王堆帛書『老子』甲本は「憍」に作り、同乙本は「化」に作る。本書の「蚤」を「化」と讀爲する説について見ると、裘錫圭はAの「釋文」【注釋】〔三〕で「「蟡」疑當讀爲「化」，「癹（發）」疑當讀爲「伐」。此句蓋謂土地化生萬物而不自伐其功，故爲忠之至。」とし、Cの【校讀】2章は「原文上言〝化物而不伐〞，下言〝人養皆足〞，正與此合。」と述べ、Eの「注釋」（二）も裘錫圭の説を支持して「爲、化古韻同在歌部，聲母匣、曉同屬喉音，可通。譌或作訛，卽爲顯證。」と唱える。郭錫良『漢字古音手册』（北京大學出版社、一九八六年十一月）によれば、「爲」は匣母歌韻であり、「化」は曉母歌韻である。しかし、この部分の「蚤勿而不輩」という「忠」の性質は、上文の「不譌不害」とほぼ同じでなければならず、それゆえに裘錫圭の説は適當とは思われない。

「勿」は、C・Dは「物」に作るが、Aの「釋文」・B・E・F・Gによって「勿」に作った。Aの「釋文」・B・E・F・Gに從って「物」の省字または假借字。郭錫良『漢字古音手册』によれば、「勿」「物」の二字はともに明母物韻である。以下の「勿」も同じ。ちなみに、『郭店楚簡』中の「勿」を「物」と讀爲する例としては、王弼本『老子』第三十七章の「萬物將自化」に相當する部分を、郭店楚簡『老子』甲本が「而萬勿𤖯自憍」に作ることが擧げられる。

「輩」は、Aの「釋文」【注釋】〔三〕所引の裘錫圭は「癹」、C・Dは「伐」、Eは「肇」、Fは「韭」にそれぞれ作るが、Aの「釋文」・B・Gによって「輩」に作った。「輩」は、Aの「釋文」【注釋】〔三〕・B・Gによって「發」の異體字。その「發」は、動いて定まらないの意。王弼本『老子』第三十九章に「天無以淸、將恐裂。地無以寧、將恐發。」とあり、林希逸『老子鬳齋口義』は「發、言動而不定也。」と解釋する。「蚤勿而不輩」は、「土」が萬物を作り出しながら動搖することがないように、「至忠」は萬事を成しとげて人々を僞ったり傷つけたりしない、ということ。『禮記』樂記篇の「禮居成物。……著不動者地也。」に相當する句である（注（6）に引用）。

（6）至信女旹、朼至而不結。

「旹」は、Aの「釋文」・B・Fは「峕」に作り、C・D・Eは「時」に作るが、Aの「圖版」によりGに従って「旹」に作った。「旹」は、「時」の古文の一種であろうか。『說文解字』日部に「時、四時也。从日、寺聲。旹、古文時。从日之作。」とある。

「朼」は、Cは「畢」に作り、Dは「杙」に作るが、Aの「釋文」・B・E・F・Gによって「朼」に作った。B・E・Gによって「必」の異體字とする。なお、Cの【校讀】1章も、原字の「朼」を「必」の異體字としている。「朼」の字は、E・Fの指摘するとおり、『郭店楚簡』では他に二つ現れる。『唐虞之道』第二〜三號簡に「身窮不䵣（均）、及而弗利、窮𢗚（仁）款（矣）。朼（必）正其身、肰（然）后（後）正世、聖（聖）道備款（矣）。」、同第二十七〜二十八號簡に「聖者不才（在）上、天下朼（必）壞。幻（治）之、至羖（養）不杲（肖）、亂之、至滅臤（賢）。」とあるのがそれである。

「結」は、凝結・滯結の意であろう。「朼至而不結」は、「旹」が必ずやって來て停滯することがないように、「至信」は必ず言ったことを行って人々を欺かない、ということ。『禮記』樂記篇の「樂著大始、……著不息者天也。」に相當する句と言うことができようか（本注の下文に引用）。

以上の兩文は、上文の「忠之至」「信之至」を受け、「至忠」「至信」がそれぞれ「土」「旹（時）」に似ているとして、その哲學的形而上學的な性質を述べたもの。これらの「土」「旹（時）」は、下文においてそれぞれ「墜（地）」「天」と言い換えられる。本書のように、「忠信」などの人間・社會の道德を、人間・社會に屬するものでありながら、同時に「土・旹」または「墜・天」などといった世界の根源的普遍的な存在のあり方でもあるとする主張は、戰國後期〜末期の道家哲學の影響を受けた文章の中に多く現れる。儒家の文獻の中では、『左傳』昭公二十五年に「對曰、吉也聞諸先大夫子產曰、夫禮、天之經也、地之義也、民之行也。天地之經、而民實則之。則天之明、因地之性、生其

六氣、用其五行。……簡子曰、甚哉、禮之大也。對曰、禮、上下之紀、天地之經緯也、民之所以生也、是以先王尚之。」、『荀子』禮論篇に「禮有三本。天地者、生之本也。先祖者、類之本也。君師者、治之本也。……故禮、上事天、下事地、尊先祖而隆君師、是禮之三本也。」、『孝經』三才章に「子曰、夫孝、天之經也、地之義也、民之行也。天地之經、而民是則之。則天之明、因地之利、以順天下。」、『禮記』禮運篇に「孔子曰、夫禮、先王以承天之道、以治人之情。……是故夫禮必本於天、殽於地、列於鬼神、達於喪祭射御、冠昏朝聘。……是故夫禮必本於大一、分而爲天地、轉而爲陰陽、變而爲四時、列而爲鬼神。……夫禮必本於天、動而之地、列而之事、變而從時、協於分藝。」、同樂記篇に「樂者、天地之和也。禮者、天地之序也。……樂由天作、禮以地制。……明於天地、然後能興禮樂也。……及夫禮樂之極乎天、而蟠乎地、行乎陰陽、而通乎鬼神、窮高極遠、而測深厚。樂著大始、而禮居成物。著不息者天也、著不動者地也。一動一靜者、天地之閒也。故聖人曰禮樂云。」、同中庸篇に「誠者、天之道也。誠之者、人之道也。」、『春秋繁露』五行對篇に「孝經曰、夫孝、天之經、地之義。何謂也。……由此觀之、父授之、子受之、乃天之道也。故曰、夫孝者、天之經也、此之謂也。……天經既得聞之矣、願聞地之義。對曰、……故下事上、如地事天也、可謂大忠矣。土者、……忠臣之義、孝子之行取之土。土者、……此謂孝者地之義也。」とある。

（7）忠人亡譌、信人不伓。

「亡」は、Cは「無」に作るが、Aの「釋文」・B・E・F・Gによって「亡」に作った。「亡」は、「無」の假借字。『説文解字』亡部に「亡、逃也。从入乚。」とあり、段玉裁『説文解字注』は「亦叚爲有無之無。雙聲相借也。」とする。以下の「亡」も同じ。「信人」ということばは、他の文獻では『孟子』盡心下篇に一例、『墨子』號令篇に三例、『戰國策』燕策一に一例（ただし「不信人」）見える。

「伓」は、Cは「負」に作り、Eは「倍」に作るが、Aの「釋文」・B・F・Gによって「伓」に作った。「伓」は、『説文解字』にはない字。『集韻』に「伓、山名。」とあるが、それではこの場合意味が通じない。その意味は、Aの

「釋文」・B・Fは「背」の假借字とするが、Gによって「倍」の假借字とした。以下の「伓」も同じ。『説文解字』人部に「倍、反也。从人、咅聲。」とある。郭錫良『漢字古音手册』によれば、「伓」は滂母之韻、「倍」は竝母之韻、「背」は幫母職韻である。

（8）君子女此、古不⿱古王生、不伓死也。

「君子」の字は、「圖版」によれば合文であり、實際には一字である。「古」は、Cは「故」に作るが、Aの「釋文」・B・E・F・Gによって「古」に作った。「古」は、Aの「釋文」・B・E・F・Gに従って「故」の省字または假借字とする。郭錫良『漢字古音手册』によれば、「古」「故」の二字はともに見母魚韻である。以下の「古」も同じ。「⿱古王」は、Cは「誑」に作るが、Aの「釋文」・B・E・F・Gによって「⿱古王」に作った。「⿱古王」は、Aの「釋文」【注釋】〔五〕所引の裘錫圭は「皇」の別體で「誑」の假借字、Bは「皇」の字で「枉」の假借字、Eは「辜」の字で「孤」の假借字、Fは「誆」の訛變で「誑」の或體、とそれぞれするが、Gに従って「苟」の假借字とした。「⿱古王」字の中に含まれる「古」が聲符であるとすると、郭錫良『漢字古音手册』によれば、「古」は見母魚韻、「苟」は見母侯韻である。「⿱古王（苟）生」は、「忠信」の德に反していい加減に生きること。他の文獻では、『荀子』禮論篇に「孰知夫出死要節之所以養生也。……故人苟生之爲見、若者必死。」、『莊子』達生篇に「自爲謀、則苟生有軒冕之尊、死得於滕楯之上、聚僂之中、則爲之。」、『商君書』畫策篇に「聖人有必信之性、又有使天下不得不信之法。……非其義也、餓不苟食、死不苟生。此乃有法之常也。」、『墨子』非儒下篇に「孔某曰、……曩與女爲苟生、今與女爲苟義。」、『史記』禮書に「孰知夫出死要節之所以養生也。……人苟生之爲見、若者必死。」、同日者列傳に「夫家之教子孫、當視其所以好、好含苟生活之道、因而成之。」、『論衡』齊世篇に「語稱上世之人、重義輕身、遭忠義之事、得己所當赴死之分明也、則必赴湯趨鋒、死不顧恨。……今世趨利苟生、棄義妄得、不相勉以義、不相激以行、義廢身不以爲累、行隳事不以相畏。」、『鹽鐵論』周秦篇に「今無行之人、貪利以陷其身、蒙戮辱而捐禮義、恆於苟生。」とある、等々。

「死」は、Aの「釋文」・B・C・E・Fに從って「死」に作った。Gは「圖版」によって楚系文字の異體字に作る。「不伓死」は、「忠信」の德を持つ人は、死すべき狀況に遭遇した場合、生に執着しないでいさぎよく死ぬの意。上に引用した『論衡』齊世篇に「語稱上世之人、重義輕身、遭忠義之事、得己所當赴死之分明也、則必赴湯趨鋒、死不顧恨。」とあるのとほぼ同じ趣旨。また、注（4）に引用した『荀子』王霸篇に「用國者、得百姓之力者富、得百姓之死者彊、得百姓之譽者榮。……是故百姓貴之如帝、親之如父母、爲之出死斷亡而不愉（偸）者、無它故焉、道德誠明、利澤誠厚也。」、同議兵篇に「故賞慶刑罰埶詐、不足以盡人之力、致人之死。」とあるのは、ほぼ同じ事實を爲政者サイドから客觀的に述べた文章である。

一文は、上文の「忠人」と「信人」を總括して「君子」と言い換え、また上文の「亡譌」「不伓」をそれぞれ分かりやすく「不亯生」「不伓死」と具體化して表現したものである。

（9）大舊而不俞、忠之至也。

「大」は、Aの「圖版」によれば、Aの「釋文」・B・E・F・Gの言うように、まちがいなく「大」の字である。Cが「太」に作るのは、誤り。しかし、その「大」は、「舊而不俞」と「匋而者尙」が對句をなすことから判斷して、「夫」の錯字であろうと思われる。

「舊」は、Aの「釋文」・B・E・Gの言うように「舊」の字。C・Fが「久」に作るのは、誤り。その意味は、E・Gによって「久」の假借字。『小爾雅』廣詁に「舊、久也。」とある。郭錫良『漢字古音手册』によれば、「舊」は群母之部、「久」は見母之部にそれぞれ屬しており、古音が近いために假借することが可能である。藤堂明保『漢字語源辭典』之部・蒸部も、「舊」と「久」とを同じ單語家族に入れており、發音が近いことを明らかにする。また、朱駿聲『說文通訓定聲』は、「舊、叚借爲久。」とした上で、「舊」を「久」の假借字とする用例をいくつか擧げているが、そのような用例をさらに追加すれば、『尙書』畢命篇に「茲殷庶士、席寵惟舊。」とあるのに對して、孔安國傳は「此殷庶士、居寵日久。」と解釋する。また『毛詩』大雅抑篇に「於乎小子、告爾舊止。」とあるのに對して、鄭玄箋は「舊、久也。」と注釋する。なお、『郭店楚簡』では『老子』甲本第四十四章（第三十七號簡）に「可以長舊」とあるが、この「舊」も「久」の假借字である。

「兪」は、Aの「釋文」・B・E・F・Gの言うように「兪」の字。Cが「渝」に作るのは、誤り。その意味は、Aの「釋文」・B・E・F・Gによって「渝」の假借字または省字。『説文解字』水部に「渝、變汚也。从水、兪聲。」とある。なお、『郭店楚簡』において、「兪」の字を「渝」と讀爲する例は、ここ一箇所だけのようである。「舊（久）而不兪（渝）」の句は、『淮南子』原道篇に「是故得道者、……新而不朗、久而不渝。」、同泰族篇に「天地所包、陰陽所嘔、雨露所濡、以生萬物〈殊〉、……摩而不玩、久而不渝、……此之謂大巧。」とある。これらの資料によれば、「舊（久）而不兪（渝）」は、「道」「神明」「天地」などのあり方を説明する哲學的形而上學的な句である。

この一文は、ほぼ同じ趣旨の文を含む文章が、『管子』小問篇に「管子對曰、質信極忠、嚴以有禮、愼此四者、所以行之也。……信也者、民信之。忠也者、民懷之。……語曰、澤命不渝、信也。非其所欲、勿施於人、仁〈忠〉也。堅中正外、嚴也。質信以讓、禮也。」とある。ちなみに、近年『管子』の研究で重要な成果を擧げた金谷治『管子の研究』（岩波書店、一九八七年七月）は、小問篇を「秦・漢の際ないし漢初の雜集」とする（三三一頁）。

（10）匋而者尙、信之至也。

「匋」は、Aの「釋文」・B・F・Gに從って「匋」に作った。Cは「陶」に作り、Eは楚系文字をそのまま書き寫すが、いずれも不適當。「匋」は、『説文解字』缶部に「匋、作瓦器也。从缶、包省聲。」とあり、『玉篇』に「匋、作瓦器。今作陶。」とあるが、それでは意味が通じない。朱駿聲『説文通訓定聲』に「陶、叚借爲匋。」とあるのによって、「陶」の省字または假借字と見なすことができよう。その意味は、長いさま。上文の「舊」と竝び、かつほぼ同じ意味ではなかろうか。『楚辭』、王逸の九思篇の「哀歲」に「冬夜兮陶陶」とあり、その注に「長貌。」とある。C

の「校讀」2章は「長養化育」の意とし、Eは「達」と讀爲し、Fは「陶」の古字で「由」の意とするが、いずれも取らない。

「而」は、Aの「釋文」・B・C・E・Gによった。Fが「天」の字に作ろうとするのは、不適當。明らかに上下の兩文が對をなすからである。「者」は、Aの「釋文」・B・E・F・Gの言うように「者」の字。Cが「睹」に作るのは、誤り。その意味は、「睹」の省字または假借字。『說文解字』目部に「睹、見也。从目、者聲。」とある。藤堂明保『漢字語源辭典』魚部・陽部も、「者」と「睹」とを同じ單語家族に入れて、發音が近いことを明らかにする。「尙」は、Aの「釋文」・B・E・F・Gの言うように「尙」の字。Cが「常」に作るのは、誤り。その意味は、「常」の省字または假借字。『說文解字』巾部に「常、下帬也。从巾、尙聲。」とある。郭錫良『漢字古音手册』によれば、「尙」と「常」はともに禪母陽部に屬し、古音が同じ。「者尙」の二字は、Eは「常を主とす」と讀み、Fは「之常」（の常）と讀むが、いずれも取らない。

「者（睹）尙（常）」に類似する表現を他の文獻から集めてみると、『管子』小問篇に「桓公曰、寡人睹其善也、何爲其寡也。」、『莊子』在宥篇に「覩有者昔之君子、覩无者天地之友。」、同則陽篇に「覩道之人、不隨其所廢、不原其所起。此議之所止。」、『淮南子』精神篇に「故覩堯之道、乃知天下之輕也。」、同主術篇に「故通於本者、不亂於未〈末〉、覩於要者、不惑於詳。」、同人閒篇に「見本而知末、觀指而睹歸、執一而應萬、握要而治詳、謂之術。」とある。これらの資料を參考にして考えるならば、「匋（陶）而者（睹）尙（常）」は、絶えず變化する現象の向こう側にある不變の眞實をじっくりと見つめる、ということ。

（11）至忠亡譌、至信不伓、夫此之胃此。

「胃」は、Aの「釋文」・B・E・Gの言うように「胃」の字。Cが「謂」に作るのは、誤り。その意味は、Aの「釋文」・B・E・Gの言うとおり「謂」の省字または假借字。以下の「胃」も同じ。「此」（下）は、Aの「釋文」・

B・C・E・Gの言うように、「此」の字である。その意味は、「止」に同じ。『毛詩』小雅采薇篇に「薇亦作止」とあり、同小雅楚茨篇に「神具醉止」とあるように、文末の語氣詞である（王引之『經傳釋詞』弟九を參照）。以下の「此」も同じ。

一文は、上文の「忠人亡譌、信人不伓。」を受けて「至忠亡譌、至信不伓。」と言い換え、その内容を確認したもの。「此」（上）は、そのすぐ下文の「君子女此、古不𡈼生、不伓死也。……匋而者尙、信之至也。」を指している。

（12）大忠不兑、大信不昪。

「大忠」「大信」の意味は、上文の「至忠」「至信」とまったく同じ。「大忠」ということばは、他の文獻では、『荀子』臣道篇に「有大忠者、有次忠者、有下忠者、有國賊者。以德復君而化之、大忠也。」とあり、これとほぼ同じ文章が『韓詩外傳』巻四にも見える。「兑」は、Aの「釋文」・B・E・F・Gの言うように「兑」の字。Cが「說」に作り、Dが「悅」に作るのは、誤り。その意味は、Aの「釋文」・B・E・Fは「奪」の假借字とするが、Aの「釋文」【注釋】〔七〕所引の裘錫圭の言うとおり、「說」の省字または假借字。「不兑」は、かくかくと詳しく說明することはない、の意。すぐ下文（第四號簡）の「兑」も同じ。

「昪」は、Aの「釋文」・B・E・F・Gの言うとおり「昪」の字。C・Dが「期」に作るのは、誤り。その意味は、Aの「釋文」・B・E・F・Gによって「期」の異體字。同じ「昪」の字は、本書では、すぐ下文（第四號簡）に出るものを除けば、他に第八號簡にも現れる。これらの「昪」に意味が近い例としては、『荀子』不苟篇に「四時不言而百姓期焉。夫此有常、以至其誠者也。」とある。「不昪」は、ものごとを行う期日を、しかじかと具體的に約束することはない、の意。「大信不昪」という句は、『禮記』學記篇に「君子曰、大德不官、大道不器、大信不約、大時不齊。」とある、その「大信不約」とほぼ同じ意味。本書も『禮記』學記篇も言うまでもなく儒家の書ではありながら、ともに道家思想が流行した後に出てその強い影響を蒙ったので、このような『老子』風の逆說的な表現になったのである。

(13) 不兌而足𢻱者、墜也。不昇而可𩵋者、天也。

「𢻱」は、Aの「釋文」・B・F・Gの言うとおり「𢻱」の字。Eは「𢻱」に作る。C・Dが「養」に作るのは、誤り。その意味は、Aの「釋文」・B・F・Gに從って「養」の古文。『說文解字』食部に「養、供養也。从食、羊聲。𢻱、古文養。」とある。下文（第七號簡）の「𢻱」も同じ。「墜」は、Aの「釋文」・E・Fは「墜」に作るが、不正確。Aの「圖版」を見れば、下文（第五號簡）の「墜」と同じ字形と判斷することができる。Dが「地」に作るのは、誤り。B・Gに從って「墜」に作った。その意味は、B・Gの言うとおり「地」の異體字。

　前半の一文の大意は、かくかくと詳しく説明することはないが、人々の生命を十分に養うことができる存在が「墜（地）」に他ならない、ということ。

「𩵋」は、Aの「釋文」・B・F・Gの言うとおり「𩵋」の字。Cが「婁」に作って「遇」の假借字とし、D・Eが「要」に作る（ただし、Dは「約」の意とする。）のは、ともに不適當。『說文解字』にない字であるが、Aの「釋文」【注釋】〔一〇〕所引の裘錫圭の言うように「要」の異體字。ただし、その「要」は、裘錫圭・Fが「約」の意としたのよりも、求めるの意とする方がよいと思う。

　後半の一文の大意は、ものごとを行う期日をしかじかと具體的に約束することはないが、人々がその期日を求めた場合きちんと捉えることができる存在が「天」に他ならない、ということ。なお、後半の一文の句讀については、Aの「釋文」・Bは「可𩵋者」までを一句とし、「天也」を下句に屬させるが、それでは文意が通じない。この一文は上文の「不兌而足𢻱者、墜也。」と對をなすから、C・D・E・F・Gの言うように、「天也」までを一文とするのが適當である。

(14) 𨚗天墜也者、忠信之胃此。

「𨚗」は、Aの「釋文」・B・Fは「卬」に作り、Cは「似」に作り、Eは「僎」に作るが、袁國華「郭店楚簡「𨚗」、

「其」、「卡」諸字考釋」（『中國文字』新廿五期所收、藝文印書館、一九九九年十二月）に従って「卯」に作った。その意味は、Aの「釋文」・B・Dは「節」の意とし、Eは「順」の意とし、Fは「則」の意とするが、袁國華に従って「昭」の意とする。

一文の大意は、世界における「天墜（地）」という最も根源的あるいは普遍的な存在の中で光り輝くものとは、「忠信」のことを言うのだ、ということ。他の文獻では、『墨子』尙賢中篇に「周頌道之曰、聖人之德、若天之高、若地之普、其有昭於天下也。若地之固、若山之承、不坼不崩。若日之光、若月之明、與天地同常。則此言聖人之德、章明博大、埴固以脩久也。故聖人之德蓋總乎天地者也。」とあって、參考にすることができる。

（15）口古而實弗从、

「古」は、Aの「圖版」、Fは楚系文字のままとし、Aの「釋文」【注釋】〔一二〕所引の裘錫圭は「叀」、Bは「甶」、C・Dは「惠」にそれぞれ作るが、「圖版」に基づいてE・Gの言うように「古」に作った。その意味は、E・Gの言うとおり「惠」の省字または異體字。「惠」は、郭忠恕『汗簡』（廣文書局影印本、一九七四年三月）卷中之二第四、および夏竦『古文四聲韻』（學海出版社影印本、一九七八年五月）卷四の揭出している文字が、「心」旁を除くと『忠信之道』の「古」に字形が近い。

「弗」は、Aの「釋文」・B・C・E・F・Gによって「弗」に作る。Dが「不」に作るのは、誤り。「从」は、Aの「釋文」・B・D・E・F・Gによって「从」に作る。Cが「從」に作るのは、不適當。「从」は、『說文解字』从部に「从、相聽也。从二人。凡从之屬、皆从从。」、「從」は、同从部に「從、隨行也。从辵从、从亦聲。」とある。Aの「釋文」・B・Eは「從」の假借字とするが、D・F・Gの言うように如字に解すべきである。

一句は、これと類似する表現が『韓詩外傳』卷五に「傳曰、驕溢之君寡忠、口惠之人鮮信。」とあり、またEの指摘するように、『禮記』表記篇に「子曰、口惠而實不至、怨菑及其身。是故君子與其有諾責也、寧有已怨。……子曰、君子不以色親人。情疏而貌親、在小人、則穿窬之盜也與。」とある。

（16）君子弗言尓。

「尓」は、Eは「爾」と讀爲するが、そうではなく、「也」の異體字である。この句より以下の「君子弗言尓」と「君子弗申尓」と「君子弗采也」との三句が對をなし、また、下文の「君子其它也忠」と「其言尓信」の二句も對をなしていることから、「尓」は「也」と同じ字と見なさなければならない（下文の注（25）を參照）。

（17）心〔疋而貌〕罫、

「心」の下は、Aの「圖版」を見ると三字の缺字がある。Aの「釋文」【注釋】〔一三〕所引の裘錫圭は「疋」の字の大半は見えるとした上で「而口（または貌）」の二字を、C・D・Fは「疏而貌」の三字を、Eは「疋」の字を見えるとした上で「而形」の二字を、それぞれ補う。ここでは裘錫圭の説を參照して、「疋而貌」の三字を補った。類似する表現が、Eの指摘するように、『禮記』表記篇（注（15）に既引）にあるからである。「疋」は、「疏」の省字。

（18）君子弗申尓。

「申」は、『六書略』に「申、以書告上也。从丨象書、从臼捧持也。」とある。Fは「陳」に通ずるとする。

（19）古行而鯖兌民、

「古」は、Aの「釋文」・B・E・F・Gによって「古」に作る。Cが「故」に作るのは、誤り。「古」は、Aの「釋文」・B・Eの言うように「故」の假借字または省字。ただし、「ゆえ」の意ではなく、「ことさら」の意であろう。Fが「苦」と讀爲するのは、取らない。

「鯖」は、Aの「釋文」・B・E・F・Gによって「鯖」に作る。Cが「爭」に作るのは、誤り。その意味は、Eの言うように「爭」の假借字であろう。Dは「征」の假借字とし、Fは「請」の假借字とする。郭錫良『漢字古音手册』によれば、「鯖」は清母耕韻、「爭」は莊母耕韻であり、古音が近いので通假することは可能である。

「兌」は、Aの「釋文」・B・E・F・Gによって「兌」に作る。C・Dが「悦」に作るのは、誤り。その意味は、Aの「釋文」【注釋】〔一五〕所引の裘錫圭・Fは「悦」の假借字とするが、E・Gの言うとおり「奪」の假借字であろう。同じ「兌」の文字は、上文（第四號簡）に既出。ただし、意味は異なる。

(20) 君子弗采也。

「采」は、Aの「釋文」・B・E・F・Gによって「采」に作った。C・Dが「由」に作るのは、誤り。その意味は、Aの「釋文」【注釋】〔一五〕所引の裘錫圭・B・E・F・Gによって「由」の假借字または異體字とする。

(21) 三者、忠人弗乍、信人弗爲也。

「三者」は、上文の「口古而實弗从」と「心〔疋而貌〕罣」と「古行而鯖兌民」の三つを指す。「乍」は、Aの「釋文」・B・E・F・Gによって「乍」に作った。Cが「作」に作るのは、誤り。その意味は、Aの「釋文」・B・E・F・Gによって「作」の省字または假借字。

(22) 忠之爲衍也、百工不古、而人技膚足。

「衍」は、C・Dは「道」に作るが、Aの「釋文」・B・E・Gによって「衍」に作った。その意味は、Aの「釋文」・B・E・Gに從って「道」の異體字。

「古」は、C・Dが「楛」に作るのは、誤り。Aの「釋文」・B・E・Gに從って「古」に作った。その意味は、Aの「釋文」・E・Gに從って「楛」の假借字。Aの「釋文」【注釋】〔一六〕所引の裘錫圭が指摘するように、『荀子』王霸篇に「儒者爲之不然、必將曲辨。……百工將時斬伐、佻其期日、而利其巧任。如是、則百工莫不忠信而不楛矣。……百工忠信而不楛、則器用巧便而財不匱矣。……此儒之所謂曲辨也。」とあり、これは、「忠」または「忠信」の德を持った「百工」は仕事をしても粗惡品を作らず、それゆえ器物は精巧で財物も豐かになることを述べた文章であるが、その思想はこの一文と大體のところ同じであり、明らかに本書との閒に密切な關係がある。その他、同彊國篇に「應侯問孫卿子曰、入秦何見。孫卿子曰、……及都邑官府、其百吏肅然、莫不恭儉敦敬忠信而不楛、古之吏也。」、『呂氏春秋』貴信篇に「天行不信、不能成歳。地行不信、草木不大。……天地之大、四時之化、而猶不能以不信成物、又況乎人事。……百工不信、則器械苦僞、丹漆染色不貞。……信而又信、重襲於身、乃通於天。」とある（注（3）に既引）が、これらはいずれもほぼ同じ時代に成書された文章と考えることができる。

「拔」は、上文（第四號簡）に既出（その注（13）を參照）。「虘」は、C・Dが「皆」に作るのは、誤り。Aの「釋文」・B・Eに從って「虘」に作った。その意味は、Aの「釋文」【注釋】〔一七〕・B・Eに從って「皆」の異體字とする。下文の「虘」も同じ。

「而人拔虘足」は、上文（第四號簡）の「不兌而足拔者」とほぼ同じ内容であり、それを言い換えた表現である。

「人拔」は、（「墜」のように）人々を養育・養生すること。『莊子』天下篇に「願天下之安寧、以活民命、人我之養畢足而止。以此白心。古之道術有在於是者。宋銒尹文聞其風而悅之。……雖然、其爲人太多、其自爲太少。曰、請欲固置五升之飯足矣。」とあるのが、參考になろうか。

（23）信之爲衍也、羣勿皆成、而百善虘立。

「羣勿」は、「萬物」とほぼ同じ。『韓詩外傳』卷三に「傳曰、……若夫脩百王之法、若別白黑、……天下得序、羣物安居、是聖人也。」」、同卷三に「問者曰、夫智者何以樂於水也。曰、……天地以成、羣物以生、國家以寧、萬事以平、品物以正。此智者所以樂於水也。」」、『春秋繁露』循天之道篇に「天無所言、而意以物、物不與羣物同時而生死者、必深察之、是天所以告人也。……是故當百物大生之時、羣物皆生、而此物獨死。……當物之大枯之時、羣物皆死、如此物獨生。」とある。なお、「羣勿皆成」は、上文（第二號簡）の「黽勿」をふまえて言った表現である（その注（5）を參照）。

「百善」は、多くの善いこと。他の文獻では、『呂氏春秋』孝行篇に「夫執一術、而百善至、百邪去、天下從者、其惟孝也。……愛敬盡於事親、光耀加於百姓、究於四海、此天子之孝也。」とある。本書と『呂氏春秋』孝行篇は、道德の内容は「信」と「孝」のように異なるものの、一つの道德が「百善」の確立をもたらすと高唱する點で、儒家の思想としても共通・一致する性格を持つ。こうした共通・一致は到底偶然などではありえず、兩者の閒に直接的な交涉があったものと考えられる。

以上の兩文は、「忠信」の道が、「百工」「人技」「羣勿」「百善」という人閒・社會の重要な事象に對して、それぞれを前進させる方向で優れた效果を發揮することを述べたもの。しかし、兩文を本書のコンテクストの中に置いて見るならば、「忠信」が效果を發揮する對象範圍は人閒・社會だけに限られず、それを越えて哲學的形而上學的な存在・世界一般にも擴がっているように感じられる（注（6）を參照）。

（24）君子其它也忠、古⿰糸攵罣尃也。

「它」は、Aの「釋文」・B・Eによって「它」に作った。Cが「施」に作るのは、誤り。その意味は、Aの「釋文」・B・Eによって「施」の假借字。この「它」は、下文の「言」と對をなし、「行」の意味である。そのような意味で使用されている「施」の例としては、『荀子』性惡篇に「凡論者、貴其有辨合、有符驗。故坐而言之、起而可設、張而可施行。今孟子曰、人之性善、無辨合符驗、坐而言之、起而不可設、張而不可施行。豈不過甚矣哉。」とある。

「⿰糸攵」は、Aの「釋文」・F・Gは「⿰糸攵」、B・Eは「⿰絲攵」、Cは「戀」にそれぞれ作るが、「圖版」に基づいて「⿰糸攵」に作ってみた。そして、Aの「釋文」・Fは「⿱䜌車」の異體字とするが、ここでは「戀」の異體字とする。ちなみに、心の中の「戀」の氣持ちを基礎とし、これを出發點に取って道德的な擴充を行い、やがて「親」などの感情を經て最終的に「仁」を實現するという構想が、郭店楚簡『五行』・馬王堆帛書『五行』に見える。例えば、馬王堆『五行』第十章經に「〔●〕不膋（戀）不說（悅）。不說（悅）不戚。不戚不親。不親不炁（愛）。不炁（愛）〔不仁〕。」、同第十章說に「●不變（戀）不說（悅）、變（戀）也者、⿱免心（勉）也、仁氣也。……不親不炁（愛）、親而笱（後）能炁

（愛）之。不㤅（愛）不仁、㤅（愛）而笱（後）仁〔也〕。變（戀）者、而笱（後）能說（悅）仁、慼（戚）仁、親仁、㤅（愛）仁。」とある（池田知久『馬王堆漢墓帛書五行篇研究』（汲古書院、一九九三年二月）、二五〇～二五八頁を參照）。

「尃」は、Aの「釋文」・B・E・F・Gによって「尃」に作った。Cが「附」に作るのは、誤り。その意味は、Aの「釋文」・Fは「傅」、Aの「釋文」【注釋】〔一八〕所引の裘錫圭は「溥」または「博」、Bは「溥」、Eは「附」、のそれぞれ省字または假借字とするが、ここでは裘錫圭・B・Gに從って「溥」の省字または假借字とする。

なお、一文の後半の句は、受動形「古に媺睪せらるること尃きなり」と讀むのではなく、能動形「古に媺睪すること尃きなり」と讀みうるかもしれない。

（25）其言尓信、古但而可受也。

「其言」は、上文の「其它」（その行い）と對をなす。合わせて「行」と「言」、すなわち實行と言說、實踐と理論である。「尓信」は、上文の「也忠」と對をなす。この「尓」（「也」の異體字）と同じ用法の「尓」は、上文の第五號簡と第六號簡に既出（その注（16）を參照）。

「但」は、Aの「釋文」・B・Fによって「但」に作った。Cが「亶」に作るのは、誤り。その意味は、Aの「釋文」【注釋】〔一九〕は「亶」、Bは「亶」または「坦」、Eは「澶」とそれぞれ讀爲するが、いずれも不適當。「傳」の異體字である。

兩文の大意は、「君子」の言行は「忠信」であるから、人々から廣く慕い親しまれるし、また人々に向かって「但（傳）」えようとした場合、人々が「受」け入れることができる、ということ。

「言」やその內容としての「道」などに關して、「傳」えうるか否かや「受」けうるか否かに言及した文章としては、『莊子』大宗師篇に「夫道、……可傳而不可受、可得而不可見。」、『楚辭』遠遊篇に「曰、道可受兮、而不可傳。」とある。これらに基づくならば、本書の「其言尓信、古但而可受也。」は、道家系の「道」に關する「言」が受けられなかったり傳えられなかったりする、クローズドな性質を持っていることを批判して、その「言」が傳えられもし受けられもする、オープンな性質を持っていることを訴えるところにも狙いがあるのではなかろうか。なお、『史記』袁盎鼂錯傳に「且陛下從代來、每朝、郎官上書疏、未嘗不止輦受其言、言不可用置之、言可受採之、未嘗不稱善。」、『淮南子』詮言篇に「三代之所道者、因也。……故天下可得而不可取也、霸王可受而不可求也。」とあるのをも參照。

（26）忠、惪之實也。信、䛜之昪也。

「惪」は、Aの「釋文」・B・F・Gに從って「悳」に作った。C・D・Eが「仁」に作るのは、不適當。その意味は、Aの「釋文」・B・F・Gの言うとおり「仁」の異體字。「䛜」は、Aの「釋文」・B・E・F・Gに從って「䛜」に作った。C・Dが「義」に作るのは、不適當。その意味は、Aの「釋文」・B・E・F・Gに從って「義」の異體字とする。「昪」は、「期」の異體字として上文（第四號簡）に兩見していた（その注（12）を參照）。期日を守るなどといったあれこれの具體的な當爲を言う。『莊子』知北遊篇に「東郭子問於莊子曰、所謂道惡乎在。莊子曰、无所不在。東郭子曰、期而後可。莊子曰、在螻蟻。」とあるが、その「期而後可。」について、郭象注は「欲令莊子指名所在。」と解釋し、林希逸『莊子鬳齋口義』は「言指定其所而後可。」と解釋する。

兩文の趣旨は、儒家の諸道德の中で當時人々に最もよく知られており、また最も普遍的と考えられていた「仁」と「義」を基準に取って、本書の高唱する「忠」と「信」を、そのような道德體系内に包攝されるものであるとして位置づけるところにある。なお、兩文と類似する點のある表現としては、『孟子』離婁上篇に「孟子曰、仁之實、事親是也。義之實、從兄是也。」とあるが、『孟子』には「忠」も「信」も登場しておらず、その內容が本書と異なることに注意しなければならない。また、『論語』公冶長篇をふまえた『論衡』問孔篇に「子文智蔽於子玉、其仁何毀。謂仁、焉得不可。且忠者、厚也。厚人、仁矣。孔子曰、觀過、斯知仁矣。子文有仁之實矣。孔子謂忠非仁、是謂父母非二親、配匹非夫婦也。」とあるのをも參照。

（27）氏古古之所以行虐閔嘍者、女此也。

「氏」は、Aの「釋文」・B・E・F・Gに從って「氏」に作った。Cが「是」に作るのは、誤り。その意味は、Aの「釋文」・B・E・F・Gに從って「是」の假借字。下の「古」は、「圖版」によれば、上の「古」の重文符號。二つの「古」の意味は、Aの「釋文」・B・E・F・Gに從って、上の「古」が「故」の省字または假借字、下の「古」が如字である。そして、「古之」の意味は、「古者」に同じ。「行」は、「忠信」が行われること、引いては「𢙋（仁）砉（義）」が行われることを言う。

「虐」は、Aの「釋文」・Bは「虖」、Cは「乎」、E・Gは「虐」、Fは「唐」にそれぞれ作るが、「圖版」を調べた結果、E・Gに從って「虐」に作った。その意味は、E・Gの言うとおり「乎」の假借字。「閔」は、Aの「釋文」・B・C・D・E・F・Gに從って「閔」に作った。その意味は、E・Gに從って「蠻」の異體字としておく。Fは「閔」または「閩」の訛寫とする。「嘍」は、Aの「釋文」・B・C・D・E・F・Gに從って「嘍」に作った。その意味は、E・F・Gに從って「貉」の異體字としておく。

「女此也」は、「忠信」引いては「𢙋（仁）砉（義）」が古代、「閔（蠻）嘍（貉）」にも行われていた事情・理由を説明した句であるが、冒頭の「不譌不害、忠之至也。」から直前の「信、砉之昇也。」に至るまでの、本書全體の内容を漠然と指すのであろう。

「忠信」を始めとする儒家の諸道德が、華夏中國だけでなく「蠻貉」などの夷狄にも通用する根源的あるいは普遍的なものであることを主張する文章としては、E・Fが指摘しているとおり、『論語』衞靈公篇に「子曰、言忠信、行篤敬、雖蠻貊之邦、行矣。言不忠信、行不篤敬、雖州里、行乎哉。」とある。また、『管子』小稱篇に「管子曰、……大哉、恭遜敬愛之道。……嘗試往之中國諸夏、蠻夷之國、以及禽獸昆蟲、皆待此而爲治亂。澤之身則榮、去之身則辱。審行之身而毋怠、雖夷貉之民、可化而使之愛。審去之身、雖兄弟父母、可化而使之惡。故之身者使之愛惡、名者使之榮辱。此其變名物也、如天如地、故先王曰道。」とあるのも參照。

（二〇〇一年九月・十一月加筆・修正、池田知久）

『成之聞之』譯注

廣瀬薫雄・渡邉　大

「成之聞之釋文注釋」（關係論著目錄A）の【說明】によれば、『成之聞之』は竹簡四十枚からなる。竹簡の兩端は臺形で、長さは三十二・五センチメートル。編綫は二本でその閒の距離は十七・五センチメートル。竹簡には分章・分段を示す標識は全くない。ただ第四十號簡の末尾に「㇗」が見え、それが篇末に付せられた符號と思われるのみである。篇題は竹簡には見えず、『成之聞之』という名稱は整理小組によって與えられたものである。

整理小組による竹簡の排列については、郭沂氏（F）・姜廣輝氏（E）等多くの學者が疑義を提出しているが、それらは『成之聞之』內の排列を改めるものに過ぎなかった。それに對して陳偉氏（a）は、『尊德義』『性自命出』『六德』の三篇の竹簡の型式が『成之聞之』と全く同じであることに着目し、これら四篇の排列を全面的に改めた。この研究によって『六德』等四篇は各篇をそれぞれ獨立して扱うべきではなく、まとめて檢討しなければならないという認識が廣く共有されることになり、『六德』等四篇の研究は新たな段階に突入したと言える。しかし陳偉氏の排列にはなお問題があり、これら四篇の排列問題は今なお決着を見ない狀況にある。本譯注は、これらの成果を踏まえつつ、『六德』等四篇の排列問題を解決するための基礎作業として、『成之聞之』としてまとめられた四十枚の竹簡について譯注を施すものである。

ここで繰り廣げられている思想內容は、求己思想・謙讓思想・性論・人倫說・「天德」「天心」「天常」といった「天」思想など多岐に渡るものであるが、これらの思想には用民という問題にいかに對處するかという政治意識が通底している。本篇との思想的關係が指摘されるものとしてまず『禮記』中庸篇が擧げられるが、君主の好みが民によって増幅されるなどの『緇衣』と類似した記述が隨所に見え、『緇衣』との關係も見逃すことはできない。またこれらの儒家文獻のみならず、謙讓思想や「天」思想をふんだんに盛り込んでいる點で『莊子』等の道家文獻の影響も色濃く見える。このように本篇は雜多な思想が混在しており、當時の思想狀況を探るうえで缺かすことのできない好個の資料である。

なお、本譯注では内容に基づき本篇を十章に分けたが、その先後關係には特に意味はない。ここでは便宜的な處置として、できるだけ簡號の小さい順から讀むために以下の順序で譯した（數字は簡號）。

第一章　一→二→三→二十四→二十五
第二章　四→五→六→七→八→九→十
第三章　十→十一→十二→十三→十四→十五→十六→十七→十八
第四章　三十七→三十八→三十九→十九→二十
第五章　二十一→二十二→二十三
第六章　二十六→二十七→二十八
第七章　二十九→三十→一
第八章　三十一→三十二→三十三
第九章　三十四→三十五→三十六
第十章　四十

關係論著目錄

A 「成之聞之釋文注釋」（荊門市博物館編『郭店楚墓竹簡』、文物出版社、一九九八年）
B 張光裕主編・袁國華合編『郭店楚簡研究　第一卷　文字編』（藝文印書館、一九九九年）
C 涂宗流・劉祖信『郭店楚簡先秦儒家佚書校釋』（萬卷樓圖書有限公司、二〇〇〇年）
D 丁原植『郭店楚簡儒家佚籍四種釋析』（臺灣古籍出版有限公司、二〇〇〇年）
E 姜廣輝「郭店楚簡與《子思子》」（『哲學研究』一九九八年第七期、一九九八年七月／復印報刊資料『中國哲學』一九九八年第十期、一九九八年十二月）
F 郭沂「郭店楚簡《天降大常》（《成之聞之》）篇疏證」（『孔子研究』一九九八第三期、一九九八年九月）→「郭店楚簡《成之聞之》篇疏證」（《中國哲學》編輯部・國際儒聯學術委員會編『郭店楚簡研究』（『中國哲學』第二十輯）、遼寧教育出版社、一九九九年一月）→「《大常》考釋」（郭沂『郭店楚簡與先秦學術思想』、上海世紀出版集團・上海教育出版社、二〇〇一年二月）
G 廖名春「郭店楚簡儒家著作考」（『孔子研究』一九九八年第三期、一九九八年九月／復印報刊資料『中國哲學』一九九九年第一期、一九九九年三月）
H 劉信芳「郭店竹簡文字考釋拾遺」（紀念徐中舒先生百年誕辰暨中國古文字學國際學術研討會、四川聯合大學、一九九八年十月／『江漢考古』二〇〇〇年第一期、二〇〇〇年三月）
I 陳偉「郭店楚簡別釋」（『江漢考古』一九九八年第四期、一九九八年十二月）
J 袁國華「郭店楚簡文字考釋十一則」（『中國文字』第廿四期、一九九八年十一月）
K 李家浩「讀《郭店楚簡竹簡》瑣議」（『郭店楚簡研究』（『中國哲學』第二十輯）、遼寧教育出版社、一九九九年一月）
L 李學勤「郭店楚簡與儒家經籍」（《中國哲學》編輯部・國際儒聯學術委員會編『郭店楚簡研究』（『中國哲學』第二十輯）、遼寧教育出版社、一九九九年一月）

M　劉樂賢「讀郭店楚簡札記三則」（《中國哲學》編輯部・國際儒聯學術委員會編『郭店楚簡研究』（『中國哲學』第二十輯）、遼寧教育出版社、一九九九年一月）
N　顏世鉉「郭店楚簡淺釋」（『張以仁先生七秩壽慶論文集（上册）』、臺灣學生書局、一九九九年一月）
O　周鳳五「郭店楚簡識字札記」（『張以仁先生七秩壽慶論文集（上册）』、臺灣學生書局、一九九九年一月）
P　陳偉「文本復元是一項長期艱巨的工作」（『湖北大學學報（哲學社會科學版）』一九九九年第二期、一九九九年三月）
Q　白於藍「《郭店楚墓竹簡》讀後記」（『中國古文字研究』第一輯、吉林大學出版社、一九九九年六月）
R　徐在國・黃德寬「郭店楚簡文字續考」（『江漢考古』一九九九年第二期、一九九九年六月）
S　顏世鉉「郭店楚墓竹簡儒家典籍文字考釋」（『經學研究論叢』第六輯、臺灣學生書局、一九九九年六月）
T　李零「郭店楚簡校讀記」（『道家文化研究』第十七輯、三聯書店、一九九九年八月）
U　廖名春「郭店楚簡《成之聞之》、《唐虞之道》篇與《尚書》」（『中國史研究』一九九九年第三期、一九九九年八月／復印報刊資料『先秦、秦漢史』一九九九年第六期、一九九九年十二月）→「郭店楚簡引《書》、論《書》考」（『郭店楚簡國際學術研討會論文集』、湖北人民出版社、二〇〇〇年五月）
V　陳偉「郭店楚簡《六德》諸篇零釋」（『武漢大學學報（哲學社會科學版）』一九九九年第五期、一九九九年九月）
W　劉國勝「郭店楚簡釋字八則」（『武漢大學學報（哲學社會科學版）』一九九九年第五期、一九九九年九月）
X　周鳳五「讀郭店竹簡《成之聞之》札記」（『古典學與古文獻』試刊號、一九九九年十月）
Y　周鳳五・林素清「郭店竹簡編序復元研究」（『古典學與古文獻』試刊號、一九九九年十月）
Z　王博「關於郭店楚墓竹簡分篇與連綴的幾點想法」（『郭店簡與儒學研究』（『中國哲學』第二十一輯）、遼寧教育出版社、二〇〇〇年一月）
a　陳偉「關於郭店楚簡《六德》諸篇編連的調整」（『江漢考古』二〇〇〇年第一期、二〇〇〇年三月／『郭店楚簡國際學術

研討會論文集』、湖北人民出版社、二〇〇〇年五月）
b 李天虹「郭店楚簡文字雜釋」（『郭店楚簡國際學術研討會論文集』、湖北人民出版社、二〇〇〇年五月）
c 劉釗「讀郭店楚簡字詞札記（二）」（『郭店楚簡國際學術研討會論文集』、湖北人民出版社、二〇〇〇年五月）→「讀郭店楚簡字詞札記（三）」（『古文字研究』第二十二輯、中華書局、二〇〇〇年七月）
d 王博「釋〝槁木三年、不必爲邦旗〟」（『郭店楚簡國際學術研討會論文集』、湖北人民出版社、二〇〇〇年五月）
e 顏世鉉「郭店楚簡散論（一）」（『郭店楚簡國際學術研討會論文集』、湖北人民出版社、二〇〇〇年五月）
f 李天虹「釋郭店楚簡《成之聞之》篇中的〝肘〟」（『古文字研究』第二十二輯、中華書局、二〇〇〇年七月）
g 劉樂賢「郭店楚簡雜考（五則）」（『古文字研究』第二十二輯、中華書局、二〇〇〇年七月）
h 崔永東「郭店楚簡《成之聞之》字義零釋」（『清華簡帛研究』第一輯、清華大學思想文化研究所、二〇〇〇年八月）→「讀郭店楚簡《成之聞之》與《老子》札記」（『簡帛研究二〇〇一』、廣西師範大學出版社、二〇〇一年九月）
i 李學勤「試說郭店簡《成之聞之》兩章」（『清華簡帛研究』第一輯、清華大學思想文化研究所、二〇〇〇年八月）
j 廖名春「郭店楚簡《成之聞之》篇校釋」（『清華簡帛研究』第一輯、清華大學思想文化研究所、二〇〇〇年八月）
k 趙平安「釋郭店簡《成之聞之》中的〝逶〟字」（『清華簡帛研究』第一輯、清華大學思想文化研究所、二〇〇〇年八月／『簡帛研究二〇〇一』、廣西師範大學出版社、二〇〇一年九月）
l 何琳儀「郭店竹簡選釋」（『簡帛研究二〇〇一』、廣西師範大學出版社、二〇〇一年九月）
m 湯餘惠・吳良寶「郭店楚簡文字拾零（四篇）」（『簡帛研究二〇〇一』、廣西師範大學出版社、二〇〇一年九月）

第一章

本　文

䎽之曰[1]、古之甬民者、求之於吕爲亙。行不信則命不從（第一號簡）、信不𢖩則言不樂。民不從上之命、不信其言、而能念恵者、未之（第二號簡）又也。古君子之立民也、身備善以先之、敬訢以寸之[2]。其所才者內忝（第三號簡）[3]、民篙弗從。型於中、燮於色。其錫[4]也固忝、民篙弗信。是以上之亙（第二十四號簡）[5]、𠬛才信於衆。詔[6]命曰、允帀淒恵。此言也、言信於衆之可以（第二十五號簡）淒恵也。

訓　讀

之れを䎽（聞）けるに曰く[7]、「古えの民を甬（用）いる者は、之れを吕（己）れに求むるを亙（恆）と爲す。」と[8]。行い信ならざれば則ち命從われず、信𢖩（著）らかならざれば則ち言樂しまれず[9]。民　上の命に從わず、其の言を信ぜずして、而るに能く恵（德）を念（含）む者は、未だ之れ又（有）らざるなり。古（故）に君子の民に立（莅）むや、身ら善を備《おこな》（服）いて以て之れに先んじ、敬訢（愼）して以て之れを寸（守）る[10]。其の才（在）る所の者内なれば、民篙（孰）れか從わざらん[11]。中に型（形）づくられ、色に燮（發）す。其の錫や固ければ、民篙（孰）れか信ぜざらん[12]。是を以て上の亙（恆）は、𠬛（務）め衆に信なるに才（在）り[13]。詔命に曰く、「帀（師）に允なれば恵（德）を淒（濟）す。」と[14]。此の言や、衆に信たることの以て恵（德）を淒（濟）す可きを言うなり。

口語譯

話に聞くところによると、「いにしえの民を用いた爲政者は、自分自身に求めることをつねとした。」という。（爲政者の）行動が信でなければその命令が従われることはないし、信であることがはっきりしていなければそのことばが喜ばれることもない。民が爲政者の命令に従わず、また爲政者の言葉を信用しないのに、よく德をおさめることができた者というのは、いまだかつていない。だから君子が民に臨む場合には、民に先んじてみずから善を行い、愼み深い態度で民を守るのである。信が内側に存在するのだから、民の誰がこれに従わないことがあろうか。自分自身の内側に形成されて、外面に現れる。その信の「錫」がしっかりしているのだから、民の誰が信じないことがあろうか。このゆえに爲政者のつねというのは、大衆に信頼を得ることが大切なのである。『詔命』には「大衆に對して誠實であれば德を完成させることができる。」とある。この言葉は、大衆に對して信であれば德を完成させることができるということを言っているのである。

注

（1）䎽之曰

第一號簡冒頭は「成之䎽之曰……」となっているが、ここではF・aの說に從って「成之」を第三十號簡の後ろに接續し、「䎽之」から文章が始まると考えた。すでにFが指摘しているとおり、主語を持たずに「聞之曰」で文章が始まる用例としては、『莊子』德充符篇の「聞之曰、鑑明則塵垢不止、止則不明也。」、『荀子』堯問篇の「聞之曰、無越踰不見士。」、『禮記』文王世子篇の「聞之曰、爲人臣者、殺其身有益於君則爲之、況於其身以善其君乎。」などがあり、主語がなくても文章は成立しうる。

（2）寸

B・J・X・l・cは「寸」、Fは「導」、Nは「付」、b・f・jは「肘」、hは「右」に作る。この文字についてはJに詳しい檢討があり、ここでもこの説に從う。

（3）其所才者內悆、

F・aは第三號簡の直後に第二十四・二十五・二十六號簡をつなげるべきだとしている。確かにこのようにつなげると句の構成も合うし、また第一～二號簡では「信」の重要性が説かれていること、また「死」について述べていることから、內容的にも相應しいと考えられる。

（4）錫

A・B・Tは「錫」、D・Fは「睟」、Xは「涇」、jは「鋘」に作る。字形からすれば「錫」に作るのが妥當。

（5）是以上之死、

Aは第二十四號簡と第二十五號簡を連續して釋讀せず、行を改めているが、その【注釋】〔二四〕に載せる裘按には「此簡與上簡及再上一簡的文字很可能是相連的。」とある裘錫圭の説により、第二十四號簡と第二十五號簡を本來連續していたものとして扱う。なおF・aも裘按と同樣の立場に立つ。

（6）詔

Aはこの文字を隸定していない。Bはこの文字の右旁を「召」字として「詔」に作る。Lはこの字を「説」として「兌」の假借字とする。Xは「冏」に作るが、Uはその説を否定して「詚」に作る。またlも「詚」に作るが「旅」の假借字としている。Tも「詚」に作るものの、「待考，上字不一定從呂」と述べる。

「呂」字は『緇衣』に二例見え（二十六・第二十九號簡）、本字の右旁はそれとは字形が異なっている。また「呂」字であれば上下の「口」は同じ字形で書かれるはずであるが、本字右旁は上下の構成要素の字形が異なっている。以上の點より、本字の右旁が「呂」であるとは考えがたい。

本字右旁は確かに楚文字における「召」字とはやや字形が異なるものの、郭店楚簡『緇衣』第十一號簡に見える

「卲」字の左旁と似ている。「卲」は「卲」と「昭」が混合してできた文字、すなわち「卲」の「口」と「昭」の「日」が重なってできた文字と考えられるが、本字右旁はその「卲」の影響を受けて「召」がやや變形してできた形とは考えられないだろうか。

（7）𦖞之曰、

第一號簡冒頭は「成之𦖞之曰」に作っており、Aは冒頭の「成」を「𦖞之曰」の行爲者とみなしているようである。Gはそれを支持し、さらに「成」が『史記』仲尼弟子傳中の縣成なる人物である可能性を示唆している。

一方、F・aは、この第一～三號簡を第二十九～三十號簡の直後に位置すべきものとしており、それに從えば「是以君子貴成之」（是を以て君子は之を成すを貴ぶ）という句の一部ということになる。Fは、「君子貴成之」とすると上文の「終之爲難」と意味が近くなること、またFが『成之聞之』との思想的關連を認めている『禮記』中庸篇の第二十五章にみえる「君子誠之爲貴」とも意味が近くなることなどをその根據としてあげている。第二十九～三十號簡の大意を考えると「是以君子貴」の後に「成之」を接續したほうが良いと考えられるので、ここでもその說に從った。

（8）古之甬民者、求之於㠯爲亙。

「求己」は、Eが指摘しているように『成之聞之』の基本思想である。善政を敷くためには爲政者である「君子」がまず自分自身から始めなくてはならないという思想は、「君子之立民也、身備善以先之」（第三號簡）、「⿺走句身備之、則民必有甚安者」（第七號簡）、「君子之求者㠯也深」（第十號簡）、「戠反者㠯而可以智人」（第十九～二十號簡）、「訢求之於㠯、而可以至川天祟㤅」（第三十八號簡）など、『成之聞之』中に多く見られる。

なお通行文獻中のこれと類似した記述としては、最も簡潔なものとしてまず『論語』衞靈公篇の次の一文を擧げることができる。

子曰、君子求諸己、小人求諸人。

これが政治論と結びついた形で語られているものとしては次のような例がある。

孟子曰、愛人不親、反其仁。治人不治、反其智。禮人不答、反其敬。行有不得者、皆反求諸己。其身正而天下歸之。（『孟子』離婁上篇）

曰、君子攻其惡、不攻人之惡。不攻人之惡、非仁之寛與。自攻其惡、非義之全與。此之謂仁造人、義造我、何以異乎。故自稱其惡謂之情、稱人之惡謂之賊。求諸己謂之厚、求諸人謂之薄。自責以備謂之明、責人以備謂之惑。是故以自治之節治人、是居上不寛也。以治人之度自治、是爲禮不敬也。爲禮不敬、則傷行而民弗尊。居上不寛、則傷厚而民弗親。弗親則弗信、弗尊則弗敬。二端之政詭於上、而僻行之則誹於下、仁義之處可無論乎。夫目不視弗見、心弗論不得。雖有天下之至味、弗嚼弗知其旨也。雖有聖人之至道、弗論不知其義也。（『春秋繁露』仁義法篇）

こうした記述からすると、まず己に求めることによって天下を治めるという思想は儒家のかなり早い段階から漢代まで幅廣く存在していたと考えられる。

（9）行不信則命不從、信不慤則言不樂。

この一句は『論語』子路篇の「其身正、不令而行、其身不正、雖令不從。」と類似しており、また注（8）で引用した『孟子』離婁上篇には『論語』子路篇と類似した「其身正而天下歸之」という文句が見える。

（10）古君子之立民也、身備善以先之、敬訢以寸之。

「備」は「服」の假借字。「備」と「服」は上古音においてともに職部並母字であり、通假の關係にあると認められる。「服」は「行」、すなわち實踐するの意。同樣の用例としては、『楚辭』招魂篇「朕幼淸以廉潔兮、身服義而未沬。」、『淮南子』主術篇「是堯乃身服節儉之行、而明相愛之仁、以和輯之。」を擧げることができる。

「先之」「寸之」の「之」は、F・b・fが指摘しているように民を指していると考えられる。民に先んずるという意味での「先之」という表現としては次の一文が擧げられる。

厚愛利、足以親之。明智禮、足以教之。上身服以先之、審度量以閑之、鄉置師以説道之、然後申之以憲令、勸之以慶賞、振之以刑罰。故百姓皆説爲善、則暴亂之行無由至矣。（『管子』權修篇）

「訢」は「愼」の假借字。「訢」は郭店楚簡『老子』丙本第十二號簡に「訢終若詞」とあり、今本『老子』第六十四章のこれと對應する箇所は「愼終如始」に作る。

（11）其所才者内惷、民篙弗從。

「其所才者内惷」の「其」は「信」を指すと考えられる。この一句は「其」が内にあることによって民がみな從うという構圖になっており、上文に「行不信則命不從」とあって「信」と「從」の因果關係が示されていることから、「其」は「信」と對應していることが分かる。

「篙」の解釋は、A【注釋】〔一一三〕の「「篙」疑當讀爲「孰」。」という裘錫圭の按語によった。

（12）型於中、豐於色。其錫也固惷、民篙弗信。

「錫」字については未詳。D・Fは「睟」に作り、純粹・潤澤の意とする。Tは待考としながらも、文脈から誠實の意味ではないかとする。Xはこの字を「淫」と解釋するわけだが、その意味を浸透とし、そこから引申して久しいという意味があるという。jは本字を「鋠」に作ったうえで「愼」の假借字とし、この一句の意味を「其眞誠是很專一的」と解釋して、愼獨を述べたものとする。いずれの說も說得力に缺け、從いがたい。待考。

「求己」との關係で色が外に現れるということを述べている文章が『韓詩外傳』卷六にあり、本箇所を解釋するうえで參考になる。

勇士一呼而三軍皆避、士之誠也。昔者楚熊渠子夜行、〔見〕寢石以爲伏虎、彎弓而射之、沒金飲羽、下視、知其爲石、石爲之開、而況人乎。夫倡而不和、動而不僨、中心有不全者矣。夫不降席而匡天下者、求之己也。孔子曰、其身正、不令而行、其身不正、雖令不從。先王之所以拱揖指麾而四海來賓者、誠德之至也、色以形于外也。詩曰、

王猷允塞、徐方既來。（『韓詩外傳』巻六）

これによると、「求己」という自己の内面に求める行爲の結果、それが外の世界に影響を及ぼして全國から人々が集まってくるということを「色以形于外也」と表現している。これをもとに考えれば、本箇所の「型於中、雙於色。其錫也固惷、民篙弗信」も「求己」という内面的な行爲が外に現れて民がみな信ずるという状態になるという意味だろう。

なお、これと類似した表現として『國語』晉語三「夫人美於中、必播於外、而越於民、民實戴之。悪亦如之。故行不可不愼也。」がある。

（13）是以上之死、⿱矛人才信於衆。

「⿱矛人」は「務」、「才」は「在」の假借字で問題ないだろう。主語の後に「務在……」が來るという句形は古典籍に頻見し、「大切なことは……にある」といった意味で用いられる。その例としては、『管子』形勢解篇「故明主之務、務在行道、不顧小物。」、『史記』汲鄭傳「治務在無爲而已。」、『淮南子』詮言篇「爲治之本、務在於安民。」、『春秋繁露』郊事對篇「凡養牲之道、務在肥潔而已。」などを擧げることができる。

（14）詔命曰、允帀凄悳。

「詔命」については、僞古文『尙書』の篇名に同定する説として、Lの兌（說）命篇とする説、Xの冏命篇とする説、lの旅巢命の簡稱とする説があるが、そのどれも十分な説得力を有しているとはいいがたい。現時點ではUの言うように『書』の佚篇として考えておくのが適當だろう。

「凄」については、A【注釋】〔二五〕裘按の「「凄」似當讀爲「濟」。濟，成也。」に從う。凄は脂部清母字、濟は脂部精母字であり、假借可能な範圍内にある。また「凄（濟）」は、『爾雅』釋言に「濟、成也。」とあり、『禮記』樂記篇「分夾而進、事蚤濟也。」の注にも「濟、成也。」とあるように、成し遂げるの意であろう。Oを參照。

「允帀」については、A【注釋】〔二五〕裘按が「下文「信於衆」是對此文「允師」二字的解釋。」と述べるとおりだろう。すなわち「允」は「信」の意味、「帀」は「師」の假借字で「衆」の意味である。

第二章

本文

君子之於⿱爻言也、其道民也不⿱𡨄心、則其淳也弗深𢘃。是古亡虗其身而（第四號簡）廌[1]⿸虍辰其訇、唯厚其命、民弗從之𢘃。是古畏備型罰之婁行也（第五號簡）、繇𨑒之弗身也。昔者君子有言曰、戰與型人、君子之逑悳也。是古（第六號簡）[2]𨑒句身備之、則民必有甚安者。君均⿰衤曼[3]而立於⿱乍又、一宮之人[4]不勑（第七號簡）其敬。君裒⿱山絲[5]而處立、一宮之人不勑〔其哀。君甲胄而立桴鼓之閒[6]〕（第八號簡）、一軍之人不勑其𢦔。𨑒句昌之、則民鮮不從𢘃。唯肰、其廌也不厚（第九號簡）、其重也弗多𢘃。是古君子之求者吕也深（第十號簡）。

訓讀

君子の⿱爻言（教）えにおけるや、其の民を道（導）くこと⿱𡨄心（浸）ならざれば、則ち其の淳くすること深しとせず。[7]是の古（故）に其の身に亡《な》くして其の訇（詞）に廌（存）すれば、其の命を厚くすと唯（雖）も、民之れに従わず。[8]是の古（故）に畏（威）備（服）・型（刑）罰の婁（屢）しば行わるるは、𨑒（上）の身らせざるに繇（由）る。昔者君子に言える有りて曰く、「戰いと人を型（刑）するとは、君子の悳（德）を逑（遂《うしな》）えばなり。」と。[9]是の古（故）に𨑒（上）句（苟）くも身ら之れを備（服《おこな》）えば、則ち民必ず安（焉）れより甚だしき者有り。[10]君均（袀）⿰衤曼（冕）して⿱乍又（祚）に立てば、一宮の人其の敬に勑（勝）えず。君裒⿱山絲（絰）して立（位）に處れば、一宮の人〔其の哀しみ〕に勑（勝）えず。〔君甲冑して桴鼓の閒に立てば〕、一軍の人其の猷（勇）に勑（勝）えず。[11] 𠀤（上）句（苟）くも之れを昌（唱）うれば、則ち民從わざること鮮し。肰（然）りと唯（雖）も、其の廌（存）すること厚からざれば、其の重んずること多しとせず。[12] 是の古（故）に君子の者（諸）れを㠯（己）れに求むるや深し。

口語譯

君子の教化に對する態度は、民の導き方が徹底的でなければ、民は君子がそれをしっかり實踐することをみずからに深く求めているとは思わない。だから自分では實踐していないのに口先だけで言っているのであれば、たとえその命令を強調しても、民はその命令には從わない。そういうわけで、恐怖政治や刑罰が何度も行われるというのは、君主がみずから實踐しないことからくるのである。むかし君子がこのように言ったことがある。「戰爭をしたり人に刑罰を加えたりするのは、君子が德を失ったためである。」と。

だから君主がみずから實踐すれば、民は必ずこれよりもさらにひどく好むものである。君主が祭服を着て祚階に立てば、宮中の人はだれもその恭しさにたえられない。君主が喪服を着てその席に居れば、宮中の人はだれもその哀しみにたえられない。君主が甲冑を着て軍鼓の閒に立てば、軍中の人はだれもその勇ましさにたえられない。上位者が言い出せば、民が從わないことはほとんどない。しかしそうはいっても、君主の實踐の仕方が十分でなければ、民は君主がみずからの言葉をそれほど重視しているとは思わない。だから君子は自分自身に深く求めるのである。

注

（1）廌

Aは簡文のままに作るが、その【注釋】〔四〕裘按は「廌」の異體字ではないかとする。Bは「民」に作り、F・

Tは「存」に作る。

確かにこの文字は「鹰」字とやや字形が異なっているが、楚簡に見える「𢽾」字の「鹰」に該當する部分と比較すると兩者の字形は類似しており、この文字を「鹰」字と考えることは十分に可能である。字形上からすると「民」に作るのが妥當かもしれないが、楚文字の「鹰」字の「鹰」は様々な形に作り、例えば郭店楚簡『緇衣』第九號簡の「𢽾」字の「鹰」部分は「民」に作っている。從ってこの文字を「鹰」が簡略化した字體と考えることは十分に可能である。なお第九號簡の同じ字形の文字についても同じ。

（2）是古

Aは第六號簡末尾の「是古」の後、行を改めて第七號簡を續けているが、F・aは第六號簡と第七號簡をつなげている。前後の文脈から判斷すると、第六號簡も第七號簡も爲政者がみずから實踐すればそれに從わない民はいないという内容で一貫しているので、ひとつのまとまりをなす竹簡のグループと見做してよいだろう。

（3）褟

Aは簡文のまま。Bが「褟」に作るのに從う。

（4）一宮之人

Fは「之」を脱し「一宮人」に作るが、寫眞圖版によれば「一宮之人」に作るのが正しい。第八號簡の「一宮之人」、第九號簡の「一軍之人」の「之」についても同じ。

（5）⿱出𣏟

A【注釋】〔九〕裘按が「「衰」下一字，其下部卽「麻」所从之『𣏟』，其上部疑是「至」之省寫。此字似當釋「經」。麻經爲喪服。」とする説に從う。

（6）〔其哀。君甲冑而立桴鼓之閒〕

第八號簡は竹簡が缺けており、十字程度の缺字を想定することができる。A【注釋】〔一〇〕裘按は缺字部分に「其哀。君甲冑而……」を補い、Tは冒頭の「其」は一部の筆畫が缺けているだけだとして「哀。君冠冑而帶甲而立於軍」を補う。それに對してgは本箇所とほぼ同じ文章を『説苑』修文篇から見つけ出し（注（11）參照）、それに基づいて「〔其哀。君甲冑而立桴鼓之閒〕」を補う。これらの説のうちgの説に説得力があると考え、ここでもそれに從って「〔其哀。君甲冑而立桴鼓之閒〕」を補った。

（7）君子之於教也、其道民也不憲、則其淳也弗深矣。

本句は第九・十號簡の「唯肰、其廌也不厚、其重也弗多矣」と句の構造がまったく同じである。

第　四　號簡　君子之於教也、其道民也不憲、則其淳也弗深矣。
第九・十號簡　唯肰、　　　　其廌　也不厚、　　其重也弗多矣。

この二句はいずれも君子が民に及ぼす教化について述べており、ほぼ同じ趣旨が述べられていると考えられる。

「憲」の解釋について、A【注釋】〔三〕裘按は「浸」の假借字とし、その意味について『周易』遯卦象傳「浸而長也。」の孔疏「浸者、漸進之名。」を引く。Nもこの説を支持する。Oは「湛」の假借字とし、深の意味とする。前後の文脈、「唯肰、其廌也不厚、其重也弗多矣」との對比から考えれば、「憲」は「厚」と同じく程度が甚だしいことを意味する語であると思われるが、詳しいことは未詳。

「淳」は「厚」とほぼ同義であろう。「厚」については第三章注（14）參照。「深」は下文に「是古君子之求者㠯也深」とあるように、みずからに求めることの度合いが甚だしいことを意味する。ここでの「深」は「深いとする」、一句は君子のみずからに求めることの度合いがそれほど甚だしいとは思わないという意味であろう。

（8）是古亡虖其身而廌虖其詞、唯厚其命、民弗從之矣。

「廌」は、A【注釋】〔四〕裘按に「古代「廌」音有「薦」音，其字在此與「亡」對文，當讀爲「存」。」とあるのに從って「存」の假借とする。

（9）昔者君子有言曰、戰與型人、君子之述悳也。

Bは「述」を「遂」の假借字、Fは「墜」の假借字、hは「隓」の假借字とする。ここではBに從って「遂」の假借字とし、失うの意味と考えた（『說文』辵部「遂、亡也。」）。今本『老子』第九章の「功遂身退」は、馬王堆帛書『老子』甲本第一〇七行では「功述身芮」に作り、郭店楚簡『老子』甲本第三十九號簡では「攻述身退」に作っているので、「述」と「遂」は通假の關係にあると認められる。

爲政者はその德をもって民を感化するべきであり、刑罰などがしばしば行われるのはその德化が行き届いていない證據であるとするという考えは、『論語』顏淵篇の「子爲政、焉用殺。子欲善、而民善矣。」や、『論語』爲政篇の「子曰、道之以政、齊之以刑、民免而無恥。道之以德、齊之以禮、有恥且格。」などにみえる。

（10）是古走句身備之、則民必有甚安者。

「備」は「服」の假借字で、實踐するの意。第一章注（10）參照。「安」は「焉」の假借字。これとほぼ同じ表現が郭店楚簡にいくつか見える。

子曰、下之事上也、不從其所以命而從其所行。上好此勿（物）也、下必又（有）甚安者矣。古上之好亞、不可不訢也。民之棐也。寺員、虞虞帀尹、民具尔贍。（『緇衣』第十四～十六號簡）

ここでは『成之聞之』とほぼ同趣旨のことが述べられている。ただし『緇衣』では孔子のことばとされている點が大きく異なる。

下之事上也、不從其所命而從其所行。上好是勿（物）也、下必又（有）甚安者。夫唯是、古（故）悳（德）可易而攺（施）可迲（轉）也。又（有）是攺（施）少又（有）利、迲（轉）而大又（有）憲（害）者、又（有）之。又（有）是攺（施）少又（有）憲（害）、迲（轉）而大又（有）利者、又（有）之。（『尊德義』第三十六～三十七號

簡）

「下之事上……」は『緇衣』とまったく同じであるが、『尊德義』においては孔子のことばとはされていない。また「下之事上……」をもとに、德は變わりうるし、施は利にも害にも轉じうるという論理を展開しており、「下之事上……」の解釋が『緇衣』や『成之聞之』と大きく異なっている。

通行文獻において、上位者の好みが下位者において增幅されるという表現には以下のものがある。

孔子曰、君薨、聽於冢宰、歠粥、面深墨、卽位而哭。百官有司、莫敢不哀、先之也。上有好者、下必有甚焉者矣。君子之德、風也、小人之德、草也。草上之風必偃。（『孟子』滕文公上篇）

凡民從上也、不從口之所言、從情之所好者也。上好勇、則民輕死。上好仁、則民輕財。故上之所好、民必甚焉。是故明君知民之必以上爲心也、故置法以自治、立儀以自正也。故上不行、則民不從、彼民不服法死制、則國必亂矣。是以有道之君、行法修制、先服民也。（『管子』法法篇）

以上の狀況から考えるに、①下々の人間は上位者の言うことではなく行うことに從う、②下々の人間は上位者の好みをさらに增幅させて好む、という二つの考えは當時の儒家に廣く共有されていたのだろう。そして以上に擧げたいくつかの文章はその二つの考えをもとにみずからの主張を述べたバリエーションと捉えることができる。

（11）君均禮而立於阼、一宮之人不勑其敬。君衰絰而處立、一宮之人不勑〔其哀。君甲冑而立桴鼓之閒〕、一軍之人不勑其戢。

gが指摘したとおり、本箇所とほぼ同じ趣旨の文章が『說苑』修文篇に見える。

詩曰、左之左之、君子宜之、右之右之、君子有之。傳曰、君子者無所不宜也。是故韠冕厲戒、立于廟堂之上、有司執事無不敬者。斬衰裳・苴絰杖、立于喪次、賓客弔唁、無不哀者。被甲纓冑、立于桴鼓之閒、士卒莫不勇者。故仁足以懷百姓、勇足以安危國、信足以結諸侯、強足以拒患難、威足以率三軍。故曰、爲左亦宜、爲右亦宜、爲君子無不宜者、此之謂也。

（12）𧻚句昌之、則民鮮不從㤅。唯肰、其廌也不厚、其重也弗多㤅。

「昌」は「唱」の假借字だろう。この一文は、言葉だけでも民はたいていそれに従うという意味である。この部分は、「𧻚句昌之、則民鮮不從㤅」によって言葉に一定の效果を認め、そのうえでそれを實踐することの重要性を次の「唯肰、其廌也不厚、其重也弗多㤅」で說明している。

「唯肰、其廌也不厚、其重也弗多㤅」は、第四號簡の「君子之於𡕒也、其道民也不憲、則其淳也弗深㤅」と句の構造が同じである（注（7）參照）。「廌」は、上文の「是古亡𡗗其身而廌㢈其訽、唯厚其命、民弗從之㤅」を承けた言葉。從って「廌」は身に存すること、すなわちみずから實踐するという意味であろう。

第三章

本文

不求者其𠥓而戉者其（第十號簡）末、弗得㤅。是〔古〕[1]君子之於言也、非從末流者之貴、窮藻反𠥓者之貴（第十一號簡）。句不從其䋣、不反其𠥓、未有可得也者。君上卿成不唯𠥓、工〔悳弗著㤅〕（第十二號簡）。戎夫乑𠭰不強𠯁[2]、糧弗足㤅。士成言不行、名弗得㤅。是古君子（第十三號簡）之於言也、非從末流者之貴、窮湶反𠥓者之貴。句不從其䋣（第十四號簡）、不反其𠥓、唯強之弗內㤅。上不以其道、民之從之也難。是以民可（第十五號簡）敬道也而不可穿也、可馯也而不可𡨄也。古君子不貴僻[3]勿而貴與（第十六號簡）民又同也。智而比卽、則民谷其智之逑也。福而貧賤、則民谷其（第十七號簡）福之大也。貴而罷纕[4]、則民谷其貴之上也。反此道也[5]、民必因此厚也（第十八號簡）。

訓　讀

者（諸）れを其の沓（本）に求めずして者（諸）れを其の末に㦸（攻）《おさ》むれば、得ず。是の〔古（故）に〕君子の言に於けるや、末流に從う者を之れ貴ぶに非ずして、灤（源）を窮め沓（本）に反る者を之れ貴ぶ。(6) 句（苟）くも其の繇（由）るに從わずして、其の沓（本）に反らざれば、未だ得可き者有らず。君上成を卿（享）けて沓（本）を唯（惟）わざれば、工（功）〔悳（德）著れず〕(7)。戎（農）夫臥（飤）に矛（務）めて啣（耕）に強《つと》めざれば、糧足らず。(8) 士言を成（盛）んにして行わざれば、名得られず。(9) 是の古（故）に君子の言に於けるや、末流に從う者を之れ貴ぶに非ずして、湶（源）を窮め沓（本）に反る者を之れ貴ぶ。句（苟）くも其の繇（由）るに從わずして、其の沓（本）に反らざれば、之れを強うと唯（雖）も內れられず。(10) 上其の道を以てせざれば、民の之れに從うや難し。是を以て民は敬道（導）す可きも穿（弇）《おお》う可からず、馯（御）す可きも𦍫（牽）く可からざるなり。(11) 古（故）に君子は僻勿（物）を貴ばずして民と同じきもの又（有）るを貴ぶ。(12) 智にして比卽（次）すれば、則ち民は其の智の述（遂）ぐるを谷（欲）す。福（富）みて賤しきに貧（分）《わか》てば、則ち民は其の福（富）の大なるを谷（欲）す。貴くして罷（能）く纕（讓）れば、則ち民は其の貴きの上なるを谷（欲）す。(13) 此の道に反れば、民は必ず此の厚きに因る。(14)

口語譯

根本に求めないで枝葉末節にこだわっていては、うまくいかない。だから君子は言葉に對しては、末端に從うことを貴ぶのではなくて、根源を追求し根本に立ち返ることを貴ぶのである。もしその根源に從わず、根本に立ち返らないのであれば、うまくいく者はいない。君主ができあがったものを受け取るだけで根本を考えなければ、功德は明らかにならない。農夫が食べることばかりに勵んで耕作に勵まなければ、食糧は足りなくなる。士がさかんに言うだけで實行しなければ、名聲は得られない。だから君子は言葉に對しては、末端に從うことを貴ぶのではなくて、根源を追求し根本に立ち返ることを貴ぶのである。もしその根源に従わず、根本に立ち返らないのであれば、無理にやらせようとしても受け入れられない。爲政者が正しい方法を用いなければ、民が爲政者に従うのは難しい。だから民は敬い導くことはできるけれどもその目を覆い隠すことはできないし、操縦することはできるけれども無理に引っ張ることはできない。だから君子は遠方の珍しい物を貴ばずに民と同じ物を持つことを貴ぶのである。知があって人につき従えば、民はその人の知が廣く通じてほしいと願う。富を蓄えて貧者に分け與えれば、民はその人の富が大きくなってほしいと願う。身分が高くて讓ることができれば、民はその身分が高くなってほしいと願う。この方法に立ち返れば、民は必ずその厚い德によるのである。

注

（1）是〔古〕

F・Tはこの部分を「是故」に作る。寫眞圖版によれば「故」字はみえないが、下文に「是古君子之於言也、非従末流者之貴、窮藻反沓者之貴」とあることからすれば、「是」の下に「故」が脱していると考えるべきだろう。ここでは下文を參考にして「古」字を補うことにする。

（2）咖

Aは「加」に作る。A【注釋】〔一五〕裘按が「「糧」上一字左側似有「田」字，也許不當釋爲「加」，待考。」と述べているように、本字は「咖」に作るべきである。本字は「耕」の異體字か。すでにTが指摘しているように、本字とよく似た字形の文字が『窮達以時』第二號簡「舜〓於鬲山」に見える。通行文獻のこれと對應する箇所は「舜耕於歷山」（『呂氏春秋』愼人篇）、「虞舜耕於歷山之陽」（『韓詩外傳』卷七）、「舜耕歷山」（『說苑』雜言篇）に作っており、「〓」が「耕」に相當する文字であることは間違いない。そして本字は「〓」の「又」の部分が「口」に置き換えられた異體字であろう。「加」の「口」が「又」と通用する現象としてはこの他に「嘉」字などを擧げることができる。

（3）僻

Aは「𢕟」に作るが、ここではIの説に従って「僻」に作る。Iはその根據として『汗簡』に見える「辟」と字形が類似していることを擧げる。

（4）𦒉

bは本字について詳しい考察を行っており、「䶬」に作るべきだとするが、いまだ十分な説得力があるとは言いがたい。ここでは從來の説に従って「𦒉」に作る。

（5）也

Fは「者」に作るが、寫眞圖版によれば簡文は明らかに「也」に作っている。

（6）是〔古〕君子之於言也、非從末流者之貴、窮藻反杳者之貴。

「藻」は「源」の假借字とするAの説に従った。「末流」「窮源」の用例は、管見のかぎり先秦の思想文獻には見られないようである。ただ『荀子』富國篇に次のような文章がある。

下貧則上貧、下富則上富。故田野縣鄙者、財之本也。垣窌倉廩者、財之末也。百姓時和、事業得敍者、貨之源也。等賦府庫者、貨之流也。故明主必謹養其和、節其流、開其源、而時斟酌焉、潢然使天下必有餘、而上下憂不足。如是則上下俱富、交無所藏之。是知國計之極也。故禹十年水、湯七年旱、而天下無菜色者、十年之後、年穀復就、而陳積有餘。是無它故焉。知本末源流之謂也。故田野荒而倉廩實、百姓虛而府庫滿、夫是之謂國蹷。伐其本、竭其源、而幷之其末、然而主相不知惡也、則其傾覆滅亡則可立而待也。

ここでは「末」「流」が「本」「源」と對比されており、參考になる。

「反杳」は、『禮記』禮器篇に「禮也者、反本脩古、不忘其初者也。」、『荀子』大略篇に「君子處仁以義、然後仁也。行義以禮、然後義也。制禮反本成末、然後禮也。三者皆通、然後道也。」とあるのと同様に、根本に立ち返るという意味であろう。

（7）君上卿成不唯杳、工〔悳弗著𢘓〕。

本文以下の三句は、上句の「不從其繇、不反其杳」の具體例として、君上・農夫・士の三つの階層の者がそれぞれ根本によらない場合にどのようになるかということを述べたものである。

本文について、A【注釋】〔一四〕裘按は「卿成」は「鄉（享）成」に讀むべきではないかとする。gはその說にもとづいた上で「唯」を「惟」の假借字とし、この一文の意味を「君上只知享成而不知治本，則无法成就功德」と解釋する。ここでも基本的にこの說に從った。

「工□□□□」の缺字部分については、Fの「工〔德弗顯矣〕」を補う說と、Tの「功〔弗就矣〕」を補う說の二つがある。もし「工」の直後の文字に「德」字を補うことができるとすると、通行文獻において「顯」が「功德」の動詞として用いられている例は確認できないが、これとほぼ同樣の用例として「祖宗之功德著於竹帛」（『史記』孝文本紀）がある。この用例に基づいて、ここでは前後の文字づかいを參考にしつつ「工〔悳弗著𢘓〕」と補ってみた。

（8）戎夫𥎦飤不強咖、糧弗足𢘓。

「戎」「𥎦」「飤」は、A【注釋】〔一五〕裘按に從い、それぞれ「農」「務」「食」の假借字と考えた。「飤」は『說文』食部に「飤、糧也。从人食」とある「飤」の省字であろう。「咖」については注（2）を參照。

なお、Aは「強」字の下に讀點を打ち、「咖」を「加」に作って下文に屬せしめ、「戎夫𥎦飤不強、加糧弗足㤥」に作るが、Oにより「戎夫𥎦飤不強咖、糧弗足𢘓」に改める。

（9）士成言不行、名弗得𢘓。

「成言不行」はgの説に從って「成」を「盛」の假借字とし、さかんに言うけれども實行しないという意と考えた。

（10）句不從其繇、不反其沓、唯強之弗内⿱矣心。

この文とほぼ同じ文言が上文に「不求者其沓而戉者其末、弗得⿱矣心」「句不從其繇、不反其沓、未有可得也者」（ともに第十二號簡）と見える。

これに加えて「君子之於言也、非從末流者之貴、窮藻反沓者之貴」が上文と下文に二箇所見える。このように本章では一貫して「末」「流」ではなく「源」「本」を重視することを説く。そして本章ではこの論理が「言」と結び付けて論じられているわけだが、「言」の「源」「本」とは、第一章に「行不信則命不從、信不惷則言不樂」とあるように、「信」のことを指しているのであろう。

（11）是以民可敬道也而不可⿱穴弁也、可馯也而不可⿱臤子也。

本文は直前の「上不以其道、民之從之也難」を承けたもの。ゆえに、「敬道」「馯」は「其の道を以て」する行爲、「⿱穴弁」「⿱臤子」は「其の道を以て」せざる行爲である。

「敬道」「⿱穴弁」「馯」はAに從ってそれぞれ「敬導」「弇」「御」の假借字、「⿱臤子」はA【注釋】〔一七〕に從って「牽」の假借字と考えた。全體の大意としては、民を一定の方向に導くことはできるけれども、どこでも自分の好きな方向に導くことはできないということである。

（12）古君子不貴僻勿而貴與民又同也。

「僻」について。Iは偏遠の意とし、類似の用例として『尚書』旅獒篇の「不貴異物賤用物」と「不寶遠物」を擧げ、また『老子』第三章の「不貴難得之貨」も參考に擧げている。確かにIの説には一定の説得力があり、また通行文獻において「庶物」はほとんど常に萬物の意味で用いられていることからすれば、本字を「⿰彳庶」に作って「⿰彳庶（庶）物」とするのは文脈から考えて從いがたい。ゆえにここではIの説に從った。

（13）智而比卽、則民谷其智之逑也。福而貧賤、則民谷其福之大也。貴而罷纕、則民谷其貴之上也。

この部分は、謙譲について述べたものだろう。すなわち智・富・地位があっても驕った態度をとらなければ、人々はもっとその人の智・富・地位が大きくなることを願うという趣旨である。

「智」について、Tは「秩」の假借字とするが、如字で解釋すべきだろう。類似の用例としては馬王帛書『周易』繆和篇の「聖君之道、尊嚴夐知而弗以驕人、嗛〔然〕比德而好後」（第三十八行）がある。そしてこの「嗛〔然〕比德而好後」との對比から考えるに、「卽」はA【注釋】〔一八〕の言うとおり「次」の假借字で、「比次」で人の後ろにつき從う意ではないか。

「福」を「富」、「貧」を「分」の假借字とするのはgの說による。

（14）反此道也、民必因此厚也。

「厚」は『成之聞之』中に頻見され、一つのキーワードとして重要な役割を果たしている語である（第九～十號簡「唯肰、其廌也不厚、其重也弗多㤅」など）。しっかり守るといった意であり、具體的にはみずから言ったことを行動で實踐するということを指す。

通行文獻における類似の用例としては、『論語』學而篇の「曾子曰、愼終追遠、民德歸厚矣。」、『禮記』緇衣篇の「有國者章義癉惡、以示民厚、則民情不貳。」がある。いずれも爲政者がみずから實踐して模範を示すことを指す。なお、緇衣篇にはこの他にも「上人疑則百姓惑、下難知則君長勞。故君民者、章好以示民俗、愼惡以御民之淫、則民不惑矣。」、「民以君爲心、君以民爲體。心莊則體舒、心肅則容敬。心好之、身必安之。君好之、民必欲之。」、「上好仁、則下之爲仁爭先人。」などとあり、君民間のあり方について『成之聞之』と同樣の立場に立っていることが分かる。

第四章

本文

唯君子道可近求而可遠遣也[1]。昔者君子有言曰、聖人天惪、害（第三十七號簡）。言訢求之於㠯、而可以至川天崇忞。康𢍁曰、不還大瞑、文王乍罰（第三十八號簡）、型丝亡悬、害。此言也、言不霏[2]大崇者、文王之型莫厚安。是（第三十九號簡）以復之、可不訢虖。古君子所復之不多、所求之不遠[3]。戠[4]反者㠯、而可以（第十九號簡）智人。是古谷人之㤅㠯也、則必先㤅人、谷人之敬㠯也、則必先敬人（第二十號簡）。

訓讀

唯だ君子の道のみ近くに求む可くして遠くに遣（措）く可きなり[5]。昔者君子に言える有りて曰く、「聖人は天惪（德）なり。」とは、害（曷）ぞや。訢（愼）みて之れを㠯（己）れに求むれば、而ち以て天崇（常）に至川（順）す可きを言うなり[6]。康𢍁（誥）に曰く、「大瞑（戛）に還らざれば、文王罰を乍（作）し、丝（茲）れを型（刑）して悬（赦）すこと亡（無）し。」とは、害（曷）ぞや[7]。此の言や、大崇（常）を霏（奉）ぜざる者、文王の型（刑）安（焉）れより厚きこと莫きを言うなり[8]。是を以て之れを復す、訢（愼）まざる可けんや。古（故）に君子は之れを復する所多からず、之れを求むる所遠からず。者（諸）れを㠯（己）れに反るを戠（察）すれば、以て人を智（知）る可し[9]。是の古（故）に人の㠯（己）れを㤅（愛）するを谷（欲）すれば、則ち必ず先ず人を㤅（愛）し、人の㠯（己）れを敬うを谷（欲）すれば、則ち必ず先ず人を敬う[10]。

口語訳

ただ君子の道だけが近くに求めることができて遠くまで用いることができる。昔、君子は「聖人は天徳である。」と言ったが、これはどういう意味だろうか。これは、愼んで自分自身に求めれば、天常に完全に順うことができるということである。『康誥』に「大法に歸らなければ、文王が罰を下し、この者を處罰して赦すことがない。」とあるが、これはどういう意味だろうか。この言葉は、大常に恭順しなければ、文王の刑がこの上なく嚴しく科せられるという意味である。そういうわけでかえって自分に求めることを愼まないでおられようか。だから君子は多くの人に求めることはないし、遠くに求めることはない。かえって自分に求めるということが分かっていれば、人のことを知ることができる。だから人に自分のことを愛してほしいと願うなら、必ずまず自分が人を愛し、人に自分を敬ってほしいと願うなら、必ずまず自分が人を敬う。

注

（1）唯君子道可近求而可遠遣也。

竹簡の排列について。Fは第十五～二十三號簡の後に第三十七號簡を接續させて一章とする。aは第三十七～三十九號簡の後に第十九・二十號簡を置く。

第十九號簡は「以復之、可不新虘」で始まり、文章の冒頭でないことは明らかだが、第三十九號簡とつなげると「是（第三十九號簡）以復之、可不新虘」となる。また第三十七號簡は「唯君子道可近求而可遠遣也」とあり、「君子所復之不多、所求之不遠。戠反者𠯑而可以智人」（第十九～二十號簡）などと呼應しているように見える。こうした内容や文章形式の類似からして、aの説に一定の説得力があると考え、ここでも第三十七・三十八・三十九・十九・二十號簡と排列した。

（2）霏

Aは「霏」に作る。Tは本字下部を「朔」が左右逆になった形、Uは「覇」の異體字、hは「霢」が訛った形、iは「腓」とする。おそらくこの字の右下半分は、Nが指摘するように、『說文』生部の「丯」であろう。Nが紹介している郭店楚簡における「丯（奉）」字の用例（『語叢一』第一〇三號簡「豊（禮）不同、不丯（豐）、不Ⓐ（殺）」）のほか、「丯」に從う文字として「邦」（『說文』邑部「从邑丯聲」）があるが、「邦」の左旁もこの字の右下部分と同じ形に作っている。

（3）遠

Aは簡文のままに作るが、A【注釋】〔二〕裘按は「遠」の誤寫ではないかとし、Fも「遠」に作る。Bは「遳（登）」に作り、Hは「徸（徵）」に作る。kは「逶」に作る。

Bが「遳（登）」、Hが「徸徸（徵）」にするのは、おそらく包山楚簡に多數見える「阩（あるいは陞）門又敗」が第一二八號簡では「隥門又敗」に作っていることによるのだろう。しかし本字のように「山」と「升」の間に「八」のような筆畫が加えられる例は包山楚簡にはなく、本字が「隥」と同樣に「升」を聲符とする文字かどうかは定かではない。從って本字を「登」や「徵」の假借字とすることができるかどうかについては疑問の餘地がある。

ここでは文脈との關係から、裘按・Fに從って「遠」字と考えた。ただし第三十四號簡にもまったく同じ字形の文字が見えることとから、裘按の言うように誤寫であるとは考えがたい。あるいは「遠」の異體字か。

（4）戠

T・cは「察」の異體字とし、Wは「對」に作り、Xは「從戈，帶聲，讀作察。」と述べる。

本字はおそらく「察」に相當する字であろう。本字左旁のように「丵」と「口」や「又」などを組み合わせた字形を構成要素とする文字が楚簡中には多く見え、例えば「」（『語叢四』第八號簡）が「竊」（質部清母）の假借字、「諓」

（『五行』第八號簡など）が「察」（月部初母）の假借字として用いられていることからすると、「丵」を構成要素として持つ文字が質部齒音相當の音を持つ文字として用いられることがあったようである。そして本字もまたその一類型として考えられるのではないか。

（5）唯君子道可近求而可遠遣也。

「遣」は、「措」の假借とし「置」あるいは「運用」の意味とするc・iの説に從った。なおQは本字の「昔」に該當する箇所を「向」字であるとし、景仰・崇尙の意味としているが、その字釋には從いがたい。

（6）昔者君子有言曰、聖人天㤅、害。言訢求之於㠯、而可以至川天崇㤅。

「天德」の語は、『莊子』天地篇に「君原於德、而成於天。故曰、玄古之君天下、無爲也。天德而已矣。」、刻意篇に「聖人之生也天行、其死也物化。……其寢不夢、其覺無憂。其神純粹、其魂不罷。虛無恬淡、乃合天德。」とあり、そもそもは無爲のモデルとして用いられた概念である。それが後に理想の統治モデルとして他學派でも用いられるようになったと思われる。その例としては、墨家では『墨子』天志中篇の「觀其事、上利乎天、中利乎鬼、下利乎人、三利無所不利、是謂天德。」などを擧げることができ、本章は儒家が天德の思想を受容した例である。本章と最も思想内容が近いものとして『禮記』中庸篇「苟不固聰明聖知達天德者、其孰能知之。」を擧げることができる。

（7）康昪曰、不還大暊、文王乍罰、型丝亡懇、害。

『尙書』康誥篇の本箇所と對應すると思われる箇所は「乃其速由、文王作罰、刑茲無赦、不率大戛。」に作る。「不還大暊」は、A【注釋】〔三三〕裘按が指摘しているとおり、『尙書』康誥篇の「不率大戛」に相當する部分だろう。「暊」は「頣（夏）」の「止」が省略された文字であるとする1の說が適解。

（8）此言也、言不霏大祟者、文王之型莫厚安。

「不霏大祟」は上文の「不還大暊」を解釋した箇所だから、「霏」は「還」とほぼ同義の語であるはずである。ここではNの説に從い、「霏」を「丰」聲に從う文字と考え、「奉」の假借字とした。

（9）是以復之、可不訢虖。古君子所復之不多、所求之不遠。戠反者㠯、而可以智人。

「復之」とは、かえって自分に求めるという意味だろう。つまりみずから實踐することを指す。下文の「反者㠯」と同義。なお「反諸己」の用例としては以下のようなものがある。

四曰、主道約、君守近、太上反諸己、其次求諸人。其索之彌遠者、其推之彌疏、其求之彌彊者、失之彌遠。何謂反諸己也。適耳目、節嗜欲、釋智謀、去巧故、而游意乎無窮之次、事心乎自然之塗、若此則無以害其天矣。無以害其天則知精、知精則知神、知神之謂得一。……故知知一、則復歸於樸、嗜欲易足、取養節薄、不可得也。……故知知一、則若天地然、則何事之不勝、何物之不應。譬之若御者、反諸己、則車輕馬利、致遠復食而不倦。（『呂氏春秋』論人篇）

原天命、治心術、理好惡、適情性、而治道畢矣。原天命則不惑禍福、不惑禍福則動靜脩。治心術則不妄喜怒。不妄喜怒則賞罰不阿。理好惡則不貪無用。不貪無用則不害物性。適情性則不過欲、不過欲則養性知足。四者不求於外、不假於人、反諸己而存矣。夫人者說人者也、形而爲仁義、動而爲法則。詩曰、伐柯伐柯、其則不遠。（『韓詩外傳』卷二）

（10）是古谷人之㤅㠯也、則必先㤅人、谷人之敬㠯也、則必先敬人。

『國語』晉語四に引く『禮志』という書にほとんど同じ語が見える。

公子謂子犯曰、何如。對曰、將奪其國、何有於妻、唯秦所命從也。謂子餘曰、何如。對曰、禮志有之曰、將有請於人、必先有入焉。欲人之愛己也、必先愛人。欲人之從己也、必先從人。無德於人、而求用於人、罪也。今將婚媾以從秦、受好以愛之、聽從以德之、懼其未可也、又何疑焉。乃歸女而納幣、且逆之。

第五章

本文

是以智而求之不疾、其法人弗遠悆[1]。戠而行之不果、其悆也弗枉悆（第二十一號簡）。是古凡勿才疾之。君奭曰、唯〓[2]不嘼爯悳、害。言疾也。君子曰、疾之（第二十二號簡）。行之不疾、未又能深之者也。孚[3]之述也、強之工也。𨻰[4]之穿也、訇之工也（第二十三號簡）。

訓読

是を以て智にして之れを求むること疾《つと》めざれば、其の人を法（去）ること遠くせず。戠（勇）にして之れを行うこと果ならざれば、其の悆（疑）うこと枉（廣）くせず[5]。是の古（故）に凡そ勿（物）は之れを疾むるに才（在）り。君奭に曰く、「唯れ〓（冒）みて不（丕）《おお》いに嘼（單）《おお》いに悳（德）を爯（稱）《おこな》えり。」とは、害（曷）ぞや[6]。疾むるを言うなり。君子曰く、「之れを疾めよ。」と。之れを行うこと疾めざれば、未だ能く之れを深くする者又（有）らざるなり。孚（勉）むることの述（遂）ぐるは、強むることの工（功）なり。𨻰（申）ぶることの穿（弁）きは、訇（詞）の工（功）なり[7]。

口語譯

このために知識があっても努力して求めなければ、人とかけ離れた存在にはならない。勇氣があっても果斷に行動しなければ、その疑いは推し廣められない。だから全て物事は努力することにかかっているのである。『君奭』に

「勉め勵んで大いにその德をあきらかにした。」とあるが、これはどういう意味だろうか。努力することをいっているのである。君子は「ものごとに勉め勵め。」と言っている。ものごとを行うのに勉め勵まないで、それを深めることができたものはいない。勉め勵んで成果が出るのは、努力のはたらきである。口で述べて廣く行き渡るのは、ことばのはたらきである。

注

（1）是以智而求之不疾、其法人弗遠㤉。

竹簡の排列について。Y・aは第二十二・二十三・二十一號簡の順序で竝べ、第二十二號簡以下を第二十八號簡の後に接續させる。またYは第二十七・二十八・二十二・二十三・二十一號簡で一節とし、aは第二十二・二十三・二十一號簡で一組とする。

　aも認めているとおり、第二十一・二十二・二十三號簡の順序で讀んでも意味は十分に通り、Y・aのように順序を變える必然性はない。それでもY・aがこの三枚の竹簡の順序を變えるのは、これを第二十八號簡の直後に置くためで、つまり第二十八號簡と第二十一號簡をつなげると「此以」「是以」で始まる文章が連續することになる。しかし、そもそも第二十七・二十八號簡と第二十一・二十二・二十三號簡が本當につながるのかが確實でないのに、それを前提にして竹簡の順序を變えることには大きな問題が存するように思われる。

　よって、ここではAのとおり、第二十一・二十二・二十三號簡を一つのまとまりとしてそのままの順序で讀むことにする。

（2）。

　Aは簡文のまま。Oは「鳥」字の上部を省いた省字とし、Tは「旒」字とする。Uは「於」の「扵」がなまった形とし、「軌」字に通ずるという。lは「彪」字の「虎」が簡略化した文字か、あるいは「髟」字とし、またmも「髟」字とする。現在のところいまだいずれの説も説得力に缺ける。待考。

（3）孚

Aは簡文のまま。Tは「勉」に作る。Xは其聲に從う文字として「敄」の假借字と解釋する。字形からすると、本字は「孚」に作るのが適當。

郭店楚簡では本箇所以外に『緇衣』第二十四號簡に一例見え、そこには「叅之以正、齊之以坓、則民又孚心。」とある。そして今本『禮記』緇衣篇の該當箇所は「遯」に作るが、上海博物館楚簡『緇衣』は「免」に作る。また『論語』爲政篇「子曰、道之以政、齊之以刑、民免而無恥。」とほぼ似た文句があり、そこでは「民免而無恥」とあることからすると、「孚」が「免」の異體字である可能性が高まったと言えるだろう。

（4）陻

A・Fは簡文のまま。Bは「陻（陳?）」に作り、Tは「申」に作るが、その注に「從字形看，似應隸定作〝陻〞，其右旁與〝申〞字相似，這裏疑讀爲〝申〞。」と述べており、字形についてはBと同じ立場に立つ。Xは「隨」に作る。本字は一部不鮮明な箇所があるが、字形についてはB・Tの説に説得力がある。

（5）是以智而求之不疾、其法人弗遠悆。戠而行之不果、其悆也弗枉悆。

「智而求之不疾、其法人弗遠悆」と「戠而行之不果、其悆也弗枉悆」が對句になっている文章である。

「法（去）人」は、その求めることに努力するさまが人とかけ離れているという意味だろう。「悆」は「疑」の假借字と考えたが、未詳。

「弗遠」「弗枉」は、否定詞として「弗」が用いられているので、「遠」「枉」は他動詞と考えられる。「弗遠」は人から去ることを遠くしない、つまり人とはかけ離れた存在になることはできないという意味か。「枉」はAは「往」

の假借字とするが、それでは意味が通じがたい。「枉」は、「遠」との對比から考えて、「廣」の假借字で廣めるという意味ではないだろうか。上海博物館楚簡『孔子詩論』において、「漢廣」の「廣」はこの字の右旁に作っている。

（6）君奭曰、唯𠂤不嘼𢓜悳、害。

『尙書』君奭篇の本箇所と對應する部分は「惟冒丕單稱德」に作る。この一文について、下文で「言疾也。君子曰、疾之。行之不疾、未又能深之者也。」と解說していることから、「𠂤」はつとめるの意で用いられていることが分かる。「丕單」については諸說あるが、ここでは『爾雅』釋詁に「丕、大也。」とあり、『說文』吅部に「單、大也。」とあるから、ともに「おおいに」の意としておく。

（7）𢍰之述也、強之工也。隀之穿也、訶之工也。

この文章は、「𢍰之述也、強之工也」と「隀之穿也、訶之工也」が對句になっていて、「𢍰」と「強」、「隀」と「訶」が似た意味の語として各句の冒頭に用いられているという構造になっていると考えられる。そして前文はみずから實踐すること、後文は口で言うことが述べられているのではないか。

「述」は「遂」の假借字で完成するという意か。「穿」は先に「是以民可敬道也而不可穿也」（第十五～十六號簡）とあるのを參考にして、「弇」の假借字で廣く覆うという意味と考えた。

第六章

本　文

聖人之眚與中人之眚、其生而未又非之節。於而也、（第二十六號簡）則猷是也。唯其於善道也、亦非又譯婁以多也。及其專長而厚（第二十七號簡）大也、則聖人不可由與墠之。此以民皆又眚而聖人不可莫也（第二十八號簡）。

訓讀

聖人の眚（性）と中人の眚（性）とは、其の生まれながらにして未だ之れが節を非（分）かつこと又（有）らず。而（爾）に於けるも、則ち猷（猶）お是のごときなり。[1] 其の善道に於けると唯（雖）も、亦た譯（澤）婁（數）又（有）りて以て多きに非ざるなり。[2] 其の専（溥）長にして厚大なるに及べば、則ち聖人は由りて與に之れを墠（單）いにす可からず。[3] 此を以て民は皆な眚（性）又（有）るも聖人は莫（模）ぬるべからざるなり。[4]

口語譯

聖人の性と中人の性とは生まれながらにしてその區別を設けられているわけではない。そなたについてもそれは同じことである。聖人の善道に對する場合であっても、そもそも大きな澤があるために多く持っているというわけではない。善道が廣く長くなり厚く大きくなると、聖人はともに善道を廣めていくことができない存在になるのである。そういうわけで人は皆な同じ性を有しているけれども、聖人というのはまねることができないのである。

注

（1）聖人之眚與中人之眚、其生而未又非之節。於而也、則猷是也。

この部分については、斷句からして説が分かれている。Aは「聖人之眚與中人之眚、其生而未又非之節於而也、則猷是也。」とし、その【注釋】〔二六〕裘按は「於」の下の「而」字は誤字ではないかとしている。

Hは「聖人之省（性）與中人之省（性）、其生而未又非之、節（卽）於而（儒）也、則猷是也。」とし、「聖人與中人（中等之人），生性沒有不同，那麼儒生與中人，其生性就更不會有差別。」と解釋する。

Oは「聖人之眚與中人之眚、其生而未又非之。節於而也、則猷是也。」とする。そして「非」を「分」の假借字とし、「而」を「爾」の假借字として「此」の意とし、全體の意味について「聖人之性與中人之性生而無別，偶然如此，卽如此也，至於後來之成聖賢，全視個人自努力而定。」と解釋する。

Tは「聖人之性與中人之性、其生而未有非志。次於而也、則猶是也。」とし、「而」は「此」に作るべきではないかとし、その意味を「聖人與中材之人在人性上是相似的，他們生下來都沒有什麼壞心眼，中材以下的人，情況也是一樣的。」とする。

iは「節於而也、則猷是也。」とし、「節」を「卽」、「而」を「儒」の假借字として、「卽於儒」は學校に入學して六藝の教えを受けることを指すとする。

「非」については、Oのように「分」の假借字と考えるのが最も說得力がある。そうすると、本箇所は聖人でも中人でも本來生まれもった性になんら變わりはないということを述べていることになるから、「節」は聖人と中人の閒を隔てる境界というほどの意味であろう。ゆえに、最初の一文は「未又非之節」で斷句し、彼等の節を分けているわけではない、と解釋した。

「於而也、則猷是也。」は、「而」についても同じだという意味になるが、ここでは「而」を「爾」の假借字と考えてみた。つまり聖人と中人の性の閒に違いがないだけでなく、誰でもみな性は同じなのだということを述べているのではないか。

（2）唯其於善道也、亦非又譯婁以多也。

上文で性については聖人でも中人でも而でも同じであることが述べられたのを承けて、善道についてもそれと同じことがあてはまるということが述べられている一文。

「善道」は、直後に「多」とあることからすると、そもそもは少ないけれども後から增大させていくものとして考えられている。そのような善道の描き方をしている例としては次のようなものがある。

劍雖利、不厲不斷。材雖美、不學不高。雖有旨酒嘉殽、不嘗不知其旨。雖有善道、不學不達其功。故學然後知不足、教然後知不究。不足、故自愧而勉。不究、故盡師而熟。由此觀之、則教學相長也。子夏問詩、學一以知二。孔子曰、起予者、商也。始可與言詩已矣。孔子賢乎英傑而聖德備、弟子被光景而德彰。詩曰、日就月將。(『韓詩外傳』卷三)

ここで善道は學ぶ對象として描かれており、理想の道という意味で用いられている。これを參考にすると、おそらく本章の善道も擴大すべき理想の道という意味だろう。

「亦非又譯婁以多也」について、Tは「亦非有懌、數以多也」と解釋する。Vは「譯」を「澤」の假借字として恩澤の意、「婁」を「數」の假借字として計量の意とする。iは「譯」を「擇」の假借字として取の意、「婁」は牽曳の意、「多」は「移」の假借字とし、善道でさえも何も特別に吸引する力があるわけではなく、變化させるのである、と解釋している。Oは「簡文此句謂聖人之成就，非依賴外在有利之環境如澤藪之孕育萬卉群生，而在不斷的自我要求，自我提升，以「信於衆乃可以成德」自勵，終爲成德之君子。」と述べる。本箇所は「亦」とあるわけだから、前の一文と同趣旨のことが述べられているはずである。そうであるとすると、Oの説が最も妥當であろう。

(3) 及其尃長而厚大也、則聖人不可由與墨之。

「尃長」については、Vは「尃」を「溥」の假借字、Sは「尃」を「博」の假借字とするが、いずれも廣大の意とする點では同じである。おそらく「尃長」も「厚大」もともに大きくなるという意味であろう。「尃長」は平面的な廣さ、「厚大」は立體的な大きさを意味する語であると考えられ、つまり「其尃長而厚大」は善道が擴大するという意味になる。

「由與墨之」について、Sは「墨」を「單」の假借字として盡の意とし、「由與墨之」は從ってこれを極め盡くすという意味とする。Ｖは「墠」を「單」の假借字として大、厚の意とし、全體の大意について、聖人の素質は變化が非常に大きくなると聖の境地に達するが、普通の人閒（中人）は聖人についていって自己の素質を增強することはできない、と解釋する。ｉは「墠」を「獸」の省聲とし、「斆（效）」の意味とする。ｃは「墠」を「憚」の假借字として畏怕、慢易の意とし、「由與」は「猶豫」とする。そして「聖人從自我內在的善性出發，不斷地自我提升擴充，進而至於深厚廣大的境界。此種聖人的境界，竝無法藉著學習而能極盡之。」と述べる。ここではＶの說に從い「墠」を「單」の假借字として大いにするの意味と考えた。

（４）此以民皆又眚而聖人不可莫也。

Ａ【注釋】〔二八〕裘按は「莫」を「慕」の假借字であるとするが、上文に「聖人不可由與墠之」とあることからすると、「模」の假借字と考えるのが妥當だろう。

第七章

本　文

君奭曰、毀我二人、毋又合才言[1]、害。道不說之司也。君子曰、唯又其亙、而（第二十九號簡）可能冬之爲難。槁木三年、不必爲邦羿、害。言䛐[2]之也。是以君子貴（第三十號簡）成之（第一號簡）[3]。

訓　讀

君奭に曰く、「我ら二人を毀（襄）きて、言に合すること又（有）るもの毋し。」とは、害（曷）ぞや。說（悅）ばざるの司（詞）を道うなり[4]。君子曰く、「其の亙（恆）又（有）りと唯（雖）も、能く之れを冬（終）う可きを難しと爲す。[5] 槁木三年、必ずしも邦羿（旗）と爲らず。」とは、害（曷）ぞや。之れを𡨦（寅）《つつし》むを言うなり。[6] 是を以て君子は之れを成すを貴ぶ。

口語譯

『君奭』に「我等二人を除いては、言葉と合致している者はいない。」とあるが、これはどういう意味だろうか。不滿の言葉を述べているのである。君子は「常に正しい態度でいても、それを最後まで成し遂げるのは難しい。切り出した材木が三年たったら、必ず國家の旗になるというわけではない。」と言っているが、これはどういう意味だろうか。つつしむことを言っているのである。だから君子は成し遂げることを貴ぶのである。

注

（1）言

Aは「音」に作るが、その【注釋】〔二九〕裘按はこの字を「言」の誤りではないかとしている。確かにこの字は楚簡中に見える「音」とまったく同じ字形であるが、「言」の「口」部分が「日」になった字形と見ることもできる。ゆえに、ここでは「言」の誤字ではなく、「口」部分に飾筆が加えられた「言」字そのものと解しておく。

（2）𡨦

Aは「𡩗」に作る。Bは「𡨦」に作るべきであるとし、T・Vも同じ立場に立つ。またHは「𣌭」に、Xはこの字の上部を「夾」に作るべきであるとする。字形から考えて、B・T・Vの説が妥當であろう。

（3）成之

「成之」は第一號簡から持ってきたもの。第一章注（7）參照。なおTは「是以君子貴」の次に脫簡の存在を想定し、この後に「寅」を補う。

（4）君奭曰、嗀我二人、毋又合才言、害。道不說之司也。

『尙書』君奭篇のこれと對應する箇所は「襄我二人、汝有合哉。言曰……」に作っており、句の切り方が異なっている。A【注釋】〔二九〕裘按は、「才」を「在」の假借字と考え、『尙書』君奭篇の「汝有合哉」と意味が大きく異なっていると述べている。またこの一句の意味についてFは「除了我們兩箇人之外、就找不到有共同語言的人了。」とする。

ここでは「嗀我二人、毋又合才言」の一文について、（周公が）不滿を述べたことばだと解釋しているわけだから、よくないことが述べられているはずである。そして本章では成し遂げることの重要性を主張しているから、この一文は、（周公と君奭の）二人を除いては何かを成し遂げられる者がいないということを述べているのではないか。そして「合才言」とあることから、大意は、二人を除いては言葉どおりに實行できていないということではないかと考えた。

（5）君子曰、唯又其死、而可能冬之爲難。

「死」は「恆」の假借字で、恆常不變の正しいあり方といった意味だろう。「恆」を有するというのは『莊子』において理想の境地として描かれている。例えば

宇泰定者、發乎天光。發乎天光者、人見其人。人有脩者、乃今有恆。有恆者、人舍之、天助之。人之所舍、謂之天民、天之所助、謂之天子。（『莊子』庚桑楚篇）

また『論語』にも「有恆」という表現がある。

子曰、聖人、吾不得而見之矣。得見君子者、斯可矣。子曰、善人、吾不得而見之矣。得見有恆者、斯可矣。亡而爲有、虛而爲盈、約而爲泰、難乎有恆矣。（『論語』述而篇）

ここでは、「善人」よりも一段階低い存在として「有恆者」が描かれており、「有恆」の位置付けが『莊子』ほどに高

くはない。本章の「又其㲋」もまた理想的な境地として描かれているわけではなく、立場としては『論語』に近いと言える。

「終」は完成する、成し遂げるの意。「可能冬之爲難」とは、そもそも有している「恆」を最後までやり遂げるのは難しいという意味だろう。

（6）槁木三年、不必爲邦羿、害。言䜭之也。

「槁木」は『莊子』に頻見する語であり、例えば「形固可使如槁木、心固可使如死灰乎。」（齊物論篇）、「吾處身也、若橛株拘、吾執臂也、若槁木之枝。」（達生篇）、「向者先生形體掘若槁木、似遺物離人而立於獨也。」（田子方篇）など、天地と一體化した絶對的な存在のたとえとして用いられている。本章において「槁木」は「恆」を有する存在のたとえとして描かれているわけだが、これはおそらくこうした槁木のイメージを前提としているのだろう。ただし槁木であるというだけでは駄目だとして、『莊子』で描かれた理想像としての槁木を乘り越える理論を打ち立てている點に注意を要する。

「邦羿」の意味は未詳。ここでは「恆」を完成させたたとえとして用いられているわけだから、木で作った立派なものだろう。Fは「邦」は境界、「旗」は標識であるとするが、根據に乏しく從いがたい。ここではしばらく「羿」を「旗」の假借字と考え、邦旗で國家の旗と解しておく。

「言䜭之也」の「䜭」は、T・Vの說に從って「敬」の意と考えた。

第八章

本　文

天夅[1]大祟、以里人侖。折爲君臣之義、煮爲父子之新、分（第三十一號簡）爲夫婦之支。是古小人㜸天祟以逆大道、君子訂人侖以川（第三十二號簡）天悳。大墨曰、余才厇天心、害。此言也、言余之此而厇於天心也。是古（第三十三號簡）[2]

訓　讀

天は大祟（常）を夅（降）して、以て人侖（倫）を里（理）む[3]。折（制）して君臣の義と爲り、煮（著）れて父子の新（親）と爲り、分かれて夫婦の支（辨）と爲る[4]。是の古（故）に小人は天祟（常）を㜸（亂）して以て大道に逆らい、君子は人侖（倫）を訂（治）めて以て天悳（德）に川（順）う。大墨（禹）に曰く、「余才（在）りて天心に厇（宅）り。」とは、害（曷）ぞや。此の言や、余此に之きて天心に厇（宅）るを言うなり[5]。是の古（故）に

口語譯

天は大常を降して、それによって人のあり方をととのえた。制定されて君臣の義となり、顕著になって父子の親となり、分けられて夫婦の別となった。このために小人は天常を亂して大道に逆らい、君子は人のあり方をととのえて天德に順うのである。『大禹』に「私はここにいて天の心にいる。」とあるが、それはどういう意味だろうか。この言葉は、自分がここに赴いて天の心にいると言っているのである。このために……

注

(1) 夅

Aの説による。またIは『古文四聲韻』巻一所引の『義雲章』の「降」字が本字と同じ字形に作っていると指摘している。これに對してBは「𡕒(證)」に作る。iは「徵」字の簡略化した形だとしているが、これはおそらくBと同じ認識に立っているのだろう。この説も字形からは十分に成り立ちうるが、ここでは文脈からA・Iの説に從った。

(2) 是古

Aは第三十三號簡で段落を改行し、つづく第三十四號簡と接續していない。それに對してFは第三十三號簡第三字目の「大壂曰」から第三十六號簡までをつなげて一章としている。aは第三十一～三十三號簡の三枚の竹簡を『大常』の冒頭に置き、その直後に『六德』第六號簡の「君子女欲求人𧗝」を接續させている。

第三十一號簡から第三十三號簡までは主に人倫について述べているのに對して、この直後の第三十四號簡からは話題が謙讓へ移っており、第三十三號簡と三十四號簡を接續させるのは不自然である。またaの説も、『六德』第六號簡は「君子女欲求人𧗝」の七文字だけが殘っている斷簡なので、その處置の是非を判斷しがたい。ここではとりあえずAのとおりに第三十一號簡から第三十三號簡までを獨立して扱っておく。

なお、君臣・父子・夫婦の「六位」については『六德』において集中的に議論が行われていることからすると、第三十一號簡から第三十三號簡の三枚の竹簡を本箇所に配置するのは問題があるように思われる。

(3) 天夅大祟、以里人侖。

「人倫」は、この直後にある君臣・父子・夫婦など、社會秩序を支える基本的な人閒關係のこと。「人倫」の語は『孟子』に頻出し、滕文公上篇には「人之有道也、飽食煖衣、逸居而無教、則近於禽獸。聖人有憂之、使契爲司徒、教以人倫。父子有親、君臣有義、夫婦有別、長幼有序、朋友有信。」とある。『成之聞之』にみえる人倫教化の構造は

『孟子』におけるそれと基本的には一致しているとしてよいだろう。ただし、『孟子』では「人倫」の來源が「聖人」とされているのに對し、郭店楚簡ではそれが「天」とされている點、また『孟子』では「人倫」の由來が歴史的に説明されており、結果としてそれが今現在實現されていると見なしうるのに對して、『成之聞之』では「小人」によりその實現が不安にさらされている現狀が窺える點などが相違點として擧げられる。詳しくは渡邉大「郭店楚簡『成之聞之』『六德』にみえる人倫説について」（『大久保隆郎教授退官記念論集　漢意《からごころ》とは何か』、東方書店、二〇〇一年）參照。

（4）折爲君臣之義、煮爲父子之新、分爲夫婦之支。

君臣・父子・夫婦などの關係の重要性を説いたものとしては、『孝經』『禮記』などがあるが、特に『荀子』天論篇に「傳曰、萬物之怪、書而不説、無用之辯、不急之察、棄而不治。若夫君臣之義、父子之親、夫婦之別、則日切瑳而不舍也。」とあるのは、本章とほぼ一致する表現であり注目される。ただし、『荀子』においてはそのような秩序立ては天から離れた人間獨自の營爲であるのに對し、ここでは同樣の秩序立ての背後に天が存在している點で大いに異なっているといえる。

（5）大垔曰、余才厇天心、害。此言也、言余之此而厇於天心也。

この部分は、第三十七～三十九號簡の文章と密接な關係がある。

唯君子道可近求而可遠遣也。昔者君子有言曰、聖人天悳、害。言訢求之於吕、而可以至川天崇恣。康𢍏曰、不還大暊、文王乍罰、型兹亡惥、害。此言也、言不霏大祟者、文王之型莫厚安。

これとの比較から考えてみるに、「余才厇天心」は「聖人天悳」とほぼ同じ意味で、「天常に至順した」狀態、すなわち天常と完全に合致した狀態のことを言うのだろう。

「余才厇天心」は「余之此而厇於天心也」と解釋されていることから、「才」と「厇」はほぼ同じ意味の二つの動詞として分けて考えられていることが分かる。また逆に「才」は「之此」と解釋されているわけだから、「之」は動詞で、「此に之く」と解釋すべきだろう。

第九章

本　文

君子⿱⺮毂[1]笘之上、嗀而受[2]學[3]、朝廷之立、嗀而處戔。所厇不遠[4]⿱矣心。少人（第三十四號簡）不緹人於刃、君子不緹人於豊。⿰扌鷹[5]汈[6]䏈舟、其先也不若其後也。言（第三十五號簡）語哰之、其勅也不若其已也。君子曰、從允懌怸、則先者余、⿱夾止者信（第三十六號簡）。

訓　讀

君子は⿱⺮毂（衽）笘（席）の上にありては、嗀（讓）りて學（幼）きに受（授）け、朝廷の立（位）にありては、嗀（讓）りて戔（賤）しきに處る。[7] 厇（宅）る所遠からず。[8] 少（小）人は人を刃に緹（逞《ほしいまま》）にせず、君子は人を豊（禮）に緹（逞）にせず。[9] ⿰扌鷹（津）汈（梁）に舟を䏈（爭）うに、其の先んずるは其の後るるに若かざるなり。[10] 言語に之れを哰（⿰口幵《あらそ》）うに、其の勅（勝）つは其の已むに若かざるなり。[11] 君子曰く、「允に從い怸（過）ちを懌（釋）せば、則ち先んずる者は余（豫）ありて、⿱夾止（來）たる者は信なり。」と。[12]

口語譯

君子は宴席にあっては讓って幼いものに授け、朝廷にあっては讓って身分の低い場所にいる。遠くにいるわけではない。小人は刃物でほしいままに人を動かすようなことはしないし、君子は禮でほしいままに人を動かすようなことはしない。船着き場で争って船に乗り込む場合には、先に乗るよりも後に乗る方がよい。ことばで言い争いをする場合には、勝つよりもやめる方がよい。君子が言うには、「まことに從って過ちをゆるせば、先輩たちは餘裕があり、後輩たちは誠實である。」と。

注

（1）⿱竹⿰尋殳

Aは「⿱竹⿰昜殳」に作る。1も「⿱竹⿰昜殳」に作るが、「簜」の假借字とする。Mは、この文字の左下部は「昜」ではないとし、『禮記』坊記篇の類似の文章との比較から（注（7）参照）この字が「衽」の假借字である可能性を認める一方で、まだ不明としながらもこの字を「⿱竹⿰尋殳」に作り「寑」の假借字である可能性も指摘している。Tは本字下部の左旁を「尋」とし、「簟」あるいは「衽」の假借字とする。

ところで、上海博物館楚簡『孔子詩論』第十六號簡に「萬⿰尋由」という語が見え、詩の篇名である「葛覃」の假借字として用いられているが、その「⿰尋由」の左旁がここで「尋」と解釋した部分と同じ字形に作っている。これよりTの說に一定の說得力があると認め、ここでも「⿱竹⿰尋殳」に作ることにする。なお「萬⿰尋由」の解釋については李天虹「《葛覃》考」（『國際簡帛研究通訊』第二卷第二期、二〇〇二年一月）を參照。

（2）𠬪

Aは簡文のまま。B・I・Rは「𠬪」に作る。Rも指摘するように、郭店楚簡および他の楚系文字の「𠬪」と比較すると右上がやや省略されているようだが、字形全體から考えると「𠬪」と見做してよいと思われる。

（3）學

Aは簡文のまま。ここではBに從って「學」に作る。またR・Tは中山王鼎の「寡人學（幼）⿺辶重（童）未甬（通）

智」の箇所で同じ文字が「幼」字として用いられていることを指摘している。

（4）遠

Aは簡文のまま。Bはこの字を「遊」に作り、Hは「徴」に作る。この文字は第十九號簡にも見える。第四章注（3）參照。

（5）樵

Aは簡文のままに作るが、A【注釋】〔三〇〕裘按は、この字の左旁は「才」、右旁はA【注釋】〔四〕で述べた「鷹」字の異體字とする。Bは「梖」に作る。ここでは裘按に従って「樵」に作る。第二章注（1）參照。

（6）舟

Aはこの文字を「於」に作るが、ここではB・Hに從って「舟」に作る。

（7）君子簌笞之上、毀而受學、朝廷之立、毀而處戔。

すでにI・K・Mが指摘しているように、この一文に類似した文章が『禮記』坊記篇に見える。

子云、觴酒豆肉、讓而受惡、民猶犯齒。衽席之上、讓而坐下、民猶犯貴。朝廷之位、讓而就賤、民猶犯君。

これとの比較から、「簌」は「衽」、「笞」は「席」の假借字と考えられる。なお「簌」は「簟」の假借字と考えることもできる。『荀子』非十二子篇に「奥窔之閒、簟席之上、斂然聖王之文章具焉、佛然平世之俗起焉。」という一文があるが、それとほぼ同じ文章が『韓詩外傳』巻四にあり、そこでは「陝要之閒、衽席之上、簡然聖王之文具、沛然平世之俗趨。」に作っている。

「學」については、B・I・R・Tが指摘するとおり、「幼」の假借字で問題ないだろう。

（8）所厇不遠忞。

本箇所の「遠」字は他の「遠」字とは異なった字形をしているわけだが、郭店楚簡においてはこれと同じ文字は

『成之聞之』第十九號簡にもう一例見える。

古君子所復之不多、所求之不遠。戠反者㠯、而可以智人。是古谷人之㤅㠯也、則必先㤅人、谷人之敬㠯也、則必先敬人。(第十九～二十號簡)

ここでは、他人ではなくみずからに求めることを「所求之不遠」と表現している。

また、本章は謙讓について述べているわけだが、『成之聞之』『尊德義』『性自命出』『六德』の四篇の中で謙讓について述べている例は、本箇所以外に『成之聞之』第十六～十八號簡の一箇所に見える。

古君子不貴僻勿而貴與民又同也。智而比卽、則民谷其智之述也。福而貧賤、則民谷其福之大也。貴而罷纕、則民谷其貴之上也。反此道也、民必因此厚也。

ここでは、「此の道に反る」とあるように、末流に走るのではなく根本に立ち返ることの重要性が説かれている。

以上、『成之聞之』『尊德義』『性自命出』『六德』四篇中の關連する記述を參考に考えてみると、「所厇不遠悆」とは具體的には他人に何かを求めるのではなく、みずから謙讓の態度をとることを指しているのだろう。

(9) 少人不絰人於刃、君子不絰人於豊。

A【注釋】〔三〇〕裘按は、「絰」を「逞」の假借字として、『左傳』昭公四年の「求逞於人、不可。」を引き、本箇所は「求逞於人」と意味が近いのではないかとする。また「刃」を「仁」の假借と見做したうえで、この文の大意を「小人不求在仁義方面而勝過人，君子不求在禮儀方面勝過人。」とする。

Hは「刃」を「恩」の假借字とする。Iも「刃」を「恩」の假借字として、その意味について「小人不以恩情而對他人逞強，君子不以禮儀而對他人逞強。」とする。Xもその説に從う。

これに對してNは、『禮記』曲禮上篇に「禮不下庶人」とあるように、禮はもっぱら士以上の貴族のために制定され、貴族が學ぶものとされたということを前提にして、「君子不絰人於豊」の意味は「君子(相對於平民而言)不以其嫺熟禮儀而向人逞強」であるとする。さらに「少人不緹人於刃」については、「刃」をそのまま解釋し、「小人不以其持有刀刃之兵器而向人逞強」という意味だとする。

この句のように「少人不……」と「君子不……」が對句になっている例は、管見のかぎりでは「君子不犯非禮、小人不犯不祥。」という語が『左傳』昭公三年に見えるのみである。この用例では小人も悪い行爲をしていない點が注目される。また「逞~於……」という句形をとる用例としては、「匹夫逞志於君、而無討、敢不自討乎。」（『左傳』僖公二十三年）、「穆公是以不克逞志于我。」（『左傳』成公十三年）の二例があり、これらはいずれも「……に對して~をほしいままにする」という意味で「逞~於……」が用いられている。これらの用例をもとに、ここでは「緹」を「逞」の假借字とし、ほしいままにするの意と考えた。

（10）擕汈䑶舟、其先也不若其後也。

「擕汈䑶舟」については、A【注釋】〔三一〕裘按が「此句似當釋讀爲[illegible]汈（梁）䑶（爭）舟。」と述べ、さらに「擕」については「津」の假借字ではないかとする説に従う。

（11）言語啐之、其勑也不若其已也。

「啐」については、A【注釋】〔三二〕裘按「《集韻》曷韻才達切巀僁小韻以「咞」「啐」爲「囋」字或體，月韻語訐切钀小韻亦有「咞」字，訓爲「語相呵拒」。簡文「啐」字應讀爲月韻之「咞」字。」に従う。

（12）君子曰、從允懌𢘓、則先者余、來者信。

「𢘓」は「過」の假借字。今本『老子』第三十五章は「過客止」に作る部分を、郭店楚簡『老子』丙本第五號簡は「𢘓客止」に作っている。「余」はSの説に從って「豫」の假借字と考えた。

第十章

本文

古君子斳六立以巳天祟。∠（第四十號簡）[1]

訓讀

古（故）に君子は六立（位）[2]を斳（愼）みて以て天祟（常）を巳（祀）る。∠

口語譯

だから君子は六位を愼んでまもり天常を祀るのである。∠

注

（1）古君子斳六立以巳天祟。∠

第四十號簡は、aは『大常』の最末尾に置いている。『大常』は『六德』を中心に再編した篇であり、そこでは君臣・父子・夫婦が集中的に議論されている。「六位」の語が『六德』第八號簡（『大常』では第七號簡にあたる）にも見えていることから考えると、第四十號簡を『成之聞之』の竹簡と考えるのは問題があるように思える。とはいえaの處置に有力な根據があるわけでもなく、現時點ではその說の妥當性を判斷しがたい。ゆえに、ここではとりあえず他の竹簡とはつなげずに第四十號簡だけを譯しておく。

（2）六位

第三十一～三十二號簡に「天𡈼大祟、以里人侖。折爲君臣之義、煮爲父子之新、分爲夫婦之支。」とあることから、ここでの六位とは君臣・父子・夫婦であると考えられる。

また郭店楚簡では、『六德』に「可胃六恵。聖・智也、息・宜也、忠・信也。」（第一號簡）、「……六立也。又衒人者、又從人者、又㫁者、又事人□、□□者、又□者、此六戠也。既又夫六立也、以貢此〔六戠也〕、六戠既分、以[illegible]六恵者。」（第八～十號簡）、「以宜㫁人多。宜者、君恵也。……以忠㫁人多。忠者、臣恵也。……以智衒人多。智也者、夫恵也。……以信從人者多也。信也者、婦恵也。……聖也者、夫恵也。……息者、子恵也。」（第十五～二十三號簡）、「父聖・子息、夫智・婦信、君宜・臣宜〈忠〉。聖生息、智衒信、宜㫁忠。」（第三十四～三十五號簡）、「男女不卞、父子不新、父子不新、君臣亡宜。」（第三十九號簡）などとあり、「六德」と關係付けてやはり君臣・父子・夫婦の「六位」が說かれている。

なお、『莊子』盜跖篇に「子張曰、子不爲行、卽將疏戚無倫、貴賤無義、長幼無序。五紀六位、將何以爲別乎。」とある「六位」について、『經典釋文』は「君臣・父子・夫婦」と解し、成玄英は「君臣・父子・夫婦、亦言父母・兄弟・夫妻。」と解し、また兪樾は『白虎通』三綱六紀篇に「六紀者、謂諸父・兄弟・族人・諸舅・師長・朋友也。」とある說を是としている。ちなみに先秦時代の傳存文獻中には、人倫關係に用いる「六位」の用例は上に擧げた『莊子』以外には見當たらないようである。

第二部　論文編

郭店楚簡『緇衣』考索

澤田多喜男

前言

『禮記』緇衣篇については、従來さまざまな論議がある。すでに先學の指摘があって周知のように、『隋書』に「案漢初典章滅絶、諸儒裒拾溝渠牆壁之閒、得片簡遺文、與禮事相關者、卽編次以爲禮、皆非聖人之言。月令取呂氏春秋、中庸・表記・坊記・緇衣、皆取子思子、樂記取公孫尼子、檀弓殘雜、又非方幅典誥之書也。」（音樂志上）とあることから、緇衣篇は孔子の孫である子思の著作の一部だという考えが古くからあった。孟子は子思の門人に學んだとされることから、子思と孟子は同傾向の思想の持ち主とされる。『荀子』非十二子篇でも、この二人を一括して批判の對象としているのは周知のことである。後に儒家の正統派として、孔子・曾子・子思・孟子が系統づけられるようになると、それに對應した彼らの思想的典據の書物として、『論語』『大學』『中庸』『孟子』がいわゆる四書として尊重されることとなる。『大學』『中庸』はいうまでもなく『禮記』の中の各一篇であるが、先の『隋書』で子思の著作とされる緇衣篇他の諸篇もまた『禮記』の中の各一篇である。同書の經籍志には「子思子七卷、魯穆公師孔伋撰。」とあるが、含まれる篇名は不明である。しかし緇衣篇が儒家正統派の一員の著作だとの記述に基づいて、今回の郭店楚墓出土の竹簡にほぼ完全な型での同書の出現は、子思學派の解明の手がかりが得られたとして大きな波紋を巻き起こした。上述のような事實關係の解明は、今後の大きな課題であり、にわかに取り組む課題としては餘りにも大きすぎる。

そこで今とりあえず出土した郭店楚墓竹簡『緇衣』そのものの檢討に限定して考察する。出土した『緇衣』は、今本『禮記』緇衣篇と對照してみると、さまざまな問題點が浮かび上がってくる。[1]

いま緇衣篇の今本と楚簡との細部の相違などは、荊門博物館『郭店楚墓竹簡』（文物出版社、一九九八年）の「注釋」の指摘などに任せることにして、大きな相違點について考察する。なお楚簡『緇衣』の本文は、同書の「釋文」を底本とする（以下「釋文」と稱する）が、いずれ「釋文」はより詳細に檢討される必要があろう。

一、楚簡による今本錯簡の訂正

周桂鈿氏の指摘する楚簡による今本緇衣篇の訂正を要約すると次のごとくである。[2] 相互に內容的に對應する楚簡第十四、第十五、第十六章と今本第七、第八章を比較すると、楚簡では三章それぞれに「子曰」と『詩』の引用が末尾にある。第十四章所引の『詩』は、本文の內容に合致する。第十五章は言と行の關係を、第十六章は言と行の異なる働きを述べている。ところが今本第七章には二重の主題が含まれ、一つは王言の發言される以前と以後との比較、一つは言と行との矛盾關係である。しかも所引の『詩』は一つで、これら二つの主題を反映していない。そこで今本第八章をみると、「詩云」と「大雅云」の兩『詩』が引用されるが、「詩云」の方は、楚簡を參照すれば、今本第七章の「故大人不倡游言」の後にあるべきで、さらにその後に「子曰」を附して別に一章とすれば、簡本のようになり、錯簡が訂正されるという。以上、周氏の說は極めて妥當な見解であると思う。なお上述の周氏の指摘については、次に揭げる資料を參照されたい。なお以下、今本經書は重栞宋本十三經注疏本を底本とする。

子曰、王言女（如）絲、其出女（如）絬。王言女（如）索、其出女（如）緈（紼）。古（故）大人不昌（倡）流。寺（詩）員(云)、誓（愼）尔出話、敬尔愄（威）義（儀）。（簡本第十四章）

子曰、王言如絲、其出如綸、王言如綸、其出如綍。故大人不倡游言。(今本第七章)
子曰、可言不可行、君子弗言。可行不可言、君子弗行。則民言不陖行、不陖言。寺(詩)員(云)、䛠(叔)誓(愼)尔止、不侃(諐)于義(儀)。(簡本第十五章)
可言也、不可行、君子弗言也。可行也、不可言、君子弗行也、則民言不危行、而行不危言矣。詩云、淑愼爾止、不僭于儀。(今本第七章)
子曰、君子道人以言、而𠀠以行。古(故)言則慮(慮)其所終、行則𩑜(稽)其所幣(敝)、則民誓(愼)於言、而慬(謹)於行。寺(詩)員(云)、穆穆文王、於偮(緝)逦(熙)敬止。(簡本第十六章)
子曰、君子道人以言、而禁人以行。故言必慮其所終、而行必稽其所敝、則民謹於言而愼於行。詩云、愼爾出話、敬爾威儀。大雅曰、穆穆文王、於緝熙敬止。(今本第八章)
以上の周氏指摘の他に、さらに錯簡と思われる『詩』の引用がない今本第四章がある。
子曰、下之事上也、不從其所令、從其所行、上好是物、下必有甚者矣。故上之所好惡不可不愼也、是民之表也。(今本第四章)
これに對應するのは、次に示す楚簡第八章であるが、そこには『詩』が引用されている。
子曰、下之事上也、不從其所以命、而從其所行。上好此勿(物)也、下必又(有)甚安者矣。古(故)上之好亞(惡)、不可不誓(愼)也。民之蕈(柬)也。寺(詩)員(云)、虘(虢)虘(虢)帀(師)尹、民具尔贍(瞻)。(簡本第八章)
ここの楚簡所引の『詩』は、次に示す今本第五章所引の兩『詩』の一つである「赫赫師尹、民具爾瞻。」(小雅節南山篇)と同一である。すなわち、
子曰、禹立三年、百姓以仁遂焉、豈必盡仁。詩云、赫赫師尹、民具爾瞻、甫刑曰、一人有慶、兆民賴之。大雅曰、

成王之孚、下土之式。（今本第五章）

と、今本では兩『詩』が引用されている。とすれば、今本では、第四章に本來はあった『詩』が脱落し、第五章に錯簡で附けられたと考えられる。今本第五章は、本來は次に示す楚簡第七章のように、

子曰、𡉚（禹）立三年、百姓以悬（仁）道、豈必𦘔（盡）悬（仁）。寺（詩）員（云）、成王之孚、下土之弋（式）。郘（呂）型（刑）員（云）、一人又（有）慶、墧（萬）民贎（賴）之。（簡本第七章）

と『詩』と『尚書』それぞれ一つの引用であったことになる。ただし『詩』と『尚書』の位置が逆である。(3) また引用された『尚書』の語句にも「萬民」と「兆民」の違いがある。『詩』の内容は、上に立つ者が民衆の模範となるというものであり、どちらの『詩』も本文の内容に合致するといえるが、楚簡の存在がその行方を決定づけるといえよう。

二、楚簡と今本との相違

次にこれは錯簡かどうか問題であるが、楚簡第十二章とそれに對應する今本第三章とを比較してみよう。

子曰、倀（長）民者𡥈（教）之以悳（德）、齊之以豊（禮）、則民又（有）懽（歡）心、𡥈（教）之以正（政）、齊之以型（刑）、則民又懽心。古（故）䋊（慈）以㤅（愛）之、則民又（有）新（親）、信以結之、則民不伓（倍）、共（恭）以位（莅）之、則民又（有）愻（遜）心。寺（詩）員（云）、虗（吾）夫夫共戲韓、𥻘人不斂。呂型（刑）云、非甬（用）臸、折（制）以型（刑）、隹（惟）乍（作）五瘧（虐）之型（刑）曰法。（簡本第十二章）

子曰、夫民教之以德、齊之以禮、則民有格心、教之以政、齊之以刑、則民有遯心。故君民者、子以愛之、則民親之。信以結之、則民不倍。恭以涖之、則民有孫心。甫刑曰、苗民匪用命、制以刑、惟作五虐之刑曰法。是以民有惡德而遂絶其世也。（今本第三章）

兩者はほぼ同じ内容であるが、所引の經典が楚簡は『詩』と「呂刑」、今本は『詩』の引用はなく、「甫刑」すなわち今文『尙書』呂刑篇の引用があり、その後に説明文ともいえるものが加增されている。[4]楚簡に引用される『詩』は、現存『毛詩』には見あたらないいわゆる逸『詩』であり、しかも一部は解讀不明であるが、裘錫圭氏は『詩』の第一句は「吾大夫恭且儉」と讀むべきではないかという（「釋文」【注釋】〔六一〕）。それに從えば爲政者は民衆に「慈」「信」「恭」で臨むべきだというのが本文の主旨であるから、『詩』の內容とは一致することになる。第二句の意味は不明だが、「不斂」が「儉」との係わりで收斂すなわち嚴しい税の取り立てをしないことであれば、第一句と同樣の意味になり、本文との關係が明瞭になる。他方、今本の「甫刑」の後に附せられた文章は、緇衣篇には他に見られない形式であり、明らかに後から附された解説とみられる。このことから、楚簡はより古い原型に近いものと見ることができ、今本には後の加增があることが推定される。しかし何故に『詩』が缺落することになったのかは明らかではない。今後の考察に待ちたい。

次にこれも錯簡かどうか明らかではないが、明らかな後人の附加と推定されるのが、楚簡第二十三章に對應する今本第二十四章である。

子曰、宋人又（有）言曰、人而亡𠀤（恆）、不可爲卜箸（筮）也。其古之遺言㤅（與）。龜𥮣（筮）猷（猶）弗智（知）而皇（況）於人虐（乎）。寺（詩）員（云）、我龜既猒（厭）、不我告猷。（簡本第二十三章）

子曰、南人有言曰、人而無恆、不可以爲卜筮。古之遺言與、龜筮猶不能知也、而況於人乎。詩云、我龜既厭、不我告猶。〔兌命曰、爵無及惡德、民立而正、事純而祭祀、是爲不敬、事煩則亂、事神則難。易曰、不恆其德、或承之羞、恆其德偵、婦人吉、夫子凶。〕（今本第二十四章）

楚簡は『詩』の引用だけであるが、しかし今本ではその後にさらに〔　〕括弧內の『尙書』說命篇と『易』恆卦九三及び六五の爻辭の引用が附加されている。特に『易』の權威化された使用法はかなり問題があろう。『易』は秦代には卜筮の書として扱われたため焚書を免れたとされ、その經典化は漢代になってからというのが通説である。今本緇衣篇の編纂年代はほぼ漢代ということになるが、楚簡の書寫年代は恐らくそれ以前、戰國期といえようから、『易』が權威化されて使用されることがなかったと考えられる。また『尙書』說命篇も今文系ではなく、後の梅賾の僞作された篇といわれている。後に見るように梅賾の僞作とされる篇も楚簡では引用されているが、說命篇は全く引用されていない。こうした楚簡にはない『尙書』の引用は、後に示す楚簡にはない今本緇衣篇第十六章にも見ることができる。なおここで楚簡では「宋人」とあるのが、今本では「南人」となっているのは、今本の書寫人が宋より北の人間であったことを示すもので、齊や魯は明らかに宋の北方にある。しかも『論語』に、「子曰、南人有言曰、人而無恆、不可以作巫醫。善夫、……」（子路篇）とあるのを考慮すると、それからの影響があるのかも知れない。

次に楚簡第十一章とそれに對應する今本第十四章を見ると、

子曰、大臣之不新（親）也、則忠敬不足、而賵（富）貴已迯（過）也。邦豙（家）之不寍（寧）也、則大臣不台（治）、而埶（褻）臣怋（託）也。此以大臣不可不敬、民之蕝（蕝）也。古（故）君不與少（小）悔（謀）大、則大臣不情。𦏴公之募（顧）命員（云）、毋以少（小）悔（謀）敗大愭（作）、毋以卑（嬖）御息（塞）妝（莊）句（后）、毋以卑（嬖）士息（塞）夫夫（大夫）・卿事（士）。（簡本第十一章[5]）

子曰、大臣不親、百姓不寧、則忠敬不足、而富貴已過也。大臣不治、而邇臣比矣。故大臣不可不敬也、是民之表也。邇臣不可不愼也、是民之道也。君毋以小謀大、毋以遠言近、毋以內圖外、則大臣不怨、邇臣不疾、而遠臣不蔽矣。葉公之顧命曰、毋以小謀敗大作、毋以嬖御人疾莊后、毋以嬖御士疾莊士大夫卿士。（鄭注、葉公、楚縣公葉公子高也。臨死遺書曰顧命。小謀、小臣之謀也。大作、大臣之所爲也。嬖御人、愛妾也。疾、亦非也。莊后、嫡夫人齊莊得禮者。嬖御士、愛臣也。莊士亦謂士之齊莊得禮者、今爲大夫卿士。經典釋文、葉公、楚大夫、沈諸梁也。字、子高、爲葉縣尹、僭稱公也。賤而得幸曰嬖。云便嬖愛妾。）（今本第十四章）

と前者は「～則～而～」となっていて、文意は十分通ずるが、今本は「百姓不寧」が插入され、楚簡にある「邦家之不寧也」という「大臣不治、……」の條件が示されていない。さらに今本では「褻臣」が「邇臣」となり、「邇臣不可不愼也、是民之道也。」が加えられるばかりでなく、「遠近」「內外」の對應まで出現して長文化している。

これは『論語』で、「子曰、三年無改於父之道、可謂孝矣。」（里仁篇）が、「子曰、父在觀其志、父沒觀其行、三年無改於父之道、可謂孝矣。」（學而篇）となっているのと多少類似した現象かと思われる。

なおここに引用される今本緇衣篇での「葉公」について、「葉」は「祭」に作るべきで、「祭公之顧命」は、今の『逸周書』祭公解篇に見えるとの『禮記集解』の著者孫希旦の說を、「釋文」【注釋】〔六一〕は紹介する。『逸周書』には次のように見える。

公曰、嗚呼天子、我不則、寅哉寅哉、汝無以戾□罪疾、喪時二王大功。汝無以嬖御固莊后（孔晁注、嬖御、寵妾也。莊、正也。）、汝無以小謀敗大作（孔晁注、小謂不法先王也。大作、大事也。）、汝無以嬖御士疾大夫卿士（孔晁注、言無親小人疾后子。）、……（祭公解篇）

『逸周書』の制作年代は不明であるが、この引用文は楚簡以前のものといってよい。とすれば、『禮記』緇衣篇以前の戰國期の書寫と思われる楚簡『緇衣』も、また『逸周書』を引用しており、この書の制作年代にも關係するかも知れない。(6)

次に今本第十八章は、同一章に「子曰」が二つあるというのは、不自然である。

子曰、君子言又（有）勿（物）、行又（有）迲（格）、此以生不可敓（奪）志、死不可敓（奪）名。古（故）君子多䎽（聞）、齊而獸（守）之。多志、齊而新（親）之。精智（知）、迲（略）而行之。寺（詩）員（云）、弔（淑）人君子、其義（儀）弌（一）也。君迧（陳）員（云）、出內（入）自尔帀（師）于（虞）、庶言同。（簡本第十八章）

子曰、下之事上也、身不正、言不信、則義不壹、行無類也。子曰、言有物而行有格也、是以生則不可奪志、死則不可奪名、故君子多聞、質而守之、多志、質而親之、精知、略而行之。君陳曰、出入自爾師虞、庶言同。（鄭注、自、由也。師庶、皆衆也。虞、度也。言出內政敎、當由女衆之所謀度、衆言同乃行之。政敎當由壹也。）詩云、淑人君子、其儀一也。（『毛詩』鄭箋、淑、善。儀、義也。善君子、其執義當如一也。）（今本第十八章）

內容的には「言行」を主題としているので、附加されても矛盾はないが形式的には不自然である。ただ鄭玄の經書の解釋を參考にすると、所引の『尙書』は、楚簡と今本兩者にある本文に合致する。なお今本冒頭の「子曰……」の文章は何故に附加されたのか不明。ただ今本のみ所引の『詩』曹風鳲鳩篇は、今本にのみある本文の「義不壹」と字句上でも合致するかと思われる。

次に楚簡にはなく、今本にのみある章は、首章と第十六章だけである。楚簡にない今本第一章「子言之曰、爲上易事也爲下易知也則刑不煩矣。」は、一篇の序文として附加されたものというのが一般的見解である。楚簡では初章だけが「夫子曰」で始まっていて、後はすべて「子曰」で始まる形式になっている。今本も初章のみ「子言之曰」で始まり、後はすべて「子曰」で始まるのは、楚簡と同樣である。しかし今本の初章の內容は煩雜な刑罰の不要な條件を述べたもので、『禮記』で緇衣と篇名がつけられるには、むしろ今本の第二章が冒頭にある方が自然である。その點では楚簡の方が原型ではなかろうか。

第十六章は次のごとくである。

子曰、小人溺於水、君子溺於口、大人溺於民、皆在其所褻也。夫水近於人而溺人、德易狎而難親也、易以溺人。口費而煩、易出難悔、易以溺人。夫民閉於人而有鄙心、可敬不可慢、易以溺人、故君子不可以不愼也。太甲曰、毋越厥命、以自覆也、若虞機張、往省括于厥度則釋。兌命曰、惟口起羞、惟甲胄起兵、惟衣裳在笥、惟干戈省厥躬。太甲曰、天作孽、可違也、自作孽、不可以逭。尹吉曰、惟尹躬天見于西邑夏、自周有終、相亦惟終。（今本第十六章）

この章は、小人、君子すなわち知識人、大人すなわち爲政者についての、それぞれの立場での注意すべき點を述べたものであるが、引用される經典はすべて『尙書』であり、しかも太甲・兌命（說命）の諸篇は、いずれも東晉の梅賾の僞作ではないかとされる篇であって、少なくとも楚簡『緇衣』には現れない。また尹吉（尹誥）は今本『尙書』にはない篇名であるが、楚簡第三章には「尹誥曰」と見える。このことについては、次節で述べる。

以上に見てきたように、楚簡が出土した現在のところ今本緇衣篇には、原『緇衣』を後人が整理した際に錯簡したと考えるに十分な根據のある章が明らかになった。さらに今本第一、第三、第十四、第十六、第十八、第二十四の諸章について見たように、原『緇衣』に手を加えて附加した部分があるのではないかと考えられる章のあることも明らかになった。楚簡の出現は、今本緇衣篇再檢討の極めて重要な資料を提供してくれたことになる。しかも單に緇衣篇の再檢討の問題に止まらず、經書の僞作の再檢討にも重要な役割を果たす契機をもたらすと考えられる。

三、引用『尙書』の檢討

緇衣篇所引の『尙書』については、すでに周桂鈿氏が詳しく考察しているが、(7)いまそれを參考にしながらも、別の角度から考察する。

古來『尙書』は、今文、古文、僞作などの問題がからみ、さまざまな論議がなされている。『史記』『漢書』の儒林傳によれば、秦の博士伏生が『尙書』を治めていると聞き、文帝の時、太常掌故の朝錯が彼から學んだという。また秦の焚書に際して伏生は壁藏して、漢王朝が安定してから彼はその書をもとめ、數十篇は失ったが二十九篇だけを得て、齊魯の閒で教えたといい、具體的に濟南の張生と歐陽生に教えたともいう。

『隋書』經籍志では、漢代になって濟南の伏生だけが二十八篇を口傳したといい、河內の女子が泰誓一篇を獻上したという。その後、武帝の時、魯の恭王が孔子の舊宅を壞した時、壁藏の古文の文獻を得た。孔安國が今文文獻と比較して二十五篇を新たに得たという。また泰誓篇は河内の女子の獻上したものとは違ったという。さらに伏生口傳の『尙書』は分けるべき五篇がそれぞれ合編されていたので（堯典篇には舜典篇が含まれ、皐陶謨篇に益稷篇が含まれ、盤庚上中下の三篇が一篇とされ、顧命篇に康王之誥篇が含まれるとし、これらを分出すると三十四篇になる）、安國は古文に依ってその篇第を分け、五十八篇（序を併せると五十九篇）としてその傳すなわち注を作ったという。その他の篇簡は錯亂していて解讀できず、官府に送付したという。後漢の扶風の杜林が古文『尙書』を傳え、同郡の賈逵が訓を作り、馬融が傳を作り、鄭玄も注を作った。しかし所傳のものは二十九篇だけで、その上今文も混ざり、孔安國の舊本ではないという。さらにその後、東晉になると、豫章の內史梅賾が孔安國の注した古文『尙書』を奏上したが、舜典一篇が缺けていた。齊の建武年閒に吳の姚方興がその書を市場で入手し奏上したが、馬融・鄭玄の所注本に比べ二十八字多かったという。

今本『尙書』序によれば、伏生の口傳したのは二十餘篇で、『經典釋文』は、馬融・鄭玄の注した二十九篇がこれだという。孔子の舊宅から出た『尙書』は、伏生のものより二十五篇增多であった。伏生口傳の『尙書』に古文增多を併せると五十九篇になるという。

今本『尙書』は、序を併せて五十九篇であるが、今文と古文さらに梅賾の僞作も混在しているとされる。後に發見された古文『尙書』には今文『尙書』と同一篇目の部分の外に、十六篇多かったとされ、これが古文增多の篇といわれる。ただこの古文『尙書』も九共篇が九篇に分けられ、全二十四篇ともいわれた。しかしこの古文『尙書』の中には現在では失われた篇が多い。後に東晉の元帝期（三一七～三二二）に豫章の內史梅賾が孔安國の注した古文『尙書』を奏上したとされるが、先に言及した孔傳古文『尙書』とは異なるといわれる。

さて、緇衣篇所引の『尙書』には、今文ではない古文ないし僞古文とされるものや、今本『尙書』には篇名の擧げられていない篇もある。先ず尹誥篇から検討する。

尹誥篇は、楚簡第三章及びそれに對應する今本第十章に次のように見える。

子曰、爲上可䀭（望）而智（知）也、爲下可頪（述）而等（志）也、則君不𢘅（疑）其臣、臣不惑於君。寺（詩）員（云）、𠳿（淑）人君子、其義（儀）不弋（忒）。尹𢍰（誥）員（云）、隹（惟）尹（伊）躬（尹）及湯、咸又（有）一悳（德）。（簡本第三章）

子曰、爲上可望而知也、爲下可述而志也、則君不疑於其臣、而臣不惑於其君矣。尹吉曰、惟尹躬及湯、咸有壹德。（鄭注、吉當爲告、告古文誥、字之誤也。尹告、伊尹之誥也。書序以爲咸有一德、今亡。咸、皆也。君臣皆有壹德不貳、則無疑惑也。）詩云、淑人君子、其儀不忒。（今本第十章）

この文章も所引の『詩』も『尙書』もほぼ同一である。ところがこの『尙書』尹誥篇は、今本『尙書』にはない。したがってこの引用文は逸『書』の文章ということになるところであるが、すでに指摘されているように（「釋文」【注釋】〔一四〕）、今本『尙書』の古文とも梅賾の僞作ともされる篇に、

惟尹躬曁湯、咸有一德、克享天心、受天明命。（孔傳、享、當也。所征無敵、謂之受天命。）（咸有一德篇）

と、尹誥篇の部分の注文はないが同文が見える（「釋文」【注釋】〔一四〕）。咸有一德篇は、篇首に「伊尹作咸有一德、咸有一德、伊尹既復政厥辟、將告歸、乃陳戒于德。」とあり、伊尹と密接に關連するので、尹誥篇と同文があっても不思議はないといえよう。しかしこの文章の類似は、今本咸有一德篇は、今は失われた尹誥篇の斷片的文章の一部を用いて作られていることと理解するのが妥當であろう。咸有一德篇は古文とも僞作ともいわれる篇であり、そこに楚簡の尹誥篇の文章があるということは、後に見る太甲上篇と同様、緇衣篇に見える尹誥篇の文章あるいはその源となった資料を利用して作られたと推測される。そこで僞作とされる『尙書』の諸篇は全くの創作ではなく、古來の『尙書』の文章を利用しながら作られたと推測される。鄭玄の注があるところからすれば、少なくとも後漢期には『尙書』の

一篇としてあったが、後に失われたということになろう。さらに楚簡にあり楚簡が戰國期のものだとすれば、戰國期から後漢期にかけて存在した『尙書』に源をもつ資料によって、僞書とされる『尙書』が成り立っていることになろう。なお周氏は眞本咸有一德篇が失われたので、尹誥篇の一部を咸有一德篇としたのだとする。(8)

次に引用される尹誥篇は、楚簡にはないが、今本『尙書』太甲篇にある。

尹吉曰、惟尹躬天見于西邑夏、自周有終、相亦惟終。（鄭注、尹吉、亦尹誥也。天當爲先、字之誤。忠信爲周、相、助也。謂臣也。伊尹言、尹之先祖、見夏之先君臣皆忠信以自終。今天絶桀者、以自作孽。伊尹始仕於夏、此時就湯矣。夏之邑在亳西。見或爲敗、邑或爲予。）（今本第十六章）

この文章は、今本『尙書』では、太甲篇に次のように同一の文章が見える。

惟尹躬先見于西邑夏、自周有終、相亦惟終。（孔傳、周、忠信也。言身先見夏君臣用忠信有終、夏都在亳西。）（太甲上篇）

鄭玄は緇衣篇の注で「天」を今本『尙書』のように本文を訂正しているのと、「周」の解釋が孔傳と一致することからすると、鄭注以前に孔傳があったとも、その逆とも考えられるが、確かなことは不明である。孔傳と鄭注との關係は改めて檢討する必要があろう。とにかく下限として後漢期には尹誥篇なる『尙書』の一篇があったことになる。こうした事實は、東晉時代に僞作されたとされる太甲篇は、全く新たに創作されたのではなく、古來傳承されてきた『尙書』の一部を使用して制作されたこと示す根據になると推測される。ただ鄭玄は、尹吉は、尹誥のことだとはいうが、尹吉篇あるいは尹誥篇なるものは、從來知られる『尙書』の篇名には今文にも古文にもあげられていない。しかし『史記』殷本紀によれば、伊尹と太甲とは密接な關係がある。殷の開祖である湯（太乙）を補佐した伊尹は、湯の死後、後繼者太甲を教育したとされ、太甲を戒めて太甲篇を制作したとされるからである。

やはり楚簡にはない次に示す太甲篇の場合はどうであろうか。太甲篇は上述のごとく梅賾の僞作とされるが、『禮記』は前漢の編纂であり、上引の緇衣篇には次のように後漢の鄭玄も注釋している。

太甲曰、天作孽、可違也、自作孽、不可以逭。（鄭注、違、猶辟也。逭、逃也。）（今本第十六章）

このことは、遅くとも後漢には太甲篇が『尙書』の中に定著していたことを示す。

さらに『孟子』に、

太甲曰、天作孽、猶可違、自作孽、不可活。此之謂也。（趙注、殷王太甲、言天之妖孽、尙可違避、譬若高宗雊雉、宋景守心之變、皆可以德消去也。自己作孽者、若帝乙慢神震死、是爲不可活、故若此之謂也。）（公孫丑上篇）

と見え、『詩』大雅文王篇とともに引用されていることから、戰國期に『尙書』に太甲篇があったことになろう[9]。

天作孽、猶可違、自作孽、不可逭。（孔傳、孽、災。逭、逃也。言天災可避、自作災不可逃。）（太甲中篇）

と、今本『尙書』には、『孟子』や『禮記』所引のものとほぼ同文が見える。これら兩書はいずれも前漢末の整理を經たとはいえ、注を含めて僞作されたとされる以前の資料と考えられる。『尙書』僞作説なるものも再考する必要があるのではなかろうか。そして、このことはまた今本緇衣篇の制作年代を考えるうえで今後考慮される必要があろう。

さらに同章所引の太甲篇は、ほぼ同文が今本『尙書』に見える。

太甲曰、毋越厥命、以自覆也、若虞機張、往省括于厥度則釋。（鄭注、越之言蹷也。厥、其也。覆、敗也。言無自顚蹷女之政教、以自毀敗。虞、主田獵之地者也。機、弩牙也。度、謂所擬射也。虞人之射禽、弩已張、從機閒視括、與所射參相得、乃後釋弦發矢、爲政亦以己心、參於羣臣及萬民、可乃後施也。）」（今本第十六章）

無越厥命以自覆（孔傳、越、墜失也。無失亡祖命而不勤德以自顚覆。）、「愼乃儉德、惟懷永圖（孔傳、言當以儉爲德、思長世之謀。）」。若虞機張、往省括于度則釋（孔傳、機、弩牙也。虞、度也。度機、機有度以準望。言修德、夙夜思之、明旦行之、如射先省矢括于度、釋則中。）（太甲上篇）

今本『尙書』は二句ほど緇衣篇より多いが、文意は文脈からはずれるものではない。これも先の太甲篇と同様に考えてよいのではないか。

緇衣篇には他にも、『尚書』が多く引用され、しかも今本だけではなく楚簡にも同じく見える。それらは、君牙、君陳、顧命、呂刑、康誥、君奭などの篇で、多少の字句の違いはあれ、ほぼ同文である。この中で僞書とされるのは、次に示す君牙、君陳の二篇である。

先ず君牙篇について見ると、次のごとくである。

君𦧅（牙）員（云）、日傛雨、少（小）民隹（惟）日悁、晉冬旨（耆）滄[10]、少（小）民亦隹（惟）日悁。（簡本第五章）

君雅曰、夏日暑雨、小民惟曰怨、資冬祁寒、小民亦惟曰怨。（鄭注、雅、書序作牙、假借字也。君雅、周穆王司徒作、尚書篇名也。資當爲至、齊魯之語、聲之誤也。祁之言是也。齊西偏之語也。夏日暑雨、小民怨天、至冬是寒、小民又怨天。言民恆多怨、爲其君難。）（今本第十七章）

穆王命君牙、爲周大司徒、作君牙。……夏暑雨、小民惟曰怨咨（孔傳、夏月暑雨、天之常道。小人惟曰怨歎咨嗟、言心無中也。）、冬祁寒、小民亦惟曰怨咨（孔傳、冬天寒、亦天之常道、民猶怨嗟。）。（『尚書』君牙篇）

以上の諸例から見ると、今本緇衣篇や『尚書』の「曰」はあるいは「日」かも知れない。また鄭注からすると、彼は當時の『尚書』君雅篇を見ていた可能性がある。なお楚簡君牙篇については、周氏の詳細な解讀がある。[11] 次に君陳篇については、

君迧（陳）員（云）、未見聖、如其弗克見、我既見、我弗迪聖。（簡本第十章）

君陳曰、未見聖、若己弗克見、既見聖、亦不克由聖。（鄭注、克、能也。由、用也。）（今本第十五章）

凡人未見聖、若不克見、既見聖、亦不克由聖（孔傳、此言凡人有初無終、未見聖道、如不能得見、已見聖道、亦不能用之、所以無成。）。（『尚書』君陳篇）

とある。鄭注を見ると、極めて簡單ながら「克」「由」の解釋は孔傳と一致する。ただ楚簡所引の君陳篇では、主語が「我」であり、今本では「己」となり、『尙書』では「人」となっており、より一般化されているところに一種の展開が認められるといえようか。さらに、

君迪（陳）員（云）、出内（入）自尒帀（師）于（虞）、庶言同。（簡本第十八章）

君陳曰、出入自爾師虞、庶言同。（鄭注、自、由也。師庶、皆衆也。虞、度也。言出内政教、當由女衆之所謀度、衆言同乃行之、政教當由壹也。）（今本第十八章）

出入自爾師虞、庶言同則繹（孔傳、謀其政、無有不先慮其難、有所廢、有所起、出納之事、當用汝衆言度之、衆言同則陳而布之、禁其專。）。（『尙書』君陳篇）

とあるのは三書ともほとんど同文であるが、『尙書』のみ「則繹」の字が多い。ところでこの『尙書』の引用のある本文は、今本緇衣篇には、楚簡にない「子曰」の付いた五句の文章が加增されている。加增文の内容は同じ「言行」に係わることではあるが、同一章に「子曰」の付いた文が二つあるというのは不自然であることはすでに上述した。

子曰、君子言又（有）勿（物）、行又（有）逹（格）、此以生不可攺（奪）志、死不可攺（奪）名。古（故）君子多𦖞（聞）、齊而獸（守）之。多志、齊而新（親）之。精智（知）、逹（略）而行之。寺（詩）員（云）、𠶷（淑）人君子、其義（儀）弌（一）也。君迪（陳）員（云）、出内（入）自尒帀（師）于（虞）、庶言同。（簡本第十八章）

子曰、下之事上也、身不正、言不信、則義不壹、行無類也。子曰、言有物而行有格也、是以生則不可奪志、死則不可奪名、故君子多聞、質而守之、多志、質而親之、精知、略而行之。君陳曰、出入自爾師虞、庶言同。……（今本第十八章）

なお、楚簡第十七章所引の『尙書』について、「釋文」【注釋】〔九三〕で少し指摘されているが、鄭注その他をすべてあげると、

君奭員（云）、昔才（在）上帝、戈（割）紳觀文王悳（德）、其集大命于氒（厥）身。（簡本第十七章）

君奭曰、昔在上帝、周田觀文王之德、其集大命于厥躬。（鄭注、奭、召公名也。作尚書篇名也。古文、周田觀文王之德、爲割申勸寧王之德。今博士讀爲厥亂勸寧王之德。三者皆異。古文似近之。割之言蓋也。言文王有誠信之德、天蓋申勸之、集大命於其身。謂命之使王天下也。經典釋文、周田觀文、依注讀爲割申勸寧。）（今本第二十三章）

公曰、君奭。在昔上帝、割申勸寧王之德、其集大命于厥躬。（『尚書』君奭篇）

とあって、鄭玄の當時、三種の『尚書』があったのであろうか。今文系の『禮記』よりは、古文系の原文の方が善いと彼は見ていたらしい。それにしても楚簡は、鄭玄の見た古文系に近い『尚書』を傳えていたことになり、かつ今本『尚書』も君奭篇は、古文系ではなく今文系だとされているが、ここは古文系の原文であることになる。孫星衍は『尚書今古文注疏』で、「……割申勸與周田觀、字形相近。古割字作害也。此今文異字。博士讀割申爲厥亂、亦今文。謂夏侯歐陽尙書也。」という。博士が讀むというのは、どういうことを意味するのであろうか。現在、竹簡「圖版」の解讀は人により異なり、釋文はなかなか確定しない。鄭玄の注は、それと同樣のことが漢代でも行われていたことを推定させる。『尚書』の今古文論爭に一石を投ずることになろう。

四、引用『詩』の檢討

緇衣篇第九章は、楚簡も今本も次のごとくである。

子曰、倀（長）民者衣備（服）不改、僉頌（容）又（有）祟（常）、則民悳（德）弌（一）。寺（詩）員（云）、其頌（容）不改、出言又（有）〡、利（黎）民所信。（簡本第九章）

子曰、長民者、衣服不貳、從容有常、以齊其民、則民德壹。（鄭注、貳、不壹也。）詩云、彼都人士、狐裘黃黃、其容不改、出言有章、行歸于周、萬民所望。（鄭注、黃衣則狐裘大蜡之服也。詩人見而說焉。章、文章也。忠信爲周。此詩、毛氏有之。三家則亡。）（今本第九章）

兩者は、長短の差こそあれ、本文の內容も所引の『詩』もほぼ同じであると思われる。ただ引用の『詩』は、楚簡では極めて短くかつ冒頭の兩句と中間の一句がない。しかし楚簡所引の『詩』は小雅都人士篇の一部と推定できるし、「子曰」以下の本文も今本緇衣篇と同一と推定できる。[12]ただ緇衣篇の鄭注では、この『詩』は毛氏にはあるが、齊・魯・韓の三家の『詩』にはないという。『毛詩』では、次のような序文があり、

都人士、周人刺衣服無常也。古者「長民、衣服不貳、從容有常、以齊其民、則民德歸壹、」傷今不復見古人也。（毛傳、服、謂冠弁衣裳也。古者、明王時也。長民、謂凡在民上倡率者也。變易無常謂之貳。從容、謂休燕也。休燕猶有常、則朝夕明矣。壹者、專也、同也。）（無鄭箋。）

これに續いて、今本緇衣篇所引と同じ『詩』が、次のように始まる。

彼都人士、狐裘黃黃、其容不改、出言有章、（毛傳、彼、彼明王也。鄭箋、城郭之域曰都。古明王時、都人之有士行者、冬則衣狐裘黃黃然、取溫裕而已。其動作容貌既有常、吐口言語又有法度文章。疾今奢淫、不自責以過差。）行歸于周、萬民所望。（毛傳、周、忠信也。鄭箋、于、於也。都人之士、所行要歸於忠信、其餘萬民寡識者、咸瞻望而法傚之、又疾今不然。）（小雅都人士篇）

今本緇衣篇と都人士篇を比べると、前者は『詩』の序文の一部と第一章とで構成されていることは明らかである。またそこに附された鄭注は、緇衣篇では毛傳を襲用したところもあるが、おおむね合致する。楚簡は、今本に比べて『詩』の引用は短く、「不改」という語が、所引の『詩』と合致する構成になっている。

次に楚簡第五章とそれに對應する今本第十七章について見ると、

子曰、民以君爲心、君以民爲體、心好則體安之、君好則民谷（欲）之。古（故）心以體法、君以民芒（亡）。寺（詩）員(云)、隹（誰）秉宬（國）成、不自爲貞、卒褮（勞）百眚（姓）。君呑（牙）員（云）、日傛雨、少（小）民隹（惟）日悁、晉冬旨（耆）滄、少（小）民亦隹（惟）日悁。（簡本第五章）

子曰、民以君爲心、君以民爲體。心莊則體舒、心肅則容敬、心好之、身必安之、君好之、民必欲之、心以體全、亦以體傷、君以民存、亦以民亡。詩云、昔吾有先正、其言明且清、國家以寧、都邑以成、庶民以生、誰能秉國成、不自爲正、卒勞百姓。君雅曰、夏日暑雨、小民惟曰怨、資冬祁寒、小民亦惟曰怨。（今本第十七章）

引用の『詩』は、一應は小雅節南山篇である。本文も第二句までは同一であるが、その後は多少の字句の違いはあるものの、今本の方がほぼ「心莊則體舒、心肅則容敬、」「亦以體傷」「存、亦以民」の文が多いといえる。心の伸びやかなのと引き締まったのと、心と體との關係を「全」と「傷」とを對蹠的に説いたり、君主の「存」と「亡」とを對蹠的に説いたりと、文章の形式を整えているのが今本だと考えられる。

所引の『詩』については、『毛詩』では、「誰秉國成、不自爲政、卒勞百姓。」とあり、この部分は楚簡・今本の引用と合致するが、今本『禮記』に見えるこれ以前の「昔吾有先正、……庶民以生、」の五句は、今本『詩』には見えず、どのような原本に由來するか不明である。(13)鄭玄はこの部分にも注を施し、「先正、先君長也。」とだけいう。上述の小雅都人士篇については「此詩毛氏有之、三家則亡。」というが、ここでは何も言及していないところを見ると、彼の見た『詩』にはこの五句もあったのかも知れない。しかし楚簡にはないとすれば、鄭玄の見た『詩』は今本『毛詩』とも異なるものであったことになる。『經典釋文』は、「昔吾有先正從此至庶民以生揔五句、今詩皆無此語、餘在小雅節南山篇。或皆逸詩也。」といい、『禮記正義』は、「詩云、昔吾有先正、其言明且淸者、此逸詩也。正、長也。詩人稱昔吾之有先君正長、……庶人所以生也。」という。

所引の『詩』について検討すべきことはまだあるが、最後に鄭風緇衣篇について附言しておこう。

緇衣篇は漢代の解釋では「緇衣、美武公也。父子竝爲周司徒、善於其職、國人宜之、故美其德、以明有國善善之功焉。」と序文にもあるように、賢者を讃える詩とされる。しかし、內容は袁梅氏もいうように戀愛詩である。[14]今本緇衣篇は「好賢如緇衣」とあるが、楚簡では「好美「娧」如好緇衣」としている。いま「娧」すなわち「美」と解している字は、張守中撰集『包山楚簡文字編』（文物出版社、一九九六年）を參考にしながら原版を見ると、女偏は問題ないが、右傍の上部は「婦」右上部と酷似しているが、全體としては「岂」の篆體に類似する。藤堂明保氏は「岂」を含む「微」字を、「美」と同一單語家族としている[15]ことが注目される。今本のように「賢」とは解せないのではないか。とすれば楚簡では鄭風緇衣篇が、漢代の道德的解釋とは異なって、袁梅氏の解釋のように戀愛詩として解釋されていた可能性もある。今本緇衣篇では「如緇衣」であるが、楚簡では「如好緇衣」とあるのは、「緇衣」は『詩』の篇名ではなく緇衣を著た戀人である可能性がある。「如巷伯」の場合も同樣で、「如惡巷伯」の「巷伯」は奄官そのものを指すのかも知れない。このことは『詩』の解釋の時代による相違を示す一例となるかも知れず、また楚簡『緇衣』の制作年代に係わるかも知れない。

五、章序の問題

楚簡と今本では、章序がほとんど一致しないことも注意される。これについては、『論語』の場合、皇侃の『論語集解義疏』序文に、

至漢時合壁所得及口以傳授、遂有三本。一曰古論、二曰齊論、三曰魯論。既有三本而篇章亦異。古論分堯曰下章子張問更爲一篇、合二十一篇。篇次以鄕黨爲第二篇、雍也爲第三、篇內倒錯、不可具說。齊論題目與魯論大體不殊、而長有問王・知道二篇、合二十二篇。篇內亦微有異。魯論有二十篇、卽今日所講者是也。

とあって、梁代の『論語』原文の實狀がどのようであったかが解る。すなわち三種の文獻の篇數や篇次の差違は勿論のこと、古論は、「篇内倒錯、不可具說。」とあるから、篇内の章序が他の『論語』が大いに異なったことも明らかで、あたかも緇衣篇が楚簡と今本とで章序が大いに異なるのは、まさしく梁代の『論語』原文の實狀と類似している。ことに古論の篇次は、第二が鄉黨、第三が雍也というのは、魯論の篇次が、鄉黨が第十、雍也が第六というのとは、大きく異なっている。これは、楚簡『緇衣』と今本緇衣篇と章序の著しい差違や、引用經典の多少や位置の差違などの事實を考慮すると、事情は梁代の『論語』の場合と極めて類似していて大いに參考になる。

また『荀子』についても、漢代編纂整理の時の劉向『別錄』の目次と、唐の楊倞編注『荀子』の目次とを比較してみれば明瞭なように、篇序はかなり異なっていることも、間接的ながら參考になろう。さらに『莊子』が『漢書』藝文志では「五十二篇」であったものが、郭象編注の今本では「三十三篇」であるのも周知の事實で、このことも緇衣篇を考察するうえで間接的ながら參考になろう。

要するに、今本緇衣篇は、唐代の『五經正義』の原文に定著するまでに、多くの人々の手が加わったもので、すでに後漢の鄭玄が注釋を施した時には、今本の形をなしていたことは確實である。さらに鄭玄の注釋が前漢の末の劉向・劉歆父子等の手で編纂整理した原文に基づくとすれば、前漢末あるいは後漢初當時の緇衣篇も今本の形であった可能性はある。さらに戴聖の手になる編纂がもし事實とすれば、前漢のある時期には今本に近い形をなしていたかも知れない。したがって楚簡『緇衣』は、今本とは異なる傳本と言うよりは、後人が手を加えて章を加增させ、章序を改變し、錯簡を引き起したりする以前の、原緇衣篇と推定される。今本の錯簡については、先に今本第七、第八章などについて考察したとおりである。

次に、楚簡の章序と內容との關連について觸れておく。

緇衣篇は、今本の章序と楚簡の章序とでは、はなはだしく異なっている。

いま楚簡の章序で、各章の内容を考察してみると、ある種の關連する主題が連續している個所が認められる。例えば、比較的關連が明確な個所を示せば、次のごとくである。

子曰、可言不可行、君子弗言、可行不可言、君子弗行。則民言不陸行、不陸言。……（簡本第十五章）

子曰、君子道人以言、而亟以行、古（故）言則慮（慮）其所終、行則䭫（稽）其所幣（敝）、則民誓（愼）於言、而慬（謹）於行。……（簡本第十六章）

子曰、言從行之、則行不可匿。古（故）君子顧（顧）言而行、以成其信。則民不能大其媺（美）而少（小）其亞（惡）。……（簡本第十七章）

子曰、君子言又（有）勿（物）、行又（有）迲（格）、此以生不可敚（奪）志、死不可敚（奪）名。古（故）君子多䎽（聞）、齊而獸（守）之、多志、齊而新（親）之、精智（知）、迲（略）而行之。……（簡本第十八章）

子曰、……人句（苟）又（有）言、必䎽（聞）其聖（聲）、句（苟）又（有）行、必見其成。……（簡本第十九章）

これらの章では、「言」と「行」との關連が問題とされていることは、一見して明らかである。しかも第十九章を除けば、「君子」との關連でいわれている。今本では第七、第八、第二十三、第十八、第二十二の章序になる。

次に、これほど連續してはいないにしても、ある程度、内容的に關連する章がまとまっている個所を示せば、次のごとくである。

夫子曰、好媺（美）女（如）好茲（緇）衣、亞（惡）亞（惡）女（如）亞（惡）迸（巷）白（伯）、則民臧（臧）㫘（它？）而型（刑）不屯。……（簡本第一章）

子曰、又（有）或（國）者章好章亞（惡）、以視民厚、則民靑（情）不紩（弋）。……（簡本第二章）

子曰、爲上可䁗（望）而智（知）也、爲下可頪（述）而等（志）也、則君不㤌（疑）其臣、臣不惑於君。……（簡本第三章）

子曰、上人㑓（疑）則百眚（姓）賊（惑）、下難智（知）則君倀（長）𤎐（労）。古（故）君民者、章好以視民（欲）、慬（謹）亞（悪）以渫民涇〈淫〉、則民不賊（惑）。臣事君、言其所不能、不訇（詞）其所能，則君不𤎐（労）。……（簡本第四章）[16]

子曰、民以君爲心、君以民爲體、心好則體安之、君好則民𧮫（欲）之。古（故）心以體法、……（簡本第五章）

これらは、「好悪」や意向を君臣間または君民間で明示することが、政治的に効果的であることを取りあげている（今本では第十一、第十、第十二、第十七の章序）。

續く章では「仁」が話題となっている。すなわち、

子曰、上好㤅（仁）則下之爲㤅（仁）也爭先。古（故）倀（長）民者、章志以卲（昭）百眚（姓）、則民𦤶（致）行㠯（己）以敓（悦）上。……（簡本第六章）

子曰、𢑴（禹）立三年、百眚（姓）以㤅（仁）道、剴（豈）必𦘔（盡）㤅（仁）。……（簡本第七章）

次に「不親」の問題が二章つづく（今本の章序は第十五、第十四）、すなわち、

子曰、大人不新（親）其所臤（賢）、而信其所戔（賤）、𡥈（教）此以遊（失）、民此以𢘽（變）。……（簡本第十章）

子曰、大臣之不新（親）也、則忠敬不足、而𩓷（富）貴已𢓜（過）也。……（簡本第十一章）

さらに續く章では（今本の章序は第三、第十三）、政治と教育、刑罰のことが話題となる。

子曰、倀（長）民者𡥈（教）之以悳（德）、齊之以豊（禮）、則民又（有）懽（歡）心、𡥈（教）之以正（政）、齊之以型（刑）、則民又孚心。……（簡本第十二章）

子曰、正（政）之不行也、教之不成也、則型（刑）罰不足恥、而雀（爵）不足懽（勸）也。古（故）上不可埶（褻）型（刑）而翌（輕）雀（爵）。（簡本第十三章）

ここの第十二章は、『論語』の「子曰、道之以政、齊之以刑、民免而無恥、道之以德、齊之以禮、有恥且格。」（爲政篇）と極めて類似する。

續く第十四章は、次に示すように、第十五章以下の「言行」に接續する内容の「言」についての話題であるから、この章序は當然な位置かも知れない。

子曰、王言女（如）絲、其出女（如）紶。王言女（如）索、其出女（如）綍（紼）。古（故）大人不昌（倡）流。（簡本第十四章）

殘る第八章は、「上下」「好惡」などが話題となり、第九章は、「長民者」と「民」との關係が說かれていることから、第六、第七の章で「上下」關係や禹と百姓との關係が見えることとの關連も認められるので、この位置にあって當然なのかも知れない。

以上に見たように、ある主題を扱った章がまとまっているのは、例えば『論語』爲政篇で「孝」についての話題が四章ほど續いたりするのと同樣の編纂方法であろう。

以上述べたことを、要約すると楚簡の章序の方がまとまりがよいのではないかと思われる。それが何故に今本の章序になったのかは、改めて考察する必要があろう。

結　語

上述の各節で、簡單ながら要約しているので結論めいたことは不要かと思われるが、楚簡『緇衣』の出現は、極めて大きな問題を投げかける。『禮記』の一篇の楚簡の出現は、緇衣篇のみにとどまらず、『禮記』全篇に係わる問題で、『禮記』諸篇を輕々に扱うことが困難になった。と同時に『禮記』諸篇は篇によってはかなり古い資料を殘して保存している可能性を示してくれたといえる。緇衣篇に即していえば、今本の錯簡がかなりの正確さで直されたこと、また『尚書』の今古文の眞僞という大きな問題にも一石を投じた。この緇衣篇所引の『尚書』については、今古文の問題を扱う際に重要な鍵となる。それが楚簡『緇衣』の出土を契機に改めて光が當てられることになった。小論はこれから始まる新たな研究への問題提起に終始したが、大きな問題の解明への一歩となれば幸いである。

注

（1）それは大まかには次の諸點が指摘できる。

第一に、今本第一章を除くと、楚簡と今本の首章と終章は合致する。中閒の諸章の章序は楚簡と今本とは大きな差異（今本の第六、第九、第十三、第二十一章を除く）。第二に、楚簡は、末尾の「二十又三」の文字から明らかなように、全二十三章。今本は、『經典釋文』によれば全二十四章。楚簡には、今本の第一、第十六章はなく、今本の第七章は、楚簡では兩章に分割され（楚簡第十四章、第十五章に相當）、今本は楚簡に從う分章では、全二十五章となる兩者の差異。第三に、すでに周桂鈿氏の指摘するごとく、楚簡により、今本の第七章、第八章の錯簡と思われるものが訂正できる（周桂鈿「荊門竹簡《緇衣》校讀札記」、『中國哲學』第二十輯所收、一九九九年）ように、ほかにも今本の修正の可能性。第四に、今本緇衣篇所引の經書、特に眞僞が問題とされる『尚書』についての楚簡による解明の手がかりが得られる可能性。第五に、今本にはあるが楚簡には引用されない『易』や『詩』『書』についての解明。

（2）周氏前掲論文「二、三章幷兩章由于錯簡」參照。

（3）廖名春「郭店楚簡與《詩經》」（『出土文獻與中國文學研究』所收、北京廣播學院出版社、二〇〇〇年）では、緇衣篇での引『詩』のいくつかの特徴の一つに『詩』『書』の引用の順序について言及しているのを參照。楚簡での經書の引用は一貫して『書』より『詩』が先行することを指摘。また同氏「郭店楚簡《緇衣》篇引《詩》考」（『華學』第四輯所收、紫禁城出版社、二〇〇〇年八月）を參照。

（4）所引の「甫刑」は、『史記』周本紀での周の穆王の時、「諸侯有不睦者、甫侯言於王、作脩刑辟。王曰、吁、來。有國有土、告汝祥刑。……墨罰之屬千、劓罰之屬千、臏罰之屬五百、宮刑之屬三百、大辟之罰其屬二百、五刑之屬三千。命曰甫刑。」と

あるのとは異なる。『尙書』呂刑篇の孔傳では、「呂侯、穆王の命を以て書を作る」、彼は「後に甫侯と爲る。故に或いは甫刑と稱す。」というが、正確なところは不明である。

（5）「夫夫」は、合文として「大夫」と解釋されている。ただ『禮記』檀弓上篇には「夫夫」の語が見え、鄭注に「夫夫、猶言此丈夫也。」とあり、『經典釋文』には「夫夫、上音扶、下如字。一讀竝如字。」とあることを附言しておく。

（6）『逸周書』については、谷中信一氏に多くの研究があるが、そのなかで「『逸周書』の思想と成立について――齊學術の一側面の考察――」（『日本中國學會報』第三十八集所收、一九八六年）三頁に本文の制作年代についての多くの先學の諸說を紹介している。それによれば周初から春秋戰國の作、さらに漢代以後の手になるといった多樣さであり、制作年代についてはにわかには定めがたい。しかし先秦のものとする說も根強いようで、楚簡『緇衣』の出現は先秦制作說の有力な根據となるかも知れない。

（7）周氏前揭論文「四、簡本、今本引《尙書》文校析」參照。

（8）周氏前揭論文、同上、參照。

（9）楊伯峻『孟子譯注』上（中華書局、一九八一年）は、太甲篇に注して、今文古文皆な傳わらず、今日の『尙書』太甲篇三篇は梅賾の僞古文だとする。

（10）「晉冬旨（耆）滄」の句の解釋については、虞萬里「上博簡、郭店簡《緇衣》與傳本合校拾遺」八（『上博館藏戰國楚竹書研究』所收、上海書店出版社、二〇〇二年）を參照。

（11）周氏前揭論文、同上、參照。

（12）前揭、廖名春「郭店楚簡《緇衣》篇引《詩》考」では、「ノ」は「川」の省字で、「訓」と解し、「信」と押韻するとする李零說を是認する（廖氏は「コ」を「ノ」と釋文する）。さらに「信」は「敬」で、「望」と互用されるという。

（13）江有誥『羣經韵讀』では、ここの句が『毛詩』にないためか、『禮記』緇衣篇については、ここの韻文のみを擧げていることが注意される。また廖名春「郭店楚簡《緇衣》篇引《詩》考」では、楚簡の方がすっきりしていて優れており、緇衣篇の方は脫文があろうとの劉芳信說を是認する。また楚簡にない五句は、體例上よりみて後人の竄入だという。

（14）袁梅『詩經譯注』國風部分（齊魯書社、一九八三年）二三九～二四〇頁、參照。

（15）藤堂明保『漢字語源辭典』（學燈社、一九六四年）七三二頁。

（16）廖名春「上海博物館藏《孔子閒居》和《緇衣》楚簡管窺」（『華學』第四輯所收）、參照。

（二〇〇一年九月三十日稿、十二月八日補訂）

郭店楚簡『魯穆公問子思』の忠臣觀について

李　承　律

一、はじめに

中國先秦時代の楚簡の研究は、近三十年來、南方の楚の地方から出土した數多くの楚簡によって活發になっている。特に考古學・歷史學・宗教學・古文字學などの諸分野から、今まで文獻資料だけに依存してきた舊說に變更をもたらすという意味から、いち早くその重要性が認識され、かつその研究成果が世界各地より次々と發表されている。

そのような現狀の中で、一九九三年中國湖北省荊門市郭店村の戰國中晚期から後期のものといわれる墳墓（郭店一號楚墓）を發掘するさい、そこから戰國楚文字で書かれた八〇〇餘枚の竹簡（以下、「郭店楚簡」と略記）が出土した。これは、發掘一年後の一九九四年に地元の新聞である『湖北日報』に報告されて以來、中國古代思想史の研究に從事する世界中の學者たちによって注目されはじめたが、一九九八年五月に文物出版社から『郭店楚墓竹簡』（以下、「文物本」と略記）というタイトルで刊行された。それによると、郭店楚簡は『老子』（甲本・乙本・丙本）『太一生水』の道家系の文獻二篇と、『緇衣』『魯穆公問子思』『五行』など儒家系の文獻十四篇から構成されている。これらはいずれも戰國時代から前漢時代に至る古代思想史の缺を補える貴重な資料を含んでおり、それが出土したことによって、中國先秦時代の楚簡研究は新たな局面を迎えている。

本稿は、その中でも特に儒家系の文獻である『魯穆公問子思』（原無篇題。以下、「本書」と略記）を考察の對象とするものである。

二、先行研究の概觀及び方法論上の諸問題

さて、郭店楚簡は公表してからすでに數年經過しているにもかかわらず、今でも世界各地より研究書や論文、論文集などが續々と刊行されている。そして、そのような研究成果の蓄積により、郭店楚簡の各篇の文字や編制・思想内容などが、徐々にではあるが、初期よりある程度分明になったのも事實である。しかし、いわゆる古佚書に該當する儒家系の諸篇に關する研究は、世界的に見てもまだ初歩的な水準にとどまっており、かつ依然多くの問題を抱えているのが現狀である。しかも、その儒家系諸篇の性質について、特に中國の學者たちの閒ではおおむね、①早期儒家の作品であり、②學派の分類においては思孟學派に屬し、③成書年代は『孟子』より早く、④孔子から孟子までの閒の過渡期の儒家思想を反映している、という認識が主流をなしている（李學勤・龐樸・姜廣輝・廖名春・邢文・郭沂などが、その代表的な例[1]）。

本書もこのような認識の延長線上で捉えられ、特に李學勤「荊門郭店楚簡中的《子思子》」（『文物天地』一九九八―二、一九九八年三月）・龐樸「孔孟之閒――郭店楚簡的思想史地位」（『中國社會科學』、一九九八年五月）・姜廣輝「郭店楚簡與《子思子》――兼談郭店楚簡的思想史意義」（『哲學研究』一九九八―七、一九九八年七月）・廖名春「郭店楚簡儒家著作考」（『孔子研究』一九九八―三、一九九八年九月）・郭沂「試談楚簡《太一生水》及其與簡本《老子》的關係」（『中國哲學史』一九九八―四、一九九八年十一月）・黃人二「郭店楚簡〈魯穆公問子思〉考釋」（『張以仁先生七秩壽慶論文集』上册、臺灣學生書局、一九九九年一月）などによって、子思自身かその弟子の作であり、『子思子』に屬するとまで言われている。

しかし、そのような結論はいずれも、『孟子』公孫丑下・萬章下・告子下篇、『韓非子』難三篇、『禮記』檀弓下篇、『説苑』雜言篇、『論衡』非韓篇、『孔叢子』などに魯穆公と子思に關する説話が散見する點や、『漢書』藝文志の班固の注に「名は伋、孔子の孫、魯繆公の師と爲る。」とある點などの表面的なことを根據にしているだけで、「忠臣」をめぐるその思想史的背景が究明されているとは言い難い。特に、『子思子』に關しては、成書時期や作者の問題など様々な問題を抱えており、子思やその弟子の作といっても、現在それを證明できる客觀的な判斷材料が存在しない以上、それをもって本篇の成書時期・作者・學派的性向などを決めつけるには無理があると考えられる。要するに、他文獻に散見する魯穆公・子思説話や『子思子』などを根據にして、本書の諸問題を解明する方法は有效ではないといえよう。

三、郭店楚簡『魯穆公問子思』の忠臣觀の特徴

本書は、郭店楚簡の中でも最も短い篇であり、その中心思想は忠臣觀にある。本書の忠臣觀の特徴を探るために、まずその全文を擧げる。本書の文字は、基本的には文物本の「魯穆公問子思釋文注釋」により、黄人二「郭店楚簡〈魯穆公問子思〉考釋」も參考にしたが、抄寫時の楚系文字を忠實に復元するために、「圖版」に基づいて筆者なりに改めた箇所も多い。なお、假借字・異體字の場合は「（　）」に、缺字を補う場合は「〔　〕」に入れて表した。

魯穆公昏（問）於子思曰、可（何）女（如）而可胃（謂）忠臣。子思曰、恆（恆）爯（偁）（第一號簡）其君之亞（惡）者、可胃（謂）忠臣矣。公不敓（悅）、咠（揖）而退之。成孫（孫）弋見（第二號簡）。公曰、向者虗（吾）昏（問）忠臣於子思。子思曰、亟（恆）爯（偁）其君之亞（惡）者、可胃（謂）忠（第三號簡）臣矣。㝢（寡）人惑安（焉）而未之𡕒（得）也。成孫（孫）弋曰、㤅（噫）、善才（哉）言虖（乎）（第四號簡）。夫爲其君之古

（故）殺其身者、嘗又（有）之矣。亙（恆）爯（偁）其君之亞（惡）者（第五號簡）、未之又（有）也。夫爲其君之古（故）殺其身者、交（徼）彔（祿）奮（爵）者也。亙（恆）（第六號簡）〔爯（偁）其君〕之亞（惡）〔者、遠〕彔（祿）奮（爵）者〔也。爲〕義而遠彔（祿）奮（爵）、非（第七號簡）子思、虗（吾）亞（惡）昏（問）之矣（第八號簡）。■

魯の穆公が子思に尋ねた。「どのような人物を忠臣と稱することができようか。」子思が答えた。「いつもその君主の悪事をいうものを忠臣と稱することができます。」穆公は嬉しく思わず、輕く會釋して（子思を）下がらせた。さて成孫弋という人物が穆公にお目にかかったとき、穆公はいった。「さきほど寡人が子思に忠臣について尋ねたとき、彼に「いつもその君主の悪事をいうものを忠臣と稱することができます。」といわれたが、寡人はこれに頭が混亂してしまっていまだ納得がいかない。」それを聞いた成孫弋は次のように言った。「ああ、まことにけっこうなおことばでございます。そもそもかつてその君主のために命を捨てるものはおりましたが、いつもその君主の悪事をいうものはいまだおりませんでした。そもそもその君主のために命を捨てるものは、爵祿を求めるものでございます。（しかし）いつもその君主の悪事をいうものは、（むしろ）爵祿を退けるものでございます。義のために爵祿をしりぞけるのは、私は子思以外に聞いたことがございません。」

上記の本文および解釋に基づいて本書の内容を要約すると、次のようになろう。第一に、本書はまず魯の穆公の「忠臣」に關する質問に對して、「いつもその君主の悪事をいうものを忠臣と稱することができます。」という子思の答辯から始まり、第二に、それを聞いた穆公は子思に不快感を示したあと（「不敓（悅）」）、輕く會釋して子思を下がらせ（「咠（揖）而退之」）、第三に、最後に成孫弋という人物を登場させて子思の答辯を激賞することで本書を終わらせている。第三をさらに具體的にみると、子思の第一のような答辯に對して、穆公自身は「寡人はこれに頭が混亂してしまっていまだ納得がいかない。」と成孫弋に當惑と疑問（「惑」）を訴え、そのような當惑と疑問に對して成孫弋は、「君」に仕える「臣」のタイプを二種類に分類する。すなわち、「その君主のために命を捨てるもの」と「いつもその君主の悪事をいうもの」とを對應させて、前者は「爵祿を求めるもの」で、後者は「爵祿を退けるもの」であると規定し、最後に「義のために爵祿を退けるのは、私は子思以外に聞いたことがありません。」といって、子思のことばの妥當性を代辯することで文章は終わっている。ただ穆公が成孫弋の代辯を果たしてどのように受け入れたかは書かれていない。

以上のような内容分析によって、本書の特徴は、次の二點に絞ることができよう。第一に、「いつもその君主の悪事をいうもの」と激しい表現が使われている點。第二に、君臣關係を支える原理を「爵祿」と「義」との二項對立で捉え、前者より後者に重きを置いている點。

以下、本書の忠臣觀を解明するために、先秦諸文獻における忠臣觀を考察するが、その前に「忠」について簡單に觸れることにする。

四、先秦時代の「忠」――「まこと・まごころ」の「忠」と「忠君・忠誠」の「忠」

中國古代思想史上において「忠」ということばはおおむね二つの意味を持っている。一つは今日使用されている忠君・忠誠のような非常に限定された意味で使用されるより、廣義の意味としての「まこと・まごころ」という用法で用いられる場合で、そのような意味における「忠」は、『論語』『孟子』『左傳』などに散見している。(2) 例えば、『論語』子路篇に、

樊遲問仁。子曰、居處恭、執事敬、與人忠。雖之夷狄、不可棄也。

樊遲が仁について尋ねた。先生はこう言われた。「日頃は行儀をよくし、仕事を執り行う時には愼重にし、人と

交際する時には誠實にすることだ。これらのことは、異民族の地に行ったとしても、捨て去ってはならない。」

とあり、『孟子』滕文公上篇に、
分人以財、謂之惠。教人以善、謂之忠。爲天下得人者、謂之仁。

人に財物を分けてやるのを惠といい、人に善を教えるのを忠といい、天下のために人材を見出すことを仁という。

とあるのがその例である。一方、「忠」は當然下から上へと要求されるものであるが、それとは逆に、上から下へと要請される場合もあって、その意味では兩行的だったということができる。例えば、『左傳』桓公六年の條に、
所謂道、忠於民而信於神也。上思利民、忠也。

いわゆる道ありとは、民衆に對してはまごころを盡くし、神々に對しては誠意を捧げることである。上位者が民衆の利益をはかるのが、まごころを盡くすということである。

とあるのがその例である。

もう一つは今日使用されている忠君・忠誠のような非常に限定された意味で使用される場合で、『荀子』における「忠」がそれに該當する。ただ濱口富士雄氏によれば、上記のような廣義の「忠」が『荀子』にないわけではないと指摘しているが、その場合における「忠」は、「信」とともに熟して「忠信」として使用される場合が非常に多く、それは一般的な人倫・上下關係、あるいは職務上の誠意・まこと・まごころを意味しているという。(3)

ところで、先學によってすでに指摘されているように、『荀子』の中で「忠」が單獨で使用される場合は事情が異なってくる。すなわち、廣義の「忠」の例は極めて少なく、忠君・忠誠という意味をもち、君臣閒に限定された臣道として「忠」が使用されている（非相・王覇・君道・臣道・性惡篇などに見える「忠」がその例）(4)。そして、ここで初めて臣道としての「忠」が冠された「忠臣」ということばが、思想上に登場し、以後多用されることになるのである。本書の「忠臣」ということばも、このような思想的背景を考慮に入れずには解明できないことはいうまでもない。

五、『荀子』臣道篇における「忠」のランクづけと『韓非子』の「忠」

『荀子』の忠臣觀を現す最も特徴的なものは、周知のように臣道篇の次のような文章であろう。

有大忠者、有次忠者、有下忠者、有國賊者。以德復君而化之、大忠也。以德調君而補之、次忠也。以是諫非而怒之、下忠也。不卹君之榮辱、不卹國之臧否、偸合苟容以持祿養交而已耳、國賊也。若周公之於成王也、可謂大忠矣。若管仲之於桓公、可謂次忠矣。若子胥之於夫差、可謂下忠矣。若曹觸龍之於紂者、可謂國賊矣。(5)

最高の忠誠というのがあり、その次に位する忠誠というのがあり、最下等の忠誠というのがあり、國を害し損なうものというのがある。德によって君主を包み込んで感化するのが最高の忠誠である。德によって君主の行爲を調整して補佐していくのがその次に位する忠誠である。正義によって君主の不正を諫めて怒らせてしまうのが最下等の忠誠である。君主の榮譽や恥辱、國の興廢をも顧慮せず、輕々しく君主に迎合しいい加減に君主を受け入れ、俸祿を守り食客を養っていくだけというのが國を害し損なうものである。例えば、周公旦が成王を助けたのは最高の忠誠というべく、管仲が齊の桓公を助けたのはその次に位する忠誠というべく、伍子胥が吳王の夫差を助けたのは最下等の忠誠というべく、曹觸龍が殷の紂王に取り入ったのは國を害し損なうものというべきである。

ここで注目すべき點は、君主を「包み込」み「調整」して「感化」し「補佐」することが、「大」「次」の「忠」にランクづけられて高く評價されており、「正義によって君主の不正を諫める」ことは「下」で相對的に低く評價されている點である。これを本書の「いつもその君主の惡事をいう」という表現と比べてみると、本書の主張は表面的には『荀子』の分類の「下忠」に當たるように見える。しかし、「下忠」の例として揭げられている伍子胥は、例えば、

『韓非子』飾邪篇に、

稱比干子胥之忠而見殺、則疾〔爭〕(6)強諫有辭。

王子比干や伍子胥が忠誠でありながら殺されたことを褒め稱えると、無理に爭って強く諫めるのに口實ができる。

とあり、説林下篇に、

比干子胥、知其君之必亡也、而不知身之死也。

王子比干と伍子胥は、その主君が必ず滅びることは知っていたが、自分自身が殺されることは氣づいていなかった。

とあるように、むしろ本書で否定的に捉えられている「その君主のために命を捨てるもの」の例に該當している。したがって、本書は「以德」ということばはないにしても、どちらかというと、『荀子』臣道篇の分類の「大」か「次」に當てはまるのではないかと推測される。

以後『荀子』のこのような思想をふまえながら、「賢・義・明」などの道德性や「智」（知的能力）を排除し、信賞必罰の法術によって、君主中心、君主の一元的支配を實現しようとしたのが、他ならぬ『韓非子』である。例えば、

人主者、天下一力以共載之、故安、衆同心以共立之、故尊。人臣守所長、盡所能、故忠。以尊主御忠臣、則長樂生而功名成。（功名篇）

君主は、天下の人々が力を合わせてともに推戴するから安泰であり、多くの人が心を合わせてともに立てるから尊嚴がある。臣下は、長所がその通り認められ、能力が十分に發揮できるから忠誠なのである。尊嚴のある君主として忠誠な臣下を統御していければ、長くつづく安樂が生じ功名も遂げられる。

所謂忠臣不危其君、孝子不非其親。（忠孝篇）

いわゆる忠臣はその君主に危害を加えず、孝子はその親を謗らないものである。

忠臣之事君也、非競取君之國也。……專心於事主者、爲忠臣。(忠孝篇)

忠臣が君主に仕えるのは、君主の國を人と競って奪い取ろうとするのではない。……一意專心君主に仕えるものこそが、忠臣なのである。

などに見える忠臣觀には、そのような事實の一端が如實に示されている。『荀子』はともかく、以上のような『韓非子』の忠臣觀が、本書のそれと相容れないことは言をまたない。しかし、『韓非子』十過篇には、

過而不聽於忠臣、而獨行其意、則滅高名、爲人笑之始也。

過ちを犯しながら忠臣に耳を傾けず、自分勝手にことを行うと、名聲をなくして世の笑いものになっていく始まりである。

とあって、君主を聞き手にしてはいるものの、本書とかなり接近したような思想が見受けられる部分もある。(7) 以下、本書と類似の思想内容をもつものをまとめて議論することにしたい。

六、他の諸文獻に見える「忠臣」との比較考察

1、『墨子』

①魯陽文君謂子墨子曰、有語我以忠臣者、令之俯則俯、令之仰則仰、處則靜、呼則應、可謂忠臣乎。子墨子曰、令之俯則俯、令之仰則仰、是似景也。處則靜、呼則應、是似響也。君將何得於景與響哉。若以翟之所謂忠臣者、上有過則微之以諫、己有善、則訪之上、而無敢以告。外匡其邪、而入其善、尙同而無下比、是以美善在上、而怨讐在下、安樂在上、而憂慼在臣。此翟之所謂忠臣者也。(魯問篇)

②夫仁人事上竭忠、事親得孝、務善則美、有過則諫、此爲人臣之道也。(非儒下篇)

2、『管子』

③能據法而不阿、上以匡主之過、下以振民之病者、忠臣之所行也。明君在上、忠臣佐之、則齊民以政刑。（君臣下篇）

④主明蔽而聰塞、忠臣之欲謀諫者不得進、如此者、侵主之道也。（明法解篇）

3、『呂氏春秋』

⑤至忠逆於耳、倒於心。非賢主、其孰能聽之。故賢主之所說、不肖主之所誅也。（至忠篇）

⑥故忠臣廉士、內之則諫其君之過也、外之則死人臣之義也。（恃君篇）

⑦故聖王之貴豪士與忠臣也、爲其敢直言而決鬱塞也。（達鬱篇）

4、『晏子春秋』

⑧景公問晏子曰、忠臣之行何如。對曰、不掩君過、諫乎前、不華乎外。（內篇）

5、『說苑』

⑨易曰、王臣蹇蹇、匪躬之故。人臣之所以蹇蹇爲難而諫其君者、非爲身也、將欲以匡君之過、矯君之失也。君有過失者、危亡之萌也。見君之過失而不諫、是輕君之危亡也。夫輕君之危亡者、忠臣不忍爲也。三諫而不用則去、不去則身亡、身亡者、仁人所不爲也。是故諫有五。一曰正諫、二曰降諫、三曰忠諫、四曰戇諫、五曰諷諫。孔子曰、吾其從諷諫矣乎。（正諫篇）

⑩忠臣不敢避誅以直諫、故事無廢業而功流於萬世也。（同右）

6、『韓詩外傳』

⑪懼斧鉞之誅而不敢諫其君、非忠臣也。（巻十）

以上の諸文獻は勿論、各文獻ごとに異なった主義・主張を唱えてはいるものの、忠臣観においては本書とかなり類似の内容を有している。それを本書と比較しながら分析してみると次のようになろう。

第一に、⑤・⑦を除き、諸文獻に共通して見られるのは、いずれも君主の「過」（④・⑩・⑪を除く）に對して、臣下（すなわち「忠臣」）はそれを諫言（「諫」）したり、あるいは正さなければならない（「匡」）ことが強調されている。そのことは本書と類似していることはいうまでもない。しかし、本書のように「悪」字が使われている例はなく、その意味に限って本書は諸文獻より激昂した口調をその特徵としている。

第二に、內容の面からの考察。前漢時代の文獻はさておき、『墨子』の場合は尙同論（「尙同而無下比」）、『管子』の場合は君主中心の法治主義（「據法而不阿」・「明君在上、忠臣佐之」）の中での忠臣觀である。そして、『呂氏春秋』の場合は、上記の引用だけでは今一つはっきりしないが、⑤・⑦は篇名によっても推察できるように君主や國家における「忠臣」の存在の重要性と關わっており、恃君篇は國家起源論・君臣のあり方と關わっているようである。いずれも君主權力の抑制よりは強化・維持に主眼があると思われる。ただし、本書においては抑制・強化いずれに向いているのか決めるのは容易ではない。

第三に、君主の「過」に對する「忠臣」の諫言が強調されるのは、戰國末期に本格化されるということである。『呂氏春秋』はいうまでもなく戰國最末期の思想であり、『墨子』魯問篇は、渡邊卓氏は『墨子』思想の中でも末期のものに位置づけており、特に忠臣については「「忠臣」（魯問九）という語も同樣な例であって、初期には見えないが、兼愛中・下、非攻中、節葬下、天志中・下、明鬼下、非命上などに習見する。[8]」と指摘している。また金谷治氏は『管子』君臣下篇は戰國最末期ないし秦・漢の際の政治思想を現し、明法解篇は秦・漢の際、韓非の影響による法思想を現しているという。[9]

第四に、第三をふまえて「忠臣」ということばは、『荀子』以前の典籍にはほとんど見えず、『荀子』を前後する戰國後期から末期にかけて本格的に議論されはじめ、漢代に入ると枚擧に暇がないほど頻出する。[10]それは歷史的には封建制から郡縣制へ、社會制度の面においては、宗族制（あるいは氏族制）から家父長制へ、倫理的には個人倫理から君主を頂點とする國家倫理へ、君臣關係においては道德主義から賢賢主義（官僚制的秩序）へと移行するプロセスと相まっており、「忠臣」ということばはそのような政治・思想・歷史的背景下で登場し使用されていたことを物語っている。

七、「爵祿」と「義」

最後にもう一つ殘っている問題は、本書で「爵祿」と「義」を二項對立的に捉えて、前者より後者に重きを置いている點である。君臣關係において「義」を唱えているものには、周知のように『孟子』滕文公上篇に「君臣有義」とあるが、この場合の「義」は忠義の「義」ではなく正義の「義」であり、正當性・妥當性・適切性を意味するものである。それは韓非流の君主への絶對服從を意味するのではなく、君臣間のことにおいてどちらが正當で妥當かは道理・筋道をもって正さなければならないことを意味していると考えられる。(11)

ところで、『荀子』臣道篇には、

君有過謀過事、將危國家殞社稷之懼也、大臣父兄、有能進言於君、用則可不用則去、謂之諫。……謂之爭。……謂之輔。……謂之拂。故諫爭輔拂之人、社稷之臣也。國君之寶也。明君之所尊所厚也。……故正義之臣設、則朝廷不頗、諫爭輔拂之人信、則君過不遠。

君主の計略や事業に過失があって、國家が危險に陷り社稷も滅びようとする恐れがある場合、大臣や君主と同姓の臣下が、よく君主に進言して、それが聽き入れられればそれでよいとするが、聽き入れられなければその國を去るというのを、諫めることという。……爭うことという。……助けることという。……逆らい正すことという。……だから、こうした諫爭輔拂をする人は、國家としてなくてはならぬ臣であり、國君の寶であり、賢明な君主の尊び重んずる人物である。……そこで、正義の臣が用いられれば、朝廷も邪悪がなくなり、諫爭輔拂の人が信任されれば、君主の過失も止められる。

とあって、君主の過ちに對してそれを「諫・爭・輔・拂」する臣下を「正義の臣」として規定し、そのような臣下を尊重すべきことが鮮明に打ち出されている。このことは「忠臣」の德目として「義」を唱える本書と類似していると思われる。

その他にも、「義」を強調する本書と類似の思想を有するものに『墨子』が擧げられる。まず貴義篇に、

子墨子曰、萬事莫貴於義。……又曰、予子天下而殺子之身、子爲之乎。必不爲、何故。則天下不若身之貴也。爭一言以相殺、是貴義於其身也。故曰、萬事莫貴於義也。

子墨子が言われた、「何事も義より貴いものはない。……また、「あなたに天下をやるが、その代わりにあなたを殺す。あなたはこれを許すか。」と言ったら、必ず許さないだろう。なぜだろうか。天下は身の貴重さに及ばないからである。（にもかかわらず）わずか一言の是非を爭って殺し合うのは、義が身よりも貴いからである。だから「何事も義より貴いものはない。」というのだ。」と。

とあって、「天下」より個人の生命（「身」）、個人の生命より「義」が尊貴であることが唱えられている（これと類似の思想は『淮南子』泰族篇にも見える）。「天下」よりも個人の生命（「身」）を尊重する思想は、先學によってすでに指摘されているように、『呂氏春秋』審爲篇や『莊子』讓王篇などに見えるのと同樣に、養生思想にほかならない。貴義篇はそのような養生思想をふまえながら、「義」を最も價値あるものとして捉えているところにその特徴がある（このことについては、池田知久『馬王堆漢墓帛書五行篇研究』（汲古書院、一九九三年）、三一六～三一七頁注（32）を參照）。

また耕柱篇には、

子墨子使管黔敖游高石子於衞、衞君致祿甚厚、設之於卿。高石子三朝、必盡言、而言無行者、去而之齊、見子墨

子。……高石子曰、石去之、焉敢不道也。昔者夫子有言、曰、天下無道、仁士不處厚焉。今衞君無道、而貪其祿爵、則是我爲苟陷人長也。子墨子說、而召子禽子曰、姑聽此乎。夫倍義而鄕祿者、我常聞之矣。倍祿而鄕義者、於高石子焉見之也。

子墨子は、弟子の管黔敖に推擧させて、同じく弟子の高石子を衞に仕官させた。衞の君主は高祿を與え卿の位につけた。高石子は三たび朝廷に出仕し、そのつど必ず言葉を盡くして進言したが、採用されなかった。そこで衞國を去って齊に行き、子墨子にお會いした。……高石子が言った、「私が衞を去ったのは、どうして道に背いておりましょうか。昔先生は、天下に道がなければ、仁愛の人は厚祿を受ける地位に甘んじていないと申されました。今、衞の君が道理を失っているのに、私が高祿や爵位を貪っておれば、それは他人の祿を無駄食いするものです。」と。子墨子は喜んで弟子の子禽子を呼んで言われた、「まあよく聞くがよい。いったい義に背いて祿を求める者は、私はいつも聞いている。ところが祿に背いても義に向かう者は、高石子にこれを見たよ。」と。

とあり、最後の一句は、「爵祿」と「義」を二項對立的に捉えて前者より後者に重きを置いている本書とかなり類似している。なお、渡邊卓氏は貴義篇と耕柱篇も魯問篇と同樣、『墨子』思想の中で末期のものに位置づけている（注（8）を參照）。

そして『荀子』や『墨子』のような義理關係を重視する君臣觀を批判したのは『韓非子』である。例えば、

臣盡死力以與〔君市〕[12]、君垂爵祿以與臣市。君臣之際、非父子之親也、計數之所出也。（難一篇）

臣下は死力を出し盡くして君主と取り引きし、君主は爵位と俸祿を示して臣下と取引をする。君臣の關係は、父子の親族關係ではない。利害の打算に基づくものである。

夫上所以陳良田大澤〈宅〉[13]、設爵祿、所以易民死命也。（顯學篇）

そもそも上位者が、美田や大邸宅を竝べ、爵位や俸祿を設けるわけは、民の命がけの仕事と交換しようとするた

めである。
とあるように、『韓非子』の場合はすべての君臣關係を利害關係として捉えていることがわかる。[14]

八、おわりに

本稿は、郭店楚簡の儒家系諸篇の性質について、早期儒家の作品であり、學派の分類においては思孟學派に屬し、成書年代は『孟子』より早く、孔子から孟子までの閒の過渡期の儒家思想を反映している、という認識の下、本書もその延長線上で捉え、子思自身かその弟子の作であり、『子思子』に屬するとする見解に疑問を投げかけることから始まるものであった。

そこで、まず中國古代思想史上における「忠」ということばの意味合いの變遷を考察し、次に本書の忠臣觀の特徴を分析した後、「爵祿」と「義」を二項對立的に捉え、前者より後者に重きを置いているところに特徴があることを見出した。その上、「忠臣」をめぐる様々な議論を先秦諸文獻の中で考察したが、その結果、「忠臣」ということばは戰國中期ごろから見え始めるが、『論語』『孟子』などには見えず、『荀子』を前後する戰國後期から末期にかけて本格的に議論され始め、前漢初期になると多量に出現することが浮き彫りにされた。このことから考えれば、本書の成書時期を『孟子』以前とするのは無理があると思われる。

さて、ここで一つ檢討すべき問題がある。それは、本書で君臣關係を支える原理を「爵祿」ではなく「義」に置いていることが何を意味するかという問題である。先學によって指摘されているように、君臣關係は恆久的なものではなく、事實としては「爵祿」によって一時的に繫がっている個人的・私的な關係である。君臣關係を支える原理を「爵祿」において捉えることは、前節で考察したように、『韓非子』に最も顯著に現れており、臣下の去就進退が利害によって決められることを意味するだろう。それに對し、「義」において捉えることは、臣下のそれが理念によって決められることを意味し、君主に對する單なる一方的な忠節・忠誠を意味するものではない。

ところで、後者の場合は、主として『墨子』『孟子』『荀子』などによって道德化された理念に過ぎず、現實とは遠くかけ離れていたに違いない。時代として後のものではあるが、『淮南子』主術篇の次の文章が、むしろ激しい戰國競爭の中の君臣關係の實狀に近かったろう（やや道德的なニュアンスはあるものの）。

臣不得其所欲於君者、君亦不能得其所求於臣也。……是故臣盡力死節以與君、君計功垂爵以與臣。是故君不能賞無功之臣、臣亦不能死無德之君。

臣の欲求が君によって充たされなければ、君の欲求もまた臣によって充たされることはない。……かくて臣は君のために力を盡くし節義に殉じて君に與え、君は功績を計り爵祿を示して臣に與える。そこで君が功績もない臣を賞することもなく、臣もまた德のない君のために死ぬことはない。

このことから考えれば、本書で魯の穆公が、「忠臣」についての子思の答辯に對し當惑を表明したことも、當然といえば當然であろう。

しかし、本書は現實の利害關係を斷ち切り「義」をいうことによって、臣下には道德的義務を與えているが、君主にはそのような臣下を尊重すべきことを暗示してはいないだろうか。このことから考えると、本書は理念上では君主權力に接近しようとする指向はそれほど強く看取されず、その點、『荀子』や『韓非子』とは異なり、むしろ『墨子』耕柱篇と酷似していると思われる。したがって、本書は統一期に向かう戰國末期の、理念より現實を重視する思想的傾向が顯著になる前の思想的特徴を帶びているとせねばなるまい。

このように、「爵祿」と「義」をめぐる思想・歴史的背景や、「忠」の意味の變遷、「忠臣」ということばの出現をめぐる事情などから考えると、本書は『孟子』（の中で孟子自身による部分）より遲く、『荀子』臣道篇や『墨子』魯問・

貴義・耕柱篇よりやや早いのではないかと推測される。

注

（1）しかし、それらの説に同調せずに自説を展開している學者もいる。例えば、李澤厚・王葆玹・池田知久などが、その例である。

（2）その詳しい事情については、小島祐馬『古代支那研究』（弘文堂書房、一九四三年、二〇三～二〇四頁）、高田眞治「先秦思想に於ける忠に就て」（『東洋思潮の研究第二』、春秋社松柏館、一九四四年）、津田左右吉「儒教の研究　三」（『津田左右吉全集』第十八巻、岩波書店、一九六五年、一〇一～一一二頁）、濱口富士雄「荀子の忠について」（『大東文化大學漢學會誌』十二、大東文化大學漢學會、一九七三年二月）などを參照。

（3）濱口前掲論文（本稿注（2））、七十三～七十六頁。

（4）高田前掲論文（本稿注（2））、二四二～二四三頁および濱口前掲論文（本稿注（2））、七十六頁を參照。

（5）類似の文章が『韓詩外傳』巻四には「有大忠者、有次忠者、有下忠者、有國賊者。以道覆君而化之、是謂大忠也。以德調君而輔之、是謂次忠也。以諫非君而怨之、是謂下忠也。不恤乎公道之達義、偸合苟同以持祿養者、是謂國賊也。若周公之於成王、可謂大忠也。管仲之於桓公、可謂次忠也。子胥之於夫差、可謂下忠也。曹觸龍之於紂、可謂國賊也。」とある。

（6）「爭」は、乾道本にはないが、松皐圓『韓非子纂聞』の説に従って補った。

（7）容肇祖氏は十過篇について、「我以爲這篇體裁略似内儲說的七術、六微。而不像是韓非所作。」と指摘しているが、そのことはここでも證明されうると思われる（『韓非子考證』、一九三六年八月初版、一九九二年九月景印一版、五九頁）。

（8）渡邊卓『古代中國思想の研究――〈孔子傳の形成〉と儒墨集團の思想と行動――』（創文社、一九七三年第一刷、一九八四年第三刷）、五三九・五四五頁を參照。

（9）金谷治『管子の研究』（岩波書店、一九八七年）、三三一～三三三頁を參照。

（10）『荀子』以前のものとしては、戰國中期に鑄造されたといわれる中山王圓鼎の銘文の中に、「忠臣」ということばが一例見える。その他にも、王弼本『老子』第十八章に一例、『莊子』に三例、『商君書』に七例、『戰國策』に二十例、『禮記』に一例、馬王堆帛書『周易』繆和篇に二例、『愼子』に三例、『春秋穀梁傳』に一例、『淮南子』に十例、『春秋繁露』に八例等々見える。

（11）鈴木喜一「戰國時代の君臣關係——法家・遊俠・從橫家の場合——」（『東方學』第六十八輯、東方學會、一九八四年七月）、二頁を參照。

（12）「君市」は、顧廣圻・王先愼らの說によって補った。

（13）「所以」は、松皐圓らは衍字とする。「宅」は、乾道本は「澤」に作るが王先愼の說によって改めた。

（14）その他にも、『韓非子』外儲說右下篇に「主賣官爵、臣賣智力。」とあり、顯學篇に「夫爵祿勸而官職治、王之道也。」とある。

郭店楚簡『窮達以時』の研究

池田知久

一、『窮達以時』の釋文

1、『窮達以時』の釋文

最初に、『窮達以時』の釋文を示す。これは、荊門市博物館『郭店楚墓竹簡』（文物出版社、一九九八年五月。以下、『郭店楚簡』と略稱）所收の「圖版」に基づき、同書の「釋文注釋」やその後の諸研究を參照しつつ、それらの諸見解の内優れたものを可能な限り取り入れることに努めて成ったものである。[1]『窮達以時』という新出文獻に關する筆者の研究成果の一端は、すでに池田知久監修『郭店楚簡の研究（一）』（大東文化大學郭店楚簡研究班、一九九九年八月。以下、『郭店楚簡の研究（一）』と略稱）、「序文」[2]、および同誌第一部「譯注編」[3]において世に問うた。それゆえ、『窮達以時』に關する詳細な「口語譯」と「注」は同誌に任せて、本論文ではただ「本文」と「訓讀」のみを示す。

（1）『窮達以時』の本文

又天又人、天人又分。諓天人之分、而智所行矣。又其人、亡其（第一號簡）殜、唯臤弗行矣。句又其殜、可慬之又才。舜畊於鬲山、匋笞（第二號簡）於河固、立而爲天子、堣尭也。邵繇衣胎蓋、冒絰冡慬、（第三號簡）叡板箮、而差天子、堣武丁也。邵𡈼爲牂棘濿、戰監門（第四號簡）棘陸、行年七十而賭牛於朝訶、舉而爲天子帀、堣周文也。（第五號簡）芺寺虘寄繇弃縛、叡杙棒、而爲者侯相、堣齊逗也。（第六號簡）白里逗道五羊、爲敀斁牛、叡板柽、而爲𦉜卿、堣秦穆。■（第七號簡）孫雩三䠶郘思少司馬、出而爲命尹、堣楚臧也。（第八號簡）初沼酭、後名昜、非其悳加。[4]子疋前多紅、後翏死、非其智（第九號簡）懷也。[5]驥馰張山、騹空於邵棗、非亡體壯也。穿四沺、至千（第十號簡）里、堣告古也。堣不堣、天也。童非爲達也、古穿而不（第十一號簡）〔困。學非〕爲名也、古莫之智而不哭。〔芷蘭生於深林、非〕（第十二號簡）〔以亡人〕嗅而不芳。無茖堇愈埳山石、不爲〔亡人不〕☑。（第十三號簡）善伓己也、穿達以旹。悳行弌也、譽皇在仿。[6]聖之弋、母之白。（第十四號簡）不釐。[7]穿達以旹、學明不再。古君子惇於仮呂。■（第十五號簡）

（2）『窮達以時』の訓讀

天又（有）り人又（有）り、天人に分又（有）り。天人の分を詧（察）すれば、而《すなわ》ち行う所を智（知）る。其の人又（有）るも、其の殜（世）亡（無）ければ、臤（賢）なりと唯（雖）も行われず。句（苟）しくも其の殜（世）又（有）れば、可（何）の慬〈僅（難）〉きことか之れ又（有）らんや。舜は鬲（歷）山に畊（耕）し、河固に匋（陶）笞（拍）するも、立ちて天子と爲るは、尭（堯）に堣（遇）えばなり。邵繇（繇）は胎蓋を衣《き》、衽（経）冡（冢）慬（巾）を冒《かぶ》り、板（版）管（築）を斁《と》（擇）るも、而れども天子を差《たす》（佐）くるは、武丁に堣（遇）えばなり。郘（呂）宔（望）は棗（棘）濾（津）に牂（臧）と爲り、監門と棗（棘）陞（地）とに戰い、行年七十にして牛を朝訶（歌）に䐗（屠）ふるも、舉（舉）げられて天子の帀（師）と爲るは、周文に堣（遇）えばなり。茣（管）寺（夷）虖（吾）は宿（拘）繇（繇）弃（束）縛せられ、杙椁を斁《と》（擇）るも、而れども者（諸）侯の相と爲るは、齊逗（桓）に堣（遇）えばなり。白（百）里迌（奚）は五羊を道《おく》（饋）り、敀（伯）の爲めに牛を𢾛《か》（牧）い、板桎を斁《と》（擇）るも、而れども𦉜（朝）卿と爲るは、秦穆に堣（遇）えばなり。■孫雩（叔）は三たび郘思の少司馬を䠶（斥）けらるるも、出でて命（令）尹と爲るは、楚臧（莊）に堣（遇）えばなり。初め沼酭するも、後に名昜（揚）がるは、其の悳（徳）加わるに非ざるなり。子疋（胥）は前に紅（功）多きも、後に翏（戮）死せしめらるるは、其の智（知）懐（衰）うるに非ざるなり。驥（驥）は張山に駒（軛）せられ、騹（騏）は邵垄（棘）に空《ふさ》（塞）がるるも、體（體）壯（狀）亡（無）きに非ざるなり。四海（海）を穿（窮）め、千里を至《きわ》（致）むるは、告（造）に堣（遇）うの古（故）なり。堣（遇）うと堣（遇）わざるとは、天なり。童《な》（動）すは達するが爲めに非ざるなり、古（故）に穿（窮）するも〔困《くる》しま〕ず。〔學ぶは〕名の爲めに〔非ざる〕なり、古（故）に之れを智（知）るもの莫きも叜《かな》（憐）しまず。〔芷蘭は深林に生ずるも、人亡（無）きを以て〕嗅《くさ》（嗅）くして芳しからざるに〔非ず〕。無茖は埱山石に堇（根）づくも、〔人亡（無）きが〕爲めに〼せ〔ずんば〕あらず。善伓（否）は㠯（己）れによるも、穿（窮）達は旹（時）を以てす。悳（德）行は弌（一）なるも、譽（譽）皇（毀）は仿《かたわ》（旁）らに在り。之れを弋（代）わるに聖《ま》（聽）かせて、之れを白《あき》らかにする母（毋）かれ。奎《おさ》（釐）めず。穿（窮）達は旹（時）を以てし、學（幽）明は再《はか》（裁）らず。古（故）に君子は㠯（己）れに怄（返）るに惇《あつ》（淳）し。■

2、『窮達以時』の分章と大意

次に、以後の分析の便宜のために『窮達以時』を以下のように四章に分けてみる。この分章はあくまでも作者の關知しない暫定的なものである。また、各章の下にそれぞれの大意をまとめて記しておく。

（1）第一章（第一～二號簡）

又（有）天又（有）人、天人又（有）分。詧（察）天人之分、而智（知）所行矣。

又（有）其人、亡（無）其殜（世）、唯（雖）臤（賢）弗行矣。句（苟）又（有）其殜（世）、可（何）慬〈㦖（難）〉之又（有）才（哉）。

大意

天があり人があり、天と人とに區別がある。天と人との區別を察すれば、行いうることを知ることができる。その人があっても、その世を得なければ、たとえ賢者でも行うことはできない。しかし、その世を得さえすれば、いかなる困難もありえない。

（2）第二章（第二〜十一號簡）

舜畊（耕）於鬲（歷）山、匋（陶）笞（拍）於河匠、立而爲天子、堣（遇）尭（堯）也。

卲繇（繇）衣胎蓋、冒絰（経）𡨥（冢）慬（巾）、斁（擇）板（版）簹（築）、而差（佐）天子、堣（遇）武丁也。

郘（呂）㠯（望）爲牂（臧）洷（棘）潓（津）、戰監門洷（棘）陸（地）、行年七十而賭（屠）牛於朝訶（歌）、譽（擧）而爲天子帀（師）、堣（遇）周文也。

筦（管）寺（夷）虗（吾）笱（拘）繇（繇）弃（束）縛、斁（擇）杙𣚦、而爲者（諸）侯相、堣（遇）齊迌（桓）也。

白（百）里迌（奚）逭（饋）五羊、爲敀（伯）斁（牧）牛、斁（擇）板桎、而爲𣅀（朝）卿、堣（遇）秦穆。■

孫𠬪（叔）三鮇（斥）郘思少司馬、出而爲命（令）尹、堣（遇）楚臧（莊）也。

初淊酭、後名易（揚）、非其悳（德）加。子疋（胥）前多紅（功）、後翏（戮）死、非其智（知）懐（衰）也。

驥（驥）馰（䡞）張山、騹（騏）空（塞）於卲洷（棘）、非亡（無）體（體）壯（狀）也。穿（窮）四海（海）、至（致）千里、堣（遇）告（造）古（故）也。

大　意

舜は歷山で田畑を耕作し、河匠で陶器を作っていたが、やがて卽位して天子となったのは、堯にめぐり遇ったからである。

卲繇（傅說）は胎蓋を着、経冢巾を被るという粗末な出で立ちで、版築を手に取って苦役に従事していたが、やがて天子を補佐する身分になったのは、武丁にめぐり遇ったからである。
呂望は棘津で奴隷となり、監門と棘地とで戦闘に加わり、行年七十になっても朝歌で牛を屠ふっていたが、やがて擧用されて天子の軍師となったのは、周の文王にめぐり遇ったからである。
管夷吾は拘らわれて役夫となり束縛されたまま、杙櫯を手に取って苦役に従事していたが、やがて諸侯の宰相となったのは、齊の桓公にめぐり遇ったからである。
百里奚は五羊を贈り物として、ある伯の牛飼いの職にありつき、板桎を手に取って苦役に従事していたが、やがて朝卿となったのは、秦の穆公にめぐり遇ったからである。■
孫叔敖は三度も邳思の少司馬の官職から退けられたが、やがて出仕して令尹となったのは、楚の莊王にめぐり遇ったからである。
〔虞丘は〕始めは滔酭していたが、その後、名聲が高まったのは、彼の德が益したというわけではない。〔楚の莊王にめぐり遇ったからである。〕子胥は以前は功績が多かったが、その後、刑死させられるに至ったのは、彼の智が衰えたというわけではない。〔以前は闔閭にめぐり遇い、その後、夫差にめぐり遇ったからである。〕
良馬の驥は張山で頸木に繫がれ、名馬の騏は邵棘に閉じこめられていたが、駿馬としての立派な體格がなかったわけではない。しかし、四海を窮め、千里を致めることができるようになったのは、造父にめぐり遇ったからである。

（3）第三章（第十一～十三號簡）

堣（遇）不堣（遇）、天也。

童（動）非爲達也、古（故）穿（窮）而不〔困。學非〕爲名也、古（故）莫之智（知）而不旻（憐）。〔芷蘭生於深林、非以亡（無）人〕嗅（嗅）而不芳。無茖堇（根）愈（於）塩山石、不爲〔亡（無）人不〕▨。

大　意

めぐり遇うか遇わないかは、天である。人が活動するのは榮達するためではない。だから、困窮しても〔苦しむことが〕ない。〔學ぶ〕のは名譽を得るため〔ではない〕。だから、他人に知られなくても哀しまないのである。〔香草の〕芷蘭は深林の中に生ずるが、人がいないからといって〕臭くて香りが惡い〔ということはない〕。無茖という草は坮山石の閒に根を生やすが、〔人がいない〕からといって〼〔しない〕ということはない。

（4）第四章（第十四～十五號簡）

善伓（否）㠯（己）也、穿（窮）達以旹（時）。悳（德）行弌（一）也、譽（譽）皇（毀）在仿（旁）。聖（聽）之弋（代）、母（毋）之白。不耆（釐）。穿（窮）達以旹（時）、學（幽）明不再（裁）。古（故）君子惇（淳）於怭（返）㠯（己）。■

大　意

善を行うか惡を行うかは自分の責任であるが、困窮するか榮達するかは時のめぐりあわせによる。德行が同じであっても、名譽を受けるか非難を受けるかは他人によって決まる。だから、困窮と榮達、名譽と非難は轉變するに任せて、それらに光りを當ててはならない。治めない。困窮するか榮達するかは時のめぐりあわせによるのであり、功績の有り無しの評價などはどうでもよいのだ。だから、君子は一生懸命、自分の責任である善惡の問題に立ち返ろうと努める。■

二、『窮達以時』の「天人之分」

1、『窮達以時』の構成とその論理的展開

（1）『窮達以時』の構成

『窮達以時』の構成は、以下のとおり。

第一章では、世界の根本的性質として「天」と「人」があり、兩者の間には「分」があり、その「天人之分」は「詨」する必要のあるものだ。その「人」があるだけで、その「殜」がないならば、いかに優れた者でも行うことができないが、その「殜」がありさえすれば、いかなる困難もありえないと、このように述べて、「殜」の重要な意義を強調する。

第二章では、歴史上の多數の事例を擧げて、人が自分の本來的な能力を發揮するため[8]には、しかるべき權力者にめぐり遇うことが必要だと唱える。具體的には「舜」が「尭」に、「卲繇」が「武丁」に、「郘室」が「周文」に、「芺寺虗」が「齊逗」に、「白里迡」が「秦穆」に、「孫吾」が「楚臧」に、「〔虞丘〕」が「〔楚臧〕」に、「子疋」が「闔閭・夫差」に、「驥・驥」が「告」にそれぞれ「堣」ってそのお陰で自分の能力を發揮することができたと述べる。[9]

第三章では、第二章で唱えた「堣」うか「堣」わないかは第一章に掲げた「天」の問題であるが、人は榮達や名譽を得るためではなく、困窮しても苦しまず他人に知られなくても哀しまないために活動を行い學問に勵むべきである。芷蘭や無茖が見る人のいないところでも香りを發し根を生やしているように、と主張する。

第四章では、「善伓」は自分の責任であるが、「肙達」は時のめぐりあわせによるもので、「悳行」が同じでも「譽皇」は他人によって決まるのだから、君子は「肙達」「砉皇」「學明」などといった人力ではどうにもならないことは氣に

かけず、それらを交代・轉變するに任せて、[10]それらに光りを當てたりせず、ただひたすら自分の責任である「善伓」の問題に立ち返らなければならない、と主張する。

（2）『窮達以時』の論理的展開

以上のように、『窮達以時』の第一章の冒頭には「天人之分」ということばが登場する。このことばは、通行の古典文獻の中では、周知のとおりただ『荀子』天論篇に一例だけ見えるものである。したがって、『窮達以時』の思想は『荀子』天論篇の思想との閒に密接な關係があるものと推測しうる。その『窮達以時』の「天人之分」と『荀子』天論篇の「天人之分」が同じものかそれとも異なったものか、どちらが先に成ったものでどちらが後に成ったものか、などを始めとする兩者の關係の詳細については、以下追い追い檢討することとして、ここでは、『窮達以時』の全體がほぼ一貫して「天人之分」の思想によって構成され、「天人之分」をもって論理的に展開されていることについて解明しておく。

さて、第一章は、まず「又天又人、天人又分。詧天人之分、而智所行矣。」のように「天人之分」の原理論を提唱した後、續いて「又其人、亡其殜、唯臤弗行矣。句又其殜、可慬〈僅〉之又才。」と述べる。下文の「人」は、上文の「人」を受けるから、人閒の行う作爲つまり人爲という性質の事象を意味することは、明らかである。その對立概念である上文の「天」は、人爲の及ばないという性質の事象を意味するのであろう。そして、その「殜」は、上文の「天」と大略同じ意味か、または「天」の下に包攝されるその下位概念であろう。そうだとするならば、第一章は、冒頭に提起した「天」と「人」の內、「人」よりも「殜」つまり「天」を重視する思想を述べていることになる。

第二章は、「舜畊於鬲山、匋笞於河固、立而爲天子、堣先也。」とあるのを始め「堣」ということばを多用して、人が自分の本來的な能力を發揮するためには權力者とのめぐり遇いが必要だと唱える。それらの「堣」は第一章の「又其殜」に相當し、第一章の「亡其殜」は「不堣」に相當するにちがいない。[11]そして、それらの「堣」も第一章の「天」

と大略同じ意味か、または「天」の下位概念であろう。(12) だとすれば、第二章もまた、第一章に提起した「天」と「人」との内、「人」よりも「堣」つまり「天」を重視する思想を述べているのである。

ところが、第三章に至って作者は、以上の「天」を重視する思想を覆してしまう。章頭の「堣不堣、天也。」のすぐ後に提起する「童」と「學」は、第一章の「人」の下に包攝されるその下位概念であろうが、作者はそれら「童」「學」の目的を「達」「名」を得るためではないとした(13)上で、「芷蘭」と「無茖」のように他人の見ていないところでもまじめな努力、すなわち「童」「學」などの人爲を行うべきだ、と主張するのである。もっとも第三章は、第一章・第二章における「天」の重視を否定したわけではあるまい。「天」は一方で依然として極めて重要であるが、「人」は他方でそれと同樣にはなはだ重要である、または「天」はある持ち場・領域で極めて重要であり、「人」も別の持ち場・領域ではなはだ重要である、と考えているのではなかろうか。(14)

第四章でも作者の「人」を重視する思想は變わらない。「⿱宀身達」「⿱母石⿱旦王」「學明」などの「㠯」という「人」に屬さない、その意味では「天」に屬する性質の事象は、人閒の作爲ではどうにもならないことと考えたのか、それらを交代・轉變するに任せて「君子」はひたすら「㠯」の責任である「善伓」「悳行」の問題に立ち返らなければならないと主張する。それら「善伓」「悳行」については、作者は「人」に屬すると考えているはずである。

全體として『窮達以時』は、世界の根本的性質として「天」と「人」があり、兩者の閒に區別「天人之分」があると認めた上で、一方で「殜」「堣不堣」「⿱宀身達」「⿱母石⿱旦王」などの「天」の極めて重要な意義を強調しつつ、他方で「童」「學」「善伓」「悳行」などの「人」のそれと同樣にはなはだ重要な意義を強調することを、その基本的思想としている。

（3）總　括

以上のように『窮達以時』だけを資料として用いた内在的な分析を通じて、『窮達以時』の全體が第一章冒頭の

「天人之分」によってほぼ一貫して構成されていることを解明してきた。しかしながら、『窮達以時』の基本的思想は、これと共通することば・文・文章を含む關聯する諸文獻を參照するならば、たとえそれらに「天人之分」ということばが登場していなくとも、比較的容易に同じ理解に到達することができるように思われる。

2、『窮達以時』と關聯する諸文獻

「關聯する諸文獻」とは、主に『郭店楚簡』の【說明】が『窮達以時』との類似性を指摘している以下の四つの文獻を指す。最初にそれらを成書年代の古い順序に竝べてみる。

（1）關聯する諸文獻

A、『荀子』宥坐篇

孔子南適楚、厄於陳蔡之閒、七日不火食、藜羹不糂、弟子皆有飢色。子路進問之曰、由聞之、爲善者、天報之以福。爲不善者、天報之以禍。今夫子累德積義懷美、行之日久矣、奚居之隱也。孔子曰、由不識、吾語汝。汝以知者爲必用邪、王子比干不見剖心乎。女以忠者爲必用邪、關龍逄〈逢〉不見刑乎。女以諫者爲必用邪、吳子胥不磔姑蘇東門外乎。夫遇不遇者、時也。賢不肖者、材也。君子博學深謀、不遇時者多矣。由是觀之、不遇世者衆矣。何獨丘也哉。且夫芷蘭生於深林、非以無人而不芳。君子之學、非爲通也。爲窮而不困、憂而意不衰也、知禍福終始而心不惑也。夫賢不肖者、材也。爲不爲者、人也。遇不遇者、時也。死生者、命也。今有其人、不遇其時、雖賢、其能行乎。苟遇其時、何難之有。故君子博學深謀、修身端行、以俟其時。孔子曰、由居、吾語汝。昔晉公子重耳霸心生於曹、越王勾踐霸心生於會稽、齊桓公小白霸心生於莒。故居不隱者思不遠、身不佚者志不廣。女庸安知吾不得之桑落之下。

B、『韓詩外傳』卷七

孔子困於陳蔡之閒、卽三經之席、七日不食、藜羹不糝、弟子皆飢色、讀詩書習禮樂不休。子路進諫曰、爲善者、天報之以福。爲不善者、天報之以禍。今夫子積德累仁、爲善久矣。意者有遺行乎、奚居之隱也。孔子曰、由、來。汝小人也、未講於論也。居、吾語汝。子以知者爲無罪乎、則王子比干何爲刳心而死。子以義者爲聽乎、則伍子胥何爲抉目而懸吳東門。子以廉者爲用乎、則伯夷叔齊何爲餓於首陽之山。子以忠者爲用乎、則鮑叔何爲而不用、葉公子高終身不仕、鮑焦抱木而立、子推登山而燔。

故君子博學深謀、不遇時者衆矣。豈獨丘哉。賢不肖者、材也。遇不遇者、時也。今無有時、賢安所用哉。

故虞舜耕於歷山之陽、立爲天子、其遇堯也。傅說負土而版築、以爲大夫、其遇武丁也。伊尹故有莘氏僮也、負鼎操俎調五味、而立爲相、其遇湯也。呂望行年五十、賣食棘津、年七十屠於朝歌、九十乃爲天子師、則遇文王也。管夷吾束縛自檻車、以爲仲父、則遇齊桓公也。百里奚自賣五羊之皮、爲秦伯牧牛、擧爲大夫、則遇秦繆公也。虞丘名聞於天下、以爲令尹、讓於孫叔敖、則遇楚莊王也。伍子胥前功多、後戮死、非知有盛衰也。前遇闔閭、後遇夫差也。夫驥罷鹽車、此非無形容也、莫知之也。使驥不得伯樂、安得千里之足。造父亦無千里之手矣。

夫蘭茝生於茂林之中、深山之閒、不爲人莫見之故不芬。夫學者、非爲通也。爲窮而不困、憂而志不衰、先知禍福之終始、而心無惑焉。故聖人隱居深念、獨聞獨見。

夫舜亦賢聖矣、南面而治天下、惟其遇堯也。使舜居桀紂之世、能自免於刑戮之中、則爲善矣、亦何位之有。桀殺關龍逢、紂殺王子比干。當此之時、豈關龍逢無知、而王子比干不慧乎哉。此皆不遇時也。故君子務學脩身端行、而須其時者也。子無惑焉。詩曰、鶴鳴九皐、聲聞于天。

C、『說苑』雜言篇

孔子困於陳蔡之閒、居環堵之內、席三經之席、七日不食、藜羹不糝、弟子皆饑色、讀詩書治禮不休。子路進諫曰、凡人爲善者、天報以福。爲不善者、天報以禍。今先生積德行、爲善久矣。意者尙有遺行乎、奚居之隱也。孔子曰、由、來。汝不知、坐、吾語汝。子以夫知者爲不知乎、則王子比干何爲剖心而死。以諫者爲必聽乎、伍子胥何爲抉目於吳東門。子以廉者爲必用乎、則伯夷叔齊何爲餓死於首陽山之下。子以忠者爲必用乎、則鮑莊何爲而肉枯。荊公子高終身不顯、鮑焦抱木而立枯、介子推登山焚死。

故夫君子博學深謀、不遇時者衆矣。豈獨丘哉。賢不肖者、才也。爲不爲者、人也。遇不遇者、時也。死生者、命也。有其才、不遇其時、雖才不用。苟遇其時、何難之有。

故舜耕歷山、而陶於河畔、立爲天子、則其遇堯也。傅說負壤土、釋板築、而立佐天子、則其遇武丁也。伊尹有莘氏媵臣也、負鼎俎、調五味、而佐天子、則其遇成湯也。呂望行年五十、賣食於棘津、行年七十、屠牛朝歌、行年九十、爲天子師、則其遇文王也。管夷吾束縛自膠目、居檻車中、自車中起爲仲父、則其遇齊桓公也。百里奚自賣取五羊皮、伯氏牧牛、以爲卿大夫、則其遇秦穆公也。沈尹名聞天下、以爲令尹、而讓孫叔敖、則其遇楚莊王也。伍子胥前多功、後戮死、非其智益衰也。前遇闔閭、後遇夫差也。夫驥厄罷鹽車、非無驥狀也、夫世莫能知也。使驥得王良造父、驥無千里之足乎。

芷蘭生深林、非爲無人而不香。故學者、非爲通也。爲窮而不困也、憂而志不衰也、先知禍福之終始、而心而〈不〉惑也。聖人之深念、獨知獨見。

舜亦賢聖矣、南面治天下、唯其遇堯也。使舜居桀紂之世、能自免刑戮固可也、又何官得治乎。夫桀殺關龍逢、而紂殺王子比干。當是時、豈關龍逢無知、而王子比干無惠哉。此桀紂無道之世然也。故君子疾學修身端行、以須其時也。

D、『孔子家語』在厄篇

楚昭王聘孔子。孔子往拜禮焉。路出于陳蔡。陳蔡大夫相與謀曰、孔子聖賢。其所刺譏、皆中諸侯之病。若用於楚、則陳蔡危矣。遂使徒兵距孔子。孔子不得行、絶糧七日、外無所通、藜羹不充、從者皆病。孔子愈慷慨、講誦絃歌不衰。乃召子路而問焉、曰、詩云、匪兕匪虎、率彼曠野。吾道非乎、奚爲至於此。子路慍作色而對曰、君子無所困。意者夫子未仁與、人之弗吾信也。意者夫子未智與、人之弗吾行也。且由也、昔者聞諸夫子。曰、爲善者、天報之以福。爲不善者、天報之以禍。今夫子積德懷義、行之久矣、奚居之窮也。子曰、由未之識也、吾語汝。汝以仁者爲必信也、則伯夷叔齊不餓死首陽。汝以智者爲必用也、則王子比干不見剖心。汝以忠者爲必報也、則關龍逢不見刑。汝以諫者爲必聽也、則伍子胥不見殺。夫遇不遇者、時也。賢不肖者、才也。君子博學深謀、而不遇時者衆矣。由是觀之、不遇世者衆矣。何獨丘哉。且芝蘭生於深林、不以無人而不芳。君子脩道立德、不爲窮困而改節。爲之者、人也。生死者、命也。是以晉重耳之有霸心、生於曹衞。越王句踐之有霸心、生於會稽。故居下而無憂者、則思不遠。處身而常逸者、志不廣。庸知其終始乎。子路出。召子貢、告如子路。子貢曰、夫子之道至大、故天下莫能容。夫子盍少貶焉。子曰、賜、良農能稼、不必卽穡。良工能巧、不能爲順。君子能修其道、綱而紀之、不必其能容。今不修其道、而求其容。賜、爾志不廣矣、思不遠矣。子貢出。顏回曰、夫子之道至大、天下莫能容。雖然、夫子推而行之。世不我用、有國者之醜也。夫子何病焉。不容然後見君子。孔子欣然歎曰、有是哉、顏氏之子。使爾多財、吾爲爾宰。

以上の四文獻には、いずれにも「天人之分」という語が登場しない。これらの中にもともと含まれていた「天人」關係の思想は、時代の經過とともに次第に希薄化していったと考えることができよう。しかし、「天人之分」の語の有無だけを問題にするのでなく、これらの中に現れる『窮達以時』と共通する諸他の語・文・文章を検討して、それらを參照して再び『窮達以時』にもどって考えるならば、比較的容易に『窮達以時』の全體が「天人之分」によってほぼ一貫して構成されていることを理解できるように思われる。

（2）關聯する諸文獻の検討

第一に、『窮達以時』第一章の「又其人、亡其殜、唯臤弗行矣。句又其殜、可慬〈僅〉之又才。」という文章は、『荀子』宥坐篇では「今有其人、不遇其時、雖賢、其能行乎。苟遇其時、何難之有。」、『韓詩外傳』卷七では「今無有時、賢安所用哉。」、『説苑』雜言篇では「有其才、不遇其時、雖才不用。苟遇其時、何難之有。」のように、それぞれ書き改められている。(15)

これらの内、『窮達以時』の原型を最もよく保存する文獻が『荀子』宥坐篇であることは、一見して明らかである。『窮達以時』の「人」の字を遺しているのは、『荀子』宥坐篇だけで、それゆえここには『荀子』天論篇の「天人之分」と大略同じ思想が發見される、さらにふみこんで言うならば、ここには『荀子』天論篇の「天人之分」がまだ命脈を保っている。そして、『窮達以時』の「亡其殜」「又其殜」を以後の二文獻が「不遇其時」「遇其時」と書き改めたのによれば、その「殜」は「遇」または「時」とほぼ同義であると判斷してよい。『荀子』宥坐篇と『孔子家語』在厄篇には「不遇時者」と「不遇世者」の兩者が竝んで現れるが、これも「殜」が「時」と同義である確かな證據と見なしえよう。そして、『窮達以時』の「殜」が「遇」または「時」とほぼ同義であるならば、『窮達以時』第三章に「堣不堣、天也。」とあるのを媒介にして、この「殜」を「天」と大略同じ意味であるか、または「天」の下位概念と捉えることに不可はあるまい。

第二に、『窮達以時』第二章には「舜畊於鬲山、匋笞於河固、立而爲天子、堣先也。」を始め、他に「卲繇」が「武丁」に、「郘寍」が「周文」に、「芙寺虗」が「齊逗」に、「白里迌」が「秦穆」に、「孫弔」が「楚臧」に、「〔虞丘〕」が「〔楚臧〕」に、「子疋」が「闔閭・夫差」に、「驥・驩」が「告」にそれぞれ「堣」ったとする文章がある。これも實は「天人之分」に基づいて書かれていることは、後に解明するが、同様の「堣」の歴史上の多數の事例の列擧は、『荀子』宥坐篇・『孔子家語』在厄篇にはなく、『韓詩外傳』卷七・『説苑』雜言篇にはある。しかし列擧のない『荀子』宥坐篇・『孔子家語』在厄篇にも、列擧のある文章をふまえるらしい形跡が遺っている。『荀子』宥坐篇・『孔子家語』

在厄篇に「夫遇不遇者、時也。」とあるのが、それである。[16] この「遇不遇」は、四文獻ともに、『荀子』宥坐篇「……不遇時者多矣。……不遇世者衆矣。……不遇其時、……苟遇其時、……。」、『韓詩外傳』巻七「……不遇時者衆矣。……此皆不遇時也。」、『說苑』雜言篇「……不遇時者衆矣。……不遇其時、……苟遇其時、……。」、『孔子家語』在厄篇「……而不遇時者衆矣。……不遇世者衆矣。」と見える「時に遇う」「時に遇わず」「世に遇わず」と混同したが、本來は「舜」が「堯に遇う」か否か、「傅說」が「武丁に遇う」か否かなどの意味である。だから、『荀子』宥坐篇・『孔子家語』在厄篇の「夫遇不遇者、時也。」という表現も、同様の「遇」の多數の事例の列擧をふまえると考えなければならない。そして、四文獻中の「時」の概念も、『窮達以時』第三章に「堣不堣、天也。」とある「天」と大略同じ意味かまたは「天」の下位概念と捉えられるから、四文獻の基層にかつては「天人」關係の思想が横たわっていたと推測することができよう。この地點から再び『窮達以時』にもどるならば、それが「天人之分」によって書かれていると認めて問題はない。

　第三に、『窮達以時』第三章には「堣不堣、天也。童非爲達也、古穿而不〔困。學非〕爲名也、古莫之智而不叕。〔芷蘭生於深林、非以亡人〕嗅而不芳。無茖堇愈埴山石、不爲〔亡人不〕☐。」という文章がある。先に二、1「『窮達以時』の構成とその論理的展開」で、この内の「童非爲達也」以下を「天人之分」の「人」を行うべきことを主張したものと位置づけた。ただし、この位置づけは、『窮達以時』の構成とその論理的展開を内在的に分析することを通じて得た推測の結果で、他に客觀的な疑問の餘地のない明證があってのことではない。ところが、四文獻を見ると、『荀子』宥坐篇に「夫遇不遇者、時也。賢不肖者、材也。……且夫芷蘭生於深林、非以無人而不芳。君子之學、非爲通也。爲窮而不困、憂而意不衰也、知禍福終始而心不惑也。夫賢不肖者、材也。爲不爲者、人也。遇不遇者、時也。死生者、命也。」、『韓詩外傳』巻七に「賢不肖者、材也。遇不遇者、時也。……夫蘭茝生於茂林之中、深山之閒、不爲人莫見之故不芬。夫學者、非爲通也。爲窮而不困、憂而志不衰、先知禍福之終始、而心無惑焉。故聖人隱居深念、獨聞獨見。」、『說苑』雜言篇に「賢不肖者、才也。爲不爲者、人也。遇不遇者、時也。死生者、命也。……芷蘭生深林、非爲無人而不香。故學者、非爲通也。爲窮而不困也、憂而志不衰也、先知禍福之終始、而心而〈不〉惑也。聖人之深念、獨知獨見。」、『孔子家語』在厄篇に「夫遇不遇者、時也。賢不肖者、才也。……且芝蘭生於深林、不以無人而不芳。君子脩道立德、不爲窮困而改節。爲之者、人也。生死者、命也。」とある。これらの內、『韓詩外傳』卷七がやや曖昧であるものの、他の三文獻はいずれも「芷蘭」についての文章の前後に「爲不爲者、人也。」（『荀子』宥坐篇・『說苑』雜言篇）、「爲之者、人也。」（『孔子家語』在厄篇）と明言して「人」を行うべきことをも主張する。ここから再び『窮達以時』にもどるならば、「童非爲達也」以下が「天人之分」によって書かれていることを認めてよいと思われる。

ただし、四文獻の「芷蘭」の文章の前後における、「人」などを含む對偶表現に注目すると、『荀子』宥坐篇「夫遇不遇者、時也。賢不肖者、材也。……夫賢不肖者、材也。爲不爲者、人也。遇不遇者、時也。死生者、命也。」、『韓詩外傳』卷七「賢不肖者、材也。遇不遇者、時也。」、『說苑』雜言篇「賢不肖者、才也。爲不爲者、人也。遇不遇者、時也。死生者、命也。」、『孔子家語』在厄篇「夫遇不遇者、時也。賢不肖者、才也。……爲之者、人也。生死者、命也。」のように、「材」（または「才」）「人」「時」「命」という四つの概念を竝列していて、ここには端的な「天」の概念が登場していない上に、四概念もそれらの相互關係が明瞭でない。だから、四文獻では『窮達以時』に比べて、「天人」關係をもって世界を考えるという思惟がやはり希薄化していることは、否定すべくもない。

第四に、『窮達以時』第四章には「善伓㠯也、身達以旹。悳行弌也、譽皇在仿。聖之弋、母之白。〼不耋。身達以旹、學明不再。古君子惇於恆㠯。■」という文章がある。これは以上に揭げた四文獻には見えないものである。そこで、他の文獻を搜してみると、類似する語や文を含む文獻としては、『荀子』天論篇に「楚王後車千乘、非知也。君子啜菽飮水、非愚也。是節然也。若夫心〈志〉意脩、德行厚、知慮明、生於今而志乎古、則是其在我者也。故君子敬其在

己者、而不慕其在天者。小人錯其在己者、而慕其在天者。君子敬其在己者、而不慕其在天者、是以日進也。小人錯其在己者、而慕其在天者、是以日退也。」、『墨子』非儒下篇に「有強執有命説議曰、壽夭貧富、安危治亂、固有天命、不可損益。窮達賞罰幸否有極、人之知力、不能爲焉。……貧且亂、〔倍〕政之本、而儒者以爲道教。是賊天下之人者也。」、『淮南子』繆稱篇に「人無能作也、有能爲也。有能爲也、而無能成也。人之爲、天成之。終身爲善、非天不行。終身爲不善、非天不亡。故善否、我也。禍福、非我也。故君子順其在己者而已矣。性者、所受於天也。命者、所遭於時也。有其材、不遇其世、天也。……求之有道、得之在命、故君子能爲善、而不能必其得福。不忍爲非、而未能必其免禍。」、同齊俗篇に「故趨舍同、誹譽在俗。意〈悳〉行鈞、窮達在時。湯武之累行積善、可及也。其遭桀紂之世、天授也。今有湯武之意、而無桀紂之時、而欲成霸王之業、亦不幾矣。」、同人閒篇に「故善鄙同、誹譽在俗。趨舍同、逆順在時。狂譎不受祿而誅、段干木辭相而顯、所行同也、而利害異者、時使然也。故聖人雖有其志、不遇其世、僅足以容身、何功名之可致也。」とある。

これらの内、まず『荀子』天論篇は、冒頭の「天人之分」という共通のことばを除外しても、このように類似する思想や表現を含む點において、『窮達以時』との關係が注目されるべき文獻である。[17] その「其在天者」と「其在我者」「其在己者」の對比は、疑問の餘地なく「天人之分」の表現であるから、したがって道德的な實踐における「我」「己」が「人」に屬させられていることも、疑問の餘地がない。とすれば、『窮達以時』に「善伓己也、……古君子惇於伓己。」として現れる「己」も、やはり「天人之分」の片割れの「人」に位置づけられているはずである。次に『墨子』非儒下篇は、その中に『荀子』の思想を批判した箇所が含まれるところから、戰國末期の成書と考えられる文獻であるが、[18] 儒家の「天命」思想が悲觀的で無氣力な宿命論に陷る危險性を批判しながら、「窮達」などが「人之知力、能爲焉。」という性質のものであることを訴える。ここにも當時學派の相異を超えて盛行していた「天人之分」の痕跡を見出すことができる。また『淮南子』という文獻は、前漢、武帝期初年の紀元前一三九年に、道家の信奉者、淮南王劉安が編纂した雜家の書である。[19]この書の内容は、全體として道家の思想的影響を強く蒙っているために、「天人」關係を論ずる際には「人」に獨自の存在意義を認めず、「人」を「天」の中に回收してしまう道家的傾向が極めて濃厚であるが、しかし、繆稱篇の「人無能作也、有能爲也。有能爲也、而無能成也。人之爲、天成之。終身爲善、非天不行。終身爲不善、非天不亡。」や、同齊俗篇の「湯武之累行積善、可及也。其遭桀紂之世、天授也。」には、かつて學派の相異を超えて盛行していた「天人之分」の痕跡を感ずることができる。そして、ここから再び『窮達以時』にもどるならば、これらが「天人之分」によって書かれていることを認めてよいと思われるのである。

3、『窮達以時』と『呂氏春秋』愼人篇

今ここに、『窮達以時』との類似性を認めることのできる重要な資料がある。『呂氏春秋』愼人篇であるが、これは『郭店楚簡』の【説明】が見落とした文獻である。以下に、その全文を引用する。

（1）『呂氏春秋』愼人篇

六曰、功名大立、天也。爲是故、因不愼其人、不可。夫舜遇堯、天也。舜耕於歷山、陶於河濱、釣於雷澤、天下説之、秀士從之、人也。夫禹遇舜、天也。禹周於天下、以求賢者、事利黔首、水潦川澤之湛滯壅塞可通者、禹盡爲之、人也。夫湯遇桀、武遇紂、天也。湯武修身積善爲義、以憂苦於民、人也。

舜之耕漁、其賢不肖與爲天子同。其未遇時也、以其徒屬、堀地財、取水利、編蒲葦、結罘網、手足胼胝不居、然後免於凍餒之患。其遇時也、登爲天子、賢士歸之、萬民譽之、丈夫女子、振振殷殷、無不載説。舜自爲詩、曰、須天之下、莫非王土、率土之濱、莫非王臣、所以見盡有之也。盡有之、賢非加也。盡無之、賢非損也。時使然也。

百里奚之未遇時也、亡虢虜晉、飯牛於秦、傳鬻以五羊之皮。公孫枝得而説之、獻諸繆公、三日、請屬事焉。繆公曰、買之五羊之皮而屬事焉、無乃天下笑乎。公孫枝對曰、信賢而任之、君之明也。讓賢而下之、臣之忠也。君爲

明君、臣爲忠臣、彼信賢、境内將服、敵國且畏、夫誰暇笑哉。繆公遂用之。謀無不當、擧必有功、非加賢也。使百里奚雖賢、無得繆公、必無此名矣。今焉知世之無百里奚哉。故人主之欲求士者、不可不務博也。

孔子窮於陳蔡之閒、七日不嘗食、藜羹不糝。宰予備矣、孔子弦歌於室、顏回擇菜於外。子路與子貢相與而言曰、夫子逐於魯、削跡於衞、伐樹於宋、窮於陳蔡。殺夫子者無罪、藉夫子者不禁。夫子弦歌鼓舞、未嘗絶音。蓋君子之無所醜也若此乎。顏回無以對、入以告孔子。孔子憱然推琴、喟然而歎曰、由與賜、小人也。召、吾語之。子路與子貢入。子貢曰、如此者、可謂窮矣。孔子曰、是何言也。君子達於道之謂達、窮於道之謂窮。今丘也拘仁義之道、以遭亂世之患、其所也、何窮之謂。故内省而不疚於道、臨難而不失其德。大寒既至、霜雪既降、吾是以知松柏之茂也。昔桓公得之莒、文公得之曹、越王得之會稽。陳蔡之阨、於丘其幸乎。孔子烈然返瑟而弦、子路抗然執干而舞。子貢曰、吾不知天之高也、不知地之下也。古之得道者、窮亦樂、達亦樂。所樂非窮達也、道得於此、則窮達一也、爲寒暑風雨之序矣。故許由虞乎潁陽、而共伯得乎共首。

（2）『呂氏春秋』の成書年代と愼人篇の所屬學派

『呂氏春秋』という書物は、その序意篇の記載を根據にして戰國末期の紀元前二三九年前後に編纂が開始され、遲くとも編纂者呂不韋の自殺する二三五年までに成書されていたものであるとすることは、今日ほぼ不動の定説である。[20]

その愼人篇は、古く劉汝霖「呂氏春秋之分析」は、道家の作で、「本篇大意、説富貴有時不可強求、貧賤之中、自有樂趣、不可因爲跂求富貴、以失目前之樂。大半採自莊子讓王篇。」と言い[21]、また陳奇猷『呂氏春秋校釋』は、陰陽家の作として、「奇猷……又案：此篇闡明遇時・遇人而後成之意、與前長攻同一旨趣、則此篇亦陰陽家之作也。」と言う。[22]しかし、これらの見解はいずれも正しくない。一方、注（20）に引用した沼尻正隆『呂氏春秋の思想的研究』は、愼人篇に見える孔子受難説話を儒家思想の表現であり、この説話の根據になっているのは、『論語』衞靈公篇の「在陳絶糧、從者病莫能興。子路慍見曰、君子亦有窮乎。子曰、君子固窮。小人窮斯濫矣。」という章句であるが、その最後に「古之得道者、窮亦樂、達亦樂。所樂非窮達也、道得於此、則窮達一也、爲寒暑風雨之序矣。故許由虞乎潁陽、而共伯得乎共首。」と言う文章は、道家が孔子窮厄の故事を借りて、老莊的人生觀を說いたものであると述べる。[23]

『呂氏春秋』愼人篇は、沼尻正隆が基本的に儒家の作とした認定に贊成するが、その「天人之分」の思想から判斷して、さらに具體的に儒家の中でも荀子やその周邊（つまり荀子學派）の作と見なすべきだと考える。その最後に「古之得道者、窮亦樂、達亦樂。所樂非窮達也、道得於此、則窮達一也、爲寒暑風雨之序矣。故許由虞乎潁陽、而共伯得乎共首。」とあるのは、沼尻正隆の主張するとおり內容が相當に老莊的ではあるが、[24]戰國末期の荀子學派がそれ以前の老莊思想から多大の影響を蒙っていたのも明白な事實であって、これもそのような老莊から蒙った多大の思想的影響の一つと理解するならば、『呂氏春秋』愼人篇を荀子學派の作という範疇に收めるのに特に問題はないと思われる。

（3）『呂氏春秋』愼人篇と四文獻との共通點

この『呂氏春秋』愼人篇は、二、2「『窮達以時』と關聯する諸文獻」において論及した、後代の四文獻と共通・一致する點があると同時に、前代の『窮達以時』と共通・一致する點もある。始めに、四文獻と共通・一致する重要な諸點を指摘する。

第一に、『呂氏春秋』愼人篇と四文獻は、それぞれの基本的思想がいずれも人が「遇う」か否かは「天」または「時」であるから、「時に遇う」か否か、すなわち「窮」するか「達」するかに關わりなく、「人」に屬するまじめな努力を行わなければならないと主張する點[25]で共通・一致する點を持つ。

『呂氏春秋』愼人篇は、「舜」の事績ではその段落の末尾に「盡有之、賢非加也。盡無之、賢非損也。時使然也。」とあって、「天」に屬する「時」の重要性だけを強調し、また「百里奚」の事績でもその段落の末尾に「使百里奚雖賢、無得繆公、必無此名矣。今焉知世之無百里奚哉。故人主之欲求士者、不可不務博也。」とあって、「得繆公」すなわち「繆公に遇う」ことの重要性を強調したり、「人主」の人材登用における「博きに務める」ことを要求したりで、それぞれ論旨を明瞭に把握するのに若干の困難がある。(26) しかし、以下にも述べるとおり『呂氏春秋』愼人篇に「天人之分」の原理論や「遇」の二種類の意味の混同が存在することを考慮するならば、「舜」の場合の「舜之耕漁、……。其未遇時也、以其徒屬、堀地財、取水利、編蒲葦、結罘網、手足胼胝不居、然後免於凍餒之患。」と、「百里奚」の場合の「百里奚之未遇時也、亡虢而虜晉、飯牛於秦、傳鬻以五羊之皮。」は、ともに「人」に位置づけられていると推測しうる。「孔子」の事績で「陳蔡の閒に窮し」た際の孔子の言動も、やはりまた「道を得る」ための「人」に位置づけられているにちがいない。それゆえ、『呂氏春秋』愼人篇もまた、人が「遇う」か否かは「天」であるから、「時に遇う」か否かに關わりなく、「人」に屬するまじめな努力を行うべきだと主張するのである。もっとも、この共通・一致點は實は『窮達以時』も大體のところ同じであるから、以上の六文獻に共通・一致する思想的特徴と言うべきかもしれない。

第二に、『呂氏春秋』愼人篇と四文獻は、いずれも以上の第一の思想を主張する資料として、孔子と弟子の陳蔡の閒における遭厄の物語を取り擧げ、しかも諸他の資料と比較してこの物語を最も重視する。一方、『窮達以時』はこの物語を含まず、その點で『呂氏春秋』愼人篇および四文獻とは異なる。なお、孔子の陳蔡における遭厄を描いた諸文獻の中で、「天人」關係を論ずる文章としては、ただ一つ『莊子』山木篇があるのみである。(27) ――「孔子窮於陳蔡之閒、七日不火食。……仲尼……曰、回、无受天損易、无受人益難。无始而非卒也。人與天一也。……回曰、敢問无受天損易。仲尼曰、飢渴寒暑、窮桎不行、天地之行也、運物之泄也。言與之偕逝之謂也。爲人臣者、不敢去之。執臣之道猶若是、而況乎所以待天乎。何謂无受人益難。仲尼曰、始用四達、爵祿竝至而不窮、物之所利、乃非己也。吾命有在外者也。……何謂无始而非卒。仲尼曰、化其萬物、而不知其禪之者。焉知其所終、焉知其所始。正而待之而已耳。何謂人與天一邪。仲尼曰、有人、天也。有天、亦天也。人之不能有天、性也。聖人晏然體逝而終矣。」。

『莊子』山木篇もまた道家の書であるから、「天人」關係を論ずる際「人」に獨自の存在意義を認めず、あらゆる

「人」を「天」の中に回收するのであるが、しかしここには『呂氏春秋』愼人篇や『窮達以時』と共通の思想や表現を見出しうる。例えば、『莊子』山木篇に「飢渇寒暑、窮桎不行、天地之行也、運物之泄也。言與之偕逝之謂也。爲人臣者、不敢去之。執臣之道猶若是、而況乎所以待天乎。」とあるのは、『呂氏春秋』愼人篇の「古之得道者、窮亦樂、達亦樂。所樂非窮達也、道得於此、則窮達一也、爲寒暑風雨之序矣。」と同じ思想の表現である。『莊子』山木篇に「始用四達、爵祿竝至而不窮、物之所利、乃非己也。吾命有在外者也。」とあるのは、『窮達以時』の「善伓㠯也、窮達以旹。悳行弌也、譽皇在仿。聖之弋、母之白。」とほぼ同じ思想であり、特に後者の「善伓㠯也」は、前者の「乃非己也」の反對命題であろう。そして、『莊子』山木篇は仲尼の口を借りて、「无受天損易、无受人益難。……人與天一也。……有人、天也。有天、亦天也。人之不能有天、性也。」と唱える。以上の點から大雜把に捉えれば、『呂氏春秋』愼人篇・『窮達以時』と『莊子』山木篇は、思想の傾向は相互に異なり逆向きでさえあるものの、同じ思想環境の下に相互に影響を授受しながら、同じ時代に成書された文章であると考えられる。

第三に、二、2「『窮達以時』と關聯する諸文獻」で四文獻に見えると言って指摘した、重要なことば「遇」の二種類の意味の混同が『呂氏春秋』愼人篇にも見出されるが、これもまた共通・一致する點である。具體的に述べれば、『呂氏春秋』愼人篇の前の文章の「夫舜遇堯、天也。」と「舜耕於歷山、陶於河濱、釣於雷澤、天下說之、秀士從之、人也。」の相互關係は、後の文章の「其遇時也、登爲天子、賢士歸之、萬民譽之、丈夫女子、振振殷殷、無不載說。舜自爲詩、曰、普天之下、莫非王土、率土之濱、莫非王臣、所以見盡有之也。盡有之、賢非加也。盡無之、賢非損也。時使然也。」と、「舜之耕漁、其賢不肖與爲天子同。其未遇時也、以其徒屬、堀地財、取水利、編蒲葦、結罘網、手足胼胝不居、然後免於凍餒之患。」の相互關係と、本來は異なるはずである。後者の「其遇時也」と「其未遇時也」は、本來はどちらも「天」に屬するからである。にもかかわらず、『呂氏春秋』愼人篇が二種類の「遇」を竝べて置いたのは、兩者の意味を混同したからに他ならない(28)。一方、『窮達以時』はこの混同を含まず、その點でも『呂氏春秋』

愼人篇および四文獻とは異なるのである。

（4）『呂氏春秋』愼人篇と『窮達以時』との共通點

次に、『呂氏春秋』愼人篇と『窮達以時』と共通・一致する重要な諸點を指摘する。

第一に、『呂氏春秋』愼人篇の『窮達以時』は、いずれも明確に「天人之分」思想を述べる。『呂氏春秋』愼人篇は、まず篇首に「功名大立、天也。爲是故、因不愼其人、不可。」のように、「天人之分」の原理論を掲げる。その意味するところは、「舜」が「堯に遇う」、「禹」が「舜に遇う」などによって「功名」が「大いに立つ」に至ったのは、そのことの世界における意義は極めて重要ではあるにせよ、人爲の及びうる範圍の內にない「天」であり、それゆえ人はむしろ人爲の及ぶ範圍內の「人」に努めるべきだが、その意義も「天」と竝んではなはだ重要だというのである。(29)次に、『呂氏春秋』愼人篇は「夫舜遇堯、天也。舜耕於歷山、陶於河濱、釣於雷澤、天下說之、秀士從之、人也。夫禹遇舜、天也。禹周於天下、以求賢者、事利黔首、水潦川澤之湛滯壅塞可通者、禹盡爲之、人也。夫湯遇桀、武遇紂、天也。湯武修身積善爲義、以憂苦於民、人也。」のように、「舜」「禹」「湯」「武」四名の一人一人について、「……、天也。……、人也。」という決まった形式で彼らの事績を述べる。これもやはり『窮達以時』の「天人之分」に相當する文章であるが、同時にまた歷史上の多數の事例の列擧の意味をも兼ね備えているらしい。

そして、この地點から考え直してみると、『窮達以時』第二章の「舜」の事績における「舜畊於鬲山、匋笞於河固。」は、實は『呂氏春秋』愼人篇と同様に「人」に位置づけられ、「立而爲天子、堣堯也。」は、實は「天」に位置づけられていることが推知される。以下、同様に「卲繇衣胎蓋、冒絰冢慬、戥板筥。」、「卲宔爲牂𡍮瀆、戰監門𡍮陛、行年七十而賭牛於朝訶。」、「芙寺虗寡繇弃縛、戥杙欉。」、「白里迢遁五羊、爲敀斁牛、戥板栓。」、「孫𠳵三䠶邳思少司馬。」、「驥馰張山、騹空於卲𡍮、非亡體壯也。」はいずれも「人」であり、また卲繇の「而差天子、堣武丁也。」、卲宔の「譽而爲天子帀、堣周文也。」、芙寺虗の「而爲者侯相、堣齊逗也。」、白里迢の「而爲𦣻卿、堣秦穆。」、孫𠳵の「出而爲命尹、堣楚臧也。」、〔虞丘〕・子疋の「初沿酭、後名昜、非其悳加。子疋前多紅、後翏死、非其智懐也。」、驥・騹の「穿四海、至千里、堣告古也。」はいずれも「天」であるらしい。

とはいうものの、『呂氏春秋』愼人篇は、なるほど以上に見たように明確に「天人之分」思想を述べるが、しかし明確な「天人之分」思想はただ篇首に現れるだけで、「舜之耕漁」以下の三つの段落になるとそれは不明確化・希薄化してしまう。『窮達以時』もまた大體同じで、「天人之分」の明文はただ第一章に現れるだけで、第二章以下の三つの章になると裏面に隠れてしまうのである。(30)

第二に、『呂氏春秋』愼人篇と『窮達以時』は、いずれも歴史上の諸事例を列擧して、人が權力者とめぐり遇うことの必要性を述べるが、それだけでなくそれらの事例の中には共通・一致するものが含まれる。一つは、『呂氏春秋』愼人篇の「夫舜遇堯、天也。舜耕於歴山、陶於河濱、釣於雷澤、天下説之、秀士従之、人也。……舜之耕漁、其賢不肖與爲天子同。其未遇時也、以其徒屬、堀地財、取水利、編蒲葦、結罘網、手足胼胝不居、然後免於凍餒之患。其遇時也、登爲天子、賢士歸之、萬民譽之、丈夫女子、振振殷殷、無不載説。……盡有之、賢非加也。盡無之、賢非損也。時使然也。」と、『窮達以時』第二章の「舜畊於鬲山、匋笞於河固、立而爲天子、堣堯也。」、二つは、『呂氏春秋』愼人篇の「百里奚之未遇時也、亡號而虜晉、飯牛於秦、傳鬻以五羊之皮。公孫枝得而説之、獻諸繆公、三日、請屬事焉。……繆公遂用之。謀無不當、擧必有功、非加賢也。使百里奚雖賢、無得繆公、必無此名矣。今焉知世之無百里奚哉。故人主之欲求士者、不可不務博也。」と、『窮達以時』第二章の「白里迌逭五羊、爲敀斁牛、斁板詮、而爲𦣻卿、堣秦穆。」である。一方『荀子』宥坐篇(31)と『孔子家語』在厄篇は以上の二つの事例を含まない。もっとも、『韓詩外傳』巻七と『説苑』雜言篇も以上の二つの事例を含むのではあるけれども。

第三に、『呂氏春秋』愼人篇と『窮達以時』は、いずれも「人」の重要性を輕視するかまたは否定するかのように見える特殊な句を含む。『呂氏春秋』愼人篇では、「舜」の場合の「……賢非加也。……賢非損也。」と、「百里奚」の場合の「……非加賢也」がそれであり、「舜」の「其未遇時也」における事績と「其遇時也」における事績の相異が「賢」という能力の「加・損」とは全然無關係であると説明し、[32]「百里奚」の「其遇時也」における事績が「賢」という能力の「加」わったためではないと説明する。『窮達以時』第二章では、「〔虞丘〕・子疋」の場合の「……非其悳加。……非其智懐也。」と、「驥・驩」の場合の「……非亡體壯也」がそれであり、「〔虞丘〕」の「初」めの事績から「後」の事績への變化が「悳」という能力の「加」わったためではなく、「子疋」の「前」の事績から「後」の事績への變化が「智」という能力の「懐」えたためではなく、「驥・驩」の「初」めの事績でも「體壯」がなかったわけではないと、それぞれ説明している。

けれども、これら兩者における「賢」「悳」「智」「體壯」の能力は、「人」の範疇に入れられているのではなく、だから、以上の諸句は「人」の輕視または否定を表現したものではあるまい。なぜなら、一つには、小さな文脈で考えみると、『呂氏春秋』愼人篇は、「舜」の場合、當該句の直後に「時使然也」[33]、「百里奚」の場合、當該句の直後に「使百里奚雖賢、無得繆公、必無此名矣。」、また『窮達以時』第二章は、「〔虞丘〕・子疋」の場合は不明だが、[34]「驥・驩」の場合、當該句の直後に「穿四海、至千里、堣告古也。」とあったように、當該句の目的は「時」や「遇」の意義を強調するところに置かれ、この目的にかなう限りにおいて當該句を書きこんだにすぎないからである。

二つには、大きな文脈で考えてみると、以上に述べたように、『呂氏春秋』愼人篇と『窮達以時』はいずれも明確に「天人之分」思想を述べる。もしもこれら諸句の趣旨を「人」の輕視または否定と理解するならば、その場合兩篇に設けられた思想的な大枠が著しく混亂してしまうからである。

三つには、後代の四文獻を視野に入れた思想史的な文脈から考えてみると、四文獻で詳論されない「悳」「智」「體壯」のことはさておいて、「賢」の能力については、『荀子』宥坐篇に「夫遇不遇者、時也。賢不肖者、材也。……夫賢不肖者、材也。爲不爲者、人也。遇不遇者、時也。死生者、命也。今有其人、不遇其時、雖賢、其能行乎。苟遇其時、何難之有。」、『韓詩外傳』卷七に「賢不肖者、材也。遇不遇者、時也。今無有時、賢安所用哉。」、『說苑』雜言篇に「賢不肖者、才也。爲不爲者、人也。遇不遇者、時也。死生者、命也。有其才、不遇其時、雖才不用。苟遇其時、何難之有。」、『孔子家語』在厄篇に「夫遇不遇者、時也。賢不肖者、才也。」とある。これらの中では、『荀子』宥坐篇が一見「賢不肖者、材也。」を「人」に位置づけているらしく見えるが[35]、『韓詩外傳』卷七以下の三文獻における「賢不肖者、材也。」「賢不肖者、才也。」をも考慮に入れるならば、恐らくそうではあるまい。全體として四文獻は、次第に單純に「天」と「人」の二項對立だけによって世界のあり方を論ずることから離れて、「材」（「才」）「人」「時」「命」などの諸性質の複雜な絡みあいによって世界を論ずる方向に傾きつつある[36]。それゆえ、我々としても「材」を「人」とのみ同定する單純化は避けた方がよいのではなかろうか。

ただし、このような「人」を輕視・否定するかに見える特殊な句は、『荀子』宥坐篇・『孔子家語』在厄篇には含まれないが、『韓詩外傳』卷七には、「伍子胥」の場合「……非知有盛衰也」、「驥」の場合「……此非無形容也」、『說苑』雜言篇には、「伍子胥」の場合「……非其智益衰也」、「驥」の場合「……非無驥狀也」とあって、『韓詩外傳』卷七・『說苑』雜言篇には含まれる。したがって、この共通・一致點は『呂氏春秋』愼人篇と『窮達以時』だけのものと言うことはできない。

（5）總　括

以上に檢討したところを總合して、『呂氏春秋』愼人篇と後代の四文獻と前代の『窮達以時』の相互關係、および『呂氏春秋』愼人篇などを基準に取って見た『窮達以時』の成書年代を推測してみると、第一に、以上の六文獻は、それらのアウトラインを捉えるならば、すべてに共通・一致する點がある事實（前者の第一と後者の第二・第三）から判斷して、大體同じ學派つまり儒家に屬する人々が大體同じ時代に成書した作品群であり、大體同じ思想內容を持つと言ってさしつかえない。それゆえ、『窮達以時』も『呂氏春秋』愼人篇や四文獻からはなはだしく隔たった古い時代に成書されたものではない。第二に、『呂氏春秋』愼人篇は、後代の四文獻と共通・一致する點がある（前者の第二と第三）と同時に、前代の『窮達以時』とも共通・一致する點がある（後者の第一）。この事實から、『呂氏春秋』愼人篇は、前代の『窮達以時』と後代の四文獻の中閒の時代に成書されたと考えられる。第三に、『窮達以時』は、以上の六文獻中最も早く世に現れた文獻であろうが、しかしその「天人之分」という重要で特徴のある思想がただちに『呂氏春秋』愼人篇に繼承されたところから、『呂氏春秋』愼人篇をさかのぼること遠くない時代に成書されたものと考えなければならない。

三、『荀子』の「天人之分」と『窮達以時』

1、『荀子』の「天人之分」の概念

上文の二、3「『窮達以時』と『呂氏春秋』愼人篇」の末尾において、「『窮達以時』は、以上の六文獻中最も早く世に現れた文獻であろうが、しかしその「天人之分」という重要で特徴のある思想がただちに『呂氏春秋』愼人篇に繼承されたところから、『呂氏春秋』愼人篇をさかのぼること遠くない時代に成書されたものと考えなければならない。」と述べた。そのような時代に成書された「天人之分」を表現した文獻として、誰しもすぐに念頭に思い浮かべるのは、言うまでもなく『荀子』天論篇の「天人之分」であろう。したがって、『窮達以時』の基本的思想である「天人之分」は『荀子』天論篇の「天人之分」との閒に密接な關係があるものと推測される。

ところで、その『窮達以時』の「天人之分」と『荀子』の「天人之分」は同じものかそれとも異なるものか。また、どちらが先に成りどちらが後に成ったか。――答えをあらかじめ示すならば、兩者は基本的に同じものであり、『荀子』の「天人之分」が先に成りその影響下に『窮達以時』の「天人之分」が後に成ったのである。

（1）『荀子』の「天」「人」概念に關する先行見解

まず、「天人之分」ということばを含む『荀子』天論篇の冒頭の文章は、以下のとおり。――「天行有常、不爲堯存、不爲桀亡。應之以治則吉、應之以亂則凶。彊本而節用、則天不能貧。養備而動時、則天不能病。脩〈循〉道而不貳〈貣〉、則天不能禍。故水旱不能使之飢、寒暑不能使之疾、祅怪不能使之凶。本荒而用侈、則天不能使之富。養略而動罕、則天不能使之全。倍道而妄行、則天不能使之吉。……故明於天人之分、則可謂至人矣。」。

この「天人之分」は、直接的には「天」に屬するものと「人」に屬するものの區別という意味であるが、その「天」の概念は、從來ややもすると自然現象・自然的存在すなわち西歐近代的な nature である外在的自然として狹く理解されてきた嫌いなしとしない。例えば、中國の馮友蘭は『中國哲學史新編』第二册（一九八三年修訂本）で「荀況說：〝故明於天人之分、則可謂至人矣。〟（《天論篇》）這就是所謂天人關係的問題，也就是人與自然的關係的問題。……荀況所說的〝天〟就是自然界。……他把〝天〟和〝人〟的界限嚴格地劃分開來；這就把自然和社會、物質和精神、客觀和主觀的界限，嚴格地劃分開來。這樣劃分的一個主要的涵義，就是承認自然、物質世界是獨立於人的主觀意識而存在的，也就是說，自然、物質和客觀世界是第一位的，社會、精神和主觀世界是第二位的。」と述べる。[37] 一方、日本の内山俊彥も『中國古代思想史における自然認識』で「『荀子』天論篇は、自然の世界に對する荀子の思想が表明されたものである。……ここでいわれているのは、「天」の運動（「天行」）を、貧富・禍福・治亂等々の人閒的・社會的現象から切斷し、それらと無關係に獨自の恆常性（「常」「常道」）のもとにあるものとして把握する、ということである。そこで、「天人之分」がいわれる。この「天」とは何か。……荀子のいう「天」が、純粹に自然現象・自然存在、すなわち外的自然として考えられていることは明瞭である。」と言い、[38] 最新の著書『荀子』でも「より具體的に、「天」とは何か。……荀子のいう「天」とは、自然 nature 以外の何ものでもない。「天職」とは、この自然に特有な性能の領域であり、「天功」とは、自然の作用である。「天功」のあらわれが、日や月や星、四季・陰陽・風雨、等等の現象であり、萬物の生成である。」と言う[39]。

馮友蘭と内山俊彦はほぼ同じ理解で、その中には基本的に不適當と思われる點がある。それは、『荀子』の「天人之分」の實際によれば、「人」は馮友蘭の設定した「自然・物質・客觀」の中にも存在が認められ、逆に「天」は馮友蘭の設定した「社會・精神・主觀」の中にも存在が認められている。にもかかわらず、兩氏の圖式はこの事實から目をそらしているということである。とすれば、『荀子』の「天人之分」を「自然と社會、物質と精神、客觀と主觀」の區別と捉えるのは、基本的に不適當である。兩氏は『荀子』の「天人之分」をあまりに『荀子』の實際から離れ、西歐近代の觀點に立って外から見ているのである[40]。確かに『荀子』天論篇は、その冒頭で「天行」が「堯の爲めに存し、桀の爲めに亡ぶ。」といった類のテーゼを掲げる、呪術的宗教的な主宰者または神格として「天」をいただく思想に反對する目的で、「天」の中の「自然現象・自然存在」に相當する事例を數多く擧げるために、これを兩氏のように誤解する餘地もあるにはあるが、しかしこれは『荀子』が讀者に分かり易くするために取った偶然の處置と考えるべきであろう。

（2）『荀子』の「天」「人」概念

なぜなら、第一に、冒頭の「天行」という語は、『荀子』に先立つかもしくは同時代の道家の思想家が使用してきた概念であるが、その外延は「自然現象・自然存在」を中心としながらもその範圍内に收まらず、さらにその外に出て「社會・精神・主觀」の範圍にまで廣く伸びており、ゆえに『荀子』も道家の用語法に制約されてより廣い意味で使用していると考えられるからである。例えば、『莊子』天道篇に「夫明白於天地之德者、此之謂大本大宗。與天和者也。所以均調天下、與人和者也。與人和者、謂之人樂。與天和者、謂之天樂。……故曰、知天樂者、其生也天行、其死也物化。靜而與陰同德、動而與陽同波。故知天樂者、无天怨、无人非、无物累、无鬼責。故曰、其動也天、其靜也地、一心定而王天下。其鬼不祟、其魂不疲、一心定而萬物服。言以虛靜推於天地、通於萬物。此之謂天樂。」、同刻意篇に「故曰、聖人之生也天行、其死也物化。靜而與陰同德、動而與陽同波。……去知與故、循天之理。故無天災、無物累、無人非、無鬼責。……虛無恬淡、乃合天德。……水之性、不雜則淸、莫動則平、鬱閉而不流、亦不能淸、天德之象也。故曰、純粹而不雜、靜一而不變、淡而无爲、動而以天行。此養神之道也。」とある「天行」は、『莊子』の理想とする「知天樂者」「聖人」という人間のある種の生き方について述語された語であり、決して單純な「自然現象・自然存在」などではなく、はなはだ「社會・精神・主觀」に浸透された概念なのである。[41]そのことは、「天行」とほぼ同義の「天地之德」「虛靜」や「天之理」「天德」などが決して單純な「自然現象・自然存在」などではないことを見ても、ほとんど自明ではなかろうか。

第二に、『荀子』天論篇は、冒頭の文章に續けて「不爲而成、不求而得、夫是之謂天職。如是者、雖深、其人不加慮焉。雖大、不加能焉。雖精、不加察焉。夫是之謂不與天爭職。天有其時、地有其財、人有其治、夫是之謂能參。舍其所以參、而願其所參、則惑矣。列星隨旋、日月遞炤、四時代御、陰陽大化、風雨博施、萬物各得其和以生、各得其養以成、不見其事而見其功、夫是之謂神。皆知其所以成、莫知其無形、夫是之謂天〔功〕。唯聖人爲不求知天。天職既立、天功既成、形具而神生、好惡喜怒哀樂臧焉、夫是之謂天情。耳目鼻口形能〔態〕、各有接而不相能也、夫是之謂天官。心居中虛、以治五官、夫是之謂天君。財非其類、以養其類、夫是之謂天養。順其類者謂之福、逆其類者謂之禍、夫是之謂天政。闇其天君、亂其天官、棄其天養、逆其天政、背其天情、以喪天功、夫是之謂大凶。聖人淸其天君、正其天官、備其天養、順其天政、養其天情、以全其天功。如是、則知其所爲、知其所不爲矣、則天地官而萬物役矣。」と述べる。この文章は、「天人之分」の中の「天」に位置づけられる「天職」「天〔功〕」「天情」「天官」「天君」「天養」「天政」をそれぞれ手短かに定義した上で、それら種々様々の具體的な「天」に關して人間が「其の爲す所」と「其の爲さざる所」を「知」るべきことを訴えるものであるが、これらの「天」が馮友蘭の「自然和社會、物質和精神、客観和主觀」という領域の相異や、内山俊彦の「自然・人間・社會」という領域の相異を超えて、『荀子』によってその存在を認められていることは明らかである。少なくとも「天情」「天官」「天君」などが、馮友蘭の「自然・物質・客觀」であるよりも「社會・精神・主觀」であり、内山俊彦の「自然」であるよりも「人間・社會」であることは、はなはだ明瞭ではないか。とすれば、「天人之分」に關する兩氏の理解はもはや放棄されるべきである。

そして、先の引用文を注意深く讀めば、『荀子』自身が「天人之分」を自ら別の文で説明していることに氣づく。——末尾にある「如是、則知其所爲、知其所不爲矣。則天地官而萬物役矣。」がそれであって、「如是、則知其所爲、知其所不爲矣。」が「天人之分」の文章の「故明於天人之分」を敷衍した部分、「則天地官而萬物役矣」が「天人之分」の「則可謂至人矣」を敷衍した部分である。したがって、「天人之分」とは、「自然和社會、物質和精神、客觀和主觀」や「自然・人間・社會」などの諸領域を包括する全體的な世界において、人間の「其の爲す所」、すなわち人爲・人工の爲しうるまたは爲すべき範圍の内にある性質の事象が「人」であり、反對に人間の「其の爲さざる所」、すなわちその範圍の外にある、人爲・人工の爲しえないまたは爲すべきでない性質の事象が「天」である、ということになる。(42)『荀子』天論篇は、續けて「其行曲治、其養曲適、其生不傷、夫是之謂知天。故大巧在所不爲、大知在所不慮。所志於天者、已其見象之可以期者矣。所志於地者、已其見宜之可以息者矣。所志於四時者、已其見數之可以事者矣。所志於陰陽者、已其見知〈和〉之可以治者矣。官人守天、而自爲守道也。」と述べる。この文章は、以上を受けて「天・地・四時・陰陽」の諸領域を包括する全體的な世界の中で、「爲」し「慮」い「志」す範圍のむこう側にある性質の事象が「天」であり、反對にその範圍のこちら側にある性質の事象が「人」であることを重ねて説明したものである。(43)

第三に、『荀子』には天論篇の「天人之分」と竝んで、性惡篇に「性僞之分」という思想と表現がある。——「孟子曰、人之學者、其性善。曰、是不然。是不及知人之性、而不察人〈乎〉人之性僞之分者也。凡性者、天之就也、不可學、不可事。禮義者、聖人之所生也、人之所學而能、所事而成者也。不可學、不可事而（之）在人者、謂之性。可學而能、可事而成之在人者、謂之僞。是性僞之分也。」。多くの研究者が認めるとおり、この「性僞之分」は先の「天人之分」と密接に關聯する。問題は兩者の關聯の仕方をどのように捉えるかであるが、筆者は「不可學、不可事而（之）在人者、謂之性。可學而能、可事而成之在人者、謂之僞。是性僞之分也。」に基づき、「天人之分」は總論、「性僞之分」は各論、すなわち、「性僞之分」は「天人之分」という總論の人閒という一つの具體的な領域に現れた各論であると考える。總論・各論という區別を取り拂って武斷的に單純化してしまえば、『荀子』は大體「性＝天」「僞＝人」と考えていると言うことができる。とすれば、このような「性僞之分」を包攝する「天人之分」の「天」を「自然界」「自然現象・自然存在」であると理解し、またそれと對立する限りにおいて「人」を理解する馮友蘭・内山俊彦兩氏が基本的に誤っていることは、もはや誰の目にも明らかではなかろうか。(44)

第四に、『荀子』の「天人之分」思想は、また天論篇の以下の文章にも表現されている。――「大天而思之、孰與物畜而制（裁）之。從天而頌之、孰與制天命而用之。望時而侍（待）之、孰與應時而使之。因物而多之、孰與騁能而化之。思物而物之、孰與理物而勿失之也。願於物之所以生、孰與有物之所以成。故錯人而思天、則失萬物之情。」のように。この文章で『荀子』がターゲットに定めて批判するのは、主に道家中んづく莊子およびその周邊の「天人」關係の思想である。そして、この中の六つのセンテンスのそれぞれの前半の「大天而思之、從天而頌之、望時而侍（待）之、因物而多之、思物而物之、願於物之所以生。」は、『荀子』から見た主に莊子學派の「天」の立場または「天」を偏重する立場であり、また後半の「物畜而制〈裁〉之、制天命而用之、應時而使之、騁能而化之、理物而勿失之也、有物之所以成。」は、『荀子』自身の「天人之分」の立場または「人」を正當に重視する立場であるにちがいない。ここでは、『荀子』は主に莊子學派の「天人」關係論のキーワードや思想内容を十分に消化し完全に自家藥籠中のものとしながら、彼らの「天」の偏重を批判し自らの「人」の正當な重視を打ち出すのである。したがって、「天」と「人」をいかに評價するかに關しては、『荀子』は莊子學派とまっ向から對立したけれども、「天」と「人」

の概念の內容に關しては、『荀子』は莊子學派をよく繼承しそれに對してほとんど何の違和感も感じなかったと思われる。

また、『荀子』解蔽篇には、『荀子』が莊子などの先行する諸子を批判したことで非常に有名な、以下の文章が含まれている。――「昔賓孟之蔽者、亂家是也。墨子蔽於用、而不知文。宋子蔽於欲、而不知得。愼子蔽於法、而不知賢。申子蔽於埶、而不知知。惠子蔽於辭、而不知實。莊子蔽於天、而不知人。故由用謂之、道盡利矣。由俗（欲）謂之、道盡嗛矣。由法謂之、道盡數矣。由埶謂之、道盡便矣。由辭謂之、道盡論矣。由天謂之、道盡因矣。此數具者、皆道之一隅也。夫道者、體常而盡變、一隅不足以擧之。曲知之人、觀於道之一隅、而未之能識也。……此蔽塞之禍也。」。

ここでは『荀子』の諸子に對する批判は、彼らの二重の「蔽」に向けられる。一つには、「墨子」は「用」という「道之一隅」だけを「觀」てそれを偏重するあまり、「用」に「蔽」われてその反對の「文」を「知」らず、結局のところ「用」と「文」の兩者から成る「道」の全體[45]を「識」ることができなかったこと、同樣に「宋子・愼子・申子・惠子・莊子」もそれぞれ「欲・法・埶・辭・天」というそれぞれの「道之一隅」だけを「觀」てそれらを偏重するあまり、「欲・法・埶・辭・天」に「蔽」われてその反對の「得・賢・知・實・文」を「知」らず、結局のところそれぞれの兩者から成るそれぞれの「道」の全體を「識」ることができなかったこと、に向けられた批判である。二つには、「墨子」は「用・文」の「利」という「道之一隅」だけから全體である「道」を「擧」げようとしたために、その「用」を偏重する「蔽」われた觀點に立ってひたすら「利」だけを「道」と見なし、「用・文、欲・得、法・賢、埶・知、辭・實、天・人」などの世界の諸性質全體に貫徹する、「利・嗛・數・便・論・因」などを總和した全體である「道[45]」を「識」ることができなかったこと、同樣に「宋子・愼子・申子・惠子・莊子」もまた「利・嗛・數・便・論・因」などの總和である全體の「道」を「識」ることができなかったこと、に向けられた批判である。以上に檢討した『荀子』の諸子批判は、しかしながら、「墨子・宋子・愼子・申子・惠子・莊子」の主張した「用・欲・法・埶・

辭・天」の、「道」の全體における位置づけ、および同じく「利・嗛・數・便・論・因」などの、「道」の全體における位置づけに對する批判、言い換えれば、彼らの思想の全體を覆わない一面觀、視野の狹窄に對する批判であって、彼らの「用・文、欲・得、法・賢、埶・知、辭・實、天・人」の一つ一つの概念や、それぞれの二項對立的な用語法に對する批判ではない。この點から判斷するならば、莊子學派の「天」と「人」の概念やその二項對立的な用語法に關して、『荀子』はその強い影響を蒙ることこそあったものの、それに對して格別異議を唱えることはなかったと認められる。

2、『莊子』の「天人」關係論と『荀子』の「天人之分」

以上の三、1「『荀子』の「天人之分」の概念」において述べたことは、『荀子』の「天人之分」思想における「天」と「人」の概念は、「自然と社會、物質と精神、客觀と主觀」や「自然と人閒・社會」という意味ではなく、それらの諸領域を包括する全體的な世界において、人閒の「其の爲さざる所」、つまり人爲・人工の爲しえないまたは爲すべきでないその範圍の外にある性質の事象と、人閒の「其の爲す所」、つまり人爲・人工の爲しうるまたは爲すべき範圍の内にある性質の事象、という意味である。そして、『荀子』のこのような「天」と「人」の概念やその二項對立的な用語法は、先行する道家の思想家中んづく莊子學派が「天人」關係論において使用してきた「天」と「人」と基本的に同じであり、「天」と「人」をいかに評價するかという問題を除けば、『荀子』が莊子學派の思想から強い影響を蒙りよくそれを繼承して成ったものだ、ということであった。

道家の思想家中んづく莊子學派が、戰國の中期というかなり早い時期から、「自然・人閒・社會」の諸領域を包括する全體的な世界において、あらゆる事象を「天」と「人」という基本的な性質に分けて捉え、その「天」を重視して「人」を輕視した、または「天」を肯定して「人」を否定したことは、廣く知られている事實である。[46]その際、

「天」とは、人間の行う種々樣々の作爲がない、つまり人爲・人工がないという意味であり、また「人」とは、それがあるという意味であった。したがって、莊子學派は何が「天」で何が「人」かという事實に關する限りは、『荀子』に先立って大分早くから『荀子』とほとんど同じ内容の「天人之分」を唱えていたのである。以下、主に莊子學派の「天人」關係を論じた夥しく枚擧するに暇がないほどある數量の文章の中から、重要かつ顯著と考えられるいくつかの特徴を取り擧げて、整理して示しつつ若干の検討を加えてみたい。

（1）『莊子』の「天人」關係論——「無爲」と「有爲」

第一に、莊子學派における「天」と「人」の基本的な意味は、上に述べたとおり人間の行う種々樣々の作爲がない、人爲がない、すなわち「無爲」と、反對にそれがある、すなわち「有爲」である。例えば、『莊子』在宥篇に「何謂道。有天道、有人道。无爲而尊者、天道也。有爲而累者、人道也。主者、天道也。臣者、人道也。天道之與人道也、相去遠矣、不可不察也。」、同秋水篇に「故曰、天在内、人在外、德在乎天。知天人之行、本乎天、位乎得（德）、蹢躅而屈伸、反要而語極。曰、何謂天、何謂人。北海若曰、牛馬四足、是謂天。落馬首、穿牛鼻、是謂人。故曰、无以人滅天、无以故滅命、无以得（德）殉名。」、同至樂篇に「故曰、天地无爲也、而无不爲也。人也孰能得无爲哉。」とある。『莊子』秋水篇の例は、「天＝無爲」「人＝有爲」と明言されているわけではないが、その中の「牛馬四足、是謂天。落馬首、穿牛鼻、是謂人。」という文章は、ほぼ同じ趣旨を述べたものと理解してさしつかえない。そして、以上の引用文に見られるように、道家は後代に至るまでほぼ一貫してその「天」を重視・肯定して「人」を輕視・否定したのである。

（2）『莊子』の「天人」關係論——道德・政治における「人」の否定

第二に、人間の行う作爲の領域は、感覺・知識・學問・道德・技術・生產・政治・戰爭等々、勿論數限りなくある。莊子學派は、それら無數の領域にそれぞれ「天」と「人」を想定し諸事象を「天」と「人」に二分したが、しかし彼らが「天」を重視・肯定する立場に立って「人」を軽視・否定する營爲に最も重點的に取り組んだのは、「自然・人間・社會」の中でも「人間・社會」に關わる道德・政治の領域である。例えば、『莊子』養生主篇に「公文軒見右師而驚曰、是何人也。惡乎介也。天與、其人與。曰、天也、非人也。天之生是、使獨也。人之貌有與也。以是知其天也、非人也。」とあるのは、「右師」という宋國のある高官が政治的世界における確執のために足切りの刑に處されたことを、「人」ではなく「天」であると意味づけた文章である。(47) 同大宗師篇に「子桑戶孟子反子琴張三人相與友。……子貢趨而進曰、敢問臨尸而歌、禮乎。二人相視而笑曰、是惡知禮意。子貢反、以告孔子。……子貢曰、敢問畸人。曰、畸人者、畸於人而侔於天。故曰、天之小人、人之君子。人之君子、天之小人也。」とあるのは、儒家の唱える「禮」特に「葬禮」を「天」に反する「人」であると言って揶揄・嘲笑した文章である。また同天道篇に「堯曰、吾不敖无告、不廢窮民、苦死者、嘉孺者、而哀婦人。此吾所以用心已。……舜曰、天德而出〈土〉寧、日月照而四時行、若晝夜之有經、雲行而雨施矣。堯曰、膠膠擾擾乎。子天之合也、我人之合也。夫天地者、古之所大也、而黃帝堯舜之所共美也。故古之王天下者、奚爲哉。天地而已矣。」とあるのは、「堯」の統治の仕方、「吾不敖无告、不廢窮民、苦死者、嘉孺者、而哀婦人。此吾所以用心已。」を「人」であると言って退け、「舜」の統治の仕方、「天德而出〈土〉寧、日月照而四時行、若晝夜之有經、雲行而雨施矣。」を「天」であると言って讃えた文章である。後者の「天」は、内山俊彦の言う「自然現象・自然存在」を指すように見えなくもないが、あくまで「舜」の統治の仕方が人爲的でないことを象徴的に表現したにすぎない。

ちなみに、今本『老子』第七十七章には「天之道、其猶張弓與。高者抑之、下者擧之。有餘者損之、不足者補之。天之道、損有餘而補不足。人之道則不然、損不足以奉有餘。孰能有餘以奉天下、唯有道者。是以聖人爲而不恃、功成而不處、其不欲見賢。」とある。(48) この文章は、金持ちの貴族から餘った財產を吐き出させて、貧乏な人民の生活を救濟する統治の仕方を「天」とし、逆に貧乏な人民から搾取して、金持ちの貴族に奉仕する統治の仕方を「人」としたものである。ただし、第七十七章に限らず『老子』には、「天」と「人」の内容を「無爲」と「有爲」をもって述べる説明は見出すことができない。

（3）『莊子』の「天人」關係論――戰國末期以前の嚴しい「人」の否定

第三に、莊子學派の思想史的展開における「天」と「人」に對する全般的な評價の推移を極めて大雜把に抑えるならば、戰國末期までの「天」の概念は範圍が狹くその肯定は少なく、逆に「人」の概念は範圍が廣くその否定はきついが、戰國末期以降になると次第に「天」の範圍が廣くその肯定も多くなり、逆に徐々に「人」の範圍が狹くその否定も穩やかになっていく、とまとめることができる。ここでは、莊子學派の戰國末期までの「天人」關係論を檢討してみる。例えば、『莊子』齊物論篇に「故曰、彼出於是、是亦因彼。彼是方生之說也。雖然、方生方死、方死方生、方可方不可、方不可方可、因是因非、因非因是。是以聖人不由、而照之于天。亦因是也。」とある。この文章は、名家の思想家惠子の「彼是方生之說」という「知」を、「人」であるがゆえに「聖人」はこの知識論に「由らず」と言って否定し、それを撥無した結果生ずる「天地一指也、萬物一馬也。」という卽自的な齊同の世界を「天」と認めたものである。[49]惠子のこの知識論は感情判斷・價値判斷の撥無の上に立つ事實判斷の一種であるから、それをも「人」と見なして否定する齊物論篇は、およそ考えられる一切の「知」（感覺や知識等々）を「人」として否定しているはずである。そのような齊物論篇にとって唯一遺された肯定しうる「天」が、最終的に「無」なる我が「無」なる世界に直接的に融卽するという內容の「一の無」となることに何の不思議もない。ここでは、人間の「知」に基礎を置くあらゆる作爲が、「人」としてトータルに否定されているのである。また同德充符篇に「聖人不謀、惡用知。不斲、惡用膠。无喪、惡用德。不貨、惡用商。四者、天鬻也。天鬻也者、天食也。既受食於天、又惡用人。……眇乎小哉、所以屬於人也。謷乎大哉、獨成其天。」、同列御寇篇に「莊子曰、……知而不言、所以之天也。知而言之、所以知人也。古之人天而不人。」とある。これらの文章は、必ずしも古い時代の著作とは考えられないが、相互にやや類似する點があって、德充符篇は「知・約・德・工」を、列御寇篇は「言」をそれぞれ「人」として否定し、それらを撥無しさった地平に「天」として肯定されるものがあると劃いている。兩者ともに同齊物論篇の一切の「知」「言」の撥無を「天」とする思想の影響下に成ったものであろう。

（4）『莊子』の「天人」關係論——戰國末期以後に發生した變化

第四に、戰國末期に至って、莊子學派の「天人」關係論には上の第三において指摘した事實その他に變化が發生するが、ここではそれらの變化について檢討する。

一つには、戰國末期に至って、次第に「天」の範圍が廣くその肯定も多くなり、逆に「人」の範圍が狹くその否定も穩やかになっていったことである。例えば、上の第一で引用した同秋水篇は戰國末期の道家の代表的な著作であるが、そこでは、作者の唱える「人」は「落馬首、穿牛鼻、是謂人。」と説明され「人在外」と低く評價される。しかし、「人」は完全に否定されているのではなく、ただ「以人滅天」だけが否定される。[50]換言すれば、「无以人滅天」の範圍内で「人」は許容されるのである。反對に「天」は「牛馬四足、是謂天。」と説明され「天在内」と高く評價されるが、實際には上文の「知道者、必達於理。達於理者、必明於權。明於權者、不以物害己。……察乎安危、寧於禍福、謹於去就、莫之能害也。」などの主に「知」や養生を内容とする作爲は、むしろ「天」のサイドにあるものとして積極的に肯定されるのである。——「天」の範圍が廣くその肯定も多くなり、逆に「人」の範圍が狹くその否定も穩やかになったことがよく分かるであろう。

時代が降って前漢初期になると、「天」の範圍はさらに廣くその肯定もさらに多くなり、逆に「人」の範圍は一層狹くその否定も一層穩やかになる。例えば、同大宗師篇には「知天之所爲、知人之所爲者、至矣。知天之所爲者、天而生也。知人之所爲者、以其知之所知、以養其知之所不知。終其天年、而不中道夭者、是知之盛也。」とある。[51]この文章では、「天」を知ることと「人」を知ることとがほとんど同等の資格で肯定されている。

二つには、この時代になって莊子學派の取り扱う思想上のテーマに、從來見られなかった「性」または「生」の問題が新たに加わったことである。すなわち、人閒という一つの具體的な領域に現れた「天」としての「性」を重んずる立場に立って、「仁義」「禮樂」などの儒家の道德・政治をその「性」「生」をスポイルする「人」でしかないとする否定である。從來の莊子學派の「天人」關係は、その内容が「天」も「人」もともに比較的單純で、兩者がただ直接的に反對し對立しているにすぎなかった。しかし、戰國末期になると、入り組んだ複雜な關係も現れるようになるが、このように「人」の中に「天」があると認める「性」「生」というテーマが、莊子學派にとって解決しなければならない問題として登場したことは、まさしくその現れの一つであると言わなければならない。それと同時に、これはまた形而上學・存在論という分野において「道」が「萬物」の中に内在することを認める、この學派に發生した新しい傾向の、「天人」關係論という他の分野における、またはより小さな規模における試みの一つであると言ってよい。(52)

その「人」の中の「天」が「性」「生」であるという位置づけを明確に述べた文章は、現在の『老子』『莊子』には見出すことができない。(53)しかし、『呂氏春秋』誠廉篇に「石可破也、而不可奪堅。丹可磨也、而不可奪赤。堅與赤、性之有也。性也者、所受於天也、非擇取而爲之也。豪士之自好者、其不可漫以汚也、亦猶此也。」とある。この文章は道家系の作者の手に成るものらしいから、これに基づいて考えるならば、莊子學派にもほぼ同樣の思想があったのではなかろうか。(54)その「性」が儒家の「仁義」「禮樂」などによってスポイルされていることについては、例えば、『莊子』馬蹄篇に「夫至德之世、同與禽獸居、族與萬物竝。惡乎知君子小人哉。……素樸而民性得矣。及至聖人、蹩躠爲仁、踶跂爲義、而天下始疑矣。澶漫爲樂、摘僻爲禮、而天下始分矣。……道德不廢、安取仁義。性情不離、安用禮樂。……毀道德以爲仁義、聖人之過也。」とある。この文章は『荀子』の「禮樂」思想をふまえ、それを反批判のターゲットに定めて書かれたものであるが、「聖人」の「爲」った「仁」「義」「禮」「樂」が、莊子學派にとって窮極的根源的な實在である「道」とその働きである「德」や、「道德」が人閒という領域に現れたものである「性」「情」をスポイルしたと激しく非難する。この「道德」が「天」の類義語であることは、改めて言うまでもあるまい。また同天地篇に「百年之木、破爲犧樽、靑黃而文之。其斷在溝中。比犧樽於溝中之斷、則美惡有閒矣、其於失性一也。跖與曾史、行義有閒矣、然其失性均也。且夫失性有五。一曰、五色亂目、使目不明。二曰、五聲亂耳、使耳不聰。三曰、五臭薰鼻、困惾中顙。四曰、五味濁口、使口厲爽。五曰、趣舍滑心、使性飛揚。此五者、皆生之害也。……且夫趣舍聲色、以柴其內、皮弁鷸冠、搢笏紳脩、以約其外、內支盈於柴柵、外重纆繳、睆睆然在纆繳之中、而自以爲得、則是罪人交臂歷指、而虎豹在於囊〈檻〉檻、亦可以爲得矣。」とある。この文章は、「目」「耳」「鼻」「口」「心」の感覺器官・知覺器官において「五色」「五聲」「五臭」「五味」「趣舍」を追求する過度の欲望充足・思慮分別や、「皮弁鷸冠」「搢笏紳脩」の位階秩序・社會制度が、人閒の「性」「生」すなわち「天」を「失わ」せる危險性を警告したものである。ここには確かに「天」「人」ということばは出てこないが、そのような欲望充足・思慮分別や位階秩序・社會制度が「人」と見なされていると解釋しても、それほど見當はずれではないと思う。

三つには、「天」の中に「人」があり、また「人」の中に「天」があるなどといった、相互に浸透しあう入り組んだ複雜な關係論も現れるに至ったことである。例えば、『莊子』達生篇に「聖人藏於天、故莫之能傷也。……不開人之天、而開天之天。開天者德生、開人者賊生。不厭其天、不忽於人、民幾乎以其眞。」とある。この文章によれば、「天」には「人之天」と「天之天」の二種類があって、「人之天」は人爲的に求めた「天」、「天之天」は自然的に得られた「天」であるが、肯定されるべきは後者であると言う。同庚桑楚篇に「聖人工乎天、而拙乎人。夫工乎天而俍乎人者、唯全人能之。唯蟲能蟲、唯蟲能天。全人惡天、惡人之天。而況吾天乎人乎。」、同徐无鬼篇に「於蟻棄知、於魚得計、於羊棄意。……古之眞人、以天待之、不以人入天。」、同則陽篇に「冉相氏得其環中、以隨成。……夫師天、而不得師天、與物皆殉。其以爲事也、若之何。夫聖人未始有天、未始有人。」とある文章などは、いずれもほぼ同じ趣旨であって、「天」は人爲的に求めるのでなく自然的に得られるのでなければならないと説く。これらは「天」が次第に「天之天」に向かって純化していく道であるが、それと同時に「人」の方も、『莊子』達生篇の「不厭其天、不忽於人、民幾乎以其眞。」や、同庚桑楚篇の「夫工乎天而俍乎人者、唯全人能之。」のように、その肯定が徐々に增大する方向に進んでいくのであった。

「天」の純化と「人」の肯定が、このように時を同じくして一見相互に反對の方向に向かっていったのには、莊子學派の內部にある思想上の理由を見つけることも可能である。例えば、上に引用した『莊子』則陽篇に「夫聖人未始有天、未始有人。」とあり、二、3『窮達以時』と『呂氏春秋』愼人篇」に引用した同山木篇に「何謂人與天一邪。仲尼曰、有人、天也。有天、亦天也。人之不能有天、性也。聖人晏然體逝而終矣。」とあるように、從來の相對的な「天」と「人」を超越してその上の高次の「天」に立ちたいと願って、一方で「天」にはそのような絕對的な「天之天」であることを要求しつつ、他方で「人」には從來の「人」にそれなりの相對的な意義を認めようとしたためであろう。しかしながら、ただそれだけでなく、その背景には、莊子學派に外部から加えられた強烈な壓力があった。——當時の思想界の主流派儒家の荀子學派から浴びせかけられたあの批判、『荀子』解蔽篇に載っているあの銳利な一刺し、すなわち「莊子蔽於天、而不知人。」が、やはりひどく重くのしかかったためにちがいない。[55]

（5）『莊子』の「天人」關係論と『荀子』の「天人之分」

以上のような（ただし、第四の特徴は除く。）『荀子』に先行する莊子學派の「天人」關係論は、當然のことながら『荀子』の「天人之分」思想の形成に重大な影響を與えたのであった。言い換えれば、『荀子』は、莊子學派の「天人」關係論における「天」と「人」の概念や、その二項對立的な用語法から強い影響を蒙った後、それらを十分に消化し完全に自家藥籠中のものとしながら、自らの「天人之分」思想を形成していったのであった。

上述の第一の特徴について言えば、『荀子』の「天人之分」は、莊子學派の「天」が人間の行う種々樣々の作爲がない、人爲がない、「無爲」という意味であり、また同じく「人」が種々樣々の作爲がある、人爲がある、「有爲」という意味であるのを、格別異議を唱えることなく受け容れてよくそれを繼承した。この問題についてはすでに繰り返し論じてきたところである。

また、上述の第二の特徴について言えば、『荀子』の「天人之分」は、莊子學派の「天人」關係論の最も重點的に取り組んだ領域が、「自然・人閒・社會」を包括する全體的な世界の中でも「人閒・社會」に關わる道德・政治の領域であったのを、やはり異議を唱えずに受け容れてそれを繼承している。この問題についてもすでに何度か論じてきたが、さらに一つだけ例を加えておく。『荀子』天論篇に「星隊木鳴、國人皆恐。曰、是何也。曰、無何也、是天地之變、陰陽之化、物之罕至者也。怪之可也、而畏之非也。……夫星之隊、木之鳴、是天地之變、陰陽之化、物之罕至者也。怪之可也、而畏之非也。物之已至者、人妖則可畏也。楛耕傷稼、耘〈楛〉耨〈耘〉失薉〈歲〉、政險失民、田薉稼惡、糴貴民飢、道路有死人、夫是之謂人妖。政令不明、擧錯不時、本事不理、夫是之謂人妖。勉力不時、則牛馬相生、六畜作妖、禮義不脩、内外無別、男女淫亂、父子相疑、上下乖離、寇難竝至、夫是之謂人妖。妖是生於亂。三者錯、無安國。其說甚爾、其菑甚慘。可怪也、而不〈亦〉可畏也。」とある。この文章は、「自然現象・自然存在」である「星隊木鳴」を「怪之可也、而畏之非也。」と言って輕視し、[56] 逆に「人閒・社會」の道德・政治に關わる諸々の「人妖」を「可怪也、而不〈亦〉可畏也。」と言って重視したものである。[57]

次に、上述の第三の特徴について言えば、『荀子』の「天人之分」は、戰國末期までの莊子學派の「天」の概念がその範圍が狹く、逆に「人」の概念がその範圍が廣いのを、大體のところ受け容れてそれを繼承した。『荀子』の「天人之分」、特に天論篇の「天人之分」が、その「天」が單に「自然現象・自然存在」だけを指すかのような誤解を讀者に與えたり、またその「人」が「天」に働きかける（例えば、自然を改造するといった）能動性積極性を研究者に過度に強調されたりするのは、恐らくここに——『荀子』が莊子學派からバトン・タッチして受け取った「天」の概念の狹さと「人」の概念の廣さに、由來すると思われる。

先に三、1『荀子』の「天人之分」の概念」で引用した、『荀子』天論篇の「大天而思之、孰與物畜而制〈裁〉之。從天而頌之、孰與制天命而用之。望時而侍（待）之、孰與應時而使之。因物而多之、孰與騁能而化之。思物而物之、孰與理物而勿失之也。願於物之所以生、孰與有物之所以成。故錯人而思天、則失萬物之情。」という文章を、再度檢討してみよう。『荀子』によれば、六つのセンテンスのそれぞれの前半の「大天而思之、從天而頌之、望時而侍（待）之、因物而多之、思物而物之、願於物之所以生。」は、「天・時・物・物之所以生」をただ「思・頌・侍（待）・多・物・願」するだけ、要約して言えばただ「思」うだけであって、それらに對して何も爲さない「無爲」であるから、「天」または「天」の偏重なのであり、また後半の「物畜而制〈裁〉之、制天命而用之、應時而使之、騁能而化之、理物而勿失之也、有物之所以成。」は、「物・天命・時・能・物之所以成」に對して「制〈裁〉・用・使・化・勿失・有」のように、種々樣々に爲す「有爲」であるから、「人」または「人」の正當な重視なのである。[58]そして、前半の「無爲」は、莊子學派の獨特の哲學的思辨性に左右されるために、結果として「天」の概念の範圍が狹くならざるをえないのに對して、後半の「有爲」は、その對象があらゆる「萬物」である上に種々樣々の人爲がすべて是認されるために、結果として「人」の概念の範圍が廣くなるという仕組みを持っている。

以上のように、『荀子』の「天人之分」は、先行する莊子學派の「天人」關係論の強い影響の下、それを十分に消化し完全に自家藥籠中のものとしながら、自らを形成していったのではあるが、しかしながら極めて重大な一點において、莊子學派の「天人」關係論に變更を加えて荀子自身の新しい思想を提起する。それは他でもない、莊子學派の「人」の輕視・否定を覆して「人」を肯定・重視したことである。このことが中國思想史上において持つ革新的で劃期的な意義は、いかに強調しても強調しすぎることはないと言いうるが、しかしこのテーマについては、すでに多くの著書が論及してきたところである。以下の研究者のものを參照されたい。――任繼愈[59]、板野長八[60]、馮契[61]、馮友蘭[62]、

内山俊彦[63]、楊憲邦[64]、吳乃恭[65]、張岱年[66]。

ここでは、以下の行論に關わりを有する二三の問題だけに限って論ずることとする。

第一に、『荀子』天論篇の「天人之分」における「人」の肯定・重視が目指すものは、莊子學派が基本的に「人」を輕視・否定してそのすべてを「天」の中に回收してしまったために、世界にあって壓倒的な猛威を振るうことになっていた「天」という性質の事象に對して、その存在する範圍に一定の限界を設け、それを越えて作用することはないと認定することを通じて、その範圍のこちら側にある「人」という性質の事象の獨自の存在意義を確保するところにあったと考えられる。譬えて言えば、それは、「天」によって奪われた「人」の失地回復であり、またはせいぜい「人」と「天」の平和共存である。そうであればこそ、先に三、1「『荀子』の「天人之分」の概念」で引用した『荀子』天論篇に「不爲而成、不求而得、夫是之謂天職。如是者、雖深、其人不加慮焉。雖大、不加能焉。雖精、不加察焉。夫是之謂不與天爭職。」とあるように、「深慮」「大能」「精察」の「人」が「不爲而成、不求而得。」の「天」と、「職を爭っ」てはならないことが主張されるのである。同じく三、1「『荀子』の「天人之分」の概念」で引用した天論篇に「其行曲治、其養曲適、其生不傷、夫是之謂知天。故大巧在所不爲、大知在所不慮。所志於天者、已其見象之可以期者矣。所志於地者、已其見宜之可以息者矣。所志於四時者、已其見數之可以事者矣。所志於陰陽者、已其見知〈和〉之可以治者矣。」とあって、「天」「地」「四時」「陰陽」から成る全體的な世界の中で、「爲」し「慮」い「志」す範圍のむこう側にある「天」とその範圍のこちら側にある「人」が、ともに重要な意義を持つと認められているのも、同じ目的から出た思想であるにちがいない。それゆえ、『荀子』天論篇には、內山俊彦『荀子』の言うような「「天」に對して「人」が作動する、とされている。」という思想は、存在しないのである[67]。

第二に、假にもし『荀子』の「天人之分」における「天」と「人」に對する評價が、單純に莊子學派の「天人」關係論を嫌惡しそれに反撥して、その「天」の肯定・重視と「人」の否定・輕視を、ただひっくり返すだけのものであったとするならば、その「人」は重視・肯定され、反對に「天」は輕視・否定される結果になったかもしれない。しかし實際にはそのような結果にはならず、『荀子』の「天人之分」、特に天論篇の「天人之分」における「天」は「人」と竝んではなはだ重視されているのである。これはなぜか。原因・理由は様々に考えられようが、その一つとして『荀子』天論篇が莊子學派の「天」の思想から強い影響を蒙り、それを十分に消化し完全に自家藥籠中のものとしていたので、それに相當の親しみと敬意を抱いていたというような事情もあったのではなかろうか。取り分け何度も引用してきた、『荀子』天論篇が「天」に對する高い評價を語る「不爲而成、不求而得、夫是之謂天職。如是者、雖深、其人不加慮焉。雖大、不加能焉。雖精、不加察焉。夫是之謂不與天爭職。」という文章や、「大巧在所不爲、大知在所不慮。」という文に、濃厚な道家風の色彩が附着しているのを見ると、上に擧げた原因・理由の一つもあながち荒唐無稽ではあるまいと思われてくる。そうだとすれば、以上のような事情を背景に持つ『荀子』天論篇は、荀子が齊の稷下に遊學していた時代に莊子學派と接觸する中で、その土地において成書した文章であろう。

第三に、目を轉じて『荀子』性惡篇の「性僞之分」を檢討してみると、内山俊彦『荀子』の言う「「性」に對して「僞」が作動すると同じく、「天」に對して「人」が作動する、とされている。」の前半は、まさしく指摘のとおりである。[67]例えば、『荀子』性惡篇の冒頭には「人之性惡、其善者僞也。……然則從人之性、順人之情、必出於爭奪、合於犯分（文）亂理而歸於暴。故必將有師法之化、禮義之道、然後出於辭讓、合於文理、而歸於治。……今人之性惡、必將待師法然後正、得禮義然後治。今人無師法、則偏險而不正。無禮義、則悖亂而不治。古者聖王以人之性惡、以爲偏險而不正、悖亂而不治、是以爲之起禮義、制法度、以矯飾人之情性而正之、以擾化人之情性而導之也、使皆出於治、合於道者也。今之人、化師法、積文學、道禮義者、爲君子。縱性情、安恣睢、而違禮義者、爲小人。」とある。この文章は、「天人之分」という總論の、人間という具體的な領域に現れた各論である「性僞之分」を前提としながら、「聖人之僞」によって作られた「禮義」「法度」など[68]を用いて「人之情性」を「矯飾」「擾化」しようと訴える。この場合は『荀子』における「人」が「天」に働きかける、正確に言えば「僞」が「性」に働きかける能動性積極性の存在を認めるべきであろう。

『荀子』性惡篇のこのような「人」「僞」の能動性積極性の提唱は、言うまでもなく「人之性惡、其善者僞也。」のように、何度も繰り返して高らかに掲げたキャッチ・フレーズと密接に關係する。ここでは、「性」「天」は「惡」であると評價されて否定・輕視され、逆に「僞」「人」が「善」であると評價されて肯定・重視されるのであるが、これは『荀子』天論篇には含まれていなかった思想である。したがって、天論篇と性惡篇の閒には若干の齟齬・相異があると言わなければならない。そして、「性」を「惡」として否定し「僞」を「善」として肯定するこの思想は、同時にまたすぐ上の第二において述べた、莊子學派の「天人」關係論における「天」の肯定・重視と「人」の否定・輕視とを、單純にただひっくり返しただけという形になっている。ここでは『荀子』性惡篇の莊子學派に對する事實上の反對と批判は、天論篇と比較してまちがいなく強まっているのである。[69]その原因・理由を推測してみるに、『荀子』性惡篇が莊子學派の諸思想からかなりの距離を置いて遠ざかり、その「天人」關係論の影響からほぼ完全に脱却するに至った、というような事情もあったと考えられる。だとすれば、以上のような事情を背景に持つ『荀子』性惡篇は、荀子が齊の稷下を離れて楚の蘭陵に赴いた後、その土地で晩年を過ごしながら成書した文章ではなかろうか。[70]

最後に、上述の第四の特徴について言えば、戰國末期に至って、莊子學派の「天人」關係論に發生したいくつかの變化は、大體荀子學派の「天人之分」を始めとする諸思想からの批判的壓力・啓發的刺激の下に起こったことである。——ただし、この問題に關して詳細な分析を行うことは本論文の所期の目的からずれてしまうので、ここでは省略に從う。

3、『荀子』の「天人之分」と『窮達以時』

（1）『荀子』の「天人之分」と『窮達以時』の共通點

『窮達以時』の基本的思想である「天人之分」については、すでに二、「『窮達以時』の「天人之分」」に詳論した。それは、すぐ上の三、1「『荀子』の「天人之分」の概念」および2「『莊子』の「天人」關係論と『荀子』の「天人之分」」において檢討してきた、『荀子』天論篇の「天人之分」思想と大體同じものである。

第一に、『窮達以時』の「天」と「人」の概念は、諸領域を包括する全體的な世界の中で、人間の行う作爲すなわち人爲の及ぶ範圍の外にある事象が「天」であり、逆に人爲の及ぶ範圍の内にある事象が「人」である。それらは、『窮達以時』の冒頭に揭げられた「天人之分」の原理論の中に見出されるだけでなく、『窮達以時』の全體にほぼ一貫して存在することが感取される二項對立的な概念である。例えば、二、3「『窮達以時』と『呂氏春秋』愼人篇」に指摘したように「舜畊於鬲山、匋笞於河固。」、「邵繇衣胎蓋、冒絰𡦃懂、戰板筐。」、「邵㝅爲𣏌𡍖𣼋、戰監門𡍖陉、行年七十而賭牛於朝訶。」、「莢寺虗㝅繇弃縛、戰杙榛。」、「白里迡遭五羊、爲敀斀牛、戰板桎。」、「孫𠬪𠮛三躾邚思少司馬」、「驥馰張山、驥空於邵𡍖、非亡體壯也。」がすべて「人」に位置づけられ、舜の「立而爲天子、堣堯也。」、邵繇の「而差天子、堣武丁也。」、邵㝅の「譽而爲天子帀、堣周文也。」、莢寺虗の「而爲者侯相、堣齊逗也。」、白里迡の「而爲𦘔卿、堣秦穆。」、孫𠬪の「出而爲命尹、堣楚臧也。」、（虞丘）・子疋の「初㳄酭、後名昜、非其悳加。子疋前多𥙊、後翏死、非其智懷也。」、驥・驥の「𡧦四海、至千里、堣告古也。」がすべて「天」に位置づけられる。このように「天」と「人」を具體的に考える點において、『窮達以時』の「天人之分」は、『荀子』天論篇の「天人之分」と大體同じものと言うことができる。

第二に、『窮達以時』の「天人之分」が最も重點的に取り組んでいる領域は、「自然・人閒・社會」を包括する全體的な世界の中でも「人閒・社會」に關わる道德・政治の領域である。この點においても、『窮達以時』は『荀子』天論篇と大體同じ。確かに『窮達以時』も、第二章・第三章に「驥馰張山、驥空於邵𡍖、非亡體壯也。𡧦四海、至千里、堣告古也。」、「〔芷蘭生於深林、非以亡人〕嘆而不芳。無茖菫愈坧山石、不爲〔亡人不〕〼。」とあるように、「自然現象・自然存在」を擧げる場合がなくはないけれども、しかしこれも特に「自然現象・自然存在」に對して關心を抱いてのことではない。あくまで「人閒・社會」の道德・政治の比喩と捉えるべきである。

第三に、『窮達以時』の基本的思想は、「天」は依然として極めて重要であるが、「人」はそれと竝んではなはだ重要である、または「天」はある持ち場で極めて重要であり、「人」も別の持ち場ではなはだ重要であるというものであった。それに對して『荀子』天論篇の「天人之分」は、「天」によって奪われた「人」の失地回復、または「人」と「天」の平和共存をその目的としているが、この點においても『窮達以時』は『荀子』天論篇と大體同じである。

第四に、『窮達以時』の中には、道家中んづく莊子學派から比較的強い影響があったことを指摘しうる。例えば、『窮達以時』第四章の「善伓己也、穿達以旹。悳行弌也、譽毀在仿。聖之弋、母之白。」は、三、1「『窮達以時』の構成とその論理的展開」の注（10）に引用した『莊子』德充符篇の「死生存亡、窮達貧富、賢與不肖毀譽、饑渴寒暑、是事之變、命之行也。日夜相代乎前、而知不能規乎其始者也。」の影響下に成ったものらしいし、また、二、3「『窮達以時』と『呂氏春秋』愼人篇」に引用した『莊子』山木篇の「始用四達、爵祿竝至而不窮、物之所利、乃非己也。吾命有在外者也。」も、『窮達以時』との閒に交渉があって成ったにちがいない。この點においても、『窮達以時』は、『荀子』天論篇が莊子學派の「天」の思想から強い影響を蒙っていたのと大體同じである。

（2）『荀子』の「天人之分」と『窮達以時』の相異點

とはいうものの、『荀子』天論篇の「天人之分」と『窮達以時』の「天人之分」の閒には、ある重大な問題の評價をめぐって相異すると見なさざるをえない點がある。――「時」の問題である。

『荀子』天論篇に「治亂天邪。曰、日月星辰瑞曆、是禹桀之所同也。禹以治、桀以亂。治亂非天也。時邪。曰、繁啓蕃長於春夏、畜積收臧於秋冬、是又禹桀之所同也。禹以治、桀以亂。治亂非時也。地邪。曰、得地則生、失地則死、

是又禹桀之所同也。禹以治、桀以亂。治亂非地也。」という文章がある。これは、「治亂」という「人閒・社會」の領域に屬する事象を「天」「時」「地」ではなく「人」であると規定した、『荀子』天論篇に典型的な「天人之分」思想の一つの表現である。ここでは、「時」は「天」「地」と竝べて置かれ「天」「地」の系列すなわち性質としての「天」に入れられるが、しかし「治亂」には何の影響も與えないものとして「治亂」との關係が完全に切斷される。[71] それに對して、『窮達以時』第一章には「又其人、亡其殜、唯臤弗行矣。句又其殜、可慬〈僕〉之又才。」、同第四章には「善伓㠯也、𡨄達以旹。悳行弌也、畀旱在仿。聖之弋、母之白。不蚕。𡨄達以旹、學明不再。古君子惇於仮㠯。■」とあって、『荀子』天論篇と同じように、「人閒・社會」の領域に關する「殜」や「旹」を「天」に屬する性質であると規定するが、しかし『荀子』天論篇とは相異して、それらが「行」や「𡨄達」を左右する力を持つことを承認するのである。この點では、明らかに『窮達以時』は『荀子』天論篇よりも、後代の『呂氏春秋』愼人篇・『荀子』宥坐篇・『韓詩外傳』巻七・『說苑』雜言篇・『孔子家語』在厄篇に近い。とすれば、『窮達以時』は、『荀子』天論篇の「天人之分」が世に出た少しばかり後、その影響の下に荀子の後學が成書した文獻ではあるまいか。

また『荀子』天論篇には、三、1「『荀子』の「天人之分」の概念」、および2「『莊子』の「天人」關係論と『荀子』の「天人之分」」で引用したように、「……望時而侍（待）之、孰與應時而使之。……故錯人而思天、則失萬物之情。」という文章もある。これは、「望時而侍（待）之」を莊子學派の「天」の立場または「天」を偏重する立場、「應時而使之」を『荀子』自身の「天人之分」の立場または「人」を正當に重視する立場である、と考えるものである。これによれば、「時」という事象は、それに對處する仕方のいかんによって「天」とも「人」とも判定されるものであるが、以上に引用した『窮達以時』の「殜」「旹」に對處する仕方は、どちらかと言えば、「人」の「應時而使之」であるよりも、むしろ「天」の「望時而侍（待）之」であろう。一方、後代の五文獻を調べてみると、『呂氏春秋』愼人篇には「舜之耕漁、其賢不肖與爲天子同。其未遇時也、以其徒屬、堀地財、取水利、編蒲葦、結罘網、手足胼胝不居、然後免於凍餧之患。其遇時也、登爲天子、賢士歸之、萬民譽之、丈夫女子、振振殷殷、無不載說。……盡有之、賢非加也。盡無之、賢非損也。時使然也。」とあって、これもどちらかと言えば「望時而侍（待）之」の仕方である。また、『荀子』宥坐篇・『韓詩外傳』卷七・『說苑』雜言篇の三文獻には、それぞれ以下のような文章がある。(72)
――『荀子』宥坐篇「故君子博學深謀、修身端行、以俟其時。」、『韓詩外傳』卷七「故君子務學脩身端行、而須其時者也。」、『說苑』雜言篇「故君子疾學修身端行、以須其時也。」。これらが『荀子』天論篇の貶價した「望時而侍（待）之」の仕方であることは、誰の目にも明らかではないか。この點でも、『窮達以時』は『荀子』天論篇から離れて、後代の五文獻に近づきつつあると判斷されるのである。(73)

四、結　論

1、『窮達以時』の成書

以上に檢討してきたことに基づき、『窮達以時』の成書に關する總括を記して、一應の結論とする。

さて、『荀子』天論篇の「天人之分」思想は、戰國後期、齊の稷下に遊學していた荀子が、莊子學派と接觸してその「天人」關係論から強い影響を蒙りながらも、彼らの「人」の否定を覆して「人」の肯定に轉ずる思想の革新を起こす中で、齊の土地において形成していったものと考えられる。『窮達以時』は、『荀子』天論篇が世に出た少し後、その影響の下に「天人之分」思想を大體忠實に襲って、荀子の後學が筆を振るって成書した文獻ではなかろうか。成書した土地は、荀子をして莊子學派の「天人」關係論の影響からほぼ完全に自由になることを可能ならしめた楚の蘭陵よりも、むしろそれ以前の齊の稷下の方がふさわしい。大體のところ忠實に襲いはしたものの、しかし『窮達以時』が『荀子』天論篇の「天人之分」を修正した點もあって、この點で『窮達以時』が『荀子』天論篇よりも、後代の

『呂氏春秋』愼人篇・『荀子』宥坐篇などに接近していることは、すでに述べたとおり。それゆえ『窮達以時』の成書年代は、『荀子』天論篇の成書年代から『呂氏春秋』編纂年代（紀元前二三九乃至二三五年）に至る中間にあると認めることができる。

2、荀子の生涯と事績

それでは、荀子はその生涯と事績の中でいつから齊の稷下に住みいつまでそこで活動し、またいつごろ齊を去って楚の蘭陵に赴いたのか。――これは非常に難しい問題であって、正しい解答に到達することはほとんど不可能と感じられる。ここでは、『窮達以時』の成書の年代や場所などを解明するという觀點から、ある一人の代表的な研究者の見解を簡單に紹介して、それを基に若干の檢討を加えるだけに止める。

（1）荀子の生涯と事績に關する先行見解

それは、この種の問題で先驅的な仕事を遺した錢穆の見解である。『先秦諸子繫年』のあちらこちらに記される錢穆の見解を大雜把にまとめるならば、――荀子は、紀元前三三九年ごろ趙に生まれ、前三二五年ごろ、つまり齊の威王（在位は紀元前三五七～三二〇年）の晩年に、十五歳で初めて齊に游學した。前三二〇年ごろ、つまり燕王噲（在位は紀元前三二〇～三一六年）の元年に一旦齊を離れて燕に赴いたが、やがて前三一六年ごろ、燕を去って齊にもどり、その後齊の稷下の列大夫となった。前二八六年、つまり齊の湣王（在位は紀元前三〇〇～二八四年）の十五乃至十六年の閒に、讒言に遭ったために齊を去って楚に移り、やがて前二八四年ごろ、蘭陵の令に任命された。その後、襄王（在位は紀元前二八三～二六五年）の時代になって、前二七八年ごろ、再び齊の稷下にもどってその老師となった。以後、襄王が薨ずるに至るまで三度祭酒となる。前二六五年襄王が薨じて王建が卽位すると、荀子は齊を去って秦に游び、前二六一年ごろ、秦より生國の趙に歸った。前二五七年、趙の孝成王（在位は紀元前二六五～二四五年）の前で兵を議したところまでは、荀子の生存を確認しうるが、その後の存否は不明、弟子の李斯が秦に入った前二五七乃至二四七年にはすでに卒していたようである。(74)こうして銭穆によれば、荀子は前三二五ごろ〜三二〇年ごろ、前三一六〜二八六年、前二七八ごろ〜二六五年の都合三度、合計約五十年間齊に滯在し、また前二八六〜二七八年ごろの九年間を楚で過ごした、ということになる。

しかしながら、以上の銭穆の見解は、資料操作の上で相當の無理を犯した後に獲得されたものであり、我々が安易に従って基づくわけにはいかない問題を含む。第一に、銭穆は、かなり信頼しうる古い資料である『荀子』『韓非子』『史記』などの記事と、それに比べれば信頼性の劣る後の資料である劉向『孫卿書錄』『鹽鐵論』『風俗通』などの記事を、資料的價値の上で同列に置き、それらを恣意的に引用して荀子の生涯と事績を劃いている。第二に、銭穆は、『史記』荀卿列傳に「荀卿、趙人。年五十始來游學於齊。」とある、荀子が齊の稷下に游學した年齢の「五十」を誤りとして「十五」に改める。またこの「游學」の年代を、『史記』荀卿列傳の文脈を無視して「威王晩世」であると認める。その結果、荀子を非常な長壽者として劃かざるをえない不合理に陥っている。第三に、『史記』荀卿列傳に「齊人或讒荀卿、荀卿乃適楚、而春申君以爲蘭陵令。春申君死而荀卿廢、因家蘭陵。李斯嘗爲弟子、已而相秦。」とある、荀子についての楚關係の記事をほとんど信頼せず、それを文字どおりには受け取らないために、荀子と楚・春申君・李斯の關わりを輕視したり、明文のある「因葬蘭陵」を退けて生國の趙に歸って卒したと述べたりといった、珍奇な見解を提示するだけに終わっている。

こうしてみると、我々には、やはり比較的信頼することのできる古い資料に基づきながら、自らの力で荀子の生涯と事績を劃きなおす以外に方法はないのである。

（2）荀子の生涯と事績

荀子という思想家について初めてまとまった傳記を書いたのは、『史記』荀卿列傳である。上述のとおり、荀子の生涯と事績を劃くための資料には、比較的信頼することのできる古い『荀子』『韓非子』『史記』などを優先的に採用すべきであるが、中んづく『史記』荀卿列傳は最も優先的に検討されなければならない。

ここでは、主に『史記』荀卿列傳の記事から資料を採用して、以下の行論に關係する範圍で彼の生涯と事績を略述してみよう。――「荀卿、趙人。年五十始來游學於齊。騶衍之術迂大而閎辯。奭也文具難施。淳于髡久與處、時有得善言。故齊人頌曰、談天衍、雕龍奭、炙轂過髡。田駢之屬皆已死齊襄王時、而荀卿最爲老師。齊尚脩列大夫之缺、而荀卿三爲祭酒焉。齊人或讒荀卿、荀卿乃適楚、而春申君以爲蘭陵令。春申君死而荀卿廢、因家蘭陵。李斯嘗爲弟子、已而相秦。荀卿嫉濁世之政、亡國亂君相屬、不遂大道而營於巫祝、信禨祥、鄙儒小拘、如莊周等又猾稽亂俗、於是推儒墨道德之行事興壞、序列著數萬言而卒。因葬蘭陵。」。この記事に基づくならば、荀子の生國は、趙である。生年は、紀元前三一五年前後であろう。彼が齊に「游學」した年代が、下文から襄王（在位は紀元前二八三～二六五年）の末年か、または次の王建（在位は紀元前二六四～二二〇年）の初年、すなわち前二六五年または前二六四年であると判斷されるので、ここから逆算して「五十」年前にさかのぼると、前三一五年前後という年代を得る。

始めて齊に游學したのは、「年五十」の時である。銭穆がこの記事を「年十五」の誤りと疑うのは、むしろ銭穆の誤り。というのは、一つには、もし正しくは「年十五」であるならば、同荀卿列傳は、諸他の列傳の書法にならって、趙における荀子の早熟な秀才ぶりを描寫してもよさそうなものであるが、そのような描寫が全然書かれていないからである[75]。二つには、銭穆は、荀子が以後再三にわたって齊に赴いた事實を念頭に置いて、司馬遷は「始」ということばを使うのだと解釋するが、これも誤り。この「始」はすぐ下の「來游學」に係る副詞であり、彼が再三齊に「來游學」した事實はないからである。やはりこれは「年五十」になって世界の文化・學問の中心地に留學にやってきたという、荀子の竝はずれた晩學（さらには熱意）を強調することばと解釋しなければなるまい。三つには、「年五十」のままにするならば、それは下文に「田駢之屬皆已死齊襄王時、而荀卿最爲老師。」とあるのと、適合的な年齢設定と思われるからである。この游學は、同荀卿列傳に「田駢之屬皆已死齊襄王時、而荀卿最爲老師。」とあるのによって、襄王の末年か王建の初年、すなわち前二六五年か前二六四年と判斷される。この時より以後、前二五五年に至るまで、荀子は基本的に齊で生活し、その閒最長老と尊ばれ、「列大夫」に任ぜられ、三度「祭酒」となったのであった。ところが、ある齊人の讒言に遭ったために、荀子は齊を去って楚に適き、春申君の庇護を受けて蘭陵の令に任命された。この閒の事情を、同荀卿列傳は「齊人或讒荀卿、荀卿乃適楚、而春申君以爲蘭陵令。」と述べる。同春申君列傳にも「春申君相楚八年、爲楚北伐滅魯、以荀卿爲蘭陵令。當是時、楚復彊。」とあるのによれば、荀子が楚に適き蘭陵の令となったのは春申君が楚の相となった八年、すなわち前二五五年のことである。やがて前二三八年、春申君が李園によって殺される事件が起こったため（同春申君列傳）、同荀卿列傳に「春申君死而荀卿廢、因家蘭陵。」とあるように、庇護者を失った荀子も蘭陵の令を解任されてしまう。以後は、そのまま蘭陵に家を構えて餘生を送りこの土地で卒したようであるが、卒年は不明。

以上は、『史記』の記事を資料に採用して、荀子の生涯と事績を略述したのであるが、實は上にその說をしばしば引用してきた内山俊彥『荀子』（前掲）が劃く、荀子の生涯と事績のアウトライン[76]と大體同じ内容を得る結果となっている。[77]

（3）『荀子』の「天人之分」における齊と楚

以上に略述した、荀子の生涯と事績における齊の體驗（前二六五年か前二六四～二五五年）と楚の體驗（前二五五～二三八年以後）は、『荀子』の「天人之分」思想にいかなる關わりを持つか。――これもまた恐らくいくつかの客觀的大情勢という狀況證據を擧げて、あやふやな議論を進めるしか方法のない問題ではあろうが、『窮達以時』の成書の年代・場所などを左右する問題でもあるので、以下、氣のついた二三の點について資料を擧げて檢討しておきたい。

第一に、荀子の生國は、趙である。彼はこの國で前三一五前後～二六五年前後の五十年閒を過ごした。ところで、この國において戰國末期に黄老思想が初めて誕生したことは、比較的よく知られている事實に屬する。[78] その黄老思想の系譜が『史記』樂毅列傳の論贊に以下のように描かれている。――「太史公曰、始齊之蒯通及主父偃讀樂毅之報燕王書、未嘗不廢書而泣也。樂臣〈巨〉公學黄帝老子、其本師號曰河上丈人、不知其所出。河上丈人教安期生、安期生教毛翕公、毛翕公教樂瑕公、樂瑕公教樂臣〈巨〉公、樂臣〈巨〉公教蓋公。蓋公教於齊高密膠西、爲曹相國師。」。

この系譜の内、黄老思想を創始したとされる初代の河上丈人は實在性の極めて疑わしい、後世の假託にかかる人物であるにちがいない。また第二代の安期生の實在性を疑ったとしても、[79] しかし少なくとも第五代の樂巨公と第六代の蓋公の二人は、實在性の充分に確かめられる人物であって、黄老思想家としての活動ぶりが『史記』などに書き殘されている。[80] この點から推測するならば、第三代の毛翕公と第四代の樂瑕公が戰國後期の趙において黄老思想の活動を展開していた事實は、まず疑う必要がなかろう。荀子がこの世に生を享けて以來五十年閒を過ごして、その後の基礎となる思想・學問の訓練を受けた趙には、このような道家系の思想が新たに誕生しており、折しも活發な活動を展開し始めていたのである。とすれば、荀子はこの閒黄老思想から何らかの刺激や衝撃を受けることがあったのではないか。そして、この青年時代、趙において黄老の刺激・衝擊を受けたことが、後年『荀子』天論篇の「天人之分」において道家から思想的影響を受けることを可能にする下地を形作ったのである。

第二に、荀子が齊の稷下に滯在した期閒は、前二六五前後～一五五年の約十年閒である。この時期、稷下の文化・學問活動はすでに威王・宣王時代のピークを過ぎて、もはや衰退に向かいつつあったことに疑問の餘地はないが、しかしそれでもまだ完全に火が消えてしまったわけではなく、文化・學問の餘燼はまだくすぶり續けその火種もかろうじて維持されていた。[81] 稷下において文化・學問活動を行ったグループに道家系がおり、その思想家の數も少なくなくその活動もはなはだ活發であったことについては、先驅的な武内義雄『老子と莊子』の第六章「齊における道家思想」[82] や郭沫若『十批判書』の「稷下黄老學派的批判」[83] あたりから始まって、注（81）に引用した最近の白奚『稷下學研究

──中國古代的思想自由與百家爭鳴』[84]に至るまで、多數の論著が指摘してきたところである。

したがって、荀子が彼らから豐富な思想的榮養を汲み取った可能性は、極めて高いと言うことができる。『荀子』の書に卽して考えてみると、一方で「有天有地、而上下有差。」（王制篇）や「虛壹而靜」（解蔽篇）などといった道家的な思想や表現を全書のあちらこちらで使用しながら、他方で老子（天論篇）・莊子（解蔽篇）・愼到（非十二子篇・天論篇・解蔽篇）・田駢（非十二子篇）などの道家系の思想家をしきりに批判するのは、荀子が日常不斷に道家系の書物に親しみ、道家系の思想家と交わっていたからだと想像して、それほど見當ちがいではあるまい。そして、荀子を取りまくこの思想的環境は、彼が天論篇の「天人之分」において（また、荀子の後學が『窮達以時』において）道家から思想的影響を受けることを可能にする直接の要因となった。

第三に、荀子が楚の蘭陵に居住した期間は、前二五五前後～二三八年後の大略十八年間である。この時期、楚の蘭陵において荀子の門下に入ってその教えを受けた者に、韓非と李斯の二人がいる。『史記』韓非列傳に「韓非者、韓之諸公子也。喜刑名法術之學、而其歸本於黃老。非爲人口吃、不能道說、而善著書。與李斯俱事荀卿、斯自以爲不如非。」、同荀卿列傳に「李斯嘗爲弟子、已而相秦。」、同李斯列傳に「李斯者、楚上蔡人也。……乃從荀卿學帝王之術。學已成、度楚王不足事、而六國皆弱、無可爲建功者、欲西入秦。辭於荀卿曰、斯聞得時無怠、今萬乘方爭時、游者主事。今秦王欲吞天下、稱帝而治、此布衣馳騖之時、而游說者之秋也。處卑賤之位而計不爲者、此禽鹿視肉、人面而能彊行者耳。故詬莫大於卑賤、而悲莫甚於窮困。久處卑賤之位、困苦之地、非世而惡利、自托於無爲、此非士之情也。故斯將西說秦王矣。」とあるとおりである。

まず、韓非について。一つには、韓非の法治思想の基礎をなす、人閒本性に關する思想、すなわち人閒は誰しも安利を求め危害を避けるものだとする理解が、師である荀子の性惡說の影響下に成ったものであることは、今日では不動の定說であると言ってよい[85]。例えば、『韓非子』五蠹篇に「民之政〈故〉計、皆就安利、如辟危窮。……窮危之所在也、民安得勿避。……安利之所在、安得勿就。是以公民少而私人衆矣。」、同姦劫弑臣篇に「夫安利者就之、危害者去之、此人之情也。……人焉能去安利之道、而就危害之處哉。」、同難二篇に「好利惡害、夫人之所有也。賞厚而信、人輕敵矣、刑重而必、夫人不北矣。長行徇上、數百不一、喜利畏罪、人莫不然。」とあるのを見られたい。これらが、先に三、2「『莊子』の「天人」關係論と『荀子』の「天人之分」」に引用した『荀子』性惡篇に「人之性惡、其善者僞也。今人之性、生而有好利焉。順是、故爭奪生而辭讓亡焉。生而有疾惡焉。順是、故殘賊生而忠信亡焉。生而有耳目之欲、有好聲色焉。順是、故淫亂生而禮義文理亡焉。」、また、注（68）に引用した同性惡篇に「若夫目好色、耳好聲、口好味、心好利、骨體膚理好愉佚、是皆生於人之情性者也。感而自然、不待事而後生之者也。」とある、荀子の人閒本性に關する思想に由來しそれをふまえて、それに韓非流の修正を施したものであることは、はなはだ明白である。そして、『荀子』天論篇との閒に若干の齟齬・相異がある性惡篇のこの思想が、楚の蘭陵時代の弟子である韓非に繼承されているというこの事實は、天論篇や『窮達以時』の成書年代の下限を決定するはずである。

二つには、韓非後學の著作と見なされる『韓非子』難勢篇[86]の中に、政治支配において肝要であると位置づけられた「勢」に關して、「自然」に得られた「勢」を不可であるとして否定し、逆に「人之所設」すなわち人爲的に求めた「勢」だけを肯定するという思想が表明されている[87]。――「夫勢者、名一而變無數者也。勢必於自然、則無爲言於勢矣。吾所爲言勢者、言人之所設也。〔今曰、堯舜得勢而治、桀紂得勢而亂。吾非以堯桀爲不然也。雖然、非人之所得設也。〕夫堯舜生而在上位、雖有十桀紂不能亂者、則勢治也。桀紂亦生而在上位、雖有十堯舜而亦不能治者、則勢亂也。故曰、勢治者、則不可亂。而勢亂者、則不可治也。此自然之勢也、非人之所得設也。若吾所言〔勢〕、謂人之所得勢〈設〉也而已矣。」。この文章は、韓非自身の思想を比較的忠實に再現していると考えられるが、「自然」を否定する要素を有する『荀子』性惡篇の思想をふまえて、それに韓非流の修正を施したものと捉えることができよう[88]。そして、性惡篇の「人」が「天」に働きかける能動性積極性が、楚時代の弟子韓非にほぼ繼承されているというこの事實も、やはりまた「自然」を否定することのなかった天論篇や『窮達以時』の成書年代の下限を決定するはずである。

次に、李斯について。上引の『史記』李斯列傳には「辭於荀卿曰、……處卑賤之位而計不爲者、此禽鹿視肉、人面而能彊行者耳。故詬莫大於卑賤、而悲莫甚於窮困。久處卑賤之位、困苦之地、非世而惡利、自托於無爲、此非士之情也。」のように、楚を去り秦に赴こうとして師の荀子に別れを告げる時のことばが遺されている。その中に「士」の處世の態度として「不爲」「無爲」は取るべきでない、とする「不爲」「無爲」への批判が含まれる。これは、元來は師が楚において弟子に教えた思想であったものを、弟子の口から師に投げ返して秦に赴く理由としたものではなかろうか。ところが、『荀子』性惡篇は、「不爲」「無爲」を肯定することは一切なかったけれども、天論篇は上に何度も引用したとおり「不爲而成、不求而得、夫是之謂天職。……聖人淸其天君、正其天官、備其天養、順其天政、養其天情、以全其天功。如是、則知其所爲、知其所不爲矣、則天地官而萬物役矣。……故大巧在所不爲、大知在所不慮。」とあって、「爲」とともに「不爲」をも肯定する。(89) そして、性惡篇の處世の態度として「不爲」「無爲」を否定する能動性積極性が、楚時代のもう一人の弟子李斯に繼承されているというこの事實も、やはりまた「不爲」を否定することのなかった天論篇の成書年代の下限を決定するはずである。

以上の檢討に基づくならば、『荀子』天論篇と『窮達以時』の成書については、以下のように結論づけられる。——『荀子』天論篇の成書年代は荀子が齊の稷下に滯在していた前二六五前後～二五五年の閒にある。『窮達以時』はそれより少しばかり後に、荀子の後學によって成書されたのであろうが、これも荀子が楚の蘭陵に移る前二五五年より以前のことであろう。

3、郭店一號楚墓の下葬年代への疑問

郭店一號楚墓は、一體いつごろ下葬されたものか。下葬年代が重要であるのは、今回出土した諸文獻の成書年代や

抄寫年代がいつであるかを測る基礎になるのが下葬年代だからである。この問題については、すでに中國の研究者に見解があり、例えば、湖北省荊門市博物館の劉祖信「荊門楚墓的驚人發現」は「該墓的下葬時代應屬戰國中期偏晩」と言い[90]、また湖北省荊門市博物館「荊門郭店一號楚墓」は「綜上所述、從墓葬形制和器物特徵判斷、郭店Ｍ一具有戰國中期偏晩的特點、其下葬年代當在公元前四世紀中期至前三世紀初。」と言い[91]、さらに崔仁義「荊門楚墓出土的竹簡《老子》初探」は、より詳細かつ具體的に「竹簡《老子》的入葬時開早於公元前二七八年。郭店一號墓位於以紀南城爲中心的楚國貴族陵墓區、是楚國貴族墓（詳見文之《一》）、而公元前二七八年、秦將白起拔郢、〝燒先王墓夷陵。楚襄王兵散、遂不復戰、東北保於陳城。〟楚都紀南城的廢棄、意味着楚國貴族集團的轉移和公墓區內楚國貴族墓葬的終止。同時、該墓出土的方形銅鏡與包山楚墓出土的方形銅鏡制作一樣、形制相同、紋飾一致、出土的漆耳環等也均與包山楚墓出土的同類同型器接近。包山二號墓入葬於公元前三一六年、郭店一號墓的入葬年代應與之不相上下、卽約當公元前三〇〇年。」と述べる[92]。今日の中國の學界では、最後の紀元前三〇〇年前後の下葬とする見解が最も盛行しているようである。

しかしながら、筆者は、以上に檢討してきたことに基づいて、この見解に根本的な疑問を呈する者である。

注

（1）本論文は、文部省科學研究費補助金一九九九年度の基盤研究「郭店出土竹簡およびそれと關聯する出土資料の研究――中國古代思想史の再構築を目指して――」（研究代表者は日本女子大學谷中信一教授）による郭店楚簡研究會第二回例會（一九九九年七月、於日本女子大學文學部）において、筆者が行った口頭報告「窮達以時について」を基にし、それを加筆・修正した後發表した拙論「郭店楚簡『窮達以時』の研究」（池田知久監修『郭店楚簡の思想史的研究』第三卷所收、東京大學郭店楚簡研究會、二〇〇一年一月）にさらに手を入れて完成させたものである。

（2）『郭店楚簡の研究（一）』、六〜九頁。

（3）『郭店楚簡の研究（一）』、六十五～一〇三頁。同誌第一部「譯注編」所收の『大一生水』と『窮達以時』のすべての文章は、大東文化大學郭店楚簡研究班に所屬する五名の大學院生諸君の手を煩わせて、それぞれ擔當箇所を定めて各自に原稿を書いてもらったが、一つ一つの原稿に筆者が數回朱筆を入れ、筆者の考えに從って強引かつ徹底的に書き改めて成ったものである。

（4）この箇所は、『窮達以時』と類似する文章のある『韓詩外傳』卷七は「虞丘名聞於天下、以爲令尹、讓於孫叔敖、則遇楚莊王也。」に作り、『說苑』雜言篇は「沈尹名聞天下、以爲令尹、而讓孫叔敖、則其遇楚莊王也。」に作る。兩文獻に『窮達以時』の「後名昜（揚）」に表現の近い「名聞於天下」や「名聞天下」が含まれるところから、『窮達以時』のこの箇所は「虞丘」つまり「沈尹」の故事を述べた文章と考えられる。恐らく本來は第八號簡と第九號簡の閒に「虞丘」が「楚臧（莊）」に、「子疋（胥）」が「闔閭・夫差」にそれぞれ「堣（遇）」ったことを述べる記事が存在していたのが、何らかの事情で奪してしまったのではないか。

（5）この箇所は、『韓詩外傳』卷七は「伍子胥前功多、後戮死、非知有盛衰也。前遇闔閭、後遇夫差也。」に作り、『說苑』雜言篇は「伍子胥前多功、後戮死、非其智益衰也。前遇闔閭、後遇夫差也。」に作る。

（6）「善伓㠯也、穿達以旹。悳行弌也、譽皇在仿。」は、『郭店楚簡』の「釋文」は「善伓㠯也。穿達以旹、悳行弌也。譽皇在仿、」のように句讀し（一四五頁）、また筆者の『郭店楚簡の研究（一）』もそれを踏襲して、句讀を切り訓讀し口語譯をつけた（九十八頁）。しかしこれらは誤りであり、本論文のように訂正する。『窮達以時』のこの箇所と類似する文章が、『淮南子』齊俗篇に「故趨舍同、誹譽在俗。意〈悳〉行鈞、窮達在時。湯武之累行積善、可及也。其遭桀紂之世、天授也。今有湯武之意、而無桀紂之時、而欲成霸王之業、亦不幾矣。」、同人閒篇に「宮人得戟則以刈葵、盲者得鏡則以蓋巵、不知所施之也。故善鄙同、誹譽在俗。趨舍同、逆順在時。」とあるからである。『窮達以時』の「弌」が、『淮南子』齊俗篇の「同」「鈞」に等しく、同人閒篇の「同」に等しいことは、自明であろう。蛇足ながら、『淮南子』齊俗篇の「意行」の「意」の字は、「悳行」の「悳」の字の誤り。字形が似ているので誤ったものである。

（7）第十四號簡と第十五號簡の閒には竹簡の遺失があり、文意が前後つながらない。

（8）「人が自分の本來的な能力を發揮する」とは、第一章に「詨天人之分、而智所行矣。又其人、亡其殜、唯臤弗行矣。」とあった「行」の字をここに譯出したもの。具體的には第二章に列擧されているような、「舜」が天子となって「行」ったこと、「邵繇」が天子を補佐して「行」ったこと、等々を指す。

（9）正確を期して言えば、「子疋」における「後翏死」は、しかるべき権力者にめぐり遇って自分の能力を發揮することができた事例の例外である。

（10）第四章の「聖之弋」は「聽之代」の假借表現。この箇所は、『莊子』德充符篇に「死生存亡、窮達貧富、賢與不肖毀譽、饑渴寒暑、是事之變、命之行也。日夜相代乎前、而知不能規乎其始者也。」とある文章の影響下に成ったもの。『墨子』非儒下篇に「壽夭貧富、安危治亂、固有天命、不可損益。窮達賞罰幸否有極、人之知力、不能爲焉。」とあるのも、この箇所を解釋する資料として役に立つ。『郭店楚簡の研究（一）』、九十九～一〇〇頁を參照。

（11）「不堣」ということばは第二章には現れないが、すぐ後の第三章に「堣不堣、天也。」と見える。

（12）現に第三章では「堣不堣、天也。」と明言されている。

（13）第三章の「達」と「𡨕」、また「名」と「莫之智」も、やはり「天」の下に包攝される下位概念であろう。第四章に二例の「𡨕達以旹」が見え、その「旹」という語が第一章「殜」、第二章「堣」、第三章「堣不堣」などと親和的だからである。

第三章に現れた作者の目指す理想的な人閒像は、「達」「𡨕」「名」「莫之智」などの「天」に屬する性質の事象は極めて重要であるから輕視はしないが、それらの内「𡨕」「莫之智」という逆境に陷った場合でも、「困」しまず「吝」しまない、すなわち人閒として「天」に翻弄されずに自立的主體的に生きるために、他人の見ていない場面でも「童」「學」などの「人」をまじめに行う者ということになる。

（14）ただし後者の解釋、すなわち「天」と「人」の持ち場・領域の相異の設定は、『窮達以時』の場合『荀子』天論篇に比べて相當に不明瞭である。結論を先に述べるならば、理由は『窮達以時』が『荀子』天論篇より後に成った文章だからであり、『窮達以時』には『荀子』天論篇の懷いていた問題意識――「天」の壓倒的優位の中で「人」の存在意義をいかに確保するか――が衰弱しつつあったからである。

（15）『窮達以時』のこの文章は、『孔子家語』在厄篇では消失してしまう。

（16）ちなみに、「夫遇不遇者、時也。」という文は、『荀子』宥坐篇・『孔子家語』在厄篇だけでなく、『韓詩外傳』卷七・『說苑』雜言篇にもほぼ同じものが見える。

（17）『荀子』天論篇の「楚王後車千乘、非知也。君子啜菽飲水、非愚也。是節然也。」は、相當する文章が『窮達以時』には存在しないが、『呂氏春秋』愼人篇には「舜之耕漁、其賢不肖與爲天子同。其未遇時也、以其徒屬、掘地財、取水利、編蒲葦、結罘網、手足胼胝不居、然後免於凍餒之患。其遇時也、登爲天子、賢士歸之、萬民譽之、丈夫女子、振振殷殷、無不載說。

舜自爲詩、曰、普天之下、莫非王土、率土之濱、莫非王臣、所以見盡有之也。盡有之、賢非加也。盡無之、賢非損也。時使然也。」とある。後者は前者の影響下に成った文章であるにちがいない。

（18）渡邊卓『古代中國思想の研究』（創文社、一九七三年）、五四一～五四三頁を參照。

（19）拙著『淮南子――知の百科』（講談社、一九八九年）、十～十一頁および二十八～三十一頁を參照。

（20）沼尻正隆『呂氏春秋の思想的研究』（汲古書院、一九九七年）、三十八～四十一頁を參照。

（21）羅根澤『古史辨』六所收（上海古籍出版社複印版、一九八二年）、上編（起民國十五年六月、迄廿五年七月）、三四七頁を參照。

（22）陳奇猷『呂氏春秋校釋』二（學林出版社、一九八四年）、八〇四頁を參照。

（23）前掲書、一〇八～一一一頁を參照。

（24）『呂氏春秋』愼人篇の最後の段落が『莊子』讓王篇の一章と同じであるのは、『莊子』が『呂氏春秋』から取ったので、その反對ではない。この問題については、津田左右吉『論語と孔子の思想』（全集本第十四巻、岩波書店、一九六四年）、二十四～二十八頁を參照。それゆえ、『呂氏春秋』愼人篇の最後の段落は、類似の思想表現が注（10）に引用した『莊子』德充符篇に「死生存亡、窮達貧富、賢與不肖毀譽、饑渴寒暑、是事之變、命之行也。日夜相代乎前、而知不能規乎其始者也。」とあるように、道家的な思想であることは勿論であるが、また同じく『墨子』非儒下篇に「壽夭貧富、安危治亂、固有天命、不可損益。窮達賞罰幸否有極、人之知力、不能爲焉。」とあるように、當時は他學派から儒家の思想であるとも見なされていた。また、類似の思想表現が注（6）に引用した『淮南子』齊俗篇にも「故趨舍同、誹譽在俗。意〈悳〉行鈞、窮達在時。湯武之累行積善、可及也。其遭桀紂之世、天授也。今有湯武之意、而無桀紂之時、而欲成霸王之業、亦不幾矣。」とある。これには確かに濃厚な道家思想の色彩が附着しているが、しかしこれも純粋な道家風の色彩一色ではなく、儒家の思想が多分に混在すると言わなければならない。

（25）『呂氏春秋』愼人篇の思想については、楠山春樹『呂氏春秋』中（新編漢文選、明治書院、一九九七年）、十頁は「孝行覽――……愼人篇のように、逆に人は時を超越して爲すべきことを爲せと說く篇もあり、……要するに、「時機」を論ずるということに論旨の共通點があるように思われる。」と述べ、また同十三頁は「儒家との關聯についていうと、一篇を通して明らかに儒家說と知られるのは孝行覽だけである。しかるべき主題中の一例話として、孔子を贊美する趣旨の文は隨所に見えるが、しかしその主題そのものは、必ずしも純粋な儒家思想とは稱し難い（孝行覽（六）愼人、審分覽（三）任數、審應覽

（三）精論など）。」と述べる。筆者はこれらの「解題」に大體のところ賛成である。

（26）「孔子」の事績では、その段落の末尾に總括「古之得道者、窮亦樂、達亦樂。所樂非窮達也、道得於此、則窮達一也、爲寒暑風雨之序矣。故許由虞乎潁陽、而共伯得乎共首。」が書かれているので、その論旨は明瞭かつ容易に把握しうる。

（27）この事實を指摘した論著には、内山俊彦『荀子』（講談社學術文庫、講談社、一九九九年）、三三八頁、および拙著『郭店楚簡老子研究』（東京大學文學部中國思想文化學研究室、一九九九年）、九頁がある。

（28）『呂氏春秋』においてもっぱら「時に遇う」「時に遇わず」を論ずる篇は首時篇である。首時篇には「固有近之而遠、遠之而近者。時亦然。有湯武之賢而無桀紂之時不成、有桀紂之時而無湯武之賢亦不成。聖人之見時、若歩之與影不可離。故有道之士未遇時、隱匿分竄、勤以待時。時至、有從布衣而爲天子者、有從千乘而得天下者、有從卑賤而佐三王者、有從匹夫而報萬乘者、故聖人之所貴唯時也。水凍方固、后稷不種、后稷之種必待春、故人雖智而不遇時無功。方葉之茂美、終日采之而不知。秋霜既下、衆林皆羸。事之難易不在小大、務在知時。……齊以東帝困於天下、而魯取徐州。邯鄲以壽陵困於萬民、而衛取繭氏。以魯衛之細、而皆得志於大國、遇其時也。故賢主秀士之欲憂黔首者、亂世當之矣。天不再與、時不久留、能不兩工、事在當之。」とあるが、ここには同一の篇の中で「遇」の字を權力者とのめぐり遇いの意味と混用している事實はない。

一方、『呂氏春秋』においてもっぱら「桀紂」が「湯武に遇う」、「湯武」が「桀紂に遇う」などを論じた篇は長攻篇である。長攻篇には「凡治亂存亡、安危彊弱、必有其遇、然後可成、各一則不設。故桀紂雖不肖、其亡遇湯武也。遇湯武、天也、非桀紂之不肖也。湯武雖賢、其王遇桀紂也。遇桀紂、天也、非湯武之賢也。若桀紂不遇湯武、未必亡也。桀紂不亡、雖不肖、辱未至於此。若使湯武不遇桀紂、未必王也。湯武不王、雖賢、顯未至於此。……譬之若良農、辯土地之宜、謹耕耨之事、未必收也。然而收者、必此人也始在於遇時雨。遇時雨、天地也、非良農所能爲也。」とあるが、ここにも同一の篇の中で「遇」の字を「時に遇う」「時に遇わず」の意味と混用している事實はない。なお、後者の「此人」の「人」は、「天人」關係論の「人」すなわち人爲の意味であり、「天地也」の「地」は、衍字であろう（兪樾・陳昌齊・陳奇猷の說）。また「時雨に遇う」は、「湯武に遇う」「桀紂に遇う」などの比喩であって、「時に遇う」とは全然無關係である。

（29）『呂氏春秋』愼人篇の篇首と類似する文章が、『淮南子』繆稱篇に「功名遂成、天也。循理受順、人也。太公望周公旦、天非爲武王造之也。崇侯惡來、天非爲紂生之也。有其世、有其人也。」とある。これも、「天」と「人」が二つながら同様に重要であることを訴えたものである。

（30）なお、『荀子』宥坐篇以下の四文獻に、表面上「天人之分」がまったく登場しないことは、すでに見たとおり。

（31）荀子後學が「舜」と「堯」の關係を、『窮達以時』や『呂氏春秋』愼人篇と同様に「遇」の問題として捉えていた文章が、『荀子』成相篇に「堯授能、舜遇時、尙賢推德、天下治。雖有賢聖、適不遇世、孰知之。」とある。だから、『荀子』が『呂氏春秋』愼人篇また『窮達以時』から遠く離れているとは、必ずしも言えない。ただし、『荀子』成相篇の「遇」は「時に遇う」「世に遇う」であって、「舜」が「堯に遇う」ではないことに注意。

（32）上文の「舜之耕漁、其賢不肖與爲天子同。」は、このことを端的に述べた文であって、「舜」が「耕漁」していた時の「其賢不肖」は、彼が「天子と爲」った時の「其賢不肖」と「同」じだと言うのである。

（33）上文の二、2『窮達以時』と關聯する諸文獻」で引用した『荀子』天論篇に「楚王後車千乘、非知也。君子啜菽飮水、非愚也。是節然也。」とあるのは、『呂氏春秋』愼人篇に「舜之耕漁、其賢不肖與爲天子同。其未遇時也、以其徒屬、堀地財、取水利、編蒲葦、結罘網、手足胼胝不居、然後免於凍餒之患。其遇時也、登爲天子、賢士歸之、萬民譽之、丈夫女子、振振殷殷、無不載說。……盡有之、賢非加也。盡無之、賢非損也。時使然也。」とある文章の藍本であろう。この文章も「……非知也。……非愚也。」という特殊な句を含む。だが、これらは「人」の範疇に入れられているわけではなく、「人」の範疇は明らかに下文の「我」「己」である。

（34）『窮達以時』では確かに不明であるが、『韓詩外傳』卷七には「虞丘名聞於天下、以爲令尹、讓於孫叔敖、則遇楚莊王也。伍子胥前功多、後戮死、非知有盛衰也。前遇闔閭、後遇夫差也。」、『說苑』雜言篇には「沈尹名聞天下、以爲令尹、而讓孫叔敖、則其遇楚莊王也。伍子胥前多功、後戮死、非其智益衰也。前遇闔閭、後遇夫差也。」とあって、これらにおいては「虞丘・子胥」の場合も、當該句の目的が明確に「遇」の意義を強調するところに置かれている。

（35）『荀子』宥坐篇が「人」の重要性を輕視・否定するものでないことは、改めて論ずるまでもない。『荀子』宥坐篇の「今有其人、不遇其時、雖賢、其能行乎。苟遇其時、何難之有。」という文章は、『窮達以時』第一章にある類似の「又天又人、天人又分。詧天人之分、而智所行矣。又其人、亡其殜、唯𠭁弗行矣。句又其殜、可慬〈僅〉之又才。」という文章の影響の下に成ったものであるが、『窮達以時』の下文には「賢不肖者、材也。」などの命題が全然現れないのである。

（36）上文の二、2『窮達以時』と關聯する諸文獻」に既述したとおり、四文獻において竝列されている「材」（「才」）「人」「時」「命」の四つの概念は、それらの相互關係が明瞭でない。この點にも注意を拂うべきである。

（37）馮友蘭『中國哲學史新編』第二册（一九八三年修訂本、一九八四年、人民出版社）、三六九頁。

（38）內山俊彥『中國古代思想史における自然認識』（創文社、一九八七年）、八十～八十一頁。

(39) 内山俊彦『荀子』(前掲)、七十八～七十九頁。

(40) 内山俊彦の「自然」の語が中國思想史にとって内在的なものではなく、西歐文化史を背景に背負った nature の概念であることに關する筆者の批判は、拙論「書評　内山俊彦著『中國古代思想史における自然認識』」(東大中國學會『中國―社會と文化』第三號、一九八八年六月、三〇二～三一二頁)で述べた。

(41) ほぼ同時代に書かれた「天行」の用例の中から、重要と思われるものを以下に列擧する。――『呂氏春秋』貴信篇に「天行不信、不能成歲。地行不信、草木不大。……天地之大、四時之化、而猶不能以不信成物、又況乎人事。……夫可與爲始、可與爲終、可與尊通、可與卑窮者、其唯信乎。信而又信、重襲於身、乃通於天。」、『淮南子』精神篇に「故曰、其生也天行、其死也物化、靜則與陰俱閉〈合德〉、動則與陽俱開〈同波〉。」、馬王堆漢墓帛書(以下、「馬王堆」と略稱)『十六經』正亂篇に「大山之稽曰、子勿患也。夫天行正信、日月不處、啓然不台(怠)、以臨天下。」、通行本『周易』乾卦象傳に「象曰、天行健、君子以自強不息。」、同蠱卦彖傳に「彖曰、……先甲三日、後甲三日、終則有始、天行也。」、同剝卦彖傳に「彖曰、……君子尚消息盈虛、天行也。」、同復卦彖傳に「彖曰、……反復其道、七日來復、天行也。……復其見天地之心乎。」とある。

(42) 正確を期して言えば、「天職」「天〔功〕」「天情」「天官」「天君」「天養」「天政」といった種々様々の具體的な「天」に關して、それらが存在していることおよび人間の「其の爲さざる所」が「天」、反對に人間の「其の爲す所」が「人」である。

(43) 同趣旨の文章が上の引用文中に「不爲而成、不求而得、夫是之謂天職。如是者、雖深、其人不加慮焉。雖大、不加能焉。雖精、不加察焉。夫是之謂不與天爭職。」と見えていた。このような「天」概念が道家の「天」と親近というよりも、むしろ先行する道家の「天」を繼承したものであることは、引用文中に「故大巧在所不爲、大知在所不慮。」という道家まがいの表現があることによっても證明される。

(44) 内山俊彦『荀子』(前掲)、八十七～八十八頁は、『荀子』性惡篇のこの段落を引用しながら次のように解説する。――「「性僞の分」とは、したがって、人間の内的自然と、それに加えられるべき人爲・作爲との區別、を意味する。こうして、荀子においては、外的自然と人間との區別＝「天人の分」とともに、内的自然と人爲との區別＝「性僞の分」が、考えられていた。この二つの「分」は、論理的につらなりあうものであって、「性」に對して「僞」が作動すると同じく、「天」に對して「人」が作動する、とされている。」。しかし、内山俊彦は、この段落に示されている世界の基本的性質である「天人之分」としての「人」と、それが具體的に現れる領域としての「人」を混同しているように思われる。すなわち、一方の「禮義者、聖人之所生也、人之所學而能、所事而成者也。不可學、不可事而(之)在人者、謂之性。」の場合、「禮義」つまり

「僞」が「聖人の生ずる所なり、人の學んで能くする所、事として成す所なり。」と言われる「人」は、「天人之分」の「人」であるが、他方の「不可學、不可事而（之）在人者、謂之性。可學而能、可事而成之在人者、謂之僞。」の場合、「學ぶ可からず、事とす可からざるものの人に在る者」「學んで能くす可く、事として成す可きものの人に在る者」と言われる「人」は、「性僞」つまり「天人」に直接關わりのない、またはそれらをまたぐ領域としての「人」である。それゆえ、内山俊彦が顧廣圻の說に從って「不可學、不可事而（之）在人者、謂之性。」の「人」を、文獻上の根據もなく「天」に改めたのは、『荀子』の「天人之分」を理解しないものと評さなければならない。

(45)　『荀子』解蔽篇の冒頭には「凡人之患、蔽於一曲、而闇於大理。」という文がある。この「大理」が全體である「道」を指していることは勿論であるが、しかし、その含意は必ずしも分明でない。筆者は、本文に述べたように『荀子』解蔽篇に現れる「大理」つまり「道」には二重の含意があるのでないかと考える。

(46)　その詳細については、拙著『老莊思想』改訂版（放送大學教育振興會、二〇〇〇年。以下、『老莊思想』と略稱）、二一三～二四一頁を參照。

(47)　『莊子』養生主篇と似た點があるのが、同庚桑楚篇の「備物以將形、藏不虞以生心、敬中以達彼。若是而萬惡至者、皆天也、而非人也。」という文章である。

(48)　馬王堆『老子』甲本第七十七章は「天下〔之道、酉（猶）張弓〕者也。高者印（抑）之、下者擧之。有餘者敗（損）之、不足者補之。故天之道、敗（損）有〔餘而益不足。人之道則〕不然、敗（損）〔不足而〕奉有餘。孰能有餘而有以取奉於天者乎、〔唯又（有）道者乎。是以聲（聖）人爲而弗又（有）、成功而弗居也。若此其不欲〕見賢也。」に作り、同乙本第七十七章は「天之道、酉（猶）張弓與也。高者印（抑）之、下者擧之。有余（餘）者云（損）之、不足者〔補之。故天之道〕、云（損）有余（餘）而益不足。人之道、云（損）不足以奉又（有）余（餘）。夫孰能又（有）余（餘）而〔有以〕奉於天者、唯又（有）道者乎。是以咡（聖）人爲而弗又（有）、成功而弗居也。若此其不欲見賢也。」に作る。

(49)　拙著『老莊思想』、一二一～一四二頁を參照。

(50)　『莊子』大宗師篇に「古之眞人、不知說生、不知惡死。……是之謂不以心捐道、不以人助天。是之謂眞人。」とある、「不以人助天」も同じ方向で理解しうる。

(51)　これをふまえた文章が『淮南子』人閒篇に「知天之所爲、知人之所行、則有以任〈徑〉於世矣。知天而不知人、則无以與俗交。知人而不知天、則无以與道遊。」とあって、「知天」と「知人」がともに肯定されているのを參照。

（52）拙著『老莊思想』、二〇三～二一〇頁を參照。

（53）『莊子』列御寇篇に「夫造物者之報人也、不報其人、而報其人之天。」という文がある。その「其人之天」は、「其人之性」という意味ではなかろうか。

（54）類似する思想の表現の中では、本文に引用した『荀子』性惡篇の「凡性者、天之就也、不可學、不可事。……不可學、不可事而（之）在人者、謂之性。」が、最も古い文章のようである。『呂氏春秋』蕩兵篇に「兵之所自來者上矣、與始有民倶。凡兵也者、威也。威也者、力也。民之有威力、性也。性者、所受於天也、非人之所能爲也。武者不能革、而工者不能移。」とある文章は、『荀子』の後にその思想的影響を蒙った儒家系の作者の手に成るものであろう。こういうわけで、戰國最末期を迎える以前の思想界に學派の相異を超えて、「性」の由來に關するこの種の共通認識ができあがっていたらしい。また、『淮南子』精神篇にも、人間を「精神」と「形體」との二つに分けて「夫精神者、所受於天也。而形體者、所稟於地也。」とあるが、その趣旨は『呂氏春秋』誠廉篇とあまり變わらない。また、『莊子』漁父篇に「禮者、世俗之所爲也。眞者、所以受於天也、自然不可易也。故聖人法天貴眞、不拘於俗。愚者反此、不能法天、而恤於人、不知貴眞、祿祿而受變於俗、故不足。」とある文章も、「天」から受けた「性」という思想のヴァリアントの一つと見なすことができよう。

ついでに述べるならば、『禮記』中庸篇の有名な「天命之謂性、率性之謂道、脩道之謂教。」という文章は、舊來の説では孔子の孫である子思（紀元前四八三ころ～四〇二年ころ）の手に成ると信じられてきたが、以上に擧げた『荀子』『呂氏春秋』『淮南子』などとほぼ同時代の儒家の作と考えるべきである。なお、『淮南子』齊俗篇にも「率性而行謂之道、得其天性謂之德。性失然後貴仁、道失然後貴義。」という文章がある。

（55）拙著『老莊思想』、一三六～一三九頁を參照。

（56）この文章は、今日まで多くの研究者が誤解してきた段落であるので、引用文に即して『荀子』の「天人之分」を再度解明しておく。――『荀子』は、「星隊木鳴」がそのまま「天」だと言うのではない。そうではなくて、このような「自然現象・自然存在」に對して、下文にあるように「書不説」という處置を取ることが、またはこのような「自然現象・自然存在」が「書不説」という處置を取られるべき性質の事象であることが「天」だと言うのである。『荀子』がこのような「自然現象・自然存在」に關しても「人」を想定していることは、同天論篇に「雩而雨、何也。曰、無佗〈何〉也、猶不雩而雨也。日月食而救之、天旱而雩、卜筮然後決大事、非以爲得求也、以文之也。故君子以爲文、而百姓以爲神。以爲文則吉、以爲神則凶也。」とあるように、「非以爲得求也、以文之也。」という意味賦與の下に、「日月食而救之、天旱而雩、卜筮然後決大事。」を肯定している事實からも明らかである。

(57) 注(56)と同様に、『荀子』がこのような「人間・社會」の道德・政治の領域にも「天」を想定していることは、下文に「無用之辯、不急之察、棄而不治。」という處置を取るべきことが提案されている事實からも明らかである。

(58) 注(44)の引用文と一部分重複するが、内山俊彦『荀子』(前掲)、八十八～八十九頁は、『荀子』天論篇のこの段落を引用しながら、「荀子においては、外的自然と人間との區別＝「天人の分」とともに、内的自然と人爲との區別＝「性僞の分」が、考えられていた。この二つの「分」は、論理的につらなりあうものであって、「性」に對して「僞」が作動すると同じく、「天」に對して「人」が作動する、とされている。」と指摘する。しかし、この指摘は性惡篇の「性僞之分」には當てはまるものの、天論篇のこの段落には當てはまらない。

(59) 任繼愈『中國哲學史』第一册(人民出版社、一九六三年)、二一〇頁、および任繼愈『中國哲學發展史』先秦(人民出版社、一九八三年)、六七六～六八三頁。

(60) 板野長八『中國古代における人間觀の展開』(岩波書店、一九七二年)、一八〇頁。

(61) 馮契『中國古代哲學的邏輯發展』上册(上海人民出版社、一九八三年)、二七一頁。

(62) 馮友蘭『中國哲學史新編』第二册(前掲)、三七二～三七四頁。

(63) 内山俊彦『中國古代思想史における自然認識』(前掲)、一〇五～一〇六・一〇九頁、および内山俊彦『荀子』(前掲)、九十四～九十六頁。

(64) 楊憲邦『中國哲學通史』第一卷(中國人民大學出版社、一九八七年)、三五九頁。

(65) 吳乃恭『儒家思想研究』(東北師範大學出版社、一九八八年)、一三〇頁。

(66) 張岱年『中國道德思想研究』(上海人民出版社、一九八九年)、二〇三～二〇五頁。

(67) 注(44)および(58)を參照。

(68) 「禮義」「法度」などの「僞」の由來については、『荀子』性惡篇に「問者曰、人之性惡、則禮義惡生。應之曰、凡禮義者、是生於聖人之僞、非故生於人之性也。……聖人積思慮、習僞故、以生禮義而起法度、然則禮義法度者、是生於聖人之僞、非故生於人之性也。……故聖人化性而起僞、僞起而生禮義、禮義生而制法度。然則禮義法度者、是聖人之所生也。」とあって、「性」を所與の素材としながら「聖人之僞」の作ったものであることが明言されている。

(69) 『荀子』天論篇に大量に含まれる『老子』『莊子』まがいの思想と表現が、性惡篇にはまったく現れないことも、その證據の一つとして擧げることができる。

(70) 上にも引用した『荀子』性惡篇の中に、何度も繰り返して「人之性惡、其善者僞也。」というキャッチ・フレーズが登場するこの文章作法は、その執拗さ・頑固さにおいて中年期以前の思想家よりも老年期の思想家にふさわしい。

(71) 『荀子』天論篇には、本文で検討したもの以外に、二、2『窮達以時』と關聯する諸文獻」で引用したように、「楚王後車千乘、非知也。君子啜菽飲水、非愚也。是節然也。若夫心〈志〉意脩、德行厚、知慮明、生於今而志乎古、則是其在我者也。故君子敬其在己者、而不慕其在天者。小人錯其在己者、而慕其在天者。」という文章がある。この「節」という概念も「時」とほぼ同じ内容を有すると思われるが、下文で「其在天者」という句に置き換えられていることから、「天」と大略同じ意味であるか、または「天」の下に包攝されるその下位概念であろう。

天論篇の作者は、「楚王後車千乘」の榮達と「君子啜菽飲水」の貧窮という「人閒・社會」の領域に屬する事象を、「節」すなわち性質としての「天」であると規定し、しかもそれが榮達と貧窮を左右する力を持つことを認める。(もっとも、そのような「天」に在る「楚王後車千乘」の榮達を「慕」うことなく、「我」「己」に在る「夫心〈志〉意脩、德行厚、知慮明、生於今而志乎古。」の「人」を「敬」うべきだと主張して、客觀的全體的には「天」と「人」の平和共存を、主體的實踐的には「天」よりも「人」の重視を、目指すのではあるが。) 以上の點で、この段落は『荀子』天論篇の中心部分よりも、後代の『窮達以時』や『呂氏春秋』愼人篇に接近している。『荀子』天論篇の「時」や「節」に關する思想は、まだアンビヴァレントな段階に止まっていたと言うべきかもしれない。

(72) 『孔子家語』在厄篇には類似する文を見出すことができない。

(73) 『荀子』以後、戰國最末期から前漢初期にかけて、荀子學派の「天人之分」を始めとする儒家などの「天人」關係論に顯著な變化が發生するようになるが、この問題については、拙論「儒家の「三才」と『老子』の「四大」」(『中村璋八博士古稀記念東洋學論集』、汲古書院、一九九五年)、八～十三頁を參照。

(74) 錢穆『先秦諸子繫年』(上册・下册)(香港大學出版社、一九五六年增訂初版)、三三三～三三五、四二四～四二五、四三一～四三四、四三七～四三八、四五八～四五九、四六〇～四六一、四七七～四八〇の諸頁を參照。

(75) 劉向『孫卿書錄』が「是時、荀卿有秀才、年五十、始來游學。」と描くのは、後代の潤色が加わったものと考えるべきである。

(76) 内山俊彦『荀子』(前揭)、三十九～四十一、四十九～五十一、五十四～五十六、六十三～六十五の諸頁を參照。

（77）ちなみに、重澤俊郎『周漢思想研究』（弘文堂書房、一九四三年）、四十九～五十五頁がすでに類似の見解を表明していた。

（78）「黄老」という概念についての筆者の見解は、拙著『老莊思想』改訂版、八十～九十九頁に記しておいた。

（79）安期生という人物が實在性に乏しいことについては、金谷治『秦漢思想史研究』（加訂增補版、平樂寺書店、一九八一年）、一六五～一七〇頁を參照。

安期生は『史記』孝武本紀・封禪書・田儋列傳などにその名が見えており、同孝武本紀・封禪書に「（李）少君言上曰、……臣嘗游海上、見安期生。安期生食巨棗、大如瓜。安期生僊者、通蓬萊中、合則見人、不合則隱。於是天子始親祠竈、遣方士入海求蓬萊安期生之屬、而事化丹沙諸藥齊黄金矣。」（引用は封禪書による。以下も同じ。）、同じく孝武本紀・封禪書に「欒大、膠東宮人。……大言曰、臣常往來海中、見安期羨門之屬。顧以臣爲賤、不信臣。又以爲康王諸侯耳、不足與方。」、同じく孝武本紀・封禪書に「（公孫）卿曰、申公、齊人。與安期生通、受黄帝言、無書、獨有此鼎書。曰、漢興復當黄帝之時。」とある。また同田儋列傳の論贊に「蒯通者、善爲長短說、論戰國之權變、爲八十一首。通善齊人安期生、安期生嘗干項羽、項羽不能用其筴。」とある。

（80）蓋公は、『史記』曹相國世家に「孝惠帝元年、除諸侯相國法、更以參爲齊丞相。參之相齊、齊七十城。天下初定、悼惠王富於春秋。參盡召長老諸生、問所以安集百姓、如齊故諸儒以百數、言人人殊、參未知所定。聞膠西有蓋公、善治黄老言、使人厚幣請之。既見蓋公。蓋公爲言治道貴清靜、而民自定、推此類具言之。參於是避正堂、舍蓋公焉。其治要用黄老術。故相齊九年、齊國安集、大稱賢相。」、同太史公自序に「自曹參薦蓋公言黄老、而賈生晁錯明申商、公孫弘以儒顯、百年之閒、天下遺文古事、靡不畢集太史公。」とあるとおり、惠帝元年（紀元前一九四年）に齊の丞相として在任していた曹參（在職は、前二〇一～一九三年）に「黄老術」を教えた者である。金谷治『秦漢思想史研究』（加訂增補版）（前掲）、一五四～一五五頁を參照。

樂巨公は、戰國中期の樂毅の子孫であって、『史記』樂毅列傳によれば「其後二十餘年、高帝過趙問、樂毅有後世乎。對曰、有樂叔。高帝封之樂卿、號曰華成君。華成君、樂毅之孫也。而樂氏之族有樂瑕公樂臣〈巨〉公。趙且爲秦所滅、亡之齊高密。樂臣〈巨〉公善修黄帝老子之言、顯聞於齊、稱賢師。」ということである。また彼は、同田叔列傳にも「田叔者、趙陘城人也。……叔喜劍、學黄老術於樂巨公所。叔爲人刻廉自喜、喜游諸公。趙人擧之趙相趙午、午言之趙王張敖所、趙王以爲郎中。」のように登場するが、彼が田叔に教えた時期は、張敖が趙王の位にあった紀元前二〇二～一九九年以前のことであるらしい。

（81）白奚『稷下學研究――中國古代的思想自由與百家爭鳴』（生活・讀書・新知三聯書店、一九九八年）、四十九～五十三頁を參照。

(82) 武内義雄『老子と莊子』（全集本、角川書店、一九七八年）、六十八～七十九頁を參照。

(83) 郭沫若『十批判書』（全集本、人民出版社、一九八二年）、一五五～一八七頁を參照。

(84) 白奚『稷下學研究――中國古代的思想自由與百家爭鳴』（前掲）、九十二～一五三頁を參照。

(85) 木村英一『法家思想の研究』（弘文堂書房、一九四四年）、一五二～一五三頁、および内山俊彦『中國古代思想史における自然認識』（前掲）、一一八～一二一頁などを參照。

(86) 雜駁な『韓非子』五十五篇それぞれの作者・成書年代・分類などを推測した研究としては、木村英一『法家思想の研究』（前掲）、一九五～二五一頁を參照。

(87) 内山俊彦『中國古代思想史における自然認識』（前掲）、一一六～一二二頁は「韓非は、政治的秩序は自然に成立するものではない、とした。」という問題について、一層多角的に論述していて參考になる。

(88) 『韓非子』五十五篇の中には、本文に述べたこととは全然面貌を異にして、道家と同樣に「自然」を肯定したり（喩老・安危・功名・大體の諸篇）、さらには廣く黄老の思想に贊意を表明したり（代表は解老篇・喩老篇）といった、道家思想の影響を蒙った文章が相當多く含まれる。しかしこれらは韓非の後學または周邊が行った仕事であって、韓非自身の文章とは區別して取り扱わなければならない。木村英一『法家思想の研究』（前掲）、二二三～二三九頁を參照。

(89) 『史記』李斯列傳には、また李斯が荀子から授けられた教えが「李斯喟然而歎曰、嗟乎。吾聞之荀卿曰、物禁太盛。夫斯乃上蔡布衣、閭巷之黔首、上不知其駑下、遂擢至此。當今人臣之位無居臣上者、可謂富貴極矣。物極則衰、吾未知所稅駕也。」のように描かれている。この「物禁太盛」「物極則衰」は、一見すると『老子』から來た思想であるかのようにも感じられるが、『老子』には郭店本・馬王堆本・今本のいずれにも現れない。筆者は、むしろ戰國末期から儒家が研究に着手していた『周易』から來た思想ではないかと思う。例えば、今本『周易』繫辭下傳に「易窮則變、變則通、通則久。」とあり、その原型をなす馬王堆『周易』繫辭篇に「易冬（終）則變、迵（通）則久。」とあり、同要篇に「道窮〔焉而產、道窮焉益。益之〕始也吉、其冬（終）也凶。損之始也凶、其冬（終）也吉。」とある。なお、戰國末期～前漢初期に成った馬王堆『周易』の諸傳に、謙抑の德を説く文章が多いことも、併せて注意を拂うべきである。

(90) 劉祖信「荊門楚墓的驚人發現」（『文物天地』一九九五年第六期、一九九五年十一月）、三頁。

(91) 湖北省荊門市博物館「荊門郭店一號楚墓」（『文物』一九九七年第七期、一九九七年七月）、四十七頁。荊門市博物館『郭店

楚墓竹簡』（文物出版社、一九九八年）、一頁もこれを肯定的に引用する。

（92）　崔仁義「荊門楚墓出土的竹簡《老子》初探」（『荊門社會科學』一九九七年第五期、一九九七年十月）、三十四頁。

（一九九九年十二月擱筆、二〇〇〇年一月、二〇〇一年九月・十一月加筆・修正）

中國古代の「遇不遇」論——「時」と「命」をどう捉えるか——

井ノ口哲也

一、はじめに

本稿は、中國古代[1]の「遇不遇」を取りあげるものである。戰國秦漢期の諸文獻から「遇不遇」の記述を集めると、これらに「時」と「命」の問題がまとわりつくことに氣付く[2]。「遇不遇」が「時」と「命」の語をもって説明されるために、その「時」と「命」の意味や役割を捉えなければ、「遇不遇」を本質的に理解しえない。

以下、本稿では、從來知られている傳世文獻中の「遇不遇」の記述とともに、「圖版」と「釋文」の公刊で新たに知られた郭店楚簡[3]の「遇不遇」の記述をも檢討し、「遇不遇」の記述における「時」と「命」の意味や役割を把握することを目的とする。

二、郭店楚簡に見える「遇不遇」——問題の所在——

郭店楚簡の「遇不遇」の記述は、『窮達以時』と『唐虞之道』に見える。

舜〓於鬲山、匋笞於河固、立於爲天子、墨尭也。卲繇衣胎蓋冒絰冕慬、戳板管、而差天子、墨武丁也。卲宔爲牂

〓瀌、戰監門〓陞、行年七十而睹牛於朝訶、舉而爲天子帀、墨周文也。芺寺虗宥繇弃縛、戳杙榛、而爲者侯相、

墨齊逗也。白里迲遭五羊、爲敀斀牛、斁板柽、而爲晋卿、墨秦穆。■孫雪三躰郘思少司馬、出而爲命尹、墨楚臧也。……驥馰張山、驩空於卲坔、非亡體壯也。穿四海、至千里、墨告古也。墨不墨、天也。（『窮達以時』）

舜は歴山で耕作し、黄河のほとりで陶器を作っていたが、即位して天子となったのは、堯にめぐりあったからである。卲繇（傅説）は胎蓋（という衣服）を着て絰冡巾（という頭巾）をかぶり、版築を手に（仕事を）していたが、天子を補佐するまでになったのは、武丁にめぐりあったからである。太公望呂尙は棘津の奴僕であり、監門と棘地で戦い、七十歳でありながら牛を朝歌で屠殺していたが、擧用されて天子の師となったのは、周の文王にめぐりあったからである。管夷吾はとらえられて勞役夫として繫がれ、杙櫧（という道具）を手に（仕事を）していたが、諸侯の相になったのは、齊の桓公にめぐりあったからである。百里奚は五頭の羊の皮を賣り、秦伯のために牛を養い、板柽（という道具）を手に（仕事を）していたが、朝廷の公卿となったのは、秦の穆公にめぐりあったからである。孫叔敖は三度も郘思の少司馬からしりぞけられたが、出仕して令尹となったのは、楚の莊公にめぐりあったからである。……驥は張山で災厄に遭い、騏は卲棘で道を塞がれたが、駿馬の體格がなかったのでない。世界の果てを窮め、遠く千里を驅けたのは、造父にめぐりあったからである。好機にめぐりあうかめぐりあわないかは、天による。[4]

古者堯生於天子而又天下、聖以墨命、皇以逵旹、未嘗墨□□竝於大旹、神明將從、天陛右之。（『唐虞之道』）

むかし堯は天子に生まれて天下をたもち、聖人であって命にめぐりあい、仁者であって時にめぐりあったが、まだこれまで……にめぐりあわず……重大な時機に近づくと、神明はつき從おうとし、天地は堯をたすけた。[5]

郭店楚簡のこの二例の「遇不遇」の記述は、實は、傳世文獻に見える「遇不遇」の記述が從來抱えていたいくつかの問題を、不完全ながらも提示している。それらは、「墨～」「墨不墨、天也。」という表現に手がかりがある。

まず、「墨～」という「遇＋名詞」の表現については、名詞が「丠」「武丁」「周文」「齊逗」「秦穆」「楚臧」「告」

のように固有名詞の場合と、「命」のように普通名詞の場合がある。傳世文獻には「遇時」「遇世」という表現も見られる。例えば、名詞が「堯」でも「時」でも文脈上差し支えない場合に、「堯」でなく「時」が用いられる理由は、何であろうか。これが第一の問題である。

次に、「墨不墨、天也。」については、類例を擧げて問題點を述べたい。『窮達以時』の「遇不遇」説話と同じ説話が見える『荀子』宥坐篇・『韓詩外傳』巻七・『説苑』雜言篇・『孔子家語』在厄篇にも「墨不墨、天也。」の類例が見えるが、これらのほかに、『漢書』揚雄傳上・王充『論衡』逢遇篇・徐幹『中論』脩本篇・范曄『後漢書』傅燮傳にも類例が見える。この八例を列擧し比較する。

①夫遇不遇者、時也。賢不肖者、材也。……夫賢不肖者、材也。爲不爲者、人也。遇不遇者、時也。死生者、命也。

そもそも好機にめぐりあうかめぐりあわないかは、時による。賢いか愚かかは、才能による。……そもそも賢いか愚かかは、才能による。行うか行わないかは、人による。好機にめぐりあうかめぐりあわないかは、時による。死か生かは、命による。

（『荀子』宥坐篇）

②賢不肖者、材也。遇不遇者、時也。（『韓詩外傳』巻七）

賢いか愚かかは、才能による。好機にめぐりあうかめぐりあわないかは、時による。

③夫賢不肖者、才也。爲不爲者、人也。遇不遇者、時也。死生者、命也。（『説苑』雜言篇）

そもそも賢いか愚かかは、才能による。行うか行わないかは、人による。好機にめぐりあうかめぐりあわないかは、時による。死か生かは、命による。

④以爲君子得時則大行、不得時則龍蛇。遇不遇、命也。何必湛身哉。（『漢書』揚雄傳上）

思うに君子は時機を得れば（その德や才能が）大いに發揮され、時機を得なければ（德や才能があっても）龍や蛇のように隠れてしまう。好機にめぐりあうかめぐりあわないかは、命による。どうして（屈原のように）水中に身を沈めなければならないであろうか。

⑤操行有常賢、仕宦無常遇也。賢不賢、才也。遇不遇、時也。（『論衡』逢遇篇）

品行には恆常的な賢さがあるが、仕官には恆常的な好機はない。賢いか賢くないかは、才能による。好機にめぐりあうかめぐりあわないかは、時による。

⑥遇不遇、非我也、時也。（『中論』脩本篇）

好機にめぐりあうかめぐりあわないかは、自分によるのでなく、時による。

⑦夫遇不遇者、時也。賢不肖者、才也。（『孔子家語』在厄篇）

そもそも好機にめぐりあうかめぐりあわないかは、時による。賢いか愚かかは、才能による。

⑧燮正色拒之曰、「遇與不遇、命也。有功不論、時也。傅燮豈求私賞哉。」（范曄『後漢書』傅燮傳）

傅燮は眞面目な表情で拒絶してこう言った。「好機にめぐりあうかめぐりあわないかは、命によります。功績があっても評定されないのは、時によります。傅燮はどうして公正でない賞賜を求めましょうか。」

『窮達以時』および①〜⑧の九例の比較から得られる問題點の一つは、①②③⑤⑦で「遇不遇」は「賢不肖」「賢不賢」と、「時」は「材」「才」と對應する、という點である。さらに、①③で「遇不遇」は「爲不爲」とも、「時」は「人」とも對應し、⑥で「時」は「我」とも對應する。この對應の意味は何か。これが第一の問題である。

九例の比較から得られる問題點の二つは、『窮達以時』の「墨不墨、天也。」という一文について、①〜⑧では「天」でなく「時」や「命」が用いられ、「遇不遇、時也。」「遇不遇、命也。」などと記される點である。張立文は、『窮達以時』の「墨不墨、天也。」を、『荀子』宥坐篇の「遇不遇者、時也。」と突き合わせ、「遇不遇」は「天時」であると理解したが、[(6)]「天」字と「時」字を單純に組み合わせれば表現の相違を解消できるというものではなく、考えねばならないのは、なぜ同じ「遇不遇」について違うことば「天」「時」「命」が用いられるのか、ということである。冒頭で述べたように、「時」や「命」の意味と役割を捉えなければ、「遇不遇」を本質的に理解しえない。『唐虞之道』の「聖以墨命、⿱身心以遣旹、」と①③⑧には、「命」と「時」の對應も見える。「遇不遇」の記述に數多く見られる「時」と「命」の對應の意味するものを追求してみようというのが、第三の問題である。

しかし、以上の三つの問題を提示した側の郭店楚簡の「遇不遇」の記述それ自體が、これらの問題を解明するための材料を充分に備えていないために、郭店楚簡の「遇不遇」の記述のほかに、傳世文獻中の「遇不遇」の記述を検討する作業が必要となる。

中國古代の諸文獻の中で「遇不遇」が比較的まとまって見られるのは、『呂氏春秋』『淮南子』『論衡』の三書である。特に「遇不遇」の記述における「時」と「命」の意味や役割を把握するには、體系的な「遇不遇」論をもつ『論衡』まで時代を下って檢討する以外に適當な方法がない。以下の章では、この三書を中心に傳世文獻中の「遇不遇」の記述を檢討し、上述の三つの問題に對する答えを探る。

三、「遇不遇」の思想史的展開――『呂氏春秋』と『淮南子』を中心に――

本章では、『呂氏春秋』と『淮南子』の「遇不遇」の記述を中心に「遇不遇」の思想史的展開を見、體系的な「遇不遇」論をもつ『論衡』へ繋がる過程を把握したい。

古くは、『詩』鄭風野有蔓草篇に二例の「邂逅相遇」（思いがけずあう）という記述が見えるが、「遇」の說明は、『呂氏春秋』の記述から見られる。

凡遇、合也。合不可必。（『呂氏春秋』勸學篇）

一體、好機にめぐりあうのは、時機がふさわしいからである。時機のふさわしさは一定しえない。

凡遇、合也。時不合、必待合而後行。……故曰、遇合也無常。……夫不宜遇而遇者則必廢、宜遇而不遇者〔則必亡〕。（『呂氏春秋』遇合篇）

一體、好機にめぐりあうのは、時機がふさわしいからである。時機がふさわしくなければ、必ずふさわしい時機を待ってその後に（その德や能力が）發揮される。……そこで、好機にめぐりあうのは恆常的でない、という。……そもそもふさわしくない時機に好機にめぐりあう者は必ずしりぞけられ、ふさわしい時機に好機にめぐりあわない者は必ず亡ぶ。(7)

この「遇」と「合」の記述が、その後どのように繼承されていくかについて、『呂氏春秋』遇合篇と『論衡』逢遇篇に載る同じ說話を比較してみよう。

客有以吹籟見越王者、羽角徵商不謬、越王不善、爲野音而反善之。（『呂氏春秋』遇合篇）

客に籟（笛）を吹いて越王に謁見した者がおり、音階は間違えなかったのに、越王は認めなかったが、野卑な音色をたてたら逆に認めた。

吹籟工爲善聲、因越王不喜、更爲野聲、越王大說。……此以曲伎合、合則遇、不合則不遇。（『論衡』逢遇篇）

籟（笛）を吹く樂工が上品な音色をたてたが、そのために越王は喜ばなかった。あらためて野卑な音色をたてたら、越王は大いに悅んだ。……これは細かい技藝でふさわしい時機にめぐりあったのであり、時機がふさわしければ好機にめぐりあい、時機がふさわしくなければ好機にめぐりあわない。

この『呂氏春秋』遇合篇の說話は、上で見た同篇の「凡遇、合也。……」の文脈で登場するものである。大久保隆郎は、兩書に見えるこの說話を比較し、「兩書共に「遇」「合」を問題にする箇所に、共通の說話を上げているのはその影響關係を示すものと見てよかろう。」と述べる。(8)一方で、『呂氏春秋』から『論衡』にいたるまでの間に、「遇」

「合」は用いられる場面と意味とが限定されてくる。

士亦有偶合、賢者多如此二子、不得盡意。豈可勝道哉。（『史記』范睢蔡澤傳）

役人にもやはり（君主との）よいめぐりあいがあり、賢者は多くの場合この二人（范睢と蔡澤）のようであり、考えを暢達させられない。どうして道に勝つことができようか。

諺曰、力田不如逢年、善仕不如遇合、固無虚言。（『史記』佞幸傳）

諺に「農作業に精勵するのは豐年にめぐりあうにこしたことはなく、よく仕官することは（君主との）よいめぐりあいにこしたことはない。」ということに、もともと嘘はない。

遇合有命。（『漢書』竇田灌韓傳贊）

めぐりあいには命がある。

故賢不肖可豫知、遇難先圖。何則、人主好惡無常、人臣所進無豫、偶合爲是、適可爲上。（『論衡』逢遇篇）

賢いか愚かかは前もって知ることができるが、（君主との）よいめぐりあいは事前に企圖するのが難しい。なぜなら、君主の好き嫌いは一定せず、臣下の昇進は前もって準備されるのでなく、たまたま時機がふさわしくてそうなるのであり、たまたま上級の役人になれるからである。

『史記』と『論衡』の記述から分かるように、「遇合」は出處進退に關わる君主とのよいめぐりあいという意味で仕官の場面で用いられている。「遇不遇」は、郭店楚簡『窮達以時』や『呂氏春秋』愼人篇に見える舜の説話に見られるように、聖人・爲政者レベルで語られていたが、次第に役人や被統治者の出處進退について語られる傾向が強くなり、その傾向は『論衡』にいたって特に著しい。

『呂氏春秋』の「遇」については、「遇～」という「遇＋名詞」の表現で述べられる記述について、さらに考えねばならない。

水凍方固、后稷不種、后稷之種必待春。故人雖智而不遇時無功。（『呂氏春秋』首時篇）

水が凍って固まろうとすると、后稷は種を播かず、后稷の種播きは必ず春を待つ。だから人は知恵があるといってもふさわしい時機にめぐりあわないと功績はない。

凡治亂存亡、安危彊弱、必有其遇、然後可成、各一則不設。故桀紂雖不肖、其亡遇湯武也。遇湯武、天也、非桀紂之不肖也。湯武雖賢、其王遇桀紂也。遇桀紂、天也、非湯武之賢也。（『呂氏春秋』長攻篇）

一體、國家の治・亂・存・亡や安・危・強・弱には、必ずめぐりあわせがあって、その後にその状態ができあがり、それぞれは準備されていない。だから桀・紂は愚かであったが、その王朝が滅亡したのは湯王・武王にめぐりあったことによる。湯王・武王にめぐりあったのは、天によるのであり、桀・紂が愚かであったからではない。湯王・武王は賢かったが、（二人が）王となったのは桀・紂にめぐりあったことによる。桀・紂にめぐりあったのは、天によるのであり、湯王・武王の賢さによるのではない。

夫舜遇堯、天也。舜耕於歴山、陶於河濱、釣於雷澤、天下說之、秀士從之、人也。……其未遇時也、以其徒屬、堀地財、取水利、編蒲葦、結罘網、手足胼胝不居、然後免於凍餒之患。其遇時也、登爲天子、賢士歸之、萬民譽之、丈夫女子、振振殷殷、無不戴說。（『呂氏春秋』愼人篇）

そもそも舜が堯にめぐりあったのは、天による。舜は歴山で耕作をし、黄河のほとりで陶器を作り、雷澤で釣りをしていたが、天下の人々が舜のことを悦び、優秀な役人が舜にしたがうのは、人による。……まだふさわしい時機にめぐりあわないうちは、その仲間と、田畑を耕し、灌漑を行ない、蒲と葦を編んでむしろを作り、魚や鳥獣を捕える網をつくり、手足のあかぎれはとどまることを知らなかったが、その後で凍え飢える困難を免れたのである。ふさわしい時機にめぐりあうと、即位して天子となり、賢い役人は舜に歸服し、大勢の民は舜をほめたたえ、男も女子供も、勢いたけなわな様子で、（舜を）尊び悦ばない者はいない。

「遇＋名詞」の表現では、名詞が「堯」「湯武」「桀紂」のように固有名詞の場合と、「時」「命」のように普通名詞の場合とがある。例えば『呂氏春秋』愼人篇の記述の場合、「遇時」の「時」字を「堯」字に言い換えても文脈上何ら差し支えないであろうのに、なぜ「堯」字でなく「時」字が用いられているのか。

「遇堯」の場合は、舜が堯に「遇」ったことが記されるのに對し、「遇時」の場合は、ふさわしい時機（堯に出會うタイミング）に舜がめぐりあったことが記される。これは、舜が堯に「遇」ったことよりも、堯と舜の邂逅を掌る「時」が認識されているのである。これこそ、「堯」字でなく「時」字が用いられている理由である。「時」字が「命」字であっても同樣であり、その場合、複數の人や事物の邂逅を掌る「命」が認識されているのである。

『呂氏春秋』の「遇不遇」説話からは、もう一つ問題點を見出だすことができる。「遇湯武、天也。」「遇桀紂、天也。」「舜遇堯、天也。」のように、いずれもなぜ「天」字が用いられているのか、という問題である。

『呂氏春秋』愼人篇の記述から分かるように、「天」に對應するのは「人」である。その省略部分にも、同樣に「天」と「人」の對應例が二つある。上で見たとおり、郭店楚簡『窮達以時』にも「墨不墨、天也。」という記述があるが、これには「天」に對應する「人」の記述がない。『窮達以時』それ自體の材料不足を補うためであろう、末永高康は、「墨不墨、天也。」の類例である「爲不爲者、人也。遇不遇者、時也。」（『荀子』宥坐篇・『説苑』雜言篇）を參照し、そこに『窮達以時』で語られている「天」と「人」の內容」を窺って、それを「人の努力の及ばない運命の領域」である「天」と「人が努力すべき當爲の領域」である「人」という「差異」のある「天人の分」であると理解する。[9]

「遇不遇」に關連して言えば、これに對應するものに「賢不肖」があることは上で見たとおりであるが、「遇不遇」と「賢不肖」の對應關係を『呂氏春秋』と『論衡』において檢討した大久保隆郎は、「偶然の問題とからみ「遇不遇」と「賢不肖」とは無緣であるとの主張は、兩書の運命論に共通するものである。」と述べて、「遇不遇」と「賢不肖」の關係を「無緣」と見る。[10] これを、例えば「遇不遇」と「賢不肖」の對應關係が窺える『荀子』宥坐篇の「夫賢不肖者、材也。爲不爲者、人也。遇不遇者、時也。死生者、命也。」という記述に敷衍して考えると、「人」の領分である「爲不爲」も、「賢不肖」と同様に、「遇不遇」とは「無縁」ということになる。すなわち、「天」字は、「天」の領分が「人」の領分とは「無縁」であることを示しているのである。同様に、「天」字が「時」字や「命」字であるにせよ、「人」字が「才」(「材」)字であるにせよ、「時」「命」の領分と「才」(「材」)の領分とは「無縁」である。結局、『荀子』宥坐篇の記述は、「夫賢不肖者、材也。爲不爲者、人也。」と「遇不遇者、時也。死生者、命也。」は「差異」があるというよりも「無縁」の二つの領分が列擧されているのである。

次に、『淮南子』の「遇不遇」の記述について考える。『淮南子』の「遇不遇」の專論は、管見の限り、有馬卓也の論文のみのようである[11]。そこで、有馬論文を手がかりとして『淮南子』の「遇不遇」を檢討することにしたい。

有馬は、「遇不遇」が「時」の概念と關係することを指摘したうえで、「遇不遇」について、「「遇不遇」とは、禍福や利害の流轉する人生に對し、積極的所作を爲し得ない非聖人への戒告的意味を含む語である。したがってその戒告とは、多くの成功例・失敗例によって禍福利害の流轉の樣を示しながら、注意事項を述べ傳えるという形を取る。」「「遇不遇」という概念自體が、樞機を見出せない非聖人の偶然に左右される處世を示す語である」と説明する。このうち、「積極的所作を爲し得ない非聖人」「樞機を見出せない非聖人」という表現からは、積極的所作を爲し樞機を見出だしうる聖人像を逆に想像させる。有馬は、その「遇不遇」の記述における聖人については、「概ね聖人は「時」の波長を認知し、さらに微小なるうちに事態の終局を見通し、加えて機を失せずして行爲に及ぶ。つまり聖人を主體とした議論の場合、「時」を失することがないので、結果として「不遇」という狀況には陷ることがないということになる。」と述べる。「時」を敏感に察知して對處する聖人は、非聖人にとって「不遇」に陷らないための鑑として描かれている、ということになる。

有馬は、『淮南子』の「遇不遇」の專論と言えるのが人閒篇であると言う。實際、當該論文では、人閒篇に見える

「時」の記述を檢討材料として「遇不遇」を論じている。ところが、「この「遇不遇」を具體的に示す說話は人閒訓には見られない。」とも述べる。事實、人閒篇には「遇不遇」の說話がなく、有馬が「遇不遇」のキーワードとする「遇時」も見當たらない。人閒篇の「遇不遇」の記述は、以下のとおりである。

然世或用之而身死國亡者、不周於時也。（『淮南子』人閒篇）

けれども世にこれ（仁義）をおこなってその身が死し國が亡ぶことがあるのは、ふさわしい時機にめぐりあわなかったからである。(12)

故聖人雖有其志、不遇其世、僅足以容身、何功名之可致也。（『淮南子』人閒篇）

だから聖人は志をもっていても、ふさわしい時世にめぐりあわなければ、辛うじてその身を置くことができるにすぎず、どうして手柄や名聲が成し遂げられようか。

では、なぜ、人閒篇は「遇不遇」の專論なのか。有馬は、氾論篇の「應時」(13)に對應する概念として、『淮南子』に先行する諸文獻の「遇不遇」の記述に見える「遇時」の語を借り、「時」の概念と關係する記述の見られる人閒篇を「遇不遇」の專論としたにすぎないのである。

ただ、上で見た人閒篇の「遇不遇」の記述よりも、むしろ楠山春樹が「人の禍福を決定するものとしての遇不遇を說く」(14)と說明する繆稱篇の記述の方が、「材」と「天」の「無緣」を示す點で、「遇不遇」の記述としてはふさわしい。

性者、所受於天也。命者、所遇於時也。有其材、不遇其世、天也。（『淮南子』繆稱篇）

性とは、天から受けたものである。命とは、ふさわしい時機にめぐりあうことである。才能があっても、ふさわしい時世にめぐりあわないのは、天による。

さらに、人の「智能」との「無緣」を示す、「遇」を說明する一文もある。

遇者、能遭於時而得之也、非智能所求而成也。（『淮南子』詮言篇）

遇とは、ふさわしい時機にめぐりあってその機會を獲得できることであり、知能によって求めて成就することではない。

この、「遇」とは何か、に關するより具體的な説明を得るには、『論衡』の登場を待たねばならない。

以上、本章では、主に『呂氏春秋』と『淮南子』の「遇不遇」の記述を見てきたが、「遇＋名詞」の表現では、名詞が固有名詞でなく「時」や「命」の場合、複數の人や事物の邂逅そのものよりも、その邂逅を掌る「時」や「命」が認識されていることと、「遇不遇」の記述における「天」字は、「天」の領分が「人」の領分と「無緣」であることを示していることが理解できた。第一の問題と第二の問題の答えを得たことになる。第三の問題の「時」と「命」の對應については、次章以降で答えを得ることになるが、それには『論衡』の「遇不遇」の記述の檢討を經なければならない。

四、『論衡』に見える「遇不遇」――「遇」とは何か――

中國古代において、「遇不遇」の記述が最も顯著に窺える書物は、『論衡』をおいて他にない。『論衡』の「遇不遇」の記述は、「遇」とは何か、について特に具體的に詳しい説明がなされ、かつ「時」と「命」の對應例を多く有するという點で、先行する『呂氏春秋』『淮南子』のそれとは違いが著しい。本章では、「遇」とは何か、という問題に焦點を絞り、論を進めていきたい。

『論衡』では、「遇」は、次のように説明される。

遇者、遇其主而用也。（『論衡』命義篇）

遇とは、君主にめぐりあって登用されることである。

偶者、謂事君有偶也。以道事君、君善其言、遂用其身、偶也。行與主乖、退而遠、不偶也。（『論衡』命義篇）

偶とは、君主に仕えて好機にめぐりあうことをいう。正しい道理で君主に仕え、君主がその意見を是認して、その者を登用するのは、好機にめぐりあったからである。行いが君主の意と乖離し、（君主から）退き遠のいてしまうのは、好機にめぐりあわなかったからである。

これらの説明からは、「遇」「偶」とは政治の場での進退に關わる概念であることが分かる。『呂氏春秋』の「遇」の記述や『淮南子』詮言篇の「遇者、能遭於時而得之也、非智能所求而成也。」に比べ、「遇」の意味が具體的なものに限定されている。いま、この「遇」の説明を、「進在遇、退在不遇。」（『論衡』逢遇篇）の一文に適用してみると、次のような解釋になる。

進在遇、退在不遇。（『論衡』逢遇篇）

昇進は君主にめぐりあって登用されることに原因があり、退去は君主にめぐりあわ（ず、それ故に登用され）ないことに原因がある。

この一文に端的に示されるように、「遇」は、

（Ⅰ）君主にめぐりあい、

（Ⅱ）登用される、

という二段階を經る概念であり、この（Ⅰ）（Ⅱ）の條件が滿たされないと「不遇」となる、すなわち、君主から遠のいてしまうことになる。

では、この（Ⅰ）（Ⅱ）の條件を滿たしさえすれば、それはすべて「遇」なのか。

操行有常賢、仕宦無常遇也。賢不賢、才也。遇不遇、時也。（『論衡』逢遇篇）

品行には恆常的な賢さがあるが、仕官には恆常的な好機はない。賢いか賢くないかは、才能による。好機にめぐ

りあうかめぐりあわないかは、時による。

これは、「遇不遇」が決して「才」に依らないことを示している。もう少し詳しい例を見よう。

且夫遇也、能不預設、說不宿具、邂逅逢喜、遭觸上意、故謂之遇。如准主調說、以取尊貴、是名爲揣、不名曰遇。春種穀生、秋刈穀收、求物物得、作事事成、不名爲遇。不求自至、不作自成、是名爲遇。（『論衡』逢遇篇）

それにその遇とは、才能は前もって準備されず、見解はあらかじめ用意されず、ひょっこりめぐりあって喜ばれ、期せずして君主の考えに合うので、これを遇という。君主に照準を定めて見解を調節し、そうして高い地位を得るようなこと、これを揣といい、遇といわない。春に種を播いて穀物が生じ、秋に刈り取って穀物が收藏され、物を求めて物が得られ、事を爲して事が成就するのは、遇といわない。求めずともみずから到來し、作爲せずともみずから成就すること、これを遇という。

自ら君主に登用されるよう計畫を立て、それを實行して高位高官を獲得することは、「揣」すなわち揣摩であるという。（Ⅰ）（Ⅱ）の條件は計畫性や揣摩を拔きにして滿たされなければ、「遇」ではないのである。このことは、

故賢不肖可豫知、遇難先圖。何則、人主好惡無常、人臣所進無豫、偶合爲是、適可爲上。（『論衡』逢遇篇）

賢いか愚かかは前もって知ることができるが、（君主との）よいめぐりあいは事前に企圖するのが難しい。なぜなら、君主の好き嫌いは一定せず、臣下の昇進は前もって準備されるのでなく、たまたま時機がふさわしくてそうなるのであり、たまたま上級の役人になれるからである。

という記述からも明らかである。大久保隆郎は、「王充は「遇」に偶然性を見ているのである。[15]」と述べる。王充『論衡』の「遇不遇」論が『呂氏春秋』『淮南子』のそれと決定的に異なる點は、「遇」の偶然性をことさらに主張して、「遇不遇」の枠組を擴大させたところにある。

このように、「遇」とは何か、について詳しく說明されているのが『論衡』の「遇不遇」の記述における特徴の一

つであるが、ここで、「遇不遇」の記述に缺かせない「時」と「命」の意味と役割を見ておかねばならない。

五、「時」と「命」の意味と役割

本章では、「遇不遇」の記述における「時」と「命」の意味と役割を考察する。そこで、まず「時」と「命」が同様の役割を擔っている記述を檢討するが、ここでも、「時」と「命」の對應例を豐富にもつ『論衡』の記述がその主たる檢討對象となる。

命窮、賢不能自續。時厄、聖不能自免。(『論衡』定賢篇)

命が盡きれば、賢者でさえそれを自力で續けることはできない。時が行き詰まれば、聖人でさえそれから自力で逃れることはできない。

孔子稱命、孟子言天。吉凶安危、不在於人。昔人見之、故歸之於命、委之於時、浩然恬忽、無所怨尤。(『論衡』自紀篇)

孔子は命をとなえ、孟子は天をいう。吉・凶・安・危は、人に原因がない。昔の人はこれが解っていたので、命のせいにし、時に委ねて、心は廣々としてさっぱりとし、怨みとがめなかった。

「時」と「命」は、聖人や賢者でもいかんともし難いものであり、いずれも人の支配の外側にある。そのため、「時」や「命」が掌る偶然性は、人の力量を超えたところにある、操作不可能なものとして記されている。

凡人遇偶及遭累害、皆由命也。(『論衡』命祿篇)

一體、人が君主にめぐりあって登用されることと累害に出くわすのとは、いずれも命による。

偶適然自相遭遇、時也。(『論衡』偶會篇)

たまたまひとりでにお互いにめぐりあうのは、時による。

この二例は、前後の文脈に「時」と「命」の對應例が見えるものではなく、別々の篇の記述を突き合わせたものである。この二例を見る限り、「時」と「命」は、偶然性を掌るという點において、同様の役割を擔っている。森三樹三郎は、「性と命、命と命との組合わせを可能ならしめる地盤は、時をおいて他にはない。この意味において、偶然を時とよび、命を時と言い換えることも可能であろう。」と述べる。(16)上に擧げた『論衡』定賢篇・自紀篇・命祿篇・偶會篇の四つの記述のみを眺めた場合、一見、「時」と「命」の語を取り換えても不具合がなさそうに思える。しかし、「遇不遇」の記述において、「時」と「命」は、本當に言い換えることが可能な語なのか。

次の例を見てみよう。

仕宦貴賤、治產貧富、命與時也。命則不可勉、時則不可力、知者歸之於天、故坦蕩恬忽。（『論衡』命祿篇）

仕官しての貴賤、稼業の貧富は、命と時とによるのである。命は勵んでもどうにもならず、時は努力してもどうにもならない。知者はこれを天のせいにするので、こせつかずにさっぱりとしている。

「命與時」という表現と、その直後に「命」と「時」を獨立させて「命則不可勉、時則不可力、」と述べられる點とからすれば、王充には明らかに「遇不遇」の記述において「命」と「時」は別個の概念であるとの意識があった、と言ってよいのではなかろうか。先に擧げた『論衡』定賢篇・自紀篇・命祿篇・偶會篇の四つの記述においても、「時」と「命」は、然るべき文脈で用いられ、互いに言い換えることは不可能な語である、と見なければならないであろう。「遇不遇」の記述において「時」と「命」が別個の概念であるとの意識は、早くは『荀子』に窺える。

節遇、謂之命。（『荀子』正名篇）

然るべき時節にめぐりあうこと、これを命と言う。(17)

命者、所遇於時也。（『淮南子』繆稱篇）

命とは、然るべき時機にめぐりあうことである。

これらの記述からは、「時」は「命」の範疇に収まる規模の概念、逆に言えば、「命」は「時」を構成要素としそれを包含する概念であることが分かる。概念の規模という點では、「命」は「時」よりも大きい。

遇不遇者、時也。死生者、命也。（『荀子』宥坐篇）

好機にめぐりあうかめぐりあわないかは、時による。死か生かは、命による。

この記述は、「時」「命」各概念の規模の違いをはっきりと示している。「死生」が人の一生の「終わりと始まり」を意味するのに對し、「遇不遇」は人の一生の「始まりと終わりの閒のこと」である。すなわち、「時」は人の一生の範圍内で捉えうるできごとの推移を掌り、「命」は人の一生の始まりと終わりを掌る。「時」は、「命」の規定する一生という範圍があってこそ、はじめて成立しうる概念ということになる。

こうした『荀子』の説をまるで吸收したかのように、『論衡』にも、類似の記述が見られる。

凡人窮達禍福之至、大之則命、小之則時。……窮達有時、遭遇有命也。（『論衡』禍虚篇）

いったい人の困窮・榮達・災禍・幸福の到來は、その原因を大きく捉えれば命であり、その原因を小さく捉えれば時である。……困窮と榮達には時があり、めぐりあわせには命がある。

然而禍福之至、時也。死生之到、命也。（『論衡』辨崇篇）

そして禍と福の到來は、時による。死と生の到來は、命による。

『論衡』辨崇篇の記述からは、『荀子』宥坐篇の記述と同じく、「死生」が人の一生の「終わりと始まり」を意味し、「禍福」が人の一生の「始まりと終わりの閒のこと」であることが分かる。しかし、『論衡』禍虚篇の記述は、『論衡』辨崇篇の記述との突き合わせがないことには、これのみでは理解が容易でない。禍虚篇の「大之則命、小之則時。」を、辨崇篇の「禍福之至、時也。死生之到、命也。」と突き合わせた場合、「死生」を禍虚篇に言う「窮達禍福」の範疇に含まれる「「窮達禍福」の最たるもの」と見なければ、辨崇篇の記述との間に齟齬をきたすことになる。

こう考えると、「命」とは、「窮達禍福」といった内容を含み、人や事物の生成から死滅まで絶えず關與し續ける「時」の推移である、との理解に到達することになる。

「時」と「命」の規模や意味・役割を窺ったところで、ここにいたってようやく、郭店楚簡『唐虞之道』の「聖以墨命、𦣻以遣旹、」の「命」と「旹」の對應について述べることができるであろう。とはいえ、郭店楚簡の「遇不遇」の記述自體が多くを語らないため、「命」と「旹」の概念としての規模や意味・役割については、よく分からない、というのが正直なところである。ただし、ここの「命」と「旹」も、下文に「大旹」というそれのみで獨立した語があることを考慮に入れると、やはり言い換えることが不可能な別個の概念として捉えるのが最も穩當なところである、という程度のことは、言ってよいのではなかろうか。

六、おわりに

本稿では、中國古代の諸文獻の「遇不遇」の記述に關して、三つの問題を設定して「遇不遇」の記述における「時」と「命」の意味と役割について考えてきた。その檢討結果をここで繰り返すことはしないが、一つ言えることは、中國古代の「遇不遇」論は、體系的な「遇不遇」論をもつ『論衡』までの範圍で總體として捉えなければ、立論が困難である、ということである。新たに知られた郭店楚簡の「遇不遇」の記述も斷片的であり、『論衡』まで時代を下って考察することとなった。しかし、この方法よりもっと有效な方法があるかもしれない。本稿の不備疎漏な點と併せ、この點は今後の課題としておきたい。

注

（1）「古代」とは、その時代的範疇を定める際に、取り扱いが厄介なことばである。このことは、拙稿「後漢研究へのまなざし」（『歴史學研究』第七〇七號、一九九八年二月）で述べたが、本稿では、用いる資料の屬する時代に卽して、後漢時代までを便宜的に「古代」と稱する。

（2）有馬卓也『淮南子の政治思想』（汲古書院、一九九八年）の「Ⅳ　他の諸思想の檢討」の「第3章「遇不遇」の理論」は、「遇不遇」論が「時」の概念と大きな關わりをもつことを指摘する。

（3）郭店楚簡の底本には、荊門市博物館編『郭店楚墓竹簡』（文物出版社、一九九八年）を用いる。ただし、同書所收の「圖版」を見、先行研究を參照して、「釋文」を改めたところがある。また、郭店楚簡の篇題については、一部の研究者により改定案が出された篇題もあるが、本稿では、同書中の篇題に從っておく。

（4）『窮達以時』當該部分を譯出する際に、池田知久監修・大東文化大學郭店楚簡研究班編『郭店楚簡の研究』（一）（大東文化大學大學院事務室、一九九九年八月）の「第一部　譯注篇」の「『窮達以時』」の第二章（謝衞平・盧豔・姜聲燦譯注）と第三章（河合義樹譯注）の邦譯を參照したが、解釋の違う點もある。

（5）『唐虞之道』當該部分を譯出する際に、李承律「郭店楚墓竹簡『唐虞之道』譯注」（東京大學郭店楚簡研究會編『郭店楚簡の思想史的研究』第一卷、東京大學文學部中國思想文化學研究室、一九九九年十一月）の邦譯を參照したが、解釋の違う點もある。

（6）張立文「《窮達以時》的時與遇」（『郭店楚簡研究　中國哲學第二十輯』、遼寧教育出版社、一九九九年一月）。

（7）范耕研「呂氏春秋補注」（『江蘇省立國學圖書館年刊』第六期、一九三三年十二月）・陳奇猷『呂氏春秋校釋』（學林出版社、一九八四年）の考證に從い、「宜遇而不遇者」の直後に「則必亡」を補う。

（8）大久保隆郎「「呂氏春秋」と「論衡」」（『福島大學教育學部論集』第二十八卷の二、一九七六年十一月）。

（9）末永高康「もう一つの「天人の分」――郭店楚簡初探」（『鹿兒島大學教育學部研究紀要』第五十卷別册、一九九九年三月）。

（10）大久保隆郎「「呂氏春秋」と「論衡」」（前揭）。

（11）有馬卓也『淮南子の政治思想』（前揭）の「Ⅳ　他の諸思想の檢討」の「第3章「遇不遇」の理論」。本文中の有馬論文からの引用は、全てここのものである。

（12）「周」は、原文では「同」に作るが、ここでは、王念孫『讀書雜志』の考證に從い、「周」に改めた。

（13）『淮南子』の「應時」については、有馬卓也『淮南子の政治思想』（前掲）の「Ⅳ　他の諸思想の検討」の「第2章「應時耦化」の理論」を參照。
（14）楠山春樹「『淮南子』における人間觀――禍福論を中心として――」（金谷治編『中國における人間性の探究』、創文社、一九八三年／楠山春樹『道家思想と道教』、平河出版社、一九九二年）。
（15）大久保隆郎「「呂氏春秋」と「論衡」」（前掲）。
（16）森三樹三郎『上古より漢代に至る性命觀の展開――人性論と運命觀の歴史――』（創文社、一九七一年）の「二十四　論衡」。
（17）楊倞の「節、時也。當時所遇、爲之命。」という注釋を參照。

郭店楚簡『五行』の研究

池田知久

一、序言

本論文は、去る一九九八年五月、アメリカ合衆國のダートマス大學で開催された「郭店老子國際研討會（The International Conference on the Guodian *Laozi*)」において、筆者が口頭發表した論文（中國語）を加筆・修正したものである。[1] 本論文の主な目的は、荊門市博物館『郭店楚墓竹簡』[2] 所收の『五行』に關して、この文獻に含まれる基本的な事項をほぼ全體にわたって解明することである。

『五行』の述べる思想は、内容が相當に高度で、また構成が比較的複雜であり、その上、思索が深いところにまで達している。このような新出文獻に對する知的興味にも驅られて、筆者はかつて馬王堆漢墓帛書『五行』（以下、馬王堆『五行』と略稱）を總合的に研究した『馬王堆漢墓帛書五行篇研究』[3] を刊行したことがある。當時は、やがて何年かの歲月が經過した後、再び同じ『五行』を目にすることになるとは夢にも思わなかったが、しかしその五年後、何と實際に馬王堆『五行』の原型をなす『五行』（以下、郭店『五行』と略稱）が出土してきたのである。一九九八年三月に文物出版社より試用本『郭店楚墓竹簡』が送られてきたが、その中に收められている『五行』をただちに慌ただしく檢討してみて、筆者は五年前の拙著『馬王堆五行研究』の中に若干の誤りがあることを發見した。

そもそも『五行』という新出文獻は、筆者が先秦時代の思想史關係の出土資料を、現存するテキストとの異同を基準にして三つの場合に分類した中で、今日研究することが最も困難なその第三の場合に屬する。すなわち、同じテキストがすでに散佚して現存せず、『漢書』藝文志に著録されたどのテキストとも同定できる可能性がない、という場合である。(4)これを研究した拙著の中に誤りがあるのもまたやむをえないと思う。およそ新出の資料を研究するということは、一面ではおもしろく樂しい、研究者に興奮を呼び起こすことであるが、また他面では不安で怖い、研究者をして緊張に導くことなのである。

二、「五行」という題名

この文獻の題名は「五行」である。この文獻の書かれた竹簡の第一號簡は、冒頭部分が「五行」という二字で始まり、この二字は題名として書かれたと考えざるをえないからだ。(5)馬王堆『五行』は、冒頭部分がひどく殘缺しているために斷定することはできないが、もともと始めからそこに「五行」の二字は存在しなかったらしい。(6)馬王堆『五行』の當該箇所をどのように判讀するかに關しては、筆者は古文獻研究室『馬王堆漢墓帛書〔壹〕』の釋文が基本的に正しいと考える者である。この問題は確定することが難しいのでさて措くことにして、『五行』を含むその前後の「老子甲本及巻後古佚書」の六篇には、いずれも篇名がつけられていない事實に注意すべきである。かつて魏啓鵬は、論文「思孟五行説的再思考」(7)や著書『馬王堆漢墓帛書《徳行》校釋』(8)の中で、「五行」という題名に反對しこれに代えて「德行」を提唱したことがあった。しかし、郭店楚簡『五行』の出土した今日、題名の問題は大體のところ解決したと言ってよい。

とはいうものの、題名に關するすべての問題が解決したわけでないことは、勿論である。第一に、『郭店楚簡』の諸他の文獻にはいずれもみな題名がつけられていないらしいのに對して、この『五行』だけにそれがつけられたのはなぜか。第二に、抄寫の古い郭店『五行』にすでに題名がつけられていたにもかかわらず、新しい馬王堆『五行』からそれが消え去ったのはなぜか。第三に、ほぼ同じ時代の竹簡や帛書の題名の書き方には、主として以下に列記する四つのタイプがあるが[9]、郭店『五行』が四つ目のタイプに當たると考えて問題はないか否か。

その四つのタイプの内の一つは、書名や篇名がそれぞれの文獻の末尾部分につけられたタイプで、馬王堆帛書の「老子乙本卷前古佚書」「老子乙本」[10]、および銀雀山漢墓竹簡の『孫臏兵法』の「八陣」「地葆」[11]などがこれに當たる。二つは、題名が文獻の第一簡の簡背または最後簡の簡背につけられたタイプで、銀雀山漢簡の『孫臏兵法』の「八陣」[11]、および睡虎地秦墓竹簡の『語書』『效律』『封診式』『日書』乙種[12]などがこれに當たる。三つは、單獨で題名だけを記した一條の竹簡を設けるタイプで、銀雀山漢簡の『守法守令等十三篇』の「守法」「庫法」「王兵」「李法」「兵令」[13]などがこれに當たる。四つは、篇名や小見出しがそれぞれの文章の冒頭部分につけられたタイプで、馬王堆帛書の醫書中の小見出し[14]、および睡虎地秦簡の『封診式』中の小見出しや『日書』甲種・乙種中の小見出し[15]などがこれに當たる。以上の四つのタイプの中の四つ目は、概して言えば實用書に多いタイプであって、郭店『五行』のような思想書には少ないと思われるが、上の題名の認定に本當に問題はないのであろうか。以上に掲げた第一～三の問題は、今後さらに詳しく檢討しなければならない。

最後に掲げた第三の問題について、氣がついたことを述べてみたい。それは、郭店『五行』と同じ四つ目に當たる題名の書き方が、戰國後期～末期の儒家の思想書の中にもあるという事實である。――當時の最も有力な思想家、荀子の書『荀子』の諸篇の中に小見出しがつけられ、それぞれの文章の冒頭部分に置かれている。例えば、脩身篇に「扁善之度。以治氣養生、則後彭祖、以脩身自名、則配堯禹。」とある「扁善之度」、同じく脩身篇に「治氣養心之術。血氣剛強、則柔之以調和。……夫是之謂治氣養心之術也。」とある「治氣養心之術」、また王制篇に「王者之論。無德不貴、無能不官、無功不賞、無罪不罰。……是王者之論也。」とある「王者之論」や、同じく王制篇に「王者之〔法〕。

等賦、政事、財萬物、所以養萬民也。……是王者之法也。」とある「王者之〔法〕」がそれである。同じような例が『荀子』中に枚擧するに暇がないほど多く存在することは、改めて述べるまでもない。そして、これらの題名（小見出し）を書いたのは、『荀子』の編纂者である前漢の劉向や唐の楊倞が行った文獻處理ではなく、恐らく荀子自身または荀子の周邊（つまり荀子學派）が行った學術的な仕事と考えてよいであろう。なぜなら、以上の書き方が、劉向や楊倞以前の書であることが確實な『韓詩外傳』にも見えるからである。その巻一に「君子有辯善之度、以治氣養生、則身後彭祖、修身自強、則名配堯禹。」、巻二に「夫治氣養心之術、血氣剛強、則柔之以調和。」、巻三に「王者之論德也、而不尊無功、不官無德、不誅無罪。……是王者之德。」、同じく巻三に「王者之等賦正事、田野什一、關市譏而不征。……夫是之謂王者之等賦正事。」とあるのを見よ。

以上の事實は、恐らく偶然に發生したことではあるまい。大膽な推測を述べるならば、郭店『五行』が荀子自身または荀子學派の影響を受けたために發生したことなのではなかろうか。なぜかと言えば、そもそも『郭店楚簡』の諸文獻の過半は荀子學派から甚だ強烈な思想的影響を受けているのであって、例えば、『窮達以時』は直接荀子學派の手に成った文章の一つである。この件については、筆者は本書『郭店楚簡儒教研究』に收める拙論「郭店楚簡『窮達以時』の研究」の中で詳細な解明を行った。[16] その上、馬王堆『五行』の抱懷する思想が儒家の思想であり、その中心をなす最も重要な思想が孟子の思想であると言うのは誤りでないにしても、馬王堆『五行』のもう一つの、孟子のそれと同じように重要かつ決定的で、その中心に位置する思想は荀子の思想なのである。この件についても、筆者はかつて詳細に論究したことがある。[17] したがって、以上の推測が正しい可能性は、相當に高いと見ることができよう。なお、ここに引用した『荀子』と『韓詩外傳』とを比べてみると、『荀子』ではまちがいなく題名であった「扁善之度」「治氣養心之術」「王者之論」「王者之〔法〕」が、『韓詩外傳』では「君子有辯善之度」「夫治氣養心之術」「王者之論德也」「王者之等賦正事」に改められて、それぞれの文章の主語に變えられていることに氣づかされる。『韓詩外傳』

は前漢、文帝期の儒家の學者である韓嬰自身または韓嬰學派の手に成る作品であるが、そのころすでに荀子自身または荀子學派の行ったこの學術的な仕事が忘れ去られていたのだ。そして、『荀子』と『韓詩外傳』のこの關係は、先に掲げた第二の問題、すなわち、古い郭店『五行』に題名がつけられていたのに、新しい馬王堆『五行』からそれが消えたのはなぜか、という問題を考える際に、重要なヒントを與えてくれるように思われる。[18]

郭店『五行』に「五行」という題名がはっきりとつけられていたことは、この文獻が『荀子』非十二子篇で荀子が嚴しく非難する、子思・孟軻の唱えた「五行」に他ならないことを立證するであろうか。――筆者は立證しないと考える。上にも略述したように、馬王堆『五行』また郭店『五行』にとって中心をなす思想は、最も重要である孟子の思想を除けば、もう一つが荀子の思想であった。言い換えれば、馬王堆『五行』また郭店『五行』の中には、荀子の思想の強烈な影響が認められるのである。だとすれば、時代の先後から考えても思想の内容から考えても、荀子が嚴しく非難した子思・孟軻の「五行」は、郭店『五行』・馬王堆『五行』ではなかったと斷ぜざるをえない。一「序言」で述べたように、郭店『五行』にせよ馬王堆『五行』にせよ、その思想は内容が高度であり、構成が複雜であり、思索が相當深い。このような思想は一時一氣に完成させられたものではなく、ここに至る以前により未完成な『五行』があったと考えるのが自然である。そして、荀子が嚴しく非難したあの「五行」も、そうしたより未完成な『五行』だったのではなかろうか。[19]なお、戰國～秦漢の諸文獻に見える「五行」ということばが、相互に異なった内容をもって多樣に用いられたことに關しては、つとに影山輝國の「思孟五行說――その多樣なる解釋と龐樸說――[20]」が指摘している。

三、說の有無

周知のとおり、馬王堆『五行』は、全體が經と說の二つの部分から構成されている。それに對して、郭店『五行』は經だけが出土して說は出土しなかった。郭店『五行』が抄寫された當時、說はまだ書かれるには至らず、それゆえ出土しようがなかったのか。それとも說はすでに書かれていたが、今回は偶然一緒に出土しなかったにすぎないのか。――筆者は、後者が正しいと考える。もし當時書かれていたのは經だけであって、說はまだ書かれていなかったと假定すると、それでは理解できない經の文章が多いからである。

二つの例を擧げてこの問題を論じてみる。第一の例は、郭店『五行』第七章の前半である。(21)――「要（淑）人君子、其義（儀）𦑘（一）也。能爲𦑘（一）、肰（然）句（後）能爲君子。〔君子〕訢（愼）其蜀（獨）也。■」。この文章の中の「𦑘（一）」とは、どのような狀態を指すのであろうか。この部分を睨んでいるだけでは答えはなかなか出てこないので、「爲君子」という共通することばの見える郭店『五行』第二十一章の前半の「君子集大成。能進之、爲君子。弗能進也、各止於其里。大而晏（罕）者、能又（有）取安（焉）。少（小）而軫者、能又（有）取安（焉）。疋（搜）盧盧、達者（諸）君子道、胃（謂）之臤（賢）。」を檢討してみると、(22)第七章の「𦑘（一）」が第二十一章の「集大成」と同じ內容であることが分かる。すなわち、先ず、「𢚩（仁）」「義」「豊（禮）」「智」「聖」の一つ一つを實現し完成させた後、次に、實現し完成させたそれらの五つを總合し統一した狀態を指すのである。それゆえ、この「𦑘（一）」の內容は、郭店『五行』第一章および第十五章の「和」と同じであり、また第十六章および第二十二章の「和」や「同」とも近い、と知られる。(23)

ところが、以上のような煩わしい考證を行わなくても、簡單に同じ結論に達することのできるよい方法がある。馬王堆『五行』第七章說の前半の「〔●〕尸（鳲）叴（鳩）在桑、直之。其子七也、尸（鳲）叴（鳩）二子耳。曰七也、與〈興〉言也。〔叔（淑）人君子〕、其〔宜（儀）一氏。叔（淑）〕人者、□。〔宜（儀）〕者、義（儀）也。言其所以行之義（儀）之一心也。能爲一、然笱（後）能爲君子。能爲一者、言能以多〔爲一〕。以多爲一也者、言能以夫〔五〕爲一也。君子愼其蜀（獨）也、愼其蜀（獨）者、言舍（捨）夫五而愼其心。之胃□□。然笱（後）一也。一者、夫五夫爲〔一〕心也。然笱（後）德。之一也、乃德巳。德猶天也、天乃德巳。」という文章を讀むことである。――とすれば、郭店『五行』に說がないのは確かではあるが、當時すでに儒家の思想家によって馬王堆『五行』とほぼ同じ說が考えられたり書かれたりしていて、今回は偶然一緒に出土しなかったにすぎないのではなかろうか。

第二の例は、郭店『五行』第八章である。(24)――「〔君〕子之爲善也、又（有）與司（始）、又（有）與冬（終）也。君子之爲悳（德）也、〔又（有）與司（始）、亡（無）與〕終也。」。この文章の直接の表面的な内容は、「〔君〕子」が「善」を「爲」す場合は、あるものと一緒にそれを「司（始）」め、あるものと一緒にそれを「冬（終）」える。しかし、「君子」が「悳（德）」を「爲」す場合は、あるものと一緒にそれを「〔司（始）〕」めるが、あるものと一緒にそれを「終」えることはない、というのである。この中で主題となっている「あるもの」とは、何を指すのであろうか。第八章のすぐ上文の第七章の後半に「〔瞻望弗〕汲（及）、淇（泣）涕女（如）雨。能遲（差）沱（池）其羿（羽）、肰（然）句（後）能至（致）哀。君子訢（愼）其〔蜀（獨）也。■〕」とある文章(25)が、若干の手がかりを與えてくれないわけではない。ではあるが、これらの文章から主題の「あるもの」の內容を探り當てることは、至難の業と言わなければならない。ところが、馬王堆『五行』第八章說、「●君子之爲善也、有與始、有與終。言與其體（體）始、與其體（體）終也。君子之爲德也、有與始、无〔與終。有與始者、言〕與其體始。无與終者、言舍（捨）其體（體）而獨其心也。」を讀むならば、瞬時にしてその「あるもの」が「其體（體）」つまり「君子」の身體を指すと知られ(26)、しかもこの解釋は上に指摘した郭店『五行』第七章の後半の內容とも整合的なのである。とすれば、當時すでに馬王堆『五行』と同じ說が考えられ書かれていたが、今回はたまたま一緒に出土しなかっただけなのではなかろうか。

なお、『五行』の經と說と同樣に、經と說、經と解、または經と傳が同一の時代に、同一の人物かまたは同一の學派に屬する人々によって、一緒に書かれた例は相い前後する時代の諸文獻に相當多く見出すことができる。例えば、『墨子』の經と經說、『韓非子』の內外儲說の經と說、『管子』の經言と管子解（その古いタイプが心術上篇にある。）などがそれであって、このような相應する經的なものと說的なものの組み合わせを用いて思想家が自分の思想を述べるというやり方は、戰國後期以後の思想界に廣く見られる一つの基本的な敍述形式になっていたのである。(27)

四、郭店『五行』と馬王堆『五行』の關係

1、『詩』の引用形式の修正・整理

郭店『五行』と馬王堆『五行』は、一體どのような關係にあるテキストなのであろうか。――二つの『五行』の內容は、基本的には同じものである。ただし、形式の上から見るならば、馬王堆『五行』は明らかに郭店『五行』と比較してはるかによく修正・整理が施されている。したがって、郭店『五行』は戰國後期～末期に成書された古いテキスト、馬王堆『五行』はその二三十年後、戰國末期～前漢初期にそれに修正・整理が施されて成書された新しいテキストと考えることができる。

二三の例を擧げてみる。第一に、郭店『五行』も馬王堆『五行』も、どちらも自己の思想を述べる際にしばしば『詩』を引用する。そして、これが『五行』という文獻の特徵の一つとなる。その『詩』の引用方法は、郭店『五行』が簡單でいい加減であるのに對して、馬王堆『五行』は念が入り相當にしっかりしている。例えば、郭店『五行』第五章の前半は「不𢖻（仁）、思不能淸（精）。不智、思不能倀（長）。不𢖻（仁）不智。未見君子、𢝊（憂）心不能惙

惄。既見君子、心必能兌（悅）。亦既見止（之）、亦既訽（覯）止（之）、我心則〔兌（悅）〕、此之胃（謂）〔也。■〕」と言うのに對して、馬王堆『五行』第五章經の前半は「不仁、思不能睛（精）。不知（智）、思不能長。不仁不知（智）。未見君子、憂心不能〔説（悅）。既見君子、心則〕能説（悅）。●詩曰、未見君子、憂心祋祋。亦既見之、亦既鈎（覯）之、我〔心則〕説（悅）、此〔之胃（謂）也〕。」と言う。

　このように『詩』の引用の際に「詩曰」を冠するのは、馬王堆『五行』が郭店『五行』を改善した點の一つであって、他の例を擧げれば以下のとおり。郭店『五行』第十五章の後半が「聖智、豊（禮）藥（樂）之所䜅（由）生也。五〔行之所和〕也、和則轡（樂）。轡（樂）則又（有）悳（德）。又（有）悳（德）則邦家（家）舉〈興〉。文王之見也女（如）此。文〔王才（在）上、於昭〕于天、此之胃（謂）也。■」と言うのに對して、馬王堆『五行』第十八章經の後半は「〔聖知（智）、禮樂所䌛（由）生也。五行之所和、和〕則樂。樂則有德。有德則國家與〈興〉。〔文王之見如此。〕詩曰、文〔王在尙（上）、於昭〕于天、〔此之胃（謂）也。〕」と言い、郭店『五行』第二十章の後半が「東〈柬（簡）〉、義之方也。匿、𢚩（仁）之方也。彊（剛）、義之方。矛（柔）、𢚩（仁）之方也。不彊（強）不梂（急）、不彊（剛）不矛（柔）、此之胃（謂）也。■」と言うのに對して、馬王堆『五行』第二十章經の後半は「簡、義之方也。匿、仁之方也。剛、義之方毆（也）。柔、仁之方也。詩曰、不勮不救、不剛不柔、此之胃（謂）也。」と言い、郭店『五行』第二十六章が「幾而智（知）之、天也。上帝臤（臨）女、毋貳尔（爾）心、此之胃（謂）也。■」と言うのに對して、馬王堆『五行』第二十六章經は「〔●鐖而知之、天〕也。設〈詩〉曰、上帝臨女、毋膩（二）爾心、此之胃（謂）也。」と言う。

　また、郭店『五行』第七章が「要（淑）人君子、其義（儀）翟（一）也。能爲翟（一）、肰（然）句（後）能爲君子。〔君子〕誫（愼）其蜀（獨）也。■〔瞻望弗〕返（及）、淇（泣）涕女（如）雨。能遟（差）沱（池）其羿（羽）、肰（然）句（後）能至（致）哀。君子誫（愼）其〔蜀（獨）也。■〕」と言うのに對して、馬王堆『五行』第七章經

が「●尸（鳲）叴（鳩）在桑、其子七氏。叔（淑）人君子、其宜（儀）一氏。能爲一、然后（後）能爲君子。君子愼其獨〔也。嬰（燕）嬰（燕）〕于蜚（飛）、駄池其羽。之子于歸、袁（遠）送于野。瞻望弗及、汲（泣）沸〈涕〉如雨。能駄池其羽、然〔后（後）能〕至（致）哀。君子愼其獨也。」と言うのは、馬王堆『五行』の『詩』の引用が郭店『五行』のよりも長く詳しい例であるが、これも馬王堆『五行』が郭店『五行』を修正・整理した點の一つと考えることができる。

2、文章の補充

第二に、郭店『五行』の文章が必ずしも暢びやかでなく、その意味が十分には通じがたい箇所において、往々にして馬王堆『五行』がそれを補充している場合がある。例えば、郭店『五行』第二章には「君子亡（無）宔（中）心之悳（憂）、則亡（無）宔（中）心之智。亡（無）宔（中）心之智、則亡（無）宔（中）心〔之兌（悅）〕。亡（無）宔（中）心〔之兌（悅）、則不〕安。不安、則不藥（樂）。不藥（樂）、則亡（無）悳（德）。■」とあるだけであるが、馬王堆『五行』第二章經には「君子毋中〔心之〕憂、則无中心之知（智）。无中心之知（智）、則无中心之說（悅）。无中心之說（悅）、則不安。不安、則不樂。不樂、則无德。〔君子〕无中心之憂、則无中心之聖。无中心之聖、則无中心之說（悅）。无中心之說（悅）、則不安。不安、則不樂。不樂、則〔无〕德。」とあって、後半に相當長い文章が綴られている。郭店『五行』では第五・六・十・十四・十五章などにおいて、「智」と「聖」が兩者ともに人閒の認識能力として竝列されるので(28)、この部分も馬王堆『五行』第二章經のように、「知」に關する文章と「聖」に關する文章とが對をなして竝んでいる方が、形式もきれいに整い内容もすっきりと分明になるように感じられる。したがって、この部分の後半は馬王堆『五行』が郭店『五行』の不備を見て、あえて長文の補充を行ったものであるにちがいない。

また、郭店『五行』第二十七章には「大〈天〉陞（施）者（諸）其人、天也。其人陞（施）者（諸）人、𢡱（人）

也。■」とあるだけであるが、馬王堆『五行』第二十七章經には「天生諸其人、天也。其人施諸〔人、人〕也。其人施諸人、不得其人不爲法。」とあって、後半に一文が綴られている。この部分の後半も郭店『五行』の不備を見て、馬王堆『五行』が補充したものであろう。なお、馬王堆『五行』第二十七章說には「●天生諸无〈其〉人、天也、天生諸其人也者、如文王者也。其人它（施）者（諸）人也者、如文王之它（施）者（諸）弘夭散宜生也。其人它（施）者（諸）人、不得其人不爲法、言所它（施）之者、不得如散宜生弘夭者也、則弗〔爲法〕矣。」とあり、「其人它（施）者（諸）人、不得其人不爲法。」は經としての取り扱いを受けるので、一文の「其人施諸人、不得其人不爲法。」は、郭店『五行』から馬王堆『五行』に至る閒に經に附加されたものではなかろうか。

3、「五行」の配列の順序

第三に、「五行」の配列の順序の問題がある。郭店『五行』の配列の順序は、第一章で、

「悳（仁）」→「義」→「豊（禮）」→「〔智〕」→「聖」

第十～十三章で、

「聖→智」（第十章）→「悳（仁）」（第十一章）→「義」（第十二章）→「豊（禮）」（第十三章）

第十四～十九章で、

「聖→智」（第十四章）→「五〔行之所和〕」（第十五章）→「四行之所和」（第十六章）→「悳（仁）」（第十七章）→「義」（第十八章）→「豊（禮）」（第十九章）

のようになっている。ここでは、「〔智〕→聖」または「聖→智」を「悳（仁）→義→豊（禮）」の前に置く場合と後に置く場合、の二とおりの順序が混在する。それに對して、馬王堆『五行』の順序は、第一章で、

「〔仁〕」→「知（智）」→「〔義〕」→「禮」→「聖」

第十～十三章で、

「〔仁〕」（第十章）→「義」（第十一章）→「禮」（第十二章）→「聖→智」（第十三章）

第十四～十九章で、

「仁」（第十四章）→「義」（第十五章）→「禮」（第十六章）→「聖→智」（第十七章）→「〔五行之所和〕」（第十八章）

→「四行之所和」（第十九章）

となっている。ここでは、第一章にいくらか混亂が現れるものの、それ以外は「聖→智」を「仁→義→禮」の後に置くことで、『五行』全體において「五行」の順序が首尾一貫している。馬王堆『五行』は、郭店『五行』の「五行」の配列の順序を見て、その混亂を修正・整理したものと考えてよかろう。

五、郭店『五行』における意味不通の箇所

郭店『五行』の中には、『五行』全體に貫かれる基本的思想から考えても、また當該章の内部で展開される論理から考えても、さらに『詩』の引用とその意味づけ方から考えても、一箇所、意味内容の極めて通じがたい箇所が發見される。第五章である。――「不𢗅（仁）、思不能清（精）。不智、思不能倀（長）。不𢗅（仁）不智。未見君子、悥（憂）心不能惙惙。既見君子、心必能兊（悅）。亦既見止（之）、亦既詢（覯）止（之）、我心則〔兊（悅）〕、此之胃（謂）〔也。■〕〔不〕𢗅（仁）、思不能清（精）。不聖、思不能翌（徑）。不𢗅（仁）不聖。未見君子、悥（憂）心不能忩（忡）忩（忡）。既見君子、心不能降。■」。この文章における「君子」は、『五行』全體の基本的思想を示すキー・コンセプト「君子道」の比喩であり、「未見君子」「既見君子」は言うまでもなく『詩』召南草蟲篇からの引用であるが、「未見君子」はまだその「君子道」を實現していないことを、「既見君子」はすでにその「君子道」を實現してい

ることを、それぞれ比喩する。とすれば、「未見君子」の下には、作者の思想的立場から見て否定的なことが來るはずであるし、反對に「既見君子」の下には、肯定的なことが入るはずである。

　ところが、本章はこれらの部分を、

A　未見君子、𢝊（憂）心不能惙惙。既見君子、心必能兌（悅）。

B　未見君子、𢝊（憂）心不能忩（忡）忩（忡）。既見君子、心不能降。

に作っている。全體として肯定と否定がひっくり返ってしまったらしいが、このままでは意味内容が極めて通じがたい。そこで、「未見君子」の下の「不能」の二字は、意味内容を何とか通じさせるための解釋として、A・Bともに誤衍したと考えてはどうであろうか。試みに、馬王堆『五行』第五章經を調べてみると、「不仁、思不能睛（精）。不知（智）、思不能長。不仁不知（智）。未見君子、憂心不能〔説（悅）。既見君子、心則〕能説（悅）。●詩曰、未見君子、憂心祋祋。亦既見之、亦既鈎（覯）之、我〔心則〕説（悅）、此〔之胃（謂）也〕。不仁、〔思〕不能睛（精）。不聖、思不能輕（徑）。不仁不聖。未見君子、憂心〔不能説（悅）〕。既見君子、心不□□。」とあり、當該の部分を、

A　未見君子、憂心不能〔説（悅）。既見君子、心則〕能説（悅）。

B　未見君子、憂心〔不能説（悅）〕。既見君子、心不□□。

に作っている。殘念ながら缺字が多すぎて、ほとんど參考にならない。郭店『五行』の「既見君子」の下については、『郭店楚簡』の「釋文」はAを「心不能兌」に作る[29]が、その「不」の字を、筆者は「圖版」に基づいて「必」と判讀したいと思う。またBの「心不能降」の「不」の字も、筆者は「必」の錯字ではないかと疑う者であるが、馬王堆『五行』の當該部分も「不」に作る。

　要するに、A・Bにおいて「不能」「能」の字が書かれる箇所では、四つの場合、例外なくすべてがおかしくなっているのだ。「不能」「能」の字がおかしくなった原因・理由を推測すると、Aの上文には「思不能淸（精）」「思不能

倀（長）」があり、Bの上文にも「思不能淸（精）」「思不能翣（徑）」があるために、抄寫する時これらの四つある「不能」の字に引きずられて、正しい字を書くことができなくなったのかもしれない。そして、この誤りは馬王堆『五行』第五章經にもそのまま引き繼がれたようである。

六、郭店『五行』の所屬學派

1、思孟學派ではないこと

今日中國の學界では、郭店『五行』また馬王堆『五行』を成書した思想家の所屬學派は、子思・孟子學派すなわち思孟學派であるとする見解が最も有力である。この見解は、『荀子』非十二子篇が嚴しく非難した思孟の「五行」は、まさに『五行』の思想に他ならないと同定するところから來ている。そして、以上の同定を構成する要素としては、荀子の活躍していた當時、儒家の中に思孟學派という一分派が存在し、彼らは郭店『五行』・馬王堆『五行』と同じような「五行」を唱えていた、とする假定があると思われる。筆者は、『五行』の所屬學派を思孟學派とするこの見解に反對であるが、その理由は、この見解が由って立つ上記の假定に反對だからである。しかし、この點についてはかつて詳細に論じたことがあるのでここでは省略に從う(30)。

2、孟子よりも後の時代であること

『五行』の抱懷する思想が儒家の思想であり、その中心をなす最も重要な思想が孟子の思想であることは勿論である。それゆえ、『五行』には『孟子』の表現をふまえた箇所が多いのは事實である。が、その思想內容は『孟子』から懸け離れてしまった場合も少なくなく、成書年代の點では相當下った後の時代に成ったことを裏づける多くの證據がある。例えば、郭店『五行』第九章には「金聖（聲）而玉晨（振）之、又（有）悳（德）者也。■金聖（聲）、善也。玉音〈振〉、聖也。善、人道也。悳（德）、天（道也）。唯又（有）悳（德）者、肰（然）句（後）能金聖（聲）而玉晨（振）之。」とあるが、(31)これは『孟子』萬章下篇の「集大成也者、金聲而玉振之也。金聲也者、始條理也。玉振之也者、終條理也。始條理者、智之事也。終條理者、聖之事也。」とあるのをふまえて、その一部分を解説した文章である。しかし、一方の『孟子』の「金聲而玉振之」は、「條理」を「始」めること・「終」えることとして説明されるのに對して、他方の郭店『五行』の「金聖（聲）而玉晨（振）之」は、「四行」の「和」による「善」、および「聖」を指し、その「善」と「聖」の關係には「始」と「終」の意味はいささかも含まれない。

加うるに、「聖」の概念については、一方の『孟子』の「玉振」は、「終條理」を介して「聖」に連なり、他方の郭店『五行』にも「玉音〈振〉、聖也。」とあるから、後者が前者から何らかのヒントを得ていることは、筆者もその可能性を肯定するにやぶさかではない。しかし、郭店『五行』の「聖」の概念は、孟子などの普通の儒家の「聖」とは全然異なって、第十四章と第十五章に「耷（聞）而智（知）之、聖也。」とあるとおり、(32)一種の聽覺能力を指すのである。

また、郭店『五行』第十章の前半～第十三章、すなわち、

不聰不明、不聖不智。（第十章の前半）

不叓（變）不兌（悅）、不兌（悅）不慼（戚）、不慼（戚）不新（親）、不新（親）不㤅（愛）、不㤅（愛）不忎（仁）。■（第十一章）

不悳（直）不遙（泄）、不遙（泄）不果、不果不柬（簡）、不柬（簡）不行、不行不義。■（第十二章）

不䝭（遠）不敬、不敬不嚴、不嚴不障（尊）、不障（尊）不共（恭）、不共（恭）亡豊（禮）。■（第十三章）

は、(33)確かに『孟子』公孫丑上篇の「惻隱之心、仁之端也。羞惡之心、義之端也。辭讓之心、禮之端也。是非之心、智

之端也。人之有是四端也、猶其有四體也。……凡有四端於我者、知皆擴而充之矣。若火之始然、泉之始達。苟能充之、足以保四海。苟不充之、不足以事父母。」や、同告子上篇の「惻隱之心、人皆有之。羞惡之心、人皆有之。恭敬之心、人皆有之。是非之心、人皆有之。惻隱之心、仁也。羞惡之心、義也。恭敬之心、禮也。是非之心、智也。仁義禮智、非由外鑠我也、我固有之也。弗思耳矣。故曰、求則得之、舍則失之。或相倍蓰而無算者、不能盡其才者也。」などに見られる、「四端」を擴充して「善」を實現するという理論に由來するものではあろう。しかし、その「四端」の擴充のプロセスについて、孟子が、「惻隱之心→仁」、「羞惡之心→義」、「辭讓之心・恭敬之心→禮」、「是非之心→智」などといったごく單純な圖式しか考えていなかったのに對して、郭店『五行』は、

「聰→聖」「明→智」（第十章の前半）
「叓（變）→兊（悅）→禀（戚）→新（親）→㤅（愛）→𢚧（仁）」（第十一章）
「悳（直）→遙（泄）→果→柬（簡）→行→義」（第十二章）
「䝨（遠）→敬→嚴→𨼆（尊）→共（恭）→豊（禮）」（第十三章）

のように、そのプロセスを一層詳しく考え、しかもその下文の第十四・十七～十九章(34)では、第十章の前半～第十三章のプロセスに登場する、

「不聰・不明・不聖・不智」（第十四章）
「叓（變）・兊（悅）・禀（戚）・新（親）・㤅（愛）・𢚧（仁）」（第十七章）
「悳（直）・遙（泄）・果・柬（簡）・行・義」（第十八章）
「遠・敬・嚴・𨼆（尊）・共（恭）・豊（禮）」（第十九章）

などの諸概念を一つ一つ具體的に解說して、擴充理論としての充實・徹底に努めている。以上の點で郭店『五行』は、孟子よりも發達した後の時代の思想なのである。

3、荀子思想からの影響

『五行』のもう一つの、孟子のそれと同じように重要かつ決定的で、その中心に位置する思想は荀子の思想である。その證據に『五行』の中に荀子思想からの強烈な影響が認められるのである。例えば、郭店『五行』第三章に「五行皆型（形）于內、而時行之、胃（謂）之君〔子〕。士又（有）志於君子道、胃（謂）之時（志）士。」とあるが(35)、この中の、「君子道」は、その實現に向かって人閒が目的意識的に「志」さなければならないとする思想や、また、郭店『五行』第四章に「善弗爲亡（無）近、悳（德）弗之（志）不成、智弗思不得。思不清（精）不詧（察）、思不倀（長）不型（形）。……不藥（樂）亡（無）悳（德）。■」とあるが(36)、この中の、「善・悳（德）・智」は、「爲・之（志）・思」といった人閒の目的意識的な作爲によってのみ到達することができるとする思想などは、荀子に特有な作爲論に近い思想であり、その強烈な影響の下に成ったものと考えるべきである。孟子は、『孟子』盡心上篇で「君子之志於道也、不成章不達。」とは言うものの、その性善説のゆえに自然成長論の傾きを持つ。それに對して荀子は、『荀子』修身篇に「道雖邇、不行不至。事雖小、不爲不成。」とあり、同性惡篇に「人之性惡、其善者僞也。」とあるように、人閒の作爲の意義を特に強調した思想家であった。

また、郭店『五行』第二十二章には「耳目鼻口手足六者、心之𨑬（役）也。心曰唯、莫敢不唯。如（諾）、莫敢不如（諾）。進、莫敢不進。後、莫敢不後。深、敢不進深。渼（淺）、莫敢不渼（淺）。和則同。同則善。■」とある(37)。これは、「耳目鼻口手足六者、心之𨑬（役）也。」と言い、馬王堆『五行』第二十二章説で「心、……君也。」と述べて、兩者の關係を「君—𨑬（役）」の支配—服從の關係であると認めた上で、「心」の身體諸器官に對する支配の下に兩者を緊密に調和・統一して、全一的となった人閒がさらに「仁義心」と一體化することを通じて「善」を完成していく、という構想を解明した文章である。ここには、從來、多くの研究者が指摘してきたように、『孟子』告子上篇の「體有貴賤、有小大。無以小害大、無以賤害貴。養其小者爲小人、養其大者爲大人。……飲食之人、則人賤之矣。爲其養小以失大也。」という文章や、告子上篇の「公都子問曰、鈞是人也。或爲大人、或爲小人、何也。孟子曰、從其大體爲大人、從其小體爲小人。曰、鈞是人也。或從其大體、或從其小體、何也。曰、耳目之官、不思而蔽於物。物交物、則引之而已矣。心之官則思。思則得之、不思則不得也。」という文章などの、いくつかの表現や思想がふまえられているかもしれない。しかし、『五行』第二十二章における最も重要なテーゼ、「心」と身體諸器官との閒に支配―服從の關係があるということは、孟子のまだ明確には主張しなかったものである。そして、この「心―身」關係を「君―役」などの表現をもって支配―服從の關係であると明確に説いた古代文獻は、あまり多數存在するとは言えず、『荀子』解蔽篇・正名篇、『管子』君臣下篇・心術上篇、『鬼谷子』埤闔篇、『論衡』變動篇等々があるくらいであるが、これらの中で最も早く出現したのは『荀子』であり、『五行』はこの重要な一點において『荀子』から強烈な思想的影響を受けたのである。『荀子』解蔽篇に「心者、形之君也、而神明之主也。」とあるのを見るがよい。

以上の事實に基づいて、『五行』という文獻は、戰國中期～後期の儒家の諸學派――中でも主に、孟子學派の、人閒に生まれながらにして賦與された「五行」の「德」の先天性自然性つまり「天道」を重視する思想と、荀子學派の、「善」「德」を賦與された本來性のままに擴充によって實現していく際の後天性人爲性つまり「人道」を重視する思想、の兩者を折衷する者、すなわち折衷學派によって書かれたものである、と捉えるのが適當であろうと考えられる。

4、その他の諸思想からの影響

それだけでなく、郭店『五行』は戰國後期～末期の儒家の手に成る書にふさわしく、その表現と思想が極めて多様多彩であり廣くて複雜であって、單純な儒家の枠内に收まりきるものではない。郭店『五行』は先行する道家・墨家・法家等々の諸子百家の表現と思想から多大の影響を受け、しかも彼らの諸思想の本質的な部分において必要なものを取り入れている。その取り入れた諸思想は、郭店『五行』の中でそれぞれ重要な役割を演ずるのである。例えば、郭店『五行』第七章の既引の文章（および馬王堆『五行』第七章經・說、第八章說）には、いわゆる「愼獨」の思想が現われる。先秦～漢初の諸文獻で「君子」の「愼獨」を言うのは、他に『荀子』不苟篇、『禮記』中庸篇・大學篇・禮器篇、『淮南子』謬稱篇、『文子』精誠篇などがあるが、これらはいずれも大體のところ戰國末期から前漢初期にかけて成ったものである。そして、郭店『五行』と馬王堆『五行』の「愼獨」は、人間の身體性物質性を拂拭または撥無しつつその主體性を高調するという際立った特徵を具えているが、これは他の儒家系の「愼獨」にはまったく見られない特徵であって、郭店『五行』・馬王堆『五行』が當時の道家の思想から學び取った思想であるにちがいない。(38)

また、郭店『五行』第二十三～二十六章には、

目（侔）而智（知）之、胃（謂）之進之。（第二十三章）

窬〈兪（喩）〉而智（知）之、胃（謂）之進之。（第二十四章）

辟（譬）而智（知）之、胃（謂）之進之。（第二十五章）

幾而智（知）之、天也。上帝𦣞（臨）女、毋貳尔（爾）心、此之胃（謂）也。■（第二十六章）

という文章がある。(39) その「目（侔）」「窬〈兪（喩）〉」「辟（譬）」「幾」は、ものごとを「智（知）」るための方法であり、作者はこれらを驅使して「君子道」の完成としての「五行」の「集大成」へと「進」んでいこうとするのであるが、これらは當時の墨辯のテクニカル・タームであった。『墨子』小取篇には「辟（譬）也者、擧也（他）物而以明之也。侔也者、比辭而俱行也。……夫物有以同、而不率遂同。辭之侔也、有所至而止。」とあって、その「辟（譬）」「侔」は郭店『五行』のとほぼ同じである。郭店『五行』が『墨子』小取篇から借りてきたものであろう。

さらに、郭店『五行』第十二章には「不悳（直）不遙（泄）、不遙（泄）不果、不果不柬（簡）、不柬（簡）不行、不行不義。■(40)」、第十八章には「中（中）心誃（辨）肰（然）、而正行之、稟（直）也。悳（直）而述（遂）之、遙

（泄）也。遙（泄）而不畏彊（強）語（禦）、果也。■不以少（小）道害大道、柬（簡）也。■又（有）大辠而大豉（誅）之、行也。■貴貴、其步〈寺〉障（尊）臤（賢）、義也。■[41]」、第二十章には「不柬〈柬（簡）〉不行、不匿、不关（辨）於道。又（有）大辠而大豉（誅）之、柬〈柬（簡）〉也。又（有）少（小）辠而亦（赦）之、匿也。又（有）大辠而弗大豉（誅）也、不行也。又（有）少（小）辠而弗亦（赦）也、不关（辨）於道也。■柬〈柬（簡）〉之爲言也、猷（猶）練〈練〉也、大而晏（罕）者也。匿之爲言也、猷（猶）匿匿也、少（小）而訪（旁）者也。柬〈柬（簡）〉、義之方也。匿、悳（仁）之方也。彊（剛）、義之方。矛（柔）、悳（仁）之方也。不彊（強）不梂（急）、不彊（剛）不矛（柔）、此之胃（謂）也。■」とある。[42]これらの文章は、「簡」「行」「義」などの概念を用いて、「大罪」が犯された場合にはそれを「大誅」すべきで、それを可能にする判斷「簡」を實際に「行」って始めて「義」の實現と言えるのだと主張する。このような法家的な「簡」の概念は、『管子』心術上篇に「簡物小未一道、殺戮禁誅、謂之法。……法者、所以同出不得不然者也。故殺僇禁誅、以一之也。故事督乎法、法出於權、權出乎道。」と見える。のみならず、特に第二十章は、「大辠」を「大豉（誅）」することから「義」が生まれてき、「少（小）辠」を「亦（赦）」することから「悳（仁）」が生まれてくると述べて、「悳（仁）」「義」という儒家にとって最も基本的な倫理を「辠」に對する態度のいかんに由來すると説明している。これは一言でいえば儒家の法家化であり、戰國後期以降に多く見られる現象である。例えば、賈誼『新書』大政上篇は、「仁」について「戒之戒之、誅賞之愼焉。故與其殺不辜也、寧失於有罪也。故夫罪也者疑、則附之去已。……疑罪從去、仁也。……下爲非、則矜而恕之、道而赦之、柔而假之。」と説明している。

郭店『五行』を「道家」「墨家」「法家」などと呼ぶ必要はないにしても、狹い學派的セクショナリズムを張って儒家以外を排除することがないどころか、自己の思索に利用できるものを何でもかまわず貪欲に取り入れようとする雜家的傾向は、我々も正確に理解してやらなければならない。この雜家的傾向を無視または輕視して單純に儒家的（特に孟子的）要素だけを取り出して強調するならば、『五行』は『五行』でなくなってしまう、と筆者は考える。したがって、郭店『五行』は孟子・荀子の思想を中心とし、多くの先秦時代の儒家の諸思想を折衷しながら、さらに儒家以外の諸子百家の思想をも取り入れようとする、ある儒家に屬する思想家によって書かれた文獻であると考えなければならない。

七、郭店『五行』の基本的思想

郭店『五行』・馬王堆『五行』は、多くのテーマに關する思想を追求している。筆者はかつて「『馬王堆漢墓帛書五行篇』の基本思想」と題して、馬王堆『五行』の追求する思想の中で最も基本的と考えられるものを、以下の四つのテーマにしぼって解明したことがある。——第一は「五行」の思想、またそれとの對比で論じられる「四行」の思想。第二は「德」の思想、またそれとの對比で論じられる「善」の思想。第三は「天道」の思想、またそれとの對比で論じられる「人道」の思想。第四は「心身」の問題、言い換えれば「愼獨」の思想である。(43) 本論文では、以上の四つのテーマと重複しないように注意しつつ、少し視點を變えて、大雑把に郭店『五行』の基本的思想を明らかにしよう。

1、「人道」による「天道」の擴充

第一に、人間は誰しも「天道」によって先天的自然的に「㤅（仁）」「義」「豊（禮）」「智」「聖」の五つの「悳（德）之行」を賦與されているが、それらの一つ一つに對して擴充する「人道」の後天的人爲的な活動を行って、最終的に「㤅（仁）」「義」「豊（禮）」「智」「聖」のそれぞれを完成し實現する、という思想である。人間が五つの「悳（德）之行」を賦與されるとはいえ、實際には、完成された「悳（德）之行」ではなく、あくまでそれらの端緒を賦與され

るにすぎない。それらの端緒とは何か。――「𢘅（仁）」の端緒は第十一・十七章に言う「叓（變）」、「義」の端緒は第十二・十八章に言う「悳（直）」または「臬（直）」、「豊（禮）」の端緒は第十三・十九章に言う「𧷤（遠）」または「遠」、「智」の端緒は第十・十四章に言う「明」、「聖」の端緒は第十・十四章に言う「聰」、である。それゆえ、人間はそれらを出發點に取って擴充の活動を行うべき存在であるが、郭店『五行』における擴充の具體的なプロセスや特徵についてはすでに六「郭店『五行』の所屬學派」で述べた。

2、「五行」「四行」の總合・統一

第二に、第一の活動を首尾よく行うことができた後、完成し實現した「𢘅（仁）」「義」「豊（禮）」「智」「聖」の一つ一つをバラバラのままに保持して滿足するのではなく、さらに前進してそれらの五つを調和し總合する「人道」の活動を行って、最終的にそれらの統一としての「悳（德）」または「善」を完成し實現する、という思想である。

この思想は、郭店『五行』では、「爲翟（一）」「和」「集大成」などのテーマとして追求される。例えば、第七章の前半の「要（淑）人君子、其義（儀）翟（一）也。能爲翟（一）、肰（然）句（後）能爲君子。〔君子〕訢（愼）其蜀（獨）也。■」という文章（既引）、第十五章の後半の「聖智、豊（禮）藥（樂）之所𣪊（由）生也。五〔行之所和〕也、和則譽（樂）。譽（樂）則又（有）悳（德）。又（有）悳（德）則邦𡩜（家）𦦗〈興〉。文王之見也女（如）此。文〔王才（在）上、於昭〕于天、此之胃（謂）也。■」という文章（既引）、第十六章の後半の「𢘅（仁）義、豊（禮）之所𣪊（由）生也。四行之所和也、和則同。同則善。■」という文章、[44] 第二十一章の前半の「君子集大成。能進之、爲君子。弗能進也、各止於其里。大而晏（罕）者、能又（有）取安（焉）。少（小）而軫者、能又（有）取安（焉）。疋（搜）盧盧、達者（諸）君子道、胃（謂）之臤（賢）。」という文章（既引）、などがそれである。

「𢘅（仁）」「義」「豊（禮）」「智」の四つ、またはそれらに「聖」を加えた五つを調和・總合する、以上のような活動を成功裏に行った結果、人閒は最終的に「五〔行之所和〕」としての「悳（德）」、または「四行之所和」としての「善」に到達するに至る。例えば、郭店『五行』第一章に「悳（德）之行五和、胃之悳（德）、四行和、胃（謂）之善。■」(45)、第十五章に「五〔行之所和〕也、和則簪（樂）。簪（樂）則又（有）悳（德）。」（既引）、第十六章に「四行之所和也、和則同。同則善。■」（既引）、第二十二章に「和則同。同則善。■」（既引）、第二十八章に「聋（聞）道而兌（悅）者、好𢚩（仁）者也。■聋（聞）道而畏者、好義者也。■聋（聞）道而共（恭）者、好豊（禮）者也。■聋（聞）道而簪（樂）者、好悳（德）者也。■」とあるとおりである。(46)

そして、郭店『五行』の作者にとって道德上の最後窮極的な目標が、「善」ではなく「悳（德）」に到達することであることは、改めて論ずるまでもない。

3、人閒の目的意識的な努力

第三に、作者は、第一の端緒の擴充の活動と第二の「五行」の總合・統一を行うプロセスにおける、人閒の目的意識的な作爲の果たす意義を具體的かつ詳細に強調する。これは、先天的自然的な「天道」を完成・實現に導く後天的人爲的な「人道」の位置づけに關する思想であるから、郭店『五行』にとっては絕對に不可缺のものであり、全二十八章の至るところで多種多樣に提起される。例えば、第一章に「𢚩（仁）……不型（形）於內、胃（謂）之行。■義……不型（形）於內、胃（謂）之行。■豊（禮）……不型（形）於內、胃（謂）之〔行。■智〕……不型（形）於內、胃（謂）之行。■聖……不型（形）於內、胃（謂）之行。■……善、人道也。」とある(47)「不型（形）於內」や「人道」、第三章に「五行皆型（形）于內、而時行之、胃（謂）之君〔子〕。士又（有）志於君子道、胃（謂）之時（志）士。」とある（既引）「志」「時（志）」、第四章に「善弗爲亡（無）近、悳（德）弗之（志）不成、智弗思不得。思不淸（精）不詧（察）、思不倀（長）不型（形）。……不藥（樂）亡（無）悳（德）。■」とある（既引）「爲」「之（志）」「思」、

第五章に「不𢚩（仁）、思不能清（精）。不智、思不能悵（長）。不𢚩（仁）不智。……〔不〕𢚩（仁）、思不能清（精）。不聖、思不能翌（徑）。不𢚩（仁）不聖。……■」とある（既引）「思」、第六章に「𢚩（仁）之思也清（精）。……型（形）則𢚩（仁）。■智之思也悵（長）。……型（形）則智。■聖之思也翌（徑）。……型（形）則聖。■」とある(48)「思」等々、枚擧するに暇がないほど夥しい。

ここで注意したいことは、「聖」「智」が、他の「仁」「義」「豊（禮）」と竝んで擴充が行われる對象としての「五行」の二つでありながら、同時に人間の二種類の認識能力として擴充を行うための方法・手段とも位置づけられていることである。そのような「聖」「智」は、郭店『五行』の至るところに畫かれ、例えば、第二・十・十四・十五・二十三・二十四・二十五・二十六・二十八章などにそれが現れる。特に第二十三〜二十六章の四章では、端緒を擴充して「五行」の「和」に至る「進」を行うためには、對象である「仁」「義」「豊（禮）」などについて「智（知）」ることが必要であるとして、その「智」の具體的かつ詳細な形態である、「目（侔）」「俞〈兪（喩）〉」「辟（譬）」「幾」の四つを竝べて順次解明している。

4、「天道」と「人道」の兩者の必要性

第四に、人間が「惪（德）」や「善」を完成し實現していく上で、「天道」と「人道」の兩者がともに必要である、とする思想である。郭店『五行』第一章に「𢚩（仁）型（形）於內、胃（謂）之惪（德）之行、不型（形）於內、胃（謂）之行。■義型（形）於內、胃（謂）之惪（德）之行、不型（形）於內、胃（謂）之行。■豊（禮）型（形）於內、胃（謂）之惪（德）之行、不型（形）於內、胃（謂）之〔行〕。■智型（形）〕於內、胃（謂）之惪（德）之行、不型（形）於內、胃（謂）之行。■聖型（形）於內、胃（謂）之惪（德）之行、不型（形）於內、胃（謂）之行。惪（德）之行五和、胃之惪（德）、四行和、胃（謂）之善。■善、人道也。惪（德）、天道也。■」とある文章（既引）

によれば、「善」は「人道」であり、「悳（德）」は「天道」であるが、それだけでなく「㤅（仁）」「義」「豊（禮）」「智」「聖」の「五行」のすべてが「悳（德）之行」であり、つまりは「天道」なのである。したがって、この「天道」は、誰しも人閒がこの世に生を受けた時、その内部に「五行」の端緒を賦與される、その先天性自然性の意味である。――郭店『五行』第一章は「五行」のこの側面を「型（形）於内」と表現している。

また、「人道」について言えば、やはり「㤅（仁）」「義」「豊（禮）」「智」「聖」の「五行」のすべてが、「行」でもあり、つまりは「人道」なのでもある。したがって、この「人道」は、人閒が外部に向かってそれらの端緒を擴充する活動を行わなければならない、その後天性人爲性の意味である。

ただし、「聖」は他の四つとは異なる特別なものであって、實際上、一般の人閒に開かれた道德ではなかった。だから、郭店『五行』は、それらの端緒に對して擴充する後天的人爲的な活動の對象から、實際上「聖」を除外してしまう。第一章に「悳（德）之行五和、胃之悳（德）、四行和、胃（謂）之善。■」（既引）、第九章に「金聖（聲）而玉晨（振）之、又（有）悳（德）者也。■金聖（聲）、善也。玉音〈振〉、聖也。善、人道也。悳（德）、天〔道也〕。唯又（有）悳（德）者、肰（然）句（後）能金聖（聲）而玉晨（振）之。」（既引）、第十五章と第十六章に「聖智、豊（禮）藥（樂）之所穀（由）生也。五〔行之所和〕也、和則嚮（樂）、嚮（樂）則又（有）悳（德）、又（有）悳（德）則邦𡨦（家）舉〈興〉。文王之見也女（如）此。文〔王才（在）上、於昭〕于天、此之胃（謂）也。■……㤅（仁）義、豊（禮）之所穀（由）生也。四行之所和也、和則同。同則善。■」とある（既引）のは、この閒の事情を端的に物語っている。

そして、「聖」を含む「五行」の一つ一つを完成・實現した上で、「聖」を含む「五行」の總合・統一としての「悳（德）」に到達することができた人物であると認めて、郭店『五行』が理想に掲げるのは、第十五章が「又（有）悳（德）」者と讚える文王であった[49]。

注

（1）本論文の基になった日本語原稿は、去る一九九八年八月に一旦完成していたものである。それを東京大學大學院生の曹峰氏の手を煩わせて中國語に翻譯してもらい、一九九九年二月、求められるままに雜誌『中國哲學』の編集部（姜廣輝氏）に郵送したところ、雜誌『中國哲學』第二十一輯「郭店簡與儒學研究」（遼寧教育出版社、二〇〇一年一月）に掲載された。この論文は、日本語によって公刊することも必要と考え、日本語原稿に若干の加筆・修正を施して、雜誌『郭店楚簡の思想史的研究』第二卷（東京大學郭店楚簡研究會、一九九九年十二月）に掲載した。今回、本書『郭店楚簡儒教研究』に收めるに當たっては、さらに加筆・修正を施して誤りなきを期したつもりである。

（2）文物出版社、一九九八年五月。以下、『郭店楚簡』と略稱する。

（3）汲古書院、一九九三年二月。以下、拙著『馬王堆五行研究』と略稱する。

（4）拙著『馬王堆五行研究』、一～二頁を參照。

（5）『郭店楚簡』、一四九頁を參照。

（6）國家文物局古文獻研究室『馬王堆漢墓帛書〔壹〕』（文物出版社、一九八〇年。以下、古文獻研究室『馬王堆漢墓帛書〔壹〕』と略稱する。）、十七頁、およびその註釋〔二〕、二十四頁を參照。

（7）『四川大學學報』（哲學社會科學版）一九八八年第四期（一九八八年十二月）、八十二頁を參照。

（8）巴蜀書社、一九九一年八月。一頁、および八十七～八十八頁を參照。

（9）銀雀山漢墓竹簡整理小組『銀雀山漢墓竹簡〔壹〕』（文物出版社、一九八五年。以下、『銀雀山漢簡〔壹〕』と略稱）、六頁には、竹簡の題名の書き方についての一般的な情況が略述されていて參考になる。ただし、この略述の中でも、郭店『五行』のように題名が文獻の第一號簡の冒頭部分につけられるタイプは、その存在が指摘されていない。

（10）古文獻研究室『馬王堆漢墓帛書〔壹〕』、四十四～九十八頁を參照。

（11）『銀雀山漢簡〔壹〕』、六頁を參照。

（12）『銀雀山漢簡〔壹〕』、六頁、および睡虎地秦墓竹簡整理小組『睡虎地秦墓竹簡』（文物出版社、一九九〇年。以下、『睡虎地秦簡』と略稱）、十三・六十九・一四七・一七九の諸頁を參照。

（13）『銀雀山漢簡〔壹〕』、一一七・一三四・一三五・一四二・一四九の諸頁を參照。

（14）馬王堆漢墓帛書整理小組『馬王堆漢墓帛書〔肆〕』（文物出版社、一九八五年）、二十六～七十五、九十九～一一八、一二三～一二八、一五五～一五六、一六三～一六六の諸頁を參照。

（15）『睡虎地秦簡』、一四七～一六三、一八〇～二二七、二三二～二五四の諸頁を參照。

（16）拙論「郭店楚簡『窮達以時』の研究」の初出は、池田知久監修『郭店楚簡の思想史的研究』第三卷（東京大學郭店楚簡研究會、二〇〇一年一月）に掲載された同名の論文である。

（17）拙著『馬王堆五行研究』、七十七～八十四頁を參照。なお、本論文下文の四「郭店『五行』の所屬學派」をも參照。

（18）馬王堆『五行』の成書年代は戰國後期～末期、その抄寫年代は前漢初期、惠帝期または呂后期であろう。前者については、拙著『馬王堆五行研究』、五十四～七十六頁が、前漢初期と推測したが、二三十年、時代を繰り下げすぎていたので、ここでこのように改める。後者については、拙著『馬王堆五行研究』、十～十四頁を參照。それゆえ、馬王堆『五行』の抄寫年代は韓嬰自身または韓嬰學派の活動年代とかなり近いと言ってよい。

（19）拙著『馬王堆五行研究』、四十七頁を參照。

（20）『東京大學教養學部人文科學科紀要』第八十一輯（國文學・漢文學ＸＸⅡ、一九八五年三月）、一〇〇～一〇四頁を參照。

（21）馬王堆『五行』第七章經の前半は、「●尸（鳲）叴（鳩）在桑、其子七氏。叔（淑）人君子、其宜（儀）一氏。能爲一、然后（後）能爲君子。君子愼其獨〔也〕。」である。

（22）馬王堆『五行』第二十一章經の前半は、「●君子雜泰（大）成。能進之、爲君子。不能進、客（各）止於其〔里〕。大而罕者、能有取焉。小而軫者、能有取焉。索纑纑、達於君子道、胃（謂）之賢。」である。

（23）郭店『五行』第一章および第十五章の「和」は、馬王堆『五行』第一章經および第十八章經に見え、郭店『五行』第十六章および第二十二章の「和」「同」は、馬王堆『五行』第十九章經および第二十二章經に見える。

（24）馬王堆『五行』第八章經は、「●君子之爲善也、有與始也、有與終也。君子之爲德也、有與始也、无與終也。」である。

（25）馬王堆『五行』第七章經の後半は、「〔嬰（燕）嬰（燕）〕于蜚（飛）、貤池其羽。之子于歸、袁（遠）送于野。瞻望弗及、汲（泣）沸〈涕〉如雨。能貤池其羽、然〔后（後）能〕至（致）哀。君子愼其獨也。」である。

（26）それゆえ、郭店『五行』第八章の「〔亡與〕終」および馬王堆『五行』第八章經の「无與終」は、馬王堆『五行』第七章說の「舍（捨）體（體）」や第八章說の「舍（捨）其體（體）」（既引）、および第十三章說の「流體（體）」や第十八章說の「其流體（體）」と大略同じ内容であることになる。

(27) 拙著『馬王堆五行研究』、五十二頁を參照。

また、道家における類似の敍述形式の例としては、『莊子』齊物論篇に「瞿鵲子問乎長梧子曰、吾聞諸夫子。聖人不從事於務。不就利、不違害。不喜求、不緣道。无謂有謂、有謂无謂。而遊乎塵垢之外。夫子以爲孟浪之言、而我以爲妙道之行也。吾子以爲奚若。長梧子曰、是黃帝之所聽熒也。而丘也何足以知之。……化聲之相待、若其不相待。和之以天倪、因之以曼衍、所以窮年也。（瞿鵲子曰、）何謂和之以天倪。（長梧子）曰、是不是、然不然。」とあり、同山木篇に「孔子窮於陳蔡之間、七日不火食。……曰、回、无受天損易、无受人益難。无始而非卒也。人與天一也。夫今之歌者、其誰乎。回曰、敢問无受天損易。仲尼曰、飢渴寒暑、窮桎不行、天地之行也、運物之泄也。……（顏回曰、）何謂无受人益難。仲尼曰、始用四達、爵祿竝至而不窮、物之所利、乃非己也。……（顏回曰、）何謂无始而非卒。仲尼曰、化其萬物、而不知其禪之者。……（顏回曰、）何謂人與天一邪。仲尼曰、有人、天也。有天、亦天也。人之不能有天、性也。……」とある。

二つの問答によれば、道家という學派の内部において、複雑で難解な彼らの思索の結果をコンパクトにまとめて教條化しようとする志向がある上に、その教條化された『老子』風アフォリズム（經）を弟子が質問して師が解說する（說）という形で、思想の教育や研鑽が行われていた樣子が窺われる。これらの文章における經と說は、同一の時代に同一の人物によって一緒に書かれたはずである。拙著『老莊思想』改訂版（放送大學教育振興會、二〇〇〇年）、一〇五～一〇六頁を參照。

(28) 「智」と「聖」をともに人間の認識能力として竝列するのは、馬王堆『五行』諸章の經・說でもまったく同じである。

(29) 『郭店楚簡』、一四九頁を參照。

(30) 荀子の當時、「思孟學派」という學派などは存在していなかったことについては、任繼愈『中國哲學發展史（先秦）』（人民出版社、一九八三年）、二九〇～二九九頁、および拙著『馬王堆五行研究』、七十七～七十九頁を參照。また、孟子が郭店『五行』・馬王堆『五行』と同樣の「五行」をまだ唱えるに至っていなかったことについては、拙著『馬王堆五行研究』、四十四～四十五頁を參照。

ちなみに、周知のとおり孟子はいわゆる「仁內義外」說に反對した（『孟子』公孫丑上篇・告子上篇）が、郭店楚簡『六德』ではその「仁內義外」說が主張されている（例えば、第二十六號簡を參照）。この點を捉えて李澤厚「初讀郭店竹簡印象紀要」は、「雖有《緇衣》《五行》《魯穆公問子思》諸篇、却竝未顯出所謂〝思孟學派〞的特色（究竟何謂〝思孟學派〞、其特色爲何、竝不清楚）。相反、竹簡明確認爲〝仁內義外〞、與告子同、與孟子反。因之斷定竹簡屬〝思孟學派〞、似嫌悤忙、未必准確。相反、竹簡給我的總體印象、毋寧更接近《禮記》及荀子。」と述べる（『李澤厚哲學文存』下編所收、安徽文藝出版社、一九九九年、七四六頁を參照）。この問題に關する限りは筆者も李澤厚に贊成である。

（31）馬王堆『五行』第九章經は「●金聲而玉振之、有德者也。金聲、善也。王〈玉〉言〈振〉、聖也。善、人道也。德、天道也。唯有德者、然笱（後）能金聲而玉振之之。」に作り、その說は、「〔●〕金聲、〔善也、金聲者〕、□□繇（由）德重。善也者、有事焉者、可以剛柔多鉿（合）爲。故〔曰〕善。〔玉辰（振）、聖也、玉辰（振）〕也者、忌（己）有弗爲而美者也。雖有德者、然笱（後）能金聲而玉辰（振）之、金聲而玉辰（振）之者、動□、而〔笱（後）能〕井（形）善於外。有德者之〔至〕。」に作る。

（32）馬王堆『五行』でも、第十七章經・說および第十八章經・說に「聞而知之、聖也。」が四見する。

（33）馬王堆『五行』第十章經～第十三章經の前半は、

〔●〕不⿱般月（變）不說（悅）、不說（悅）不戚、不戚不親、不親不炁（愛）、不炁（愛）〔不仁〕。（第十章）

〔●不直不泄、不泄〕不果、不果不簡、不簡不行、不行不義。（第十一章）

不袁（遠）不敬、不敬不嚴、不嚴不尊、不尊不〔共（恭）、不共（恭）〕不禮。（第十二章）

〔不嘍（聽）不明、則〕不聖不知（智）。（第十三章の前半）

に作る。

（34）これらの諸章は、馬王堆『五行』では第十四～十七章にまとめて置かれている。この點でも、明らかに馬王堆『五行』の方が郭店『五行』よりもよく修正・整理されている。

（35）馬王堆『五行』第三章經は「五行皆荆（形）于闕（其）內、時行之、胃（謂）之君子。士有恙（志）於君子道、胃（謂）之之（志）士。」に作る。

（36）馬王堆『五行』第四章經は「●善弗爲无近、得（德）弗之（志）不成、知弗思不得。思〔不〕晴（精）不察、思不長不得、思不輕（徑）不刑（形）。……不樂則无德。」に作る。

（37）馬王堆『五行』第二十二章經は「〔●〕耳目鼻口手足六者、心之役也。心曰唯、莫敢不〔唯。心曰若（諾）、莫〕敢不〔若（諾）。心〕曰進、莫敢不進。〔心曰退、莫敢不退。心曰深、莫敢不深。〕心曰淺、莫敢不淺。和則〔同。同則善〕。」に作る。

（38）その詳細は、拙著『馬王堆五行研究』、一四四～一五一頁を參照。

（39）馬王堆『五行』經は、第二十三章を「〔●目（侔）而〕知之、胃（謂）之進之。」に作り、第二十四章を「〔●〕辟（譬）而知之、胃（謂）之進之。」に作り、第二十五章を「〔●〕諭（喩）而知之、胃（謂）之進〔之〕。」に作り、第二十六章を「〔●鐖而知之、天〕也。設〈詩〉曰、上帝臨女、毋貳（二）爾心、此之胃（謂）也。」に作る。これらの内、第二十四章と第二十五章の順序が逆轉している。

（40）馬王堆『五行』第十一章經は「〔●不直不泄、不泄〕不果、不果不簡、不簡不行、不行不義。不〕」に作る。

（41）馬王堆『五行』第十五章經は「〔●〕中心辯焉、而正行之、直也。直而〔遂之、泄〕也。〔泄而〕不畏強圉、果也。而〈不〉以小道害大道、簡也。有大罪而大誅之、行也。●貴貴、其等〔尊〕賢、義。」に作る。

（42）馬王堆『五行』第二十章經は「〔●不簡〕不行。不匿、不辯於道。有大罪而大誅之、簡。有小罪而赦之、匿也。有大罪弗〔誅、不〕行。有小罪而弗赦、不辯〔於〕道。簡之爲言也、猷（猶）賀、大而罕者。匿之爲言也、猷匿匿、小而軫者。簡、義之方也。匿、仁之方也。剛、義之方殹（也）。柔、仁之方也。詩曰、不勮不救、不剛不柔、此之胃（謂）也。」に作る。

（43）拙著『馬王堆五行研究』、八十五～一五一頁を參照。

（44）馬王堆『五行』は、郭店『五行』第十六章を第十九章に置き、その後半には「仁義、禮知之所繇（由）生也。四行之所和、〔和〕則同。同則善。」とある。

（45）馬王堆『五行』第一章は「德之行五和、胃（謂）之德、四行和、胃（謂）之善。善、人道也。德、天道也。」に作る。

（46）馬王堆『五行』第二十八章經は「●聞君子道而說（悅）、好仁者也。聞道而〔威、好〕義者也。聞道而共（恭）、〔好〕禮者也。〔道〕聞而樂、有德者也。」に作る。

（47）馬王堆『五行』第一章經は「〔●仁〕……不刑（形）於內、胃之行。知……不刑（形）於內、胃〔之行。義……不刑（形）於內、胃（謂）之〕行。禮……不刑（形）於內、胃之行。聖……〔不刑（形）於內、胃（謂）〕之行。……善、人道也。」に作る。

（48）馬王堆『五行』第六章經は「仁之思也睛（精）。……刑（形）則仁。知之思也長。……刑（形）則知。●聖之思也巠（徑）。……刑（形）則〕聖。」に作る。

（49）馬王堆『五行』第二十七章說に「●天生諸无〈其〉人、天也、天生諸其人也者、如文王者也。其人它（施）者（諸）人也者、如文王之它（施）者（諸）弘夭散宜生也。其人它（施）者（諸）人、不得其人不爲法、言所它（施）之者、不得如散宜生弘夭者也、則弗〔爲法〕矣。」とある「文王」も、同じように考えることができる。

（一九九八年八月擱筆、一九九九年十一月加筆、二〇〇一年九月・十一月修正）

郭店楚簡『唐虞之道』の堯舜禪讓説の研究
――『墨子』『孟子』『荀子』『尚書』との比較を中心にして――

李　承　律

一、はじめに――先行研究の概観及び方法論上の諸問題

中國古代において禪讓の問題は、尚賢論・王位繼承論（もしくは王朝交替論）などと相まって、歷史・思想上重要でかつ解決すべき緊要の問題として、その當事者たる君主は勿論、先秦諸子の閒で常に議論の對象となっていたことは、周知のことである。その場合、先秦諸子において禪讓の理想型は、それに肯定的であれ否定的であれ、言うまでもなく常に堯舜に求められており、それに倣って聖王の虚名を得ようとして禪讓したが、ついに失敗して命まで失ってしまった燕王噲と子之の禪讓劇は、あまりにも有名である（『孟子』公孫丑下篇、『戰國策』燕策一、『韓非子』外儲説右下篇、『史記』燕召公世家・蘇秦傳）。それと關連して、一九七四年から一九七八年にかけて河北省平山縣の三汲公社で行われた發掘調査[1]の出土器物であり、紀元前三一〇年頃に作られたと推定される中山王靑銅器の銘文の中に、中山王がその禪讓劇を非難して太子を戒める遺言的内容が詳述されているのもまた有名である。

さて、堯舜禪讓説に關する本格的な議論は、近代に入ってからは白鳥庫吉・郭沫若・蒙文通・童書業・顧頡剛・楊寬・呂思勉・錢穆などの諸氏によって觸發されたが[2]、特に顧氏の研究が學界に甚だしい影響を及ぼしたことは、周知のことである。それは顧氏の研究以後出された、小野澤精一・中村俊也・山田統・蔡明田・山邊進・阮芝生などの諸

氏による一連の研究が[3]、それに贊同したり、あるいは批判したりして、顧氏の研究が常に意識されてきたことからも容易に看取される。

ところで、後ほど詳述するが（本稿の二）、先秦時代において禪讓を自分たちの帝位繼承論・王朝交替論とする思想家は見いだすことができないとする見解がすでに出されている（山邊氏）。その見解はいままでは說得力を持ちえてきたが、最近そのような見解に再檢討をせまる竹簡の資料が出土した。言うまでもなく郭店楚簡『唐虞之道』（原無篇題。以下、「本書」と略記）がそれである[4]。本稿で本書を取り上げる意義はまずここにある。

一方、本書に關してはすでにいくつかの研究論文が發表されている。したがって以下では、まず本書に關する先行研究を分析し、そこに內在する諸問題を明らかにすることから論を始めたい。ここでは便宜上、（一）思想的特徵、（二）成立年代、（三）作者、（四）學派、の四つに分けて整理する。

まず（一）の思想的特徵については、大略次のような四つの說がある。第一に、儒家的な語句もあるが、必ずしも儒家とは限らず、縱橫家的な色合いを有しているとする說。これは李學勤氏によって初めて主張された說である[5]。しかし、これについては、すでに李存山氏が批判の見解を提示している[6]。第二に、正統な儒家學說であり、堯舜禪讓說は儒家に起因するとする說。これを主張したのは廖名春氏であるが、顧頡剛氏によって創案された「禪讓傳說起於墨家」說を批判することを主な狙いとしている[7]。なお、丁四新氏もこのような廖氏の說に同調している[8]。第三に、本書に言及されている古史は、いずれも『尙書』に基づいており、かつその主なものは堯典篇であるとする說。王博氏がその代表的な例である[9]。なお、王氏のように本書と『尙書』との閒の直接的な影響關係に關する發言はないが、彭邦本氏は「如果說《堯典》是現存最早比較具體地追求遠古禪讓傳說史事的傳世文獻，那麼楚簡《唐虞之道》就是現今所見先秦儒家文獻中集中論述其〝禪讓〟說最早、也是僅有的一篇專論。」という[10]。第四に、實質上作者の民本思想を反映しているとする說。鄧建鵬氏がその代表的な例である[11]。

その他、陳明氏は本書は『禮記』中庸・樂記・表記・禮運篇と同様の思想内容を有しており、それらを同一作者によるものと推定するには理由があるとし[12]、陳鼓應氏は、本書の「授賢」の觀點は儒墨に由來し、養生の說は道家に屬すると言う[13]。

次に、(一)の成立年代については、次のような五つの說が浮上している。第一に、孟子の時代に近いとする說(李學勤[14])。第二に、紀元前五世紀中期偏晩に書かれたとする說(彭邦本[15])。第三に、紀元前三一八年の前に書かれたとする說(李存山・丁四新[16])。第四に、紀元前三〇〇年前後に書かれたとする說(王博[17])。第五に、紀元前二七八年以降抄寫されたとする說(王葆玹[18])。ただし、王氏が「各篇中,《性自命出》、《尊德義》、《唐虞之道》、《忠信之道》四篇的時代早於《荀子》,很可能也早於紀元前二七八年。[19]」と言っているのによれば、本書の成立年代を紀元前二七八年より早いと想定しており、抄寫年代と分けて考えているようである。

次に、(二)の作者の問題については、おおむね次の三つの說がある。第一に、孔子の作とする說(廖名春[20])。しかし、これはすでに丁四新氏によって批判されている[21]。第二に、子思あるいはその門人の作とする說(姜廣輝・郭沂・鄧建鵬・李景林[22])。第三に、孟子あるいはその後學の作とする說(周鳳五[23])。

最後に、(四)の學派の問題については、まず第一に、現在我々の知っているどの學派にも屬さないとする說、第二に、先に述べたように縱橫家に屬するとする說、がある。前者は韓祿伯・艾蘭、後者は李學勤氏によって提唱されたが[24]、これらはいずれも丁四新氏によって論駁されている[25]。第三に、子思學派に屬するとする說。上記(二)の成立年代の問題で述べた王葆玹氏の說及び(三)の作者の問題で述べた郭沂氏の說がその代表[26]。特に王氏は本書を子思學派の晩期作品と斷定している。第四に、儒家學派の作品であるが、嚴密にいえば、儒家の中のある一派の作品であるとする說(王博[27])。第五に、思孟學派の作品とする說(朱榮貴・楊儒賓[28])。第六に、儒家學者の手になるものであり、その理論的性質は儒家に屬するとする說(丁四新[29])。

以上、本書に關する先行研究を概觀してみたが、そこには細部において多少の違いや例外はあるものの、本書を儒家思想と見なすことは、中國の學者たちの閒で、ほぼ共通認識となっている。しかもそのほとんどが本書を『尙書』――孔子――子思――孟子のライン上にある、他學派の影響を受けていない純然たる儒家思想として位置づけている。そこにはまたかつて顧頡剛氏によって主張された堯舜禪讓說の墨家起源說への批判も重要な目的として兼ねられており、本書はそれを反證するための恰好の材料として利用されている。

しかし、それらの見解には贊成できない様々な問題が內在している。第一に、本書の思想的特質を解明するにおいてカギとなる重要な概念や語句を解釋する場合誤解や閒違いが多く存在している點（例えば「利天下而弗利」「愛親」「尊賢」など）。第二に、『尙書』堯典篇・『論語』堯曰篇・『孟子』萬章上篇などに見える堯舜帝位繼承說話と本書の堯舜禪讓說とを單純に結びつけ、思想上の相違點や隔たりについてはほとんど注目していない點。第三に、郭店楚墓下葬年代の戰國中期偏晚說がすでに動かせない大前提となっている點。第四に、『論語』『孟子』『禮記』『孔叢子』などの諸文獻に記されている「孔子曰」（子曰）や「子思曰」を、孔子や子思が實際に述べたことばとして信じ込んでいる點。要するに、本書の內容や禪讓說と關わる諸文獻に關する立ち入った分析がなされていないのが現狀と言えよう。本稿で本書を取り上げる意義はここにもある。

本稿では、これらの諸問題を解決する一環として、本書のメインテーマである堯舜禪讓說に焦點をあわせて分析し、それを先秦時代の諸文獻の中で特に『墨子』『孟子』『荀子』『尙書』に見られる堯舜帝位繼承說話と比較考察する。そして、その中の諸問題を思想史的な見地から綿密に分析することによって、本書の堯舜禪讓說の思想的特徵、思想史的位置及びその意義、成立時期、所屬學派などの諸問題を明らかにする。そうして、本書の禪讓說が『墨子』『孟子』『尙書』のそれとは共通點より相違點や思想的隔たりが目立ち、よって思想の本質的な部分において相容れない要素を多分に包有していること、そして『荀子』と一方では鋭く對立しながらも、もう一方では多大な影響を及ぼしていくその生々しい實相を浮き彫りにしたい(30)。

二、『唐虞之道』の堯舜禪讓説の特徴

さて、本稿の冒頭でも簡略にふれたが、中國先秦時代の堯舜禪讓説について、かつて山邊進氏は次のような見解を示したことがある。

……先秦諸子に於いて堯舜の帝位繼承を在野の遺賢を登用し、讓位したと解釋する思想家、換言するならば、正しく『荀子』が用いる意味での「禪讓」を自分たちの帝位繼承論・王朝交替論とする思想家を見いだすことができなかった(31)。

しかし、最近山邊氏の説に再檢討をせまる竹簡の資料が出土した。本書の堯舜禪讓説がそれであるが、後述するように、それは明らかに『荀子』が用いる意味での「禪讓」を自分たちの帝位繼承論・王朝交替論としている。

本書の堯舜禪讓説についての先行研究については、すでに前章で簡略に述べたが、問題の所在を明らかにするために再度要約すると、大略次のような三つの説が出されている。①禪讓が強調されていることから本書を縱橫家の作とする説（李學勤）、②正當な儒家學説であり、堯舜禪讓説は儒家に起源するとする説（廖名春）、③本書に言及されている古史は、いずれも『尙書』に基づいており、かつその主なものは堯典篇であるとする説（王博）。しかし、これらの見解は、『尙書』堯典篇や『論語』堯曰篇・『孟子』萬章上篇などに見える堯舜禪讓説と本書のそれとを單純に結びつけ、そこに內在する思想上の相違や大きな隔たりの存在についてはほとんど注目しておらず、したがって、むやみに賛成することはできない。そこで、まず本書の禪讓説の特徴を探ってみると、

第一に、本書の禪讓説は、尙賢論及び帝位繼承論（もしくは王朝交替論）の兩面の性格を同時に有している。すなわ

ち、第一～二號簡に、

湯（唐）吳（虞）之道、禪（禪）而不徣（傳）。……禪（禪）而不徣（傳）、聖之盛也。（引用文①）

唐虞の歩んだ道は、（賢者に位を）讓って（血筋に）傳えなかったことである。……（賢者に位を）讓って（血筋に）傳えないことは、最上の聖である。

とあるように、「湯（唐）吳（虞）之道」は世襲（「徣（傳）」）ではなく禪讓（「禪（禪）」）であることが明確にしめされており、またこれを基に第七～八號簡には、

禪（禪）之潓（流）、世亡忎（乚）直（德）。……禪（禪）、義之至也。（引用文②）

禪讓が廣がれば、世に德のあるもので登用されないものはない。……禪讓は最上の義である。

とあり、また第十三號簡に、

禪（禪）而不逋（傳）、義死（恆）□□（引用文③）

（賢者に位を）讓って（血筋に）傳えなければ、義は常に□□

とあり、また第二十～二十一號簡に、

逋（禪）也者、上直（德）受（授）臤（賢）之胃（謂）也。……受（授）臤（賢）則民興效（教）而蠶（化）虖（乎）道。不逋（禪）而能蠶（化）民者、自生民未之又（有）也。（引用文④）

禪讓とは、有德者を尊び賢者に（位を）授けることを言う。……賢者に（位を）授ければ、民衆は教化に奮い立って道に化育される。（位を賢者に）讓らずに民衆を化育できたものは、人類が生まれ出て以來あったためしがない。

とあり、また第二十四～二十五號簡に、

堯（堯）禪（禪）天下而受（授）之、南面而王而〈天〉下而甚君。古（故）堯（堯）之禪（禪）虖（乎）叒（舜）

也、女（如）此也。（引用文⑤）

堯は天下を讓って舜に授け、（舜は）天子の位について天下に王者となっては君主としての道理を盡くした。堯舜禪讓の實情はこのようである。

とあり、また第二十六～二十七號簡に、

徸（禪）天下而受（授）臤（賢）。（引用文⑥）

天下を讓って賢者に授けた。

とあるのがその例である。

第二に、堯舜が天下に王となった時に實踐した政治のあり方の一つとして、社會的「利」をもたらした點（「利天下」）及び天下の「利」を自己のものとしなかった點が強調されている。[32] すなわち、第一～三號簡に、

垚（堯）叄（舜）之王、利天下而弗利也。……利天下而弗利也、忎（仁）之至也。古（故）昔臤（賢）忎（仁）聖者女（如）此。……及（？）而弗利、竆（躬）忎（仁）款（矣）。（引用文⑦）

堯舜が王となったときは、天下に利益を與えることはあっても（天下の利を）自分の利益とはしなかった。……天下に利益を與えることはあっても（天下の利を）自分の利益としないことは、最上の仁である。だから、昔の賢人・仁者・聖人はこのようであった。……（天子の位に）ついても（天下の利を）自分の利益としなかったのは、仁が身に具わっているからである。

とあり、また第十九～二十號簡に、

亟（極）忎（仁）之至、利天下而弗利也。（引用文⑧）

この上なく最上の仁は、天下に利益を與えることはあっても（天下の利を）自分の利益としないことである。

とあり、また第二十五～二十七號簡に、

古者聖人廿而冐（曰）、丗（卅）而又（有）家、五十而紂（治）天下、七十而至（致）正（政）。三（四）枳（肢）肰（倦）陸（惰）、耳目聦（聰）明衰、徸（禪）天下而受（授）臤（賢）、逯（退）而技（養）其生。此以智（知）其弗利也。（引用文⑨）

昔聖人は二十歳で成人となり、三十歳で家庭を持ち、五十歳で天下を統治し、七十歳で政治の職を退いて賢者に譲った。（老衰して）四肢が疲れ、耳目の聰明さが衰えてくると、天下を譲って賢者に授け、退いて自己の身體の生命を養った。このことから（天下の利を）自分の利益としなかったことを知ることができるのである。

とあるとおりである。

第三に、引用文⑨に、「弗利」を自覺している聖人の政治術・處世術として、老衰による政界引退（「至（致）正（政）」）→賢者への讓位（「徸（禪）天下而受（授）臤（賢）」）→養生（「逯（退）而技（養）其生」）とあるように、禪讓説と養生思想とが結合されている。これは、主に舜の資質だけがクローズアップされ、禪讓する側の資格についてはほとんど問われることのなかった從來の禪讓説とは違って、禪讓する側（堯）の資格として養生を提唱している點、本書だけに見られるユニークな面である。(33)

第四に、引用文⑨には、本書の禪讓説のもう一つの特徴として、讓位する者の在位中に禪讓が行われるとされている。これは『孟子』萬章上篇及び『荀子』正論篇の禪讓説と決定的な相違を示すものである。これについては後述する。

第五に、禪讓される側（舜）の能力として、家族ないし宗族倫理である「㤅（愛）𦋫（親）」（＝孝）・「弟・兹（慈）」と君臣倫理である「忠」との兩方を矛盾・衝突することなく全うし、かつ「畀（尊）臤（賢）」をも同時に實踐したと描かれている。例えば、第六～十二號簡に、

垚（堯）𡕕（舜）之行、㤅（愛）𦋫（親）障（尊）臤（賢）。㤅（愛）𦋫（親）、古（故）孝。畀（尊）臤（賢）、

古（故）僮（禪）。……㤅（愛）睪（親）巟（忘）臤（賢）、忎（仁）而未義也。𢍜（尊）臤（賢）遟（遺）睪（親）、我（義）而未忎（仁）也。古者吳（虞）𡕹（舜）管事宂（瞽?）寞、乃戈〈弍〉其孝、忠事帝䕇（堯）、乃戈〈弍〉其臣。㤅（愛）睪（親）𢍜（尊）臤（賢）、吳（虞）𡕹（舜）其人也。𡍮（禹）幻（治）水、膉（益）幻（治）火、后禝（稷）幻（治）土、足民技（養）〔生也。伯夷守〕荳（禮）、思（夔）守樂、孙（孫）民效（教）也。咎采（繇）內用五刑、出戈（試）兵昂（革）、皋淫〈淫〉㭕（?）□□（引用文⑩）

堯舜が實踐したのは、親を愛し賢者を尊ぶことである。親を愛するから孝を盡くし、賢者を尊ぶから（位を）讓ったのである。……親を愛するのみで賢者を忘れれば、仁ではあるがまだ義が實現されていない。賢者を尊ぶのみで親を捨て去れば、義ではあるがまだ仁が實現されていない。大昔虞舜が（その父である）瞽叟に丁重に仕えたときは、もっぱらその孝を盡くし、帝堯に忠義をもって仕えたときは、もっぱらその臣下としての道理を盡くした。親を愛し賢者を尊ぶことは、虞舜こそそれをすべて成し遂げた人物なのである。禹は治水を行い、益は火を治め、后稷は土地を開拓して、民衆が自己の生命を十分養うようにした。伯夷は禮を守り、夔は樂を守って、民衆が（聖人の）教えに從うようにした。咎繇（皐陶）は國內では五刑を用い、他國に對しては武器を用いて、淫亂を起こすものを罰し㭕（?）□□

とあって、「宂（瞽?）寞」には「孝」（＝「㤅（愛）睪（親）」）を盡くし、「帝䕇（堯）」には「忠」を盡くしたとされ、また「𡍮（禹）・膉（益）・后禝（稷）・〔伯夷〕・思（夔）・咎采（繇）」などを例示して、「𢍜（尊）臤（賢）」をも同時に實踐したと描かれている（「㤅（愛）睪（親）隫（尊）臤（賢）」を「䕇（堯）𡕹（舜）之行」としているが、ただそれに關する堯の事績の具體的な例は示されていない。思うに、堯の「行」に該當するのは「隫（尊）臤（賢）」のみではなかろうか）。

結局、舜の能力として掲げられているのは、「㤅（愛）睪（親）」（＝「孝」）・「忠」・「𢍜（尊）臤（賢）」（＝「僮（禪）」）の三つの事柄、ということになる。ここで「㤅（愛）睪（親）」と「隫（尊）臤（賢）」の兩概念は、そもそも相互矛

盾する關係にあるものではないということに、十分注意しなければならない[34]。また第二十四號簡に、

古（故）其爲冗（瞽?）寘子也、甚孝、秉〈及〉其爲莖（堯）臣也、甚忠。（引用文⑪）

そこで、その（父である）瞽叟の子となっては孝を盡くし、その堯の臣下となっては忠誠を盡くした。

とあるように、舜が家族倫理である「孝」及び君臣倫理である「忠」の兩方を全うしたとある。すなわち、「孝」と「忠」の矛盾・衝突の問題は、舜という聖王を媒介として解消されているのである。ただそれだけにとどまらず、第二十二～二十三號簡に、

古者莖（堯）之弇（擧）叄（舜）也、昏（聞）叄（舜）孝、智（知）其能技（養）天下之耂（老）也。昏（聞）叄（舜）弟、智（知）其能紿（事）天下之長也。昏（聞）叄（舜）丝（慈）虖（乎）弟、〔智（知）其能〕□□□（引用文⑫）

大昔堯が舜を登用したのは、舜が親に孝を盡くすことを聽き、天下中の年寄りを養うことができることを知ったからである。また舜が年長者に悌を盡くすことを聽き、天下中の年長者に仕えることができることを知ったからである。さらに舜が弟に慈愛深いことを聽き、□□□することができることを知った……

とあって、「孝」のみならず、「弟・丝（慈）」など、宗族倫理につながる諸德目の實踐者であり、それが舜の擧用の直接的な原因とされている。

第六に、引用文⑫に「莖（堯）之弇（擧）叄（舜）也」と明示されているように、讓位する側の自主的人爲的行爲としての禪讓が描かれている。

第七に、堯から舜への禪讓のみが描かれており、舜から禹への禪讓については全く言及がない。

本書の堯舜禪讓說の特徴は、以上のように大略七つにまとめることができよう。そこで、以下の諸章においては、『墨子』『孟子』『荀子』『尙書』の堯舜帝位繼承說話[35]について詳しく考察して、本書のそれとの共通點と相違點を一つ

一つ確認していくことにする。

三、墨家の堯舜帝位繼承説話と禪讓説墨家起源論の再檢討

周知のように『墨子』の中の堯舜帝位繼承説話は、尙賢三篇にそれと關連する若干の記述があり、顧頡剛氏が主にそれに基づいて禪讓説墨家起源論を初めて提唱したことはあまりにも有名である（顧前揭論文（本稿注（2））)。顧氏の該論の反響や餘波は大きく、顧氏の後、少なくとも堯舜帝位繼承説話をテーマとする研究であれば、顧氏の該論に對して、あるいは贊意を表したり、あるいは反對の意見を述べたり、あるいは愼重論を繰り廣げたりするなど、常に克服すべき大前提としてたちはだかっていたのは事實である。しかし、近年において顧氏の該論はほぼ覆されつつあるのもまた事實である(36)。よって、墨家の堯舜帝位繼承説話については、議論すべき問題がほぼ出盡くされているような感もある。以下本章では、顧氏の見解を再確認しかつ從來の研究をふまえつつ、本書の禪讓説との共通點及び相違點について簡略にふれることにする。

それでは、顧氏が中國古代の禪讓説の起源を墨家に求める主な根據は何であろうか。それは次のように二つに大別することができる。（一）外的條件、（二）『墨子』中の内的根據。（一）の外的條件としては、①孔子は尙賢論を徹底的に主張してはいない點、②『孟子』及び『荀子』は禪讓説に贊成しておらず、それらに見られる「尊賢」あるいは「尙賢」の主張も墨家の影響を受けている點、③禪讓説の中の舜・禹はいずれも庶民出身であるが、儒家の「親親・貴貴」の兩主義の中では庶民出身の天子は存在不可能な點、③墨家内部の巨子制度の中で、堯舜禪讓説のような理想的な讓位がすでに實現されている點、④『論語』堯曰篇は『孟子』の後、早くとも戰國末期、遅ければ秦漢の際に成立した點、⑤道家や法家はそれぞれ理由が違っても、禪讓説を輕蔑したり關心がなかったり反對したりしている點、

等々。

（二）の内的根據としてまず第一に擧げるのは『墨子』の尙賢論である。すなわち、戰國時代になって各國の君主や私門たちが「辟土地、莅中國而撫四夷。」の大業をなすために、それを擔う人物を從來の惰性的な貴族階級ではなく、庶民の中から得ようとする「求賢」の氣運が高まったが、そのような時勢にまず第一に順應したのが墨子であり、墨子の第一の主張は「尙賢」であると言う。顧氏はそれを證明するためにまず尙賢上篇に、大人の責務を「衆賢」にあるとし、「衆賢」を達成するためには賢者を尊ばなければならないが、賢者を尊ぶことは古代の聖王によって實踐濟みであり、その例として堯が舜を、禹が益を、湯が伊尹をそれぞれ擧用したことが擧げられているのは、いずれも古代の聖王が漁師や料理人などの一般庶民から賢才を擧用した實例であり、最後に該篇末の「尙欲祖述堯舜禹湯之道、將不可以不尙賢。」を引用することで立論の第一の結論に代えている。

次に墨子の第二の主張に「尙同」があるとしつつ、「尙同」は「這是把尙賢主義推擴到了極點，自然得到的結論。」といい、また「這尙同主義是與尙賢主義相輔爲用的：尙賢而不尙同，則政治不能統一，其亂在下；尙同而不尙賢，則政治不能脩明，其亂在上。」といって尙賢論と尙同論は相互密接に連結していると言う。ところで、尙賢・尙同兩論において天子は必ず最も賢才でなければならないが、その際君主の世襲制が維持できない場合、墨家はその對案として君主選擧制を案出したと言う。

さて、君主選擧制は古代（部落時代以後）には元來先例のなかったことであるが、墨子は意識的とそれに替わる先例を探しだしたとし、その例として尙賢中篇の「古者舜耕歷山，淘河瀕，漁雷澤（當作濩澤，）堯得之服澤之陽，擧以爲天子，與接天下之政，治天下之民。」を引きあいとしつつ、それを君主選擧制の先例だとしている。そして最後には「所以一定要先有了戰國的時勢，才會有墨家的主義，有了墨家的主義，才會有禪讓的故事。」と締めくくる。以上を要するに、堯舜禪讓說は戰國時代の歷史的變化の中で墨家が尙賢・尙同論という自說を宣傳するために作り出したものだ（「禪讓說是墨家爲了宣傳他們的主義而造出來的」）、ということになるが、そこには禪讓說は尙賢論がなければ成立不可能というのが大前提となっている（「禪讓說是直接從尙賢主義裏產生出來的」）[37]。

この內、（一）の外的條件についてはさておき、（二）の內的根據に關して見てみると、『墨子』の尙賢論と尙同論が相互密接な關係にあることは勿論であるが、顧氏の根據としている尙賢上・中篇の堯舜に關する記述は、大きな問題を孕んでいる。第一に、尙賢上篇においては「尙賢事能」「衆賢」「列德而尙賢」とあるように、もっぱら尙賢論だけが問題となっており、また小野澤・蔡氏がすでに指摘したように[38]、上篇には、禪讓と關連する語句は一切ない。

第二に、それでは中篇の場合はどうであろうか。中篇の場合はさらに重大な問題を孕んでいる。結論を先に言えば、顧氏の說を立證するどころか、それを根本から搖るがす要素を有している。確かに顧氏が引用している上記の文章だけを見ると、「擧以爲天子」とあるように堯の在位中に堯の意志によって人爲的に讓位したかのように見える。しかし、その直後に書かれている次の文章を見てみよう。

> 古聖王以審以尙賢使能爲政、而取法於天。雖天亦不辯貧富貴賤遠邇親疏、賢者擧而尙之、不肖者抑而廢之。然則富貴爲賢、以得其賞者、誰也。曰、若昔者三代聖王堯舜禹湯文武者、是也。所以得其賞、何也。曰、其爲政乎天下也、兼而愛之、從而利之、又率天下之萬民、以尙尊天事鬼、愛利萬民。是故天鬼賞之、立爲天子、以爲民父母。萬民從而譽之、曰聖王、至今不已。則此富貴爲賢、以得其賞者也。

昔聖王は賢者を尊び有能者を使って政治をとることを知り盡くし、しかも模範を天にとった。天もまた貧富・貴賤・遠近・親疏の差を設けず、賢者ならば擧用して尊び、愚かな者なら抑制して退ける。それならば、富貴の地位にある者で賢をなして天の賞を得た者は、誰か。昔の三代の聖王、堯・舜・禹・湯・文・武のような者がこれである。天の賞を得た理由は、何か。これらの聖王は天下に政治を行う時に、人々をあまねく愛し、それに伴い利益を與え、また天下の萬民に模範を示しつつ、天を尊び鬼神に仕え、萬民を愛して人々に利益を與えた。だから、天と鬼神は彼らに賞を與えて、立てては天子とし、民の父母にさせたのである。そこで、萬民もそれに從って彼らを譽め讃えて聖王と呼び、現在に至るまで止まない。これこそ富貴の地位にある者で賢をなして天の賞を得た者である。

上記の文章の論理的プロセスを整理してみよう。最初に古代の聖王が「尙賢使能」の原則で政治を行うことに精通していたとあるのは、上篇と同樣の論理である。しかしそれに滿足せず、さらに「天」に模範をとったとされている。これは中篇だけの新しい展開である。そして「天」の意志も同樣に差別のない「尙賢使能」にあると定義する。また古代の聖王たちはいずれも富貴でありながら賢をなして賞を勝ち得たが、その理由は「兼愛」及び「三利」思想を實踐したことに求められている。そこで「天鬼」が賞を與えて彼らを天子の位につかせ、民の父母となるようにした云々、となっている。そして、この文章の直後にはこれとは反對のケース、すなわち「富貴にして暴を爲」して「天」の「罰」を受けた三代の暴王「桀・紂・幽・厲」の例が掲げられている。とすればこれは、王朝の存續・交替は統治者の善惡に對して「天」が祥瑞（「賞」）・災異（「罰」）を加えた結果だという、天志三篇などに顯著に見られた一種の「天人」相互關係の思想にほかならない。[39]

そうすると直前では「擧以爲天子」といって堯による人爲的な讓位を言いながらも、ここではその人爲性を自ら否定してしまう結果を招いている。[40]つまりこれだけを見れば自己破綻しているのである。しかも「禹・湯・文・武」は「尙賢使能」を實踐して天子となったケースであるが、「堯・舜」の場合は位を讓ることによって、「尙賢使能」の結果かえって位の上下關係が逆轉して「舜」が天子となり、「天人」相互關係の思想からすれば本來「天子」となるはずの「堯」は「臣下」となってしまっているように、顧氏の引いた文章とこの文章とはそもそも兩立できないはずなのである。にもかかわらず、中篇にそれが連續して書かれているのは、どのように考えるべきであろうか。恐らく作者は堯舜の禪讓說を說くことに目的があったわけではなく、ここでも上篇と同樣尙賢論を力說する一つの手段として堯舜說話を利用したまでのことと考えた方が穩當ではなかろうか。

同樣に下篇に「昔者舜耕於歷山、陶於河瀕、漁於雷〈濩〉[41]澤、灰於常陽。堯得之服澤之陽、立爲天子、使接天下之政、而治天下之民。」とあるのもこのようにしか考えられないとするならば、結局墨家は堯舜禪讓說を自說として全面に打ち出したことは一度もないということになり、顧氏の禪讓說墨家起源論は成り立つことができなくなる。したがって、禪讓說の起源の問題はともかくして、少なくとも本書の堯舜禪讓說が墨家の影響によるものでないことは、以上によって自明なことになるであろう。なぜなら、前章で考察したように、本書の禪讓說の第一の特徵は尙賢論及び帝位繼承論（もしくは王朝交替論）の兩面の性格を同時に有しているからである。

四、『孟子』萬章上篇に見られる堯舜帝位繼承說話と『唐虞之道』との異同

『孟子』萬章上篇は、先に本書に關する先行研究を一瞥したところですでに指摘したように、中國の學者たちの間では、本書を孔子――子思――孟子の系統にあるものと斷定する最も有力な根據になっているものである。しかし、萬章上篇を一讀すれば、わずかながら本書と共通する部分も認められるものの、そこには大きな隔たりが存在することに氣づく。本章では『孟子』萬章上篇に見える堯舜禪讓說を分析して、本書との共通點及び相違點を明らかにする。まず、堯舜禪讓說と關わる部分だけを抽出し、それを中心となる話題によって大別すると、次のように六つになろう（伊尹・孔子・百里奚に關する萬章・孟子問答は省略）。

Ⅰ、舜の孝子としての眞面目（「萬章問曰、舜往于田」～「予於大舜見之矣」）。

Ⅱ、舜が父母に告げずに堯の二女と結婚した問題や舜の家族が舜を殺害しようとした故事について（「萬章問曰、詩云」～「奚僞焉」）。

Ⅲ、天子となった舜の不仁な弟への待遇の問題（「萬章問曰、象日」～「此之謂也」）。

Ⅳ、舜が天子になって生じた二問題（「君不得而臣」と「父不得而子」）（「咸丘蒙問曰、語云」～「是爲父不得而子也」）。

Ⅴ、禪讓を決定する主體の問題→天（「萬章曰、堯以天下」～「此之謂也」）。

Ⅵ、王位の世襲の問題と禪讓の條件（「萬章問曰、人有言」～「其義一也」）。


以下、これらの六つの内容を順次分析することにする。Iでは、舜の孝子としての性格に疑問を持っていた萬章の問いから始まる。Ⅰの結論を先に述べると、孟子はここで舜を「大孝」として位置づけるわけであるが、ここで注意しなければならないのは、そこには「孝」に對する孟子なりの獨特な解釋が見受けられる點である。これを具體的に見ると、舜が田に行き、旻天に向かって號泣した理由を問う萬章の質問に對して、孟子はそれを父母を怨慕したのだと答えた（「萬章問曰、舜往于田、號泣于旻天。何爲其號泣也。孟子曰、怨慕也。」）が、そこで問題になっているのは、「父母惡之、勞而不怨。」という當時常識とされていたと思われる孝子のありかたについてである[42]。これに對する孟子の答えの主旨は、それは單なる父母への憎惡ではなく、父母に氣に入られないことを心配してのことだと説明している。つまり、孟子は當時常識となっていた「勞而不怨」の「不怨」を、「夫公明高、以孝子之心、爲不若是恝。」とあるようにむしろ「恝」（父母が自分を憎むことに對して冷淡な態度を取ること。具體的には「我竭力耕田、共爲子職而已矣。父母之不我愛、於我何哉。」を指す[43]。）と解釋して退けているところにまず大きな特徴がある。

ところで、この段においてもう一つ注意しなければならないことは、孟子が父母への孝行と王權の讓位のいずれに力點を置いたかという問題である。この問題と關連して孟子が「帝使其子九男二女、百官牛羊倉廩備、以事舜於畎畝之中。天下之士、多就之者。帝將胥天下、而遷之焉。」と言ったのは、言うまでもなく帝堯が舜に王權を讓ろうとしたことを意味するが、それに對して舜は「爲不順於父母、如窮人無所歸。」という態度を取ったとして、父母への孝行により重きが置かれている[44]。このことから考えると、萬章上篇においては、そもそも堯舜の禪讓のことより、舜の孝子としての性格を新たに意味づけるところに力點があったと考えられる。この點は、「人悅之、好色富貴、無足以解憂者。惟順於父母、可以解憂。」や「大孝、終身慕父母。五十而慕者、予於大舜見之矣。」からも十分看取される。この舜の孝子としての面に力點を置きかつそれを強調することは、以後萬章上篇の思想的流れを特徴づける一因として作用するようになる。このように舜を孝子の代表格として位置づけることは、本書とも深く關わっている（本稿の二で考察した本篇の禪讓説の第五の特徴を參照。）。

次に、Ⅱでは舜が父母に告げずに堯の二女と結婚した問題や帝堯が舜の父母に告げずに自分の娘を舜に結婚させた問題、そして舜の父と弟が自分を殺害しようとしたことを知っていたかどうか、知っていたのに舜が弟を喜んで迎えたのは「僞喜」ではないか、ということが問題になっており、禪讓説と直接的には關係がない。ただ舜が父母に告げずに堯の二女と結婚した問題は、時代は下るが、例えば『淮南子』氾論篇に「古之制、婚禮不稱主人、舜不告而娶、非禮也。」というのが、恐らく當時の世の常識であったろうが、それに對する孟子の答えはそれほど説得力があるとは限らない[45]。この問題はⅠで見た孝子のあり方の問題（「勞而不怨」）とともに、舜の行跡に對する『孟子』特有の解釋の一端を窺えるもう一つの材料ともなる。

Ⅲでは、天子となった舜が不仁な弟をどのように待遇したのかの問題である。孟子は「封之也」と言って諸侯に封じたと答えたが、他方、「或曰、放焉。」と言って追放したという異説も擧げて説明している。前者の場合、萬章は、舜が天子となって不仁な四凶（共工・驩兜・三苗・鯀）を處罰したのに對して、同樣に不仁な弟は諸侯に封じたとして、兩者の閒に存在する矛盾に疑問を抱いたわけであるが、これに對する孟子の答えを見ると、「仁人之於弟也、不藏怒焉、不宿怨焉。親愛之而已矣。」、「親之欲其貴也、愛之欲其富也。」、「身爲天子、弟爲匹夫、可謂親愛之乎。」とあるように、身内の人閒に對しては罪への斷罪より「親愛」を重要視する、いわば親親主義の面がより強く看取される。このことは、後者の追放説の説明にも端的に現れている。すなわち、孟子は「放」を説明して「天子使吏治其國、而納其貢稅焉。故謂之放。」と言っているが、これは言うまでもなく、一般的な意味での「放」とは相當懸け離れている。これらは、盡心上篇の「親親、仁也。敬長、義也。無他、達之天下也。」や「孟子曰、君子之於物也、愛之而弗仁。於民也、仁之而弗親。親親而仁民、仁民而愛物。」と同樣、いずれも差別愛を意味している。しかし、Ⅲでは、それがかえって依怙贔屓という變質した形で現れた愛だということを物語っている。そこには、不仁なものであっても肉親であるかぎり擧用せざるをえないという意味と、不仁なものに取って代わって實質上政治を運營する官吏もまた擧用せざるをないという、二重の擧用論が混在している。これは「不黨父兄」（尙賢中篇）・「雖有骨肉之親、……實知其不能也、不使之也。」（尙賢下篇）を主張する墨家の尙賢思想と相容れないことは勿論、本稿二で考察した本書の禪讓說の第二の特徵とも究極においては兩立できない(46)。

以上Ⅰ～Ⅲまでは、禪讓說とは直接的な結び付きはなかったが、Ⅳから禪讓說と關わる問題が本格的に議論され始めている。Ⅳでは、舜が天子となったことから生じうる二つの問題が提示されている。一つは「君不得而臣」の問題であり、もう一つは「父不得而子」の問題である。孟子は、前者に對しては、堯の存命中に天子となったのではなく、二十八年閒攝政したのだとして、君臣の位が逆轉したのではないと答えている（「孟子曰、否。此非君子之言。齊東野人之語也。堯老而舜攝也。堯典曰、二十有八載、放勳乃徂落。百姓如喪考妣。三年、四海遏密八音。孔子曰、天無二日、民無二王。舜既爲天子矣。又帥天下諸侯、以爲堯三年喪、是二天子矣。」）。そして後者に對しては、孝子の極致は「尊親」にあり、「尊親」の極致は天下の富をもって親に奉養することにあるが、舜の父が天子の父となったのは最高の尊であり、また天下をもって父を奉養したのは最高の養として、父と子の位置も逆轉したのではないと說明する（「……孝子之至、莫大乎尊親。尊親之至、莫大乎以天下養。爲天子父、尊之至也。以天下養、養之至也。……是爲父不得而子也。」）。舜の父が天子の父となったのは最高の尊だというのは、天子の父となったことが天子の位より尊いものだということを意味しており、これは親への孝行を天子の位あるいは天下より重視する『孟子』ならではの考え方から出された答えであろう。

ところで、前者の場合、咸丘蒙の「君不得而臣」という疑問に有力な根據となっている孔子の「於斯時也、天下殆哉。岌岌乎。」という語(47)を、あえて「此非君子之言。齊東野人之語也。」として退けているのを見ると、舜の二十八年間の攝政は、孟子の禪讓說において非常に重要な役割を果たしていることが看取される。この二十八年間の攝政の問題については後述する。

さて、ここで一つ檢討すべき問題がある。それは、萬章上篇で非常に深刻な問題として取り上げられている「君不得而臣」の問題が、本書では全く意識されていないことである。本書では、第二十四～二十五號簡に、

古(故)其爲宂(瞽?)寞子也、甚孝、秉〈及〉其爲垚(堯)臣也、甚忠。垚(堯)徸(禪)天下而受(授)之、南面而王而〈天〉下而甚君。古(故)垚(堯)之徸(禪)虖(乎)坙(舜)也、女(如)此也。

そこで、その(父である)瞽叟の子となっては孝を盡くし、その堯の臣下となっては忠誠を盡くした。堯は天下を讓って舜に授け、(舜は)天子の位について天下に王者となっては君主としての道理を盡くした。堯舜禪讓の實情は、このようである。

とあるのだけを見ると、攝政のことを念頭においているかのように見えるかも知れないが、しかし下文(引用文⑨)に「七十而至(致)正(政)。」とあり、「亖(四)枳(肢)朕(倦)陸(惰)、耳目耻(聰)明衰、徸(禪)天下而受(授)臤(賢)、退(退)而敉(養)其生。」とあるのを見ると、やはり讓位する者の在位中に禪讓が行われ、讓位される者は南面して天下の王となり、讓位する者は自らの生を養うことに傾注することを意味するのであろう。萬章上篇では「堯崩、三年之喪畢、舜避堯之子於南河之南。……夫然後之中國、踐天子位焉。」とあるのによれば、舜は堯の死後讓位されて天子となったことが明確に記されている。このように萬章上篇では「君不得而臣」の原則が徹底的に守られているのである。これは、本書と萬章上篇との思想上の隔たりを示すもう一つの證據である。

VからVIにかけて萬章上篇における禪讓の諸問題が集中的に議論されている。この箇所は本書の禪讓說との相違が

最も明確に現れているところであるので、問答の一つ一つを順序を追って綿密に分析することにする。

まずVは全部で五つの問答からなっている。最初に、堯は天下を舜に與えたのかという質問から見て（「萬章曰、堯以天下與舜。有諸。」）、それは禪讓の主體が問題視されていることが分かる。これに對して孟子は天子は天下を人に與える權限がないとし（「天子不能以天下與人」）、その主體は「天」であると明言している（「天與之」）。次に「天與之」の意味に疑問視して天が諄々と命令したのかという質問に對し（「天與之者、諄諄然命之乎。」）、「行」と「事」とによって示すのみであると言う（「曰、否。天不言。以行與事、示之而已矣。」）。「行」と「事」とは、下文に具體的に説明されているが、その前に孟子は、天子は人を天に推薦することはできても、天をして人に天下を與えさせることはできないとしている（「曰、天子能薦人於天、不能使天與之天下。」）。これは「行」と「事」を具體的に説明する前にVの最初で述べた「天子不能以天下與人」を敷衍することによって、「天與之」という自説を再確認して強調するという一種の強い意思表現と理解される。

さて孟子は、「行」と「事」は「堯薦舜於天、而天受之。暴之於民、而民受之。」を指すと指摘した後、その意味を尋ねる萬章に對して、「使之主祭」と「使之主事」とに分けて説明している。この點から見ると、「堯薦舜於天」は「使之主祭」と、「暴之於民」は「使之主事」と、それぞれ對應していることが分かる。したがって、「堯薦舜於天」とは、具體的には祭祀を主宰させるという宗教的な試練に當たり、「暴之於民」とは、人事に關する樣々な事業を主宰させるという政治的力量と關わる試練に當たる。こうして「行」とは、この二つの試練のことを、「事」とは、舜がこの二つの試練に耐えて成功を收めたことを意味することが分かる（「百神享之」「事治、百姓安之。」）。要するに、萬章上篇においては、まず天子の推薦が必要であり、次に宗教的政治的試練を乘り越えて始めて「天受之」「民受之」が認められることになる。ここでその直後に出てくる「天與之、人與之。故曰、天子不能以天下與人。」とは、いわゆる『孟子』の天命思想を表す文章と見て差し支えないであろう(48)。

しかし、これで理想的な禪讓を可能にするすべての要件が完璧に揃ったわけではない。孟子は續けて「舜相堯二十有八載。非人之所能爲也。天也。」と言って、舜の二十八年閒の攝政の期閒を重要な問題として取り上げている。この二十八年閒の攝政期閒は、人閒の力だけでは不可能な事柄に屬すると見なされている（「非人之所能爲也、天也。」）。この場合、二十八年閒の攝政の期閒とは、ほかならぬ舜が臣民に親しまれ、恩澤を施すことのできた期閒である。つまり、舜が、堯が崩御して三年の喪が濟んだ後、堯の子に遠慮して南河の南の方へ退いた時生じた一連のできごと、すなわち、「天下諸侯朝覲者、不之堯之子、而之舜。」「訟獄者、不之堯之子、而之舜。」「謳歌者、不謳歌堯之子、而謳歌舜。」などは、二十八年閒の攝政があってこそ始めて可能なことだったのである（「故曰、天也。」）。この攝政の年數の多少の問題は、王位の禪讓と世襲とを區分する重要な一因として、Ⅵでさらに詳しく論じられている。(49)

Ⅵで萬章の質問は、禹が王位を禪讓せずに世襲したのは、禹の德が衰えたからではないかという點である。孟子はこれに反對して「天與賢、則與賢、天與子、則與子。」と答えているが、それによると、王權の交替というのは、天子は推薦する權限しかないといった場合もそうであったが、禪讓であれ世襲であれ、天子の人爲的な行爲によって行われるのではなく、天命によって決まることになる。(50)

それでは、舜から禹への禪讓はどうやって實現したのであろうか。まず舜が禹を天に推薦すること十七年（これは十七年閒攝政したという意味であろう）で舜が崩御し、三年の喪が濟むと禹は舜の子に遠慮して陽城に退いたが、臣民は堯舜の場合と同じく、舜の子に從わずに禹に從ったとあって、攝政の期閒は舜より短くなったが、結果は同じようになったとされている。ところで、益の場合は、禹が天に推薦したのが七年とさらに短くなっており、それゆえ、臣民は益に從わずに禹の子の啓に從い、この時から世襲が行われたという。ここで、攝政の期閒の短さは、禪讓が行われなかった重要な一因とされている。このことを萬章上篇では「舜之相堯、禹之相舜也、歷年多、施澤於民久。……益之相禹也、歷年少、施澤於民未久。」と表現している。ここで「歷年多」とは攝政の年數が非常に長いことを意味し、それはそのまま民に恩澤を施す期閒の長さと直結している。したがって、益の攝政の期閒の短さは、言うまでもなく民に恩澤を施す期閒の短さを意味し、それは禪讓の施行までを不可能にするほど重要な原因となっている。

禹の時代に禪讓が行われなかったことについては、もう一つの理由が擧げられている。それは天子の子が賢か不肖かの問題と關わっている。すなわち、堯の子である丹朱や舜の子はいずれも不肖の者であったが、禹の子である啓は賢明で、よく愼んで禹の道を繼承したと言う。こうして、孟子は舜禹益の攝政の年數の多少及び天子の子の賢不肖を、人力ではいかんともなしえない「天」として規定する（「舜禹益、相去久遠、其子之賢不肖、皆天也。非人之所能爲也。莫之爲而爲者、天也。莫之致而至者、命也。」）。そうすることによって孟子は、堯舜禹に代表される禪讓と禹から始まった世襲という一見相容れない二律背反の二制度を、「天」のもとでその矛盾を解消し統一しえたのである。これを孟子は孔子のことばとしつつ、「唐虞禪、夏后殷周繼。其義一也。」と締めくくっている。

さて、禪讓が實行されるために必要な條件として、孟子は「匹夫而有天下者、德必若舜禹、而又有天子薦之者。」と「繼世而有天下、天之所廢、必若桀紂者也。」の二つを擧げている。前者の場合は、舜・禹のような德の持ち主であることと天子の推薦が必要であることを、後者の場合は、天子が桀紂のような暴君でなければならないことを指している。そして、仲尼が天子にならなかったのは前者の條件（恐らくその中でも特に「又有天子薦之者」という條件）を、益・伊尹・周公が天子にならなかったのは後者の條件を、それぞれ滿たさなかったためであると言う。ここで、禪讓の實行のために必要な條件を、孟子が直接指摘したこと及びいままで分析してきたことを總合してまとめてみると、次のようになる。

【禪讓の條件(51)】

①天子の推薦（人爲的な讓位の否定）

②舜・禹のような德の持ち主

③宗教的政治的試練に耐えられるほどの能力
④恩澤を施すことのできる長い攝政期間（舜は二十八年、禹は十七年）
⑤天子の子が不肖か天子が桀紂のような暴君であること

萬章上篇の禪讓說の特徵は、上記の五つの條件をすべてクリアしなければ、禪讓はありえないというところにあるが、それらはすべて「天」によって定められることになっている。したがって、これを一言でいうと、天命思想にもとづく禪讓說といえよう。

しかし、ここまでくると、王位の禪讓か世襲かは、天によって左右されることになるので、禪讓の理念より天の意志の方が最上の價値を持つことは言をまたない。また萬章上篇に「繼世而有天下、天之所廢、必若桀紂者也。」とある文章から見ると、孟子は基本的には世襲制による王位の繼承を最も本質的なものと認めており、堯舜・舜禹のような例以外は決して禪讓を認めないことが窺われる。[52] したがって、萬章上篇では、（結果的にではあるが）禪讓の理念に積極的な意味は附與しておらず、かえって禪讓の意味が捨象されてしまう危險性すら內包している。實際の問題として、燕の國で禪讓劇が發生したとき、齊の大臣である沈同が燕を伐ってもよいかと個人的に尋ねたとき、

孟子曰、可。子噲不得與人燕。子之不得受燕於子噲。有仕於此。而子悅之、不告於王、而私與之吾子之祿爵、夫士也、亦無王命、而私受之於子、則可乎。何以異於是。（公孫丑上篇）

孟子は「よろしい。燕王の子噲は、（天の命令によらずに）燕の國を（かってに）人に與えることはできないし、子之も（天の命令もないのに）燕の國を子噲から（かってに）讓り受けてはなりません。たとえば仕えている者がいて、あなたがその人を氣に入ったからとて、王にも告げずに、かってにあなたの受けている俸祿爵位をその人に與え、その人も、王の命令もないのに、かってにあなたから讓り受けたとしたら、それでよいものでしょうか。（子噲がかってに國を子之に讓ったのも）なんでこれと違いがありましょうか。」と言った。

として燕を伐つことを是認している問答が見える。ここで孟子がそれを是認した理由は、恐らく「天與之」、換言すると、上記の禪讓の條件中、①の人爲的な讓位の否定という原則に抵觸しているからであろう。このように『孟子』の禪讓說には、クリアすべき嚴しい條件がついており、しかも天子であっても自己意志で讓位するという人爲的な行爲としての禪讓は、決して認められていないのである。(53)

それでは、本書においてはどうだろうか。

まず第一に、『孟子』において禪讓の第一の條件であった、堯が舜を天に推薦したことは、本書には全く見られない。本書では引用文⑫のように、堯が舜に「孝・弟（悌）・M（慈）」などという資質があることを聞いて擧用したという、人爲的な行爲としての禪讓が描かれている。

第二に、『孟子』の禪讓說の性格を決定づける最も重要な概念である「天」は、本書に「天地右之。」（第十五號簡）とあるのを見ると、「地」とともに堯舜の禪讓を助ける存在としての意味しか持っていない。『孟子』にとって「天」は、「唐虞」の禪讓と「夏后殷周」の世襲とを同時に認めなければならない理論上の要請から必然的に導き出された概念であったが、本書ではそのような要請や「天」の役割は全く見えず、それは本書で堯舜の禪讓だけをもっぱら強調し、舜禹の禪讓に關する記述が全くないこととも關連があると推測される。

第三に、『孟子』は基本的に帝位繼承論（もしくは王朝交替論）としての禪讓說は認めていないが、本書では、それを認めている。先にも述べたように、『孟子』では世襲制による王位の繼承を最も本質的なものと認めており、萬章上篇の「繼世而有天下、天之所廢、必若桀紂者也。」という文章が、まさにそれを裏付けている。「繼世而有天下」という現實は、『孟子』にとっては動かせない嚴然たる事實として、大前提となっているのである。これに對して、本書では引用文①～⑥のように、ほぼ全篇にわたって「僮・遹」の意味や意義、そしてその有效性が力說されている。しかもその場合の「僮・遹」とは、帝位繼承論（もしくは王朝交替論）としての禪讓を意味することは、紛れもない事實である。堯舜・舜禹の場合の禪讓は容認しても、それ以外は手放しでは認めていない『孟子』とは、主旨が大分違うことには、十分注意すべきであろう。

以上のように、本書は『孟子』が舜を孝子の代表格として位置づけていることだけはかろうじて受け繼いでいるが、『孟子』の禪讓説における最も重要でかつ特徴的な諸々の面は受け繼ぐどころか、全く見受けられないことが判明した。したがって、本稿の冒頭で、本書が『孟子』の禪讓説と共通點より相違點や思想的隔たりが目立つと指摘したのは、まさにこのような理由からである。

五、『荀子』正論篇・成相篇に見られる堯舜帝位繼承説話と『唐虞之道』との異同

『孟子』においては世襲制による王位の繼承を最も本質的なものと認めつつ、堯舜・舜禹の禪讓に對しては、天子の死後、禪讓が行われたとして、禪讓説も容認しており、このような禪讓と世襲の一律背反的な矛盾は、特有の天命思想によって解消・統一されていることに特徴があった（ただし、天子の人爲的な行爲としての禪讓は認められていない。）。それに加えて、『孟子』の堯舜帝位繼承説話は帝位繼承論（もしくは王朝交替論）ではないことも指摘した。それに對して、本書の禪讓説には『孟子』のような天命思想は存在せず、禪讓も天子の死後ではなく、在位中に老衰によって行われるとされており、最後に帝位繼承論（もしくは王朝交替論）としての性格を有していたことを究明した。ここでは、『荀子』の禪讓説を考察するが、その際、これらの諸問題を『荀子』はどのように解決しようとしたかに焦點を合わせる。

周知のように、『荀子』に堯舜の禪讓説が論じられているのは、正論篇と成相篇である。ところで、正論篇ではそれを徹底的に批判している反面、成相篇では批判どころか、肯定的に語られている。その眞相を明らかにするために、

まず正論篇を分析する。正論篇の堯舜禪讓説批判においては、堯舜の「擅讓」を唱える者はいずれも世俗の説とされており、そこには次の三つの説が紹介されている。

Ⅰ、在位中の禪讓（「世俗之爲說者曰、堯舜擅讓。」）

Ⅱ、死亡した場合の禪讓（「曰、死而擅之。」）

Ⅲ、老衰の場合の禪讓（「曰、老衰而擅。[54]」）

まず、Ⅰの在位中に禪讓が行われたとする説について。これを論駁するために、次の二つの論理が出されている。第一に、天子はその勢位が最も尊貴であり、それに匹敵するものがない點（天子の定義）。よって、匹敵するものがないから讓るものもないという論理につながる（「天子者、埶位至尊、無敵於天下。夫有誰與讓矣。」）。第二に、道德的にも知的にも完全無缺で絕對的な存在である點。よって、生民は皆服從し、「天下無隱士無遺善」という尙賢政治が實現されているから、天下を讓るなどありえないという論理につながる（「道德純備、智惠甚明、南面而聽天下、生民之屬、莫不振動從服以化順之、天下無隱士無遺善。同焉者是也、異焉者非也。夫有惡擅天下矣。」）。このような聖王による尙賢政治の實現は、Ⅱでさらに詳しく述べられている（「聖王在上、決德而定次、量能而授官、皆使民載其事而各得其宜、不能以義制利、不能以僞飾性、則兼以爲民。」）。これは本書の「吳（虞）陵（詩）曰、大明不出、完（萬）勿（物）膚（皆）訇（揞）。聖者不才（在）上、天下北（必）堁（壞）。幻（治）之至、技（養）不喿（肖）。嬰（䜌）之至、烕（滅）臤（賢）。」（第二十七～二十八號簡）とやや類似している。ただし、正論篇の「聖王」は世襲制を基盤とし、本書の「聖者」は禪讓制を基盤としている點に、大きな相違點がある。なお、正論篇が世襲制を基盤とすることについては後述する。

次にⅡの死亡して讓ったとする説について。これを論駁するために、次の三つの論理が出されている。第一に、天下に聖人がいない場合。聖人がいないから、當然讓る相手もなく、よって禪讓はおこらないという論理につながる（「聖王已沒、天下無聖、則固莫足以擅天下矣。」）。ただし、天子は生前聖治を行ったので（「天子生、則天下一隆致順而治、論德而定次。」）、死後跡を繼ぐ者は必ずいる（「死則能任天下者必有之矣。」）と、非常に樂觀的な見方を提示することによって、この問題を解決している。第二に、繼嗣に聖人がいる場合。この場合は、世襲による王位繼承で事は濟むので、當然禪讓は起こらない（「天下有聖而在後子者、則天下不離、朝不易位、國不更制、天下厭然與鄉無以異也。以堯繼堯、夫又何變之有矣。」）。第三に、繼嗣の中には聖人がなく、三公の中に聖人がいる場合。この場合は、天下の人々がみなその人に歸服するわけであるので、朝廷の官位の移動（「徙朝」）や國家の制度の改變（「改制」）という小規模の變化はあっても、禪讓のような大規模の變化は起こらないと言う（「聖不在後子、而在三公、則天下如歸、猶復而振之矣、天下厭然與鄉無以異也。以堯繼堯、夫又何變之有矣。唯其徙朝改制爲難。」）。

このⅡの第二と第三をさらに分析すると、次のことが判明する。（一）天子の位を繼承するものの資質が問題とされている點。具體的にどんな資質が要求されているのか明記されていないのでやや漠然ではあるが、繼嗣であれ三公であれ、位を讓られる側は聖人でなければならないということが、大前提となっている。もし天子の繼嗣の中に聖人がいないならば、三公の中から位を繼承させる、という考え方を見るかぎり、單なる世襲制の擁護ではなくより理念的であることが窺われる。（二）第二・第三の場合、いずれも「堯を以て堯を繼ぐ」ことが強調されている點。これは「天下厭然與鄉無以異也」、つまり天子が變わることによって政治的動搖・不安が起こらないことが理想的な政權交替であることを意味する。このことから判斷すると、聖王による一元的支配を維持させることが最も肝心な事柄であったと言えよう。（三）身分秩序を越えて天子となることは決して認められていない點。第三の場合のように、繼嗣に聖人がいないときの王位繼承者として、三公までは認めている點を見るかぎり、必ずしも血緣的關係に拘泥していないことが窺われる。しかし、三公までが許容範圍であることから見れば、例えば、匹夫が身分秩序を越えて天子となることは決して許されていないのである。正論篇ではこれを「夫禮義之分盡矣」と表現している。

最後にⅢの老衰して讓ったとする說について。これを論駁するために、次の二つの論理が出されている。第一に、天子は血氣や筋力は衰えることはあっても知慮による判斷力は衰えることがない、換言すれば、精神的に耄碌することはない點（「血氣筋力則有衰、若夫知慮取舍則無衰。」）。第二に、天子はその位は最も尊貴であり、肉體は最も安逸、心は最も愉快で、志はどんなことも思いどおりになる存在である點（「天子者、埶至重而形至佚、心至愉而志無所詘、而形不爲勞尊無上矣。」）。これは、老いると仕事の苦勞に堪えられなくなり、それゆえ天子の位を讓って休息する（「曰、老者不堪其勞而休也。」）という別の說に對する論駁の論理である。その理由として、天子の位は靜居するときは大神のごとく（「居如大神」）、動作するときは天帝のごとく（「動如天帝」）、常に最上の衣服を着、最高の飮食をし、最高の音樂を聽き、大勢の侍者がいるなどのことを擧げて（「衣被則服五采、雜閒色重文繡、加飾之以珠玉、食飮則重大牢、而備珍怪朞臭味、曼而饋、伐皐而食、雍而徹五祀、執薦者百人侍西房。居則設張容、負依而立、諸侯趨走乎堂下。出戶而巫覡有事、出門而宗祝有事。乘大路、越席以養安、側載睪芷以養鼻、前有錯衡以養目、和鸞之聲、步中武象、騶中韶護以養耳。三公奉軶持納、諸侯持輪挾輿先馬、大侯編後、大夫次之、小侯元士次之、庶士介而夾道、庶人隱竄、莫敢視望。」）、諸侯には老衰があっても天子には老衰がなく、それゆえ諸侯には國を讓ることがあっても天下を讓ることはない（「故曰、諸侯有老、天子無老、有擅國、無擅天下、古今一也。」）、と結論づける。

このように見てくると、その批判の對象がそれぞれいずれに向けられているのかが自ずと浮かび上がってくる。すなわち、Ⅰの在位中の禪讓及びⅢの老衰の場合の禪讓が語られているのは、すでに述べたように本書のような禪讓說がそれに當たり、Ⅱの死亡した場合の禪讓が語られているのは、『孟子』萬章上篇・『左傳』文公十八年の條（本稿注（75）を參照）のような禪讓說がそれに當たる。

しかし、ここで一つ注意しなければならない重要な事實がある。それは、『荀子』においても、例えば「以堯繼堯」や「天下厭然與鄉無以異也」などに端的に示されているように、王朝交替論としての禪讓は決して認めていないことである。これは、禪讓說それ自體は認めないにしても、『孟子』以來の傳統を『荀子』がしっかり受け繼いでいるという角度から考えると、注目に値する事實である。

そしてもう一つ、王權の世襲制を基盤にした上で、尙賢政治が實現されていることが最も理想とされている點も注目に値する。先にすでに述べたように、王位繼承者の許容範圍を三公までにしている點から見ると、身分制度に若干の開きは窺われるが、しかし、それは非常に限られた範圍に過ぎず、實質的には王位世襲制を認めているとせねばなるまい。(55)正論篇において「尊賢使能」の原則は、世襲制の前提のもとで實現されるものであることは、「聖王在上、決德而定次、量能而授官、皆使民載其事而各得其宜、不能以義制利、不能以僞飾性、則兼以爲民。」や「天子生、則天下一隆致順而治、論德而定次、死則能任天下者必有之矣。夫禮義之分盡矣。擅讓惡用矣哉。」からも容易に看取できる。ただ、『孟子』の場合は、同じく尊賢を言っても王位のみならず官位も「尊尊親親」の原則が前提となっていたが、正論篇の場合は王位以外の官位は、「尙賢」、言い換えれば、賢賢主義の原則を貫徹することが最も理想とされており、ここに『孟子』と大きな相違がある。(56)

以上によって明らかになったように、『荀子』正論篇においては、禪讓說が徹底的に否定されているが、同じ『荀子』の中でも成相篇には、それとは全く正反對の見解が述べられている。すなわち、

請成相、道聖王。堯舜尙賢身辭讓、許由善卷、重義輕利、行顯明。堯讓賢、以爲民、氾利兼愛德施均、辨治上下、貴賤有等、明君臣。堯授能、舜遇時。尙賢推德天下治。雖有賢聖、適不遇世、孰知之。堯不德、舜不辭。妻以二女任以事。大人哉舜、南面而立、萬物備。舜授禹以天下、尙得推賢不失序。外不避仇、內不阿親、賢者予。堯有德、勞心力、干戈不用三苗服、舉舜甽畝、任之天下、身休息。得后稷、五穀殖、夔爲樂正鳥獸服、契爲司徒、民知孝弟、尊有德。禹有功、抑下鴻。辟除民害、逐共工、北決九河、通十二渚、疏三江。禹溥土、平天下、躬親爲民行勞苦、得益・皐陶・橫革・直成爲輔。……道古賢聖、基必張。

相によって聖王のことを述べてみよう。堯舜とは賢人を尊重して自分は讓り、許由と善卷とは道義を優先させ利

益を輕視した。その實績はいたって有名。堯は天子の位をすべての民衆のためにと、賢人に讓り、廣く利益を與え、平等に愛し、恩德も等しく施し、上下の階級を辨別し、貴者と賤者とを等級づけ、君臣關係を明確にした。堯は有能者に地位を與え、舜はその機會にめぐり會った。賢人を尊重し有德者を推擧してこそ、世の中も治まる。賢人聖人がいたとしても不幸にもよい時世にめぐり會わなかったならばだれにも知られることはない。堯は自らの行爲を誇らず舜はこだわりもなく君主の地位を受け繼いだ。堯は舜の妻にと二人の娘を與え、また要職を彼に委任した。偉大な人物、舜が、南に向かって立ち天子の位についたとき、すべてはうまくいった。舜は天子の位を禹に讓り與え、有德者を尊重し賢人を推擧していたって公平で序列を亂すことがなかった。外部からは仇敵でさえも任用し、身内の者でも特別扱いせず、賢くさえあれば採用した。堯は有德者であるうえに心身を勞し、盾やまさかりの武力を用いないで三苗の民を服從させた。そこで、舜を片田舍に見いだすと彼を擧用し、天下の政治を委任して自分は休息した。また、后稷を登用して農事を擔當させたので五穀は繁殖し、夔を登用して彼に音樂を擔當させたので鳥獸までもなびき從い、契を登用して教育を擔當させたので民衆は孝悌の德を身につけ、有德者を尊敬するようになった。禹には洪水を押しとどめた功績がある。民衆の惱みを取り除き、惡人の共工を放逐し、北方で九つの河筋を開き、十二の中州を結びつけ三つの江に道をつけた。禹は大地を整備し、天下を平旦にし、自ら民衆のために勞働し、伯益・皐陶・橫革・直成らを用いて補佐の役とした。……古代の聖人聖者のことを話せば政治の根本は必ずくっきりと知られるのである。

まず正論篇との相違點について見てみよう。第一に、上記の文章中「堯讓賢」「堯授能」「舜授禹」「賢者予」を見ると、正論篇で主張されていた禪讓否定をひっくり返してむしろ稱揚している。第二に、正論篇では君主の一元的支配を維持することを目的として、王朝交替論としての禪讓說を徹底的に否定したが、成相篇では「堯舜尙賢身辭讓」「堯讓賢」「堯授能、舜遇時。尙賢推德天下治。」「舜授禹以天下、尙得推賢不失序。」とあるのを見ると、尙賢論とともに王朝交替論としての禪讓を容認している。第三に、成相篇の「堯有德、勞心力、干戈不用三苗服、擧舜甽畝、任之天下、身休息。」は、まさに正論篇で「曰、老者不堪其勞而休也。是又畏事者之議也。」として極力否定した事柄である。このように見てくると、荀子學派の中には、一方では禪讓說を否定し、他方ではそれを肯定していた二つの部類が存在していたことが判明する。

以上のような正論篇との相違點は、直ちに本書との共通點に繫がる。第一の場合、本書でも同じく禪讓說を稱揚しており、第二の場合、本書も尙賢論とともに王朝交替論としての禪讓を積極的に主張しており（禪讓される側の資質として要求されている「愛親」は成相篇には見えないが）、第三の場合、本書でも老衰によって禪讓が行われるとされている。

ところで、成相篇と本書との共通點はこれにとどまるわけではない。さらに重要な面において兩者の閒には共通點がある。

まず第一に、謙遜の德が語られている點。成相篇の「堯舜尙賢身辭讓」「堯不德」は、堯舜が賢者に對してへりくだる態度を取ったことを意味するが、これは本書の「夫古者叄（舜）……斗〈升〉爲天子而不喬（驕）。……斗〈升〉爲天子而不喬（驕）、不湩（流）也。……君民而不喬（驕）、卒王天下而不矣（疑）。」（第十五～十八號簡）と密接な關係がある[57]──「堯不德」の場合は、謙遜の主體が舜ではなく堯である點に相違はあるが。

第二に、民に廣く利益を與えたとする點。成相篇では、許由や善卷が義を重視し利を輕視したことに對して、堯は民のために位を賢者に讓り、廣く利益を與え、あまねく愛し、だれにでも德を等しく施したとされている。これはまさしく墨家の「利天下」思想[58]や尙賢論・兼愛論を連想させるものであり、本書の「利天下而弗利」や「孝之𣏟（殺）、悉（愛）天下之民。」[59]と密接な關係がある。

第三に、「遇不遇」の思想。成相篇では賢人・聖人がいるとしても「世」にめぐり會うことがなければ、その人が賢人・聖人かは誰にも知られることがないとされている（「雖有賢聖、適不遇世、孰知之。」）。これは本書の「從（縱）

忎（仁）聖可与（舉）、旹（時）弗可秉〈及〉歆（矣）。」（第十五號簡）だけでなく、郭店楚簡『窮達以時』とも密接な關係がある。(60)

第四に、養生思想。「堯有德、勞心力、干戈不用三苗服、舉舜甽畝、任之天下、身休息。」の一文の最後に「身休息」とあるのは、「僮（禪）天下而受（授）臤（賢）、逯（退）而技（養）其生。」（第二十六～二十七號簡）と若干の關連性が窺われる。(61)

その他にも、（舉用の主體や人數は違うが）成相篇で賢臣として登場する「后稷・夔・契・禹・益・皐陶・橫革・直成」も、尙賢論という角度から見ると、本書の「壐（禹）・膉（益）・后禝（稷）・〔伯夷〕・悳（夔）・咎采（繇）」と思想的背景を共有している。以上のように、本書と成相篇との共通點は大略八點にも上っている。

ただし、成相篇に「妻以二女任以事」という一句が插入されている以上、「出自本位の尙賢論」の要素も含んでいると認めざるをえない。この點本書の尙賢論と相違を呈する部分である。(62)

以上考察したように、『荀子』成相篇と本書の禪讓說との閒には若干の相違はあるものの、思想の本質的な面において共通するところが非常に多いことが判明した。しかし、この事實は、いままで全く注目されることのなかった新しい事實である。成相篇は本書の成立を考える際、最も重要な材料の一つであることは閒違いなかろう。

六、『尙書』堯典篇に見られる堯舜帝位繼承說話と『唐虞之道』との異同

いままで『孟子』及び『荀子』の堯舜帝位繼承說話について詳しく檢討したが、本章では今文『尙書』堯典篇の堯舜帝位繼承說話と本書のそれとの共通點及び相違點について考察する。周知のように、堯典篇は非常に難解な一篇であり、かつ研究者を困惑させる一篇でもある。難解というのは勿論一字一句の解釋のことである。困惑させるという

のは他ならぬ成立をめぐる諸問題のことである。解釋の問題はさておき、後者の成立の問題の中には、從來例えば暦法の問題、政治思想史上の問題、神話學上の問題などの諸問題をめぐって、特に近代に入ってから活發な議論がなされてきたが、本稿で取り扱う堯舜禪讓の問題も成立の問題と絡んで多くの研究が出されている。

ここで成立の問題を全面的に取り扱うことは割愛するが、ただすでに池田末利氏による詳細な整理（堯典の諸本を中心に）がなされているのでそれを參照しつつ[63]、成立時期について簡略にふれると、大略次のような見解が出されている。①堯舜禹天地人三才説（白鳥庫吉）、②漢武帝の改修を經たものとする説（顧頡剛）、③秦漢人の竄改を經たものとする説（楊寛）、④今本堯典の編成を戰國初期とする説（屈萬里・松本雅明）などがある。また天文記事の檢討から年代の推定を行った研究もあって、①春秋前半期またはやや前の作品とする説（劉朝陽）、②四中星記事について殷末周初の現象とする説（竺可楨）、③四中星に基づく堯の年代の推定はさほど重要性を持たない、あるいは暦法の立場から根本的に贊成しがたいとする指摘（藪内清）などもある。なお、池田氏自身は、該篇の完成が秦以降にまで下ることは疑いえないとする[64]。

その他にも、帝典として堯・舜兩典を合わせた形でほぼ秦の始皇帝のころに完成したとする説（金谷治[65]）、周初の人の作とする説（王國維・范文瀾・趙淡元[66]）、書の舜に關する記述は孟子よりも後に成立したとする説（大谷邦彥[67]）、儒家の内部で尊賢・禪讓のモチーフは『尙書』堯典や『論語』堯曰篇により繼承・展開され、『荀子』正論篇により批判される（同成相篇には禪讓が稱揚されている一節があるが、荀子の作であるかは疑問）と系譜づける見解（内山俊彥[68]）、現行本堯典の成立は遲くとも荀子の時代を下ることはないとする説（山邊進[69]）、等々がある。いずれの說にも一長一短があり、またいずれをとるべきかというのはここで性急に決められる事柄ではない。したがって、ここでは主として堯典篇と本書の文體・思想の兩面における相違點と共通點を分明にすることに主力を注ぐことにする。なお、『論語』堯曰篇は本書と思想上の共通點は全く見られないと考えられるので、本稿では割愛することにする。

さて、堯典篇を中心に本書との内容上の相違點・共通點を表で整理すると以下のようになる。

【堯典篇と『唐虞之道』の異同表】

No.	堯典篇の内容	要　點	登場人物	異同
1	曰若稽古帝堯、曰放勳。欽明文思安安、允恭克讓。光被四表、格于上下。克明俊德、以親九族。九族既睦、平章百姓。百姓昭明、協和萬邦。黎民於變、時雍。	作者による堯個人の性格・才能・態度（謙遜）・政治的手腕などについての描寫	帝堯（一）	△
2	乃命羲和、欽若昊天、曆象日月星辰、敬授人時。分命羲仲、宅嵎夷、曰暘谷。寅賓出日、平秩東作。日中、星鳥、以殷仲春。厥民析、鳥獸孳尾。	曆の整備（仲春）	帝堯⇕羲・和・羲仲（四）	×
3	申命羲叔、宅南交、平秩南訛、敬致。日永、星火、以正仲夏。厥民因、鳥獸希革。	曆の整備（仲夏）	帝堯⇕羲叔（二）	×
4	分命和仲、宅西、曰昧谷。寅餞納日、平秩西成。宵中、星虛、以殷仲秋。厥民夷、鳥獸毛毨。	曆の整備（仲秋）	帝堯⇕和仲（二）	×
5	申命和叔、宅朔方、曰幽都。平在朔易。日短、星昴、以正仲冬。厥民隩、鳥獸氄毛。	曆の整備（仲冬）	帝堯⇕和叔（二）	×
6	帝曰、咨、汝羲暨和、朞三百有六旬有六日、以閏月定四時、成歲。允釐百工、庶績咸熙。	曆の整備（三六六日・閏月・四時・歲）	帝（堯）⇕羲・和（三）	×
7	帝曰、疇咨、若時登庸。放齊曰、胤子朱啓明。帝曰、吁、嚚訟、可乎。帝曰、疇咨、若予采。驩兜曰、都、	人材登用の問題（この段階では誰も登用されていない）	帝（堯）⇕放齊・驩兜。	×

	共工方鳩僝功。帝曰、吁、靜言、庸違、象恭滔天。		朱・共工（五）	
8	帝曰、咨、四岳、湯湯洪水方割、蕩蕩懷山襄陵、浩浩滔天、下民其咨。有能俾乂。僉曰、於、鯀哉。帝曰、吁、咈哉。方命圮族。岳曰、异哉。試可、乃已。帝曰、往、欽哉。九載、績用勿成。	治水にまつわる人材登用（失敗例）	帝（堯）⇔四岳。鯀など	×
9	帝曰、咨、四岳、朕在位七十載。汝能庸命。巽朕位。岳曰、否德忝帝位。曰、明明揚側陋。師錫帝曰、有鰥在下、曰虞舜。帝曰、俞、予聞。如何。岳曰、瞽子。父頑、母嚚、象傲。克諧、以孝烝烝、乂不格姦。帝曰、我其試哉。女于時、觀厥刑于二女。釐降二女于溈汭、嬪于虞。帝曰、欽哉。	Ⅰ、帝位繼承に關する議論（最初は四岳に薦めるが拒否、四岳による舜の推薦） Ⅱ、舜の家庭環境・才能・資質 Ⅲ、試練①（家庭內）	帝（堯）⇔四岳。虞舜・父・母・象・二女（十一）	△
10	愼徽五典、五典克從。納于百揆、百揆時敘。賓于四門、四門穆穆。納于大麓、烈風雷雨弗迷。	試練②（政事的試練と宗教的試練）	舜（一）	×
11	帝曰、格、汝舜、詢事考言、乃言厎可績三載。汝陟帝位。舜讓于德。弗嗣。	帝位繼承	帝（堯）⇔舜（二）	×
12	正月上日、受終于文祖。在璿璣玉衡、以齊七政。肆類于上帝、禋于六宗、望于山川、徧于羣神。	Ⅰ、帝位繼承の儀式 Ⅱ、諸制度の整備 Ⅲ、宗教儀式	舜	×
	輯五瑞、既月乃日、覲四岳羣牧、班瑞于羣后。歲二月、	Ⅰ、朝覲の儀禮		

13	東巡守、至于岱宗、柴、望秩于山川。肆覲東后。協時月、正日、同律度量衡、脩五禮五玉三帛二生一死贄。如五器、卒乃復。	Ⅱ、巡守の儀禮（東） Ⅲ、暦・度量衡などの諸制度の整備	舜・四岳・羣牧・羣后・東后	×
14	五月、南巡守、至于南岳、如岱禮。八月、西巡守、至于西岳、如初。十有一月、朔巡守、至于北岳、如西禮。歸、格于藝祖、用特。五載一巡守、羣后四朝。敷奏以言、明試以功、車服以庸。	Ⅰ、巡守の儀禮（南・西・北） Ⅱ、廟禮 Ⅲ、朝覲の儀禮	舜・羣后	×
15	肇十有二州、封十有二山、濬川。	政治・宗教・社會的事業の展開	舜（一）	×
16	象以典刑。流宥五刑、鞭作官刑、朴作教刑、金作贖刑。眚災肆赦、怙終賊刑。欽哉、欽哉。惟刑之恤哉。	刑政の整備	舜（一）	×
17	流共工于幽州、放驩兜于崇山、竄三苗于三危、殛鯀于羽山。四罪而天下咸服。	悪人の追放	舜・共工・驩兜・三苗・鯀	×
18	二十有八載、帝乃殂落。百姓如喪考妣、三載、四海遏密八音。	堯の死	帝（堯）（一）	×
19	月正元日、舜格于文祖。詢于四岳、闢四門、明四目、達四聰。咨十有二牧、曰、食哉、惟時。柔遠能邇、惇德允元、而難任人、蠻夷率服。	Ⅰ、廟禮 Ⅱ、各種政令の公布	舜・四岳（五）	×
	舜曰、咨、四岳、有能奮庸、熙帝之載、使宅百揆、亮			

20	釆惠疇。僉曰、伯禹作司空。帝曰、俞、咨、禹、汝平水土、惟時懋哉。禹拜稽首、讓于稷契曁皐陶。帝曰、俞、汝往哉。	人材登用（水土）	舜⇔四岳・禹。稷・契・皐陶など	△
21	帝曰、棄、黎民阻飢。汝后稷、播時百穀。	人材登用（百穀）	帝（舜）⇔棄（后稷）（二一）	△
22	帝曰、契、百姓不親、五品不遜。汝作司徒、敬敷五教。在寬。	人材登用（五教）	帝（舜）⇔契（二一）	×
23	帝曰、皐陶、蠻夷猾夏、寇賊姦宄。汝作士。五刑有服、五服三就。五流有宅、五宅三居。惟明克允。	人材登用（五刑・五服・五流・五宅）	帝（舜）⇔皐陶（二一）	△
24	帝曰、疇若予工。僉曰、垂哉。帝曰、俞、咨、垂、汝共工。垂拜稽首、讓于殳斨曁伯與。帝曰、俞、往哉、汝諧。	人材登用（工）	帝（舜）⇔垂。殳斨・伯與など	×
25	帝曰、疇若予上下草木鳥獸。僉曰、益哉。帝曰、俞、咨、益、汝作朕虞。益拜稽首、讓于朱虎熊羆。帝曰、俞、往哉、汝諧。	人材登用（草木鳥獸）	帝（舜）⇔益。朱・虎・熊・羆など	△
26	帝曰、咨、四岳、有能典朕三禮。僉曰、伯夷。帝曰、俞、咨、伯、汝作秩宗。夙夜惟寅、直哉惟清。伯拜稽首、讓于夔龍。帝曰、俞、往欽哉。	人材登用（三禮）	帝（舜）⇔四岳・伯夷。夔・龍など	△
27	帝曰、夔、命汝典樂、教冑子。直而溫、寬而栗、剛而			

	無虐、簡而無傲。詩言志、歌永言、聲依永、律和聲。八音克諧、無相奪倫、神人以和。夔曰、於、予擊石拊石、百獸率舞。	人材登用（樂）	帝（舜）⇕夔（二）	△
28	帝曰、龍、朕堲讒説殄行、震驚朕師。命汝作納言。夙夜出納朕命、惟允。	人材登用（納言）	帝（舜）⇕龍（二）	×
29	帝曰、咨、汝二十有二人、欽哉。惟時亮天功。三載考績、三考、黜陟幽明、庶績咸熙。分北三苗。	人材登用後の舜の治績	帝（舜）⇕二十二人。三苗	×
30	舜生三十、徵庸三十、在位五十載、陟方乃死。	舜の一生の總まとめ	舜（一）	×

「⇕」は帝が臣下に何かを直接命令したりあるいは臣下と直接會話をしている場合、「×」は本書に關連記事がないか主旨が全く違う場合、「△」は本書と若干の關連性が見られる場合（ただ對象が相互異なる場合もある）、をそれぞれ指す（共通あるいは若干の關連性が見られる部分は「〜」で示した）。「登場人物」は基本的に原文に明記されているものを掲げたが、明記されていなくても文脈によって十分讀みとれる場合も掲げておいた。なお、「登場人物」には個人のみならず群臣や種族の場合も含めた。また一説に官名とされるものもある（例：「四岳」等）。「（　）」の中の數字は登場人物の人數を指すが、それが不確かな場合は示さなかった。

上の異同表において、№8までは堯の事績のみが記述されており、舜が登場するのは№9からである（僞古文『尚書』は№9までを堯典とし以下は舜典とする。）。また№18に堯の死にまつわる當時の生々しい狀況が書かれており、したがって№19からは當然舜のみの事績となっている。そして№30には最後の締め括りとして舜の一生を總まとめすることで一篇のむすびとしている。このように見てくると、様々な原資料をつなぎあわせて構成した趣きがあるという指摘もあるけれども、[70] 篇全體的に素樸な歴史物語に相應しい構成をしており、その點において論説形式をとっている本書とは大分趣きを異にしている。このような意味で堯典篇の文體は『史記』五帝本紀に最も近いとしなければならない。これを文體から見た第一の相違點とする。

その次の手續きとして、兩篇をマクロスコピックに分析してみると、まず言えるのは兩者において完全に共通する文章は一つもないことである。次に若干の關連性が看取される部分も全體の二十七パーセント弱（No.1・9・20・21・23・25・26・27）にすぎず、殘りの七十三パーセント以上は本書とほとんど關連がない。ただ「×」を記した中で例えばNo.12・13・14を本書の「上事天」「下事地」「皆（時）事山川」「新（親）事且（祖）滰（廟）」と關係づける見解もある（王博氏[71]）。確かに全く關係がないとは言えないが、しかし本書ではそれを行う主體が堯典篇のように舜に限定されているわけではない（「聖人」とある）。また堯典篇では「巡守」の目的が例えばNo.13に「肆覲東后」とあるように諸侯國の引見、換言すれば天子と諸侯との閒の支配被支配關係の固めにあったが（他にも宗教的儀式や暦・度量衡などの諸制度の整備などといった目的も兼ねている。なお、殘りの南・西・北も「如岱禮」「如初」「如西禮」とあるように「東巡守」の場合と同樣の目的）、本書では「效（教）民又（有）熁（尊）也」「效（教）民又（有）新（親）也」「效（教）民又（有）敬也」「效（教）民孝也」とあるように、民衆の支配イデオロギーの確立にあって、權力強化という面では同じであるが、その方向は相違しているのである。これを第二の相違點とする。

續いて兩者の相違點をマイクロスコピックに分析してみよう。第一に、No.1～8までの堯に關する事績については、最初に堯個人の帝王としての性格や才能・態度（謙遜）・政治的手腕など、いずれも聖王に相應しい人格として描かれている。ただし、No.1に「曰若稽古帝堯」と始まっているように、堯に對する客觀的な描寫というよりも、むしろ該篇の作者による主觀的なものである可能性が高い。その中で一つ目を引くのは「允恭克讓」という表現である（『大戴禮記』五帝德篇・『史記』五帝本紀には「富而不驕」と見える。）。すなわち、帝王として堯が取った態度の一つとして謙遜が言われていることである。謙遜思想は本書にも取り入れられているが[72]、その點から見れば共通しているようである。しかし、本書の場合は舜について言っているので堯典篇とは對象が全く違う。ちなみに、No.11に「舜讓于德」

という記述があってこれも謙遜のことを意味しているようだが、これは舜が天子となる前の譲位をめぐっての事柄であるので、本書のように天子となった後に取った態度とは一致しない。

　第二に、№2～6は堯が羲仲・羲叔・和仲・和叔に命じて暦を整備することにほとんどの記述が費やされていることから分かるように、堯の政治的治績や官僚的性格を描寫しようとする作者の意識が浮き彫りにされている。堯に關するこのような治績や性格は本書には存在しない。また本書では基本的に堯に關する描寫が舜に比べて非常に乏しい。例えば、「垚（堯）埈（舜）之王」「垚（堯）埈（舜）之行」とあるように常に舜と竝稱されたり、あるいは舜を擧用したり、あるいは舜に禪讓したというごく簡單な記述しか見えない。

　第三に、№7・8はいずれも人材登用の問題と關わっている。しかしいずれも失敗例にすぎない。これもまた本書にはない部分である。ただし、№7・8は作者が次の№9・10の舜の登用・試練をドラマチックにするために意識的に插入したものと推量される。

　第四に、№9からはいよいよ舜が登場する場面である。そこには①「朕在位七十載」、②「側陋」、③「予聞」、④「瞽」、⑤「父」、⑥「象」、⑦「以孝烝烝」という大略七つの語句において本書との關連性が窺われる。まず①は本書に「七十而至（致）正（政）」とある。ただし本書では主語を古代の「聖人」としてより一般化・普遍化しているのに對して堯典篇では堯に直接言わせているという相違がある。②は舜と關わる語であるが、意味的には本書の「埈（舜）佢（居）於艸（草）茅之中」と大差ない。ただし、本書は「命」の思想によって理念化されている。③⑤⑥は本書の「古者垚（堯）之弆（擧）埈（舜）也、……昏（聞）埈（舜）孝、……昏（聞）埈（舜）弟、……昏（聞）埈（舜）𢆶（慈）虖（乎）弟」と關連性が見られる。ただし、本書は年長者に對する倫理德目である「弟」もあって、家族だけでなく宗族というより廣い範圍において舜の能力を評價している。④は『孟子』にもあるが本書にも「宂（瞽？・）寞」「宂（瞽？・）寞子」とある。⑦は本篇の「忎（愛）睪（親）」や「孝」思想と密接な關係がある。(73)ただし、本書では「古者埜（堯）之弃（舉）叒（舜）也、……昏（聞）叒（舜）孝、……」とあるように「孝」が舜の舉用の直接的な原因の一つとなっており、また全篇において非常に重要な意味を持っているが、堯典篇ではここに一度しかふれておらず、また舉用の直接的な原因となっていない。

第五に、第四と關連して堯典篇では堯が最初に舜ではなく四岳に讓位しようとしたことも本書には全くない記述であるが、No.9・10で舜の舉用・讓位の直接的な原因となっている試練①及び試練②も本書には全くない要素である（『孟子』には類似の記事が見えるが、それと堯典篇との根本的な相違についてはすでに大谷・小野澤兩氏が詳細に分析している[74]）。しかし、堯典篇ではその試練がかえって舉用・讓位へと反轉されており、その意味では禪讓の決定的な要因となっている。その意味において堯典篇の堯舜帝位繼承説話はよりニュートラルな業績指向型であり[75]、本書は倫理指向型と言えないだろうか。いずれにせよ、この部分は本書との重要な相違を示す一部分である。

第六に、No.11~19は帝位の繼承と宗教的儀式、暦・度量衡などの諸制度の整備、巡守・朝覲の儀禮、政治・宗教・社會的な事業の擴大展開、刑政の整備、惡人の追放、堯の死、廟禮、各種政令の公布、等々の内容から構成されている。これらを見ても、そこには宗教的性格も存するが、やはり政治的官僚的性格が強い。これら舜に關する諸事業・治績は本書には基本的にない。

第七に、No.20~28はいずれも人材登用と關連している。この中で本書と關連するのはNo.20・21・23・25・26・27のみである（本書に缺字があるため推測によるものもある。）。ただ、關連しあってはいるが、堯典篇のような詳細な描寫は本書にはなされていない。しかもNo.29では登用した人材の數が二十二人にものぼっている。そして四岳や舜がそうであったように、「禹・垂・益・伯夷」も最初は受けずに皆他の人物に大任を讓ろうとしている。これも一種の謙遜思想のように思われるかも知れないが、しかし、本書の謙遜思想と性質の全く違うことは言うまでもない。なお、これと類似の記述は『史記』五帝本紀以外には見えない。そして最後のNo.30も『大戴禮記』五帝德篇・『史記』五帝本紀などにしか見えず、本書にはない。

ところで、帝位繼承をめぐって兩者の間には重要な共通點がある。第一に、堯の在位中に帝位繼承が行われている點。第二に、『孟子』のような「天」の思想は全く見えず、堯の自主的人爲的行爲として帝位繼承が行われている點。前に考察したように、前者の場合、君臣易位に反對する『孟子』は在位中の讓位を認めず攝政の概念をもって説明したが（本稿の四）、堯典篇では攝政を明示する語句はどこにもない。この在位中の讓位は『荀子』正論篇もまた鋭く批判した事柄である。後者の場合は『孟子』の堯舜帝位繼承説話の中核に當たる部分であり、それが全く見えないというのは『孟子』との大きな隔たりを意味する。この兩特徴及び『左傳』のケースを合わせて考えると、結局戰國時代に堯舜の帝位繼承の時期をめぐって、『孟子』・『左傳』のように死後に行われたとする部類、『荀子』正論篇のように禪讓そのものを認めない部類、本書と『尙書』堯典篇・『荀子』成相篇のように在位中の帝位繼承を認める部類、という少なくとも三つの部類があったと推察される。特に第三の部類は前漢時代の文獻である『淮南子』主術・繆稱篇でも再確認される。(76)

ただし、本書と堯典篇とがともに在位中の帝位繼承を認めているとしても、さりとて兩者が全く一致しているわけではない。堯典篇では№9に堯が舜を試すために自分の「二女」を嫁がせる説話が插入されている。(77)つまり、舜は「二女」と婚姻關係を結ぶことによって、堯の親類になっているのである。そうすると堯典篇における帝位繼承は「二女」を嫁がせる説話を插入したことによって、血緣關係ではないにしろ、結局姻戚を含む廣い意味での親屬の範圍内の帝位繼承、ということになる。このことが「二女」を嫁がせる説話を取り入れていない本書との相違を歴然とすることは自明のことである。

したがって、いままで見てきたような諸相違點から見れば、王博氏のように、本書を『尙書』堯典篇を解釋・展開したものとして、堯典篇と單純に結びつけようとする説（本稿の一で述べた先行研究中、（一）の思想的特徴の第三を參照）

は、これ以上成立しがたいことは言うまでもない。

七、おわりに――『唐虞之道』の成立時期と所屬學派

本稿の導入部分で檢討したように、本書に關する先行研究、就中最近中國で陸續と刊行されている諸研究の一般的な傾向は、細部において多少の違いや例外はあるものの、本書を儒家思想と見なすことはほぼ共通認識となっていた。そして、そのほとんどが本書を『尙書』――孔子――子思――孟子のライン上にある、他學派の影響を全く受けていない純然たる儒家思想として位置づけていた。その上、本書の成立年代や作者・所屬學派の問題もその延長線上で捉えられ、成立年代に關しては、前五世紀中期偏晚・孟子に近い時期・前三一八年以前・前三〇〇年前後・前二七八年以前の成立、作者の問題に關しては、孔子やその弟子の作、あるいは子思やその門人の作、あるいは孟子やその後學の作、所屬學派の問題に關しては、子思學派・思孟學派に屬するという見解が主流をなしていた。その中でも特に子思を開祖とするいわゆる思孟學派との關連は、事實本書だけでなく郭店楚簡儒家系統の文獻全篇において、現在最もクローズアップされており、かつ最も有力視されている。また、そこにはかつて顧頡剛氏によって主張された堯舜禪讓説の墨家起源説への批判も重要な目的として兼ねられており、本書はそれを反證するための恰好の材料として利用されてきた。しかし、それらの見解には贊成できない樣々な問題が內在している。

本稿では上記のような先行研究の諸問題を解決する一環として、本書のメインテーマである堯舜禪讓説の思想的特質を、『墨子』『孟子』『荀子』『尙書』に見られる堯舜帝位繼承説話と比較考察してきた。ここで最後に、堯舜禪讓説史という觀點から本書の成立時期及び所屬學派の問題を明らかにしたい。

まず後者の所屬學派の問題について。先に述べたように、所屬學派の問題においては、本書を子思學派や思孟學派

の作とするのが現在中國で最も支配的な見解であるが、それらの見解に従い難い理由を一つ擧げてみよう。本書の堯舜禪讓説が堯の在位中の禪讓を重要な特徴としていることは、すでに指摘したとおりである。そして、それが君臣の上下關係の逆轉を意味することは言うまでもない。さて、堯の在位中に禪讓が行われたとする堯舜禪讓説は、『孟子』萬章上篇で弟子の咸丘蒙の質問にもあったように（本稿四のⅣを參照）、當時すでに一般的に知られていたと考えられる。ところで、孟子はそのような説に對して「君子之言」ではなく「齊東野人之語」と言って激しく批判している。とすると、もし本書を子思學派や思孟學派の作とすると、孟子には到底容認できない「齊東野人之語」を、子思やその後學竝びに孟子が主張し、さらに孟子がそれを激しく批判した、ということになる。換言すれば、子思學派の作と主張する説に従うならば、子思やその後學と孟子は當時鋭く對立していたとせねばならない。また思孟學派の作と主張する説に従うならば、開祖である子思のみならず孟子も在位中の禪讓説を唱えていたが、孟子は開祖の言のみならず自己の見解にも抗議しかつはなはだ低く評價する、という自己矛盾・自家撞着に陥っていたとせねばならない。しかし、周知の如く『孟子』の中で子思の思想に抗議したり、あるいはそれを低く評價したりする箇所は勿論、孟子自身の禪讓説にも矛盾と見られるような箇所は一つもない。ちなみに、『尚書』堯典篇でも堯の在位中の帝位繼承が描寫されていたことも想起すべきであろう。そうすると、冒頭で述べたように中國の學者たちが一般的に描いている『尚書』——孔子——子思——孟子のラインも自ずと崩れることは言をまたない。したがって、子思學派説や思孟學派説がもはや成り立たないことは、これ以上議論の餘地がないと思われる。

次に、前者の成立時期の問題について。儒家の内部から見た場合、本書の諸思想と最も近いのが『荀子』であることについては、前掲拙論（本稿注（30））ですでに述べたとおりである。したがって、この問題を考える際、一つの基準としなければならないのは『荀子』である。なぜなら、『荀子』の社會的「利」思想、「弗利」思想、君主を主體とする謙遜思想、「忠・孝」が竝稱されたり、かつ立場は違うが兩者の矛盾・衝突をより高い次元から統一・解消している點、尙賢論、大略以上の問題において本書の先驅をなしているからである。
しかし、『荀子』と本書の決定的な相違は兩者の禪讓説にある。つまり、『荀子』正論篇は禪讓否定論であり、本書はいわば禪讓稱揚論であって、上記のような諸共通點にもかかわらず、この問題に限り兩者は尖鋭に對立している。この問題をどのように理解すればよいのであろうか。この問題を解く一つのカギは、實は『荀子』の內部にある。成相篇がそれである。成相篇と本書の閒には、例えば舜禹の禪讓や「出自本位の尙賢論」の要素などを除けば、多くの共通要素を包有している。つまり、本書と最も密接な關係がある一篇であることは相違ないが、それは直ちに正論篇と對蹠的であることを意味する。ところで、成相篇が書かれたと思われる戰國末期には、正論篇であれほど禪讓説が徹底的に批判・否定されたにもかかわらず、多くの場合堯舜禪讓説に樣々な意味合いが附與されて肯定的積極的に活用されていた[78]。ということは、本書を境にして少なくとも前漢初期までは、禪讓否定論も勿論姿を消すことはなかったが、それとともに稱揚論がいよいよ活氣をもって主張されていたことを意味する。つまり戰國末期以降禪讓稱揚論が一つのブームになる契機となったのが恐らく本書のようなものではなかったか、ということである。しかし、正論篇のような禪讓否定論を稱揚論に轉換させるためには、どうしても正論篇の主張や論理を反省・克服しなければならない。

一方、正論篇はなぜ禪讓否定論を繰り廣げたのであろうか。そこには次のような三つの可能性が考えられる。第一に、燕國における禪讓劇とその失敗、第二に、『孟子』の禪讓劇批判・人爲的讓位の否定・王朝交替論的禪讓説の否定・世襲制の容認、第三に、君主權力の强化。第一・二は直接的な原因とまでは言えないが、しかし『荀子』の頃も依然としてその影響は尾を引いていたと推測される。第三は前にも述べたように、最も直接的な原因であったと考えられる。それでは、本書ではなぜ禪讓を最高の「義」とまで言わなければならなかったのだろうか。一つの可能性として考えられるのは、「士」や「客」たちの活動及び流動化現象が大きく作用したのだろうと思われる。ただし、『荀子』も本書もそのような歴史的背景を共有していたわけだが、前者がそれを君主權力の強化及び世襲制の擁護という方面から受けとめたとするならば、本書は君主權力の抑制とまでは言えないものの、「士」や「客」の立場の代辯という方面から受けとめたのではなかろうか。前掲拙論（本稿注（32））、本編、第七章、第一節で考察した本書の尙賢論の第一・二・三の特徴は恐らくそれと關連性があるかも知れない。

さて、正論篇の禪讓否定論を稱揚論に轉換させるためには、その否定の論理を克服しなければならないが、本篇はそれをどのように克服したのであろうか。正論篇の論理の中で實際本書で覆されているのは、次の二點においてである。すなわち、在位中の禪讓及び老衰による禪讓。殘りの一つ、死後の禪讓は、在位中の禪讓が說かれているので、議論の對象から自ずとはずされる。では、ここで正論篇の否定の論理を再檢討し、それが本書でどのように克服されているかを見てみよう。まず在位中の禪讓については、第一に、天子はその勢位が最も尊貴であり、それに匹敵する者がない點。よって、匹敵する者がないから讓る者もないという論理につながる。第二に、道德的にも知的にも完全無缺で絕對的な存在である點。これらを本書では舜の能力・資質を再定義することによって克服を計っている。すなわち、本書で舜は倫理的な面（「孝」あるいは「孝・弟・幺（慈）」）竝びに政治的な面（「隣（尊）臤（賢）」）の兩面において能力及び資質を具有しているとされている。のみならず臣下となっては堯に「忠」を盡くした存在、「命」を知る存在、謙遜を實踐した存在、とほぼ完全無缺な人格として描いている。このような舜の描き方は、從來の儒家のみならず、先秦時代のどの學派の文獻にも見えない本書だけの特色である。つまり、舜を堯よりも完全無缺な人格として描き出すことによって、正論篇の論理を克服しようとしたものと思われる。

次に、老衰による禪讓については、第一に、天子は血氣や筋力は衰えることはあっても知慮による判斷力は衰えることがない、換言すれば、精神的に耄碌することはない點。第二に、天子はその位は最も尊貴であり、肉體は最も安逸、心は最も愉快で、志はどんなことも思いどおりになる存在である點。このような論理は、天子を肉體的精神的に最も高貴な存在と見る『荀子』の立場（富國篇など）から見れば當然の論理かも知れない。しかし、いつかは老衰して死を迎えるという人閒一般の現象から見ると完全な論理とは言えない。恐らくそこをつきつめたのが本書の養生思想と「弗利」思想だったのではなかろうか。つまり、天子の老衰による禪讓を單なる人閒一般の老化現象として處理せずに、當時流行していた、天下より個人の身體の生命を重視する養生思想をもって禪讓する側の讓位の行爲に新しい意味を附與し、それと同時に禪讓そのものに「弗利」という新しい意味を附與したものと考えられる。換言すれば、一方は天子個人の次元であり、もう一方は全天下的全社會的な「利」の次元なのである。とすると、禪讓とは天子個人の肉體的精神的次元においても有益であり、かつ社會的次元においても有益である、という論理になる。これもやはり本書だけに見える特色である。

こうして正論篇よりやや後れて、正論篇の論理を克服できる理論を整えた本書の禪讓說は、恐らく本書の後にできたと思われる諸文獻に大きな影響を與えたと思われるが、その最も代表的なものが成相篇である。つまり、成相篇は本書及び開祖の思想、そして當時すでに盛行していた禹舜の禪讓說話や堯の二女と舜との婚姻說話なども攝取してできた、いわば禪讓稱揚論の縮小版とも言うべきものであろう。

以上によって、恐らく本書の堯舜禪讓說は、戰國後期以降、禪讓否定論が稱揚論に切り替えられる際の嚆矢あるいはきっかけとなったものと考えられる。より具體的には、『荀子』正論篇よりやや後れて、それ以前の諸學派のいくつかの最も特徵的でかつ重要な諸思想を積極的に旺盛に取り入れて、既存の堯舜禪讓說を再構築しようと試みた儒家の一派の手になるものと考えられる。

注

（1）河北省平山縣三汲公社で行われた發掘調查に關しては、河北省文物管理處「河北省平山縣戰國時期中山國墓葬發掘簡報」

（『文物』一九七九―一、一九七九年一月）などを參照。

（2）白鳥庫吉「尙書の高等批判（特に堯舜禹に就いて）」（『東亞硏究』、一九一二年四月）、郭沫若『中國古代社會硏究』（上海聯合書店、一九三〇年）、蒙文通『古史甄微』（商務印書館、一九三三年）、童書業「『帝堯陶唐氏』名號溯源」・顧頡剛「禪讓傳說起於墨家考」・楊寬「讀『禪讓傳說起於墨家考』」・呂思勉「唐虞夏史考」・錢穆「唐虞禪讓說釋疑」（いずれも呂思勉・童書業編『古史辨』第七冊下編（開明書店、一九四一年六月）所收）。

（3）小野澤精一「堯舜禪讓說話の思想史的考察」（『人文科學科紀要』第四十四輯國文學・漢文學十二、一九六七年十二月）、中村俊也「孟・荀二子の天論について――堯・舜の帝位繼承に關する說を中心として――」（『漢文學會々報』三〇、一九七一年六月）、山田統「燕王噲子之傳說」（『山田統著作集』三、明治書院、一九八二年二月）、同「禪讓傳說を通じて見たる支那高古の政治組織」（『山田統著作集』四、明治書院、一九八二年四月。以下、山田論文と略記）、蔡明田「論墨子的禪讓觀念」（『東方雜誌』復刊一八―九、一九八五年三月）、山邊進「堯舜禪讓攷――經學概念成立前史――」（『斯文』一〇一、一九九二年十二月）、阮芝生「評〝禪讓傳說起於墨家〟說」（侯仁之・周一良主編『燕京學報』新三期、一九九七年八月）。

（4）『唐虞之道』からの引用は、荊門市博物館編『郭店楚墓竹簡』（文物出版社、一九九八年五月）を底本とした。ただし、文字を確定する際は、「圖版」によって改めたところも多い。

（5）李學勤「先秦儒家著作的重大發現」（『郭店楚簡硏究』（『中國哲學』第二十輯）、遼寧教育出版社、一九九九年一月、十四頁）を參照。

（6）李存山「讀楚簡《忠信之道》及其他」（『郭店楚簡硏究』（『中國哲學』第二十輯）、遼寧教育出版社、一九九九年一月、二七一頁）を參照。李存山氏は、李學勤氏に對する批判だとは明記していないが、「《唐虞之道》當寫于公元前三一八年之前，以其講〝禪讓〟而疑其出于縱橫家，非出于儒家，是根據不足的。」としており、これは恐らく李學勤氏の說を批判したものであろう。

（7）廖名春「郭店楚簡儒家著作考」（『孔子硏究』一九九八―三、一九九八年九月、七十四頁。以下、廖論文①と略記）及び「荊門郭店楚簡與先秦儒學」（『郭店楚簡硏究』（『中國哲學』第二十輯）、遼寧教育出版社、一九九九年一月、四十八～四十九頁。以下、廖論文②と略記）を參照。

（8）丁四新氏「愛親與尊賢的統一――郭店簡書《唐虞之道》思想論析」（武漢大學中國文化硏究院等主辦『郭店楚簡國際學術硏討會論文匯編』第一册、武漢大學珞珈山莊、一九九九年十月、八十六～八十七頁）を參照。

（9）王博「荊門郭店竹簡與先秦儒家經學」（『中國傳統哲學新論――朱伯崑教授七十五壽辰紀念文集』、一九九九年三月、二六七頁）を參照。
（10）彭邦本「郭店《唐虞之道》初論」（武漢大學中國文化研究院等主辦『郭店楚簡國際學術研討會論文匯編』第一冊、武漢大學珞珈山莊、一九九九年十月）、七十五頁。
（11）鄧建鵬「《唐虞之道》的民本思想」（『武漢大學學報』哲學社會科學版一九九九―五、一九九九年九月）。
（12）陳明「《唐虞之道》與早期儒家的社會理念」（『郭店楚簡研究』（『中國哲學』第二十輯）、遼寧教育出版社、一九九九年一月、注釋③、二六二頁）を參照。これに對して、張立文氏は「究竟是《唐虞》本於《中庸》，抑或《中庸》是《唐虞》的〝易簡〞化，需要進一步考究。」と、より愼重な態度を呈している（「略論郭店楚簡的〝仁義〞思想」（『孔子研究』一九九九―一、一九九九年三月、六十六頁）を參照。）。筆者は、どちらかといえば、張氏の提起した後者の方に贊同するものである。
（13）陳鼓應「《太一生水》與《性自命出》發微」（陳鼓應主編『道家文化研究』第十七輯、三聯書店、一九九九年八月、三九四頁）、注②を參照。
（14）李縉雲・邢文「美國〝郭店《老子》國際研討會〞綜述」（『國際儒學聯合會簡報』一九九八―二、一九九八年六月）、二十一頁。
（15）彭前揭論文（本稿注（10））、七十三～七十四頁を參照。
（16）李前揭論文（本稿注（6））（二七一頁）及び丁前揭論文（本稿注（8））（八十九頁）を參照。
（17）王博「關于《唐虞之道》的幾個問題」（『中國哲學史』一九九九―二、一九九九年五月、三十一頁）を參照。
（18）王葆玹「試論郭店楚簡各篇的撰作時代及其背景――兼論郭店及包山楚墓的時代問題」（『郭店楚簡研究』（『中國哲學』第二十輯）遼寧教育出版社、一九九九年一月、三八四頁）及び「郭店楚簡的時代及其與子思學派的關係」（武漢大學中國文化研究院等主辦『郭店楚簡國際學術研討會論文匯編』第二冊、武漢大學珞珈山莊、一九九九年十月、一三七・一五六～一六〇頁）を參照。
（19）同上（「試論郭店楚簡各篇的撰作時代及其背景――兼論郭店及包山楚墓的時代問題」）、三八九頁。
（20）廖論文①（七十五・八十二頁）及び廖論文②（五十・六十九頁）を參照。
（21）丁前揭論文（本稿注（8））（八十七頁）を參照。
（22）姜廣輝「郭店楚簡與《子思子》――兼談郭店楚簡的思想史意義」（『哲學研究』一九九八―七、一九九八年七月、五十六頁）、郭沂「試談楚簡《太一生水》及其與簡本《老子》的關係」（『中國哲學史』一九九八―四、一九九八年十一月、三十三頁）・同

「從郭店竹簡看先秦哲學發展脈絡」（復印報刊資料『中國哲學』一九九九—五、一九九九年七月、三十一頁）・『哲學動態』記者「郭店楚簡研究——中國社科院哲學所 '九九第一次學術新進展報告會紀要」（復印報刊資料『中國哲學』一九九九—八、一九九九年十月、十五頁）、鄧前掲論文（本稿注（11））（四十七頁）、李景林「從郭店簡看思孟學派的性與天道論——兼談郭店簡儒家類著作的學派歸屬問題」（武漢大學中國文化研究院等主辦『郭店楚簡國際學術研討會論文匯編』第一册、武漢大學珞珈山莊、一九九九年十月、一〇〇頁）をそれぞれ參照。

（23）周鳳五「郭店楚墓竹簡〈唐虞之道〉新釋」（『中央研究院歷史語言研究所集刊』七〇—三、一九九九年九月）、七四六頁を參照。

（24）李・邢前掲論文（本稿注（14））、二十頁。

（25）丁前掲論文（本稿注（8））（八十八～八十九頁）及び注釋②を參照。

（26）王前掲論文（本稿注（18））（「郭店楚簡的時代及其與子思學派的關係」、一五三頁）及び郭前掲論文（本稿注（22））（「試談楚簡《太一生水》及其與簡本《老子》的關係」（三十三頁）・「從郭店竹簡看先秦哲學發展脈絡」（復印報刊資料『中國哲學』一九九九—五、三十一頁）・『哲學動態』記者前掲論文（本稿注（22））（十四頁）を參照。

（27）王前掲論文（本稿注（17））、三十三頁。

（28）朱榮貴「郭店楚簡的孝道思想」（『經學研究論叢』六、一九九九年六月、一六七頁）、楊儒賓「郭店出土儒家竹簡與思孟學派」（郭店楚簡國際學術研討會論文、武漢大學珞珈山莊、一九九九年十月、四頁）をそれぞれ參照。

（29）丁前掲論文（本稿注（8））、八十七頁。

（30）本篇の文字や本文の解釋、記號の使い方については、本書「第一部　譯注編」の中の「凡例」及び「『唐虞之道』譯注」をも合わせて參照されたい。

（31）山邊前掲論文（本稿注（3））、六十七頁。

（32）拙論「郭店楚墓竹簡の儒家思想研究——郭店楚簡研究序論——」（東京大學大學院人文社會系研究科、二〇〇一年二月）、本編、第一章、第一節を參照。

（33）同右、本編、第二章、第三節を參照。

（34）同右、本編、第七章、第二節を參照。

（35）周知のように「禪讓」という語は、『荀子』正論篇に「擅讓」（「擅」は「禪」の假借字）という語がある以外、先秦の文獻には一度も使われたことがない。このことから考えると、山邊氏が「禪讓」ということばが見られない文獻に對してそれを用いることは、無用な混亂を避ける意味からも控えるべきである。」と指摘したのは、もっともな見解であろう（山邊前揭論文（本稿注（3））、五十六頁）。したがって、本稿でも明らかに禪讓説が述べられている場合は「禪讓説」と表現するが、そうでない場合は「堯舜帝位繼承説話」と表現することにする。なお、本書にも「禪讓」という語はないが、「僤・遳」字（「禪」の假借字）が多用されており、かつ明らかに禪讓を意味するものと判斷されるので、それを用いても差し支えなかろう。

（36）小野澤前揭論文・蔡前揭論文・山邊前揭論文・阮前揭論文（いずれも本稿注（3））、などがその代表的な例である。

（37）以上は、顧前揭論文（本稿注（2））（三十一～三十二・四十七～五十頁）を參照。

（38）小野澤前揭論文（本稿注（3））（十九頁）・蔡前揭論文（本稿注（3））（二十三頁）を參照。

（39）前揭拙論（本稿注（32））、本編、第三章、第三節、（二）を參照。

（40）蔡前揭論文（本稿注（3））（二十五頁）を參照。

（41）「雷」は、王念孫・孫詒讓・吳毓江などの説に從って「濩」に改める。

（42）「勞而不怨」は、『論語』里仁篇に「子曰、事父母幾諫。見志不從、又敬不違、勞而不怨。」とあり、『禮記』坊記篇に「子云、從命不忿、微諫不倦、勞而不怨、可謂孝矣。」とあり、同内則篇に「父母有過、下氣怡色、柔聲以諫。諫若不入、起敬起孝。說則復諫。不說、與其得罪於鄕黨州閭、寧孰諫。父母怒不說、而撻之流血、不敢疾怨、起敬起孝。」とある。このことから見ると、いかなる場合でも父母を恨まないことが、儒教の中で一般的な孝子のありかたの一つとなっていたことが分かる。

（43）「恝」の意味は、宇野精一『孟子』（集英社、一九七三年一刷、一九八三年三刷、三〇七頁）の注を參考にした。

（44）類似の思想は、『孟子』離婁上篇にも「孟子曰、天下大悅、而將歸己。視天下悅而歸己、猶草芥也、惟舜爲然。不得乎親、不可以爲人。不順乎親、不可以爲子。舜盡事親之道、而瞽瞍厎豫。瞽瞍厎豫、而天下化。瞽瞍厎豫、而天下之爲父子者定。此之謂大孝。」とある。ここでは天下が歸服することより親孝行が大事であることが述べられている。また盡心上篇には「桃應問曰、舜爲天子、皐陶爲士、瞽瞍殺人、則如之何。孟子曰、執之而已矣。然則舜不禁與。曰、夫舜惡得而禁之。夫有所受之也。然則舜如之何。曰、舜視棄天下、猶棄敝蹝也。竊負而逃、遵海濱而處、終身訢然、樂而忘天下。」とあり、ここには天下より父への孝の重視が端的に示されている。

（45）この問題は、『孟子』離婁上篇にも見え、そこでは「孟子曰、不孝有三。無後爲大。舜不告而娶、爲無後也。君子以爲猶告也。」として、繼嗣がないことが理由とされており、萬章上篇とはまた違った意味で解釋されている。

(46) ただし、本書にも「昏（聞）叒（舜）丝（慈）虖（乎）弟」とあるが、これが萬章上篇をどこまで踏まえているのか、定かではない。が、本書の作者は、恐らくⅡのような舜とその家族にまつわる故事は熟知していたと推測されるが、本書の上の文章を、Ⅲを念頭において記述したものとまで踏み込んで解釋する必要はないと思われる。

(47) これと關連する説話は、『墨子』非儒篇・『韓非子』忠孝篇・『呂氏春秋』求人篇などにも見える。萬章上篇のこの箇所は恐らくこれらのことを意識して書かれたと推測される。

(48) 萬章上篇の天命思想に關して、宇野氏は「民意を通して天意を知るという考えはきわめて民主思想に近いが、民意がそれ自體としては意味がなく、天意の表現としてはじめて意味を持つところに、天命思想の特色がある。」（宇野前掲書（本稿注(43)）、三三六頁）と指摘したが、筆者も基本的にこの見解に贊同する。

(49) 『孟子』の帝位繼承説話において「攝政」が重要な意味を持つことについては、山田論文（本稿注（3））（二四五～二四七頁）・山邊前掲論文（本稿注（3））（六十一～六十二頁）などを參照。

(50) 山田論文（本稿注（3））（二四四～二四五頁）・山邊前掲論文（本稿注（3））（六十一～六十二頁）などを參照。

(51) 『孟子』萬章上篇の禪讓説について、「這様，問題的中心就不在堯舜，而在于天了。……他是從〝得民心者得天下〟的思想上來説明禪讓的意義。」といった錢遜氏のような指摘（「對堯舜禪讓意義的認識」（『紀念孔子誕辰二五五〇周年國際學術討論會論文』（下）、北京―山東、一九九九年十月、八二四頁）も間違いではないが、それは一面的な指摘に過ぎず、①～⑤のすべての條件をクリアしなければならない。

(52) このことは、Ⅵの最後の段落の「伊尹相湯、以王於天下。湯崩、太丁未立。外丙二年。仲壬四年。太甲顚覆湯之典刑。伊尹放之於桐三年。太甲悔過、自怨自艾、於桐處仁遷義三年、以聽伊尹之訓己也、復歸于亳。」という伊尹と太甲の例からも容易に看取できる。

(53) このような意味で、錢遜氏が「他幷不強調禪讓這種形式。」（錢前掲論文（本稿注（51））、八二四頁）と言ったのは最も的確な指摘と思う。

(54) 「在位中の禪讓」「死亡した場合の禪讓」「老衰の場合の禪讓」という表現は、板野長八「禮記の大同」（『北海道大學文學部紀要』五、一九五六年三月、九十五頁）による。

(55) 板野長八氏が『荀子』正論篇の思想的特徴を述べたところで、尊賢使能の原則が貫徹され聖人王者を戴く人間世界に對する天ないし天命の暗影も拂拭されたという意見には同意するが、世襲制の根跡が一掃されたとか世襲制から牽制されることがなかったという見解には贊同できない（同右、九十六頁）。もし板野氏が理解したように、正論篇で世襲制の根跡が一掃されたとすると、それはかえって禪讓を認めていることを意味し、言うまでもなく正論篇の主旨とは相反する。

(56)『孟子』・『荀子』の尙賢論については、前揭拙論（本稿注（32））、本編、第七章、第三節の（二）及び（三）を參照。

(57)同右、本編、第四章、第四節を參照。

(58)同右、本編、第一章、第四節を參照。

(59)同右、本編、第六章、第三節を參照。

(60)同右、本編、第三章の第一節及び第五節を參照。

(61)同右、本編、第二章、第三節を參照。

(62)同右、本編、第七章、第二節を參照。

(63)池田末利『尙書』（集英社、一九七六年一刷、一九八二年三刷、八十四〜九十頁）「補說」を參照。

(64)同右、五十二頁。

(65)金谷治「『尙書』舜典篇の成立――『尙書』の歷史とその思想――」（『金谷治中國思想論集』中卷「儒家思想と道家思想」、平河出版社、一九九七年七月）、一九九頁。

(66)趙淡元「《尙書》略論」（『中國歷史文獻硏究集刊』二、一九八一年十二月）、三十九頁。

(67)大谷邦彥「「孟子」における舜說話」（『中國古典硏究』十四、一九六六年十二月）、三十三〜三十四頁。

(68)內山俊彥「堯舜の君子を知るや――讀公羊小記――」（『山口大學文學會志』三十四、一九八三年十二月）、七十三頁。

(69)山邊前揭論文（本稿注（3））、〔注〕（七）、六十八〜六十九頁。

(70)金谷前揭論文（本稿注（65））、一九八頁。

(71)王前揭論文（本稿注（17））、三十頁。

(72)前揭拙論（本稿注（32））、本編、第四章を參照。

(73)同右、本編、第六章を參照。

(74)大谷前揭論文（本稿注（67））（二十八〜三十三頁）「三、書における舜」及び小野澤前揭論文（本稿注（3））（二十六〜三十頁）を參照。

（75）ただし、試練には政治的試練の他に、家庭内の試練・宗教的試練があるのも事實である。したがって、政治的試練だけを強調することは本來なら正確な捉え方ではないかも知れない。しかし、堯典篇が全體として堯・舜兩帝王の官治的性格が強いことを思うと、政治的試練が中心であり、後の二つの試練は副次的なものとみても差し支えないと判斷される。
なお、『左傳』文公十八年の條にも「舜臣堯、賓于四門、流四凶族、渾敦窮奇檮杌饕餮投諸四裔、以禦螭魅。是以堯崩、而天下如一、同心戴舜、以爲天子。以其擧十六相、去四凶也。故虞書數舜之功、曰愼徽五典、五典克從、無違敎也。曰納于百揆、百揆時序、無廢事也。曰賓于四門、四門穆穆、無凶人也。舜有大功二十、而爲天子。」とあって、ここでも堯舜の帝位繼承の直接的な原因が、堯の臣となった時に擧げた政治的功績（具體的には人材登用と惡人の追放）となっている。ただそれは別に試練として描かれているわけではない。ちなみに『左傳』では堯舜の帝位繼承が死後に行われたこととなっており、この點、在位中に行われている堯典篇・本書とは異なっている。
（76）前掲拙論（本稿注（30））、本編、第一章、第六節の（一）を參照。
（77）『孟子』萬章上篇に「帝使其子九男二女」とあり、『荀子』成相篇に「妻以二女任以事」とあり、『呂氏春秋』求人篇に「妻以二女」とあるように、いずれも堯との姻戚關係を示す內容を共有している。
（78）このことに關しては、拙論「郭店楚簡『唐虞之道』の堯舜禪讓說と中國古代の堯舜帝位繼承說話の研究」（池田知久監修『郭店楚簡の思想史的研究』第五卷、「古典學の再構築」東京大學郭店楚簡研究會編、二〇〇一年二月）六を參照されたい。

郭店楚簡『眚自命出』における「道の四術」

池田知久

一、「道」についての護教主義的破邪論

戰國も中期または後期に至ると、この時までに諸子百家がそれぞれ自らの信奉する「道」を思い思いに唱えてきたために、それらの「道」の内容は極めて複雜化・多樣化して相互に不一致を來たし、さらには對立しあうものになっていた。そして、およそ「道」というものが、それを唱える諸子の相異によってこのように複雜・多樣であり、相互に矛盾・對立する樣相を呈するという事實についての諸子自身の明確な認識は、比較的早い時代すなわち戰國中期に現れる。我々はその最も早い用例として儒家の孟子を擧げることができる。『孟子』滕文公下篇に「孟子曰、堯舜既沒、聖人之道衰、暴君代作。……世衰道微、邪説暴行有（又）作。臣弑其君者有之、子弑其父者有之、孔子懼作春秋。……聖王不作、諸侯放恣、處士横議、揚朱墨翟之言盈天下。天下之言、不歸揚則歸墨。揚氏爲我、是無君也。墨氏兼愛、是無父也。無父無君、是禽獸也。……揚墨之道不息、孔子之道不著、是邪説誣民、充塞仁義也。仁義充塞、則率獸食人、人將相食。吾爲此懼、閑先聖之道、距揚墨、放淫辭、邪説者不得作。」とある。ここには、孟子の當時までに世に現れた「道」として「聖人之道」「揚墨之道」「孔子之道」などが描かれているが、これらの内、「聖人之道」と「孔子之道」と「先聖之道」は同じものであるから、結局孟子がここで實際に現在存在すると認める「道」は、「揚朱之道」と「墨翟之道」と「孔子之道」の合計三つと考えることができる。この文章の複雜化した對立する「道」

の描寫の方法において、注目したいと思う特徴は以下の二點である。第一に、これが、自分自身の思想（つまり「孔子之道」）を正しいと確信する主觀的な立場に立って、對立する諸子の思想（つまり「揚墨之道」）の內容を再構成したりそれらの特徴を擧げたりしながら、相手のすべてを誤りとして批判する舊いタイプ、すなわち單純で素樸な護教主義的な破邪論であること。[1] 第二に、これが、「道」を「孔子之道」「揚墨之道」などという語で表しているように、諸子の個々の思想學派や個々の思想家の抱懷する思想をあくまで個別的具體的に問題にしていること。

複雜化した對立する「道」についての單純で素樸な護教主義的な破邪論の段階に止まる舊いタイプの認識は、儒家の孟子の場合だけでなく、同時代に竝行して活動していた墨家の場合もそうである。例えば、『墨子』公孟篇に「子墨子謂程子曰、儒之道足以喪天下者、四政焉。儒以天爲不明、以鬼爲不神、天鬼不說。此足以喪天下。又厚葬久喪、重爲棺椁、多爲衣衾、送死若徙。……此足以喪天下。又弦歌鼓舞、習爲聲樂。此足以喪天下。又以命爲有、貧富壽夭、治亂安危有極矣、不可損益也。……此足以喪天下。」とある。この文章を含む『墨子』公孟篇は、孟子に後れる戰國後期～末期に成書された作品であろうから、約一〇〇年前に現れていた孟子と同日に論ずるわけにはいかないが、しかしこれに基づいて、孟子と同時代の墨家が單純で素樸な護教主義的破邪論でもって複雜・對立の「道」を認識していた事實を推測することは、それほど無理ではない。公孟篇の作者は、當時墨家と激しく對立していた儒家の思想を「儒之道」として總括的に把握し、最も激しく對立していたその四つの思想「四政」、すなわち天論・鬼神論、禮論、樂論、命論について、それがいずれも「足以喪天下」の重大な誤りだと言って嚴しく非難するが、このような把握と非難の根據をなすものは、墨家が開祖の教えを奉じつつ唱えていた十大口號の四つ乃至五つの思想、以上の「四政」に對應する天志論・明鬼論、節葬論、非樂論、非命論の正しさであった。それゆえ、これもまた單純・素樸な護教主義的破邪論の典型なのである。ちなみに、墨家は戰國後期から自らの思想を「聖王之道」「堯舜禹湯文武之道」「仁義之道」などと同定するようになる。十論二十三篇だけに限定してそのような「道」との同定を行った語句を以下に引いておく。――尙賢上篇「堯舜禹湯之道」、尙賢中篇「聖王之道」、尙賢下篇「堯舜禹湯文武之道」「聖王之道」、尙同下篇「聖王之道」、兼愛下篇「聖王之道」、非攻下篇「聖王之道」、節用上篇「聖王之道」、節葬下篇「堯舜禹湯文武之道」「聖王之道」「仁義之道」、天志下篇「聖王之道」、明鬼下篇「聖王之道」。以上の語句をただ表面的にのみ眺めると、墨家の「道」は儒家の「道」と由來が同じであり、兩者の閒に複雜・對立の「道」の争いが發生する可能性は少ない、とする錯覺に陷る恐れもある。[2] しかし、兩者の「道」の争いは、このころより以降益々激しくエスカレートしていったというのが、歷史の實際の姿であった。

二、「道」を中心とする中國思想史の構想

次に、戰國中期の儒家の『孟子』乃至前漢末期の劉向に由來する『漢書』藝文志に現れる多くの諸子百家論の內、一に言及した複雜化した對立する「道」の描寫方法における新しいタイプについて述べよう。その代表としては、何と言っても『莊子』天下篇を擧げなければならない。

天下之治方術者多矣。皆以其有爲不可加矣。古之所謂道術者、果惡乎在。曰、无乎不在。曰、神何由降、明何由出。聖有所生、王有所成、皆原於一。

不離於宗、謂之天人。不離於精、謂之神人。不離於眞、謂之至人。以天爲宗、以德爲本、以道爲門、兆於變化、謂之聖人。以仁爲恩、以義爲理、以禮爲行、以樂爲和、薰然慈仁、謂之君子。以法爲分、以名爲表、以操爲驗、以稽爲決、其數一二三四是也。百官以此相齒、以事爲常、以衣食爲主、蕃息畜藏、老弱孤寡爲意、皆有以養、民之理也。

古之人其備乎。配神明、醇天地、育萬物、和天下、澤及百姓。明於本數、係於末度、六通四闢小大精粗、其運无

乎不在。其明而在數度者、舊法世傳之史、尚多有之。其在於詩書禮樂者、鄒魯之士、縉紳先生、多能明之。詩以導（道）志、書以導（道）事、禮以導（道）行、樂以導（道）和、易以導（道）陰陽、春秋以導（道）名分。其數散於天下、而設於中國者、百家之學、時或稱而道之。

天下大亂、賢聖不明、道德不一。天下多得一察、焉以自好。譬如耳目鼻口、皆有所明、不能相通。猶百家衆技也、皆有所長、時有所用。雖然不該不徧、一曲之士也。判天地之美、析萬物之理、察古人之全、寡能備於天地之美、稱神明之容。是故內聖外王之道、闇而不明、鬱而不發。天下之人、各爲其所欲焉、以自爲方。悲夫、百家往而不反、必不合矣。後世之學者、不幸不見天地之純、古人之大體。道術將爲天下裂。（前半の序論）

『莊子』天下篇は、北宋の蘇洵や南宋の林希逸から始まって、『莊子』につけられた莊周自筆の後序と理解する者が多く、この種の理解が今日も通説となっている。しかし、例えば、同篇の中の莊周論で莊周のことを「雖然、其應於化而解於物也、其理不竭、其來不蛻、芒乎昧乎、未之盡者。」のように低く評價することからも判明するように、本當を言えば莊周の自筆でもなければ『莊子』の後序でもない。前漢初期、文帝期乃至景帝期の道家が著した、複雜化した對立する「道」についての描寫、または「道」概念を中心とした中國思想史の構想の一つと捉えるべきである[3]。

この文章の複雜・對立の「道」の描寫方法の特徴は、一に掲げた二點をすでに十分にクリアしていることである。——第一に、舊いタイプの單純・素樸な護教主義的破邪論を捨て去り、正しいか誤りかの二項對立の枠組みを乗り越えた客觀的な立場に立って、自分をも含めて多樣化した對立する諸子の存在を容認し、時にはそれらが發生する歷史的社會的な基盤にまで論及しつつ、當代における諸思想の統一を提唱するために中國思想史を構想する新しいタイプになっていること。第二に、樣々の「道」の個別性具體性の契機を止揚した、より高次の總合的抽象的な觀點から、そもそも「道」とはいかなるものであるかを原理的に思索した上で、人々の唱える樣々の「道」を、それらの內容・性質や價値を分析・檢討することを通じて、あれこれのタイプ（例えば、「方術」と「道術」、「一曲」と「大體」など）に分けたり、いくつかの思想集團（例えば、「墨翟・禽滑釐」「宋鈃・尹文」等々）にグルーピングしたりするまでになっていること。結局同篇は、中國古代の同類の文章の中でも稀に見るスケールの大きい、「道」概念を中心とした中國思想史の構想と認めることができよう。

さて、その中國思想史の構想は、前半の思想史についての序論と後半の諸子百家についての各論の二つの部分から成る。まず、前半の思想史序論では、少し以前に書かれた『呂氏春秋』不二篇がまだ明確には言わなかった窮極的根源的な實在「道」を「道術」と言い換えて提起し(4)、「古之人」の統一的な「道術」が自己を外化して現代の世界の中に遍く存在すると認める。具體的には、「天人」「神人」「至人」（以上は道家的理想人物）、「聖人」「君子」（以上は儒家的理想人物）、「百官」（多くの官僚）、「民」（民衆）、「舊法世傳之史」（法術官僚）、「鄒魯之士、縉紳先生」（儒家）、「百家之學」（諸子百家）がいずれもその「道術」の現れだと認める。その上で、しかしその統一的な「道術」が「天下大亂」を原因として、今日では「道術將爲天下裂」という分裂の危機に瀕しているが、こうした危機の進行の中で諸子百家の「方術」は、全體である「天地之純、古人之大體」（「道術」に同じ）の一部分「一察」「一曲」しか把握できていないと言って「百家」を批判するのである。次に、後半の諸子百家各論では、「墨翟・禽滑釐」「宋鈃・尹文」「彭蒙・田駢・愼到」「關尹・老聃」「莊周」「惠施」の六組の思想家を取り上げて、順次彼らの思想と行動（つまり「古之道術」の現れとしての「方術」）を詳細に紹介し、かつそれに對して辛口の批評を加える。この諸子百家各論の目的は、上の思想史序論の内容から推測するに、「道術」の分裂がこれ以上進行するのをくい止めその統一を回復することであるにちがいない。それゆえ、作者は、それぞれ「一察」「一曲」を把握している「百家」の「方術」を統一することを通じて、あの「古之人」の統一的な「道術」を回復しようと目論むのである。そして、そのための中心の位置にすえられたのが關尹・老聃の「道」であった。――關尹・老聃論に「關尹老聃乎、古之博大眞人哉。」とあって、二人がこの各論中、最も高く評價されている事實を見逃してはならない。

以上の『莊子』天下篇における複雜・對立の「道」の描寫方法を直後に繼承したのは、『史記』太史公自序「六家之要指」である。(5)――「太史公學天官於唐都、受易於楊何、習道論於黃子。太史公仕於建元元封之閒、愍學者之不達其意師悖、乃論六家之要指。曰、易大傳、天下一致而百慮、同歸而殊塗。夫陰陽儒墨名法道德、此務爲治者也。直所從言之異路、有省不省耳。嘗竊觀陰陽之術、……。儒者……。墨者……。法家……。名家……。道家使人精神專一、動合無形、贍足萬物。其爲術也、因陰陽之大順、采儒墨之善、撮名法之要、與時遷移、應物變化、立俗施事、無所不宜。指約而易操、事少而功多。儒者則不然。以爲人主天下之儀表也。主倡而臣和、主先而臣隨。如此則主勞而臣逸。至於大道之要、去健羨、絀聰明、釋此而任術。夫神大用則竭、形大勞則敝。形神騷動、欲與天地長久、非所聞也。」。「太史公」つまり司馬遷の父司馬談が太史令であった時期の「建元元封之閒」は、建元が紀元前一四〇～一三五年、元封が紀元前一一〇～一〇五年であるが、彼は元封元年、紀元前一一〇年には卒している。したがって、この文章は、紀元前一四〇～一一〇年の閒つまり武帝期の前半に書かれたことになる。司馬談は、熱心な道家思想の信奉者であって、この文章の中に「太史公……習道論於黃子。」とある「道論」は、彼の思想的な立場を決定づけたであろう道家の「道」の理論と考えられる。

その諸子百家論は、最初の簡單な總論と中閒の諸子百家の「道」についての各論と最後の諸子百家の「道」についての詳論の三つの部分から成る。中閒の諸子百家各論と最後の諸子百家詳論では、この時までに存在していたすべての諸子百家を「陰陽」「儒者」「墨者」「名家」「法家」「道家」の六つの學派にグルーピングし、順次それぞれの「道」の特徴（陰陽家の「天道之大經」、儒家・墨家の「堯舜道」、墨家の「人給家足之道」、道家の「大道之要」「大道」など）を紹介した後、それぞれの短所と長所を指摘する。ただし、道家については短所の指摘は一切なく、道家がどの諸子百家にも勝る優越性を力說するが、それは、道家の「術」つまり「大道之要」が「道家……其爲術也、因陰陽之大順、采儒墨之善、撮名法之要。」のように、それ自體で他の諸子五學派の「道」の統一を成し遂げているからだと理由づけられる。これとは別に、最初の總論では、諸子の「道」の統一を可能にする原理を提起するが、それは意外にも道家の「道論」ではなく「易大傳」の「天下一致而百慮、同歸而殊塗。」である。當時の『易傳』は道家思想、殊にその「道」の形而上學・存在論の強い影響を被っていたので、司馬談のような熱心な道家思想の信奉者にとって、道家の「道」と「易大傳」の思想の閒にそれほどの相異はなかったのかもしれない。いずれにせよ、諸思想の統一の中心にすえられるものに道家の「道」に代わって『易傳』が當てられるようになったことは、暫くして後『漢書』藝文志にも繼承されていった重大な變化であって、諸子百家論を展開したり中國思想史を構想したりする思想家が道家から儒家に移行していく前兆として特に注目に値する現象である。

以上の『莊子』天下篇や『史記』太史公自序の「六家要指」などにおける複雜・對立の「道」の描寫方法は、暫くして後『漢書』藝文志の第三のタイプに繼承されていくのであるが、この問題については本稿は省略に從わざるをえない。(6)

三、郭店楚簡『眚自命出』における「道の四術」

郭店楚墓竹簡（以下、「郭店」と略稱）『眚自命出』には、「道」の「四述（術）」を論じた文章が含まれる。すなわち、「四海（海）之內、其眚（性）弌（一）也。其甬（用）心各異、𦥛（教）𠭊（使）肰（然）也。凡眚（性）（第九號簡）、或歖（動）之、或逆（逆）之、或交之、或萬（礪）之、或出之、或羕（養）之、或長之。凡歖（動）眚（性）（第十號簡）者、勿（物）也。逆（逆）眚（性）者、兌（悅）也。交眚（性）者、古（故）也。萬（礪）眚（性）者、宜（義）也。出眚（性）者、埶（勢）也。羕（養）眚（性）（第十一號簡）者、習也。長眚（性）者、衍（道）也。凡見（現）者、之胃（謂）勿（物）。快於吕（己）者、之胃（謂）兌（悅）。勿（物）（第十二號簡）之埶（勢）者、之胃

（謂）埶（勢）。又（有）爲也者、之胃（謂）古（故）。義也者、羣善之𦵏（蕝）也。習也（第十三號簡）者、又（有）以習其眚（性）也。衍（道）者、羣勿（物）之衍（道）。凡衍（道）、心述（術）爲室（主）。衍（道）四述（術）、唯（第十四號簡）人衍（道）爲可衍（道）也。其𠱃（三）述（術）者、衍（道）之而已。（第十五號簡）」である。

この文章の各段落の內容は、大略、以下のとおり。

第一段落：「四海（海）之內」に住むあらゆる人閒の「眚（性）」は、すべて「弌（一）」つまり同一である。しかし、實際の人閒は「心」の働かせ方が各々「異」なるが、それは廣義の「𡥈（教）え」がそうさせるのである。

第二段落：人閒の內外にある何ものかが、人閒の「眚（性）」に對して廣義の「𡥈（教）え」として働きかける作用を列擧するならば、「眚（性）」を「𢼄（動）かす」、「逆《むか》（逆）える」、「交《か》える」、「萬《みが》（礪）く」、「出だす」、「羕（養）う」、「長ぜしめる」の都合七つの作用を擧げることができる。

第三段落：「眚（性）」に對して「𡥈（教）え」として働きかける、以上の七つの作用を行う人閒の內外にある何ものかとは、それぞれの作用に應じて「勿（物）」、「兌（悅）び」、「古《ことさら》（故）」、「宜（義）」、「埶（勢）い」、「習い」、「衍（道）」の都合七つのものである。

第四段落：以上の七つをさらに定義するならば、それぞれ「見《あらわ》（現）るる者」、「㠯（己）れに快き者」、「勿（物）の埶（勢）いなる者」、「爲すこと又（有）る者」、「羣善の𦵏《しるし》（蕝）」、「其の眚（性）を習わす以《ゆえん》又（有）るもの」、「羣勿（物）の衍（道）」である。

第五段落：以上の七つの中で、最重要の「衍（道）」について補足説明を加えるならば、あらゆる「衍（道）」の中でも「室（主）」となるものは「心述（術）」である。(7) より具體的には、「衍（道）」には合計「四述（術）」があるが、その中ではただ「人衍（道）」だけが「衍（道）」となることができるもので、その他の「𠱃（三）述（術）」は單に誰かが人爲的に「衍（道）」としているにすぎない。(8)

この文章の「衍（道）」と「述（術）」が内容的に異ならないことは、文脈の上から自明である。あえて言うならば、「衍（道）」が上位にある全體的な道を指すのに對して、「述（術）」はその下位にある部分的な道を指す、という程度のわずかな相異しか認められない。なぜなら、これとほぼ同じかまたはその後に成った戰國後期～前漢初期の文獻の中に、「道」と「術」が同じ内容を有することを示す多くの文句を發見しうるからである。例えば、『新書』道術篇には「道者、所道接物也。其本者謂之虛、其末者謂之術。虛者、言其精微也、平素而無設諸也。術也者、所以從制物也、動靜之數也。凡此皆道也。」とあって、「虛」と「術」から成る全體を「道」としており、『呂氏春秋』任數篇には「古之王者其所爲少、其所因多。因者、君術也。爲者、臣道也。」とあって、「術」と「道」は同じ内容を有するが、一方、『鶡冠子』道端篇には「君道知人、臣術知事。」とあって「道」と「術」が同じ内容であることには變わりがないものの、それらの「君」と「臣」に對する配當が『呂氏春秋』任數篇とは逆になっている。加うるに、ほぼ同じ時代の文獻にはしばしば「道術」という語が登場するが、それも「道」と「術」が同じ内容だからである。そのような「道術」の用例は、上引の『莊子』天下篇の文章と『新書』道術篇の篇名にすでに見えていた。さらに若干の例を補足するならば、『荀子』哀公篇、『韓詩外傳』卷一、『禮記』鄕飮酒義篇、『管子』制分篇、『莊子』大宗師篇、『韓非子』難言篇、『墨子』尙賢上篇、『呂氏春秋』誣徒篇、『淮南子』俶眞篇などにも見える。ただし、「道」と「術」が同じ内容であることを示す以上の二種類の文句と語については、注意すべきことがある。これらの文句と語がいかに早い時代の用例でもせいぜい戰國後期～末期以降のもので、より古い戰國中期以前の用例は發見しえないという事實である。それゆえ、これらの文句と語の用例から讀み取りうる思想史的な現象は、自ずから比較的後出のつまり戰國後期～末期以降の現象であることになる。そして、このことは今檢討しようとする新出の儒家文獻、郭店『眚自命出』の成書年代を考える上で、有效かつ重要なヒントを與えるものではなかろうか。

「道」と「術」が同じであることについての以上の考證に基づくならば、上引の『眚自命出』の第五段落には、現實に存在する「衍（道）」に合計「四述（術）」つまり「四道」（四種類の道）があるとするテーゼを含んでいることは明らかである。では、「四述（術）」とは一體何か。筆者は、今本『周易』謙卦の彖傳に「彖曰、謙、亨。天道下濟而光明、地道卑而上行。天道虧盈而益謙、地道變盈而流謙、鬼神害盈而福謙、人道惡盈而好謙。」とある文章に見える類の、「天道」「地道」「鬼神（道）」「人道」の四つの「道」を指すと推測する。というのは、同じ時代の文獻を博捜してみても、これ以外に相い應ずる「四道」に言及する文獻はないからである。(9) そして、この四つの「道」は、今本『周易』謙卦彖傳の原型となった馬王堆漢墓帛書（以下、「馬王堆」と略稱）『周易』二呂（三）子問篇(10)にも「●卦曰、嗛（謙）、〔亨。君子有〕終、吉。孔子曰、……天乳（亂）驕而成嗛（謙）、地徹（撤）驕而實嗛（謙）、鬼神禍〔驕而〕福嗛（謙）、人亞（惡）驕而好〔嗛（謙）〕。」の中に見え、同繆和篇にも「子曰、天道毀盈而益嗛（謙）、地道銷〔盈而流〕嗛（謙）、〔鬼神害盈而福嗛（謙）〕、人道亞（惡）〔盈〕而好溓（謙）。……故曰、溓（謙）、盲（亨）。君〔子又（有）冬（終）〕。」の中に見える。その他の文獻では『韓詩外傳』卷三に「成王封伯禽於魯、周公誡之曰、……夫天道虧盈而益謙、地道變盈而流謙、鬼神害盈而福謙、人道惡盈而好謙。……易曰、謙、亨。君子有終、吉。」、同卷八に「孔子曰、易先同人後大有、承之以謙、不亦可乎。故天道虧盈而益謙、地道變盈而流謙、鬼神害盈而福謙、人道惡盈而好謙。……易曰、謙、亨。君子有終、吉。」、『説苑』敬愼篇に「將辭去、周公戒之曰、……夫天道虧滿而益謙、地道變滿而流謙、鬼神害滿而福謙、人道惡滿而好謙。……易曰、謙、亨。君子有終、吉。」とあるように、前漢以後にはしばしば現れる表現である。

　ところが、以上の文獻に見える四つの「道」は、今問題にしている『眚自命出』の「四述（術）」と、二つの内容において顯著に異なる。一つには、『眚自命出』は「四述（術）」の中では、ただ「人衍（道）」だけを「衍（道）」となりうるものと肯定的に評價し、他の「呂（三）述（術）」は單に人爲的に「衍（道）」とされるにすぎないものと否定的に評價する。それに對して、以上の文獻は、「天道」「地道」「鬼神（道）」「人道」のすべてを肯定的に評價し、四つの「道」のあり方をもって『周易』における「謙」卦の存在意義、および『周易』に由來するより廣い一般的な「謙德」の意義を證明する根據とすることである。この點から考えるならば、以上の文獻と『眚自命出』は、諸「道」の描寫において相い異なる方法を採用していると認めることができよう。——以上の文獻の諸「道」は二に論じた新しいタイプであり、特に『史記』太史公自序「六家之要指」が諸「道」をすべて容認した上でそれらを「易大傳」の思想に基づいて統一しようと述べた提起の、荒削りではあるが先驅をなす思想的營爲である。それに對して、『眚自命出』の「道」は一に論じた舊いタイプであり、自分自身の「心述（術）」を中心とする「人術（道）」だけが正しいと確信し、他はすべて誤りと斥ける單純・素樸な護教主義的破邪論なのである。二つには、『眚自命出』は諸「道」を總括するのに「四述（術）」という語を用いる。それに對して、以上の文獻は、個別的に「天道」「地道」「鬼神（道）」「人道」に言及するのに終始し、そのような「四道」「四術」といった總合的抽象的な語を一切用いないことである。したがって、諸「道」に對する理論的な總括の點では、『眚自命出』の方が以上の文獻よりも一歩進んでいることは明らかである。『韓詩外傳』卷三以下の文獻は、先行する二吕（三）子問篇・繆和篇または謙卦彖傳などのオリジナルな敍述を藍本にして、ただそれらを次々に襲って成書したものにすぎないゆえ、一まず主な考察の對象から除外することにして、ここにおいて、『眚自命出』の成書年代は特に繆和篇・謙卦彖傳（中んづくより早いオリジナルな前者）の成書年代よりも前かそれとも後か、また『眚自命出』の思想内容は繆和篇・謙卦彖傳（中んづくより早い前者）に影響を與えたものかそれとも影響を受けたものか、という問題が解決しなければならない問題として浮かび上がる。

四、『荀子』儒效篇の四種類の「道」その1

ここに、『眚自命出』における諸「道」の描寫の内容とその特徴を解明するために、特に參照すべき重要な資料が

ある。『荀子』儒效篇の「先王之道、仁之隆也、比中而行之。曷謂中。曰、禮義是也。道者、非天之道、非地之道、人之所以道也、君子之所道也。……不卹是非然不然之情、以相薦撙、以相恥怍、君子不若惠施鄧析。若夫譎德而定次、量能而授官、使賢不肖皆得其位、能不能皆得其官、萬物得其宜、事變得其應、愼墨不得進其談、惠施鄧析不敢竄其察、言必當理、事必當務、是然後君子之所長也。」である。[11]

1、この文章は、現實に存在する「道」には「天之道」「地之道」「人之所以道」「君子之所道」の四種類があると認める。この點で『呰自命出』が、現實に存在する「衍（道）」に合計「四述（術）」つまり「四道」があると認めるのと表面上は近い。2、この文章が現實に存在すると認める四種類の「道」の內、「天之道」「地之道」「人之所以道」の三種類が、『呰自命出』が現實に存在すると認める「四述（術）」の中に含まれる。この事實は偶然の一致などであろうはずがない。3、この文章は、現實に存在する四種類の「道」のすべてを肯定するのではなく、その中の「天之道」「地之道」をともに否定し、ただ「人之所以道」「君子之所道」だけを肯定する。この評價は、『呰自命出』が他の「邵（三）述（術）」をいずれも否定し、ただ「人衍（道）」だけを肯定するのと、ほとんど同じである。

まず、1について。『荀子』儒效篇が現實に存在するとして擧げる「道」は、この文章をただ表面的に讀むならば、「天之道」「地之道」「人之所以道」「君子之所道」の四種類であるが、この四種類の構成は、「天之道」「地之道」と「人之所以道」「君子之所道」の二つに大分しうる。前者は天地の「道」、後者は人爲の「道」である。しかし、前者の「天之道」と「地之道」は、兩者が對等・平等の立場で竝列する關係であり、後者の「人之所以道」と「君子之所道」は、「人之所以道」が一般的な「人之道」を廣く指すのに對して、「君子之所道」はその內に包攝される具體的な「君子之道」を限定して指す、という關係である。その上、『荀子』の中に特徵的な「天・地・人」から成る「三才」の思想が多く存在することをも考慮するならば、[12]ここの「道」は、「天之道」と「地之道」と「人之所以道・君子之所道」の三種類であることになると思う。

そして、この文章における「道」の描寫は、『莊子』を始めとする道家が「天之道」「天道」と「人之道」「人道」を對立的に捉えた上で、それらに對する評價は前者を肯定し後者を否定していたのを、兩者の對立關係については道家を事實上ほぼそのまま襲いながらも、それを新たに「三才」思想の枠組みの中で整理しなおし、肯定・否定の評價については道家を批判的に克服して、それを正反對に逆轉させる、などの修正を加えて成ったものである。これらの內、道家が「天之道」「天道」と「人之道」「人道」を對立的に捉えた上で、前者を肯定し後者を否定していた事實に關しては、拙論「郭店楚簡『窮達以時』の研究[13]」を參照。ここでは道家における天地の「道」と人爲の「道」の對立、およびそれを批判的に克服した『荀子』以後の「三才」思想の中で、「道」という語を用いている若干の用例を擧げるに止める。――今指摘した道家における天地の「道」と人爲の「道」の對立の用例には、『管子』形勢篇に「天道之極、遠者自親。人事之起、近親造怨。」、同形勢解篇に「天道之極、遠者自親。人事之起、近親造怨。」、今本『老子』（王弼本）第七十七章に「天之道、損有餘而補不足。人之道則不然、損不足以奉有餘。」、『莊子』在宥篇に「何謂道。有天道、有人道。无爲而尊者、天道也。有爲而累者、人道也。主者、天道也。臣者、人道也。天道之與人道也、相去遠矣、不可不察也。」、同天道篇に「天道運而无所積、故萬物成。帝道運而无所積、故天下歸。聖道運而无所積、故海內服。」とある。『春秋左氏傳』昭公十八年に「子產曰、天道遠、人道邇、非所及也、何以知之。竈焉知天道。是亦多言矣、豈不或信。」とあるのも、春秋時代の子產のことばをそのまま記錄した文章ではなく、もっと後に道家思想で色づけされた文章ではなかろうか。

それから、以上を批判的に克服した『荀子』以後の「三才」思想の中で、「道」概念を用いる用例としては、今本『周易』繫辭下傳に「易之爲書也、廣大悉備。有天道焉、有人道焉、有地道焉。兼三才而兩之、故六。」、同說卦傳に「昔者聖人之作易也、將以順性命之理。是以立天之道、曰陰與陽。立地之道、曰柔與剛。立人之道、曰仁與義。兼三才而兩之、故易六畫而成卦[14]。」、馬王堆『周易』繆和篇に「子曰、天之道、禀（崇）高神明而好下、故萬勿（物）歸命焉。地之道、精博以尙（常）而安卑、故萬勿（物）得生焉。聖（聖）君之道、尊嚴夐（叡）知而弗以驕人、嗛（謙）〔然〕比德而好後、故〔萬勿（物）歸〕□〔焉〕。易曰、溓（謙）、亨、君子又（有）冬（終）。」、同繆和篇に「●呂昌問先生曰、夫古之君子、……外內和同、上順天道、下中地理、中適人心。」とある。また、馬王堆『周易』要篇に「故易又（有）天道焉、而不可以日月生（星）辰盡稱也。……又（有）地道焉、不可以水火金土木盡稱也。……。又（有）人道焉、不可以父子君臣夫婦先後盡稱也。……又（有）四時之變焉、不可以萬勿（物）盡稱也。……又（有）君道焉、五官六府不足盡稱之、五正之事不足以堇（盡）之。」とあるのも、『荀子』以後の「三才」思想の一種であり、かつそれを擴大・發展させたものであろう。また、『韓詩外傳』卷一に「夫大者天地、其次君臣、所以爲順也。今殺其君、所以反天地、逆人道也、天必加災焉。」、『禮記』月令篇に「毋變天之道、毋絕地之理、毋亂人之紀。」、同禮運篇に「夫禮、先王以承天之道、以治人之情。……是故夫禮、必本於天、殽於地、列於鬼神、達於喪祭射御冠昏朝聘。」、『孝經』庶人章に「用天之道、分地之利、謹身節用、以養父母、此庶人之孝也。」、『春秋繁露』天道施篇に「天道施、地道化、人道義。」、『管子』霸言篇に「夫先王……立政出令、用人道。施爵祿、用地道。舉大事、用天道。」、同五行篇に「天道以九制、地理以八制、人道以六制。」、同五輔篇に「所謂三度者何。曰、上度之天祥、下度之地宜、中度之人順。此所謂三度。故曰、天時不祥、則有水旱。地道不宜、則有饑饉。人道不順、則有禍亂。」、『莊子』天道篇に「夫天地至神、而有尊卑先後之序。而況人道乎。」、同刻意篇に「此天地之道、聖人之德也。」とある。『莊子』のこれらの文章は、『荀子』以後に成ったものである。また、『鶡冠子』天則篇に「故天道先貴覆者、地道先貴載者、人道先貴事者、酒保先貴食者、待物□也。」、同博選篇に「道凡四稽。一曰天、二曰地、三曰人、四曰命。」とあるが、これらも「三才」思想を擴大・發展させたものと考えられる。さらに、馬王堆『經法』六分篇に「王天〔下〕者之道、有天焉、有人焉、又（有）地焉。參者參用之、□□而有天下矣。」、同四度篇に「極而反、盛而衰、天地之道也、人之李（理）也。」、『呂氏春秋』孟春篇に「無變天之道、無絕地之理、無亂人之紀。」、同圜道篇に「天道圜、地道方、聖王法

之、所以立上下。」、『淮南子』繆稱篇に「欲知天道、察其數。欲知地道、物其樹。欲知人道、從其欲。」、同泰族篇に「明於天道、察於地理、通於人情、大足以容衆、德足以懷遠、信足以一異、知足以知變者、人之英也。」とある。

以上のいくつかの用例に基づいて考えるならば、『眚自命出』は、先行の道家文獻における天地の「道」と人爲の「道」の對立を踏まえ、その上、それを批判的に克服した『荀子』以後の「三才」思想をも踏まえて、書かれたものではないかと推測される。

五、『荀子』儒效篇の四種類の「道」その2

次に、2について。『荀子』儒效篇の四種類の「道」の内、三種類までもが『眚自命出』の「四述（術）」の中に含まれる。この事實が表す『眚自命出』の思想史的な文脈における意味については、上文の「1について」の末尾に觸れたとおり。ここでは、その有無が相異する、殘る一種類の「道」つまり「鬼神（道）」について考えてみたい。――儒效篇に「鬼神（道）」がなく、『眚自命出』に「鬼神（道）」があることに、いかなる思想史的な意味があるか、という問題を考えてみたいのである。

およそ「鬼神」に對して、荀子という儒家の思想家が非常に冷淡な態度を取ったことは、周知のとおりである。『荀子』の「鬼神」は、『詩』の引用を除けば、以下の三箇所に現れるのがすべてで、いずれも低い評價しか與えられない。――王霸篇に「亂世不然。……是故百姓賤之如尫、惡之如鬼、日欲司閒而相與投藉之、去逐之。」とあるが、「鬼」は「百姓」の「惡」しみの對象であるとされる。禮論篇に「故曰、祭者、志意思慕之情也、忠信愛敬之至矣、禮節文貌之盛矣。……其在君子、以爲人道也、其在百姓、以爲鬼事也。」とあるが、「鬼事」は「祭」に對する理解の中でも「百姓」の低い理解とされる。解蔽篇に「夏首之南有人焉、曰涓蜀梁。其爲人也、愚而善畏。明月而宵行、俯見其影、以爲伏鬼也、仰視其髪、以爲立魅也、背而走、比至其家、失氣而死。……凡人之有鬼也、必以其感忽之閒、疑玄（眩）之時定之。此人之所以無有而有無之時也、而已以定事。」とあるが、「鬼」は本來「無」いもので、それを「有」ると思うのは錯覺であるとされる。そもそも儒家の思想家は、春秋末期の開祖の孔子から始まって「鬼神」つまり呪術・宗教に對しては批判的な態度を取ってきた。『論語』雍也篇に「樊遲問知。子曰、務民之義、敬鬼神而遠之、可謂知矣。」、同先進篇に「季路問事鬼神。子曰、未能事人、焉能事鬼。敢問死。曰、未知生、焉知死。」とあるとおり。この態度は戰國末期の荀子に至るまで變わることなく維持され、先秦儒家の思想的傳統となっていた。[15] とすれば、『眚自命出』の「四述（術）」が表面的にもせよ一應「鬼神（道）」を含むことは、從來の儒家の思想的傳統を斷ち切った、それとは別のところで新しい思想上の試みが行われていた事實を反映したものと推測することができる。なお、『眚自命出』が「鬼神（道）」を否定的に評價したのは、やはり從來の儒家の思想的傳統を守る處置であったことは、改めて言うまでもない。

『眚自命出』に反映したこの新しい思想上の試みは、當時民衆の中に根を下ろしていた呪術・宗教としての「鬼神（道）」を、儒家を始めとする知識社會が自らの倫理思想・政治思想と對立するという理由で否定する從來の傳統的な態度を改めて、自己の内部に取り入れることを通じて自己の思想的世界を豊かにするという目的・意義を有する營爲であった。では、知識社會の内でこの試みを初めて行って、「鬼神（道）」の公認の地位を與える道を開いたのは、一體何か。――それは、『墨子』と『易』である。

墨家という學派は、戰國初期、『墨子』兼愛上篇や同非攻上篇を著してその思想と行動を開始した當初には、「鬼神」や「天」を信仰しない非呪術・非宗教の立場に立っていたが、降って戰國後期ともなると從來の立場から轉じ、明鬼論や天志論などを著してそれらを諸々の活動の正しさの原理的な根據とするように變わっていた。[16]『眚自命出』が對面した墨家はこのような墨家である。單に明鬼論・天志論などを著しただけでなく、戰國後期の墨家はより具體的に、諸々の活動の正しさを原理的に根據づける獨特の常套句を大量に書くようになっていた。例えば、『墨子』尙賢下篇に「是故昔者堯之擧舜也、湯之擧伊尹也、武丁之擧傅說也、……上可而利天、中可而利鬼、下可而利人、是故推而上之。」、同尙賢下篇に「尙賢者、天鬼百姓之利、而政事之本也。」とあるのは、尙賢論の正しさを主張する原理的な根據として、それが上では「天」の利益に合致し、中では「鬼」の利益に合致し、下では「人」（または「百姓」）の利益に合致する、と唱える獨特の常套句である。同非攻下篇に「今天下之所譽善者、其說將何哉。爲其上中天之利、而中中鬼之利、而下中人之利、故譽之與。意亡非爲其上中天之利、而中中鬼之利、而下中人之利、故譽之與。雖使下之愚人、必曰、將爲其上中天之利、而中中鬼之利、而下中人之利、故譽之。天下之所同義者、聖王之法也。」、同非攻下篇に「夫無兼國覆軍、賊虐萬民、以亂聖人之緖。意將以爲利天乎。……則此上不中天之利矣。意將以爲利鬼乎。……則此中不中鬼之利矣。意將以爲利人乎。……則此下不中人之利矣。」とあるのも、同樣に非攻論の正しさを主張する原理的な根據として、それが上では「天」の、中では「鬼」の、下では「人」（または「百姓」）の利益にそれぞれ合致する、と唱える獨特の常套句である。また、同天志上・中・下篇に、天志論の內容としての「義政」（または「義正」）や「兼」（兼愛論）の正しさを主張する原理的な根據として、それが上は「天」の、中は「鬼」の、下は「人」の利益にそれぞれ合致する、と唱える同樣の常套句があり、同非樂上篇に非樂論の正しさを主張する原理的な根據として、王公大人の贅澤な音樂が上は「天」「鬼」、下は「萬民」の利益に合致しない、と唱える同樣の常套句があり、同非命上・下篇に非命論の正しさを主張する原理的な根據として、それが上は「上帝」「天」など、中は「山川鬼神」「鬼」など、下は「萬民」「人」「百姓」などの利益に合致する、と唱える同樣の常套句がある。さらに、同貴義篇には「子墨子曰、凡言凡動、利於天鬼百姓者爲之。凡言凡動、害於天鬼百姓者舍之。」とあって、同樣に、墨家のあらゆる思想と行動との正しさの根據として、上は「天」、中は「鬼」、下は「百姓」の利益にそれぞれ合致する、ことを求める常套句があるのである。上引の多くの常套句の用例から、戰國後期以後の墨家があらゆる思想と行動における正しさと誤りの、原理的な根據を明確に持っていたという事實が明らかになった。――上では「天之利」、中では「鬼之利」、下では「人之利」に合致するならばその思想と行動は正しく、「天之利」「鬼之利」「人之利」に合致しないならば、その思想と行動は誤りだ、というのである。筆者は、このようにあらゆる思想と行動の正否の原理的な根據に位置づけられた「天之利」「鬼之利」「人之利」は、まだ若干主體的人閒的に過ぎる嫌いがありはするものの、すでに三で見た『眚自命出』の「四述（術）」に反映した客觀的理法的な「天道」「鬼神（道）」「人道」に甚だ近づいており、また特にその「鬼之利」は『眚自命出』の「鬼神（道）」に直接ヒントや刺激を與える先例だったのではないかと考える。ちなみに、『眚自命出』や馬王堆『周易』繆和篇・今本『周易』謙卦彖傳以下の原型であるとしてすでに三に引用した馬王堆『周易』二三子問篇の「天乳（亂）驕而成嗛（謙）、地徹（撤）驕而實嗛（謙）、鬼神禍〔驕而〕福嗛（謙）、人亞（惡）驕而好〔嗛（謙）〕。」は、その「天」「地」「鬼神」「人」がいずれも主體的人閒的であって、客觀的理法的な「天道」「地道」「鬼神（道）」「人道」ではない點において、『墨子』思想の色彩を濃厚に殘す最も古樸な、その上以上の文獻中最も早い時代に成書された文獻と認めうるのではなかろうか。

次に、『易』という文獻はもともと占筮の書で、戰國末期に至るまでは儒家の經典となっていなかったのみならず、さらに言えば儒家とは何の關係もないものであった。孔子が「十翼」を作ったという話の原型は、馬王堆『周易』要篇に「●夫子老而好易。居則在席、行則在嚢。子贛曰、……夫子何以老而好之乎。」や、『史記』孔子世家に「孔子晩而喜易、序彖繫辭說卦文言。」とある文章あたりであろう。が、これらは戰國末期～前漢初期における『易』の儒教化が産み出したフィクションであって、『易』と孔子の關係についての歷史的事實ではない。その上孔子が『易』を讀んだと傳えられていることも歷史的事實としては疑わしく、これまた『易』を儒教化する必要から作られた物語と考えるべきである。――これらのことは、今日多くの研究者の閒でほぼ共通理解に達していることがらである。戰國末期～前漢初期における『易』の儒教化は、儒家がこの時まで民衆の閒に信仰されていた『易』の六十四卦を自らの經典として採用し、新たにその『易傳』（比較的早い馬王堆『易傳』の段階では二咒（三）子問・繫辭・易之義・要・繆和・昭力の六篇、後に整理されて今本の「十翼」となる。）を撰するという形を取って行われた。その目的の一つは、當時民衆の中に根を下ろしていた呪術・宗教としての「鬼神（道）」を、自己の内部に取り入れることを通じて自己の思想的世界を豊かにすることにあった(17)。それゆえ、以上のような背景を持つ『易傳』の中に儒教化される以前の本來の呪術的・宗教的な『易』に由來する「鬼神」が多く登場して重要な役割を演ずるのは、當然のことと言わなければならない。

今本『周易』の「鬼」「鬼神」という語は、六十四卦では、既濟卦の九三の爻辭と未濟卦の九四の爻辭にそれぞれ異民族名としての「鬼方」が出るのを除けば、わずかに睽卦の上九の爻辭に「上九、睽孤。見豕負塗、載鬼一車。先張之弧、後説之弧。匪寇、婚媾。往遇雨、則吉。」とあるのみである。しかし、この「載鬼一車」の「鬼」は、以下に引く『易傳』の「鬼」「鬼神」のように儒家の理論による整理（すなわち儒教化）を經ていない、民衆の心の中に生きていた古樸な「鬼」の用例としてははなはだ興味深い。一方、今本『易傳』では、乾卦文言傳に「夫大人者、與天地合其德、與日月合其明、與四時合其序、與鬼神合其吉凶。先天而天弗違、後天而奉天時。天且弗違、而況於人乎、況於鬼神乎。」、謙卦彖傳に「彖曰、謙、亨。天道下濟而光明、地道卑而上行。天道虧盈而益謙、地道變盈而流謙、鬼神害盈而福謙、人道惡盈而好謙。謙、尊而光、卑而不可踰、君子之終也。」、豐卦彖傳に「彖曰、豐、大也。明以動、故豐。王假之、尚大也。勿憂宜、日中、宜照天下也。日中則昃、月盈則食、天地盈虚、與時消息。而況於人乎、況於鬼神乎。」、繫辭上傳に「易與天地準、故能彌綸天地之道。仰以觀於天文、俯以察於地理、是故知幽明之故。原始反終、故知死生之説。精氣爲物、遊魂爲變、是故知鬼神之情狀。」、同繫辭上傳に「天數二十有五、地數三十。凡天地之數五十有五、此所以成變化而行鬼神也。」、繫辭下傳に「天地設位、聖人成能。人謀鬼謀、百姓與能。八卦以象告、爻彖以情言。剛柔雜居、而吉凶可見矣。變動以利言、吉凶以情遷。」とある。これらの「鬼」「鬼神」は、乾卦文言傳に典型的に表現されているように儒家の理想とする「大人」に規範を提供するモデルとしての「天地」「日月」「四時」と竝ぶ「鬼神」であり、また「大人」が違反することの許されない原理的根據に位置づけられた「天」「人」と竝ぶ「鬼神」である。上引の文言傳・彖傳・繫辭上下傳の成書年代は戰國末期～前漢初期であって、原型となった馬王堆『易傳』諸篇はこれらよりやや早く成ったように思われるが、いずれにせよこのような『易』の儒教化というチャンネルを通して、『易』本來の呪術的宗教的な「鬼」「鬼神」が儒家の思想的世界の中で公認の地位を得るに至ったのである。『眚自命出』に反映した新しい思想上の試みとは、以上のような意味において『墨子』と『易』だったのである。

六、『荀子』儒效篇の四種類の「道」　その3

最後に、3について。『荀子』儒效篇がただ「人之所以道」「君子之所道」だけを肯定し、『眚自命出』がただ「人術（道）」だけを肯定した、その評價は兩者同じであるが、しかし前者が「人之所以道」「君子之所道」だけを肯定する理由は、人間が目的意識的に「道とす」るという人爲性であるのに對して、後者が「人術（道）」以外を否定する理由も、同樣に人間が目的意識的に「道とす」るという人爲性である。それゆえ、兩者における人間の「道とす」るという人爲性に對する評價の方向は、百八十度正反對を向いていることが注目される。

『眚自命出』に卽して具體的に考える。「術（道）四迷（術）、唯人術（道）爲可術（道）也。其咠（三）迷（術）者、術（道）之而已。」とある文章の「術（道）之」は、下文に「所爲術（道）四、唯人術（道）爲可術（道）也。」とある文章の「爲術（道）」に同じ。「之れを術（道）とす」と讀む句であって、「之れをみちびく」「之れをいう」「之れによる」などとは讀みえず、誰かある人間がそれを「道」と認める、「道」と考えるの意。ある人間が「道」と認める、「道」と考えるこのような人爲性のゆえに、『眚自命出』は「咠（三）迷（術）」を否定するのである。一方の、人間の人爲性を高く肯定的に評價するのが戰國時代の儒家の特に『荀子』思想の特徴であることは、周知のとおり。他方の、人間の人爲性を低く否定的に評價するのが同じ時代の道家の特徴であることも、周知のとおりである。儒家文獻である『眚自命出』に見出されるこうした人間の人爲性への低い否定的な評價は、道家の影響を被ったものと考えるべきであるが、それは『荀子』以前に起こったことかそれとも『荀子』以後に起こったことか。――『荀子』以後のことと思う。『荀子』以後の儒家文獻、例えば『孝經』や『呂氏春秋』中の儒家部分には、人間の人爲性を高く肯定的に評價しながらも、その内容を「天地に法る」ことなどすなわち人爲性の事實上の否定である、と同定するものが多く現れるからである。(18)

『荀子』以後の類似する思想的背景から述べられた「道とす」と讀むことばを、『荀子』儒效篇と同じ「所道」という形に限って古典文獻から捜すと、以下のような用例を發見する。――馬王堆『五行』第十八章說に「聖人知天之道、道者、所道也。知而行之、義也、知君子之〔所〕道而掾然行之、義氣也。……知而安之、仁也、知君子所道而〔誤（烪）〕然安之者、仁氣〔也〕。」、同第十九章說に「知而安之、仁也、知君子所道而誤（烪）然●安之者、〔仁〕氣也。」とある。(19) これらの「所道」「君子之〔所〕道」「君子所道」は、實際の内容は『五行』に頻出する最高の倫理的規範「君子道」とまったく同じであるが、「所」を付加することによって「君子道」の認識や實踐における「君子」の目的意識的な人爲性を強調した表現となる。すなわち、「所道」「君子之〔所〕道」「君子所道」は、『荀子』儒效篇の「道者、非天之道、非地之道、人之所以道也、君子之所道也。」や、同君道篇の「道者、何也。曰、君〔之所〕道也。」などを踏まえそれらを意識して書かれたことばであって、「聖人」や「君子」がそれを「道」であると認め、かつその主體となって實踐していくものの意である。『五行』第十八章・第十九章の經・說は、一方で「道」を「人之所以道也、君子之所道也。」とする『荀子』の思想を繼承しながら、他方で『荀子』が反對した「非天之道、非地之道。」を取り入れて「道」を「天之道」とも同定したのであるが、その「天之道」の内容が『荀子』とは異なることに注意しなければならない。『荀子』の言う「天之道」「地之道」が當時荀子と對立關係にあった道家の「道」であり、人間の行爲の及ばないその向こう側の「天地」という世界の中に運行している理法を指していたのに對して、『五行』の「天之道」は「天地」によって人間の内面に先天的に賦與された「道」であり、より具體的には「聖・義・知・仁・禮」から成る「五行」という人倫的規範を指意するからである。その他、『韓詩外傳』巻五に「道者、何也。曰、君之所道也。」、『商君書』開塞篇に「夫王道一端、而臣道亦一端。所道則異、而所繩則一也。」、『淮南子』齊俗篇に「所爲者各異、而所道者一也。」、同詮言篇に「三代之所道者、因也。」とあるのは、内容や趣旨にそれぞれ多少のニュアンスを帯びるが、いずれも『荀子』以後に書かれた「道とす」の用例であり、「道」の認識や實践における人間の目的意識的な人爲性を強調した表現である。なお、今本『老子』（王弼本）第一章に「道可道、非常道。名可名、非常名。」とある「可道」も、誰かある人間が「道」と認めることができる、「道」と考えることができるの意である。「道」の認識にそのような人爲性が不可避的に伴うからこそ『老子』はこれを「非常道」と言って斥け、「不道之道」をあるべき眞の「常道」として模索するのである。そして、『老子』第一章の成書年代は、最近出土した戰國末期の原本に近い『老子』の形態を示す郭店『老子』にも見えていないことから、『荀子』以後、『韓非子』解老篇以前に書かれた文章であろうと推測される。

七、『荀子』諸篇における諸「道」の描寫

以上の『荀子』儒效篇の四種類の「道」と『眚自命出』の「四述（術）」の比較・檢討によれば、三の末尾に記した馬王堆『周易』繆和篇以下の文獻の四つの「道」と『眚自命出』の「四述（術）」が顯著に異なる二つの内容に關聯して、以下の二つのことが指摘されえよう。――一つ目は、『眚自命出』と竝んで儒效篇の諸「道」の描寫方法も、

一に論じた舊いタイプに屬し、自分自身の「人之所以道」「君子之所道」だけが正しいと確信し、他の「天之道」「地之道」はいずれも誤りと斥ける單純・素樸な護教主義的破邪論であると見えるかもしれない。二つ目は、『眚自命出』と異なって儒效篇は個別的に「天道」「地道」「人之所以道」「君子之所道」に言及するのみで、「四道」などの總合的抽象的な語を用いず、それゆえ、諸「道」に對する理論的な總括の點では、『眚自命出』の方が『荀子』よりも一歩進んでいる、と言うことができる。ここで検討したいのは、以上の二つのことの內、一つ目の問題、すなわち『荀子』における複雜化した對立する「道」の描寫方法は、本當に舊いタイプに屬するものであるのかという問題である。

もう一度『荀子』儒效篇の諸「道」の描寫方法を讀み直してみると、「先王之道、仁之隆也、比中而行之。曷謂中。曰、禮義是也。道者、非天之道、非地之道、人之所以道也、君子之所道也。……不卹是非然不然之情、以相薦撙、以相恥怍、君子不若惠施鄧析。若夫譎德而定次、量能而授官、使賢不肖皆得其位、能不能皆得其官、萬物得其宜、事變得其應、愼墨不得進其談、惠施鄧析不敢竄其察、言必當理、事必當務、是然後君子之所長也。」とあり、これは確かに「先王」に由來し「禮義」を內實とする荀子自身の「人之所以道」「君子之所道」だけを正しいと確信し、他の「天之道」「地之道」は「惠施・鄧析」や「愼（到）・墨（翟）」の唱える「道」であっていずれも誤りだと斥けている。單純で素樸な護教主義的破邪論の段階に止まるものであり、一に論じた舊いタイプの「道」の描寫と見なしてよいかもしれない。

『荀子』の中にはこれ以外にも、同じように複雜・對立の「道」についての單純・素樸な護教主義的破邪論の段階に止まる舊いタイプの認識が、少なからず含まれる。例えば、王霸篇に「大有天下、小有一國、必自爲之然後可、則勞苦耗顇莫甚焉。如是、則雖臧獲不肯與天子易埶（勢）業。以是縣天下、一四海、何故必自爲之。爲之者、役夫之道也、墨子之說也。論德使能而官施之者、聖王之道也、儒之所謹守也。傳曰、農分田而耕、賈分貨而販、百工分事而勸、士大夫分職而聽、建國諸侯之君分土而守、三公總方而議、則天子共己而已矣。」とある。これは、當時儒家と激しく對立していた墨家の思想「墨子之說」、その中でも「必自爲之」の勤勞主義やその背景にある平等主義を「役夫之道」というレッテルを貼って非難し、これに對置するのに儒家の思想「儒之所謹守」、その中の尙賢論や社會的分業論をもってした文章である。作者は儒家の思想（實は荀子自身の思想）を「聖王之道」であると評價するのであるから、これもまた單純・素樸な護教主義的破邪論の一典型と言って惡くはあるまい。さらに非十二子篇に、

假今之世、飾邪說、文姦言、以梟亂天下、矞宇嵬瑣、使天下混然不知是非治亂之所存者、有人矣。縱情性、安恣睢、禽獸行、不足以合文通治。然而其持之有故、其言之成理、足以欺惑愚衆。是它囂魏牟也。忍情性、綦谿利跂、苟以分異人爲高、不足以合大衆、明大分。然而其持之有故、其言之成理、足以欺惑愚衆。是陳仲史鰌也。不知壹天下、建國家之權稱、上功用、大儉約而僈差等、曾不足以容辨異、縣君臣。然而其持之有故、其言之成理、足以欺惑愚衆。是墨翟宋鈃也。尙法而無法、下脩而好作、上則取聽於上、下則取從於俗、終日言成文典、反紃察之、則倜然無所歸宿、不可以經國定分。然而其持之有故、其言之成理、足以欺惑愚衆。是愼到田駢也。不法先王、不是禮義、而好治怪說、玩琦辭、甚察而不惠、辯而無用、多事而寡功、不可以爲治綱紀。然而其持之有故、其言之成理、足以欺惑愚衆。是惠施鄧析也。略法先王、而不知其統、猶然而材劇志大、聞見雜博。案往舊造說、謂之五行、甚僻違而無類、幽隱而無說、閉約而無解。案飾其辭、而祗敬之曰、此眞先君子之言也。子思唱之、孟軻和之。世俗之溝猶瞀儒嚾嚾然不知其所非也、遂受而傳之、以爲仲尼子游爲茲厚於後世。是則子思孟軻之罪也。若夫緫（總）方略、齊言行、壹統類、而羣天下之英傑、而告之以大古、教之以至順、奧窔之閒、簟席之上、斂然聖王之文章具焉、佛然平世之俗起焉、則六說者不能入也、十二子者不能親也。無置錐之地、而王公不能與之爭名、在一大夫之位、則一君不能獨畜、一國不能獨容、成名況乎諸侯、莫不願〔得〕以爲臣。是聖人之不得埶（勢）者也、仲尼子弓是也。

一天下、財萬物、長養人民、兼利天下、通達之屬、莫不從服、六說者立息、十二子者遷化。則聖人之得埶（勢）

者、舜禹是也。今夫仁人也、將何務哉。上則法舜禹之制、下則法仲尼子弓之義、以務息十二子之說。如是、則天下之害除、仁人之事畢、聖王之跡著矣。

とある。[20] この文章は、その内に「道」という語を含まないことは確かであるが、何度も繰り返される「然而其持之有故、其言之成理、足以欺惑愚衆。」の「故」「理」がほぼ「道」に相當する概念と考えられるので、[21] ここでは諸「道」の描寫をテーマとする文章として取り扱う。ここでは篇頭でまず、「假今之世、飾邪說、文姦言、以梟亂天下、矞宇嵬瑣、使天下混然不知是非治亂之所存者、有人矣。」と前置きした後、「它囂・魏牟」「陳仲・史鰌」「墨翟・宋鈃」「愼到・田駢」「惠施・鄧析」「子思・孟軻」の六組十二人の思想家の「道」を順次やや詳しく描寫・批判する。この諸「道」の描寫の中で特に注目されることは、ただ「它囂・魏牟」以下の五組十人の異學派の思想を非難するだけでなく、さらに荀子にとって味方であるはずの同じ儒家の「子思・孟軻」をも非難することである。このことは言うまでもなく、當時の儒家の内部に思想對立・主導權争いを内容とするセクショナリズムが激化していたことの端的な證據である。その非難のことばの中の「案飾其辭、而祇敬之曰、此眞先君子之言也。子思唱之、孟軻和之。世俗之溝猶瞀儒嚾嚾然不知其所非也、遂受而傳之、以爲仲尼子游爲茲厚於後世。」によれば、このようなセクショナリズムの激化は、同じ儒家の内部で誰が「先君子」である孔子の教えを正しく奉じているかという、やはり一種の護教主義的破邪論を機軸にして展開していたのであった。そして、末尾の「若夫總（總）方略、齊言行、壹統類、而羣天下之英傑、而告之以大古、教之以至順、奧窔之閒、簟席之上、斂然聖王之文章具焉、佛然平世之俗起焉、則六說者不能入也、十二子者不能親也。……是聖人之不得埶（勢）者也、仲尼子弓是也。一天下、財萬物、長養人民、兼利天下、通達之屬、莫不從服、六說者立息、十二子者遷化。……舜禹是也。今夫仁人也、將何務哉。上則法舜禹之制、下則法仲尼子弓之義、以務息十二子之說。如是、則天下之害除、仁人之事畢、聖王之跡著矣。」という一節は、儒家の奉ずる聖人「仲尼・子游」の教えの淵源をさらに古く聖王「舜・禹」にまでさかのぼり、現代に生きる「仁人」としての責務が

「十二子之說」を根絶し「聖王之跡」を顯彰することにあると高張して、この護教主義的破邪論の締め括りとしたものである。

ではあるが、『荀子』の諸子百家の「道」に對する批判には、一の舊い護教主義的破邪論を乘り越えて二の新しいタイプに接近する可能性があった、すなわち荀子は當代における諸思想の統一を提唱するために中國思想史を構想する一歩手前にまで到達していたと思う。例えば、天論篇に「萬物爲道一偏、一物爲萬物一偏、愚者爲一物一偏、而自以爲知道、無知也。愼子有見於後、無見於先。老子有見於詘（屈）、無見於信（伸）。墨子有見於齊、無見於畸。宋子有見於少、無見於多。有後而無先、則羣衆無門。有詘（屈）而無信（伸）、則貴賤不分。有齊而無畸、則政令不施。有少而無多、則羣衆不化。」とある。この文章の前半には、「愼子・老子・墨子・宋子」の合計四人の諸子が「道」や「萬物」の一部分をしか捉えられない限界を有する存在論的な原因が、「萬物爲道一偏、一物爲萬物一偏、愚者爲一物一偏、而自以爲知道、無知也。」と指摘されており、その同じ理由は本來荀子が自分自身をも「愚者」の仲間に入れて自身を客觀化する方向に導くはずだからである。そして、もし荀子が自分自身をも「愚者」と認めうるならば、そのことを通じて彼には「一物」の一部分ではなく全體を捉えることが可能となり、同時にまた「萬物」の一部分ではなく全體を捉えることが可能となり、結局ついに「道」の一部分ではなく全體を捉えることが可能となるはずである。

また、解蔽篇に「凡人之患、蔽於一曲、而闇於大理。……今諸侯異政、百家異說、則必或是或非、或治或亂。亂國之君、亂家之人、此其誠心、莫不求正而以自爲也、妬繆於道而人誘其所迨也。……豈不蔽於一曲、而失正求也哉。心不使焉、則白黑在前而目不見、雷鼓在側而耳不聞、況於使者乎。德道之人、亂國之君非之上、亂家之人非之下、豈不哀哉。故爲蔽。欲爲蔽、惡爲蔽、始爲蔽、終爲蔽、遠爲蔽、近爲蔽、博爲蔽、淺爲蔽、古爲蔽、今爲蔽。凡萬物異、則莫不相爲蔽、此心術之公患也。……昔賓孟之蔽者、亂家是也。墨子蔽於用、而不知文。宋子蔽於欲、而不知得。愼子蔽於法、而不知賢。申子蔽於埶（勢）、而不知知。惠子蔽於辭、而不知實。莊子蔽於天、而不知人。故由用謂之道、

盡利矣。由俗（欲）謂之道、盡嗛矣。由法謂之道、盡數矣。由埶（勢）謂之道、盡便矣。由辭謂之道、盡論矣。由天謂之道、盡因矣。此數具者、皆道之一隅也。夫道者、體常而盡變、一隅不足以擧之。曲知之人、觀於道之一隅、而未之能識也。故以爲足而飾之、内以自亂、外以惑人、上以蔽下、下以蔽上。此蔽塞之禍也。孔子仁知且不蔽、故學亂術足以爲先王者也。一家得周道、擧而用之、不蔽於成積也。故德與周公齊、名與三王竝。此不蔽之福也。」とある。この文章における「墨子・宋子・愼子・申子・惠子・莊子」の合計六人の諸子に對する批判も、天論篇と同様に考えることができる。「此數具者、皆道之一隅也。夫道者、體常而盡變、一隅不足以擧之。」とあるように、ここでは眞の「道」とは世界の全體性の謂いに他ならないが、そのことが存在論的な根據となってそれぞれ眞の「道」の一部分・一側面をしか捉えていない諸子の「道」が否定されている。そして、解蔽篇の下文に「聖人知心術之患、見蔽塞之禍、故無欲無惡、無始無終、無近無遠、無博無淺、無古無今。兼陳萬物、而中縣衡焉。是故衆異不得相蔽以亂其倫也。何爲衡。曰、道。」とあるのによれば、作者は「蔽於一曲、而闇於大理。」の狀態から解放されて眞の「道」という世界の全體性に到達するためには、「欲」と「惡」、「始」と「終」、「近」と「遠」、「博」と「淺」、「古」と「今」等々の、あらゆる部分性一面性への拘りを止揚する道家の「無」（としての「道」）が有意義だと唱える。以上の諸子の「道」に對する批判は、勿論まだ二の新しいタイプにはなっていない。すなわち、諸子の部分的一面的な「道」（墨子の「用」、宋子の「欲」、愼子の「法」、申子の「埶（勢）」、惠子の「辭」、莊子の「天」）を統一することを通じて、『莊子』天下篇が中國思想史を構想したように、世界の全體性である眞の「道」を回復しようと目論むまでには至っていない。しかし、その一歩手前にまで到達していたと認めてよいのではなかろうか。

結局のところ『荀子』諸篇における諸「道」の描寫方法は、一の舊いタイプと二の新しいタイプとの中間にあり、それが前者から後者へ移行していく過渡期のものであった。そして、『眚自命出』の「四述（術）」は、『荀子』儒效篇よりも後に世に出たにもかかわらず、『荀子』中に含まれる舊いタイプを踏襲していたのである。

八、『眚自命出』の成書とその思想史的位置

終わりに、三の末尾に記した二つ目の問題、すなわち『眚自命出』の成書は馬王堆『周易』繆和篇・今本『周易』謙卦彖傳の成書よりも前か後か、『眚自命出』の思想は繆和篇・謙卦彖傳に影響を與えたのか受けたのか、という問題について檢討する。結論を先に言えば、『眚自命出』の成書は繆和篇・謙卦彖傳の成書とほとんど同時かまたはその直後であり、『眚自命出』の「四述（術）」は繆和篇・謙卦彖傳の四つの「道」から直接影響を受けたものと思われる。なぜなら、『眚自命出』は「術（道）四述（術）、唯人術（道）爲可術（道）也。其卲（三）述（術）者、術（道）之而已。」と述べており、諸「道」を總括するのに「四述（術）」という語を用いるが、これは個別的な「天道」「地道」「鬼神（道）」「人道」の四つの「道」すべてが出そろった後に初めて可能となる表現だからである。その上、『眚自命出』はその「四述（術）」が具體的に何を指すかは、「人術（道）」を除く他の「卲（三）述（術）」に關して一言も明言しない。この事實は、「四述（術）」が何を指すかは『眚自命出』の作者と讀者の雙方にとって特に明言しなくても直ちに理解しうることがらであり、その意味において作者と讀者は相互に親しい關係にあった、すなわち思想的な共通理解が容易な同じ知識社會に住人であった、ことを物語るように思われるのである。

それでは、繆和篇や謙卦彖傳はいつごろ成書された文獻であろうか。この問題は、戰國末期の儒家を始めとする知識社會の思想狀況、取り分け『荀子』思想との關係の中で考えなければならない。すでに五に述べたように、『易』という文獻はもともと占筮の書であり、戰國末期に至るまでは儒家の經典となっていなかったのみならず、さらに言えば儒家とは何の關係もないものであった。これが歷史的事實であることは、A、戰國末期の儒家の代表的な思想家である荀子が『易』をいかに取り扱ったか、B、秦の始皇帝が法家の李斯の獻策を容れて發布した挾書律が『易』を

いかに取り扱ったかの二點を調査・檢討するならば、自ずから明らかになることである。

Aについて。『荀子』では、經典を數え上げる場合「詩書禮樂」に『春秋』を加えて「禮樂詩書春秋」または「詩書禮樂春秋」と聯稱するケースもあるにはある（勸學篇・儒效篇）が、ただ「詩書禮樂」だけを擧げるケースもかなり多い（榮辱篇・儒效篇）。『春秋』の地位がこのように不安定であったのは、それが五經の中で最も新しく經典となった書物であり、それゆえ當時最も輕く取り扱われた經典だったからである。ところが『易』となると、『荀子』もまだ全然經典と認めるには至っていない。とすれば、『易』の儒教化が本格的に進行するのは、荀子以後の戰國末期～前漢初期と考えるべきである。一方、『荀子』における『易』の引用を調査すると、合計四例の引用が發見される。その内の三例は、戰國後期～末期の荀子自身の作ではなく戰國最末期～前漢初期の荀子の門弟の作と考えられる大略篇の中にある。(22) 殘りの一例は、非相篇に「故君子之於言也、志好之、行安之、樂言之。故君子必辯。凡人莫不好言其所善、而君子爲甚。……故易曰、括囊、無咎無譽。腐儒之謂也。」とある中に見える。この「括囊、無咎無譽。」は、『周易』坤卦六四の爻辭を引用したもの。『易』の經に當たる馬王堆『六十四卦』は、今本『周易』六十四卦と比較すると卦序が大幅に異なり異體字や假借字が多いが、卦畫・卦名・卦辭・爻辭などは基本的に同じで、ゆえに相當早く成書されてここに至るまで長い時間が經過し、文獻としてすでに安定期に入っていたように感じられる。(23) だから、この坤卦六四の爻辭の引用は、荀子自身によって行われた可能性も絶無ではないが、かつて戶田豐三郎『易經注釋史綱』(24) も主張したとおり、恐らく荀子その人の作ではなくその門流の作ではなかろうか。非相篇の作者がここで行っているように、坤卦六四の爻辭を「有言」の積極的な肯定と結びつけるのは、荀子その人の思想遍歷の中では道家の「無言」に反對するという意味で、晩年の思想にふさわしいからである。(25)

ちなみに、馬王堆『周易』易之義篇には、坤卦六四の爻辭を引用して解釋する箇所が二つある。一つは「嗀（括）囊、无咎。語无聲也。」、二つは「又（有）口能斂之、无告罪。言不當其時、則閉愼而觀。易曰、聒（括）囊、无咎。

子曰、不言之胃（謂）也。□□乎。昊以來咎〔也〕。又（有）墨（默）亦毋譽。君子美其愼而不自箸（著）也、淵深而内其華。」である。兩者ともに坤卦六四の爻辭を「不言」の問題として解釋する點で『荀子』非相篇と共通するものがあることが注目されるが、しかし、易之義篇は「不言」を高く評價しているので『荀子』非相篇とは對立し、むしろ道家の「無言」の思想に近い。――結局のところ、馬王堆『易傳』六篇や後にそれを整理して成った今本「十翼」は、基本的に『荀子』以後に世に現れた儒家の作品なのである。

次に、Bについて。『史記』秦始皇本紀に「丞相李斯曰、……臣請史官非秦記皆燒之。非博士官所職、天下敢有藏詩書百家語者、悉詣守尉雜燒之。有敢偶語詩書者弃市。以古非今者族。吏見知不擧者與同罪。令下三十日不燒、黥爲城旦。所不去者、醫藥卜筮種樹之書。若欲有學法令、以吏爲師。制曰、可。」とある。これは、始皇帝が天下統一の後、紀元前二一三年に法家の李斯の獻策を容れて挾書律を發布した際の經緯を記したものである。これによれば、挾書律を發布する主なねらいは「博士官」にある知識人の「偶語詩書」という政治批判を根絶することにあり、そのために「史官」や「詩書百家語」を所藏することをも禁止したのである。假にもしこの時までにすでに繆和篇や謙卦彖傳のような儒家思想を盛りこんだ『易傳』が撰されていて、しかもそのことが誰の目にも明らかであるほどに顯著になっていたとすれば、『易』は「史官」や「詩書百家語」と竝んで所藏することが禁止されて當然であろう。ところが「卜筮」の書である『易』は禁止を免れたのだった。とすれば、この時までに『易』の經に當たる六十四卦は文獻として成書された後すでに安定期に入っていたではあろうが、繆和篇や謙卦彖傳などの『易傳』は撰されて間もない時期であるか、または形成途上にあったのではなかろうか。[26] なお、少し後の文ではあるが、『漢書』藝文志「六藝略」易家の總序に「及秦燔書、而易爲筮卜之事、傳者不絕。」とあるのによっても、秦代までの『易』が卜筮の段階に止まるものであったことが證明される。

『眚自命出』の成書は、恐らく戰國末期のことであろう。繆和篇・謙卦彖傳（特により早い前者）の成書とほとんど同時かその直後であろう。『眚自命出』の「四述（術）」は、繆和篇・謙卦彖傳の四つの「道」（特により早い前者）から直接影響を受けて書かれたものであろう。

注

（1）拙著『老莊思想』改訂版（放送大學教育振興會、二〇〇〇年。以下、拙著『老莊思想』と略稱）、三六七～三六九頁を參照。

（2）墨家が儒家の中から誕生したとする古來の傳説は、戰國後期以降に行われた以上の同定などに引かれて發生した錯覺である。例えば、『淮南子』要略篇に「墨子學儒者之業、受孔子之術、以爲其禮煩擾而不悦、厚葬靡財而貧民、〔久〕服傷生而害事。故背周道而用夏政。」とあるのは、もともと戰國末期以前には存在していなかった説であり、前漢初期になって發生した新しい墨家理解である。

（3）『莊子』天下篇にある「方術」と「道術」は、ともに「道」を指す。兩者の相異は、古來林自・陳景元・羅勉道などによって論じられてきたが、大雜把に押さえれば、「道術」は古くからのものであるのに對して「方術」は今のもの、「道術」は全體的なものであるのに對して「方術」は部分的なもの、「道術」は完成された本來的形態であるのに對して「方術」はその分裂した疎外形態などと言うことができる。拙著『莊子』下（學習研究社、一九八六年）、六七八～六七九頁を參照。

（4）新しいタイプに屬する複雜・對立の「道」の描寫方法の中で、『莊子』天下篇の少し前に位置する文章は、戰國末期の道家の作品『呂氏春秋』不二篇である。この書物は、秦の丞相の呂不韋が配下の多數の學者を集めて、始皇帝による天下統一の目前に迫った紀元前二三九年に編集した、一種の思想の百科全書であってその内容は極めて多岐にわたる。『漢書』藝文志はこれを「諸子略」雜家に列したが、決して雜駁な構成を取る何でもづくしを企圖したものではなく、正にその反對で、諸思想を組織化・體系化しようとした一つの意欲的な試みと言ってさしつかえない。その文章は、道家の思想家の筆に成る作品と思われるが、單純・素樸な護教主義的破邪論を捨て去り、正しいか誤りかの二項對立の枠組みを乘り越えた客觀的な立場に立って、「老耽」以下、十名の思想家の簡單な紹介を行う。——確かに簡單ではあるが、これも一種の諸子百家論なのである。この諸子百家論の掲げる目的は、「治國」という政治的な目的であって、作者はこれを實現するために「聖人」が登場して個々の思想家のオリジナルな思想を「一」つにまとめる、すなわち諸思想の統一を實現すべきだと提言する。なぜなら、統治者が個々のオリジナルな思想をそのまま用いて政治を行うならば、それらは互いに矛盾しあう主張を有するので「治國」

を行うどころか「危國」を將來しかねないからだと言う。

以上のような目的や觀點から行ったこの諸子百家論は、一見第一の舊いタイプのそれであって、十名の思想家をすべて批判するだけの破邪論、または高々「阿呆の畫廊」（Gallerie von Narrheiten、ヘーゲル『哲學史講義』の語）のように感じられるかもしれない。しかし實はそうではない。と言うのは、これによれば、十名の思想家は、それぞれ單獨では「聖人」によって統一されたあるべき思想には相當しえないが、しかし一つ一つがそのあるべき思想を作っていくために必要不可缺な契機と位置づけられているからである。この點で『呂氏春秋』不二篇は、明らかに本文で論ずる『莊子』天下篇に接近している。筆者は、これを中國思想史の構想の端緒的先驅的な形態と評價してよいと思う。なお、その諸思想の統一は、篇末にある「夫能齊萬不同、愚智工拙、皆盡力竭能、如出乎一穴者、其唯聖人矣乎。無術之智、不教之能、而恃彊（彊）速貫（慣）習、不足以成也。」が主張するように、作者は、道家の「聖人」や聖人の抱懷する「道」によって行われると考えており、この點でも『呂氏春秋』不二篇は『莊子』天下篇に接近していると言うことができよう。

（5）『莊子』天下篇や『史記』太史公自序「六家之要指」とほぼ同じ新しいタイプの複雜・對立の「道」の描寫方法で、成書年代が兩者の中間に位置する文章は、『淮南子』要略篇である。その分析については、拙論「淮南子要略篇について」（池田末利博士古希記念事業會『池田末利博士古希記念東洋學論集』、一九八〇年）、四〇一～四一九頁、拙著『淮南子――知の百科』（講談社、一九八九年）、三〇二～三二七頁、拙著『老莊思想』、三八七～三九二頁を參照。

（6）拙著『老莊思想』、三九五～四〇〇頁を參照。

（7）「心術」という語は、『眚自命出』と相い前後する文獻中に多く現れる。例えば、『韓詩外傳』卷二・卷三、『禮記』樂記篇、『史記』樂書、『荀子』非相篇・解蔽篇・成相篇、『管子』七法篇・心術上篇、『莊子』天道篇、『鶡冠子』度萬篇、『墨子』非儒下篇・號令篇、『淮南子』原道篇・精神篇・詮言篇・要略篇など。

『眚自命出』の「心述（術）」とは、一つには、引用文の第一段落によれば、あらゆる人間は誰しも同一の「眚（性）」を有するが、その實際の姿は「甬（用）心」の相異によって各々「異」なる、と述べていた「眚（性）」論の中の「甬（用）心」のこと、二つには、第五段落によれば、この「心述（術）」は、他の「厽（三）述（術）」を否定的に評價し、ただ「人衍（道）」だけを肯定的に評價した、その「衍（道）」論の中に現れて、その「人衍（道）」の「宔（主）」となるものと位置づけられる。以上に指摘した相い前後する文獻における種々の「心術」の中からは、この二つの特徵を持つ『眚自命出』の「心術」と完全に同じ用例は發見することができない。あえて多少この二つの特徵と關係する用例を指摘するとすれば、「性」論・

「道」論の兩者と關係する可能性のある「心術」としては『韓詩外傳』卷二、『淮南子』精神篇・詮言篇・要略篇の用例、「性」論とだけ關係する可能性のある「心術」としては『禮記』樂記篇、『史記』樂書の用例、「道」論とだけ關係する可能性のある「心術」としては『荀子』解蔽篇・成相篇、『管子』七法篇・心術上篇、『莊子』天道篇、『鶡冠子』度萬篇の用例がある。

ちなみに、「心術」と類似する語に「性術」「心道」があり、相い前後する文獻中にしばしば現れる。「性術」は『禮記』樂記篇、『史記』樂書、『荀子』樂論篇、『論衡』本性篇などに見え、「心道」は『管子』君臣下篇、馬王堆『五行』第二十章說などに見える。以上の「性術」「心道」の中で、「性」論・「道」論の兩者と關係する可能性のあるものは、『禮記』樂記篇、『史記』樂書、『荀子』樂論篇、馬王堆『五行』第二十章說である。

（8）『眚自命出』の下文にも、同樣の思想が表明されていて參照することができる。――「忎（愛）頪（類）七、唯眚（性）忎（愛）爲近忎（仁）。𣉻（智）頪（類）五、唯（第四十號簡）宜（義）衍（道）爲𠩄（近）忠。亞（惡）頪（類）品（三）、唯亞（惡）不忎（仁）爲𠩄（近）宜（義）。所爲衍（道）四、唯人衍（道）爲（第四十一號簡）可衍（道）也。（第四十二號簡）」。

（9）「道」および「術」の上に數字を冠して多くの「道」を總括的に論じた、「三道」「三術」「四術」、「五道」などの用例は以下の文獻に現れている。まず、「三道」「三術」は『韓詩外傳』卷六・『禮記』祭統篇・『春秋穀梁傳』宣公十五年・『荀子』議兵篇・『管子』任法篇・『列子』說符篇・『鄧析子』轉辭篇などにある。次に、「四術」は『禮記』王制篇・賈誼『新書』容經篇などに、「五道」は『呂氏春秋』孝行篇などに、「六術」は賈誼『新書』六術篇・『荀子』議兵篇などに、「七術」は『史記』越王句踐世家・『韓非子』內儲說上七術篇などに、「八術」は『論衡』詰術篇・『韓非子』八姦篇・『尹文子』大道下篇などに、「九道」は『鶡冠子』度萬篇・學問篇などにそれぞれ見える。以上の總括的な諸「道」を俯瞰して大雜把に認めうることは、これらの中には宇宙や人生の根本または全體に關わる「道」が少ないこと、それゆえまた、筆者の言う、諸子百家の複雜化した對立する「道」を指意する用例が含まれないことである。

（10）本文に引いた文獻の中で、二呂（三）子問篇だけは「道」という語を一切用いていない。繆和篇・謙卦彖傳以下と同じように、關聯する文章で「天」「地」「鬼神」「人」のあり方を述べるが。この事實は、これ以後固定的な常套句として繼承されていった文句が、二呂（三）子問篇の段階ではまだ十分に定着するには至っていないことを意味する。とするならば、以上の文獻の中では二呂（三）子問篇が最も古樸であり、その上、最も早い時代に成書された文獻であろうと推測される。それは、恐らく戰國後期～末期のことではなかろうか。

（11）引用文の「人之所以道也、君子之所道也。」の二つの「道」については、王念孫『讀書雜志』が「行く」の意味として以來、これがほぼ定説になっている。しかし、筆者は動詞の「道とす」の意味に取るべきであると考える。その理由は以下の本文に詳論するとおり。他に、『荀子』君道篇に「道者、何也。曰、君〔之所〕道也。君者、何也。曰、能羣也。」とあり、それを踏まえた『韓詩外傳』巻五に「道者、何也。曰、君之所道也。君者、何也。曰、羣也。」とある文章をも參照。

(12) 拙論「儒家の「三才」と『老子』の「四大」」(『中村璋八博士古稀記念東洋學論集』、汲古書院、一九九六年)、五～八頁を參照。

(13) 本書、第二部所收、三九二～三九九頁。

(14) 今本『周易』繫辭下傳と說卦傳の共通の藍本は、馬王堆『周易』易之義篇に「〔聖人之作易、以順生命之理。是以位(立)〕天之道、曰陰與陽。位(立)地之道、曰柔與岡(剛)。位(立)人之道、曰仁與義。兼三財(才)而兩之、六畫而成卦。分陰分陽、〔迭用柔岡(剛)〕、守之□。易六畫而爲章也。」とある文章である。

(15) 内山俊彦『荀子――古代思想家の肖像――』(評論社、一九七六年)、九十二～九十四頁、および拙論「儒教の宗教的性格――中國(唐代以前)」(『日本宗教事典』、弘文堂、一九八五年)、四八九～四九二頁を參照。

(16) 渡邊卓『古代中國思想の研究』(創文社、一九七三年)、六九二～七〇一頁、拙論「墨家」(漢文研究シリーズ13『諸子百家』、尙學圖書、一九八三年)、十四～十五頁、拙論「『墨子』の經・經說と十論」(東大中哲文學會『中哲文學會報』第十號、一九八五年六月)、二十頁を參照。

(17) 拙論「『馬王堆漢墓帛書周易』要篇の硏究」(東京大學東洋文化研究所『東洋文化研究所紀要』第一二三冊、一九九四年二月)、一一一～一三五頁、および同「『馬王堆漢墓帛書周易』要篇の思想」(東京大學東洋文化研究所『東洋文化研究所紀要』第一二六冊、一九九五年一月)、八十三～一〇〇頁を參照。

(18) 拙論「儒家の「三才」と『老子』の「四大」」(前揭)、八～十一頁を參照。

(19) 馬王堆『五行』の「所道」「君子之〔所〕道」「君子所道」については、拙著『馬王堆漢墓帛書五行篇研究』(汲古書院、一九九三年)、三八六～三八七頁および四一〇～四一一頁を參照。

(20) 『荀子』非十二子篇の護教主義的破邪論については、拙著『老莊思想』、三六九頁を參照。

(21) 下文に引用する『荀子』解蔽篇に「一曲」と對比されて「大理」という語が登場していることを參照。

(22) 『荀子』の大略篇から堯問篇に至る六篇が、戰國最末期～前漢初期の荀子の門流の手に成る雜錄であることについては、内山俊彦『中國古代思想史における自然認識』(創文社、一九八七年)、一一二～一一三頁を參照。

（23）馬王堆『周易』の『六十四卦』については、拙著『老莊思想』、一五五～一五六頁を參照。
（24）戸田豐三郎『易經注釋史綱』（風間書房、一九六八年）、四十四頁を參照。
（25）拙論「郭店楚簡『窮達以時』の研究」、本書、第二部所收、四一四～四一六頁を參照。
（26）今本『周易』彖傳の思想內容の重要な一つに、世界を構成する二元的原理として「天地」や「男女」を擧げて、兩者の合一による「萬物」の生成や展開を說き明かす、比較的複雜でかつ高度に整えられた生成論哲學がある。この哲學を思想史上の『易傳』諸篇の中でもあまり早い時代のものと想定するわけにはいかないことについては、拙論「『馬王堆漢墓帛書周易』要篇の研究」（前揭）、一五六～一五九頁、および同「『馬王堆漢墓帛書周易』要篇の思想」（前揭）、六十二～六十三頁を參照。

（二〇〇〇年十二月擱筆、二〇〇一年十一月加筆・修正）

あとがき

本書『郭店楚簡儒教研究』を出版したいという構想が、監修者池田の腦裏に浮かんできたのは、雜誌『郭店楚簡の思想史的研究』第五卷を刊行し終えた、去る二〇〇一年の春ではなかったかと思う。

池田は大雜把な計劃書を作り、周圍の先生・學生の各位と相談して同意を取りつけた上で、二〇〇一年三月、汲古書院の石坂叡志社長に電話をかけて本書の出版方をお願いしてみた。二〇〇一年四月、石坂社長より文書で快諾の返事をいただき、やがて編集擔當者も小林詔子さんに決まっていよいよ出版に向かって動き出すことになった。以後、極めて多忙な業務の中、終始一貫して我々を鼓舞・激勵してくださった石坂社長、および病氣治療中であるにもかかわらず編集の煩瑣な仕事を引き受けてくださった小林さんに、ここに心からお禮を申し上げたいと思う。

その後、二〇〇一年四月には、執筆者側の事務局員が廣瀬薫雄氏（東京大學大學院博士課程、事務局長）・曹峰氏（東京大學大學院博士課程）・宮本徹氏（日本學術振興會特別研究員、現在東京大學大學院助手）に決まり、以後、本書の編集に關するおびただしい仕事（原稿の整理、執筆者との連絡・調整、汲古書院との連絡・調整、外字の處理、校正、索引作り等々）はそのほとんどすべてを三氏が擔當した。廣瀬氏は自分の中國留學（二〇〇二年九月～）を目前に控えて、曹峰氏は自分の博士論文の執筆という多忙の中で、宮本氏は自分の譯注・論文が掲載されるわけではないという事情の下で、いずれも日夜を分かたず本書の出版のために盡瘁していただいた。ここに心からの敬意と謝意を表したいと思う。

こうして二〇〇一年六月には、本書の內容（目次）を定めた後、各執筆者にお願いして各自の原譯注・原論文に對して相當程度の推敲の筆を揮っていただくこととした。この仕事は順調に進んだが、推敲された原稿が出そろった二〇〇一年十月、やや大きな問題が持ち上がった。それは原稿の枚數が多すぎることである。そこで、二〇〇一年十月より二〇〇二年三月に至るまでの間、各執筆者には再三にわたって推敲と短縮をお願いせざるをえなかった。また、二〇〇二年七月には、校正（初校）を行っている。自分の譯注・論文を本書に掲載することに同意し、その上、それらを推敲・短縮・校正する勞を惜しまなかった各執筆者に對して、ここに心から感謝の意を表明したいと思う。

本書の刊行は、日本學術振興會の平成十四年度科學研究費補助金（研究成果公開促進費）の交付を受けている。二〇〇一年十一月、まず上記の整理した原稿を汲古書院に持ちこみ、次に汲古書院の援助の下、申請書類とともに日本學術振興會に提出した。その後、二〇〇二年四月、日本學術振興會より研究成果公開促進費交付の内定が通知され、二〇〇二年六月、決定通知書を受け取った。本書のようなまじめな學術研究書は、この研究成果公開促進費の交付を受けなかったならば、刊行の日の目を見なかったかもしれない。ここに日本學術振興會の關係各位に對して深甚なる感謝の意を表する者である。

（二〇〇二年七月九日、池田知久記）

執筆者紹介（五十音順）

池田《いけだ》　知久《ともひさ》　1942年生　東京大學大學院人文社會系教授
井ノ口《いのくち》哲也《てつや》　1971年生　東京大學大學院人文社會系博士課程
打越《うちこし》　龍也《たつや》　1976年生　大東文化大學大學院文學研究科博士課程
岡本《おかもと》　秀夫《ひでお》　1976年生　大東文化大學大學院文學研究科博士課程
近藤《こんどう》　浩之《ひろゆき》　1966年生　北海道大學大學院文學研究科助教授
澤田《さわだ》多喜男《たきお》　1932年生　千葉大學名譽教授
三瓶《さんぺい》　高寛《たかひろ》　1976年生　故古川商業高等學校非常勤講師　逝去
曹《そう》　峰《ほう》　1956年生　東京大學大學院人文社會系博士課程
徳舛《とくます》　修《おさむ》　1975年生　大東文化大學大學院文學研究科修士課程修了
芳賀《はが》　良信《よしのぶ》　1968年生　故東京大學大學院人文社會系博士課程　逝去
廣瀬《ひろせ》　薫雄《くにお》　1975年生　東京大學大學院人文社會系博士課程
李《り》　承《しょう》　律《りつ》　1967年生　成均館大學校文科大學講師
渡邉《わたなべ》　大《だい》　1970年生　筑波大學大學院文學研究科博士課程
和田《わだ》　恭人《やすひと》　1976年生　大東文化大學大學院文學研究科修士課程修了

郭店楚簡儒教研究

平成十五年二月二十一日　發行

編　者　池田知久
發行者　石坂叡志
整版印刷　富士リプロ

發行所　汲古書院
〒102-0072 東京都千代田區飯田橋二-五-四
電　話　〇三（三二六五）九七六四
FAX　〇三（三二二二）一八四五

ISBN4 - 7629 - 2678 - 7　C3010

KYUKO-SHOIN, Co., Ltd. Tokyo.

書名索引

さ

し

す

せ

そ

人名索引

さ

し

と

な

ぬ

は

ひ

ふ

へ

ほ

ま

む

も

や

郭店楚墓竹簡關係論著目錄

池田知久・李承律 編

前　言

この目錄は、楚簡の中でも郭店楚簡に關する論著を集めたものである。郭店楚簡は、1998年5月に文物出版社から『郭店楚墓竹簡』というタイトルで公表されてから二年半しか經過していないにもかかわらず、最近世界各地より研究書や論文、論文集などが目まぐるしいスピードで續々と刊行されている。本目錄は、その實狀を的確に把握することを目的として、郭店楚簡が最初に報告された1994年より現在(2000年12月31日）に至るまで公表された論文集、目錄、著書、論文、雜誌、新聞記事、會報、學會發表を集めている。

本目錄が完成されるにいたる經緯を簡略に述べると、以下のとおりである。目錄の作成においては、まず池田知久「附錄:『郭店楚墓竹簡』についてのビブリオグラフィー」(「アメリカ、ダートマス大學主催の「郭店老子國際研討會」に參加して」、『中國出土資料學會會報』第8號、1998年7月)・同「「郭店楚墓竹簡」に關するビブリオグラフィー」(「アメリカ、ダートマス大學「郭店老子國際研討會」」、『東方學』第96輯、1998年7月)・本目錄「Ⅱ　目錄の部」の7をもとにした。その後、池田知久・李承律（東京大學大學院博士課程）が、主として中國大陸や臺灣、歐米などで發表されている研究書や論文、論文集、新聞、雜誌、學會發表などの資料蒐集に攜わり、データベースの作成は李承律が擔當し、最後に池田知久・李承律が整理を加えてできあがった。

本目錄の作成にあたっては、以下の方々からご協力・ご教示をいただいた。まず文字學關連の資料は、大西克也助教授（東京大學大學院）の提供によるものが多く、また中國大陸で公表された資料の蒐集や目錄の校正は、井ノ口哲也氏（東京大學大學院博士課程)・曹峰氏（東京大學大學院博士課程)・張完碩氏（成均館大學校儒學・東洋學部卒業、現在中國の武漢大學で留學中）より多大なるご協力をいただいた。そして、丁四新教授「郭店楚墓竹簡研究文獻目錄」（Ｆ）も大いに參考にさせてもらった。

その他にも、臺灣で公表された資料の中には、林慶彰教授（中央研究院文哲研究所）・林素清教授（中央研究院歷史語言研究所）・周鳳五教授（臺灣大學中文系）の提供によるものもある。以上の方々に對し、ここに記して感謝の意を表したい。

本目錄には、遺漏や誤りも多いことと思われるが、學界諸賢の批正を乞う次第である。

凡例

一、本目錄の收載範圍は、郭店楚簡を中心に論じられているもので、かつ公刊されているものを原則とした。

一、關係論著は、「論文集の部」「目錄の部」「著書の部」「論文の部」「新聞記事・會報の部」「學會發表の部」の六つに分類した。

一、本目錄では、特別な例外を除き、簡體字は使用せず、原則として正漢字（舊漢字）を用いた。ただし、ワード・プロセッサの性能や制限のため、必ずしも原則どおりではない箇所もある。またJISコードにない漢字は外字を作成して記した。

一、論文や著書中の章節は「　」で、著書・雜誌・新聞・會報は『　』で示した。

一、配列は、發行年月日の古いものから新しいものへと順次竝べた。その際、初出年次を基本とした。

一、各部の內部で、論著の揭載順を、中國（臺灣）人・日本人・韓國人・歐米人の順とした。その際、同年同月に論著が複數發表された場合、中國（臺灣）人は拼音順、日本人は五十音順、韓國人はハングル音順、歐米人はアルファベット順に竝べた。ただし、「論文集の部」の場合は發行年月順とした。その際、同年同月に發行された場合は、他の部と同樣の順序とした。

一、同年同月に同一人物によって發表された複數の論著については、論著のタイトルを見て、中國（臺灣）は拼音順、日本は五十音順、韓國はハングル音順、歐米はアルファベット順に竝べた。

一、雜誌は、特別な場合以外は、某年某期等を「19××-×」と示すのみに止めた。

一、「論文集の部」は、各論文集の冒頭にアルファベットを附し、その中の所收論文の所收先は、「→」の後に該當するアルファベットを示した。

一、論文集所收論文は一つのグループとし、同年同月の最後にアルファベット順に竝べた。

一、執筆者未詳の論著は、同じ發行年月の同一言語の論著の末尾（論文集所收の論文がそうである場合は、そのグループの末尾）に竝べた。またそれが複數の場合は、論著のタイトルを見て、中國（臺灣）は拼音順、日本は五十音順、韓國はハングル音順、歐米はア

ルファベット順に竝べた。

一、論文は、發行年月を示すよう努めたが、發行月が未詳のものもある。なお、發行月の未詳のものについては、發行年を記載するに止め、當該年の末尾に列擧した。また發行年月いずれも未詳のものについては、同一言語の論著の末尾に列擧した。

一、再錄が複數の場合は、發表年次順に竝べた。その際、いずれもアルファベットで簡略表記されるものは、「→」の後に再錄先を示した。

一、以下の場合は、「／」で區切って示した。

①アルファベットで簡略表記した論文集とそうでない掲載誌の兩方に同一論文が掲載されている場合

②簡略表記していない複數の掲載誌に同一論文が掲載されている場合

③學會發表の論文が、その後雜誌や論文集に掲載された場合

④新聞記事・會報に掲載されたものが、その後雜誌や論文集に掲載された場合

一、同樣の內容で後にタイトルだけ變更されているものは、再錄扱いとした。

一、「論文集の部」のＥ・Ｆ所收の論文は、嚴密には學會發表論文であるが、本目錄では「論文の部」に分類した。なお、Ｅ・Ｆに收錄されていない、學會の當日に配布されたものは、「學會發表の部」に入れた。

I　論文集の部

A　國際儒學聯合會聯絡工作委員會・國際儒學聯合會祕書處編『國際儒學聯合會簡報』1998-2（1998年6月）

B　《中國哲學》編輯部・國際儒聯學術委員會編『郭店楚簡研究』（『中國哲學』第20輯、遼寧教育出版社、1999年1月）

C　陳鼓應主編『道家文化研究』第17輯（三聯書店、1999年8月）

D　池田知久監修『郭店楚簡の研究（一）』（大東文化大學郭店楚簡研究班編、1999年8月）

E　武漢大學中國文化研究院・哈佛燕京學社・國際儒學聯合會・中國哲學史學會・湖北省哲學史學會主辦『郭店楚簡國際學術研討會　The International Symposium on Chu State Slips of Guodian　論文匯編』第1册（武漢大學・珞珈山莊、1999年10月）

F　武漢大學中國文化研究院・哈佛燕京學社・國際儒學聯合會・中國哲學史學會・湖北省哲學史學會主辦『郭店楚簡國際學術研討會　The International Symposium on Chu State Slips of Guodian　論文匯編』第2册（武漢大學・珞珈山莊、1999年10月）

G　東京大學郭店楚簡研究會編『郭店楚簡の思想史的研究』第1巻（1999年11月）

H　東京大學郭店楚簡研究會編『郭店楚簡の思想史的研究』第2巻（1999年12月）

I　《中國哲學》編委會編『郭店簡與儒學研究　中國哲學』第21輯（遼寧教育出版社、2000年1月）

J　池田知久監修『郭店楚簡の思想史的研究』第3巻（「古典學の再構築」東京大學郭店楚簡研究會編、2000年1月）

K　武漢大學中國文化研究院編『郭店楚簡國際學術研討會論文集』（湖北人民出版社、2000年5月）

L　池田知久監修『郭店楚簡の思想史的研究』第4巻（「古典學の再構築」東京大學郭店楚簡研究會編、2000年6月）

M　廖名春編『清華簡帛研究』第1輯（清華大學思想文化研究所、2000年8月）

N　池田知久監修『郭店楚簡の研究（二）』（大東文化大學郭店楚簡研究班編、2000年9月）

Ⅱ　目錄の部

1．丁四新「郭店楚墓竹簡研究文獻目錄」→F
2．廖名春「郭店楚簡《性自命出》研究目錄」（『國際簡帛研究通訊』3、2000年4月）
3．池田知久「附錄：『郭店楚墓竹簡』についてのビブリオグラフィー」（「アメリカ、ダートマス大學主催の「郭店老子國際研討會」に參加して」、『中國出土資料學會會報』第8號、1998年7月）
4．池田知久「『郭店楚墓竹簡』に關するビブリオグラフィー」（「アメリカ、ダートマス大學「郭店老子國際研討會」」、『東方學』第96輯、1998年7月）
5．池田知久編「郭店楚墓竹簡關係論著目錄」（池田知久監修『郭店楚簡の研究（一）』、大東文化大學郭店楚簡研究班編、1999年8月）
6．池田知久編「郭店楚墓竹簡關係論著目錄」（池田知久『郭店楚簡老子研究』、東京大學文學部中國思想文化學研究室、1999年11月）
7．池田知久・李承律編「郭店楚墓竹簡關係論著目錄」→J
8．影山輝國「五行篇研究著作論文目錄」（『國際簡帛研究通訊』2、2000年4月）
9．「郭店楚簡論著目錄」（修訂版）（『郭店楚簡本道家資料研究』、韓國道家哲學會2000年度秋季學術發表會論文、2000年12月）

Ⅲ　著書の部

1．荊門市博物館編『郭店楚墓竹簡』（文物出版社、1998年）
2．丁原植『郭店竹簡老子釋析與研究』（萬卷樓圖書有限公司、1998年）
3．崔仁義『荊門郭店楚簡《老子》研究』（科學出版社、1998年）
4．劉信芳撰『荊門郭店竹簡老子解詁』（藝文印書館、1999年）
5．張光裕主編・袁國華合編『郭店楚簡研究　第一卷　文字編』（藝文印書館、1999年）

6．魏啓鵬『楚簡《老子》柬釋』（萬卷樓圖書有限公司、1999年）
7．高定彝『老子道德經研究』（廣播學院、1999年）
8．黃占竹『郭店一號楚墓和最早版竹簡老子及太一生水　Guodian No.1 Chu Tomb and The Earliest Bamboo Slip Versions of the *Laozi & the Taiyi sheng shui*』（AJSPS Research Project, 1999年）
9．侯才『郭店楚墓竹簡《老子》校讀』（大連出版社、1999年）
10．彭浩校編『郭店楚簡《老子》校讀』（湖北人民出版社、2000年）
11．朱恩田『重讀老子』（遼寧大學出版社、2000年）
12．鄒安華『楚簡與帛書老子』（民族出版社、2000年）
13．龐樸『竹帛《五行》篇校注及研究』（萬卷樓圖書有限公司、2000年）
14．丁四新『郭店楚墓竹簡思想研究』（東方出版社、2000年）
15．李零『中國方術續考』（東方出版社、2000年）
16．吉田篤志『1998年度研究報告書１　郭店竹簡『老子』・馬王堆帛書『老子』・王弼注『老子』對照文』（大東文化大學人文科學研究所、1999年）
17．池田知久『郭店楚簡老子研究』（東京大學文學部中國思想文化學研究室、1999年）
18．淺野裕一『諸子百家——春秋・戰國を生きた情熱と構想力——』（講談社、2000年）
19．Robert G. Henricks, Lao Tzu's *Tao Te Ching* : A Translation of the Startling New Documents Found at Guodian, 1999.（私家版）
20．Robert G. Henricks, Lao Tzu's *Tao Te Ching* : A Translation of the Startling New Documents Found at Guodian, Columbia Univ. Press, 2000.

Ⅳ　論文の部

1．劉祖信「荊門楚墓的驚人發現」（『文物天地』1995-6、1995年11月）
2．饒宗頤「緇衣零簡」（王元化主編『學術集林』卷９、上海遠東出版社、1996年12月／中國秦漢史研究會編『秦漢史論叢』第７輯、中國社會科學出版社、1998年６月）
3．劉彬徽「楚文字資料的新發現與研究」（『湖南省博物館四十周年紀念文集　湖南博物

館文集』３、1996年）
4．崔仁義「試論荊門竹簡《老子》的年代」（『荊門大學學報』1997-2、1997年６月）
5．湖北省荊門市博物館「荊門郭店一號楚墓」（『文物』1997-7、1997年７月）
6．崔仁義「荊門楚墓出土的竹簡《老子》初探」（『荊門社會科學』1997-5、1997年10月）
7．李學勤「荊門郭店楚簡中的《子思子》」（『文物天地』1998-2、1998年３月／Ｂ）
8．廖名春「從荊門楚簡論先秦儒家與《周易》的關係」（朱伯崑主編『國際易學研究』第４輯、華夏出版社、1998年５月）
9．龐樸「孔孟之閒——郭店楚簡的思想史地位」（『中國社會科學』、1998年５月／復印報刊資料『中國哲學』1998-10、1998年12月／Ｂ（「孔孟之閒——郭店楚簡中的儒家心性說」と改題）／復印報刊資料『先秦、秦漢史』1999-1、1999年２月／國際儒學聯合會編『國際儒學研究』第6輯、1999年２月）（「孔孟之閒——郭店楚簡中的儒家心性說」と改題）
10．裘錫圭「甲骨文中的見與視」（『甲骨文發現一百周年學術研討會論文集』、中央研究院歷史語言研究所・臺灣師範大學國文學系合辦、1998年５月）
11．郭沂「從郭店楚簡《老子》看老子其人其書」（『哲學研究』1998-7、1998年７月）
12．姜廣輝「郭店楚簡與《子思子》——兼談郭店楚簡的思想史意義」（『哲學研究』1998-7、1998年７月／復印報刊資料『中國哲學』1998-10、1998年12月／Ｂ）
13．李學勤「釋郭店簡祭公之顧命」（『文物』1998-7、1998年７月／Ｂ）
14．龐樸「初讀郭店楚簡」（『歷史研究』1998-4、1998年８月）
15．躍進「振奮人心的考古發現——略說郭店楚墓竹簡的學術史意義」（『文史知識』1998-8、1998年８月）
16．陳來「郭店楚簡之《性自命出》篇初探」（『孔子研究』1998-3、1998年９月）
17．郭沂「郭店楚簡《天降大常》（《成之聞之》）篇疏證」（『孔子研究』1998-3、1998年９月／Ｂ（「郭店楚簡《成之聞之》篇疏證」と改題））
18．李學勤「從簡帛佚籍《五行》談到《大學》」（『孔子研究』1998-3、1998年９月／復印報刊資料『中國哲學』1998-12、1999年２月）
19．廖名春「郭店楚簡儒家著作考」（『孔子研究』1998-3、1998年９月／復印報刊資料『中國哲學』1999-1、1999年３月）
20．陳鼓應「初讀簡本《老子》」（『文物』1998-10、1998年10月）

21. 李澤厚「初讀郭店竹簡印象紀要」(李澤厚『世紀新夢』、安徽文藝出版社、1998年10月／李澤厚『李澤厚哲學文存』下篇、安徽文藝出版社、1999年1月／C／I)

22. 邢文「楚簡《五行》試論」(『文物』1998-10、1998年10月／復印報刊資料『先秦、秦漢史』1999-1、1999年2月)

23. 陳寧「《郭店楚墓竹簡》中的儒家人性言論初探」(『中國哲學史』1998-4、1998年11月／復印報刊資料『中國哲學』1999-3、1999年5月)

24. 陳偉「郭店楚簡別釋」(『江漢考古』1998-4、1998年11月)

25. 郭沂「試談楚簡《太一生水》及其與簡本《老子》的關係」(『中國哲學史』1998-4、1998年11月)

26. 李學勤「郭店簡與《禮記》」(『中國哲學史』1998-4、1998年11月／復印報刊資料『中國哲學』1999-3、1999年5月)

27. 廖名春「楚簡《老子》校釋之一」(饒宗頤主編『華學』第3輯、紫禁城出版社、1998年11月)

28. 張玉昆「北京郭店楚墓竹簡學術討論會綜述」(『國際儒學研究』第5輯、中國社會科學出版社、1998年11月)

29. 黃錫全「楚簡續貂」(李學勤・謝桂華主編『簡帛研究』第3輯、廣西教育出版社、1998年12月)

30. 季旭昇「讀郭店楚墓竹簡札記:卞、絕爲棄作、民復季子」(『中國文字』新24期、藝文印書館、1998年12月)

31. 李學勤「說郭店簡“道”字」(李學勤・謝桂華主編『簡帛研究』第3輯、廣西教育出版社、1998年12月)

32. 廖名春「楚簡《老子》校釋(二)」(李學勤・謝桂華主編『簡帛研究』第3輯、廣西教育出版社、1998年12月)

33. 彭浩「郭店楚簡《緇衣》的分章及相關問題」(李學勤・謝桂華主編『簡帛研究』第3輯、廣西教育出版社、1998年12月)

34. 徐在國・黃德寬「郭店楚簡文字考釋」(『吉林大學古籍整理研究所建所十五周年』、吉林大學出版社、1998年12月)

35. 袁國華「郭店楚簡文字考釋十一則」(『中國文字』新24期、藝文印書館、1998年12月)

36. 周鳳五「郭店楚簡《忠信之道》考釋」(『中國文字』新24期、藝文印書館、1998年12月／Ｉ)
37. 李存山「先秦儒家的政治倫理教科書——讀楚簡《忠信之道》及其他」(『中國文化研究』1998-4、1998年／Ｂ(「讀楚簡《忠信之道》及其他」と改題)／復印報刊資料『中國哲學』1999-1、1999年３月)
38. 邢文「郭店楚簡研究述評」(『民族藝術』1998-3、1998年)
39. 邢文「郭店楚簡與國際漢學」(『書品』1998-4、1998年)
40. 張立文「論郭店楚墓竹簡的篇題和天人有分思想」(『傳統文化與現代化』1998-6、1998年)
41. 黄華珍「郭店楚墓竹簡のはなし」(『東方』215號、東方書店、1999年１月)
42. 徐洪興「疑古與信古——從郭店竹簡本《老子》出土回顧本世紀關於老子其人其書的爭論」(『復旦學報』社會科學版1999-1、1999年１月／復印報刊資料『中國哲學』1999-3、1999年５月)
43. 張豐乾「先秦思想史研究的重大課題——王博先生談郭店楚墓竹簡」(『學思』２、1999年１月)
44. 鄭傑文「《鬼谷子》哲學與《老子》哲學」(『齊魯學刊』1999-1、1999年１月)
45. 陳高志「《郭店楚墓竹簡・緇衣篇》部分文字隸定檢討」(『張以仁先生七秩壽慶論文集』上册、臺灣學生書局、1999年１月)
46. 程元敏「《禮記・中庸、坊記、緇衣》非出於《子思子》考」(『張以仁先生七秩壽慶論文集』上册、臺灣學生書局、1999年１月)
47. 黄人二「郭店楚簡〈魯穆公問子思〉考釋」(『張以仁先生七秩壽慶論文集』上册、臺灣學生書局、1999年１月)
48. 顔世鉉「郭店楚簡淺釋」(『張以仁先生七秩壽慶論文集』上册、臺灣學生書局、1999年１月)
49. 周鳳五「郭店楚簡識字札記」(『張以仁先生七秩壽慶論文集』上册、臺灣學生書局、1999年１月)
50. 陳來「荊門楚簡之《性自命出》篇初探」→Ｂ
51. 陳明「《唐虞之道》與早期儒家的社會理念」(Ｂ／陳明・朱漢民主編『原道』５、

1999年 4 月)
52. 杜維明「郭店楚簡與先秦儒道思想的重新定位」→B
53. 郭沂「楚簡《老子》與老子公案——兼及先秦哲學若干問題」→B
54. 姜廣輝「郭店一號墓墓主是誰？」→B
55. 李存山「從郭店楚簡看早期道儒關係」→B→C
56. 李家浩「讀《郭店楚墓竹簡》瑣議」→B
57. 李學勤「郭店楚簡與儒家經籍」→B
58. 廖名春「荊門郭店楚簡與先秦儒學」→B
59. 廖名春「《老子》“无爲而无不爲”說新證」→B
60. 劉樂賢「讀郭店楚簡札記三則」→B
61. 劉宗漢「有關荊門郭店一號楚墓的兩個問題——墓主人的身份與儒道兼習」→B
62. 龐樸「撫心曰辟」→B
63. 龐樸「《語叢》臆說」→B
64. 龐樸「竹帛《五行》篇比較」→B
65. 彭林「《郭店楚簡・性自命出》補釋」→B
66. 錢遜「《六德》諸篇所見的儒學思想」→B
67. 王葆玹「試論郭店楚簡各篇的撰作時代及其背景——兼論郭店及包山楚墓的時代問題」→B
68. 王中江「郭店竹簡《老子》略說」→B
69. 邢文「論郭店《老子》與今本《老子》不屬一系——楚簡《太一生水》及其意義」→B
70. 邢文「《孟子・萬章》與楚簡《五行》」→B
71. 許抗生「初讀郭店竹簡《老子》」→B
72. 張立文「《郭店楚墓竹簡》的篇題」→B
73. 張立文「《窮達以時》的時與遇」→B
74. 周桂鈿「荊門竹簡《緇衣》校讀札記」→B
75.「國際儒聯首次楚簡研討會」→B
76. 韓東育「《郭店楚墓竹簡・太一生水》與《老子》的幾個問題」(『社會科學』1999-

2、1999年２月）

77. 張吉良「從老聃《老子》到太史儋《道德經》」（『江西社會科學』1999-2、1999年２月）

78. 白於藍「《郭店楚墓竹簡》釋文正誤一例」（『吉林大學社會科學學報』1999-2、1999年３月）

79. 陳偉「文本復原是一項長期艱巨的工作」（『湖北大學學報』哲學社會科學版1999-2、1999年３月）

80. 丁四新「略論郭店簡本《老子》甲乙丙三組的歷時性差異」（『湖北大學學報』哲學社會科學版1999-2、1999年３月）

81. 郭齊勇「郭店儒家簡的意義與價値」（『湖北大學學報』哲學社會科學版1999-2、1999年３月）

82. 韓忍之「韓非著《解老》《喩老》時“五千言”是否已名爲《老子》——兼論司馬遷判斷的實在性」（『東北師大學報』哲學社會科學版1999-2、1999年３月）

83. 李學勤「論上海博物館所藏的一支《緇衣》簡」（『齊魯學刊』1999-2、1999年３月）

84. 李學勤「天人之分」（東方國際易學研究院編『中國傳統哲學新論——朱伯崑教授七十五壽辰紀念文集』、1999年３月）

85. 廖名春「楚簡《老子》校釋（五）」（『中國傳統哲學新論——朱伯崑教授七十五壽辰紀念文集』、1999年３月）

86. 劉澤亮「從郭店楚簡看先秦儒道關係的演變」（『湖北大學學報』哲學社會科學版1999-2、1999年３月）

87. 羅熾「郭店楚墓竹簡印象」（『湖北大學學報』哲學社會科學版1999-2、1999年３月）

88. 羅運環「郭店楚簡的年代、用途及意義」（『湖北大學學報』哲學社會科學版1999-2、1999年３月）

89. 王博「荊門郭店竹簡與先秦儒家經學」（『中國傳統哲學新論——朱伯崑教授七十五壽辰紀念文集』、1999年３月）

90. 向世陵「郭店竹簡“性”“情”說」（『孔子研究』1999-1、1999年３月／復印報刊資料『中國哲學』1999-5、1999年７月）

91. 張立文「略論郭店楚簡的“仁義”思想」（『孔子研究』1999-1、1999年３月／復印報

刊資料『中國哲學』1999-5、1999年7月）

92. 周桂鈿「《郭店楚墓竹簡・緇衣》研究札記」（『孔子研究』1999-1、1999年3月）

93. 朱紹侯「疑古是解決歷史謎團的一把鑰匙」（『洛陽大學學報』1999-1、1999年3月）

94. 李建民「太一新證――以郭店楚簡爲線索――」（『中國出土資料研究』3、1999年3月）

95. 裘錫圭「中國出土簡帛古籍在文獻學上的重要意義」（『中國出土資料研究』3、1999年3月）

96. 張光裕「《郭店楚簡研究》第一卷（文字編）緒說」（『中國出土資料研究』3、1999年3月）

97. 丁四新『郭店楚墓竹簡思想研究』（武漢大學博士學位論文、1999年4月）

98. 廖名春「錢穆與疑古學派關係述評」（陳明・朱漢民主編『原道』5、1999年4月）

99. 劉昕嵐「郭店楚簡《性自命出》篇箋釋（上）」（『北京大學研究生學志』1999-1、1999年4月）

100. 王葆玹「試論郭店楚簡的抄寫時閒與莊子的撰作時代――兼論郭店與包山楚墓的時代問題」（『哲學研究』1999-4、1999年4月／復印報刊資料『中國哲學』1999-6、1999年8月）

101. 尹振環「也談楚簡《老子》其書――與郭沂同志商榷」（『哲學研究』1999-4、1999年4月）

102.「湖北荊州郭店1號楚墓」（駢宇騫・段書安編著『本世紀以來出土簡帛概述（資料篇、論著目錄篇）』、萬卷樓圖書有限公司、1999年4月）

103.「上海博物館從香港購得戰國楚簡內容」（駢宇騫・段書安編著『本世紀以來出土簡帛概述（資料篇、論著目錄篇）』、萬卷樓圖書有限公司、1999年4月）

104. 陳麗桂「從郭店竹簡《五行》檢視帛書《五行》說文對經文的依違情況」（陳福濱主編『本世紀出土思想文獻與中國古典哲學研究論文集』上册、輔仁大學出版社、1999年4月）

105. 丁原植「從出土《老子》文本看中國古典哲學的發展」（陳福濱主編『本世紀出土思想文獻與中國古典哲學研究論文集』上册、輔仁大學出版社、1999年4月）

106. 李零「三一考」（陳福濱主編『本世紀出土思想文獻與中國古典哲學研究論文集』上册、

輔仁大學出版社、1999年４月／『中國方術續考』、東方出版社、2000年10月）

107. 李學勤「太一生水的數術解釋」（陳福濱主編『本世紀出土思想文獻與中國古典哲學研究論文集』上册、輔仁大學出版社、1999年４月／Ｃ）

108. 李振英「由大陸出土先秦思想文獻研究看兩岸學術交流的前景」（陳福濱主編『本世紀出土思想文獻與中國古典哲學研究論文集』上册、輔仁大學出版社、1999年４月）

109. 潘小慧「《五行篇》的人學初探——以“心——身”關係的考察爲核心展開」（陳福濱主編『本世紀出土思想文獻與中國古典哲學研究論文集』上册、輔仁大學出版社、1999年４月）

110. 龐樸「竹帛《五行》篇與思孟五行說」（陳福濱主編『本世紀出土思想文獻與中國古典哲學研究論文集』上册、輔仁大學出版社、1999年４月）

111. 沈清松「郭店竹簡《老子》的道論與宇宙論——相關文本的解讀與比較」（陳福濱主編『本世紀出土思想文獻與中國古典哲學研究論文集』上册、輔仁大學出版社、1999年４月／Ｉ）

112. 趙建偉「郭店竹簡《老子》校釋」（陳福濱主編『本世紀出土思想文獻與中國古典哲學研究論文集』上册、輔仁大學出版社、1999年４月／Ｃ）

113. 郭梨華「簡帛《五行》中的禮樂考述」（陳福濱主編『本世紀出土思想文獻與中國古典哲學研究論文集』下册、輔仁大學出版社、1999年４月）

114. 雷敦龢「郭店《老子》：一些前提的討論」（陳福濱主編『本世紀出土思想文獻與中國古典哲學研究論文集』下册、輔仁大學出版社、1999年４月／Ｃ）

115. 彭浩「郭店一號墓的年代及相關的問題」（陳福濱主編『本世紀出土思想文獻與中國古典哲學研究論文集』下册、輔仁大學出版社、1999年４月）

116. 徐洪興「郭店竹簡《老子》三種：對《老子》一書研究的新的重大發現」（陳福濱主編『本世紀出土思想文獻與中國古典哲學研究論文集』下册、輔仁大學出版社、1999年４月）

117. 葉海煙「《太一生水》與莊子的宇宙觀」（陳福濱主編『本世紀出土思想文獻與中國古典哲學研究論文集』下册、輔仁大學出版社、1999年４月／Ｉ）

118. 莊萬壽「太一與水之思想探求——《太一生水》楚簡之初探」（陳福濱主編『本世紀出土思想文獻與中國古典哲學研究論文集』下册、輔仁大學出版社、1999年４月）

119. 李學勤「郭店簡與《樂記》」（北京大學哲學系編『中國哲學的詮釋與發展——張岱年先生九十壽慶紀念論文集』、北京大學出版社、1999年５月）
120. 龐樸「帛書《五行》篇與思孟五行說」（北京大學哲學系編『中國哲學的詮釋與發展——張岱年先生九十壽慶紀念論文集』、北京大學出版社、1999年５月）
121. 王博「關於《唐虞之道》的幾個問題」（『中國哲學史』1999-2、1999年５月／復印報刊資料『先秦、秦漢史』1999-5、1999年10月）
122. 王震中「1998年的中國古代史研究——'98中國社科院歷史所學術動態研討會綜述」（『中國史研究動態』1999-5、1999年５月）
123. 徐在國「釋“咎繇”」（『古籍整理研究學刊』1999-3、1999年５月）
124. 趙建偉「郭店竹簡《忠信之道》、《性自命出》校釋」（『中國哲學史』1999-2、1999年５月）
125. 白於藍「《郭店楚墓竹簡》讀後記」（『中國古文字研究』第１輯、吉林大學出版社、1999年６月）
126. 陳偉武「雙聲符字綜論」（『中國古文字研究』第１輯、吉林大學出版社、1999年６月）
127. 李家浩「楚簡中的袷衣」（『中國古文字研究』第１輯、吉林大學出版社、1999年６月）
128. 劉信芳「荊門郭店楚簡老子校釋」（『中國古文字研究』第1輯、吉林大學出版社、1999年６月）
129. 徐在國・黃德寬「郭店楚簡文字續考」（『江漢考古』1999-2、1999年６月）
130. 顏世鉉「郭店楚墓竹簡儒家典籍文字考釋」（『經學研究論叢』６、1999年６月）
131. 曾憲通「楚帛書文字新訂」（『中國古文字研究』第１輯、吉林大學出版社、1999年６月）
132. 張桂光「《郭店楚墓竹簡・老子》釋注商榷」（『江漢考古』1999-2、1999年６月）
133. 『哲學動態』記者「郭店楚簡研究——中國社科院哲學所'99第一次學術新進展報告會紀要」（『哲學動態』1999-6、1999年６月／復印報刊資料『中國哲學』1999-8、1999年10月）
134. 朱榮貴「郭店楚簡的孝道思想」（『經學研究論叢』６、1999年６月）
135. 李家浩「楚大府鎬銘文新釋」（『語言學論叢』22、1999年７月）
136. 葉坦「儒家“無爲”說——從郭店楚簡談開去」（『哲學研究』1999-7、1999年７月

／復印報刊資料『中國哲學』1999-10、1999年12月）
137. 尹振環「論《郭店楚墓竹簡老子》——簡、帛《老子》比較研究」（『文獻』1999-3、北京圖書館出版社、1999年7月／復印報刊資料『中國哲學』1999-9、1999年11月）
138. 高晨陽「郭店楚簡《老子》的眞相及其與今本《老子》的關係——與郭沂先生商討」（『中國哲學史』1999-3、1999年8月）
139. 廖名春「郭店楚簡《成之聞之》、《唐虞之道》篇與《尙書》」（『中國史研究』1999-3、1999年8月）
140. 羅新慧「郭店楚簡與《曾子》」（『管子學刊』1999-3、1999年8月／復印報刊資料『先秦、秦漢史』2000-1、2000年2月）
141. 饒宗頤「饒序」（魏啓鵬『楚簡〈老子〉柬釋』、萬卷樓圖書有限公司、1999年8月）
142. 白奚「郭店儒簡與戰國黃老思想」→C
143. 陳鼓應「從郭店簡本看《老子》尙仁及守中思想」→C
144. 陳鼓應「《太一生水》與《性自命出》發微」（C／復印報刊資料『中國哲學』1999-12、2000年2月）
145. 戴卡琳著、劉海波譯「《太一生水》初探」→C
146.《道家文化研究》編輯部「編者寄言」→C
147. 丁原植「就竹簡資料看《文子》與解《老》傳承」→C
148. 韓祿伯著、程樂松譯「治國大綱——試讀郭店《老子》甲組的第一部分」→C
149. 賀碧來著・雷敦龢譯「論《太一生水》」→C
150. 李零「讀郭店楚簡《太一生水》」（C／『中國方術續考』（東方出版社、2000年10月）の「附錄三」）
151. 李零「郭店楚簡校讀記」→C
152. 羅浩「郭店《老子》對文中一些方法論問題」→C
153. 龐樸「一種有機的宇宙生成圖式——介紹楚簡《太一生水》」→C
154. 彭浩「郭店一號墓的年代與簡本《老子》的結構」→C
155. 強昱「《太一生水》與古代的太一觀」→C
156. 裘錫圭「郭店《老子》簡初探」→C
157. 王博「關於郭店楚墓竹簡《老子》的結構與性質——兼論其與通行本《老子》

的關係」→C

158. 王博「美國達慕思大學郭店《老子》國際學術討論會紀要」→C

159. 王博「張岱年先生談荊門郭店竹簡《老子》」→C

160. 魏啓鵬「楚簡《老子》柬釋」→C

161. 許抗生「初讀《太一生水》」→C

162. 張立文「論簡本《老子》與儒家思想的互補互濟」→C

163. 趙建偉「郭店楚墓竹簡《太一生水》疏證」→C

164. 陳來「《性自命出》：沈睡了兩千餘年的文獻」（『文史知識』1999-9、1999年9月）

165. 陳偉「郭店楚簡《六德》諸篇零釋」（『武漢大學學報』哲學社會科學版1999-5、1999年9月／復印報刊資料『先秦、秦漢史』2000-1、2000年2月）

166. 鄧建鵬「《唐虞之道》的民本思想」（『武漢大學學報』哲學社會科學版1999-5、1999年9月）

167. 丁四新「論《性自命出》與公孫尼子的關係」（『武漢大學學報』哲學社會科學版1999-5、1999年9月／復印報刊資料『中國哲學』1999-12、2000年2月）

168. 搜建平「郭店簡與《禮記》二題」（『武漢大學學報』哲學社會科學版1999-5、1999年9月）

169. 郭齊勇「郭店儒家簡與孟子心性論」（『武漢大學學報』哲學社會科學版1999-5、1999年9月／復印報刊資料『中國哲學』1999-12、2000年2月）

170. 解光宇「郭店竹簡《老子》研究綜述」（『學術界』1999-5、1999年9月）

171. 劉國勝「郭店竹簡釋字八則」（『武漢大學學報』哲學社會科學版1999-5、1999年9月）

172. 劉煥藻「郭店楚簡《老子》研究」（復印報刊資料『中國哲學』1999-7、1999年9月）

173. 呂紹綱「性命說——由孔子到思孟」（『孔子研究』1999-3、1999年9月）

174. 羅新慧「郭店楚簡與儒家的仁義之辨」（『齊魯學刊』1999-5、1999年9月）

175. 龐樸「“使由使知”解」（『文史知識』1999-9、1999年年9月／國際儒學聯合會・聯合國教科文組織・中國孔子基金會主辦『紀念孔子誕辰2550周年國際學術討論會論文』（下）、北京－山東、1999年10月）

176. 宋啓發「從《論語》到《五行》——孔子與子思的幾點思想比較」（『安徽大學學報』哲學社會科學版1999-5、1999年9月）

177. 謝桂華「百年簡帛（下）」（『文史知識』1999-9、1999年9月）
178. 趙吉惠「郭店楚簡與二十世紀《老子》文獻研究」（『歴史文獻研究』總第18輯、1999年9月）
179. 周鳳五「郭店楚墓竹簡〈唐虞之道〉新釋」（『中央研究院歴史語言研究所集刊』70-3、1999年9月）
180. 陳偉「讀郭店竹書《老子》札記（四則）」（『江漢論壇』1999-10、1999年10月）
181. 丁四新・劉泓「楚簡《語叢》前三篇思想論析」（『江漢論壇』1999-10、1999年10月）
182. 郭齊勇「東亞儒學核心價値觀及其現代意義」（國際儒學聯合會・聯合國教科文組織・中國孔子基金會主辦『紀念孔子誕辰2550周年國際學術討論會論文』（中）、北京－山東、1999年10月）
183. 李凭「1998年簡牘整理與研究述評」（『中國史研究動態』1999-10、1999年10月）
184. 李學勤「簡帛書籍的發現及其影響」（『文物』1999-10、1999年10月／復印報刊資料『歴史學』2000-2、2000年）
185. 廖名春「楚簡老子校釋之七」（馮天瑜主編『人文論叢』1999年卷、武漢大學出版社、1999年10月）
186. 廖名春「“六經” 次序探源」（國際儒學聯合會・聯合國教科文組織・中國孔子基金會主辦『紀念孔子誕辰2550周年國際學術討論會論文』（下）、北京－山東、1999年10月）
187. 呂紹綱「〈郭店楚墓竹簡〉辨疑兩題」（國際儒學聯合會・聯合國教科文組織・中國孔子基金會主辦『紀念孔子誕辰2550周年國際學術討論會論文』（續）、北京－山東、1999年10月）
188. 錢遜「對堯舜禪讓意義的認識」（國際儒學聯合會・聯合國教科文組織・中國孔子基金會主辦『紀念孔子誕辰2550周年國際學術討論會論文』（下）、北京－山東、1999年10月）
189. 翁賀凱「兩漢《禮記》源流新考――從《郭店簡與〈禮記〉》談起」（『北京大學研究生學志』1999-3、1999年10月／『福建論壇』文史哲版1999-5、1999年10月）
190. 吳根友「道論在簡本《老子》中的地位及道、德等概念在簡、帛、王本中含義異同初探」（『江漢論壇』1999-10、1999年10月／復印報刊資料『中國哲學』2000-2、2000年）
191. 陳來「儒家系譜之重建與史料困境之突破――郭店楚簡儒書與先秦儒學研究」

→E

192. 程水金「時間・變化・對策——老子哲學思想研究導論」→E
193. 丁四新「愛親與尊賢的統一——郭店簡書《唐虞之道》思想論析」（E／饒宗頤主編『華學』4、2000年8月（「愛親與尊賢的統一——郭店簡書《唐虞之道》思想論析與考證」と改題））
194. 丁四新「郭店簡書的天人之辨」→E
195. 高華平「論述《郭店楚墓竹簡・性自命出》的道家思想」→E
196. 郭梨華「竹簡《五行》的“五行”研究」→E
197. 郭齊勇「郭店楚簡的研究現狀」（E／『中國文哲研究通訊』9-4、1999年12月）
198. 郭沂「郭店竹簡與中國哲學」→E
199. 胡治洪「試論郭店楚簡的文化史意義」（E／『武漢大學學報』哲學社會科學版1999-6、1999年11月）
200. 黃錫全「讀郭店楚簡《老子》札記三則」→E
201. 黃釗「竹簡《老子》應爲稷下道家傳本的摘抄本」→E
202. 李存山「郭店楚簡研究散論」→E
203. 李景林「從郭店簡看思孟學派的性與天道論——兼談郭店簡儒家類著作的學派歸屬問題」→E
204. 李天虹「郭店楚簡文字雜釋」→E→K
205. 李維武「《性自命出》的哲學意蘊初探」→E
206. 連劭名「郭店楚簡《老子》中的“恆”」→E
207. 劉樂賢「郭店楚簡《六德》初探」→E
208. 劉嵐「郭店楚簡《性自命出》篇箋釋」→E
209. 劉澤亮「郭店《老子》所見儒道關係及其意義」→E
210. 劉釗「讀郭店楚簡字詞札記（一）」→E
211. 龐樸「天人三式——郭店楚簡所見天人關係試說」→E→K
212. 龐樸「郢燕書說——郭店楚簡中山三器心旁文字試說」→E→K
213. 彭邦本「郭店《唐虞之道》初論」→E
214. 彭浩「一種新的宇宙生成理論——讀《太一生水》」→E

215. 唐明邦「竹簡《老子》與通行本《老子》比較研究」→E
216. 魏啓鵬「《太一生水》札記」（E／『中國哲學史』2000-1、2000年2月）
217. 熊鐵基「對“神明”的歷史考察——兼論《太一生水》的道家性質」→E
218. 徐少華「《六德》思想及其源流初探」→E
219. 顏世安「道與自然知識——談《太一生水》在道家思想史上的地位」→E
220. 顏世鉉「郭店楚簡散論（一）」→E→K
221. 張思齊「太一生水與道教玄武神格」→E
222. 谷中信一著・孫佩霞譯「從郭店《老子》看今本《老子》的完成」→E
223. 陳松長「《太一生水》考論」→F
224. 陳偉「《太一生水》篇校讀幷論與《老子》的關係」→F
225. 陳偉「《語叢》一、三中有關“禮”的幾條簡文」→F→K
226. 程一凡「墨孟之閒：以智性資源觀念看郭簡儒籍」→F
227. 東方朔「《性自命出》篇的心性觀念初探」→F
228. 丁原植「解《老》傳承與文子」→F
229. 龔建平「郭店楚簡中的儒家禮樂思想述略」→F→K
230. 郭齊勇「郭店楚簡身心觀發微」→F
231. 黃人二「讀郭簡《老子》幷論其爲鄒齊儒者之版本」→F
232. 李零「郭店楚簡研究中的兩個問題——美國達慕思學院郭店楚簡《老子》國際學術討論會感想」→F→K
233. 李若暉「郭店《老子》校注簡論（上）」→F
234. 李若暉「郭店老子偶札」→F
235. 廖名春「郭店楚簡引《書》、論《書》考」→F→K（「郭店楚簡引《書》論《書》考」に改題）
236. 林素清「郭店竹簡《語叢四》箋釋」→F
237. 劉國勝「郭店《老子》札記一篇」→F
238. 劉信芳「郭店簡《緇衣》解詁」→F→K
239. 劉釗「讀郭店楚簡字詞札記（二）」→F
240. 歐陽禎人「超越窮達」→F

241. 歐陽楨人「在摩蕩中弘揚主體——郭店楚簡《性自命出》的認識論檢析」→F
242. 彭林「論郭店楚簡中的禮容」→F→K
243. 饒宗頤「從郭店楚簡談古代樂教」→F→K
244. 王葆玹「郭店楚簡的時代及其與子思學派的關係」→F
245. 蕭漢明「論莊生的性命說與道性二重觀」→F
246. 邢文「楚簡《緇衣》與先秦禮學——孔子之學的再考察」→F→K（「楚簡《緇衣》與先秦禮學」と改題）
247. 邢文「《太一生水》與《乾鑿度》」→F
248. 袁國華「《郭店楚墓竹簡・唐虞之道》"彡爲天子而不驕"句"彡"字考釋」→F
249. 張正明「郭店楚簡的幾點啓示」→F→K
250. 周鳳五「郭店竹簡的形式特徵及其分類意義」→F→K
251. 陳偉「《大一生水》考釋」（『古文字與古文獻』試刊號、1999年10月）
252. 程元敏「《郭店楚簡》〈緇衣〉引書考」（『古文字與古文獻』試刊號、1999年10月）
253. 黃人二「郭店竹簡〈窮達以時〉考釋」（『古文字與古文獻』試刊號、1999年10月）
254. 李若暉「郭店老子零箋」（『古文字與古文獻』試刊號、1999年10月）
255. 劉信芳「郭店簡文字考釋二則」（『古文字與古文獻』試刊號、1999年10月）
256. 周鳳五「讀郭店竹簡《成之聞之》札記」（『古文字與古文獻』試刊號、1999年10月）
257. 周鳳五・林素清「郭店竹簡編序復原研究」（『古文字與古文獻』試刊號、1999年10月）
258. 方旭東「郭店一號楚墓墓主身份考異」（『北京大學學報』哲學社會科學版1999-6、1999年11月）
259. 胡治洪「試論郭店楚簡的文化史意義」（『武漢大學學報』哲學社會科學版1999-6、1999年11月）
260. 季旭昇「讀郭店楚簡札記之二：《老子》第三十二章「知之不殆」解」（『中國文字』新25期、1999年12月）
261. 李家浩「楚墓竹簡中的"昆"字及從"昆"之字」（『中國文字』新25期、1999年12月）

262. 劉信芳「包山楚簡解詁試筆十七則」(『中國文字』新25期、1999年12月)

263. 顏世鉉「楚簡文字補釋二則」(『中國文字』新25期、1999年12月)

264. 袁國華「郭店楚簡「卯」(卲)、「其」、「卡」(卞)諸字考釋」(『中國文字』新25期、1999年12月)

265. 曹峰「第一章　郭店楚簡『緇衣』に見える法思想」(『出土簡帛資料に見える戰國後期の法思想——郭店楚簡『緇衣』と馬王堆帛書『經法』を中心に——』、東京大學修士學位論文、1999年12月／同修訂版2000年1月)

266. 鄧建鵬「略論《唐虞之道》的思想及其學派性質」(『武漢大學學報』哲學社會科學版1999-2、1999年)

267. 姜廣輝「郭店楚簡與原典儒學——國内學術界關於郭店楚簡的研究(一)」(『書品』1999-1、1999年／Ⅰ)

268. 姜廣輝「郭店楚簡與早期道家——國内學術界關於郭店楚簡的研究(二)」(『書品』1999-2、1999年／Ⅰ(「郭店楚簡與早期道家」と改題))

269. 張豐乾「文本、學派、思想、方法——試論郭店楚簡中的幾個問題」(『學思』1999-3、1999年)

270. 李縉雲「郭店楚簡研究近況」(『古籍整理出版情況簡報』1999-4、1999年)

271. 饒宗頤「從新資料追溯先代耆老的“重言”——儒道學派試論」(『中原文物』1999-4、1999年)

272. 劉煥藻「郭店楚簡《老子》研究」(『理論月刊』1999-5、1999年)

273. 龐樸「“太一生水”說」(『東方文化』1999-5、1999年／Ⅰ)

274. 尹振環「楚簡《老子》“絕智棄辯”思想及其發展演變」(『中國文化研究』1999年冬、1999年／復印報刊資料『中國哲學』2000-3、2000年)

275. 李景林・劉連朋「天人觀念中所見之儒家人文傳統」(『吉林大學社會科學學報』1999-6、1999年／復印報刊資料『中國哲學』2000-1、2000年)

276. 尹振環「驚人之筆　驚人之誤　驚人之訛——楚簡《老子》異於帛、今本《老子》的文句」(『復旦學報』社會科學版1999-6、1999年／復印報刊資料『中國哲學』2000-1、2000年)

277. 彭浩「望山、包山、郭店楚墓的發掘與楚文化(PENG Hao, Chu Tombs Un-

earthed at Wangshan, Baoshan, and Guodian and Chu Culture)」(TRANSACTIONS OF THE INTERNATIONAL CONFERENCE OF EASTERN STUDIES, NO. XLIV, THE TOHO GAKKAI(THE INSTITUTE OF EASTERN CULTURE), 1999.)

278. 黃釗「竹簡《老子》應爲稷下道家傳本的摘抄本」(『中州學刊』2000-1、2000年1月／復印報刊資料『中國哲學』2000-4、2000年)

279. 廖名春「論六經幷稱的時代兼及疑古說的方法論問題」(『孔子研究』2000-1、2000年1月)

280. 羅運環「論郭店一號楚墓所出漆耳杯文及墓主和竹簡的年代」(『考古』2000-1、2000年1月)

281. 饒宗頤「涓子《琴心》考——由郭店雅琴談老子門人的琴學」(劉東主編『中國學術』1、2000年1月)

282. 蔣瑞「說郭店簡本《老子》“大器曼成”」(『中國哲學史』2000-1、2000年2月)

283. 李若暉「郭店楚簡“衍”字略考」(『中國哲學史』2000-1、2000年2月)

284. 廖名春「郭店楚簡《緇衣》引《書》考」(『西北大學學報』哲學社會科學版2000-1、2000年2月／復印報刊資料『先秦、秦漢史』2000-3、2000年)

285. 呂紹綱「《郭店楚墓竹簡》辨疑兩題」(『史學集刊』2000-1、2000年2月)

286. 任繼愈「郭店楚簡與楚文化」(『中國哲學史』2000-1、2000年2月／K／復印報刊資料『中國哲學』2000-9、2000年11月)

287. 姚才剛「郭店楚簡國際學術研討會紀要」(『中國哲學史』2000-1、2000年2月)

288. 陳高志「讀《郭店楚墓竹簡》札記」→Ⅰ

289. 陳金生「郭店楚簡《緇衣》校讀札記」→Ⅰ

290. 陳來「郭店竹簡儒家記說續探」→Ⅰ

291. 姜廣輝「郭店楚簡與道統攸系——儒學傳統重新詮釋論綱」→Ⅰ

292. 彭林「郭店簡與《禮記》的年代」→Ⅰ

293. 裘錫圭「以郭店《老子》爲例談談古文字」→Ⅰ

294. 王博「關於郭店楚墓竹簡分篇與連綴的幾點想法」→Ⅰ

295. 邢文「《太一生水》與《淮南子》:《乾鑿度》再認識」→Ⅰ

296. 鍾肇鵬「郭店楚簡略說」→Ⅰ
297. 池田知久「郭店楚簡《五行》研究」→Ⅰ
298. 白於藍「郭店楚簡《老子》“𠀠”、“賽”、“埀”校釋」（『古籍整理研究學刊』2000-2、2000年3月）
299. 陳來著・吾妻重二譯「郭店楚簡の儒書と先秦儒學——また郭店儒書と『禮記』の關係について——」（『中國文學會紀要』21、2000年3月）
300. 丁四新「“郭店楚簡國際學術研討會”綜述」（『孔子研究』2000-2、2000年3月）
301. 丁巍「郭店楚墓竹簡中外研究述略」（『中州學刊』2000-2、2000年3月）
302. 胡平生「簡牘制度新探」（『文物』2000-3、2000年3月）
303. 黃人二「郭店楚簡國際學術研討會綜述」（『武漢大學學報』人文社會科學版2000-2、2000年3月）
304. 廖名春「疑古與史料審查」（『中州學刊』2000-2、2000年3月）
305. 劉國勝「郭店楚簡國際學術研討會綜述」（『文史哲』2000-2、2000年3月）
306. 裘錫圭「新しい中國古典學の構築といくつかの注意點」（『公開シンポジウム「文明と古典」要旨集』、日本學術會議語學文學・東洋學・西洋古典學研究連絡委員會文部省科學研究費補助金特定領域研究「古典學の再構築」共催、日本中國學會・日本印度學佛教學會協贊、日本學術會議講堂・東京大學文學部、2000年3月）
307. 裘錫圭「《太一生水》“名字”章解釋——兼論《太一生水》的分章問題」（中國社會文化學會3月例會、2000年3月）
308. 翁銀陶「“道”：“絕對虛空”與“宇宙密碼”的混成——對老子宇宙本體論的思考」（『中州學刊』2000-2、2000年3月）
309. 揚學「初論《老子》與禮學在思惟譜系上的家族相似」（『孔子研究』2000-2、2000年3月）
310. 尹振環「重寫老子其人　重釋《老子》其書」（『中州學刊』2000-2、2000年3月）
311. 趙敏俐「試談出土文獻在文學研究中的作用」（『中州學刊』2000-2、2000年3月）
312. 陳開先「中國傳統文化的新資源——郭店墓竹簡的內容及其學術意義」（『東方文化』2000-2、2000年4月）
313. 尹振環「楚簡與帛書《老子》的作者和時代印記考」（『學術月刊』2000-4、2000年

4月）

314. 高正「郭店竹書在中國思想史上的定位——兼論屈原與郭店楚墓竹書的關係」（『中國哲學史』2000-2、2000年5月）

315. 梁立勇「郭店楚墓竹簡〈性自命出〉篇研究」（清華大學碩士學位論文、2000年5月）

316. 廖名春「上海博物館藏《孔子閑居》和《緇衣》楚簡管窺」（張豈之主編『中國思想史論集　中國思想史研究回顧與展望』1、2000年5月）

317. 劉豐「20世紀先秦、秦漢禮學研究綜述」（張豈之主編『中國思想史論集　中國思想史研究回顧與展望』1、2000年5月）

318. 羅新慧「從郭店楚簡看孔、孟之閒的儒學變遷」（『中國哲學史』2000-2、2000年5月）

319. 揚擧「老子哲學論」（張豈之主編『中國思想史論集　中國思想史研究回顧與展望』1、2000年5月）

320. 陳偉「關於郭店楚簡《六德》諸篇編連的調整」→K

321. 杜維明「郭店楚簡的人文精神」→K

322. 李學勤「郭店楚簡《六德》的文獻學意義」→K

323. 劉釗「讀郭店楚簡字詞札記」→K

324. 裘錫圭「糾正我在郭店《老子》簡釋讀中的一個錯誤——關於“絕僞弃詐”」→K

325. 饒宗頤「詩言志再辨——以郭店楚簡資料爲中心」→K

326. 蕭萐父「郭店楚簡的價值和意義」→K

327. 近藤浩之「包山楚簡卜筮祭禱記錄與郭店楚簡中的《易》」→K

328. 陳明「民本政治的新論證——對《尊德義》的一種解讀」（『原道』6、貴州人民出版社、2000年6月）

329. 鄧小軍「孔子思想與民主政治」（『原道』6、貴州人民出版社、2000年6月）

330. 廖名春「試論馮友蘭的“釋古”」（『原道』6、貴州人民出版社、2000年6月）

331. 何琳儀「鄂君啓舟節釋地三則」（『古文字研究』22、2000年7月）

332. 李學勤「師詢簋與《祭公》」（『古文字研究』22、2000年7月）

333. 劉桓「甲骨文字考釋（四則）」（『古文字研究』22、2000年7月）

334. 徐在國「兵器銘文考釋（七則）」（『古文字研究』22、2000年7月）
335. 曹道衡「文物與文獻小議」（姚小鷗主編『出土文獻與中國文學研究』、北京廣播學院出版社、2000年8月）
336. 陳斯鵬「郭店楚墓竹簡考釋補正」（饒宗頤主編『華學』4、2000年8月）
337. 陳偉武「郭店楚簡識小錄」（饒宗頤主編『華學』4、2000年8月）
338. 董乃斌「出土文獻和學術方略」（姚小鷗主編『出土文獻與中國文學研究』、北京廣播學院出版社、2000年8月）
339. 方銘「孔子盡善盡美的審美理想新論」（姚小鷗主編『出土文獻與中國文學研究』、北京廣播學院出版社、2000年8月）
340. 李天虹「釋楚簡文字“廈”」（饒宗頤主編『華學』4、2000年8月）
341. 李穎・姚小鷗「出土文獻與《史記・老子列傳》」（姚小鷗主編『出土文獻與中國文學研究』、北京廣播學院出版社、2000年8月）
342. 廖名春「出土文獻與先秦文學史的重寫」（姚小鷗主編『出土文獻與中國文學研究』、北京廣播學院出版社、2000年8月）
343. 廖名春「郭店楚簡與《詩經》」（姚小鷗主編『出土文獻與中國文學研究』、北京廣播學院出版社、2000年8月）
344. 廖名春「郭店楚簡《緇衣》篇引《詩》考」（饒宗頤主編『華學』4、2000年8月）
345. 廖名春「疑古與資料審查」（姚小鷗主編『出土文獻與中國文學研究』、北京廣播學院出版社、2000年8月）
346. 劉樂賢「《窮達以時》與《呂氏春秋・愼人》」（饒宗頤主編『華學』4、2000年8月）
347. 毛慶「略述楚辭研究中出土文物的功用與地位」（姚小鷗主編『出土文獻與中國文學研究』、北京廣播學院出版社、2000年8月）
348. 許志剛「竹簡、帛書與先秦文學文獻研究」（姚小鷗主編『出土文獻與中國文學研究』、北京廣播學院出版社、2000年8月）
349. 張豐乾「《老子》索隱（六則）」（饒宗頤主編『華學』4、2000年8月）
350. 趙敏俐「20世紀出土文獻與中國文學研究」（姚小鷗主編『出土文獻與中國文學研究』、北京廣播學院出版社、2000年8月）

351. 廖名春「清華大學“出土簡帛與中國思想史研究”項目啓動」→M
352. 余瑾「清華大學“簡帛講讀班”第一次研討會綜述」→M
353. 余瑾「清華大學“簡帛講讀班”第二次研討會綜述」→M
354. 余瑾「清華大學“簡帛講讀班”第三次研討會綜述」→M
355. 余瑾「清華大學“簡帛講讀班”第四次研討會綜述」→M
356. 余瑾「清華大學“簡帛講讀班”第五次研討會綜述」→M
357. 余瑾「清華大學“簡帛講讀班”第六次研討會綜述」→M
358. 余瑾「清華大學“簡帛講讀班”第七次研討會綜述」→M
359. 余瑾「清華大學“簡帛講讀班”第八次研討會綜述」→M
360. 余瑾「清華大學“簡帛講讀班”第九次研討會綜述」→M
361. 李學勤「郭店楚簡《六德》的文獻學意義」→M
362. 李學勤「試說郭店簡《成之聞之》兩章」→M
363. 廖名春「郭店楚簡《性自命出》篇校釋」→M
364. 廖名春「郭店楚簡《六德》篇校釋」→M
365. 廖名春「郭店楚簡《成之聞之》篇校釋」→M
366. 廖名春「上海博物館藏楚簡《周易》管窺」→M
367. 彭林「《六德》柬釋」→M
368. 彭林「子思作《孝經》說新論」→M
369. 錢遜「“使由使知”和“可道不可強”」→M
370. 錢遜「《性自命出》(前半部分)札記」→M
371. 錢遜「是誰誤解了“愼獨”」→M
372. 梁濤「郭店楚簡與“君子愼獨”」→M
373. 劉樂賢「《性自命出》與《淮南子・謬稱》論“情”」→M
374. 江山「太一生水：楚儒的體、相論」→M
375. 崔永東「郭店楚簡《成之聞之》字義零釋」→M
376. 崔永東「郭店楚簡《老子》法律思想簡析」→M
377. 王志平「《窮達以時》簡釋」→M
378. 李天虹「《性自命出》的編聯及分篇」→M

379. 李天虹「從《性自命出》談孔子與詩書禮樂」（M／『中國哲學史』2000-4、2000年11月）
380. 趙平安「釋郭店簡《成之聞之》中的“逯”字」→M
381. 王子今「郭店簡《六德》“犾耷”“軔犾”試解」→M
382. 梁立勇「《郭店楚墓竹簡〈性自命出〉篇研究》內容摘要」→M
383. 李若暉「《郭店〈老子〉校勘簡論》內容摘要」→M
384. 蔡仲德「郭店楚簡儒家樂論試探」（復印報刊資料『中國哲學』2000-7、2000年９月）
385. 丁四新「略論郭店楚簡《五行》思想」（復印報刊資料『中國哲學』2000-7、2000年９月）
386. 歐陽禎人「論《性自命出》對儒家人學思想的轉進」（復印報刊資料『中國哲學』2000-7、2000年９月）
387. 陳偉「郭店簡書《人雖有性》校釋」（『中國哲學史』2000-4、2000年11月）
388. 從春來「簡論早期儒家文化因革觀」（復印報刊資料『中國哲學』2000-9、2000年11月）
389. 丁四新「《性自命出》與思孟學派的關係」（『中國哲學史』2000-4、2000年11月）
390. 連劭名「論郭店楚簡《性自命出》中的“道”」（『中國哲學史』2000-4、2000年11月）
391. 廖名春「郭店簡《性自命出》的編連與分合問題」（『中國哲學史』2000-4、2000年11月）
392. 張立文「生死學和級極關懷（待讀）」（復印報刊資料『中國哲學』2000-9、2000年11月）
393. 葛兆光「第三節　思想史視野中的考古與文物」（『中國思想史　七世紀至十九世紀中國的知識、思想與信仰』２、2000年12月）
394. 李剛「郭店楚簡《忠信之道》的思想傾向」（復印報刊資料『中國哲學』2000-10、2000年12月）
395. 駱蘭「“郭店楚簡國際學術研討會”綜述」（『理論月刊』2000-1・2、2000年／復印報刊資料『先秦、秦漢史』2000-3、2000年）
396. 丁原植「從出土《老子》文本看中國古典哲學的發展」（『哲學與文化』26-4）
397. 李零「三一考」（『哲學與文化』26-4）

398. 廖名春「楚簡《老子》校詁（上）（下）」（『大陸雜誌』98-1・2）

399. 廖名春「楚簡《老子》校詁（二）（上）（下）」（『大陸雜誌』98-5・6）

400. 廖名春「楚簡《老子》校詁（三）（上）」（『大陸雜誌』99-1）

401. 沈淸松「郭店竹簡《老子》的道論與宇宙論——相關文本的解讀與比較」（『哲學與文化』26-4）

402. 葉海煙「《太一生水》與莊子的宇宙觀」（『哲學與文化』26-4）

403. 陳麗桂「從郭店竹簡《五行》檢視帛書《五行》說文對經文的依違情況」（『哲學與文化』26-5）

404. 郭梨華「簡帛《五行》中的禮樂考述」（『哲學與文化』26-5）

405. 潘小慧「《五行篇》的人學初探——以“心——身”關係的考察爲核心展開」（『哲學與文化』26-5）

406. 龐樸「竹帛《五行》篇與思孟五行說」（『哲學與文化』26-5）

407. 許抗生「初讀郭店竹簡《老子》」（『宗教哲學』4-4）

408. 莊萬壽「太一與水之思想探求——《太一生水》楚簡之初探」（『哲學與文化』26-5）

409.「戰國楚簡」（『上海博物館中國歷代書法館　Shanghai Museum Chinese Calligraphy Gallery』）

410. 池田知久「序文」（東京大學馬王堆帛書研究會編『『馬王堆漢墓出土帛書周易』二三子問篇譯注』（三）、東京大學文學部中國思想文化研究室、1998年６月）

411. 池田知久「アメリカ、ダートマス大學「郭店老子國際研討會」」（『東方學』第96輯、1998年７月）

412. 池田知久「形成途上にある最古のテキストとしての郭店楚簡『老子』」（東京大學大學院人文社會系研究科中國思想文化學研究室、1998年８月／C（曹峰譯「尙處形成階段的《老子》最古文本——郭店楚簡《老子》」））

413. 新井光風「全貌が公になった新出土の七三〇簡」（『東方』214號、東方書店、1998年12月）

414. 平勢隆郎「第一章　『左傳』の史料批判的檢討」「第二節　『左傳』易と三統暦——『左傳』の檢討（一）——」注（12）（平勢隆郎『左傳の史料批判的研究』、

東京大學東洋文化研究所、汲古書院、1998年12月）

415. 末永高康「もう一つの「天人の分」——郭店楚簡初探」（『鹿兒島大學教育學部研究紀要』第50巻別册、1999年３月）

416. 大西克也「秦漢避諱芻議」（杭州大學古籍研究所・杭州大學中文系古漢語教研室編『古典文獻與文化論叢』第2輯、杭州大學出版社、1999年５月）

417. 渡邉大「郭店老子の組分けと竹簡の配列について」（『中國文化』第57號、1999年６月）

418. 向井哲夫「郭店楚簡『老子』について」（『唯物論と現代』第23號、1999年７月）

419. 謝衛平・盧艷・姜聲燦・河井義樹「『窮達以時』」→D

420. 新井儀平「郭店楚墓竹簡の書法と字形についての考察」→D

421. 池田知久「序文」→D

422. 松崎實・姜聲燦・謝衛平・盧艷・河井義樹「『大一生水』」→D

423. 內山俊彦「あとがき」（『荀子』、講談社、1999年９月）

424. 齋木哲郎「郭店楚簡「五行篇」覺書」（『東洋古典學研究』第8集、1999年10月）

425. 王必勝・崔仁義「春秋《老子》及其人物論—兼論郭店竹簡《老子》的命名」→G

426. 池田知久「郭店楚墓竹簡『五行』譯注」→G

427. 近藤浩之「序文」→G

428. 李承律「郭店楚簡『唐虞之道』譯注」→G

429. 李承律「郭店楚簡『魯穆公問子思』の忠臣觀について」→G

430. 李承律「郭店楚墓竹簡『魯穆公問子思』譯注」→G

431. 林亨錫「郭店楚簡《太一生水》篇與緯書」→G

432. 曹峰「上海博物館展示の楚簡について」→H

433. 池田知久「郭店楚簡『五行』の研究」→H

434. 井ノ口哲也「郭店楚墓竹簡『眚自命出』譯注」→H

435. 近藤浩之「序文——郭店楚簡を讀むために」→H

436. 渡邉大「郭店楚墓竹簡『成之聞之』譯注」→H

437. 小池一郎「郭店楚簡『老子』と「老子」の祖型」（『言語文化』2-3、2000年１月）

438. 池田知久「郭店楚簡『窮達以時』の研究」→ J

439. 池田知久・近藤浩之・李承律・渡邉大・芳賀良信・廣瀬薫雄・曹峰「郭店楚墓竹簡『緇衣』譯注（上）」→ J

440. 井ノ口哲也「中國古代の「遇不遇」論――「時」と「命」をどう捉えるか――」→ J

441. 澤田多喜男「郭店楚簡緇衣篇攷」→ J

442. 末永高康「「性」卽「氣」――郭店楚簡『性自命出』の性說」（『鹿兒島大學教育學部研究紀要』第51卷別册、2000年３月）

443. 大西克也「談談郭店楚簡『老子甲本』「鼇」字的讀音和訓釋問題」（『中國出土資料研究』第４號、2000年３月）

444. 谷中信一「郭店『老子』關係著作五種」（『中國出土資料研究』第４號、2000年３月）

445. 大西克也「包山楚簡「囟」字の訓釋をめぐって」（『東京大學中國語中國文學研究室紀要』３、2000年４月）

446. 淺野裕一「郭店楚簡『窮達以時』の「天人之分」について」（『集刊東洋學』83、2000年５月）

447. 淺野裕一「郭店楚簡『太一生水』と『老子』の道」（『中國研究集刊』26、2000年６月）

448. 曹峰「序文」→ L

449. 裘錫圭「《太一生水》“名字”章解釋――論《太一生水》的分章問題」→ L

450. 裘錫圭「中國古典學重建中應該注意的問題」→ L

451. 池田知久・近藤浩之・李承律・渡邉大・芳賀良信・廣瀬薫雄・曹峰「郭店楚墓竹簡『緇衣』譯注（下）」→ L

452. 池田知久「序文」→ N

453. 德舛修・打越龍也・岡本秀夫・和田恭人・三瓶高寛「郭店楚墓竹簡『魯穆公問子思』譯注」→ N

454. 德舛修・和田恭人・打越龍也・三瓶高寛・岡本秀夫「郭店楚墓竹簡『忠信之道』譯注」→ N

455. 金晟煥「마왕퇴를 지나 곽점으로 均다」(『오늘의동양사상』1999-2, 예문 동양사상연구원, 1999年11月)

456. 박원재「郭店竹簡本『老子』에 대한 몇 均지 검토」(『동양철학』13, 한국동양철학회, 2000年3月)

457. 李承律「郭店楚簡『魯穆公問子思』의 忠臣觀」(『韓國哲學論集』9、2000年12月)

458. Huang Paulos; "The bamboo slips of the Laozi discovered in No.1 Chu State Tomb in Guodian Village, Jingmen, Hubei province.", Lao Zi, The Book and the Man, The Finnish Oriental Society, Helsinki, 1996.

459. Huang Paulos; "THE GUODIAN BAMBOO SLIP TEXTS AND THE LAOZI" →F

460. PENG Hao; "Comparing the Copies of Laozi Written on Bamboo Tablets and Silk", TRANSACTIONS OF THE INTERNATIONAL CONFERENCE OF EASTERN STUDIES, NO. XLIV, THE TOHO GAKKAI (THE INSTITUTE OF EASTERN CULTURE), 1999.

461. IKEDA Tomohisa; "Symposium I : Aspects of Pre-Qin Culture Seen from Chu Slips", TRANSACTIONS OF THE INTERNATIONAL CONFERENCE OF EASTERN STUDIES, NO. XLIV, THE TOHO GAKKAI (THE INSTITUTE OF EASTERN CULTURE), 1999.

462. Donald Harper; "Reading Comprehension and Writing in the Warring States (as Evidenced in the Guodian Manuscripts)" →E

463. Jeffrey Riegel; "The Guodian "ZiYi"——New Evidence for the Zi Si School of Early Confucianism?" →E

464. Rudolf G. WAGNER; "The Impact of Conceptions of Rhetoric and Style upon the Formation of Early Laozi Editions: Evidence from Guodian, Mawangdui and the Wang Bi Laozi", TRANSACTIONS OF THE INTERNATIONAL CONFERENCE OF EASTERN STUDIES, NO. XLIV, THE TOHO GAKKAI (THE INSTITUTE OF EASTERN CULTURE), 1999.

V　新聞記事・會報の部

1.「我國考古史上又一重大發現——最早的竹簡《老子》等典籍在荊門出土」(『湖北日報』1994年12月15日)
2.「荊門出土戰國時期五部典籍」(『中國文物報』1995年1月25日)
3. 何鋒・徐義德「荊門出土《老子》等五部典籍竹簡爲我國目前發現最早、最完整、數量最多之楚簡」(『人民日報』海外版1995年2月7日)
4. 劉祖信・梅訓安「荊門出土我國最早竹簡」(『人民日報』海外版1995年2月8日)
5. 何鋒・徐義德「荊門出土《老子》等五部竹簡典籍」(『中國文物報』1995年3月19日)
6. 左鵬「荊門竹簡《老子》出土意義」(『中國文物報』1995年6月25日)
7. 劉祖信・崔仁義「荊門竹簡《老子》并非對話體」(『中國文物報』1995年8月20日)
8. 彭浩「論郭店楚簡中的老學著作」(『中國出土資料研究會會報』第4號、谷中信一「北京管見錄」所錄、1996年11月)
9. 李學勤「荊門郭店楚簡所見關尹遺説」(『中國文物報』1998年4月8日/B)
10. 李學勤「先秦儒家著作的重大發現」(『人民政協報』1998年6月8日/B)
11. 李縉雲・邢文「美國“郭店《老子》國際研討會”綜述」(A/邢文・李縉雲「郭店《老子》國際研討會綜述」、『文物』1998-9、1998年9月(抄錄)/B)
12. 龐樸「古墓新知——漫讀郭店楚簡」(A/B/『讀書』1998-9、1998年)
13. 龐樸「儒聯召開“郭店楚簡”研討會」→A
14.「《郭店楚墓竹簡》學術研討會述要」→A→B
15.「“儒學的人論”國際學術研討會述要」の「六　郭店楚簡」→A
16. 陳來「郭店簡可稱“荊門禮記”」(『人民政協報』1998年8月3日)
17. 吳曉萍・卜憲群「二十世紀末簡牘的重大發現及其價值」(『光明日報』1998年10月23日)
18. 高明「讀郭店《老子》」(『中國文物報』1998年10月28日)
19. 李家浩「關於郭店《老子》乙組一支殘簡的拼接」(『中國文物報』1998年10月28日)
20. 彭浩「談郭店《老子》——分章和章次」(『中國文物報』1998年10月28日)

21. 張立行「戰國竹簡露眞容」(『文匯報』1999年1月5日)
22.「上海博物館從香港購回罕見戰國竹簡初露眞容」(『澳洲新報』1999年1月8日)
23. 陸正明「“老子”何許人,“竹簡”辨眞身」(『文匯報』1999年3月24日)
24. 郭沂「從郭店竹簡看先秦哲學發展脈絡」(『光明日報』1999年4月23日/復印報刊資料『中國哲學』1999-5、1999年7月)
25. 一文「郭店竹簡的發現是否改變先秦學術思想史」(『人民日報』1999年5月8日)
26. 郭洪新「中國哲學史應當改寫(郭沂訪談錄)」(『北京日報』1999年6月9日)
27. 張晨「戰國竹簡問世:中國古史大驚奇」(『中國時報』1999年6月28日)
28. 鄭良樹「《老子》嚴遵本校記」(『書目季刊』1999年6月28日)
29. 曹錦炎「簡評《郭店楚簡研究・文字編》」(『中國文物報』1999年6月30日)
30. 高正「論屈原與郭店楚墓竹書的關係」(『光明日報』1999年7月2日)
31. 谷萍・喩少柏「使《老子》成爲中國典籍中最完整的版本序列　『郭店楚簡』研究走向世界」(『長江日報』1999年7月11日下午版)
32. 錢遜「紀念孔子誕辰2550周年國際學術研討會綜述」(『人民政協報』1999年11月24日/復印報刊資料『中國哲學』1999-12、2000年2月)
33. 邢文「簡帛時代:呼喚新世紀的大師(發刊辭)」(『國際簡帛研究通訊』1、1999年12月)
34. 廖名春「淸華大學“出土簡帛與中國思想史研究”項目啓動」(『國際簡帛研究通訊』2、2000年4月)
35. 劉貽群「簡帛檔案」(『國際簡帛研究通訊』2、2000年4月)
36. 吳銳「郭店楚簡與經學——國際簡帛中心第一次學術討論會小記」(『國際簡帛研究通訊』2、2000年4月)
37. 曹峰「《郭店楚簡老子研究》出版」(『國際簡帛研究通訊』3、2000年4月)
38. 曹峰「日本出版郭店楚簡研究論著」(『國際簡帛研究通訊』3、2000年4月)
39. 劉樂賢「《性自命出》的學派性質」(『國際簡帛研究通訊』3、2000年4月)
40. 余瑾「北京大學郭店楚簡編聯問題研討會綜述」(『國際簡帛研究通訊』3、2000年4月)
41. 余瑾「淸華大學“簡帛講讀班”第1～4次研討會綜述」(『國際簡帛研究通訊』3、

2000年4月）

42. 劉信芳「先憂後樂與郭店楚簡“任”字」（『中國文物報』2000年6月7日）

43. 陳偉「《學會消息》」（『中國出土資料學會會報』第14號、2000年7月）

44. 藤田勝久「湖北省の出土資料研究」（『中國出土資料研究會會報』第1號、1995年11月）

45. 池田知久「アメリカ、ダートマス大學主催の「郭店老子國際研討會」に參加して」（『中國出土資料學會會報』第8號、1998年7月）

46. 谷口滿「郭店楚簡太一生水二則」（『中國出土資料學會會報』第9號、1998年10月）

47.「「焚書坑儒」免れた竹簡——上海博物館1200本最古の易經など解讀」（『讀賣新聞』1999年1月6日）

48. 池田知久「ドイツ・ハイデルベルク大學教授・ルドルフ・F・ワグナー氏報告「“書不盡言”：先秦時期對于文字之不可靠性的批評與出土文字中所見的對文字之作用的態度」」（『中國出土資料學會會報』第11號、1999年7月）

49. 大西克也「1998年中國出土資料見聞記」（『中國出土資料學會會報』第11號、1999年7月）

50. 工藤元男・池田知久「楚簡より見た先秦文化の諸相」（『東方學會報』76、1999年7月）

51. 藤田勝久「楚簡より見た先秦文化の諸相シンポジウム」（『中國出土資料學會會報』第11號、1999年7月）

52.「第四十四回國際東方學者會議の開催——新しい學術プログラム（東京）に會員が多數參加——」（『東方學會報』76、1999年7月）

53. 谷中信一「郭店楚簡國際學術研討會に出席して」（『中國出土資料學會會報』第12號、1999年12月）

54. 近藤浩之「《臨時例會講演會・2000年1月19日東京大學文學部》中國社會科學院歷史研究所思想史研究室研究員・姜廣輝氏講演「郭店楚簡與早期儒學」」（『中國出土資料學會會報』第13號、2000年3月）

55. 谷中信一「「郭店楚簡國際學術研討會に參加して」に代えて——プログラムの變更についてお詫びと釋明」（『中國出土資料學會會報』第13號、2000年3月）

56. 谷中信一「關于《郭店楚簡・五行篇》第36號簡背面所寫的“”字」(『國際簡帛研究通訊』3、2000年4月)
57. 大西克也「大東文化大學教授・日展評議員　新井儀平(光風)氏報告「包山楚簡・郭店楚簡の字形について」」(『中國出土資料學會會報』第14號、2000年7月)
58. “Bamboo Slips of Classics Unearthed”, *Beijing Review*, April 13-16, 1995.

Ⅵ　學會發表の部

1. 廖名春「從荊門楚簡論先秦儒家與《周易》的關係」(第2屆易學與當代文明研討會論文、1997年10月／朱伯崑主編『國際易學研究』第4輯、華夏出版社、1998年5月)
2. 陳鼓應「初讀簡本《老子》」(アメリカ、ダートマス大學會議論文、1998年5月)
3. 李伯謙「楚文化源流述略」(アメリカ、ダートマス大學會議論文、1998年5月)
4. 李零「讀郭店楚簡《老子》」(アメリカ、ダートマス大學會議論文、1998年5月)
5. 李零「三一考」(アメリカ、ダートマス大學會議論文、1998年5月／陳福濱主編『本世紀出土思想文獻與中國古典哲學研究論文集』上册、輔仁大學出版社、1999年4月)
6. 雷敦龢「郭店《老子》及《太一生水》」(英文、アメリカ、ダートマス大學會議論文、1998年5月)
7. 劉祖信「荊門郭店一號墓概述」(アメリカ、ダートマス大學會議論文、1998年5月)
8. 羅浩「郭店老子對文研究中一些方法論問題」(アメリカ、ダートマス大學會議論文、1998年5月)
9. 彭浩「關於郭店楚簡《老子》整理工作的幾點說明」(アメリカ、ダートマス大學會議論文、1998年5月)
10. 裘錫圭「以郭店《老子》簡爲例談談古文字考釋」(アメリカ、ダートマス大學會議論文、1998年5月／Ⅰ(「以郭店《老子》爲例談談古文字」と改題))
11. 譚樸森「老子古本校對說明」(アメリカ、ダートマス大學會議論文、1998年5月)
12. 王博「帛書《五行》與先秦儒家《詩》學」(アメリカ、ダートマス大學會議論文、1998年5月)
13. 王博「郭店《老子》爲什麼有三組?」(アメリカ、ダートマス大學會議論文、1998年

5月）

14. 王博「荊門郭店竹簡與先秦儒家經學」（アメリカ、ダートマス大學會議論文、1998年5月／『中國傳統哲學新論——朱伯崑教授七十五壽辰紀念文集』、1999年３月）
15. 邢文「郭店楚簡《五行》試論」（アメリカ、ダートマス大學會議論文、1998年５月）
16. 葛兆光「從近年新發現的出土文獻重新認識中國思想史（報告提綱）」（東京大學文學部印度哲學研究室、1998年６月）
17. 裘錫圭「出土的中國古代簡帛古籍在文獻學上的意義」（中國出土資料學會特別例會講演會、東京大學文學部、1998年10月／Ｆ）
18. 劉信芳「郭店竹簡文字考釋拾遺」（紀念徐中舒先生百年誕辰暨中國古文字學國際學術研討會、四川聯合大學、1998年10月）
19. 徐在國・黃德寬「郭店楚簡文字續考」（紀念徐中舒先生百年誕辰暨中國古文字學國際學術研討會、四川聯合大學、1998年10月／『江漢考古』1999-2、1999年６月）
20. 白奚「郭店儒簡與戰國黃老思想」（廣東羅浮山道家會議論文、1998年12月／Ｃ）
21. 成中英「自郭店楚簡老子反思道家觀點」（廣東羅浮山道家會議論文、1998年12月）
22. 韓東育「《郭店楚墓竹簡・太一生水篇》與《老子》的幾個問題」（廣東羅浮山道家會議論文、1998年12月）
23. 黃占竹「郭店老子的內容、分章及完整性問題」（廣東羅浮山道家會議論文、1998年12月）
24. 李存山「從郭店楚簡看早期道儒關係」（廣東羅浮山道家會議論文、1998年12月）
25. 龐樸「“太一生水”說」（廣東羅浮山道家會議論文、1998年12月／『東方文化』1999-5、1999年）
26. 饒宗頤「從新資料追溯先代耆老的“重言”——儒道學派試論」（香港中文大學“中國文化與二十一世紀”國際學術研討會、1998年12月／『中原文物』1999-4、1999年）
27. 王博「關於郭店楚墓竹簡《老子》的結構與性質——兼論其與通行本《老子》的關係」（廣東羅浮山道家會議論文、1998年12月／Ｃ）
28. 魏啓鵬「“大成若詘”考辨——讀楚簡《老子》札記之一」（廣東羅浮山道家會議論文、1998年12月）
29. 張立文「簡本《老子》與儒家思想的互補互濟」（廣東羅浮山道家會議論文、1998年

12月）

30. 張永義「從“太一生水”篇看先秦道家宇宙觀的演進」（廣東羅浮山道家會議論文、1998年12月）

31. 袁國華「郭店楚簡「卯」（卲）「其」、「卡」（卞）考釋」（『第十屆中國文字學全國學術研討會論文集』、逢甲大學第六國際會議廳、1999年４月／『中國文字』新25期、1999年12月）

32. 陳來「郭店楚簡儒書與先秦儒學研究——兼論郭店儒書與《禮記》」（中國古代禮制研究班主宰講演論文、京都大學人文科學研究所、1999年５月／陳來著・吾妻重二譯「郭店楚簡の儒書と先秦儒學——また郭店儒書と『禮記』の關係について——」（『中國文學會紀要』21、2000年３月））

33. 黃占竹（Paulos Huang）「郭店楚簡老子的作者和成書年代」（『SIMPOSIUM Ⅰ 楚簡より見た先秦文化の諸相　Various Aspects of Pre-Qin Culture as Seen through Chu Bamboo Slips』、第44回國際東方學者會議、國立教育會館、1999年６月）

34. 彭浩「望山、包山、郭店楚墓的發掘與楚文化」（『SIMPOSIUM Ⅰ楚簡より見た先秦文化の諸相　Various Aspects of Pre-Qin Culture as Seen through Chu Bamboo Slips』、第44回國際東方學者會議、國立教育會館、1999年６月／TRANSACTIONS OF THE INTERNATIONAL CONFERENCE OF EASTERN STUDIES, NO. XLIV, THE TOHO GAKKAI（THE INSTITUTE OF EASTERN CULTURE), 1999.）

35. 劉釗「讀郭店楚簡字詞雜記（一）」（中國語言學會第十屆學術會暨國際中國語文研討會會議論文、1999年７月）

36. 艾蘭「太一　水　郭店《老子》」（郭店楚簡國際學術研討會論文、武漢大學珞珈山莊、1999年10月）

37. 陳明「民本政治的新論證——對《尊德義》的一種解讀」（郭店楚簡國際學術研討會論文、武漢大學珞珈山莊、1999年10月／『原道』６、貴州人民出版社、2000年６月）

38. 陳昭瑛「性情中人：試從楚文化論《郭店楚簡・性情篇》」（郭店楚簡國際學術研討會論文、武漢大學珞珈山莊、1999年10月）

39. 廖名春「上海博物館藏《孔子閑居》和《緇衣》楚簡管窺」（郭店楚簡國際學術研

討會論文、武漢大學珞珈山莊、1999年10月／張豈之主編『中國思想史論集　中國思想史研究回顧與展望』１、2000年５月）

40. 廖名春「上海博物館藏楚簡《武王踐阼》篇管窺」（郭店楚簡國際學術研討會論文、武漢大學珞珈山莊、1999年10月／『中國出土資料研究』第４號、2000年３月（「上海博物館藏楚簡『武王踐祚』篇管窺」と改題））

41. 劉笑敢「從竹簡本與帛書本看《老子》的演變——兼論古文獻流傳中的聚焦與趨同現象」（郭店楚簡國際學術研討會論文、武漢大學珞珈山莊、1999年10月）

42. 羅熾「郭店楚墓竹簡印象」（郭店楚簡國際學術研討會論文、武漢大學珞珈山莊、1999年10月）

43. 羅運環「郭店楚簡有關君臣論述的研究——兼論《語叢四》的問題」（郭店楚簡國際學術研討會論文、武漢大學珞珈山莊、1999年10月）

44. 裘錫圭「糾正我在郭店《老子》簡釋讀中的一個錯誤——關於“絕僞弃詐”」（郭店楚簡國際學術研討會論文、武漢大學珞珈山莊、1999年10月／K）

45. 饒宗頤「詩言志再辨——以郭店楚簡資料爲中心」（郭店楚簡國際學術研討會論文、武漢大學珞珈山莊、1999年10月／K）

46. 任繼愈「郭店竹簡與楚文化」（郭店楚簡國際學術研討會論文、武漢大學珞珈山莊、1999年10月／『中國哲學史』2000-1、2000年２月／K）

47. 王博「釋“槁木三年，不必爲邦旗”——兼談《成之聞之》的作者」（郭店楚簡國際學術研討會論文、武漢大學珞珈山莊、1999年10月）

48. 楊儒賓「郭店出土儒家竹簡與思孟學派」（郭店楚簡國際學術研討會論文、武漢大學珞珈山莊、1999年10月）

49. 姜廣輝「郭店楚簡與早期儒學」（中國出土資料學會臨時例會論文、東京大學文學部、2000年１月）

50. 梁濤「郭店楚簡與《中庸》公案」（“中國經典詮釋傳統”海峽兩岸學術研討會論文、北京市香山飯店、2000年４月）

51. 王葆玹「盡性與盡情——經學思想内向化的兩種趨勢」（“中國經典詮釋傳統”海峽兩岸學術研討會論文、北京市香山飯店、2000年４月）

52. 張踐「從孝道觀的進展看《孝經》的形成」（“中國經典詮釋傳統”海峽兩岸學術研討

會論文、北京市香山飯店、2000年４月）

53. 胡平生「郭店楚墓竹簡中的孝與忠」（科學研究費郭店楚簡研究會2000年度第３回定例研究會論文、東京大學文學部、2000年７月）

54. 龐樸「從出土文獻看仁字古文和仁愛思想」（科學研究費郭店楚簡研究會主催『郭店楚簡國際學術シンポジウム――中國古代思想史の再構築に向けて――』、日本女子大學、2000年12月）

55. 許抗生「再讀郭店竹簡老子與太一生水」（『郭店楚簡本道家資料研究』、韓國道家哲學會2000年度秋季學術發表會論文、2000年12月）

56. 大西克也「秦漢避諱芻議」（古漢語與古文獻國際學術研討會、杭州大學、1998年４月／杭州大學古籍研究所・杭州大學中文系古漢語教研室編『古典文獻與文化論叢』第２輯、杭州大學出版社、1999年５月）

57. 池田知久「荊門市博物館『郭店楚墓竹簡』筆記、『老子』甲・乙・丙」（米國ダートマス大學會議論文、1998年５月）

58. 池田知久「荊門市博物館『郭店楚墓竹簡』筆記、『五行』（改訂版）」（米國ダートマス大學會議論文、1998年５月）

59. 大西克也「楚簡語法札記（二則）（初稿）」（紀念徐中舒先生百年誕辰暨中國古文字學國際學術研討會、四川聯合大學、1998年10月）

60. 谷口滿「戰國楚簡和楚國歴史地理（日本語譯「戰國楚簡と楚國歴史地理」）」（『SIMPOSIUM Ⅰ楚簡より見た先秦文化の諸相 Various Aspects of Pre-Qin Culture as Seen through Chu Bamboo Slips』、第44回國際東方學者會議、國立教育會館、1999年６月）

61. 平勢隆郎「從太歳議論的出現看郭店楚簡『太一生水』（日本語譯「太歳議論の出現から見た郭店楚簡『太一生水』」）」（『SIMPOSIUM Ⅰ楚簡より見た先秦文化の諸相 Various Aspects of Pre-Qin Culture as Seen through Chu Bamboo Slips』、第44回國際東方學者會議、國立教育會館、1999年６月）

62. 近藤浩之「包山楚簡卜筮祭禱記錄與郭店楚簡中的《易》」（郭店楚簡國際學術研討會論文、武漢大學珞珈山莊、1999年10月／K）

63. 新井儀平「包山楚簡・郭店楚簡の字形について」（中國出土資料學會1999年度總會・

第3回例會論文、慶應義塾大學三田キャンパス、2000年３月）

64. 吉田篤志「郭店楚簡『六德』に見る親親主義をめぐって」（中國出土資料學會2000年度第１回例會論文、大東文化會館、2000年７月）

65. 石川三佐男「太一信仰の考古學的檢討から見た『楚辭』の篇名問題――「東皇太一」――」（科學研究費郭店楚簡研究會主催『郭店楚簡國際學術シンポジウム――中國古代思想史の再構築に向けて――』、日本女子大學、2000年12月）

66. 李承律「郭店楚簡《魯穆公問子思》之忠臣觀（日本語譯「郭店楚簡『魯穆公問子思』の忠臣觀について」)」（『SIMPOSIUM Ⅰ楚簡より見た先秦文化の諸相 Various Aspects of Pre-Qin Culture as Seen through Chu Bamboo Slips』、第44回國際東方學者會議、國立教育會館、1999年６月）

67. 金白鉉「郭店楚簡의 『太一生水』研究」（『郭店楚簡本道家資料研究』、韓國道家哲學會2000年度秋季學術發表會論文、2000年12月）

68. 李權「郭店本『老子』의 有無觀」（『郭店楚簡本道家資料研究』、韓國道家哲學會2000年度秋季學術發表會論文、2000年12月）

69. 李承律「郭店楚簡『唐虞之道』の社會的「利」思想について――「利天下而弗利」を中心にして――」（科學研究費郭店楚簡研究會主催『郭店楚簡國際學術シンポジウム――中國古代思想史の再構築に向けて――』、日本女子大學、2000年12月）

70. 崔珍晳「老子人 儒家 사이――郭店 楚簡 출토 이후」（『郭店楚簡本道家資料研究』、韓國道家哲學會2000年度秋季學術發表會論文、2000年12月）

71. William G. Boltz「中國古代手寫本整理校訂工作的九項基本原則」（アメリカ、ダートマス大學會議論文、1998年５月）

72. Rudolf G. Wagner; “The Impact of Conceptions of Rhetoric and Style upon the Formation of Early Laozi Editions. Evidence from Guodian, Mawangdui and the Wang Bi Laozi（池田知久・池澤優試譯「初期『老子』諸本の形成に與えた修辭・樣式觀念の影響――郭店本・馬王堆本・王弼本『老子』に基づいて」)”（『SIMPOSIUM Ⅰ楚簡より見た先秦文化の諸相 Various Aspects of Pre-Qin Culture as Seen through Chu Bamboo Slips』、第44回國際東方學者會議、國立教育會館、1999年６月／TRANSACTIONS OF THE INTERNATIONAL CONFERENCE OF

EASTERN STUDIES, NO. XLIV, THE TOHO GAKKAI（THE INSTITUTE OF EASTERN CULTURE), 1999.）

73. Chin Annping; "Chengzhiwenzhi in light of the Shangshu"（郭店楚簡國際學術研討會論文、武漢大學珞珈山莊、1999年10月）

74. Rudolf G. Wagner; "The Guodian MSS and the "Units of Thought" in Early Chinese Philosophy", Draft version prepared for the Guodian Conference, Wuhan, October 15-18, 1999.

75. Susan Weld; "Guodian and Baoshan: Legal Theories and Practices"（郭店楚簡國際學術研討會論文、武漢大學珞珈山莊、1999年10月）

76. Donald Harper; "The Nature of Taiyi in the Guodian Manuscript "Taiyi sheng shui": Abstract Cosmic Principle or Supreme Cosmic Deity?"（科學研究費郭店楚簡研究會主催『郭店楚簡國際學術シンポジウム――中國古代思想史の再構築に向けて――』、日本女子大學、2000年12月）